Untersuchungen zur Ordnungstheorie und Ordnungspolitik

71

Herausgegeben vom

Walter Eucken Institut

Martin Meier

Ein „More Realistic Approach"?

Zu den Möglichkeiten und Grenzen
der verhaltensökonomischen Analyse
des Wettbewerbsrechts

Mohr Siebeck

Martin Meier, geboren 1991; Studium der Rechtswissenschaft an der Universität Luzern; Postgraduales Studium LL.M. an der Universität Frankfurt/Main; Wissenschaftlicher Assistent und Doktorand an der Universität Luzern; 2021 Promotion; Lehrbeauftragter an der Universität Luzern.

Die Druckvorstufe dieser Publikation wurde vom Schweizerischen Nationalfonds zur Förderung der wissenschaftlichen Forschung unterstützt.

ISBN 978-3-16-161017-2 / eISBN 978-3-16-161018-9
DOI 10.1628/978-3-16-161018-9

ISSN 1434-338X / eISSN 2568-7263
(Untersuchungen zur Ordnungstheorie und Ordnungspolitik)

Die Deutsche Nationalbibliothek verzeichnet diese Publikation in der Deutschen Nationalbibliographie; detaillierte bibliographische Daten sind über *http://dnb.dnb.de* abrufbar.

© 2021 Mohr Siebeck Tübingen. www.mohrsiebeck.com

Das Buch wurde von epline in Böblingen aus der Times New Roman gesetzt, von Gulde Druck in Tübingen auf alterungsbeständiges Werkdruckpapier gedruckt und gebunden.

Printed in Germany.

Meinen Eltern in tiefer Dankbarkeit

Vorwort

Die vorliegende Studie wurde von der Rechtswissenschaftlichen Fakultät der Universität Luzern im Januar 2021 als Dissertation abgenommen. Bei der Entstehung der Studie haben mich verschiedene Personen begleitet; ihnen möchte ich meinen aufrichtigen Dank aussprechen.

Ein spezieller Dank geht zunächst an meinen Doktorvater und Erstgutachter, Herrn Prof. Dr. iur. Klaus Mathis, der nicht nur diese Dissertation ermöglicht hat, sondern mich – während meiner Assistenzzeit – weit über das eigentliche Forschungsgebiet hinaus geprägt hat. Weiter danke ich Herrn Prof. Dr. iur. Andreas Heinemann für die umsichtige Erstellung des Zweitgutachtens und Herrn Prof. Dr. iur. Nicolas Diebold für die Übernahme des Vorsitzes anlässlich des Doktorandenkolloquiums.

Für die vielen wertvollen Gespräche möchte ich an dieser Stelle meinen akademischen Weggefährten danken. Namentlich sind dies Moritz Pachmann, Jean-Michel Ludin, Philipp Anton Burri, Lynn Gummow, Joe Räber sowie Simon Blum.

Zu guter Letzt danke ich meiner Familie, die dieses Projekt erst möglich gemacht hat. Dies ist zum einen meine Sofia, die für alles Gute in der Welt steht. Zum anderen sind dies meine Eltern. Meine Mutter, die im Winter 2017 leider verstorben ist, sowie mein Vater haben mich stets bedingungslos unterstützt. Aus tiefer Dankbarkeit und grosser Verbundenheit sei diese Studie ihnen gewidmet.

Luzern, im Februar 2021   Martin Meier

Inhaltsverzeichnis

Abkürzungsverzeichnis

ABl.	Amtsblatt der Europäischen Union
AEUV	Vertrag über die Arbeitsweise der Europäischen Union
AG	Aktiengesellschaft
aKG	Bundesgesetz über Kartelle und ähnliche Organisationen vom 20. Dezember 1985 (AS 1986 874)
AS	Amtliche Sammlung des Bundesrechts (Bern)
BaKomm	Basler Kommentar
BBl	Bundesblatt der Schweizerischen Eidgenossenschaft (Bern)
BGBM	Bundesgesetz über den Binnenmarkt vom 6. Oktober 1995 (SR 943.02)
BGE	Amtliche Sammlung der Entscheidungen des Schweizerischen Bundesgerichts
BNE	Behavioral Normative Economics
BöB	Bundesgesetz über das öffentliche Beschaffungswesen vom 16. Dezember 1994 (SR 172.056.1)
BRICS	Brazil, Russia, India, China and South Africa
BV	Bundesverfassung der Schweizerischen Eidgenossenschaft vom 18. April 1999 (SR 101)
ca.	circa
CERI	Centre for Educational Research and Innovation
CPI	Competition Policy International
EC	European Community
EG	Europäische Gemeinschaft
FIW	Forschungsinstitut für Wirtschaftsverfassung und Wettbewerb
FKVO	Verordnung (EG) Nr. 139/2004 des Rates über die Kontrolle von Unternehmenszusammenschlüssen vom 20. Januar 2004 (EG-Fusionskontrollverordnung)
FusG	Bundesgesetz über Fusion, Spaltung, Umwandlung und Vermögens-übertragung vom 3. Oktober 2003 (Fusionsgesetz, SR 221.301)
FZA-Abkommen	Abkommen zwischen der Schweizerischen Eidgenossenschaft einerseits und der Europäischen Gemeinschaft und ihren Mitgliedstaaten andererseits über die Freizügigkeit vom 1. Juni 2002 (SR 0.142.112.681)
GATT-Abkommen	Allgemeines Zoll- und Handelsabkommen (GATT) vom 1. August 1966 (SR 0.632.21)
GebV-KG	Verordnung über die Gebühren zum Kartellgesetz vom 25. Februar 1998 (Gebührenverordnung KG, SR 251.2)
GWB	Gesetz gegen Wettbewerbsbeschränkungen vom 1. Januar 1958 (Deutschland)
Habil.	Habilitation

Halbbd.	Halbband
i. Üe.	im Üechtland
i. V. m.	in Verbindung mit
KG	Bundesgesetz über Kartelle und andere Wettbewerbsbeschränkungen vom 6. Oktober 1995 (Kartellgesetz, SR 251)
KMU	Kleine und mittlere Unternehmen
lit.	litera
M. M.	Anmerkung Martin Meier
MRA-Abkommen	Abkommen zwischen der Schweizerischen Eidgenossenschaft und der Europäischen Gemeinschaft über die gegenseitige Anerkennung von Konformitätsbewertungen vom 1. Juni 2002 (SR 0.946.526.81)
M. w. V.	Mit weiteren Verweisen
N	Note, Randnote
Nr.	Nummer, Randnummer
NVG	Bundesgesetz zur Verbesserung der Nahversorgung und der Wettbewerbsbedingungen vom 29. Juni 1977 (Österreich)
OF	Orell Füssli
OR	Bundesgesetz betreffend die Ergänzung des Schweizerischen Zivilgesetzbuches vom 30. März 1911 (Fünfter Teil: Obligationenrecht, SR 220)
ORDO	Jahrbuch für die Ordnung von Wirtschaft und Gesellschaft (Berlin)
PüG	Preisüberwachungsgesetz vom 20. Dezember 1985 (SR 942.20)
REMM	Resourceful Evaluative Maximizing Man
RPM	Resale Price Maintenance
Rs.	Prozessnummer
RT	Rechtstheorie – Zeitschrift für Logik und Juristische Methodenlehre, Allgemeine Rechts- und Staatslehre, Kommunikations-, Normen- und Handlungstheorie, Soziologie und Philosophie des Rechts (Berlin)
RTVG	Bundesgesetz über Radio und Fernsehen vom 24. März 2006 (SR 784.40)
Rz.	Randziffer
SIEC-Test	Significant Impediment to Effective Competition-Test
Slg.	Sammlung der Rechtsprechung des europäischen Gerichtshofes
sog.	so genannt
SR	Systematische Sammlung des Bundesrechts (Bern)
SSNIP	Small but Significant Non-Transitory Increase in Price
St. Galler Komm	St. Galler Kommentar zur schweizerischen Bundesverfassung
SVKG	Verordnung über die Sanktionen bei unzulässigen Wettbewerbsbeschränkungen vom 12. März 2004 (KG-Sanktionsverordnung, SR 251.5)
TFEU	Treaty on the Functioning of the European Union
THG	Bundesgesetz über die technischen Handelshemmnisse vom 6. Oktober 1995 (SR 946.51)
UVEK	Eidgenössisches Departement für Umwelt, Verkehr, Energie und Kommunikation
UWG	Bundesgesetz gegen den unlauteren Wettbewerb vom 19. Dezember 1986 (SR 241)

VertBeK	Bekanntmachung über die wettbewerbsrechtliche Behandlung vertikaler Abreden vom 28. Juni 2010 (Vertikalbekanntmachung)
WEKO	Wettbewerbskommission
WEttbG	Bundesgesetz über die Einrichtung einer Bundeswettbewerbsbehörde (Österreich)

§ 1 Einleitung

A. Vom „More Economic Approach"
zum „More Realistic Approach"?

In den letzten 20 Jahren war die wettbewerbspolitische Debatte in Europa vom sog. „More Economic Approach" geprägt. Im Kern fordert dieser Ansatz – unter Rückgriff auf das wettbewerbspolitische Programm der sog. „Chicago School" – eine effizienzorientierte Wettbewerbspolitik und grössere Ermessensspielräume für die rechtsanwendenden Behörden, um akkurate Einzelfallbewertungen sicherzustellen.

Wurde ursprünglich angenommen, dass dieser „More Economic Approach" einen Paradigmenwechsel in der europäischen Wettbewerbspolitik einleiten würde, bewertet man den Ansatz heute nüchterner: Spätestens seit dem wegweisenden Urteil des Europäischen Gerichtshofs im *Fall GlaxoSmithKline Service Unlimited* von 2009[1] wird betont, dass der „More Economic Approach" die europäische Wettbewerbspolitik zwar punktuell bereichert, jedoch mit keinem grundsätzlichen Umdenken in der Wettbewerbspolitik einhergeht. Die Gründe für den gescheiterten Paradigmenwechsel sind vielfältig und lassen sich nicht zuletzt auf das traditionelle europäische Wettbewerbsverständnis zurückführen, das massgeblich von der Freiburger Schule und der Österreicher Schule geprägt ist. Dieses traditionelle Wettbewerbsverständnis lässt sich nur beschränkt mit dem Programm der „Chicago School" bzw. dem „More Economic Approach" in Einklang bringen. Dementsprechend sehen die Anhänger der besagten zwei Schulen die angestrebte Ökonomisierung der Wettbewerbspolitik kritisch.

Während in der europäischen Lehre und Praxis intensiv um den Einfluss des „More Economic Approach" gerungen wurde, hat sich in den USA zeitgleich ein neuer Wettbewerbsansatz hervorgetan. Dieser steht unter dem Stern der sog. „behavioral revolution"; in der Ökonomik ist damit der seit den 1990er Jahren zu beobachtende Aufstieg der Verhaltensökonomik zu einer der dominanten Forschungsströmungen gemeint. Vereinfacht gesagt ist die Verhaltensökonomik eine interdisziplinär ausgerichtete Subdisziplin der Ökonomik, die versucht,

---

[1] Siehe hierzu: Urteil des EuGH vom 6. Oktober 2009, Rs. C-472/08, GlaxoSmithKline Service Unlimited/European Commission, Slg. 2009 I-9374, Rz. 1 ff.

das tatsächliche menschliche Verhalten im ökonomischen Kontext mittels empirischer Erkenntnisse der Wahrnehmungs-, Entscheidungs- und Gedächtnispsychologie adäquater zu beschreiben. Seit Mitte der 2000er Jahre werden im Zuge dieser „behavioral revolution" verhaltensökonomische Erkenntnisse zunehmend auf wettbewerbsrechtliche Fragestellungen angewendet. Konkret wird bei der wettbewerbsrechtlichen Analyse nicht mehr von rationalen, willensstarken und eigeninteressierten Marktakteuren ausgegangen, sondern von Akteuren, die nur beschränkt rational, willensstark und eigeninteressiert sind. Diese verhaltensökonomische Analyse des Wettbewerbsrechts stellt die Basis für einen genuin neuen Wettbewerbsansatz dar; in Anlehnung an den „More Economic Approach" lässt sich dieser verhaltensökonomische Wettbewerbsansatz als „More Realistic Approach" bezeichnen.[2]

Auch wenn es sich beim „More Realistic Approach" nicht um einen praxisfertigen Wettbewerbsansatz handelt und dessen Konturen noch nicht klar ersichtlich sind, zeichnen sich dennoch gewisse Grundtendenzen ab. Im Kern sieht sich der Ansatz folgendem Credo verpflichtet: „Facts over Theory".[3] Der „More Realistic Approach" will die Wettbewerbspolitik soweit wie möglich von unrealistischen, theoretischen Annahmen befreien und durch empirisch erhärtete Fakten substituieren. Allen voran trifft dies auf die Verhaltensannahmen zu: Die Wettbewerbspolitik soll sich am realen Verhalten der Marktakteure orientieren und der wettbewerbsrechtlichen Analyse insgesamt ein realistischeres Verhaltensmodell zugrunde legen. Darüber hinaus können die verhaltensökonomischen Erkenntnisse – im Sinne einer weiten Auslegung – aber auch Einfluss auf das Zielmodell der Wettbewerbspolitik entfalten; namentlich lässt sich auf der Grundlage der verhaltensökonomischen Erkenntnisse fragen, was die tatsächlichen Bedürfnisse und Ziele der Marktakteure sind und wie diesen im Rahmen der wettbewerbsrechtlichen Analyse angemessen Rechnung getragen werden kann.

Zusammengefasst: Im „More Realistic Approach" werden die theoretischen Grundannahmen der Wettbewerbspolitik im Lichte der empirischen Erkenntnisse der Verhaltensökonomik kritisch überprüft und gegebenenfalls angepasst.

Wendet man den Blick nun wieder nach Europa, so gilt es festzuhalten: Während die Debatte rund um den „More Economic Approach" aus den besagten Gründen deutlich abgekühlt ist, nimmt der Einfluss des „More Realistic Approach" langsam aber stetig zu. Allen voran ein Entscheid der EU-Kommission von 2018 machte deutlich, dass dieser verhaltensökonomische Wettbewerbsansatz in der Praxis bereits Fuss gefasst hat. Im sog. *Google-Android-Fall* von 2018[4] hat die EU-Kommission das Unternehmen Google unter anderem auf-

---

[2] Heinemann, More Realistic Approach, S. 211.
[3] Heinemann, Facts over Theory, S. 1.
[4] Siehe hierzu: Beschluss der EU-Kommission vom 18. Juli 2018, AT.40099, Google Android, Rz. 1 ff.

grund einer Produktkopplung auf seinem Betriebssystem „Android" zur Zahlung von rund 4,34 Milliarden Euro verurteilt. Um die wettbewerbsschädliche Wirkung der Kopplungspraktik zu begründen, griff die Kommission explizit auf die sog. Status-Quo-Verzerrung zurück[5] – eine im Rahmen der Verhaltensökonomik beobachtete kognitive Verzerrung, die das irrationale Festhalten an vorgefundenen Voreinstellungen beschreibt.

Angesichts dieser wettbewerbspolitischen Entwicklung drängt sich die Frage auf, inwieweit dieser „More Realistic Approach", insbesondere in Europa, aber auch weltweit, die Wettbewerbspolitik beeinflussen kann. Denn was unter Umständen auf den ersten Blick nur wenig ersichtlich wird, dieser verhaltensökonomische Wettbewerbsansatz hat das Potenzial, die Wettbewerbspolitik nachhaltig und grundlegend zu verändern.

Einerseits kann der „More Realistic Approach" Hand bieten, die Spannungen zwischen den beiden konfligierenden Wettbewerbsverständnissen abzumildern, die im Zuge des „More Economic Approach" aufeinandertrafen. Insbesondere weil dieser verhaltensökonomische Ansatz für beide Wettbewerbsverständnisse anschlussfähig zu sein scheint, kann er die bestehenden Fronten in der europäischen Wettbewerbspolitik aufweichen und als Brückenbauer fungieren. Andererseits kann der „More Realistic Approach" auch auf einer methodischen Ebene zum Abbau von Spannungen beitragen, namentlich zwischen der rechtlichen und ökonomischen Rationalität. Denn das Wettbewerbsprinzip steht seit jeher im Spannungsverhältnis zwischen den ökonomischen und rechtlichen Methoden, Konzepten sowie Denkweisen. Da ein rein rechtlicher Ansatz ebenso zahnlos ist wie ein rein ökonomischer, ist die Wettbewerbspolitik jedoch auf ein reibungsloses Ineinandergreifen angewiesen. Darüber hinaus scheint der „More Realistic Approach" prädestiniert zu sein, um wettbewerbsrechtliche Probleme bewerten zu können, die sich in der digitalen Wirtschaft stellen. So können im verhaltensökonomischen Wettbewerbsansatz Unternehmensstrategien in der digitalen Wirtschaft richtig gefasst und ihre wettbewerbsbeschränkenden bzw. -fördernden Wirkungen adäquat beschrieben werden. Der „Google-Android"-Fall lässt sich dabei als bestes Beispiel anführen. Schliesslich kann der „More Realistic Approach" einer inklusiven Wettbewerbspolitik Vorschub leisten, die interdisziplinär ausgerichtet ist und damit die gesellschaftlichen Probleme fassen kann, die sich im Zusammenhang mit der Wettbewerbsordnung ergeben – wie etwa die Frage nach Fairness im Geschäftsverkehr oder Verteilungsgerechtigkeit.

Unbesehen dieser Chancen und Möglichkeiten ist zu beachten, dass der „More Realistic Approach" mit verschiedenen Grenzen und Risiken verbunden ist. Diese müssen selbstredend berücksichtigt werden, wenn das Potenzial dieses neuen Wettbewerbsansatzes bewertet wird.

---

[5] Beschluss der EU-Kommission vom 18. Juli 2018, AT.40099, Google Android, Rz. 781.

Vor diesem Hintergrund hat die vorliegende Studie das Ziel, die Möglichkeiten und Grenzen dieses „More Realistic Approach" darzulegen und auszuloten, inwieweit dieser Ansatz tatsächlich einem Paradigmenwechsel in der Wettbewerbspolitik Vorschub leisten kann.

B. Forschungsfrage und Gang der Untersuchung

I. Haupt-, Vor- und Unterfragen

Der vorliegenden Studie liegt folgende Forschungsfrage zugrunde:

Wie können verhaltensökonomische Erkenntnisse die wettbewerbsrechtliche Analyse beeinflussen? Wo liegen dabei die Möglichkeiten und Grenzen?

Ausgehend von dieser Hauptfrage lassen sich die folgenden Vor- und Unterfragen formulieren:

- *In welchem Verhältnis steht die ökonomische und rechtliche Rationalität mit Blick auf das Wettbewerbsprinzip? Wie lassen sich bestehende Spannungen zwischen den beiden Rationalitäten reduzieren?*
- *Wie lässt sich das Wettbewerbsprinzip ganz allgemein umschreiben, ausdifferenzieren und abgrenzen?*
- *Welche Funktionen werden dem Wettbewerb traditionellerweise zugeschrieben?*
- *Auf welchem theoretischen Fundament beruhen die traditionellen Wettbewerbskonzeptionen?*
- *Wie haben sich die traditionellen Wettbewerbskonzeptionen entwickelt? Was sind die Kernelemente und wettbewerbspolitischen Handlungsempfehlungen der einzelnen Konzeptionen?*
- *Welche wettbewerbspolitischen Weiterentwicklungen lassen sich beobachten? In welchem Verhältnis stehen diese zu den traditionellen Wettbewerbskonzeptionen?*

- *Was sind die Grundaussagen und Kernelemente der Verhaltensökonomik?*
- *Wie können verhaltensökonomische Erkenntnisse im Rahmen des sog. „Behavioral Antitrust"-Ansatzes die positive Grundlage des Wettbewerbsrechts beeinflussen?*
- *Wo liegen die Möglichkeiten und Grenzen von „Behavioral Antitrust"?*
- *Wie können verhaltensökonomische Erkenntnisse im Rahmen des sog. „Normative Behavioral Antitrust"-Ansatzes die normative Grundlage des Wettbewerbsrechts beeinflussen?*
- *Wo liegen die Möglichkeiten und Grenzen von „Normative Behavioral Antitrust"?*

Während es sich bei den ersten sechs Fragen um Vorfragen handelt, sind die letzten fünf Fragen Unterfragen, welche die eigentliche Hauptfrage konkretisieren.

II. Aufbau

Die Unterteilung in Vor- und Unterfragen gibt schliesslich auch den Aufbau der Studie vor: Im 1. Teil werden die theoretischen Grundlagen des Wettbewerbsprinzips erarbeitet. Darauf aufbauend werden im 2. Teil die Möglichkeiten und Grenzen der verhaltensökonomischen Analyse des Wettbewerbsrechts ausgelotet.

Im *1. Teil* werden in einem ersten Paragraphen *(§ 2)* die methodischen Grundlagen des Wettbewerbsprinzips diskutiert. Ein Schwerpunkt liegt dabei auf dem interdisziplinären Spannungsverhältnis von Recht und Ökonomik; namentlich werden die Unterschiede und Spannungen zwischen den beiden Disziplinen ganz allgemein sowie im Kontext des Wettbewerbsprinzips erläutert. Ferner wird der sog. „Law and Economics"-Ansatz auf seine Funktion hin überprüft, Spannung zwischen Recht und Ökonomik abzubauen.

In einem zweiten Paragraphen *(§ 3)* werden die materiellen Grundlagen des Wettbewerbsprinzips dargelegt. Diese umfassen unter anderem die Wettbewerbsdefinition sowie die Unterscheidung zwischen Wettbewerbstheorie, wettbewerbspolitischem Leitbild und Wettbewerbsrecht. Weiter wird im Rahmen der materiellen Grundlagen aufgezeigt, inwiefern das Wettbewerbsprinzip ein integraler Bestandteil des Wirtschaftssystems darstellt. Das Verhältnis von Wirtschaftssystem und Wettbewerb wird sodann am Beispiel der schweizerischen Wirtschaftsverfassung illustriert. Schliesslich geht die Studie in gebotener Kürze auf vier traditionelle Wettbewerbsfunktionen ein.

In einem dritten Paragraphen *(§ 4)* wird auf das von Adam Smith geschaffene theoretische Fundament der traditionellen Wettbewerbskonzeptionen eingegangen. Dabei wird Smiths Gesellschafts-, Wirtschafts- und Wettbewerbsverständnis eingehend erläutert. Darauf aufbauend werden die traditionellen Wettbewerbskonzeptionen kategorisiert und deren Inhalt dezidiert dargelegt. Im Rahmen des sog. effektbasierten Wettbewerbsverständnisses wird namentlich auf die neoklassische Wettbewerbskonzeption, die Wettbewerbskonzeption der frühen und späten „Harvard School" sowie die Wettbewerbskonzeption der „Chicago School" eingegangen. Im Rahmen des sog. systemischen Wettbewerbsverständnisses werden die Wettbewerbskonzeptionen der Österreicher Schule und der Freiburger Schule behandelt.

Abschliessend wird in einem vierten Paragraphen *(§ 5)* auf die aktuellen wettbewerbspolitischen Weiterentwicklungen eingegangen. Neben der „Post-Chicago"-Strömung und dem „More Economic Approach", als Weiterentwicklungen von effektbasierten Wettbewerbskonzeptionen, werden mit der Neuen Ordnungsökonomik und dem evolutorischen Wettbewerbsansatz auch Weiterentwicklungen der systemischen Wettbewerbskonzeptionen diskutiert.

Im 2. *Teil* wird in einem ersten Paragraphen *(§6)* der Einfluss der Verhaltensökonomik auf die positive Grundlage des Wettbewerbsrechts dargelegt. Dabei wird zunächst das Verhaltensmodell des effektbasierten und des systemischen Wettbewerbsverständnisses beschrieben und aufgezeigt, wie diese in Konflikt zueinander stehen. In einem zweiten Schritt werden die Grundlagen der Verhaltensökonomik erläutert und aufgezeigt, wie die verhaltensökonomischen Erkenntnisse über den „Behavioral Law and Economics"-Ansatz Eingang ins Recht finden können. Darauf aufbauend wird in einem dritten Schritt auf den Einfluss der Verhaltensökonomik auf die positive Grundlage des Wettbewerbsrechts eingegangen. Die verhaltensökonomische Analyse der positiven Grundlage wird dabei mit dem Begriff „Behavioral Antitrust" umschrieben. Die Möglichkeiten und Grenzen von „Behavioral Antitrust" werden anhand ausgewählter Anwendungsfelder sowie im Rahmen der Kritik und Kritikanalyse erörtert. Die Erkenntnisse dieses Paragraphen werden in einem letzten Kapitel gewürdigt.

In einem zweiten Paragraphen *(§7)* wird der Einfluss der Verhaltensökonomik auf die normative Grundlage des Wettbewerbsrechts beschrieben. Dabei wird aufgezeigt, wie verhaltensökonomische Erkenntnisse über die Normative Verhaltensökonomik Eingang ins Wettbewerbsrecht finden können. Ergänzend dazu wird ein neuer wettbewerbspolitischer Ansatz herangezogen, der die Forderungen der Normativen Verhaltensökonomik in verschiedenen Punkten teilt: die sog. „New Brandeis Movement of Antitrust". Durch eine Synthese dieses neuen verhaltensökonomischen und wettbewerbspolitischen Ansatzes entsteht die eigentliche neue normative Grundlage. Diese wird in der vorliegenden Studie mit dem Begriff „Normative Behavioral Antitrust" umschrieben. Auf der Grundlage von „Normative Behavioral Antitrust" wird sodann ein neues Zielmodell für die westlichen Industrieländer ausgearbeitet: der sog. „Multiple Goal Approach". Wie es der Name bereits deutlich macht, werden im Rahmen des „Multiple Goal Approach" verschiedene Wettbewerbsziele unter einem Zielmodell zusammengefasst. Die Möglichkeiten und Grenzen von „Normative Behavioral Antitrust" werden anhand ausgewählter Anwendungsfelder sowie im Rahmen der Kritik und Kritikanalyse erörtert. Die Erkenntnisse dieses Paragraphen werden in einem letzten Kapitel gewürdigt.

In einem abschliessenden Paragraphen *(§8)* werden „Behavioral Antitrust" und „Normative Behavioral Antitrust" zusammengefügt, wodurch der „More Realistic Approach" entsteht. Im Rahmen des „More Realistic Approach" wird zunächst auf die Vereinbarkeit von positiver Grundlage („Behavioral Antitrust") und normativer Grundlage („Normative Behavioral Antitrust") eingegangen. In einem zweiten Schritt wird der „More Realistic Approach" mit ausgewählten Wettbewerbsansätzen verglichen und darauf aufbauend im Gesamtsystem der Wettbewerbskonzeptionen eingeordnet. In einem abschliessenden Kapitel werden die Möglichkeiten und Grenzen des „More Realistic Approach" insgesamt bewertet.

Im letzten Paragraphen *(§ 9)* werden die gewonnenen Erkenntnisse abschliessend gewürdigt.

III. Einleitende Bemerkungen

Einerseits gilt es zu beachten, dass die vorliegende Studie eine theoretische Grundlagenstudie mit Querschnittscharakter darstellt. So wird der hier erarbeitete „More Realistic Approach" letztlich nicht systematisch auf eine bestimmte Wettbewerbsordnung angewendet. Vielmehr ist die Arbeit als explorative Studie zu verstehen, die von einer theoretischen Perspektive aus die Möglichkeiten und Grenzen eines „More Realistic Approach" systematisch darlegen und kritisch bewerten will. In diesem Sinne werden in erster Linie methodische, ordnungstheoretische und konzeptionelle Fragen adressiert. Vor diesem Hintergrund offenbart sich auch der Querschnittscharakter der Arbeit. Dieses Vorgehen bringt den Vorteil mit sich, dass die Überlegungen und Schlussfolgerungen auf verschiedene Länder und Organisationen angewendet werden können. So kann beispielsweise die Frage, wie die Verhaltensökonomik die wettbewerbsrechtliche Analyse vertikaler Mindestpreisbindungen bereichern kann, sowohl für die EU-Wettbewerbspolitik wie auch für verschiedene nation<ale Wettbewerbspolitiken von Interesse sein. Selbstredend geht ein solches Vorgehen auch mit Nachteilen einher: Allen voran sind die Ausführungen vielfach von abstrakter Natur. Oder anders formuliert: Da den wettbewerbsrechtlichen Besonderheiten der einzelnen Länder und Organisationen nicht angemessen Rechnung getragen wird, sind die Forderungen nicht im Sinne praxisfertiger Vorschläge „de lege ferenda" zu verstehen. Um jedoch nicht losgelöst von der wettbewerbsrechtlichen Praxis zu agieren, werden die theoretischen Ausführungen anhand verschiedener Beispiele des nationalen und regionalen Wettbewerbsrechts illustriert. Dabei greift die Studie allen voran auf wettbewerbsrechtliche Normen und Rechtsprechung dreier Entitäten zurück – auf jene der Schweiz, der EU und der USA.

Der theoretischen Grundausrichtung ist es auch geschuldet, dass der erste Teil der Studie relativ umfangreich ausfällt. Neben den methodischen und materiellen Grundlagen setzt sich die Studie vertieft mit den konzeptionellen Grundlagen des Wettbewerbsprinzips auseinander. Der Grund für diese vertiefte Analyse liegt auf der Hand: So gilt es zunächst den Gegenstand darzulegen, der von der Verhaltensökonomik beeinflusst werden soll. Oder anders formuliert: Um den Einfluss der Verhaltensökonomik auf die positive und normative Grundlage des Wettbewerbsrechts bewerten zu können, muss in einem ersten Schritt erarbeitet werden, wie die normative und positive Grundlage des Wettbewerbsrechts ausgestaltet sein kann – wie nämlich noch zu zeigen sein wird, gibt es verschiedene Ausgestaltungsmöglichkeiten. Aufbauend auf den gewonnenen Erkenntnissen ist auszuweisen, an welche positive und normative Grundlage die verhaltensökonomische Analyse genau anknüpft und wie sie diese konkret bereichern kann. Darüber hinaus bietet sich ein ausführlicher und instruktiver erster Teil aus didaktischen Gründen an. Dieser kann nämlich als wettbewerbspolitisches Einführungshandbuch verstanden werden, das insbesondere Juristen an die aktuelle wettbewerbspolitische Debatte heranführt. Denn es gilt zu beachten, dass die (wettbewerbspolitische) Zukunft nur gestalten kann, wer die Vergangenheit kennt und die Gegenwart versteht.

Andererseits ist darauf hinzuweisen, dass die Studie interdisziplinär ausgerichtet ist und auf empirische Erkenntnisse zurückgreift, solche aber nicht selber generiert. Die Erhebung empirischer Daten würde den Rahmen der vorliegenden Studie sprengen und ferner auch nicht den selbstgesteckten Zielen Rechnung tragen. Vielmehr gilt es die empirischen Erkenntnisse in einen theoretischen Rahmen einzubetten und diese kritisch zu bewerten. Ferner macht bereits der Begriff „verhaltensökonomische Analyse des Wettbewerbsrechts" deutlich, dass sich die Möglichkeiten und Grenzen eines „More Realistic Approach" nur aus einer interdisziplinären Perspektive effektiv bewerten lassen: Die Verhaltensökonomik steht an der Schnittstelle von Ökonomik und Psychologie, während das Wettbewerbsrecht zwischen Recht und Ökonomik steht. Darüber hinaus stellen sich aufgrund der theoretischen Ausrichtung der Studie punktuell auch philosophische oder historische Fragen.

Unbesehen der verschiedenen Disziplinen, auf die vorliegend zurückgegriffen wird, ist die Studie im Kern dennoch rechtswissenschaftlich. Letztlich geht es nämlich darum, wie die ökonomischen, psychologischen oder philosophischen Erkenntnisse die wettbewerbsrechtliche Analyse bereichern können. Erkenntnisse ohne Bezug zum Wettbewerbsrecht werden daher nicht verwertet. Dass eine solche interdisziplinär orientierte Herangehensweise aber auch Risiken in sich birgt, wird im Rahmen der methodischen Grundlagen thematisiert. Konkret wird am Beispiel von Recht und Ökonomik aufgezeigt, welche Spannungen und Herausforderungen sich in interdisziplinären Forschungsfeldern ergeben können.

1. Teil

Theoretische Grundlagen des Wettbewerbsprinzips

§ 2 Methodische Grundlagen des Wettbewerbsprinzips

A. Adisziplinäre Wirklichkeit

I. Disziplinäre Forschung

Eine triviale, aber wichtige Erkenntnis vorweg: Die Wirklichkeit ist adisziplinär.[1] Wissenschaftliche Disziplinen sind nicht von der Natur vorgegeben, sondern ein Ergebnis der Wissenschaftsgeschichte und somit von artifiziellem Charakter.[2] Die wissenschaftlichen Disziplinen im heutigen Verständnis begannen sich erst im 19. Jahrhundert auszudifferenzieren.[3]

Dass die Wirklichkeit adisziplinär bzw. disziplinenübergreifend ist, lässt jedoch nicht automatisch den Schluss zu, dass der Ruf nach disziplinärer Forschung borniert sei – ganz im Gegenteil:[4] Das Denken in Disziplinen hat verschiedene Vorteile.

1. Vorteile der Disziplinarität

Erstens ermöglicht das Denken in Disziplinen eine systematische Herangehensweise an komplexe Phänomene; es kann mit relativ klar definierten Methoden ein relativ klar umschriebener Gegenstand untersucht werden.[5] Die Vorzüge dieser systematischen Herangehensweise können etwa anhand selbstfahrender Fahrzeuge illustriert werden. So interessiert aus juristischer Sicht weniger die Frage nach der konkreten Programmierung der Algorithmen oder nach möglichen betriebswirtschaftlichen Marketingstrategien und Absatzmärkten, sondern vorwiegend haftungs- oder strassenverkehrsrechtliche Fragen: Wer haftet konkret für Sach- und Personenschäden? Wie muss das Strassenverkehrsgesetz mit Blick auf diese selbstfahrenden Fahrzeuge revidiert werden? Welche Institution regelt die Zulassungsvoraussetzung solcher Fahrzeuge? Eine äusserst komplexe technologische Innovation kann so vereinfacht und auf konkrete beantwortbare Fragen innerhalb einer Disziplin reduziert werden. In diesem

---

[1] Anstelle vieler: Jungert, S. 10.
[2] Mittelstraß, S. 73.
[3] Siehe dazu ausführlich: Mathis, Nachhaltige Entwicklung, S. 6 ff.
[4] Siehe dazu etwa: Hacking, S. 193 ff.
[5] Siehe dazu: Kirste, S. 39 ff.

Sinne haben die Disziplinen auch im wörtlichen Sinne eine „Disziplinierungs-funktion".[6]

Zweitens fördert das „disziplinierte" Vorgehen eine einheitliche wissenschaftliche Sprache. Kirste beschreibt diese Sprachnormierung mit Blick auf die Rechtswissenschaft wie folgt:

„Aufgrund des systematischen Charakters des Rechts wird deren Bedeutung (…) durch längere Rechtsarbeit in die spezifische Terminologie der rechtlichen Rechtssprache transformiert. Das Recht normiert also auch die für es relevante Sprache."[7]

In der jeweiligen Wissenschaftssprache besteht eine kongruente Vorstellung über relevante Begriffe oder Konzepte und ermöglicht einen reibungsloseren Abgleich der wissenschaftlichen Erkenntnisse. In diesem Sinne hat die jeweilige Wissenschaftssprache eine Stabilisierungsfunktion innerhalb der Disziplin.[8]

Drittens kann der Forschende durch die Fokussierung auf eine Disziplin ein vertieftes Fachwissen erwerben, was letztlich auch zu einer Professionalisierung innerhalb einer Disziplin führt. So werden beispielsweise ausserwissenschaftliche Argumente, wie etwa die persönliche Einstellung, beim wissenschaftlichen Arbeiten zurückgestellt.[9]

2. Nachteile der Disziplinarität

Mit der disziplinären Betrachtungsweise der adisziplinären Wirklichkeit gehen aber auch systembedingte Spannungen und Nachteile einher.[10]

Auf der einen Seite ist eine zu starke Fokussierung auf einzelne Disziplinen nicht zielführend, um komplexe gesellschaftliche Probleme zu erfassen. So schreibt auch Jungert, dass sich komplexe Probleme „aufgrund ihrer Vielschichtigkeit der Lösung durch einzelne Disziplinen entziehen".[11] Dabei handelt es sich in der Regel aber um die „grossen Fragen" unserer Zeit.[12] Ganz allgemein rücken durch eine zu ausgeprägte Disziplinarität die grundlegenden Zusammenhänge der Lebenswelt zugunsten wissenschaftlicher Partikularitäten

---

[6] Hacking, S. 194.

[7] Kirste, S. 45 f.

[8] Mathis, Nachhaltige Entwicklung, S. 7; Kirste, S. 52.

[9] Kirste, S. 47.

[10] Es ist jedoch darauf hinzuweisen, dass die hier präsentierten Kritikpunkte nicht als Angriff auf das Denken in Disziplinen zu verstehen ist. So setzt disziplinenübergreifende Forschung gerade voraus, dass wissenschaftliche Disziplinen existieren und übergreifende Forschung ist erst möglich, wenn auf die disziplinären Erkenntnisse zurückgegriffen werden kann. Siehe hierzu: Kirste, S. 38; Mathis, Nachhaltige Entwicklung, S. 11.

[11] Jungert, S. 10.

[12] Mathis, Nachhaltige Entwicklung, S. 8; Jungert, S. 10.

in den Hintergrund.[13] Als innerwissenschaftliche Konsequenz werden die Disziplinen und ihre Lösungsansätze zunehmend realitätsfremd.[14] Während gesellschaftliche Probleme immer komplexer werden, betont die wissenschaftliche Entwicklung die Spezialisierung innerhalb einer Disziplin. So klaffen Realität und Wissenschaft immer weiter auseinander.

Auf der anderen Seite birgt eine zu starke Disziplinenorientierung für die Forschenden selbst Risiken, wie Mathis pointiert hervorhebt:

„Immer mehr spezialisierte Forscher wissen immer mehr von immer weniger. Und je mehr das Wissen wächst, desto unwahrscheinlicher wird eine ganzheitliche Erkenntnis der Welt oder auch nur bestimmter Ausschnitte der Welt."[15]

Werden Studierende im Laufe ihrer Ausbildung nicht mit Methoden und Forschungsgegenständen anderer Wissenschaften konfrontiert, werden sie für diese später kaum ein Verständnis entwickeln können.[16] Besonders problematisch ist dies etwa bei der Rechtsetzung; wird nämlich der historische, psychologische oder ökonomische Kontext ausgeblendet und die Erkenntniskraft der eigenen Disziplin überschätzt, kann den angestrebten politischen Zielen in der Regel nur unzureichend Rechnung getragen werden.

II. Disziplinenübergreifende Forschung

1. Ausgangslage

Aus dem Gesagten geht hervor, dass ein disziplinenübergreifender Forschungsansatz besser geeignet ist, um komplexe gesellschaftliche Probleme erfassen zu können. In diesem Sinne ist auch Mittelstraß zu verstehen, wenn er festhält, dass in der Forschung „eine Problemorientierung zunehmend an die Stelle bisheriger Fächer- oder Disziplinenorientierung treten"[17] wird.

Ist die disziplinenübergreifende Forschung dementsprechend die allumfassende Antwort auf komplexe gesellschaftliche Probleme? Offenkundig nein: Es bedarf einer differenzierteren Betrachtungsweise. So werden in der einschlägigen Literatur verschiedene kritische Aspekte der disziplinenübergreifenden Forschung diskutiert. Nachfolgend werden zwei essentielle Herausforderungen herausgegriffen, die von der Mehrheit der Autoren geteilt werden: Einerseits

---

[13] Mittelstraß, S. 75.
[14] Mittelstraß, S. 75.
[15] Mathis, Nachhaltige Entwicklung, S. 6.
[16] Kirste, S. 49.
[17] Mittelstraß, S. 81; unter Rückgriff auf Mittelstraß ist die Forderung nach disziplinenübergreifender Forschung auch bei Mathis zu finden: „Wenn die Wissenschaft sich nicht zu sehr von der Realität entfernen will, muss deshalb eine interdisziplinär ausgerichtete Problemorientierung zunehmend an die Stelle bisheriger Fächer- und Disziplinenorientierung treten.", Mathis, Nachhaltige Entwicklung, S. 8.

(1) die Frage, was unter disziplinenübergreifender Forschung genau zu verstehen ist, andererseits *(2)* die Anforderungen, die an das disziplinenübergreifende Forschen gestellt sind.

2. Inter- vs. Transdisziplinarität

In der Lehre ist umstritten, was unter disziplinenübergreifender Forschung genau zu verstehen ist. Gemeinhin wird zwischen transdisziplinärer und interdisziplinärer Forschung unterschieden. Transdisziplinarität setzt sich bei der Problemanalyse über bestehende disziplinäre Methoden hinweg und bringt eine neue Methode hervor.[18] Bei der Interdisziplinarität werden die Disziplinengrenzen zur Lösung eines Problems zwar aufrechterhalten, die verschiedenen disziplinären Methoden werden aber miteinander verknüpft.[19]

Diese Unterscheidung ist jedoch nicht unantastbar; es werden auch andere Auffassungen vertreten – zuweilen mit deutlichen Abweichungen. So durchbricht beispielsweise Mittelstraß mit seiner Definition die Unterscheidung von Interdisziplinarität und Transdisziplinarität, indem er „echte"[20] Interdisziplinarität mit Transdisziplinarität gleichsetzt. Im Gegensatz dazu verwendet Vollmer Interdisziplinarität als Oberbegriff für alle Formen disziplinenübergreifender Forschung.[21] Eine weitere Differenzierung wird bei ihm nicht vorgenommen. Damit geht die Transdisziplinarität in der Interdisziplinarität auf.

Zuweilen werden auch andere Formen disziplinenübergreifender Forschung eingeführt; etwa die Multi- bzw. Pluridisziplinarität.[22] Da es bei diesen beiden Ansätzen im Kern jedoch nur um einen Abgleich der Forschungsergebnisse zwischen den einzelnen Disziplinen geht, ist es fraglich, ob dabei überhaupt von disziplinenübergreifender Forschung gesprochen werden kann. Wie Kirste treffend festhält, besteht die Verknüpfung lediglich im psychologischen Moment des wechselseitigen Interesses.[23]

Schliesslich werden auch Innendifferenzierungen vorgenommen, welche die Unterscheidung zwischen Trans- und Interdisziplinarität aufweichen. So unterscheidet beispielsweise Heckhausen zwischen sechs Formen der Interdisziplinarität.[24] Erwähnenswert ist dabei die sog. „unifying interdisciplinarity".[25] Sie zeichnet sich durch eine Annäherung oder gar Verschmelzung der disziplinä-

---

[18] Die lateinische Vorsilbe „trans-" (zu deutsch: „jenseits" oder „hinüber") deutet bereits darauf hin.

[19] Mathis, Nachhaltige Entwicklung, S. 9.

[20] Siehe dazu auch: Kirste, S. 55.

[21] Vollmer, S. 48.

[22] Siehe dazu erklärend: Jungert, S. 2 f.; Kirste, S. 57; Mathis, Nachhaltige Entwicklung, S. 8.

[23] Kirste, S. 57.

[24] Heckenhaus, S. 87 ff.; zu weiteren Formen der Interdisziplinarität siehe: Löffler, S. 64 ff.

[25] Heckenhaus, S. 89.

ren Methoden aus.[26] Eine trennscharfe Abgrenzung zur Transdisziplinarität ist damit nicht mehr ersichtlich.[27]

Vor diesem Hintergrund ist es nicht weiter verwunderlich, dass Kockelmans zu folgendem Urteil kommt:

„The literature on interdisciplinarity issues is often confusing. One reason is that the authors who concern themselves with interdisciplinarity do not use a uniform terminology."[28]

Nicolescu geht sogar noch einen Schritt weiter und spricht von einem „War of Definition".[29]

Trotz der dargestellten Abweichungen wird für den weiteren Verlauf dieser Studie an der traditionellen Unterscheidung zwischen Trans- und Interdisziplinarität festgehalten: Interdisziplinarität ist demnach das Zusammenwirken unterschiedlicher Methoden unterschiedlicher Disziplinen zur Lösung eines gesellschaftlichen Problems.[30] Transdisziplinarität ist die Vereinigung unterschiedlicher Methoden unterschiedlicher Disziplinen zu einer neuen Methode zur Lösung eines gesellschaftlichen Problems.[31]

3. Anforderungen an die disziplinenübergreifende Forschung

Eine andere Problematik bezieht sich auf die Anforderungen, die an das disziplinenübergreifende Forschen gestellt sind. In Anlehnung an Vollmer sind folgende drei Aspekte hervorzuheben:

– *Disziplinenübergreifende Forschung erfordert (zu) viel Wissen*
Nicht immer ist die Zeit oder Kapazität vorhanden, um das nötige Fachwissen für erfolgreiche disziplinenübergreifende Forschung zu erarbeiten. Als Folge davon sind die gewonnenen Erkenntnisse aus den ergänzenden Disziplinen viel anfälliger für Irrtümer und verkappte Schlussfolgerungen.[32] Vollmer erklärt dies mit der Selbstüberschätzung der Forschenden und der fehlenden Erkenntnis, dass „man bei interdisziplinären Unternehmungen immer auch Amateur ist".[33] Da in der fachfremden Disziplin nicht alle essentiellen bzw. erkenntnisgewinnenden Fehler gemacht wurden, ist die Gefahr gross, dass diese beim Versuch interdisziplinär zu arbeiten unfreiwillig nachgeholt werden.[34]

---

[26] Heckenhaus, S. 88 f.
[27] Jungert, S. 6.
[28] Kockelmans, S. 123 i. V. m. Jungert, S. 1.
[29] Nicolescu, S. 17.
[30] In Anlehnung an: Kirste, S. 57.
[31] In Anlehnung an: Kirste, S. 58 f.
[32] Vollmer, S. 61.
[33] Vollmer, S. 68.
[34] Vollmer, S. 68.

– *Disziplinenübergreifende Forschung erfordert Vereinfachungen, was zu Verfälschungen führt*
Um sich in relativ kurzer Zeit fachfremde Erkenntnisse anzueignen, sind zwangsläufig Vereinfachungen angezeigt. Vereinfachen heisst aber bis zu einem gewissen Grad immer auch verfälschen.[35] Insbesondere bei komplexen Themen kann aber eine zu starke Vereinfachung der Problemstruktur ein unklares oder gar falsches Bild ergeben.

– *Disziplinenübergreifende Forschung führt zu Verständnisschwierigkeiten und Missverständnissen*
Durch die zunehmende Spezialisierung der Disziplinen nehmen die interdisziplinären Verständigungsprobleme zu, und diese werden grösser, je weiter die Disziplinen voneinander entfernt sind.[36] Solche Verständnisschwierigkeiten können Missverständnissen Vorschub leisten, was disziplinenübergreifende Forschung deutlich erschwert. Aus Missverständnis kann im Extremfall auch Missachtung folgen. Ein selektiver Spezialist kann ihm unbekannte ausserdisziplinäre Konzepte damit nicht nur nicht verstehen, er sieht letztlich auch keine Notwendigkeit für diese.[37]

Die interdisziplinären Herausforderungen, die hier in abstrakter Form präsentiert wurden, werden im folgenden Kapitel konkreter dargestellt: Am Beispiel von Recht und Ökonomik wird aufgezeigt, welche Spannungen zwischen den beiden Disziplinen entstehen können und wie sich diese konkret akzentuieren.[38]

B. Interdisziplinäres Spannungsverhältnis von Recht und Ökonomik

I. Rechtliche und ökonomische Rationalität

Sowohl die Rechtswissenschaft als auch die Ökonomik operieren mit ihren eigenen Methoden, Modellen, Fachsprachen, Gegenständen und Zielen. Kurzum: Beide Disziplinen haben ihre eigene Rationalität. Dies führt unweigerlich zu Spannungen bei der Analyse gleicher Problemfelder sowie bei der Übertragung von Erkenntnissen von der einen in die andere Disziplin.[39] Dieses Verhältnis von Recht und Ökonomik ist insbesondere bedeutsam, da die adäquate Ana-

---

[35] Vollmer, S. 64.
[36] Vollmer, S. 64.
[37] Kirste, S. 49; Vollmer, S. 65.
[38] Dieses Spannungsverhältnis ist auch für den weiteren Verlauf der Studie von Bedeutung. So steht nämlich auch das Wettbewerbsprinzip zwischen Recht und Ökonomik. Siehe hierzu unten: *§ 2.B.IV. Das Wettbewerbsprinzip zwischen Recht und Ökonomik.*
[39] Siehe hierzu unten: *§ 2.B.II. Rechtliche vs. ökonomische Rationalität.*

lyse wirtschaftlicher Phänomene zunehmend fächerübergreifende Forschung verlangt.[40]

Um mögliche Spannungsverhältnisse analysieren zu können, muss aber zunächst dargelegt werden, was die rechtliche und ökonomische Rationalität im Kern ausmacht.

Vorweg ist jedoch darauf hinzuweisen, dass im Rahmen dieser Studie nur einzelne Aspekte herausgegriffen werden, welche die Unterscheidung gut illustrieren. Selbstverständlich sind beide Rationalitäten umfassender und facettenreicher ausgestaltet, als sie hier präsentiert werden. So gibt es sowohl innerhalb der Rechtswissenschaft als auch der Ökonomik verschiedene Schulen und Ansätze, welche die nachfolgenden Eigenschaften nicht oder nur bedingt teilen. Zudem befinden sich die beiden Rationalitäten in einem stetigen Wandel; so können sich Methoden, Modelle oder Ziele im Laufe der Zeit verändern.

1. Rechtliche Rationalität

Die rechtliche Rationalität zeichnet sich unter anderem durch folgende Eigenschaften aus: *(1)* Wertepluralität, *(2)* pragmatischer Methodenpluralismus und *(3)* qualitativ orientierte Forschung.

i) Wertepluralität

Juristen denken in Vielzahl von Werten und Schutzgütern. Die Auseinandersetzung mit Wertekonflikten und Wertewandel ist ein Hauptaspekt juristischer Tätigkeit.[41] Für Wertkonflikte bestehen aber selten klare Vorrangregeln; der Normalfall ist der einzelfallgebundene Abwägungsvorgang. Abwägungen zeichnen sich dadurch aus, dass nicht auf eine strikte Direktive oder ein einziges Metakriterium zurückgegriffen wird.[42] Als Folge ist die Herangehensweise an rechtliche Probleme in der Regel induktiv und nicht deduktiv.[43]

Die Wertepluralität manifestiert sich insbesondere bei der Grundrechtskonformitätsprüfung staatlicher Eingriffe. Sowohl bei der Bewertung zulässiger Ein-

---

[40] In diesem Sinne Jungert: „Da (…) Märkte nach anwendungsbezogenen, verschiedene disziplinäre Ansätze umfassenden Lösungen verlangen, scheint es notwendig, interdisziplinäre Forschung zu forcieren.", Jungert, S. 10; siehe ferner auch: Heinemann, Realität, S. 26; Mathis, Effizienz, S. 18; umgekehrt wird aber auch bei der rechtlichen Analyse zunehmend fächerübergreifende Forschung gefordert. Siehe hierzu unten: *§ 2.B.III. „Law and Economics" als Bindeglied?*.

[41] Heinemann, Realität, S. 23.

[42] Heinemann, Realität, S. 23.

[43] In diesem Sinne auch Lademann: „In Rechtsverfahren ist (…) die Neigung gross, Einzelfälle zu verallgemeinern und Gesetzmässigkeiten gleichende Begründungszusammenhänge anzunehmen.", Lademann, S. 388.

griffsinteressen als auch bei der Verhältnismässigkeitsprüfung können heterogene Werte und Interessen neben- oder gegeneinanderstehen. So anerkennen Lehre und Rechtsprechung verschiedenste Eingriffsinteressen: öffentliche Sicherheit, öffentliche Gesundheit, öffentliche Ruhe, Treu und Glauben im Geschäftsverkehr oder Sittlichkeit. Für die abschliessende Abwägung im Rahmen der Verhältnismässigkeitsprüfung werden sodann die betroffenen privaten und öffentlichen Interessen gegeneinander abgewogen. Für die Bewertung der zulässigen Eingriffsinteressen als auch für die Verhältnismässigkeitsprüfung ist es unerlässlich, verschiedene Schutzgüter voneinander unterscheiden und bewerten zu können.[44]

Trotz dieser Auseinandersetzung mit unterschiedlichen Werten und Schutzgütern ist einem Wert eine hervorgehobene Stellung einzuräumen: Fairness. So kann es als übergeordneter Anspruch der rechtlichen Rationalität betrachtet werden, eine faire Rechtsetzung und Rechtsanwendung zu gewährleisten. Dem Fairnessgedanken ist dabei aber nicht nur im Rahmen der Verfahrensgarantien Rechnung zu tragen (sog. prozessuales Fairnessprinzip), Fairness soll auch als materieller Grundsatz verstanden werden, der das gesamte staatliche Handeln bindet (sog. materielles Fairnessprinzip).[45] So ist auch Wiederkehr zu verstehen, wenn er von „Fairness als eigenständiger Grundsatz rechtsstaatlichen Handelns"[46] spricht. In der Rechtsanwendung äussert sich dies im Gebot sachgerechter Entscheidungsstrukturen, die mit Blick auf die konkreten Umstände und Interessen ein gerechtes Ergebnis gewährleisten. In der Rechtsetzung wird dem Fairnesskriterium Rechnung getragen in dem den rechtsanwendenden Behörden Raum für die Verwirklichung von Einzelfallgerechtigkeit, für die Beachtung des situativen Kontexts, belassen wird. Diese Orientierung an der Einzelfallgerechtigkeit führt, so Wiederkehr, tendenziell zu einer offeneren Normierung der Rechtssätze oder der Statuierung von Härte- und Ausnahmebestimmungen.[47]

ii) Pragmatischer Methodenpluralismus

In der Schweiz greifen Juristen in der Regel auf eine relativ schwach ausgebaute und verengte Methodik zurück; den sog. Methodenpluralismus. Dabei geht es um die Interpretation von Normen und Gesetzestexten im Lichte einer grammatikalischen, systematischen, historischen und teleologischen Auslegung. Ermittelt wird dabei sowohl der objektiv-historische als auch der objektiv-geltungszeitliche Sinn.[48] Basierend auf seiner ständigen Rechtsprechung sieht sich das

---

[44] Für eine instruktive Einführung in die schweizerische Grundrechtsdogmatik siehe: Kiener/Kälin/Wyttenbach, N 1 ff. zu § 9.

[45] Siehe hierzu: Wiederkehr, S. 17 ff.

[46] Wiederkehr, S. 301.

[47] Wiederkehr, S. 302.

[48] Für eine detaillierte Auseinandersetzung mit der juristischen Methodik siehe: Kramer, S. 57 ff.

Schweizerische Bundesgericht jedoch nicht strikt an die einzelnen Auslegungselemente oder an eine bestimmte Reihenfolge gebunden. Es übt vielmehr einen „pragmatischen Methodenpluralismus"[49] aus. Das Gericht kann dadurch relativ frei entscheiden, in welchem Fall es welches Auslegungselement mit welchem Gewicht versieht.

Dieser pragmatische Methodenpluralismus gibt den Gerichten einen signifikanten Entscheidungsspielraum bei der Auslegung, was unter anderem harsche Kritik hervorruft. So wird argumentiert, dass im Endeffekt jedes beliebige Ergebnis gerechtfertigt werden kann. Der Richter kommt damit nicht durch die Anwendung des Methodenpluralismus zum Urteil, sondern rechtfertigt eine bereits intuitiv bestehende Entscheidung über die entsprechenden Auslegungselemente. Darum wird mit Blick auf den pragmatischen Methodenpluralismus zuweilen auch von der „grundsätzlichen Grundsatzlosigkeit"[50] gesprochen.

Ferner bezieht sich diese Methodik der Rechtswissenschaft fast ausschliesslich auf die Gesetzes- oder Normauslegung – insofern hat sie einen sehr verengten Fokus.

Die Kombination von Wertepluralität und pragmatischem Methodenpluralismus verschafft der Rechtswissenschaft aber auch einen oft vernachlässigten Vorteil; ihr ist eine strukturell offene und flexible Haltung gegenüber anderen Disziplinen zu attestieren. Ausserrechtliche Ansätze werden nicht aus dem Grund abgelehnt, weil sie nicht ins strikte methodische Raster oder in die Modellstruktur passen. Letztlich müssen die jeweiligen Ansätze im juristischen Diskurs lediglich argumentativ überzeugen. In diesem Sinne ist auch Müller und Christensen zu verstehen, wenn sie juristische Methodik als „Sachlogik"[51] beschreiben. Dies setzt jedoch voraus, dass das Argument in die rechtliche Rationalität transformiert werden kann.[52] Darüber hinaus sagt die strukturelle Offenheit nichts über die Bereitschaft aus, disziplinenfremde Ansätze auch tatsächlich in die rechtliche Rationalität zu integrieren.[53]

iii) Qualitativ orientierte Forschung

Bis anhin wurde die Rechtswissenschaft ausschliesslich aus dem Blickwinkel von Gesetzesauslegung und -anwendung betrachtet. Die juristische Forschung erschöpft sich jedoch nicht in dieser Tätigkeit. So machen beispielsweise auch die Ausarbeitung und Analyse von Gesetzes- bzw. Normvorschlägen einen signifikanten Teil der juristischen Tätigkeit aus. Rechtswissenschaftler adressieren somit nicht nur Fragen, wie Normen und Gesetze angewendet oder ausgelegt

---

[49] Anstelle vieler: BGE 139 III 491 (493).
[50] Siehe dazu bereits: Meier-Hayoz, S. 173.
[51] Müller/Christensen, Nr. 3.
[52] Siehe dazu unten: *§ 2.B.III.3.iii) Angemessene Respektierung der Disziplinengrenzen.*
[53] Siehe dazu: Mathis, Effizienz, S. 14 ff.

werden, sondern auch, ob und wie diese erlassen, revidiert oder aufgehoben werden sollen.[54]

Letztere Fragen können jedoch nicht – oder zumindest nicht ausschliesslich – mit Hilfe der traditionellen juristischen Methodik beantwortet werden. Um adäquate Lösungsvorschläge auszuarbeiten, ist die Rechtswissenschaft auf die Methodik anderer Sozialwissenschaften angewiesen.[55] Besonders vielversprechend scheint in diesem Zusammenhang der Rückgriff auf die sog. qualitative Sozialforschung zu sein.[56] Die folgende Definition von Sandelowski gibt einen guten Anhaltspunkt, was unter qualitativer Forschung zu verstehen ist:

„Qualitative research is an umbrella term for an array of attitudes towards and strategies for conducting inquiry that are aimed to discovering how human beings understand, experience, interpret, and produce the social world."[57]

Qualitative Forschung stellt folglich keinen homogenen Methodenansatz dar. Was jedoch alle qualitativen Forschungsformen eint, ist die offene Zugangsweise zum jeweiligen Forschungsgegenstand. In Anlehnung an Hammersley kann zwischen sechs essentiellen Eigenschaften der qualitativen Forschung unterschieden werden: *(1)* flexibler und induktiver Zugang, *(2)* Verarbeitung von verhältnismässig unstrukturierten Daten, *(3)* Hervorhebung der sozialen und persönlichen Eigenschaften des Forschenden, *(4)* Analyse der natürlichen und nicht der laboratorischen Verhaltensweisen, *(5)* kleine Anzahl von Fallanalysen, *(6)* keine statistische Analyse, sondern verbale Interpretation von Daten.[58]

Qualitative Forschung bietet sich gerade in komplexen gesellschaftlichen Themenbereichen an, die sich der klaren Isolierung von Ursache und Wirkung, der sauberen Operationalisierung von theoretischen Zusammenhängen sowie der Messbarkeit und Quantifizierung entziehen.[59] In diesem Zusammenhang wird qualitativer Forschung mehr das Ziel „Verstehen von Prozessen" zugeschrieben und weniger „Erklären von Strukturen".[60] Als konkrete Untersuchungsmethoden werden Interviews, Beobachtungsstudien und Dokumentanalysen herangezogen.[61]

---

[54] Gemäss Bear kann dabei von der systematischen Beschreibung der „Welt des Rechts" gesprochen werden, die sich nicht in der Auslegung von Rechtsnormen erschöpft. Siehe dazu: Baer, N 1 zu § 10.

[55] Baer, N 3 zu § 10.

[56] Es ist darauf hinzuweisen, dass die Unterscheidung zwischen qualitativer und quantitativer Forschung nicht trennscharf ist. Insbesondere der sozialwissenschaftliche Methodenstreit der 1960er Jahre macht deutlich, wie komplex und vielschichtig die diesbezügliche Diskussion ist. Siehe hierzu ferner auch: von Kardorff, S. 4.

[57] Sandelowski, S. 893.

[58] Hammersley, S. 12 ff.

[59] Flick, Qualitative Sozialforschung, S. 23 f. und S. 26.

[60] Siehe dazu etwa: Raithel, S. 11 f.

[61] Siehe dazu: Webley, S. 936 ff.

In der Rechtswissenschaft wird überwiegend letztere Untersuchungsmethode angewandt. So werden Gerichtsurteile oder behördliche Dokumente analysiert und bewertet. Nach Webley handelt es sich dabei um eine sog. „qualitative document analysis", wobei die generierten Daten im Rahmen einer sog. „classical content analysis" ausgewertet werden:[62]

„Content analysis has wide application. It can be used to examine the nature and frequency of particular types of legal phenomena within press reports or legal cases, or to consider the content of interviews or policy documents. (…) Content analysis can be descriptive, delineating the codes and the relationship between them, but it may also be used to explain or to develop a theory or theories."[63]

Wenn die Dokumentanalyse jedoch nicht selbst vorgenommen wird, sondern auf bereits bestehende Datensätze aufbaut, spricht man von einer sog. Sekundäranalyse.[64] Diese Sekundäranalysen machen einen nicht zu unterschätzenden Teil juristischer Forschungstätigkeit aus; so werden bereits verarbeitete Daten aus Fachzeitschriften, Monographien oder Sammelbandbeiträgen aufgegriffen, bewertet und auf neue Problembereiche angewendet. Zuweilen wird in diesem Kontext auch von sog. „kompilatorische[r] Arbeit"[65] gesprochen. Dieser meist negativ konnotierte Begriff macht die Grenzen des rechtswissenschaftlichen Rückgriffs auf die qualitative Sozialforschung ersichtlich. Der qualitative Ansatz wird nämlich vorwiegend im Kontext empirischer Forschungstätigkeit verwendet. Zugegebenermassen ist eine strenge systematische Abgrenzung zwischen empirischer und nicht-empirischer Forschung schwierig.[66] Dennoch ist es fraglich, ob im Rahmen einer Dokumentanalyse wirklich von empirischer Forschung gesprochen werden kann.[67] Ein sehr weites Empirieverständnis hätte nämlich zur Folge, dass die Unterscheidung von Empirie und Theorie dahinfallen würde. Dies wird offensichtlich, wenn man berücksichtigt, dass sich hinter einer sekundären Dokumentanalyse zumeist nichts anderes verbirgt als eine traditionelle Literaturstudie. Folglich wäre beinahe die gesamte juristische Forschungstätigkeit von empirischem Charakter. Ein solches Verständnis von rechtswissenschaftlicher Forschung scheint jedoch nicht sachgemäss. Insbesondere wenn man bedenkt, dass gerade die kontinentaleuropäische Rechtstradition mehrheitlich kritisch zur empirischen Tatsachenforschung steht.[68] Es scheint daher angemessener, von qualitativ orientierter bzw. theoretisch-qualitativer Forschung zu sprechen.

---

[62] Siehe dazu ausführlich: Webley, S. 936 ff.

[63] Webley, S. 941.

[64] Flick, Sozialforschung, S. 129 f.

[65] Hug/Poscheschnik, S. 33.

[66] Letztlich hängt dies aber von der Auslegung des Empiriebegriffs ab; Baer, N 15 zu § 10; Hug/Poscheschnik, S. 34.

[67] Siehe dazu: Webley, S. 927.

[68] Siehe hierzu unten: *§ 2.B.II.2. Umgang mit Empirie.*

Unter Berücksichtigung der drei charakteristischen Merkmale lässt sich zusammenfassend sagen, dass sich die rechtliche Rationalität durch pragmatische, induktive und qualitativ orientierte Herangehensweisen sowie Problemlösemechanismen auszeichnet.

2. Ökonomische Rationalität

Die ökonomische Rationalität ist massgeblich von der neoklassischen Ökonomik geprägt[69] und zeichnet sich unter anderem durch folgende Eigenschaften aus: *(1)* Knappheits- und Effizienzprämisse, *(2)* formalistisches Modelldenken und *(3)* quantitativ orientierte Forschung.

i) Knappheits- und Effizienzprämisse

Unter Knappheit versteht der Ökonom, dass die zur Verfügung stehenden Ressourcen beschränkt sind, sodass zur Bedürfnisbefriedigung Entscheidungen erforderlich sind.[70] Aus ökonomischer Perspektive unterliegt das gesamte menschliche Leben dem unüberwindbaren Knappheitsfaktor Zeit. In diesem Sinne hat jede Aktion – einschliesslich des Nichtstuns – sog. Opportunitätskosten, die man unausweichlich zu tragen hat. Daher rührt auch der Ausspruch: „There is no such thing like a free lunch".[71] Es bestehen immer Opportunitätskosten, sie können je nach individuellen Bedürfnissen lediglich höher oder tiefer sein.

Die Effizienzprämisse ist eng mit der beschriebenen Knappheitsprämisse verknüpft; das Effizienzkriterium bietet nämlich eine Antwort auf die Frage, wie knappe Ressourcen zuzuteilen sind.[72] Dazu kann auf das freiwilligkeitsbasierende Paretokriterium oder aber auf das mit Zwang verbundene Kaldor-Hicks-Kriterium zurückgegriffen werden.[73] Unbesehen dieser Unterscheidung kommt in der traditionellen Wohlfahrtsökonomik dem Effizienzkriterium eine überragende Stellung zu; jede ökonomische Handlung wird letztlich an diesem Kriterium gemessen.[74]

---

[69] Siehe hierzu unten: *§ 4.B.II.1. Neoklassik: vollkommener Wettbewerb.*

[70] Mathis, Effizienz, S. 22.

[71] So entstehen auch Opportunitätskosten, wenn man ein Abendessen kostenlos offeriert bekommt, da es einerseits, je nach Bedürfnis, sinnvoller sein kann, die dafür investierte Zeit anders einzusetzen – etwa für das Studium oder für das Fitnesstraining. Wenn jedoch Hunger das grösste Bedürfnis darstellt, so hat man dennoch mit einem Teil seiner Lebenszeit „bezahlt".

[72] Siehe dazu grundlegend: Posner, Economic Analysis of Law, S. 13 ff.

[73] Für eine ausführlichere Auseinandersetzung mit dem Effizienzkriterium, siehe unten: *§ 2.B.I.2.i) Knappheits- und Effizienzprämisse.*

[74] So auch: Heinemann, Realität, S. 23.

ii) Formalistisches Modelldenken

Im Gegensatz zur Rechtswissenschaft kann die Ökonomik auf eine stark ausgebaute Methodik zurückgreifen, die sich durch ein ausgeprägt formalistisches
Modelldenken auszeichnet. Die Modelle fussen dabei auf klar definierten Ver-
haltensprämissen sowie normativen Prämissen. Zu denken ist etwa an das Verhaltensmodell des „homo oeconomicus".[75] Im Zusammenhang mit den Ver-
haltensprämissen wird ferner strikt zwischen Präferenzen und Restriktionen
unterschieden. Letztere beschreiben die äusseren Anreize des Menschen, die
Präferenzen hingegen die inneren Beweggründe. Die ökonomischen Verhaltensmodelle versuchen nun, Verhaltensänderungen ausschliesslich als Reaktion
auf äussere Reize zu verstehen. Die Präferenzen werden dahingegen als konstant angenommen – zumindest kurzfristig.[76]

Durch diese klar definierten Modellstrukturen lassen sich Lebenssachverhal-
te in ökonomischen Modellen operationalisieren, quantifizieren und mathe-
matisieren. Als Konsequenz dieser formalisierten Methodik erfolgt die Herangehensweise an Probleme traditionell deduktiv.[77] Die analytische Denkweise,
die methodische Klarheit, der hohe Formalisierungsgrad, aber auch ihre Bedeutung für die Lösung gesellschaftlicher Fragen brachten der Ökonomik den
rühmlichen Beinamen „Königin der Sozialwissenschaften"[78] ein.

iii) Quantitativ orientierte Forschung

Traditionell werden die ökonomischen Erkenntnisse im Rahmen der quantitativen Sozialforschung generiert. Diese Hinwendung zur quantitativen Forschung
wird insbesondere durch das formalistische Modelldenken begünstigt. In diesem Sinne auch Lenger und Kruse:

„Insgesamt zeigt die Erhebung, dass das wirtschaftswissenschaftliche Feld insbesondere
von einem naturwissenschaftlich-deduktiven Wissenschaftsverständnis geprägt ist. Empirische Arbeiten in der Ökonomik sind hauptsächlich quantitativ (...). Bereits an dieser
Stelle kommt die Dominanz des quantitativen Paradigmas deutlich zum Vorschein."[79]

Nach Raithel zeichnet sich die quantitativ orientierte Forschung dadurch aus,
dass Hypothesen über Zusammenhänge zwischen verschiedenen Variablen an
der Realität überprüft werden.[80] Letztlich soll somit eine Abbildung des empirischen Relativs (Erfahrungstatsachen) auf ein numerisches Relativ (Zahlen),

---

[75] Siehe hierzu unten: *§ 6.A. I.1. Effektbasiertes Wettbewerbsverständnis.*
[76] Siehe dazu: Mathis, Effizienz, S. 26 f.
[77] Wobei die ökonomische Modellfortbildung heute vermehrt wieder empirisch-induktiv
erfolgt. Siehe hierzu unten: *§ 2.B.II.2. Umgang mit Empirie.*
[78] Siehe dazu kritisch: Frey, Volkswirtschaftslehre, S. 5.
[79] Lenger/Kruse, S. 117 f.
[80] Raithel, S. 7.

unter der Zuhilfenahme geeigneter mathematisch statistischer Verfahren, möglich werden.[81]

In Anlehnung an Hammersley kann zwischen sechs essentiellen Eigenschaften der quantitativen Forschung unterschieden werden: *(1)* Testen von Hypothesensets, *(2)* Verwendung numerischer Daten, *(3)* prozedurale Objektivität, *(4)* Generalisierungen, *(5)* Identifizierung systematischer Assoziationsmuster, *(6)* Betonung und Kontrolle von Variablen.[82]

Vor diesem Hintergrund wird auch von der harten quantitativen Forschung gesprochen, der – im Kontrast zur weichen qualitativen Forschung – mehr das Ziel „Erklären von Strukturen" und weniger „Verstehen von Prozessen" zugeschrieben wird.[83]

Unter Berücksichtigung der drei charakteristischen Merkmale lässt sich zusammenfassend sagen, dass sich die ökonomische Rationalität durch formalisierte, deduktive und quantitativ orientierte Herangehensweisen sowie Problemlösemechanismen auszeichnet.

II. Rechtliche vs. ökonomische Rationalität

Nachfolgend wird aufgezeigt, wie sich Spannungen zwischen rechtlicher und ökonomischer Rationalität akzentuieren können.[84]

1. Umgang mit disziplinenfremden Kriterien

Anhand des Fairness- und Effizienzkriteriums ist aufzuzeigen, wie disziplinenfremde Kriterien von der Rechtswissenschaft und der Ökonomik in der Regel marginalisiert oder gänzlich verdrängt werden.

i) Fairness in der Ökonomik

Im Gegensatz zur Rechtswissenschaft, die sich intensiv mit Fairness auseinandersetzt, bildet das Fairnesskriterium in den traditionellen ökonomischen Theorien eine, zuweilen störende, Randerscheinung.[85] Dies ist dem Umstand geschuldet, dass das Fairnesskonzept von der ökonomischen Rationalität nur

---

[81] Raithel, S. 7.

[82] Hammersley, S. 10 f.

[83] Von Kardorff, S. 4; Raithel, S. 11 f.; schliesslich ist darauf hinzuweisen, dass bis heute eine kontroverse Debatte geführt wird, ob es zielführender ist, empirische Forschung im qualitativen oder quantitativen Sinne zu betreiben. Je nach Ausrichtung verändert sich die Erhebung von bzw. der Umgang mit empirischen Daten. Siehe dazu: Lamnek/Krell, S. 19 ff.

[84] Es ist jedoch wiederum darauf hinzuweisen, dass sich die Spannungsfelder nicht trennscharf abgrenzen lassen. Zwischen den einzelnen Feldern bestehen verschiedenste Interdependenzen.

[85] Was jedoch nicht heisst, dass die Rechtswissenschaft ein einheitliches oder allumfassendes Konzept von Fairness bereitstellt.

bedingt gefasst und damit schlecht quantifiziert werden kann.[86] Weiter gestaltet sich das Verhältnis des Fairness- zum Effizienzkriterium als schwierig; sowohl die Paretoeffizienz als auch die Kaldor-Hicks-Effizienz weisen keine direkten Berührungspunkte zum Fairnesskriterium auf.[87]

Der nur mangelhaften analytischen Fassbarkeit des Fairnesskriteriums liegt im Kern eine grundsätzlichere Problematik zugrunde; namentlich die Marginalisierung intrinsischer Motivationen. Wie oben bereits ausgeführt, versteht das ökonomische Standardmodell Verhaltensänderungen ausschliesslich als Reaktion auf äussere Reize. Intrinsische Motivationen, wie Selbstbestimmung, Selbstwertgefühl oder eben Fairness, haben dahingegen nur eine periphere Erklärungskraft.[88]

ii) Effizienz im Recht

Trotz der Wertepluralität lassen sich auch im Recht Marginalisierungen und Verdrängungen ausserrechtlicher Kriterien beobachten. Als prominentes Beispiel ist das Effizienzkriterium anzuführen. Anschaulich ist in diesem Zusammenhang die Kritik von Wright mit Blick auf Effizienzüberlegungen im Haftpflichtrecht:

„Although some scholars once asserted that this aggregate-risk-utility definition of negligence is consistent with the principles of justice, almost all of them now acknowledge that it is a transparent implementation of the basic principles of utilitarianism and its modern offshoot, economic efficiency theory, and as such is in direct conflict with the principles of justice."[89]

Wright sieht nicht nur keine Berührungspunkte von ökonomischen Effizienzüberlegungen mit der rechtlichen Auffassung von Gerechtigkeit, sondern er hält fest, dass sich Effizienz und Gerechtigkeit geradezu ausschliessen.[90]

Traditionell werden Effizienzüberlegungen insbesondere in der deutschsprachigen Rechtsliteratur kritisch betrachtet.[91] Die Kritik ist zumeist sachlich formuliert, in ihrer Botschaft aber eindeutig: Dem Effizienzkriterium soll im Recht, wenn überhaupt, nur eine marginale Rolle zukommen. In diesem Sinne sind

---

[86] In diesem Sinne auch Fikentscher/Hacker/Podszun: „Another reason for this blind spot in economic policy may be found in a preoccupation of economic theory with numbers: economists are much better in measuring quantities than in assessing quality. Unfairness (...) is hard to put in figures and models, since normative value judgments become necessary.", Fikentscher/Hacker/Podszun, S. 78.

[87] Indirekte Berührungspunkte bestehen dahingegen schon. Siehe dazu: Mathis, Effizienz, S. 230 ff.

[88] Siehe hierzu oben: *§ 2.B. I.2.ii) Formalistisches Modelldenken*.

[89] Wright, S. 146.

[90] Dies ist aber eine Pauschalisierung, die jeglicher Grundlage entbehrt. Siehe deutlich differenziert: Eidenmüller, S. 273 ff.; Mathis, Effizienz, S. 230 ff.

[91] M. w. V.: Gelter/Grechenig, S. 31.

auch Koziol, Welser und Kletečka zu verstehen, wenn sie festhalten, dass „Effizienz (...) nicht primär bedeutsam sein" kann, „weil nicht zu leugnen ist, dass die Rechtsordnung in hohem Masse auch immaterielle Werte berücksichtigt".[92] Die Autoren verkennen dabei jedoch, dass im Rahmen des Effizienzkriteriums immaterielle Werte durchaus berücksichtigt werden können. Dazu müssen den immateriellen Werten lediglich Geldwerte zugeschrieben werden. Dies ist auch in der rechtlichen Rationalität nichts Ungewöhnliches: So kann der Richter immateriellen Werten – etwa bei Persönlichkeitsverletzungen – einen monetären Wert zuordnen. Alleine durch die Zuordnung eines monetären Wertes würde aber niemand zum Schluss gelangen, Richter würden immaterielle Werte nicht berücksichtigen.[93] Eine für europäische Verhältnisse besonders scharfzüngige Kritik an ökonomischen Effizienzüberlegungen im Recht findet sich bei Gauch. So hält er fest, dass man zu einem „Recht ohne Qualität" gelangt, wenn man beginnt, „das Recht in wirtschaftliche Daten aufzulösen".[94] Was letztlich bleibe, sei die „schiere Wertlosigkeit".[95]

Diese pauschalisierten Betrachtungsweisen lassen die Effizienz, ein Kernbegriff der Ökonomik, zuweilen als weissen – oder zumindest grauen – Fleck auf der rechtswissenschaftlichen Landkarte erscheinen.

2. Umgang mit Empirie

Vorweg ist festzuhalten, dass die Debatte zu den Möglichkeiten und Grenzen empirischer Forschung komplex und vielschichtig ist. Insgesamt ist sie in einem grösseren Kontext zu betrachten, namentlich vor dem Hintergrund, wie der Mensch zu Wissen bzw. Erkenntnis gelangt. Vereinfacht gesagt stehen sich dabei zwei idealtypische Ansätze gegenüber: Empirismus und Rationalismus. Im Zentrum steht die Frage, ob die Quelle unseres unmittelbaren Wissens in der Erfahrung oder der Vernunft liegt. Der Empirismus favorisiert ersteres, der Rationalismus letzteres. In diesem Spannungsfeld ist auch der in den 1960er Jahren ausgetragene Positivismusstreit um Karl Popper und Theodor Adorno zu verorten. Diese wissenschaftliche Debatte hat die Sozialwissenschaften nachhaltig geprägt – und damit auch die Ökonomik. Ganz allgemein lässt sich sagen, dass der erfahrungsbasierte Empirismus eng mit der Methode der Induktion

---

[92] Koziol/Welser/Kletečka, 13. Aufl., S. 21; jedoch ist auch hier ein gewisser Lernprozess zu beobachten. So nehmen die Autoren in der 14. Auflage von 2014 eine etwas differenziertere Position bezüglich ökonomischer Argumente im Recht ein. Siehe dazu: Koziol/Welser/Kletečka, 14. Aufl., Nr. 81 ff.

[93] In diesem Sinne ist es eine problematische Behauptung, dass im Rahmen der Effizienz ausschliesslich materielle Werte berücksichtigt werden. Eine berechtigte Kritik ist dahingegen, dass der Messbarkeit einen zu grossen Stellenwert eingeräumt wird. Siehe hierzu: Stucke, Happiness, S. 2607.

[94] Gauch, S. 2.

[95] Gauch, S. 2.

verbunden ist, wohingegen der vernunftbasierte Rationalismus sich an der Methode der Deduktion orientiert. Es ist jedoch anzufügen, dass es sich hierbei um zwei Extrempole handelt, die sich in der wissenschaftlichen Praxis kaum in Reinform wiederfinden. So spricht sich beispielsweise Popper im Rahmen seines kritischen Rationalismus dafür aus, dass die aus der menschlichen Vernunft entstandenen Theorien und die daraus deduzierten Hypothesen sowohl einer logischen als auch einer empirischen Überprüfung zu unterziehen sind. Damit hat auch bei Popper die Empirie ihren (untergeordneten) Platz: Im Gegensatz zum empirisch- induktiven Weg stellt die Empirie im kritischen Rationalismus nicht den Baustein der Theorie, sondern deren Prüfstein dar. Der Umgang mit Empirie bezieht sich damit letztlich auf die Frage nach der Bedeutung der erfahrungsbasierten Tatsachenforschung.[96]

Nachfolgend ist zu erörtern, welche Bedeutung die Empirie in der Ökonomik und im Recht hat.

i) Empirie in der Ökonomik

Generelle Aussagen betreffend empirischer Forschung in der Ökonomik sind mit Vorsicht zu geniessen. So gibt es verschiedene ökonomische Schulen und Ansätze, die nicht alle den gleichen Zugang zur Empirie aufweisen. Dennoch lassen sich gewisse allgemeine Tendenzen feststellen.

Empirische Untersuchungen haben in der Ökonomik eine relativ lange Tradition. Bereits Anfang des 20. Jahrhunderts wurden im Rahmen der sog. Ökonometrie ökonomische Theorie, mathematische Modelle sowie statistische Daten zusammengeführt, um wirtschaftstheoretische Modelle empirisch zu überprüfen und ökonomische Phänomene quantitativ zu analysieren.[97] Im Rahmen der vorherrschenden neoklassischen Ökonomik wird Empirie insbesondere im Sinne eines Prüfsteins verwendet – womit sich die Neoklassik am kritischen Rationalismus von Popper orientiert. Es geht also vorwiegend darum, nach der Phase der Theorienbildung die daraus abgeleiteten Hypothesen empirisch zu prüfen.[98]

Seit rund 20 Jahren zeichnet sich jedoch eine Neuorientierung ab: Im Zuge der Verhaltensökonomik verschiebt sich der Forschungsschwerpunkt zunehmend zu einer empirisch-induktiven Methode.[99] Dabei werden empirische Erkenntnisse nicht mehr als Prüfstein, sondern als Baustein für eine ökonomische Theorienbildung verwendet.[100]

---

[96] Siehe zum Ganzen: Schnell/Hill/Esser, S. 83 ff.; Borchert/Goos/Strahler, S. 9 ff.; Kromrey/Roose/Strübing, S. 15 ff.

[97] Siehe dazu: Assenmacher, S. 7 ff.

[98] Eine Verifizierung ist gemäss dem kritischen Rationalismus nicht möglich, da Empirie nie den Beweis der Richtigkeit erbringen kann.

[99] Siehe hierzu unten: *§ 6.A.II. Grundlagen der Verhaltensökonomik.*

[100] Siehe dazu exemplarisch etwa die empirischen Arbeiten von: Fehr/Gächter, Fairness, S. 159 ff.; vergleiche dazu: Eberhard, S. 34.

ii) Empirie im Recht

Insbesondere in der kontinentaleuropäischen Rechtslandschaft wird empirische Forschung traditionell kritisch betrachtet.[101] Die Rechtswissenschaft versteht sich in erster Linie als Normwissenschaft und Tatsachen sind „zunächst einmal gar nicht die Domäne des Rechts".[102] Altwicker spricht kritisch vom „traditionellen Ignorieren empirischer Argumente und Methoden"[103] in der Rechtswissenschaft.

Exemplarisch dazu kann auf den pamphletischen Aufsatz „*Von einem neuerdings erhobenen empiristischen Ton in der Rechtswissenschaft*"[104] von Augsberg verwiesen werden. Im Kern wehrt sich der Autor gegen die Vorstellung einer „Empirie an sich"[105] und zieht somit die epistemologischen Prämissen empirischer Rechtsforschung in Zweifel. Augsberg kritisiert den „antimetaphysischen Gestus"[106] im Umgang mit empirischen Daten und lehnt den direkten Transfer solcher Daten ins Rechtssystem ab. Er fordert stattdessen „eine Erkenntnistheorie, die speziell auf das juristische Feld und seine eigenartigen Zwecksetzungen und Problemstellungen zugeschnitten ist".[107] Mit dieser Forderung gehen jedoch zwei kritische Aspekte einher: Erstens zeigt er keine wirkliche Alternative im Umgang mit empirischen Daten auf. Damit bietet Augsbergs Kritik an der konstruierten Empirie keine fruchtbare Basis für die Umstrukturierung moderner empirischer Forschungsmethoden.[108] Letztlich lässt es der Autor offen, was aus dem Umstand, dass empirische Erkenntnisse nie die Wirklichkeit abbilden, sondern diese nur beschreiben können, konkret abzuleiten ist. Auch seine diesbezüglichen Verweise auf Ladeur oder Rheinberger liefern keine praktischen Erkenntnisgewinne.[109] Augsbergs Kritik verharrt somit auf einer Metaebene. Zweitens ist die Erkenntnis, dass die Empirie nur Realitätsbeschreibung umfasst und somit nie die objektive und wertfreie Wirklichkeit abbilden kann, in der Methodenlehre nicht neu. Der wiederhol-

---

[101] Selbst in der Rechtssoziologie lässt sich eine gewisse Skepsis gegenüber den empirischen Methoden beobachten. Siehe hierzu dediziert: Estermann, S. 5 ff.

[102] Mastronardi, Nr. 679.

[103] Altwicker, S. 61.

[104] *Ino Augsberg, Von einem neuerdings erhobenen empiristischen Ton in der Rechtswissenschaft*; Oder etwas versöhnlicher: Augsberg, Rechtswirklichkeiten, S. 71 ff.; sowie: Teubner, S. 115 ff.

[105] Augsberg, empiristischer Ton, S. 125.

[106] Augsberg, empiristischer Ton, S. 122.

[107] Augsberg, Rechtswirklichkeiten, S. 88.

[108] Augsberg, empiristischer Ton, S. 125.

[109] So ändert der Hinweis auf Ladeur, der den normativen Gehalt des rechtlichen Kausalitätsbegriffs hervorhebt, nichts daran, dass empirische Erkenntnisse unabdingbar sind, um komplexe Kausalzusammenhänge nachweisen zu können. Siehe dazu: Augsberg, empiristischer Ton, S. 125 i. V. m. Ladeur, S. 15 ff.; ferner liefert auch der Verweis auf Rheinberger keine praktischen Erkenntnisgewinne. Siehe dazu: Augsberg, Rechtswirklichkeiten, S. 88 (Fn. 69) i. V. m. Rheinberger, S. 109 f.

te Hinweis ist untadelig; dennoch lässt sich daraus nicht ableiten, dass von der heutigen Form empirischer Forschung ganz grundsätzlich Abstand zu nehmen ist. Moderne empirische Forschung versucht offen mit ihren epistemologischen und normativen Grenzen umzugehen.[110] Ferner können die Möglichkeiten und Grenzen empirischer Tatsachenforschung im Recht nur dann angemessen bewertet werden, wenn sich die Rechtswissenschaft mit empirischer Forschung auseinandersetzt. In diesem Sinne ist auch Hamann zu verstehen:

„Juristen dürfen und müssen empirische (…) Argumente zwar hinterfragen, aber nur durch ernst- und gewissenhafte Methodenkritik, nicht durch gewohnheitsmässige Vermeidung."[111]

Diese Ansicht teilt Petersen, der in seinem Aufsatz *„Braucht die Rechtswissenschaft eine empirische Wende?"*[112] darlegt, dass auch in der Rechtswissenschaft empirische Forschung notwendig ist.[113] So gesehen nimmt er eine Gegenposition zu Augsberg ein.[114] Petersen betont, dass alle normativen Modelle sowie deren konkrete Anwendung empirisch bedingt sind, zumindest bis zu einem gewissen Grad.[115] So können normative Aussagen grundsätzlich nicht ohne Kenntnis der Wirklichkeit getroffen werden. In gleicher Weise ist auch Lademann zu verstehen, wenn er vom „empirischen Begründungszusammenhang"[116] bei Werturteilen spricht. In diesem Sinne bedingt das Sollen das Sein und die Empirie gibt den theoretischen Modellen den „nötigen Bodenkontakt".[117] Petersen plädiert jedoch nicht für einen Paradigmenwechsel in der Rechtswissenschaft, sondern fordert lediglich eine offenere Haltung gegenüber empirischer Forschung – unter Respektierung der normativ-theoretischen Grenzen der Disziplin.[118]

Ein bedeutender Einfluss ist den empirischen Daten insbesondere in der Rechtsprechung zu attestieren. Denn es besteht eine problematische Tendenz, wie Petersen richtig hervorhebt, dass Gerichte empirische Befunde selbst deuten.[119] Dies kann gefährliche Konsequenzen haben:

---

[110] Siehe dazu exemplarisch: Engel, verhaltenswissenschaftliche Analyse, S. 387 ff.; Streit, S. 224 ff.; Hamann, S. 1 ff.

[111] Hamann, S. 2.

[112] *Niels Petersen, Braucht die Rechtswissenschaft eine empirische Wende?.*

[113] Vom Aufbau her wird das Pferd vorliegend von hinten aufgezäumt: Augsberg verfasste eigentlich eine Replik zu Petersens Aufsatz.

[114] Bei genauerer Betrachtung liegen die Positionen von Augsberg und Petersen gar nicht so weit auseinander. Beide Autoren lehnen eine „blinde" Übertragung empirischer Erkenntnisse in die rechtliche Rationalität ab. Der Konflikt ist somit nicht von grundsätzlicher sondern vielmehr von gradueller Natur.

[115] Petersen, empirische Wende, S. 436.

[116] Lademann, S. 383.

[117] Petersen, empirische Wende, S. 439.

[118] Petersen, empirische Wende, S. 455.

[119] Petersen, empirische Wende, S. 447.

„(…) dass sich Juristen ohne nähere Kenntnis empirischer Methodik nicht die empirische Deutungshoheit über soziale Fakten anmassen sollten. Vielmehr sind in den Sozialwissenschaften Methoden und Regeln entwickelt worden, die Aufschluss darüber geben, inwieweit aus faktischen Beobachtungen auf das Bestehen allgemeiner Gesetzmässigkeiten gefolgert werden kann. Blendet man dies in der juristischen Argumentation aus, stützt man seine Entscheidungen möglicherweise auf Befunde ohne ausreichende Validität und liegt damit auch in seinen normativen Wertungen schnell falsch."[120]

Ein anschauliches Beispiel für die Notwendigkeit empirischer Kenntnisse in der Rechtsprechung bietet die Adäquanztheorie, die vom Schweizerischen Bundesgericht für die Bewertung von Kausalzusammenhängen herangezogen wird. Die traditionelle Formulierung „nach dem gewöhnlichen Lauf der Dinge und der allgemeinen Lebenserfahrung"[121] impliziert, dass die Gerichte nicht ausschliesslich auf die „Conditio Sine Qua Non"-Formel[122] der natürlichen Kausalität abstellen. Es ist folglich eine normative Wertung, was das Gericht noch als kausal betrachtet. Dennoch: Eine angemessene normative Bewertung des Kausalzusammenhangs kann nicht im erkenntnisfreien Raum erfolgen. Bei der rechtlichen Beurteilung des Kausalzusammenhangs ist der Richter zwingend auf wissenschaftliche Erkenntnisse angewiesen. Wie Petersen treffend festhält, ist eine Entscheidung, die empirische Erkenntnisse nicht berücksichtigt, letztlich auch normativ stossend.[123] Deutlich wird dies insbesondere bei naturwissenschaftlichen Zusammenhängen: So hält beispielsweise Frei fest, dass die Frage, ob eine Asbestbelastung zu Lungenkrebs geführt hat, nur dann schlüssig beantwortet werden kann, „wenn sichere Erkenntnisse über diesen Wirkungszusammenhang bestehen".[124] Dieser Wirkungszusammenhang ist nichts anderes als das empirische Wissen über Geschehensabläufe. Das Gericht kann mögliche Haftungsansprüche nur dann prüfen, wenn empirisch geklärt ist, inwieweit ein Kausalzusammenhang zwischen Asbesteinwirkung und Lungenkrebs besteht.[125]

---

[120] Petersen, empirische Wende, S. 451; in ähnlicher Weise argumentiert auch Lademann, wenn er davor warnt, dass Gerichte „willkürlich" entscheiden. Siehe hierzu: Lademann, S. 383.

[121] Siehe anstelle vieler: BGE 142 IV 237 (244).

[122] Wörtlich übersetzt sagt diese Formel „Bedingung ohne die nicht" und hat in Bezug auf den rechtlichen Kausalzusammenhang folgende Bedeutung: Als natürliche Ursache gilt jede Handlung, die nicht hinweggedacht werden kann, ohne dass auch deren Erfolg entfiele.

[123] Petersen, empirische Wende, S. 451.

[124] Siehe dazu: Frei, Nr. 67.

[125] Dies setzt im Endeffekt voraus, dass Juristen in der Lage sind, empirische Daten richtig zu lesen und angemessen zu bewerten. Siehe dazu etwa: Altwicker, S. 63 f.; Petersen, empirische Wende, S. 455.

3. Umgang mit Normativität

i) Normativität im Recht

Wie Kramer festhält, ist die Rechtswissenschaft „in ihrem Kern und Selbstverständnis eine ‚normative' (…) Disziplin".[126] Die rechtliche Rationalität beschäftigt sich fast ausschliesslich mit normativen Fragen; sei es nun im Rahmen der Rechtsetzung oder Rechtsanwendung.[127] Der Rechtswissenschaft ist damit ohne Weiteres ein offener und transparenter Zugang zur Normativität zu attestieren. Dies schliesst auch die Reflexion über den normativen Gehalt der eigenen Ansätze mit ein. Es ist sogar vor einer zu starken Gewichtung der normativen Perspektive zu warnen. Wie aufgezeigt wurde, kann nämlich auch eine normative Disziplin nicht ohne empirische Erkenntnisse auskommen.[128]

ii) Normativität in der Ökonomik

Die Ökonomik hat bis heute ein ambivalentes Verhältnis zur Normativität. Insbesondere aufgrund der ausgeprägten Orientierung an den naturwissenschaftlichen Disziplinen wird die Normativität zuweilen nicht adäquat bewertet.

Einerseits findet teilweise eine Vermischung von positiver und normativer Ökonomik statt. Dies lässt sich gut am Beispiel der Paretoeffizienz illustrieren. Gemäss Mathis wurde die Paretoeffizienz ursprünglich als Prozesskriterium dazu verwendet, die Funktionsweise von Märkten zu erklären. Mit der Zeit ging die Ökonomik dazu über, die Funktionsweise von Märkten zu bewerten, womit die Paretoeffizienz zum Ergebniskriterium wurde. Im Rahmen dieser Doppelfunktion kommt es zu einer problematischen Vermischung von positiver und normativer Ökonomik:

„Wenn der Begriff ‚Paretoeffizienz' gebraucht wird, geschieht dies also meist in einer normativen Absicht; man suggeriert aber gleichzeitig, Paretoeffizienz sei ein Terminus der positiven Ökonomie. Diese Vorgehensweise ist höchst bedenklich, weil sie zu einer Vermischung von positiver und normativer Theorie führt."[129]

Das Problem verschärft sich dadurch, dass die Paretoeffizienz – wie das statische Effizienzkriterium insgesamt – nicht nur schwache, unbestrittene Wertungen, sondern auch starke Werturteile beinhaltet.[130] Zu nennen ist dabei insbesondere das Problem der Erstausstattung. Da das Paretokriterium ex-ante angewendet wird, geht es von der faktisch vorgefundenen Erstausstattung der Individuen aus. Im Kern impliziert es also die Unantastbarkeit des Erworbenen. Wie die Erstausstattung erworben wurde – sei es auch durch Gewalt, Unterdrü-

---

[126] Kramer, S. 48; Engel, verhaltenswissenschaftliche Analyse, S. 387.
[127] Petersen, empirische Wende, S. 435.
[128] Siehe hierzu oben: *§ 2.B.II.2.ii) Empirie im Recht*; so auch: Kramer, S. 48 ff.
[129] Mathis, Effizienz, S. 61.
[130] Mathis, Effizienz, S. 61; siehe ferner auch Bartling, S. 16.

ckung oder Betrug –, wird vom Paretokriterium nicht beleuchtet.[131] Künzler leitet aus diesem Gedanken ab, dass lediglich die Präferenzen der Stärkeren bzw. jene mit der besseren Erstausstattung berücksichtigt werden.[132]

Andererseits beschäftigt sich die Ökonomik – insbesondere im Vergleich zu anderen sozialwissenschaftlichen Disziplinen – nur am Rande mit der grundsätzlichen Frage, ob der Anspruch einer wertfreien Theorie überhaupt eingelöst werden kann.[133]

Wie einleitend erwähnt, ist die Vorstellung einer wertfreien Ökonomik den naturwissenschaftlichen Disziplinen entlehnt.[134] Für Normativität bleibt in einem System unverletzlicher Naturgesetze kein Raum. Es ist jedoch äusserst fraglich, inwieweit dieser wissenschaftlichen Neutralität in den Sozialwissenschaften tatsächlich Rechnung getragen werden kann.[135] In diesem Zusammenhang hält Myrdal treffend fest, dass bereits im Zuge der Begriffsbildung normative Elemente in die positive Ökonomik miteinfliessen:

„Die Norm liegt verborgen im Begriff, das ist das immer wiederkehrende Versteckspiel in der ökonomischen Theorie."[136]

So hat beispielsweise die „objektive" Messung der Armut stets eine normative Komponente. Für die Definition des Armutsbegriffs muss nämlich zwangsläufig auf gewisse Werturteile zurückgegriffen werden; ein objektiver Armutsbegriff besteht nicht. Gleiches gilt auch für den Wertebegriff: Nach heutigem Verständnis bestimmt sich der Wert einer Dienstleistung oder eines Produkts nach der Zahlungsbereitschaft. Diesem Verständnis des sog. Marktwerts liegt eine subjektive Wertetheorie zugrunde; es gibt somit keine – wie auch immer gearteten – „objektiven" oder „gerechten" Faktoren, an denen man sich zu orientieren hat.[137] Diese subjektive Wertetheorie wurde Anfang des 20. Jahrhunderts entscheidend von der Lausanner und Österreicher Grenznutzenschule im Rahmen der neoklassischen Ökonomik geprägt.[138]

Bis weit ins 19. Jahrhundert hinein wurden dahingegen mehrheitlich objektivistische Wertetheorien vertreten. Beispielsweise besagt die von Karl

---

[131] Mathis, Effizienz, S. 58; Künzler, S. 191; siehe dazu grundlegend Eidenmüller, S. 323 ff.

[132] Künzler, S. 191.

[133] Siehe dazu kritisch Thielemann, S. 59 ff.

[134] Siehe hierzu oben: *§ 2.B. I.2.iii) Quantitativ orientierte Forschung.*

[135] Siehe dazu dezidiert: Thielemann, S. 59 ff.; Von Egan-Krieger, S. 31 ff.; Modelle die zum „Beschreiben" herangezogen werden, weisen stets gewisse normative Wertungen auf. Letztlich offenbart auch die Wahl des Forschungsgegenstandes gewisse Werturteile des Forschenden. Siehe zu dieser Thematik ausführlich: Engel, verhaltenswissenschaftliche Analyse, S. 387 ff. i. V. m. Petersen, empirische Wende, S. 451 ff.; Streit, S. 231.

[136] Myrdal, S. 186; siehe ferner auch: von Egan-Krieger, S. 33 f.

[137] Grenzen werden dabei lediglich punktuell durch spezifische rechtliche Normen gesetzt – etwa durch privatrechtliche Übervorteilungsvorschriften oder bestimmte Straftatbestände.

[138] Siehe dazu: Olten, S. 41 ff.

Marx vertretene „Arbeitswertlehre", dass die menschliche Arbeitskraft die einzige wertschöpfende Kraft ist und der Wert eines Guts dem Mass an Arbeit entspricht, das zu seiner Reproduktion aufgewendet werden muss.[139] Neben Marx vertrat aber auch Adam Smith – Begründer der modernen Ökonomik – eine objektivistische Wertetheorie.[140] Im Rahmen seiner Wertfaktorentheorie wird zwischen dem Marktpreis und dem natürlichen Preis eines Guts unterschieden. Letzterer entspricht dem Wert der durchschnittlichen Aufwendungen, die zur Herstellung des Guts erforderlich sind. Dabei werden drei Faktoren berücksichtigt: Arbeit, Boden und Kapital.[141] Jedoch wird in diesem Zusammenhang bewusst von objektivistischen und nicht von objektiven Wertetheorien gesprochen. De facto sind nämlich auch die Theorien von Marx und Smith normativ aufgeladen. Um etwa zu bestimmen, was unter den Begriff Arbeit fällt, sind Wertungen notwendig.[142] Mit dem Beispiel soll aber nicht die Überlegenheit einer bestimmten Wertetheorie demonstriert werden. Das Ziel ist lediglich aufzuzeigen, dass die Ökonomik auf ein Werteverständnis zurückgreift, das keineswegs neutral ist. Jeder Wertetheorie liegen normative Werturteile zugrunde.

Vor dem Hintergrund des Gesagten kommt auch Egan-Krieger zum Schluss, dass jede sozialwissenschaftliche Theorie „und somit auch die Ökonomik zwangsweise normativ ist".[143] Die Autorin führt weiter aus, dass eine vertiefte Auseinandersetzung mit der eigenen Normativität dazu anregen kann, dass traditionelle ökonomische Modelle und Denkweisen (erneut) hinterfragt, gerechtfertigt und gegebenenfalls angepasst werden. Im Endeffekt würde damit die ökonomische Disziplin als Ganzes gestärkt.[144]

4. Widersprüchliche Forderung nach Empirie und Normativität?

Nach den vorangegangenen Erläuterungen zu Empirie und Normativität drängen sich die folgenden zwei Fragen auf: Ist es nicht widersprüchlich, dass einerseits die Rechtswissenschaft für ihre zu normativ geprägte Sichtweise kritisiert wird, in der Ökonomik aber genau ein offenerer Umgang mit der eigenen Normativität gefordert wird, andererseits die Ökonomik für ihre angeblich wertneu-

---

[139] Olten, S. 39.

[140] Siehe hierzu unten: *§ 4.A.II. Klassischer Wettbewerb.*

[141] In diesem Zusammenhang wird deutlich, dass auch die objektivistischen Wertetheorien subjektive Komponenten aufweisen: So hat Smith eine andere Vorstellung als Marx, wie sich der „objektive" Wert zusammensetzt.

[142] So stellt sich etwa die Frage, ob auch unbezahlte Hausarbeit unter den Begriff Arbeit zu subsumieren ist.

[143] Von Egan-Krieger, S. 33.

[144] Von Egan-Krieger, S. 38; im Kontrast dazu ist die Aussage von Brunner/Kehrle zu lesen, wenn sie davor warnen, dass „Ökonomen die Grenzen der reinen Wissenschaft überschreiten und die wertfreie Analyse zugunsten normativer Aussagen verlassen.", Brunner/Kehrle, S. 30.

trale Sichtweise kritisiert wird, in der Rechtswissenschaft aber genau eine objektivere, empiriefreundliche Sichtweise gefordert wird?

Beide Fragen sind zu verneinen. Dies wäre eine falsche Leseart. Die Forderungen sind keineswegs widersprüchlich, da sie nicht von grundsätzlicher, sondern lediglich von gradueller Natur sind. Sie zielen darauf ab, rechtliche und ökonomische Extrempositionen aufzugeben. Konkret soll sich die Rechtswissenschaft nicht gegenüber der empirischen Tatsachenforschung verschliessen, nur weil diese einen antimetaphysischen Gestus aufweist. Eine überzeugende Alternative zu den vorherrschenden empirischen Ansätzen besteht schlichtweg nicht. Im Gegensatz dazu hat sich die Ökonomik von ihrem naturwissenschaftlichen Gestus zu lösen – oder aber zumindest den auf Max Weber zurückgehenden Wertfreiheitsanspruch zu relativieren.[145] Damit soll sich die Ökonomik, vereinfacht gesagt, wieder vermehrt mit ihren eigenen Wertungen und Zielen befassen und sich dementsprechend wieder den Sozialwissenschaften zuwenden.

Schliesslich zielen diese Forderungen einerseits auf einen offeneren Umgang mit empirischer Tatsachenforschung in der Rechtswissenschaft, andererseits auf einen offeneren und reflektierten Umgang mit der eigenen Normativität in der Ökonomik ab. Es geht letztlich also um ein versöhnliches Aufeinanderzugehen von Recht und Ökonomik: Was die Rechtswissenschaft auf der empirischen Seite nachzuholen hat, hat die Ökonomik auf der normativen Seite aufzuarbeiten. Erfreulicherweise scheinen diese Forderungen bereits Eingang in die beiden Disziplinen gefunden zu haben. So äussert sich Mastronardi mit Blick auf die Rechtswissenschaft wie folgt:

„Rechtswissenschaft ist zwar eine normative Wissenschaft. Aber nicht nur: sie muss auch die soziale Wirklichkeit erkennen. Sie ist damit Geisteswissenschaft und Sozialwissenschaft in einem, ein Verfahren der gegenseitigen Übersetzung zwischen Norm und Faktum. (…) Rechtswissenschaft muss daher zugleich Seinswissenschaft und Normwissenschaft sein."[146]

Aber auch auf ökonomischer Seite scheint man sich der eigenen Normativität immer mehr bewusst zu werden. So weist beispielsweise Streit darauf hin, dass das Prinzip der Wertfreiheit „gerade in den Wirtschaftswissenschaften und dort besonders in der Wirtschaftspolitik häufig missverstanden"[147] wird. Unter Verweis auf Myrdal führt der Autor weiter aus, dass „jeder Versuch, der beobachtbaren sozioökonomischen Realität Gesetzmässigkeiten abzuringen, schon durch die Wahl des Problems subjektiver und vom Interesse her wertender Natur ist".[148]

---

[145] Siehe hierzu: Weber, S. 489 ff.
[146] Mastronardi, Nr. 287.
[147] Streit, S. 231.
[148] Streit, S. 231.

Im Anschluss an diese Ausführungen stellt sich die Frage, wie das Aufeinander-zugehen von Recht und Ökonomik bewerkstelligt werden kann. Um die Spannungen auszugleichen, kommt insbesondere dem „Law and Economics"-Ansatz eine wichtige Rolle zu. Wie der Name bereits suggeriert, kann der Ansatz als Vermittler und Brückenbauer zwischen den beiden Rationalitäten fungieren.

III. „Law and Economics" als Bindeglied?

1. Kurzeinführung zu „Law and Economics"

Ganz allgemein versteht man unter „Law and Economics" (zu deutsch: Rechts-ökonomik) die ökonomische Analyse des Rechts. Konkret werden dabei mittels ökonomischer Methoden, Konzepte und Denkweisen rechtliche Probleme analysiert.[149] Im Kern hat der „Law and Economics"-Ansatz zwei Ziele: Einerseits soll der Fokus vermehrt auf die Folgen rechtlicher Regelungen gelegt werden, andererseits sollen diese Folgen unter dem Gesichtspunkt des Effizienzkriteriums bewertet werden. Dabei ist zu betonen, dass sich die ökonomische Analyse nicht nur auf das Wirtschaftsrecht beschränkt, sondern sich auf alle Rechtsgebiete erstrecken kann. So etwa auch auf das Haftungsrecht: Gemäss dem „Law and Economics"-Ansatz soll sich die Haftungsfrage nicht mehr nach dem rechtlichen Grundsatz „cuius commodum, eius periculum"[150] richten, sondern nach dem sog. „cheapest cost avoider"-Ansatz. Es soll also derjenige haften, der den Schadenseintritt mit dem geringsten Aufwand hätte vermeiden können und nicht derjenige, dem der wirtschaftliche Nutzen einer Sache zukommt. Damit wird eine effiziente Haftungszuteilung vorgenommen.[151]

Ferner lässt sich auch das Staats- bzw. Verwaltungsrecht einer ökonomischen Analyse unterziehen. So wird etwa im Rahmen der sog. „public choice"-Theorie argumentiert, dass auch Staatsangestellte und Politiker den „homo oeconomicus"-Annahmen unterworfen sind. Als Konsequenz haben diese staatlichen Akteure – wie gewöhnliche Marktteilnehmer auch – nicht das Gesamtwohl der Bevölkerung im Blick, sondern suchen den grösstmöglichen individuellen Nutzen. Damit sind sie anfällig für Lobbying und Vetternwirtschaft, da diese Aktivitäten meist mit individuellen Vorteilen bzw. Anreizen einhergehen. Folglich sieht der „Law and Economics"-Ansatz eine Akkumulation staatlicher Macht kritisch und setzt sich in der Regel für eine breite Machtverteilung und institutionelle Beschränkung staatlicher Entscheidungsspielräume ein.[152]

---

[149] Für eine detailliertere Auseinandersetzung mit dem „Law and Economics"-Ansatz siehe: Posner, Economic Analysis of Law, S. 29 ff.; Mathis, Effizienz, S. 75 ff.; Eidenmüller, S. 393 ff.

[150] Zu deutsch: „Das Risiko soll demjenigen zugewiesen werden, der daraus den wirtschaftlichen Nutzen zieht". Siehe hierzu: Fellmann, S. 187.

[151] Siehe hierzu: Mathis, Effizienz, S. 96 ff.

[152] Siehe zum Ganzen: Frey, Public Choice, S. 343 ff.; Wagschal/Petersen, S. 1198 ff.

Anhand dieser Kurzbeispiele wird ersichtlich, dass eine ökonomische Analyse des Rechts zu einem vertieften Verständnis rechtlicher Probleme beitragen kann. In diesem Sinne ist auch die berühmte Aussage von Richard A. Posner zu verstehen; „[e]conomics is a powerful tool for analyzing a vast range of legal questions".[153]

Bezüglich der ökonomischen Analysemethoden und -modelle ist schliesslich zu erwähnen, dass sich diese vorwiegend auf das Paradigma der Wohlfahrtsökonomik bzw. der neoklassischen Ökonomik stützen. So bilden das Effizienzkriterium (als normative Prämisse) sowie das „homo oeconomicus"-Modell (als Verhaltensprämisse) tragende Säulen der Wohlfahrtsökonomik bzw. der neoklassischen Ökonomik.[154]

2. Grenzen des traditionellen „Law and Economics"-Ansatzes

In Anlehnung an Heinemann gehen mit der traditionellen ökonomischen Analyse des Rechts jedoch mindestens drei Probleme einher: *(1)* unrealistische Annahmen, *(2)* eine einseitige Beeinflussung und *(3)* ein Ausschliesslichkeitsanspruch der Ökonomik.

i) Unrealistische Annahmen

Die neoklassischen Modellannahmen, die der ökonomischen Analyse des Rechts zugrunde gelegt sind, werden heute von verschiedenen Sozialwissenschaftlern – darunter auch Ökonomen – kritisiert. Namentlich wird vorgebracht, dass die Annahmen eine zu hohe Diskrepanz zur Realität aufweisen und somit nur beschränkte Erklärungskraft besitzen. In diesem Sinne auch Heinemann:

„An der Schnittstelle von Rechts- und Wirtschaftswissenschaften hat man mit der Rechtsökonomik allerdings ein Fach etabliert, das vom neoklassischen rational choice-Modell ausgeht. Die Öffnung der Rechtswissenschaft gegenüber den Wirtschaftswissenschaften, die in der Erwartung grösserer Realitätsnähe vollzogen wurde, gilt also einer Disziplin, die auf die Realitätsnähe ihrer Prämissen gerade keinen gesteigerten Wert legt."[155]

Auf die Thematik der realitätsfernen neoklassischen Modellannahmen wird zu einem späteren Zeitpunkt vertieft eingegangen.[156]

ii) Einseitige Beeinflussung

Ein weiterer Kritikpunkt betrifft die strukturelle Ausgestaltung von „Law and Economics". Anders als es der Name suggeriert, stehen die rechtliche und öko-

---

[153] Posner, Economic Analysis of Law, S. 3.
[154] Siehe hierzu unten: *§ 4.B.II.1. Neoklassik: vollkommener Wettbewerb.*
[155] Heinemann, Realität, S. 31.
[156] Siehe hierzu unten: *§ 4.B.II.1.v) Kritik.*

nomische Disziplin nämlich nicht auf gleicher Stufe. Das Recht bildet lediglich den Gegenstand, der mittels ökonomischer Analyse untersucht und angepasst wird. Eine umgekehrte Beeinflussung der ökonomischen Rationalität durch das Recht ist im Rahmen des traditionellen „Law and Economics"-Ansatzes nicht vorgesehen:

„Bei Durchsicht der für Law & Economics zentralen Fachzeitschriften fällt ein klares Überwiegen ökonomischer, nämlich mathematischer Methoden auf. Wie in der Bezeichnung ‚Ökonomische Analyse des Rechts' zum Ausdruck kommt, ist das Recht lediglich das Objekt von ‚Law & Economics', während die Ökonomik die Methode stellt. In dieser Perspektive besteht also ein klarer Vorrang der Wirtschaftswissenschaften."[157]

In der Objektfunktion kann das Recht keinen spürbaren Einfluss auf die Ökonomik ausüben. Der Wissenstransfer ist damit ausgesprochen einseitig ausgestaltet.

iii) Ausschliesslichkeitsanspruch der Ökonomik

Der letzte Kritikpunkt betrifft die materielle Ausgestaltung von „Law and Economics" und manifestiert sich zuweilen im Begriff „ökonomischer Imperialismus."[158] Unbesehen seiner polemischen Verwendung umschreibt der Begriff die problematische Tendenz der Ökonomik, die eigenen Methoden und Modelle auf ausserökonomische Gebiete anzuwenden. Im Zuge dieser Ausweitung der ökonomischen Rationalität wird von rechtswissenschaftlicher Seite befürchtet, dass rechtliche Modelle, Gegenstände oder Ziele zunehmend marginalisiert werden.

Dieser Kritikpunkt hat jedoch nur insofern seine Berechtigung, wenn von ökonomischer Seite eine zwingende oder ausschliessliche Orientierung an den rechtsökonomischen Ergebnissen gefordert wird.[159] Dann besteht tatsächlich die Gefahr, dass rechtliche Eigenheiten nicht angemessen berücksichtigt oder gar vollständig überlagert werden.[160] Auch Eidenmüller sieht im ökonomischen Ausschliesslichkeitsanspruch einer der Hauptgründe für die ablehnende Haltung gegenüber „Law and Economics":

„Es ist dieser Ausschliesslichkeitsanspruch, der die heftige juristische Kritik ausgelöst hat (…). Indem die ökonomische Analyse des Rechts andere juristische Zielsetzungen nicht gelten lässt, setzt sie sich fast zwangsläufig der Kritik der Rechtswissenschaft aus."[161]

---

[157] Heinemann, Realität, S. 25.

[158] Siehe dazu: Aretz, S. 79 ff.; Kirchgässner, Gespenst des Ökonomismus, S. 127 ff.

[159] So kann umgekehrt nicht von einem ökonomischen Imperialismus gesprochen werden, wenn die rechtsökonomischen Erkenntnisse als „Angebote an die traditionelle Rechtswissenschaft" verstanden werden und die Rechtswissenschaft somit selbständig entscheiden kann, inwiefern es die Erkenntnisse berücksichtigen will.; Heinemann, Realität, S. 26.

[160] Dieser Ausschliesslichkeitsanspruch findet sich insbesondere in den frühen Werken von Richard Posner. Siehe hierzu instruktiv: Mathis, Effizienz, S. 183 ff.

[161] Eidenmüller, S. 8.

Mit diesem Ausschliesslichkeitsanspruch geht ferner ein ökonomisches Überlegenheitsdenken einher; es wird suggeriert, dass ökonomische Methoden, Gegenstände und Ziele per se bessere Lösungen für rechtliche Probleme bereitstellen – ohne dass dabei die Eigenheiten der rechtlichen Rationalität berücksichtigt werden müssten.[162]

Als Zwischenfazit ist festzuhalten, dass der traditionelle „Law and Economics"-Ansatz nur bedingt geeignet ist, die Spannungen zwischen rechtlicher und ökonomischer Rationalität zu reduzieren. Zwar kann der Ansatz in einzelnen Bereichen zu einer Verbesserung der Rechtsetzung oder -anwendung führen, jedoch ist „Law and Economics", strukturell wie materiell, zu einseitig ausgestaltet, um eine adäquate Vermittlerrolle einzunehmen. Darüber hinaus können die dem Ansatz zugrunde liegenden neoklassischen Modellannahmen die Realität nur bedingt fassen.

3. Korrektive und flankierende Massnahmen

Die problematischen Aspekte von „Law and Economics" sollten jedoch nicht zum übereilten Schluss führen, dass vom Ansatz gänzlich Abstand zu nehmen ist. Trotz seiner Grenzen bietet „Law and Economics" eine gute Grundlage für den Austausch zwischen Recht und Ökonomik. Um jedoch der Vermittlerrolle besser gerecht zu werden, sind korrektive und flankierende Massnahmen angezeigt. Der daraus resultierende erweiterte „Law and Economics"-Ansatz sollte einen nachhaltigen Spannungsabbau zwischen den beiden Disziplinen ermöglichen. Entsprechend den drei erläuterten Kritikpunkten sind mindestens drei Massnahmen angezeigt.

i) Verstärkter Realitätsfokus

Um einen verstärkten Realitätsfokus zu gewährleisten, bietet es sich an, die Ökonomik gegenüber anderen, realitätsnäheren Disziplinen zu öffnen. Vermeintlich naheliegend erscheint in diesem Zusammenhang die Öffnung hin zur Rechtswissenschaft. Wie aber aufgezeigt wurde, weist auch die Rechtswissenschaft ein ambivalentes Verhältnis zur Realität auf. Zumindest die traditionell empirieskeptische Rechtswissenschaft in Kontinentaleuropa ist zuweilen nicht minder realitätsfremd als die neoklassische Ökonomik.[163] In diesem Sinne hält auch Heinemann fest, dass der „Realitätsbezug von Rechts- und Wirtschaftswissenschaften weniger stark" ist, „als man auf den ersten Blick meinen könnte".[164]

Dementsprechend kann ein verstärkter Realitätsfokus nur unter Einbezug einer externen Disziplin gewährleistet werden. Vielversprechend ist dabei die

---

[162] Siehe dazu: Eidenmüller, S. 8 f.
[163] Siehe hierzu oben: *§2.B.II.2.ii) Empirie im Recht.*
[164] Heinemann, Realität, S. 30 f.

Öffnung hin zu den empirischen Erkenntnissen der Wahrnehmungs-, Entschei-
dungs- und Gedächtnispsychologie. Dieser Zweig der empirischen Sozialforschung untersucht unter anderem, von welchen Faktoren sich Individuen bei
der Entscheidungsfindung beeinflussen lassen. Dabei machen die Erkenntnisse
deutlich, dass die Individuen systematisch vom erwarteten rationalen Verhalten
abweichen. Diese empirischen Befunde haben mittlerweile auch Eingang in die
ökonomische Forschung gefunden; namentlich im Rahmen der Verhaltensökonomik.[165] Über den sog. „Behavioral Law and Economics"-Ansatz haben diese
verhaltensökonomischen Erkenntnisse bereits die rechtliche Rationalität bereichert.[166]

ii) Reziproke Beeinflussung

Ergänzend zur traditionellen ökonomischen Analyse des Rechts ist zu berücksichtigen, inwiefern die ökonomische Rationalität von der rechtlichen Rationalität profitieren kann. In diesem Sinne ist auch Coase zu verstehen:

„[T]he legal system will have a profound effect on the working of the economic system
and may in certain respects be said to control it."[167]

Wie aufgezeigt, kann die rechtliche Perspektive die Ökonomik in vielen Bereichen durchaus bereichern; sei es nun bei Fragen zur Normativität oder im Zuge
des Fairnesskriteriums.[168]

Mit Calabresi setzte sich in den letzten Jahren auch ein prominenter Vertreter der „Law and Economics"-Bewegung für eine reziproke Beeinflussung ein.
Dabei unterscheidet er in seinem Buch „*The Future of Law and Economics*"[169]
zwischen zwei rechtsökonomischen Strängen: Einerseits die von Bentham und
Posner geprägte sog. „Economic Analysis of Law" und andererseits die auf Mill
und Coase zurückgehende sog. „Law and Economics".[170] Die „Economic Analysis of Law" lässt sich mit dem gleichsetzen, was in der vorliegenden Studie
als traditioneller „Law and Economics"-Ansatz bezeichnet wird: Im Rahmen
der „Economic Analysis of Law" bildet das Recht der Gegenstand, der mittels
ökonomischer Analysemethoden untersucht wird. Gemäss Calabresi führt diese
ökonomische Analyse des Rechts aber vielfach zum Ergebnis, dass die rechtliche Realität der ökonomischen Theorie nicht entspricht. Vertreter der „Eco-

---

[165] Siehe hierzu unten: *§ 6.A.II. Grundlagen der Verhaltensökonomik.*
[166] Siehe hierzu unten: *§ 6.A.II.5. „Behavioral Law and Economics".*
[167] Coase, Institutional Structure, S. 717 f.
[168] So ist es auch kein Zufall, dass Autoren, die sich kritisch mit dem „Law and Economics"-Ansatz auseinandersetzen, oft diese vernachlässigten Aspekte aufgreifen. Konkret bewegen sich dabei die Forschungsschwerpunkte im Spannungsverhältnis von Effizienz, Fairness,
Gerechtigkeit oder Wohlfahrt. Siehe dazu exemplarisch: Mathis, Effizienz, S. 230 ff.; Adler,
S. 57 ff. und S. 405 ff.; Zamir/Medina, S. 11 ff. und S. 57 ff.
[169] *Guido Calabresi, The Future of Law & Economics.*
[170] Calabresi, S. 1, S. 11 und S. 14.

nomic Analysis of Law" würden daraufhin aber nicht die ökonomische Theorie überdenken, sondern die rechtliche Rationalität als irrational schmähen und eine Anpassung der rechtlichen Realität an die ökonomische Theorie fordern.[171] „Law and Economics" auf der anderen Seite lässt sich mit dem vergleichen, was in der vorliegenden Studie als erweiterter „Law and Economics"-Ansatz bezeichnet wird: Im Rahmen von „Law and Economics" wird von einer bilateralen Beziehung zwischen Recht und Ökonomik ausgegangen. Insbesondere soll die rechtliche Realität dabei nicht vorschnell als irrational abgetan werden, sondern es ist unter anderem kritisch zu fragen, ob gute Gründe dafür sprechen, dass die rechtliche Realität so ist wie sie ist.[172] In diesem Sinne Calabresi selbst:

„In this sense, while in Economic Analysis of Law economics dominates and law is its subject of analysis and criticism, in Law and Economics the relationship is bilateral. Economic theory examines law, but not infrequently this examination leads to changes in economic theory rather than to changes in law or in the way legal reality is described."[173]

Im Rahmen von Calabresis „Law and Economics" ist es damit durchaus möglich, dass die rechtliche Rationalität die ökonomische Rationalität beeinflusst. Es gilt jedoch darauf hinzuweisen, dass Calabresi die beiden rechtsökonomischen Stränge nicht gegeneinander ausspielen will. So betont er, dass sowohl die „Economic Analysis of Law" als auch die „Law and Economics" ihren festen Platz in der Rechtsökonomik haben sollten.[174]

iii) Angemessene Respektierung der Disziplinengrenzen

Schliesslich müssen sich die Ökonomen der Übertragbarkeitsgrenzen der eigenen Ansätze bewusst werden und damit anerkennen, dass ein telquel Transfer der eigenen Rationalität ins Recht nicht möglich ist. Es bedarf stets einer Transformationsleistung. Das Konfliktpotenzial zwischen rechtlicher und ökonomischer Rationalität muss dabei erkannt und entsprechend berücksichtigt werden.[175] Nur so ist eine nachhaltige und erfolgreiche Einbettung ökonomischer Überlegungen ins Recht möglich. Auf diese Transformationsleistung weist auch Hettich mit Blick auf das Wirtschaftsrecht hin:

„Das Wirtschaftsrecht kommt daher an den Eigengesetzlichkeiten der Wirtschaft nicht vorbei, (…) dies aber nicht im Sinne einer unreflektierten Übernahme oder absoluten Bindung an die Wirtschaftswissenschaft; vielmehr soll dieser Rekurs im Sinne einer pa-

---

[171] Calabresi, S. 2.

[172] Calabresi, S. 3 f.

[173] Calabresi, S. 6; oder wie er, in dritter Person sprechend, an anderer Stelle ausführt: „Posner used economic theory to criticize and correct law, while Calabresi, though he did that too, more importantly also used law to suggest changes and alterations in economic theory.", Calabresi, S. 17.

[174] Calabresi, S. 16.

[175] Siehe hierzu oben: *§ 2.B.II. Rechtliche vs. ökonomische Rationalität.*

rallelen Anwendung der Erkenntnisse der Wirtschafts- als auch Rechtswissenschaft erfolgen."[176]

In gleicher Weise ist Heinemann zu verstehen, wenn er sagt, dass der „wirtschaftswissenschaftliche ‚Markt der Ideen' aufmerksam zu verfolgen" sei und „der Rechtsanwender sodann eine autonome Entscheidung für eines der angebotenen Konzepte treffen" müsse.[177]

Bei Mathis findet sich schliesslich ein Lösungsansatz, wie eine solche angemessene Respektierung der Disziplinengrenze im Rahmen von „Law and Economics" verwirklicht werden kann. So lehnt der Autor die pauschalisierte Betrachtungsweise ab, dass Effizienzüberlegungen im Recht kategorisch auf das Privatrecht beschränkt sind, dort jedoch ausschliessliche Geltung besitzen.[178] Stattdessen setzt er sich dafür ein, dass Effizienzüberlegungen in allen Rechtsbereichen eine Rolle spielen können. Ob und in welchem Umfang das Effizienzkriterium zum Zuge kommt, ist sodann im Rahmen einer „subtilen Güterabwägung"[179] zu eruieren. Wie diese subtile Güterabwägung ausgestaltet sein kann, wird unter anderem von Schäfer mit Blick auf die Rechtsanwendung beschrieben. Seiner Argumentation folgend kann das Effizienzkriterium einen zusätzlichen Bewertungsmassstab für die Rechtsprechung liefern.[180] Dabei soll aber nicht die gesamte rechtliche Wertepluralität zugunsten des ökonomischen Effizienzkriteriums aufgegeben werden. Vielmehr sollen Effizienzüberlegungen erst in einer zweiten Phase miteinbezogen werden. In diese zweite Phase wird jedoch nur eingetreten, wenn mit der traditionellen juristischen Abwägungs- oder Verhältnismässigkeitsprüfung kein eindeutiges Ergebnis erzielt wird.[181] In diesem Sinne kommt dem Effizienzkriterium das sprichwörtliche „Zünglein an der Waage" zu. So ausgestaltet begründet der „Law and Economics"-Ansatz keine ausschliesslichen oder absoluten Ansprüche und respektiert die Eigenheiten der rechtlichen Rationalität.

Mit diesen korrektiven und flankierenden Massnahmen ist insgesamt sichergestellt, dass kein realitätsfremder, einseitiger oder ausschliesslicher „Law and Economics"-Ansatz zur Anwendung gelangt. Folglich bietet sich dieser hier umschriebene erweiterte „Law and Economics"-Ansatz an, um die Spannungen zwischen Recht und Ökonomik zu reduzieren.

---

[176] Hettich, Nr. 10.

[177] Heinemann, Realität, S. 40.

[178] Vergleiche dazu die auf Posner zurückgehende basale Unterscheidung zwischen einem effizienzorientierten Privatrecht und einem gerechtigkeitsorientierten öffentlichen Recht: Posner, Jurisprudence, S. 388.

[179] Mathis, Effizienz, S. 232.

[180] Schäfer, S. 64.

[181] Schäfer, S. 64 i. V. m. S. 90.

Bis anhin wurde das Verhältnis von Recht und Ökonomik abstrakt und losgelöst von einem konkreten Thema analysiert. Im nachfolgenden Kapitel werden die Spannungen und Lösungsansätze nun konkreter und themenfokussierter behandelt.

IV. Das Wettbewerbsprinzip zwischen Recht und Ökonomik

1. Das Spannungsverhältnis im Lichte des Wettbewerbsprinzips

Sowohl die Rechtswissenschaft als auch die Ökonomik setzen sich mit dem Wettbewerbsprinzip auseinander; konkret stehen sich dabei das Wettbewerbsrecht und die ökonomischen Wettbewerbskonzeptionen gegenüber. Dementsprechend steht auch das Wettbewerbsprinzip im allgemeinen Spannungsverhältnis von Recht und Ökonomik. Die Spannungen akzentuieren sich im Rahmen des Wettbewerbsprinzips jedoch besonders, da eine funktionierende Wettbewerbspolitik sowohl auf ökonomische als auch auf rechtliche Methoden und Instrumente angewiesen ist – ein rein juristischer Ansatz ist ebenso zahnlos wie ein rein ökonomischer. Ein Umstand auf den auch Genoni hinweist, wenn er sagt, dass es unabdingbar sei, dass „jeder Wettbewerbsrechtler mit den grundlegendsten wirtschaftstheoretischen Modellen, Konzepten und Analysemethoden vertraut ist".[182]

Konkret lassen sich die Spannungen im Rahmen des Wettbewerbsprinzips gut vor dem Hintergrund der oben skizzierten Konfliktpunkte illustrieren:[183] *(1)* Wettbewerb zwischen Effizienz und Fairness, *(2)* Wettbewerb und Normativität sowie *(3)* Wettbewerb und Empirie.

i) Wettbewerb zwischen Effizienz und Fairness

Das Verhältnis des Wettbewerbsprinzips zum Effizienz- als auch zum Fairnesskriterium ist komplex und vielschichtig. Es ist vor dem Hintergrund einer umfassenderen Debatte betreffend die Ziele des Wettbewerbsrechts zu sehen. Die Thematik wird zu einem späteren Zeitpunkt eingehender behandelt.[184] Die nachfolgenden Ausführungen sollen lediglich aufzeigen, dass die oben beschriebene allgemeine Problematik im Wettbewerbskontext eine Entsprechung findet.

Die Spannungen haben sich insbesondere im sog. „More Economic Approach" akzentuiert.[185] Dabei wurde in Europa – unter dem zunehmenden Einfluss der Doktrin der „Chicago School" – insbesondere von ökonomischer Seite eine

---

[182] Genoni, S. 25; ferner auch: Schmidtchen, Grundsätze der Wettbewerbspolitik, S. 470.
[183] Zu den zwei unterschiedlichen Rationalitäten und den möglichen Spannungen siehe oben: *§2.B. Interdisziplinäres Spannungsverhältnis von Recht und Ökonomik.*
[184] Siehe hierzu unten: *§7.B.II. „Multiple Goal Approach".*
[185] Siehe hierzu unten: *§5.B.II. „More Economic Approach".*

Wettbewerbspolitik gefordert, die sich stärker am Effizienzkriterium orientiert. Einer der wohl profiliertesten Anhänger dieses „More Economic Approach" ist der ehemalige EU-Kommissar für Wettbewerb Mario Monti. Als Ökonom war es sein erklärtes Ziel, das EU-Wettbewerbsrecht auf der Grundlage fundierter ökonomischer Prinzipien umzugestalten:

> „There is little doubt that the professional background and beliefs of Mario Monti played a major role in introducing and shaping the Commission's more economic approach to EU antitrust law as we know it today. (…) Monti made clear from the beginning that he would make it a priority of his office to give EU competition law a radical overhaul and increase the emphasis on sound economics. Throughout his term as Commissioner for Competition Policy, he continued to promote his aim of elevating EU antitrust law from its ‚legalistic approach' to one ‚based on sound economic principles' in line with current economic thinking."[186]

Der vorwiegend von Ökonomen getragene „More Economic Approach" wurde dahingegen von vielen Juristen kritisch betrachtet. So hat sich beispielsweise Künzler – stellvertretend für viele andere Rechtswissenschaftler – wie folgt zum „More Economic Approach" geäussert:

> „Recht definiert den Rahmen, innerhalb dessen ökonomische Analysen vorzunehmen sind. (…) Die ökonomische Forschung hat offen zu sein gegenüber dem Konzept der Wettbewerbsfreiheit, der Chancengleichheit im Sinn der Marktzutrittsfreiheit und dem Begriff der ‚Fairness'. Konsequent effizienzorientiertes Kartellrecht widerspricht der überzeugenden Konzeption des Kartellrechts als Freiheitsrecht."[187]

Die Aussage von Künzler illustriert nicht nur die effizienzskeptische Haltung der Rechtswissenschaft, sondern macht auch deutlich, welche Bedeutung die Rechtswissenschaft einem „fairen" Wettbewerb beimisst. Die Ökonomik auf der anderen Seite kann der Forderung nach einem fairen Wettbewerb nur wenig abgewinnen. So lässt sich dieser offene Begriff nicht mit ihrem formalistischen Modelldenken in Einklang bringen. In diesem Sinne Budzinski:

> „Die in der Ökonomik weit verbreitete Skepsis gegenüber Fairnessargumenten im Wettbewerb speist sich aus der Schwierigkeit, eindeutig zu definieren, was faire und was unfaire Wettbewerbshandlungen sind."[188]

Der Konflikt zwischen einer fairnessskeptischen Ökonomik und einer effizienzskeptischen Rechtswissenschaft lässt sich damit auch im wettbewerbsrechtlichen Kontext nachzeichnen.

---

[186] Witt, S. 34.
[187] Künzler, S. 537.
[188] Budzinski, Europäische Wettbewerbspolitik, S. 28.

ii) Wettbewerb und Normativität

Wie dargelegt hat die Ökonomik teilweise einen unreflektierten Umgang mit der Normativität.[189] Dies schliesst auch die ökonomischen Wettbewerbskonzeptionen mit ein: Verschiedene Ökonomen bekunden Mühe, die Normativität ihrer wettbewerbspolitischen Ansätze richtig fassen zu können. So setzt sich beispielsweise Zohlnhöfer dafür ein, dass die „Zukunft der Wettbewerbspolitik" nicht von „normativ bedingten Kontroversen", sondern von „wissenschaftlichen Fragestellungen" bestimmt wird.[190] Damit ist der Anspruch verbunden, normative Elemente so weit wie möglich auszuklammern, um einen reinen und wertfreien Wettbewerbsansatz zu schaffen. Mit der Vorstellung steht Zohlnhöfer nicht alleine da; so versteht beispielsweise auch Mantzavinos seinen Wettbewerbsansatz als „wertfrei", „positiv" bzw. „rein."[191]

Dem Anspruch können die Autoren jedoch nicht gerecht werden: So operiert beispielsweise Zohlnhöfer mit normativ aufgeladenen Begriffen wie „funktionsfähiger Wettbewerb" oder „wettbewerbspolitisch optimale marktstrukturelle Konstellationen".[192] Diese Begriffe sind insofern normativ aufgeladen, als dass es von normativen Referenzwerten abhängt, was unter „funktionsfähig" oder „optimal" zu verstehen ist. In diesem Zusammenhang ist auch Thielemann zu verstehen, wenn er sagt, dass diese wettbewerbstheoretischen Begriffe „sinnnotwendig normativ sind".[193]

iii) Wettbewerb und Empirie

Der Konflikt zwischen einer empiriefreundlichen Ökonomik und einer empirieskeptischen Rechtswissenschaft lässt sich im Kontext des Wettbewerbsprinzips nachzeichnen. Während sich die Wettbewerbsökonomik vorwiegend an der empirischen Methode orientiert, wird in der kontinentaleuropäischen Wettbewerbsrechtstradition vielfach auf abweichende ökonomische Ansätze – wie etwa die Österreicher Schule – zurückgegriffen, die vom Rationalismus geprägt sind und sich an der sog. axiomatischen Methode orientieren.[194]

Im Gegensatz zur bereits erläuterten empirischen Methode[195] sieht die axiomatische Methode vor, dass von beweislos eingeführten Grundvoraussetzungen – sog. Axiome – deduktiv wettbewerbstheoretische Erkenntnisse abge-

---

[189] Siehe hierzu oben: *§ 2.B.II.3.ii) Normativität in der Ökonomik*; in diesem Sinne ist auch Stucke zu verstehen: „Despite the claims of being descriptive in nature, any economics-based competition policy ultimately is normative.", Stucke, Rule of Reason, S. 1438.

[190] Zohlnhöfer, S. 116; siehe ferner auch: Thielemann, S. 112.

[191] Mantzavinos, S. 49 f. und S. 71 ff.

[192] Zohlnhöfer, S. 115.

[193] Thielemann, S. 113.

[194] Für eine tiefere Auseinandersetzung mit der empirischen und der axiomatischen Methode siehe: Künzler, S. 266 ff.

[195] Siehe hierzu oben: *§ 2.B.II.2. Umgang mit Empirie.*

leitet werden. An einen so konstruierten axiomatischen Wettbewerbsansatz sind drei Anforderungen gestellt: *(1)* Die Axiome müssen voneinander unabhängig sein und das axiomatische System muss *(2)* widerspruchslos sowie *(3)* vollständig sein.[196] Wie weit die Positionen zuweilen auseinanderliegen, illustrieren die nachfolgenden zwei Aussagen. Gemäss Künzler bildet die Unbeweisbarkeit der Wettbewerbskonzeptionen sowie die daraus folgende axiomatische Methode gerade die Eigenart des Wettbewerbsprinzips:

„Wettbewerbskonzeptionen besitzen einen axiomatischen Charakter und sind dementsprechend nicht auf ihre Wahrheit, sondern auf ihre Zweckmässigkeit im Hinblick auf die aus ihnen zu ziehenden Folgerungen zu beurteilen."[197]

Schmidtchen, als Ökonom, nimmt eine geradezu gegenteilige Position ein:

„Eine Wettbewerbstheorie (…) ist empirisch überprüfbar, weil die Begriffe Wert, Wertschöpfung, Produzentenrente und Konsumentenrente operational definiert werden können und die unternehmerischen Rechenwerke die erforderlichen Zahlen zur Verfügung stellen."[198]

In diesem Sinne ist festzuhalten: Die Ökonomik präferiert auch im Wettbewerbskontext eine empirische Methode, während sich die Rechtswissenschaft in der Regel an ökonomischen Alternativansätzen orientiert, denen eine rationalistische bzw. axiomatische Methode zugrunde liegt.

2. Erweiterter „Law and Economics"-Ansatz und das Wettbewerbsprinzip

Es ist zu bilanzieren, dass das Wettbewerbsprinzip im traditionellen Spannungsverhältnis von Recht und Ökonomik steht – sei es nun bei der Rolle des Effizienz- bzw. Fairnesskriteriums, beim normativen Charakter der Wettbewerbskonzeptionen oder bei der empirischen Fassbarkeit des Wettbewerbsprinzips. Die Spannung akzentuiert sich hier jedoch in besonderer Weise, da eine Zusammenarbeit im Hinblick auf eine funktionierende Wettbewerbspolitik zwingend notwendig ist; es bedarf eines Ineinandergreifens ökonomischer Theorien und rechtlicher Rahmenbedingungen.

Vor diesem Hintergrund bietet es sich an, den oben dargestellten erweiterten „Law and Economics"-Ansatz als Vermittler herbeizuziehen, um die Spannungen soweit wie möglich abzumildern. Wie ein solcher erweiterter „Law and Economics"-Ansatz im Rahmen des Wettbewerbsprinzips fruchtbar gemacht werden kann, wird insbesondere im 2. Teil der vorliegenden Studie auf-

---

[196] Künzler, S. 267.
[197] Künzler, S. 290 f.; so aber auch: Vogl, S. 56 i. V. m. Augsberg, empiristischer Ton, S. 120.
[198] Schmidtchen, Leitbild, S. 9.

gezeigt.[199] Namentlich dient der Ansatz als methodische Grundlage für die verhaltensökonomische Analyse des Wettbewerbsrechts.

Schliesslich ist zu erwähnen, dass sich das Wettbewerbsprinzip nicht im Spannungsverhältnis von Recht und Ökonomik erschöpft. So ist Wettbewerb – wie andere komplexe gesellschaftliche Phänomene – gerade a- bzw. interdisziplinär und nicht ausschliesslich an die beiden Disziplinen gekoppelt. Um die verschiedenen Aspekte des Wettbewerbsprinzips adäquat fassen zu können, ist es daher notwendig, auf Methoden und Konzepte anderer sozialwissenschaftlicher Disziplinen zurückzugreifen. So wird zwar schwergewichtig auf eine rechtlich-ökonomische Sichtweise abgestellt, darüber hinaus werden aber auch psychologische, historische und philosophische Erkenntnisse miteinbezogen.[200] Bereits die obigen Ausführungen sollten deutlich gemacht haben, dass das Wettbewerbsprinzip auch mit den genannten Disziplinen verschiedene Berührungspunkte aufweist.

Es gilt jedoch zu betonen, dass nicht der Anspruch besteht, eigene psychologische, historische oder philosophische Forschung zu betreiben. Die Generierung entsprechender Erkenntnisse – insbesondere mit Blick auf die methodischen Besonderheiten – würde den Rahmen der vorliegenden Studie sprengen. Es besteht nur, aber immerhin, der Anspruch, bereits bestehende Erkenntnisse in diesen Bereichen in den Wettbewerbskontext einzubetten. In diesem Sinne kommt den psychologischen, historischen und philosophischen Elementen eine Hilfsfunktion zu, auf die bei Bedarf und punktuell zurückgegriffen wird.

C. Fazit

I. Methodische Erkenntnisse

Die Ausführungen in *§ 2 Methodische Grundlagen des Wettbewerbsprinzips* lassen sich wie folgt zusammenfassen:

– *Erstens* ist festzuhalten, dass die Wirklichkeit inter- bzw. adisziplinär ist. Disziplinen sind ein Ergebnis der Wissenschaftsgeschichte und haben somit artifiziellen Charakter. Als Folge können einzelne Disziplinen nur Teilaspekte komplexer Phänomene erfassen.

– *Zweitens* wurde ersichtlich, dass eine disziplinäre Herangehensweise sowohl Vor- als auch Nachteile mit sich bringt. Mit einer disziplinären Herangehensweise gehen unter anderem folgende drei Vorteile einher: *(1)* systematische

---

[199] Siehe hierzu unten: *§ 6 Positive Grundlage: „Behavioral Antitrust"* und *§ 7 Normative Grundlage: „Normative Behavioral Antitrust"*.

[200] In diesem Sinne fordert auch Hacker eine Verknüpfung von Ökonomik, Psychologie und Philosophie. Siehe hierzu: Hacker, Verhaltensökonomik, S. 7 ff.

Betrachtung komplexer Phänomene, *(2)* Förderung einer einheitlichen Wissenschaftssprache sowie *(3)* Spezialisierung und Professionalisierung. Eine zu ausgeprägte Disziplinarität hat unter anderem jedoch folgende zwei Nachteile: *(1)* Die grundlegenden Zusammenhänge der Lebenswelt rücken zugunsten wissenschaftlicher Partikularitäten in den Hintergrund, womit die Disziplinen zunehmend realitätsfremd werden, und *(2)* die Forschenden selbst bringen weniger Verständnis für disziplinenfremde Methoden oder Konzepte auf und können aus diesen keinen praktischen Nutzen ziehen.

– *Drittens* wurde dargelegt, dass disziplinenübergreifende Forschung zielführender ist, um komplexe gesellschaftliche Probleme zu erfassen und für diese adäquate Lösungen auszuarbeiten. Dabei können die Disziplinengrenzen jedoch nicht beliebig überschritten oder aufgehoben werden; vielmehr müssen die Anforderungen und Probleme der disziplinenübergreifenden Forschung angemessen Rechnung getragen werden. Einerseits ist dabei zu klären, welche Form disziplinenübergreifender Forschung praktiziert wird. So ist unter anderem zwischen Inter-, Trans-, Multi- und Pluridisziplinarität zu unterscheiden. Andererseits muss verkappten Schlussfolgerungen, Verfälschungen sowie Missverständnissen im Rahmen der disziplinenübergreifenden Forschung vorgebeugt werden, indem man sich ein fundiertes Wissen über die disziplinenfremden Methoden und Konzepte aneignet.

– *Viertens* wurde dargelegt, dass Recht und Ökonomik jeweils mit unterschiedlichen Methoden, Modellen, Fachsprachen, Gegenständen und Zielen operieren. In diesem Sinne kann zwischen einer rechtlichen und ökonomischen Rationalität unterschieden werden. Die rechtliche Rationalität zeichnet sich durch pragmatische, induktive und qualitativ orientierte Herangehensweisen sowie Problemlösemechanismen aus, wobei Wertepluralität, pragmatischer Methodenpluralismus und qualitativ orientierte Forschung charakteristische Merkmale bilden. Die ökonomische Rationalität zeichnet sich demgegenüber durch formalisierte, deduktive und quantitativ orientierte Herangehensweisen sowie Problemlösemechanismen aus, wobei Knappheits- und Effizienzprämisse, formalistisches Modelldenken sowie quantitativ orientierte Forschung charakteristische Merkmale bilden.

– *Fünftens* wurde aufgezeigt, dass sich aufgrund der unterschiedlichen Rationalitäten Spannungen bei disziplinenübergreifender Forschung ergeben können. Diese akzentuieren sich unter anderem im Umgang mit jeweils disziplinenfremden Kriterien. So hat beispielsweise die rechtliche Rationalität Schwierigkeiten, das Effizienzkriterium adäquat fassen und bewerten zu können. Die ökonomische Rationalität auf der anderen Seite hat Probleme mit der konzeptionellen Einbindung des Fairnesskriteriums. Darüber hinaus wurde einerseits festgestellt, dass insbesondere die kontinentaleuropäische

Rechtstradition ein kritisches Verhältnis zu empirischer Tatsachenforschung aufweist. Empirischen Erkenntnissen kommt in der Rechtsetzung und -anwendung nur eine marginale Rolle zu. Andererseits wurde dargelegt, dass die Ökonomik, im Gegensatz zum Recht, ein ambivalentes Verhältnis zur eigenen Normativität hat. Das traditionelle ökonomische Selbstverständnis ist, zumindest teilweise, von einer wertfreien Ökonomik geprägt.

- *Sechstens* wurde der „Law and Economics"-Ansatz auf seine Funktion hin geprüft, Spannungen zwischen der rechtlichen und ökonomischen Rationalität abzubauen. Dabei wurde ersichtlich, dass sich der traditionelle „Law and Economics"-Ansatz nur bedingt für eine Vermittlerrolle zwischen Recht und Ökonomik eignet. Insbesondere besteht die Gefahr, dass durch die konzeptionelle und materielle Ausrichtung des Ansatzes die rechtliche Rationalität zugunsten der ökonomischen Rationalität marginalisiert wird. Aus diesem Grund bedarf es korrektiver und flankierender Massnahmen für den traditionellen „Law and Economics"-Ansatz. So bedarf es einerseits eines verstärkten Realitätsfokus. Dieser wird durch den Rückgriff auf empirische Erkenntnisse der Wahrnehmungs-, Entscheidungs- und Gedächtnispsychologie bzw. der darauf basierenden Verhaltensökonomik gewährleistet. Mit dem sog. „Behavioral Law and Economics"-Ansatz finden verhaltensökonomische Erkenntnisse bereits heute Eingang ins Recht. Andererseits muss anerkannt werden, dass nicht nur die rechtliche von der ökonomischen Rationalität profitiert, sondern auch eine umgekehrte Beeinflussung durchaus bereichernd sein kann. Unter anderem kann auf diesem Weg das Fairnesskriterium für die ökonomische Rationalität fruchtbar gemacht werden. Schliesslich müssen sich die Ökonomen der Übertragbarkeitsgrenzen der eigenen Ansätze bewusst werden: So kann die ökonomische Rationalität nicht telquel ins Recht übertragen werden. Vielmehr ist eine Transformationsleistung notwendig. Der auf diesen Massnahmen basierende sog. erweiterte „Law and Economics"-Ansatz sollte sodann geeignet sein, die Spannungen zwischen der rechtlichen und ökonomischen Rationalität massgeblich zu reduzieren.

- *Siebtens* wurde ersichtlich, dass auch das Wettbewerbsprinzip im Spannungsverhältnis von Recht und Ökonomik steht; sei es nun bei der Rolle des Effizienz- bzw. Fairnesskriteriums, beim normativen Charakter der Wettbewerbskonzeptionen oder bei der empirischen Fassbarkeit des Wettbewerbsprinzips. Im Gegensatz zu anderen Prinzipien, die ebenfalls Forschungsgegenstand von Recht und Ökonomik sind, akzentuiert sich beim Wettbewerbsprinzip die Spannung besonders, da eine Zusammenarbeit mit Blick auf eine funktionierende Wettbewerbspolitik zwingend angezeigt ist; die ökonomischen Wettbewerbskonzeptionen müssen nämlich in die rechtlichen Rahmenbedingungen eingebettet werden.

– *Achtens* wurde dargelegt, dass sich der erweiterte „Law and Economics"-Ansatz auch anbietet, um Spannungen zwischen Recht und Ökonomik im Rahmen des Wettbewerbsprinzips zu reduzieren. Namentlich dient dieser Ansatz als methodische Grundlage für die verhaltensökonomische Analyse des Wettbewerbsrechts. Schliesslich wurde betont, dass der Wettbewerb dennoch a- bzw. interdisziplinär ist und folglich nicht ausschliesslich an die Rechtswissenschaft und die Ökonomik gekoppelt ist. Um die verschiedenen Aspekte des Wettbewerbsprinzips adäquat fassen zu können, ist es daher notwendig, auf Methoden und Konzepte anderer sozialwissenschaftlicher Disziplinen zurückzugreifen. Neben der Fokussierung auf Ökonomik und Recht werden namentlich psychologische, historische und stellenweise auch philosophische Überlegungen miteinbezogen. Den psychologischen, historischen und philosophischen Elementen kommt aber lediglich eine Hilfsfunktion zu, auf die bei Bedarf und punktuell zurückgegriffen wird.

II. Methodisches Vorgehen

Bezüglich des methodischen Vorgehens sind folgende abschliessende Ausführungen zu machen:

– *Erstens* verfolgt die vorliegende Studie eine interdisziplinäre Herangehensweise. Per Definition geht es demnach um das Zusammenwirken unterschiedlicher Methoden von unterschiedlichen Disziplinen zur Lösung eines gesellschaftlichen Problems. Schwerpunktmässig wird das Wettbewerbsprinzip dabei aus einer rechtlich-ökonomischen Perspektive betrachtet.

– *Zweitens* soll bei der Vermittlung zwischen den beiden Disziplinen ein erweiterter „Law and Economics"-Ansatz zur Anwendung kommen. Der traditionelle „Law and Economics"-Ansatz wird dabei durch korrektive und flankierende Massnahmen ergänzt. Dieser stellt sicher, dass keine einseitigen, ausschliesslichen oder realitätsfremden Denkweisen oder Modelle der Ökonomik Eingang ins Wettbewerbsrecht finden. Mittels dieses erweiterten „Law and Economics"-Ansatzes sollen letztlich auch die Spannungen zwischen Recht und Ökonomik nachhaltig abgebaut werden.

– *Drittens* wird bei Bedarf auf Erkenntnisse anderer sozialwissenschaftlicher Disziplinen Rückgriff genommen. Dabei handelt es sich allen voran um psychologische, historische und philosophische Forschungsergebnisse. Im Rahmen der vorliegenden Studie werden die Daten dieser sozialwissenschaftlichen Disziplinen jedoch nicht selber generiert. Vielmehr stützt sie sich auf bereits bestehende Erkenntnisse und bettet diese in den Wettbewerbskontext ein.

- *Viertens* verfolgt die vorliegende Studie einen theoretisch-qualitativen Methodenansatz. Im Zentrum steht die qualitative Forschungstätigkeit im Rahmen primärer und sekundärer Dokumentenanalysen. In diesem Sinne geht es vorwiegend um das „Verstehen von Prozessen" und weniger um das „Erklären von Strukturen".

- *Fünftens* wird vorliegend keine eigene empirische Forschung betrieben; weder im empirisch-quantitativen noch empirisch-qualitativen Sinne. Letzteres ist insbesondere nicht einschlägig, da keine Interviews, Fall- oder Beobachtungsstudien durchgeführt werden. Die Generierung solcher empirischen Daten würde den Rahmen der vorliegenden Studie sprengen und ferner auch nicht den selbstgesteckten Zielen Rechnung tragen.

- *Sechstens* nimmt die Empirie nichtsdestotrotz eine bedeutende Stellung ein; die vorliegende Studie stützt sich insbesondere im 2. Teil auf aktuelle empirische Erkenntnisse der Wahrnehmungs-, Entscheidungs- und Gedächtnispsychologie. Über die Verhaltensökonomik soll aufgezeigt werden, wie diese neuen empirischen Erkenntnisse die wettbewerbsrechtliche Analyse bereichern können. Der empirischen Forschung kommt dementsprechend eine dienende Funktion zu.

§ 3 Materielle Grundlagen des Wettbewerbsprinzips

A. Begriffsdefinition und Unterscheidungen

I. Artifizieller Charakter

Wettbewerb ist einerseits ein einflussreiches und leistungsfähiges Konzept, andererseits aber vielschichtig und schwierig zu fassen. Wettbewerb findet als ganz allgemeines Phänomen in verschiedensten Lebensbereichen statt – auf Märkten, im Sport, in der Wissenschaft oder Politik. Daher beschäftigen sich verschiedenste wissenschaftliche Disziplinen mit dem Phänomen. So knüpft auch die Theorie vom „survival of the fittest" des Biologen Charles Darwin an wettbewerbliche Verhaltensstrukturen an.[1]

In jedem Fall muss man sich aber dem Problem des naturalistischen Fehlschlusses bewusst sein: Es gilt ganz grundsätzlich zwischen Wettbewerb als biologischem Selektionsmechanismus und Wettbewerb als einem artifiziellen, normativen Konzept zu unterscheiden.[2] In diesem Zusammenhang ist insbesondere auch die Argumentation, dass eine Wettbewerbskonzeption dem darwinistischen „survival of the fittest"-Ansatz entsprechen muss, nur weil sich dieser in der Natur so vorfindet, nicht stichhaltig.[3] Nach herrschender Auffassung ist die Natur nicht normativ aufgeladen, sondern wertneutral.[4] Darüber hinaus kann der Wettbewerb als artifizielles Gesellschaftskonstrukt – zumindest graduell – erweitert, beschränkt oder modifiziert werden.

II. Begriffsdefinition

1. Definitionsversuch und Wortherkunft

Wettbewerb ist ein, wenn nicht gar der zentrale Begriff der Ökonomik. Darüber hinaus bildet der Wettbewerb neben dem Privateigentum und der Privatauto-

---

[1] Geprägt wurde die Theorie jedoch nicht von Darwin, sondern vom Soziologen Herbert Spencer und seinem Werk „*Social Statics*". Damit kann Spencer als eigentlicher Begründer des Sozialdarwinismus angesehen werden.

[2] Zum naturalistischen Fehlschluss siehe eingehender unten: *§ 7.A.II.3. Frage nach dem naturalistischen Fehlschluss.*

[3] Damit sei jedoch nicht ausgeschlossen, dass er diesem Ansatz entsprechen kann.

[4] Siehe hierzu unten: *§ 7.A.II.3. Frage nach dem naturalistischen Fehlschluss.*

nomie auch die dritte tragende Säule einer liberalen Marktwirtschaft.[5] Aber was versteht man genau unter Wettbewerb?

Wie Schmidt und Haucap treffend feststellen, wird „der Begriff Wettbewerb (…) häufig verwendet, ohne dass er klar definiert wird".[6] Der Grund dafür ist bekannt: Der Versuch, eine positive und umfassende Definition von Wettbewerb zu geben, gestaltet sich äusserst schwierig – wenn nicht gar unmöglich. Nachfolgend werden die Gründe dafür erläutert.

Ausgangspunkt bildet eine vielfach anzutreffende Wettbewerbsdefinition. Wie verschiedene andere Autoren definiert auch Stigler den Wettbewerb wie folgt:

„Competition is rivalry between individuals (or groups or nations), and it arises whenever two or more parties strive for something that all cannot obtain."[7]

Oder im deutschen analog Schmidt und Haucap:

„Wettbewerb (…) als das Streben von zwei oder mehr Personen bzw. Gruppen nach einem Ziel (…), wobei der höhere Zielerreichungsgrad eines Akteurs einen niedrigeren Zielerreichungsgrad des anderen bedingt."[8]

Die Definition, wie Schmidt und Haucap sogleich selbst festhalten, ist sehr abstrakt und allgemein gehalten und folglich nicht praktikabel. Gemäss den Autoren sollte die Definition die Grundlage bilden, damit der Wettbewerb „zumindest qualitativ (im Idealfall quantitativ) gemessen werden"[9] kann. Der hier präsentierte Definitionsversuch erfüllt diese Anforderung nicht.

Bereits die Wortherkunft macht die Vagheit des Begriffs deutlich. „Wettbewerb" ist im deutschen Sprachraum ein verhältnismässig neuer Begriff, der sich erst im Laufe des 19. Jahrhunderts aus dem Begriff „Konkurrenz" herausgebildet hat.[10] Der Duden umschreibt dabei Konkurrenz bzw. konkurrieren als „in Wettbewerb treten mit anderen".[11] Dies bietet keinen wirklichen Wissensgewinn: Wettbewerb heisst Konkurrenz und Konkurrenz heisst Wettbewerb. Auch die Etymologie des Worts „konkurrieren" gibt keine scharfen Konturen preis; es leitet sich aus dem lateinischen Verb „con-currere" ab und bedeutet so viel wie „zusammen-laufen, zusammen-treffen, aufeinander-stossen".[12] Somit ist bereits im Kern des Wortes selbst eine gewisse Ambiguität angelegt: Concurrere kann antagonistisch („aufeinanderstossen") oder aber synagonistisch („zusammenlaufen") aufgefasst werden.[13]

---

5 Stucke, Reconsidering Competition, S. 112; Aberle, S. 16 f.; Thielemann, S. 143.

6 Schmidt/Haucap, S. 3; Herdzina, wirtschaftstheoretische Fundierung, S. 4.

7 Stigler, Competition, S. 51.

8 Schmidt/Haucap, S. 3; so auch: Schott, Nr. 12.

9 Schmidt/Haucap, S. 3.

10 Duden, S. 925.

11 Duden, S. 436.

12 Duden, S. 436; ferner auch: Recktenwald, Vademecum, S. 48.

13 Siehe dazu auch: Heidrich, S. 115.

2. Rechtlicher und ökonomischer Wettbewerbsbegriff

Die Rechtswissenschaft, die Begriffsdefinitionen traditionellerweise einen hohen Stellenwert einräumt, bietet keine adäquaten Anknüpfungspunkte für eine praktikable Wettbewerbsdefinition. Eine Legaldefinition des Wettbewerbsbegriffs sucht man im deutschen Sprachraum vergebens.

Das schweizerische Kartellrecht (KG) und die einschlägigen Artikel in der Bundesverfassung (Art. 27, 94 sowie 96 BV) verzichten auf eine Definition. Ebenso wird in der Botschaft zu einem Bundesgesetz über Kartelle und andere Wettbewerbsbeschränkungen (Kartellgesetz, KG) vom 23. November 1994[14] sowie in den einschlägigen Kommentaren[15] keine allgemeine Definition von Wettbewerb diskutiert; es werden lediglich Funktionen, Eigenschaften oder Unterbegriffe beschrieben. Auch das deutsche Gesetz gegen Wettbewerbsbeschränkungen (GWB) verzichtet auf eine Legaldefinition. Der Ausschuss für Wirtschaftspolitik nahm jedoch zu diesem Verzicht in seinem Entwurf des GWB explizit Stellung: „[E]ine Legaldefinition des Begriffs ‚Wettbewerb‘ als Schutzobjekts des vorliegenden Gesetzentwurfes ist nicht möglich", wobei gleich mit dem Nachsatz versehen: „aber auch nicht für notwendig erachtet".[16] Schliesslich sieht auch das österreichische Kartellgesetz keine Definition des Wettbewerbsbegriffs vor. Dementsprechend wird die Thematik in den einschlägigen Kommentaren zumeist sehr knapp abgehandelt.[17]

Neben der Rechtswissenschaft bietet aber auch die Ökonomik keine einheitliche, praktikablere oder umfassende Definition von Wettbewerb an.[18] Wie noch ausführlich zu zeigen ist, bestehen zu viele Streitpunkte, als dass Wettbewerb unter einer einheitlichen, unbestrittenen, operationalisierbaren und positiven Definition gefasst werden könnte. So namentlich: *(1)* Hat Wettbewerb mehr Ziel- oder Mittelcharakter? Was wäre sodann die Ziel- bzw. Mittelfunktion?[19], *(2)* ist Wettbewerb mittels axiomatischer oder empirischer Methode zu erfassen?[20], *(3)* soll Wettbewerb die dynamische und/oder statische Effizienz fördern?[21], *(4)* führt grösstmögliche Wettbewerbsfreiheit immer zu den ökonomisch vorteilhaftesten Ergebnissen?[22], *(5)* inwiefern kann bzw. soll der

---

[14] Botschaft zu einem Bundesgesetz über Kartelle und andere Wettbewerbsbeschränkungen (Kartellgesetz, KG) vom 23. November 1994, BBl 1995 I 468 ff., S. 638.

[15] Siehe hierzu etwa: Lehne, KG-BaKomm, N 4 zu Art. 1 KG; Moeckli, DIKE-KG, N 10 zu Art. 1 KG; Borer, KG-Kommentar, N 16 zu Art. 1 KG.

[16] Siehe hierzu m. w. V.: Schmidtchen, Grundsätze der Wettbewerbspolitik, S. 468 f.

[17] Siehe hierzu exemplarisch: Lager/Petsche, Manz'sche Komm, N 54 zu § 1.

[18] Dazu ausführlich: Schmidtchen, Aufgabe, S. 33 ff.; sowie ferner: Stucke, Reconsidering Competition, S. 111 ff.; Hoppmann, Definition, S. 9 ff.

[19] Siehe hierzu unten: *§ 4.B.III.1.v) Exkurs: Hoppmann-Kantzenbach-Kontroverse.*

[20] Siehe hierzu oben: *§ 2.B.IV.1.iii) Wettbewerb und Empirie.*

[21] Siehe hierzu unten: *§ 4.B.III.1.v) Exkurs: Hoppmann-Kantzenbach-Kontroverse.*

[22] Siehe hierzu unten: *§ 4.B.III.1.iii) Konzeption der Wettbewerbsfreiheit.*

Wettbewerb auch struktur- und gesellschaftspolitischen Zielen Rechnung tragen?[23]

Bis heute gibt es keine Definition, die alle diese Fragen adäquat aufgreift und Lösungen bereitstellt. In diesem Sinne resümiert auch Schmidt, dass niemand genau weiss, „wie der mit Hilfe der Wettbewerbspolitik herbeizuführende Wettbewerb überhaupt auszusehen hat".[24]

Das Scheitern einer einheitlichen Definition ist unter anderem dem Umstand geschuldet, dass das Wettbewerbsprinzip ausgesprochen komplex ist, in unterschiedliche ökonomische Lebensbereiche eindringt und ein vielschichtiges Phänomen darstellt. Oder wie es Stucke formuliert:

„Competition can occur: (i) on various dimensions (such as price, quality, service, variety, innovation) across markets (ii) operating at different levels of efficiency (iii) with different levels of product differentiation, entry barriers, and transparency (iv) at different stages of the product life cycle and (v) with different demands for technological innovation. But while competition is ubiquitous, economists, policymakers and scholars have not agreed upon a theory of competition."[25]

Folglich ist festzuhalten, dass es nicht das eine Wettbewerbskonzept gibt. Vielmehr ist Wettbewerb ein Sammelbegriff für verschiedene Konzepte, die sich zum Teil ergänzen, zum Teil aber auch widersprechen.

3. Von der essentialistischen zur nominalistischen Definition

Analysiert man die vorangegangenen Ausführungen auf einer abstrakten Ebene, wird der eigentliche Grund für die gescheiterte Suche nach einer umfassenderen, praktikableren und positiven Wettbewerbsdefinition ersichtlich: Er liegt im Anspruch das wahre Wesen des Wettbewerbs ergründen zu wollen. Im Zentrum steht dabei der Versuch eine essentialistische Wettbewerbsdefinition finden zu wollen.

Ganz allgemein sieht der methodologische Essentialismus das Hautpanliegen der Wissenschaft darin, die wahre Natur, die Essenz der Dinge – etwa des Wettbewerbs – zu entdecken und in Form einer Definition zu beschreiben.[26] Gemäss Schmidtchen verfehlt ein solches Vorgehen jedoch die Erkenntnisziele im Rahmen des Wettbewerbsprinzips:

„[E]ine Wettbewerbsdisziplin, die sich am methodologischen Essentialismus orientiert, ist demgemäss nicht nur nicht in der Lage, Erklärungen vorzunehmen und Prognosen abzugeben, sie verbaut sich darüber hinaus auch die Möglichkeit, die praktische Wettbewerbspolitik erfolgreich zu beraten."[27]

---

[23] Siehe hierzu unten: § 4.B.III.1.v) Exkurs: Hoppmann-Kantzenbach-Kontroverse.
[24] Schmidt, Globalisierung, S. 382.
[25] Stucke, Reconsidering Competition, S. 120.
[26] Schmidtchen, Grundsätze der Wettbewerbspolitik, S. 468.
[27] Schmidtchen, Grundsätze der Wettbewerbspolitik, S. 468.

Weiter führt der Autor aus, dass Fragen wie „Was ist Wettbewerb?" oder „Was ist das wahre Wesen des Wettbewerbs?" aus dem Fragekatalog zu verbannen sind. Der Grund dafür liegt darin, dass sie zu keinen Antworten führen, die etwas Wissenswertes über die Realität lehren. Über die Beschaffenheit der Realität kann nämlich nur etwas erfahren werden, wenn Fragen gestellt werden, die zu Aussagen führen, die empirisch daraufhin überprüft werden können, ob sie zutreffen oder nicht.[28] So kann beispielsweise die essentialistische Wettbewerbsdefinition „Der Wettbewerb ist seinem Wesen nach evolutorisch" empirisch nicht überprüft werden.[29]

Vor diesem Hintergrund ist es nicht zielführend, nach einer essentialistischen Wettbewerbsdefinition zu suchen. Dies bedeutet indes nicht, dass vollständig auf eine Umschreibung zu verzichten ist. Wie Schmidtchen selbst richtigerweise festhält, muss nämlich zumindest eine Vorstellung von Wettbewerb vorhanden sein, um ihn fassbar zu machen. Woher sonst sollen die Beobachter wissen, „dass das, was sie sehen, der ‚Wettbewerb' ist?"[30]

Nachfolgend geht es also nicht um die Suche nach einer essentialistischen, sondern nach einer nominalistischen Wettbewerbsdefinition. Im Gegensatz zum methodologischen Essentialismus hat der methodologische Nominalismus zum Ziel, das Verhalten eines Dinges unter verschiedenen Umständen zu beschreiben und insbesondere anzugeben, ob dieses Verhalten irgendwelche Regelmässigkeiten aufweist. Die Definition besteht also im Zuordnen eines sog. „Definiens", einer abgekürzten Formel, zu einem bereits bestimmten sog. „Definiendum".[31] In diesem Sinne ist auch Herdzina zu verstehen, wenn er darlegt, dass der Terminus Wettbewerb „lediglich die abgekürzte Formel für einen Katalog von Vorgängen und Sachverhalten"[32] ist.[33]

Im Sinne einer nominalistischen Definition werden nachfolgend verschiedene zentrale Gegebenheiten dargelegt, die dem Terminus Wettbewerb zugeordnet werden können. Namentlich handelt es sich dabei um die wichtigsten Abgrenzungen, Eigenschaften und Funktionen des Wettbewerbsprinzips. Die Studie orientiert sich dabei an der vorherrschenden Lehrmeinung in Ökonomik und Recht.

---

[28] Schmidtchen, Grundsätze der Wettbewerbspolitik, S. 469; ferner auch: Schmidtchen, Aufgabe, S. 45.

[29] Schmidtchen, Grundsätze der Wettbewerbspolitik, S. 469.

[30] Schmidtchen, Aufgabe, S. 43 (Fn. 43).

[31] Schmidtchen, Aufgabe, S. 36; Schmidtchen, Grundsätze der Wettbewerbspolitik, S. 470.

[32] Herdzina, Wettbewerbspolitik, S. 9.

[33] Schliesslich betont aber auch Herdzina, dass unterschiedliche Gegebenheiten mit dem Begriff Wettbewerb belegt werden und es damit auch im Rahmen der nominalistischen Definition keine einheitliche, von allen gleichermassen akzeptierte Wettbewerbsdefinition gibt. Siehe dazu: Herdzina, Wettbewerbspolitik, S. 10 f.

III. Wettbewerbstheorie, wettbewerbspolitische Leitbilder und Wettbewerbsrecht

Wettbewerb stellt sich auf Märkten nicht automatisch ein, vielmehr ist der Wettbewerb durch Beschränkungsversuche der Marktakteure fortwährend gefährdet. Um Wettbewerb implementieren und aufrechterhalten zu können, bedarf es daher einer funktionierenden Wettbewerbspolitik.[34]

Aus theoretischer Sicht setzt sich die Wettbewerbspolitik idealtypisch aus drei Teilen zusammen: *(1)* Wettbewerbstheorien, *(2)* wettbewerbspolitischen Leitbildern und *(3)* Wettbewerbsrecht. Dabei wird davon ausgegangen, dass basierend auf einer Wettbewerbstheorie ein wettbewerbspolitisches Leitbild ausgearbeitet wird, das mit Hilfe des Wettbewerbsrechts durchgesetzt wird.[35] Für die Unterscheidung zwischen Wettbewerbstheorie und wettbewerbspolitischem Leitbild werden teilweise auch andere Begriffe verwendet: So spricht man anstelle von Wettbewerbstheorie beispielsweise auch von der positiven Grundlage bzw. den Realfaktoren der Wettbewerbspolitik. Für die wettbewerbspolitischen Leitbilder werden alternativ die Begriffe normative Grundlage oder Idealfaktoren der Wettbewerbspolitik verwendet.

Nachfolgend wird aufgezeigt, was die einzelnen Teile im Kern ausmachen.

1. Positive Grundlage: Wettbewerbstheorien

Die Wettbewerbstheorien bilden die theoretische Grundlage der Wettbewerbspolitik. Auf ihnen basieren die wettbewerbspolitischen Leitbilder sowie das Wettbewerbsrecht. Nach Olten umfasst eine Wettbewerbstheorie „ein System von wissenschaftlich begründeten Aussagen, die bestimmte Tatsachen, Erscheinungen oder Prozesse und die ihnen zugrunde liegenden Gesetzmässigkeiten erklären können".[36] Eine Wettbewerbstheorie gibt insgesamt einen konsistenten theoretischen Rahmen vor und stellt so die deskriptive Referenzsituation dar.[37] Sie umfasst dabei ein möglichst widerspruchsfreies Hypothesensystem, das aus Konditionalformeln besteht.[38] Künzler spricht in diesem Zusammenhang von den Realfaktoren der Wettbewerbspolitik, „die den Gesetzgeber in seiner Gestaltungsfreiheit einengen".[39]

---

[34] Olten, S. 31.

[35] Olten, S. 31; diese idealtypische Unterscheidung wird jedoch verschiedentlich durchbrochen. Siehe dazu unten: § 3.A.III.4. Grenzen des Idealtypus.

[36] Olten, S. 31.

[37] Aberle, S. 26.

[38] Aberle, S. 26; Willeke, S. 14; gemäss Piekenbrock/Hennig haben die Wettbewerbstheorien den „wirtschaftlichen Wettbewerb ausserhalb normativer Referenzsituationen zum Gegenstand" und Wettbewerb wird im Rahmen einer allgemeinen Markttheorie in erster Linie wissenschaftlich beschrieben und analysiert. Siehe dazu: Piekenbrock/Hennig, S. 327.

[39] Künzler, S. 69.

Die zentrale Aufgabe der Wettbewerbstheorien ist es, den Wirtschafts- und Wettbewerbsprozess zu erklären und somit Gesetzgebern und Behörden Kriterien zur Beurteilung des Marktgeschehens zu liefern und ihnen Instrumente aufzuzeigen, um die Marktprozesse in die von ihnen gewünschten Bahnen zu lenken.[40] Grundsätzlich kann dieses System von wissenschaftlich begründeten Aussagen empirisch als auch theoretisch gewonnen werden. Unterschiedliche Wettbewerbstheorien vertreten unterschiedliche und teilweise konkurrierende Hypothesen.[41]

2. Normative Grundlage: wettbewerbspolitische Leitbilder

Im Gegensatz zu den Wettbewerbstheorien versuchen die wettbewerbspolitischen Leitbilder nicht den Sein-Zustand abzubilden, sondern den Sollens-Zustand vorzugeben. Aberle spricht in diesem Kontext von den sog. „Normative[n] Referenzsituationen" und Künzler von den „Idealfaktoren der Wettbewerbspolitik".[42]

Die Leitbilder beschreiben damit real anzustrebende Zustände, die dem normativen Aussagensystem zuzuordnen sind.[43] Im Kern geht es um folgende Fragen: Was sind die Ziele des Wettbewerbs und wie soll der Wettbewerb konkret ausgestaltet werden, damit diese Ziele optimal umgesetzt werden?[44] Es handelt sich also um ein zweistufiges Vorgehen: *(1)* Was sind die Ziele und, *(2)* wie können die Ziele optimal erfüllt werden? Die wettbewerbspolitischen Leitbilder operieren dabei nicht im erkenntnisfreien Raum, sondern sind stark theoriengeleitet. Insofern findet sich zu jeder etablierten Wettbewerbstheorie ein darauf zugeschnittenes Leitbild.

Zusammengefasst haben die wettbewerbspolitischen Leitbilder die Aufgabe darzulegen, wie der Wettbewerb theoriengeleitet ausgestaltet sein muss, um die selbstdefinierten Ziele optimal umzusetzen.[45]

3. Wettbewerbsrecht

Die konkrete Durchsetzung der wettbewerbspolitischen Leitbilder erfolgt schliesslich über das Wettbewerbsrecht; es bildet damit die Speerspitze des Wettbewerbsschutzes.

In der Schweiz sind es allen voran die Bundesverfassung[46] und das Kartellrecht, die den politischen Grundentscheid zugunsten einer wettbewerbsori-

---

[40] Herdzina, Wettbewerbspolitik, S. 2.
[41] Künzler, S. 69.
[42] Aberle, S. 26; Künzler, S. 143.
[43] Willeke, S. 15.
[44] Ähnlich so auch: Olten, S. 31.
[45] In diesem Sinne ist auch Heidrich zu verstehen, wenn er sagt, dass es „keine theoriefreie Wettbewerbspolitik" gibt. Siehe dazu: Heidrich, S. 47.
[46] Siehe hierzu unten: *§ 3.B.II. Verfassungsrechtlicher Grundentscheid in der Schweiz.*

entierten Wirtschaftsordnung statuieren und konkretisieren. Das Kartellrecht wird durch Verordnungen und Bekanntmachungen weiter konkretisiert – beispielsweise die KG-Sanktionsverordnung (SVKG), die Gebührenverordnung KG (GebV-KG) oder die Vertikalbekanntmachung der Wettbewerbskommission (VertBek). Darüber hinaus fördern und schützen auch weitere Erlasse direkt oder indirekt den Wettbewerb in der Schweiz.[47] Der Wettbewerb kann dementsprechend erst über ein Bündel von Erlassen sowie verschiedene staatliche Institutionen effektiv gewährleistet werden.

Unbesehen der verschiedenen Erlasse zum Schutz des Wettbewerbs ist nachfolgend nur auf den kartellrechtlichen Wettbewerbsschutz einzugehen. In diesem Sinne ist in der vorliegenden Studie der Begriff Wettbewerbsrecht mit Kartellrecht gleichzusetzen.

Schliesslich orientiert sich das schweizerische Kartell- bzw. Wettbewerbsrecht – in Anlehnung an das deutsche GWB oder das EU-Wettbewerbsrecht – am sog. Drei-Säulen-Modell. Dieses Modell unterteilt die wettbewerbsbeschränkenden Handlungen in folgende drei Kategorien: *(1)* Wettbewerbsabreden, *(2)* Missbrauch einer marktbeherrschenden Stellung und *(3)* Fusionskontrolle. Wettbewerbsabreden stellen, vereinfacht gesagt, Vereinbarungen zwischen verschiedenen Unternehmen dar, in denen beispielsweise Preis-, Mengen- oder Gebietsabsprachen getroffen werden. Grundsätzlich können sowohl Abreden auf gleicher Stufe (horizontale Abreden) als auch auf unterschiedlichen Stufen (vertikale Abreden) eine wettbewerbsbeschränkende Wirkung entfalten. In Abgrenzung dazu stellt der Missbrauch einer marktbeherrschenden Stellung eine unilaterale Handlung dar: Einem Unternehmen, das auf einem bestimmten Markt über signifikante Marktanteile verfügt, ist es untersagt, seine Stellung zu nutzen, um die konkurrierenden Unternehmen an der Aufnahme oder Ausübung des Wettbewerbs zu behindern (sog. Verdrängungsmissbrauch) oder die Marktgegenseite zu benachteiligen (sog. Ausbeutungsmissbrauch). Mit der Fusionskontrolle soll – im Sinne einer Marktstrukturprüfung – schliesslich verhindert werden, dass ein Unternehmenszusammenschluss eine marktbeherrschende Stellung begründet oder verstärkt, die sich negativ auf die Wettbewerbsverhältnisse auswirkt.[48]

4. Grenzen des Idealtypus

Die Dreiteilung von Wettbewerbstheorie, wettbewerbspolitischem Leitbild und Wettbewerbsrecht ist mindestens in zweifacher Hinsicht zu relativieren.

---

[47] Zu denken ist insbesondere an das UWG, das FusG, das THG, das BGBM, das PüG, das BöB sowie das FZA-Abkommen, das MRA-Abkommen oder das GATT-Abkommen. Die Erlasse werden teilweise mittels Verordnungen konkretisiert und ergänzt.
[48] Siehe zum Ganzen instruktiv: Marbach/Ducrey/Wild, Nr. 1371 ff.

i) Vermischung von Wettbewerbstheorie und wettbewerbspolitischem Leitbild

Die Dichotomie von Wettbewerbstheorie und wettbewerbspolitischem Leitbild darf nicht zu formalistisch gesehen werden; eine trennscharfe Unterscheidung ist nur bedingt möglich. Wie oben bereits dargelegt, sind verschiedene wettbewerbstheoretische Begriffe – wie etwa „funktionsfähiger Wettbewerb" – nicht wertneutral, sondern sinnnotwendig normativ.[49] Ferner bietet sich eine strikte Trennung zwischen Wettbewerbstheorien und wettbewerbspolitischen Leitbildern nur bedingt an, da sich die Leitbilder, wie dargelegt, immer auch auf wettbewerbstheoretische Erkenntnisse stützen. Zielvorgaben, die gänzlich losgelöst von der Realität formuliert werden, sind weder verwirklichbar noch wünschenswert.[50] Daher ist es letztlich sachgerechter, von der Trennung zwischen Wettbewerbstheorie und wettbewerbspolitischem Leitbild Abstand zu nehmen und beide Typen unter einem Begriff zusammenzufassen. Dieser Ansatz wird in der Lehre etwa von Willeke oder Aberle verfolgt; sie sprechen dabei von den sog. Wettbewerbskonzeptionen.[51] Dabei erläutert Aberle den Begriff wie folgt:

„Die Wettbewerbskonzeptionen umfassen theoretische Aussagen über Marktstrukturen, Wettbewerbsprozesse und Wettbewerbsergebnisse sowie wettbewerbspolitische Grundsätze."[52]

Willeke gibt Einsicht, was unter wettbewerbspolitischen Grundsätzen zu verstehen ist:

„Unter den wettbewerbspolitischen Grundsätzen wollen wir die Summe der auf Marktstrukturen, Wettbewerbsprozesse und Wettbewerbsergebnissen bezogenen Normen und der daraus abgeleiteten Vorschläge für wettbewerbspolitische Massnahmen verstehen."[53]

Folglich umfasst eine Wettbewerbskonzeption sowohl die deskriptiven als auch normativen Referenzmassstäbe und die beiden Typen Wettbewerbstheorie und wettbewerbspolitisches Leitbild gehen vollständig in diesem Begriff auf.[54] Die dargelegten Ausführungen sind jedoch nicht in dem Sinne zu verstehen, dass die Unterscheidung von positiver und normativer Ökonomik gänzlich aufzugeben ist. Vielmehr soll der Begriff „Wettbewerbskonzeption" dem Umstand Rechnung tragen, dass zwischen den Wettbewerbstheorien und den wettbewerbspolitischen Leitbildern verschiedene Interdependenzen bestehen.

---

[49] Siehe hierzu oben: *§ 2.B.II.3.ii) Normativität in der Ökonomik.*
[50] Siehe hierzu oben: *§ 2.B.II.2.ii) Empirie im Recht.*
[51] Aberle, S. 26; Herdzina, wirtschaftstheoretische Fundierung, S. 5.
[52] Aberle, S. 26.
[53] Willeke, S. 14.
[54] Aberle, S. 29; diese Begriffsdefinition entspricht ferner dem, was Piekenbrock/Hennig unter „Wettbewerbstheorie im engeren Sinne und weiteren Sinne" verstehen. Siehe hierzu: Piekenbrock/Hennig, S. 327.

ii) Reziproke Beeinflussung

Das dargelegte idealtypische Zusammenspiel suggeriert, dass wissenschaftliche Erkenntnisse primär im Rahmen der Wettbewerbstheorien generiert werden. Dem ist in der Realität jedoch nicht so: Das Verhältnis von Wettbewerbstheorie, wettbewerbspolitischem Leitbild und Wettbewerbsrecht ist komplexer, steht im fortwährenden Wandel und folgt nur bedingt dem idealtypischen Erkenntnisweg.

So werden etwa auch im Rahmen des Wettbewerbsrechts wissenschaftliche Erkenntnisse generiert. Der hier dargelegte idealtypische Erkenntnisweg ist massgeblich von der ökonomischen Sichtweise geprägt. Analog zum traditionellen „Law and Economics"-Ansatz wird auch hier nur von einer einseitigen Beeinflussung ausgegangen.[55] Wie jedoch aufgezeigt wurde, ist dies eine verkürzte Sichtweise: Das Recht stellt nicht nur das Objekt dar, auf das die ökonomischen Methoden und Denkweisen angewendet werden, sondern es werden basierend auf den rechtswissenschaftlichen Methoden und Denkweisen auch eigene Erkenntnisse generiert.

Andererseits bilden sich die wettbewerbspolitischen Leitbilder nicht alleine auf der Grundlage der wettbewerbstheoretischen Erkenntnisse – dies käme einem naturalistischen Fehlschluss gleich. Vielmehr widerspiegeln die wettbewerbspolitischen Leitbilder die gesellschaftlichen Wertvorstellungen im Wettbewerbssystem. Vor diesem Hintergrund kommt den wettbewerbstheoretischen Erkenntnissen in erster Linie die Aufgabe zu, die Grenzen der normativen Gestaltungsfreiheit aufzuzeigen. Darüber hinaus ist es nicht notwendig, dass ein wettbewerbspolitisches Leitbild zeitlich immer nachgelagert zu einer Wettbewerbstheorie entsteht. Auch der umgekehrte Weg ist denkbar; so kann ein Leitbild zuerst die normative Grundausrichtung vorgeben, an der sich die Wettbewerbspolitik dann – soweit wie möglich – auszurichten hat.

Mit diesen Ausführungen sind zentrale Begrifflichkeiten und Unterscheidungen innerhalb des Wettbewerbsprinzips dargelegt. In einem nächsten Kapitel ist von der Innen- zur Aussenperspektive zu wechseln: So stellt das Wettbewerbsprinzip kein in sich abgeschlossenes, monolithisches Konzept dar, sondern ist ein integraler Bestandteil des allgemeinen Wirtschaftssystems. Dieses Verhältnis von Wettbewerb und Wirtschaftssystem ist nachfolgend auszuleuchten.

---

[55] Siehe hierzu oben: *§ 2.B.III.2.ii) Einseitige Beeinflussung.*

B. Wettbewerb als Teil des Wirtschaftssystems

I. Wirtschaftssysteme und Wettbewerb

1. Markt- und Planwirtschaft

Unter einem Wirtschaftssystem versteht man die praktizierte Form der Steuerung der Wirtschaftsabläufe in einer Volkswirtschaft.[56] Es wird gemeinhin zwischen zwei idealtypischen Grundformen unterschieden: Marktwirtschaft und Planwirtschaft.[57] Beide Wirtschaftssysteme sind insofern idealtypisch, als sie nie in Reinform in einer Volkswirtschaft vorkommen.[58] In Anlehnung an Schott geben die beiden Wirtschaftssysteme unterschiedliche Antworten auf folgende vier Grundfragen:[59]

– *Wer sind die Plan- und Entscheidungsträger?*
  Zunächst geht es darum, die Wirtschaftspläne für die Bewirtschaftung knapper Güter zu erstellen und abzuwickeln.[60]
  Im marktwirtschaftlichen System geschieht dies dezentral auf Grundlage der privaten Eigentums- und Verfügungsrechte.[61] Dabei bilden die Konsumenten- sowie Produzentensouveränität die Grundlage marktwirtschaftlicher Entscheidungen. Die Marktwirtschaft ist somit vom Individualprinzip geprägt.[62]
  In einem planwirtschaftlichen System erfolgt die Zuteilung der Produktionsfaktoren demgegenüber durch eine oder mehrere vertikal organisierte Planungsinstanzen. Die Eigentums- und Verfügungsrechte werden dabei zentral verwaltet.[63] Theoretisch kann ein planwirtschaftliches System von Privaten implementiert werden, faktisch hat jedoch nur der Staat die nötigen Kapazitäten, um die Wirtschaft zu lenken. Im Gegensatz zur Marktwirtschaft ist die Planwirtschaft vom Kollektivprinzip geprägt.[64]

– *Wie entsteht Information über den volkswirtschaftlichen Prozess?*
  Für die Erstellung der Wirtschaftspläne müssen Informationen über die Konsumenten- und Produzentenbedürfnisse vorhanden sein. Dabei sollen vor-

---

[56] Aberle, S. 16.
[57] Zuweilen werden die zwei Grundformen durch Kooperation bzw. Gruppenvereinbarung ergänzt. Siehe hierzu: Richli, Nr. 41.
[58] Die Realität ist von der sog. „mixed economy" geprägt, die unter anderem plan- und marktwirtschaftliche Elemente vereint. Siehe hierzu: Schluep, S. 95; Rhinow/Schmid/Biaggini/Uhlmann, N 13 zu § 1; Schott, Nr. 51.
[59] Schott, Nr. 52 ff.
[60] Richli, Nr. 40; Schott, Nr. 53.
[61] Rhinow/Schmid/Biaggini/Uhlmann, N 15 zu § 1.
[62] Schott, Nr. 53; Richli, Nr. 42.
[63] Rhinow/Schmid/Biaggini/Uhlmann, N 15 zu § 1; Schott, Nr. 54.
[64] Richli, Nr. 43.

rangig Knappheitssituationen vermieden werden, um die Bedürfnisbefriedigung zu gewährleisten.[65]

In der Marktwirtschaft werden diese Informationen über den Marktpreis vermittelt; dieser bildet den Knappheitsindikator. Der Preis zeigt an, wo Nachfrage- oder Angebotsüberschuss besteht. Die Information wird durch das Zusammenspiel der verschiedenen Marktakteure automatisch generiert und es besteht keine Notwendigkeit für eine zentralistische Informationssammelstelle.[66] Da der Preismechanismus erst nach der erfolgten Produktion greift, handelt es sich um eine Ex-post-Koordination.[67]

Demgegenüber werden die Wirtschaftspläne im planwirtschaftlichen System ex-ante von der Zentralverwaltung festgelegt; es wird versucht, Knappheitssituationen zu antizipieren.[68] Die zentrale Steuerungsinstanz steht jedoch vor einem fundamentalen und kaum lösbaren Informationsproblem: Wirtschaftsprozesse sind zu komplex und dynamisch, um akkurate Ex-ante-Pläne auszuarbeiten. Trotz den hohen Informationssuchkosten sind Über- bzw. Unterproduktion, Qualitätsprobleme sowie Fehlallokationen kaum vermeidbar.[69]

– *Welche Mechanismen der Motivierung und Sanktionierung bestehen?*
Die Wirtschaftsteilnehmer sind für die Erbringung von Leistungen zu belohnen und für die Nichterbringung zu sanktionieren. Damit sollen Anreize für eine effiziente Ressourcenallokation geschaffen werden.[70]

In der Marktwirtschaft motiviert und sanktioniert der Markt selbst. Der Marktmechanismus verschafft dem Anbieter überlegener Produkte oder Dienstleistungen Gewinne und dem unterlegenen Konkurrenten Verluste.[71] Der Marktmechanismus zeitigt damit eine Anreizwirkung für beide Seiten: Der Gewinner wird sein Produkt oder seine Dienstleistung verbessern, da er nach Gewinnmaximierung strebt. Der Verlierer muss dahingegen Verbesserungen vornehmen, um nicht aus dem Markt auszuscheiden.[72] Die Marktwirtschaft stellt demnach vorwiegend auf die sog. extrinsische Motivation ab.

In der Planwirtschaft erfolgt die Motivierung und Sanktionierung der Wirtschaftsteilnehmer in erster Linie über sanktionierbare Anweisungen sowie Auszeichnungen für Planübererfüllungen.[73] Diese extrinsischen Motivationsformen zeitigen jedoch schwächere Anreizwirkungen als jene der Marktwirtschaft. Das planwirtschaftliche System setzt daher komplementär

---

[65] Schott, Nr. 55.
[66] Richli, Nr. 42.
[67] Schott, Nr. 55.
[68] Rhinow/Schmid/Biaggini/Uhlmann, N 14 zu § 1; Schott, Nr. 56.
[69] Schott, Nr. 56.
[70] Schott, Nr. 57.
[71] Schott, Nr. 57.
[72] Richli, Nr. 42; Schott, Nr. 57.
[73] Richli, Nr. 43; Schott, Nr. 58.

auf intrinsische Motivation. Im Zentrum steht dabei die staatliche Förderung ideeller Werte – insbesondere die individuelle Unterordnung zu Gunsten des zentralistisch definierten Gesamtinteresses.[74]

– *Wie erfolgt die Abstimmung von Individual- und Gesamtinteressen?*
Die Interessen der Wirtschaftsteilnehmer zur individuellen Gewinn- bzw. Nutzenmaximierung sind mit den Interessen der Gesamtgesellschaft in Ausgleich zu bringen.[75]

In der Marktwirtschaft erfolgt dieser Ausgleich grundsätzlich von selbst und staatliche Eingriffe sind nicht angezeigt. Dieses Verständnis geht auf die „invisible hand"-Metapher von Adam Smith zurück. Die „unsichtbare Hand" – so der deutsche Terminus – stellt das Individualinteresse dem Gesamtinteresse gleich; wenn jeder Marktakteur ausschliesslich seine individuellen Interessen verfolgt, fördert er damit gleichzeitig das Gemeinwohl.[76] Der moderne liberale Staat orientiert sich stark an diesem Grundverständnis: Die marktwirtschaftlichen Prozesse tragen zu einer optimalen Gewährleistung des Gesamtinteresses bei und der Staat muss, wenn überhaupt, nur punktuell in diesen Prozess eingreifen.

In der Planwirtschaft werden die Wirtschaftspläne dahingegen von vornherein am gesellschaftlichen Gesamtinteresse ausgerichtet.[77] Das Gesamtinteresse setzt sich damit nicht aus den aggregierten Individualinteressen zusammen, sondern wird von der Zentralverwaltung vorgegeben. Dieser Ansatz verdeutlicht die fundamentale Skepsis des planwirtschaftlichen Systems an der Verteilungsfunktion marktwirtschaftlicher Prozesse.

2. Marktwirtschaft und Wettbewerb

Das Wettbewerbsprinzip ist nicht „wirtschaftssystemneutral" sondern ein integraler Bestandteil des marktwirtschaftlichen Systems und spielt bei der Beantwortung aller vier volkswirtschaftlichen Grundfragen eine entscheidende Rolle.

Erstens garantiert das Wettbewerbsprinzip die Souveränität und Freiheit der Marktakteure.[78] Die marktwirtschaftliche Wettbewerbsordnung folgt nämlich dem „Prinzip der Privilegienfreiheit und Rechtsgleichheit".[79] Jeder Marktakteur ist grundsätzlich frei, Produkte und Dienstleistungen im Rahmen der vorgegebenen Wettbewerbsordnung anzubieten oder zu erwerben. Die Wettbewerbsordnung schützt damit die Entscheidungs- und Wahlfreiheit.[80] Zurecht

---

[74] Schott, Nr. 58.
[75] Schott, Nr. 58.
[76] Siehe hierzu unten: *§ 4.A. I.3.iii) Unsichtbare Hand.*
[77] Schott, Nr. 59.
[78] Richli, Nr. 54.
[79] Vanberg, Ethik der Wettbewerbsordnung, S. 8.
[80] Vanberg, Ethik der Wettbewerbsordnung, S. 4.

wurde daher das Wettbewerbsprinzip bei der letzten Totalrevision der schweizerischen Bundesverfassung als essentieller Bestandteil „einer freiheitlich-marktwirtschaftlichen Wirtschaftsordnung"[81] gewürdigt.[82]

Zweitens funktioniert das marktwirtschaftliche Preissystem nur auf einem wettbewerbsorientierten Markt.[83] In diesem Sinne ist auch Vanberg zu verstehen, wenn er darlegt, dass sich die „im Wettbewerb bildenden Marktpreise den einzelnen die notwendige Information" bieten, indem „sie die relative Knappheit und deren Veränderung anzeigen".[84] Die Marktpreise reflektieren die Knappheit der Produktionsfaktoren nur, wenn die Unternehmen aufgrund des Wettbewerbsdrucks gezwungen sind, zu marginalen Kosten zu produzieren.[85]

Drittens bedingen der marktwirtschaftliche Sanktions- und Motivationsmechanismus Wettbewerb. Diese Mechanismen sind bereits in der allgemeinen Wettbewerbsdefinition angelegt: Ein Marktakteur muss per Definition einen „höheren Zielerreichungsgrad" als seine Konkurrenten aufweisen.[86] Als Folge generiert der Anbieter überlegener Güter zusätzlichen Gewinn und beschert dem unterlegenen Konkurrenten Verlust. Ferner lassen sich auch unternehmerische Innovations- und Forschungsanreize auf den Wettbewerbsdruck zurückführen; bei unternehmerischem Stillstand besteht nämlich stets die Gefahr, von Konkurrenten überholt zu werden.

Schliesslich vermittelt das Wettbewerbsprinzip zwischen den Individualinteressen und dem Gemeininteresse.[87] Bereits Adam Smith sah im Wettbewerb ein wichtiges Bindeglied zwischen der Verfolgung der individuellen Interessen und des Gemeininteresses. So ist es der Wettbewerb, der das individuelle Streben der Marktakteure in die richtigen Bahnen lenkt und damit einen wesentlichen Beitrag zur reibungslosen Funktion der „unsichtbaren Hand" leistet.[88] So sind Wettbewerb und Gemeinwohl untrennbar miteinander verknüpft.

Es ist zu bilanzieren, dass das Wettbewerbsprinzip in der Marktwirtschaft eine bedeutende Stellung einnimmt. Oder wie es Aberle formuliert:

> „Wirtschaftspolitik in der Marktwirtschaft muss deshalb immer auch Wettbewerbspolitik sein, um sowohl die Funktionsfähigkeit wie auch die Existenzberechtigung einer marktwirtschaftlichen Ordnung zu sichern."[89]

---

[81] Botschaft über eine neue Bundesverfassung vom 20. November 1996, BBl 1997 I 1 ff., S. 294; Vallender, S. 1049.

[82] Siehe hierzu unten: § 3.B.II. Verfassungsrechtlicher Grundentscheid in der Schweiz.

[83] Olten, S. 23.

[84] Vanberg, Ethik der Wettbewerbsordnung, S. 4.

[85] Siehe hierzu unten: § 3.C.II. Allokationsfunktion.

[86] Siehe zur allgemeinen Wettbewerbsdefinition oben: § 3.A.II.1. Definitionsversuch und Wortherkunft.

[87] Siehe dazu die Abbildung bei: Künzler, S. 9.

[88] Siehe hierzu unten: § 4.A. I.3.iii) Unsichtbare Hand.

[89] Aberle, S. 17.

Dieser kurzgehaltene Überblick zum Verhältnis von Marktwirtschaft und Wettbewerb vermittelt einen ersten Eindruck von den Wettbewerbsfunktionen. Eine vertiefte Auseinandersetzung mit den einzelnen Wettbewerbsfunktionen folgt in einem späteren Kapitel.[90] Nachfolgend ist am Beispiel der schweizerischen Wirtschaftsverfassung aufzuzeigen, inwiefern diese wirtschaftstheoretischen Grundlagen in der Realität Entsprechung finden.

II. Verfassungsrechtlicher Grundentscheid in der Schweiz

Auch wenn sich der Verfassungsgeber in der Schweiz nicht explizit zur Marktwirtschaft bekennt, gibt er eine relativ klare Stossrichtung vor: Die Wirtschaftsordnung basiert auf einer freiheitlichen und wettbewerbsbasierten Privatwirtschaftsordnung.[91] Dies ergibt sich aus der sog. formellen Wirtschaftsverfassung, die einerseits die wirtschaftlichen Grundrechte, andererseits die weiteren wirtschaftsverfassungsrechtlichen Normen von Art. 94 ff. BV umfasst.

1. Wirtschaftliche Grundrechte

Je nach Lehrmeinung sind die wirtschaftlichen Grundrechte weiter oder enger gefasst.[92] Einhellig wird jedoch anerkannt, dass die Wirtschaftsfreiheit nach Art. 27 BV den Nukleus bildet.

i) Wirtschaftsfreiheit

Der Schutzbereich von Art. 27 BV umfasst jede gewerbsmässig ausgeübte privatwirtschaftliche Tätigkeit aller natürlichen und juristischen Personen mit Wohnsitz oder Sitz in der Schweiz, die auf die Erzielung eines Gewinns oder eines Erwerbseinkommens abzielt.[93] Wer staatliche Aufgaben wahrnimmt, kann sich folglich nicht auf die Wirtschaftsfreiheit berufen.[94] Umgekehrt ist jedoch umstritten, inwieweit sich der Staat auf Art. 27 BV berufen kann, wenn er nichtstaatliche Aufgaben wahrnimmt.[95]

Die Wirtschaftsfreiheit kann in verschiedene Teilgehalte untergliedert werden: *(1)* die Berufswahlfreiheit, *(2)* die Berufszugangsfreiheit, *(3)* die freie Ausübung der privatwirtschaftlichen Erwerbstätigkeit, *(4)* das Verbot wettbewerbsverzer-

---

[90] Siehe hierzu unten: *§ 3.C. Traditionelle Wettbewerbsfunktionen.*
[91] Richli, Nr. 50 ff.
[92] Siehe hierzu: Richli, Nr. 98.
[93] Hänni/Stöckli, Nr. 38 und Nr. 58.
[94] Zur Unterscheidung zwischen privatwirtschaftlichen und staatlichen Aufgaben siehe: Uhlmann, BV-BaKomm, N 19 ff. zu Art. 27 BV.
[95] Nach neuerer Lehre und Rechtsprechung fällt die staatliche Wirtschaftstätigkeit unter den Schutzbereich von Art. 27 BV, sofern ein staatliches Unternehmen mit gleichen Rechten und Pflichten wie private Wirtschaftsteilnehmer zu diesen in Konkurrenz tritt. Siehe dazu: Kiener/Kälin/Wyttenbach, N 34 zu § 31.

render Massnahmen bzw. die Gleichbehandlung von Konkurrenten sowie *(5)* die Freizügigkeit der Berufstätigen.[96] Die fundamentale Bedeutung der Wirtschaftsfreiheit in der Schweiz widerspiegelt sich in den Schrankenbestimmungen: Der Verfassungsgeber verlieh der Wirtschaftsfreiheit mit Art. 36 BV und Art. 94 BV einen doppelten Schutz.[97] Bevor eine Verletzung der Wirtschaftsfreiheit nach den klassischen Einschränkungsvoraussetzungen von Art. 36 BV geprüft wird, muss zunächst nachgewiesen werden, dass der staatliche Eingriff gemäss Art. 94 Abs. 1 BV nicht vom Grundsatz der Wirtschaftsfreiheit abweicht.[98] Eine Abweichung vom Grundsatz der Wirtschaftsfreiheit ist nur unter den engen Voraussetzungen von Art. 94 Abs. 4 BV zulässig: Entweder besteht für die Abweichung eine Grundlage in der BV oder die Abweichung lässt sich mit einem kantonalen Regalrecht begründen.[99] Als grundsatzwidrig werden Massnahmen angesehen, deren primäres Ziel es ist, den freien Wettbewerb zu beeinträchtigen oder diesen zu behindern, um gewisse Gewerbezweige oder Bewirtschaftungsformen zu begünstigen oder um das Wirtschaftsleben nach einem festen Plan zu lenken.[100]

Art. 27 BV bildet die Grundlage für eine freiheitliche Wirtschaftsordnung. Um jedoch von einer Privatwirtschaftsordnung sprechen zu können, sind Eigentums- und Verfügungsrechte privat bzw. dezentral auszugestalten. Dies wird durch die Eigentumsgarantie in Art. 26 BV sichergestellt.

ii) Eigentumsgarantie

Der Schutzbereich von Art. 26 BV umfasst die Verfügungs- und Nutzungsgewalt von natürlichen und juristischen Personen an Mobilien und Immobilien sowie an weiteren Vermögensobjekten wie beispielsweise Vermögensrechte oder Immaterialgüterrechte.[101] Dabei wird in der Regel zwischen drei Eigentumsgarantien unterschieden: *(1)* der Institutsgarantie, *(2)* der Bestandesgarantie sowie *(3)* der Wertgarantie. Die drei Eigentumsgarantien sind nicht getrennt voneinander zu beachten, sondern bauen aufeinander auf.[102]

---

[96] Hänni/Stöckli, Nr. 43.

[97] Mit Art. 94 BV erklärt der Verfassungsgeber die Wirtschaftsfreiheit zu einem eigenen Rechtsgut. Dies ist notwendig, da es alleine mit einer Verhältnismässigkeitsprüfung nach Art. 36 BV nicht möglich wäre, die langfristigen, positiven Wirkungen einer marktwirtschaftlichen, wettbewerbsorientieren Wirtschaftsordnung zu erfassen.

[98] Zu den verschiedenen Prüfprogrammen der Einschränkung der Wirtschaftsfreiheit siehe kritisch: Biaggini, Wirtschaftsfreiheit, S. 2 ff.

[99] Siehe hierzu illustrativ: Hänni/Stöckli, Nr. 76.

[100] Die Grundsatzwidrigkeit bedingt folglich ein objektives Element („Beeinträchtigung oder Behinderung des freien Wettbewerbs") sowie ein subjektives Element („um zu begünstigen oder zu lenken"); siehe dazu auch: Kiener/Kälin/Wyttenbach, N 55 ff. zu § 31.

[101] Richli, Nr. 105 f.

[102] Siehe dazu eingehend: Waldmann, BV-BaKomm, N 33 ff. zu Art. 26 BV.

Der Schutz der Privatwirtschaftsordnung – das heisst, dass die Eigentums- und Verfügungsrechte dezentral ausgestaltet sind – wird primär durch die Institutsgarantie gewährleistet. Konkret schützt die Institutsgarantie vor einer Gesetzgebung, die das Konzept des Eigentums als solches aushöhlen und damit grundsätzlich in Frage stellt.[103] Die genauen Konturen des Wesensgehalts bleiben jedoch weitgehend unscharf.[104] Eine exakte Umschreibung ist aber nicht notwendig, da der Institutsgarantie eine konstitutiv-institutionelle Funktion zukommt:[105] Art. 26 BV verlangt vom Gesetzgeber, das Ordnungsprinzip der Eigentumsgarantie in die Ausgestaltung der gesamten Rechtsordnung einfliessen zu lassen. Gemäss herrschender Lehre wird der Institutsgarantie Kerngehaltscharakter nach Art. 36 Abs. 4 BV zugesprochen.[106]

Wie einleitend erwähnt, werden die wirtschaftlichen Grundrechte je nach Lehrmeinung enger oder weiter gefasst. So werden unter anderem auch die Niederlassungsfreiheit (Art. 24 BV) und die Koalitionsfreiheit (Art. 28 BV) zu den wirtschaftlichen Grundrechten gezählt.[107] Für die Analyse des verfassungsrechtlichen Grundentscheids spielen diese Grundrechte jedoch nur eine untergeordnete Rolle.[108]

2. Weitere wirtschaftsverfassungsrechtliche Normen

Neben den wirtschaftlichen Grundrechten ergibt sich der Grundentscheid zugunsten einer freiheitlichen und wettbewerbsorientierten Privatwirtschaftsordnung aus den Art. 94 ff. BV. Von herausragender Bedeutung ist dabei Art. 94 BV (Grundsätze der Wirtschaftsordnung).

Art. 94 BV bildet das konstitutiv-institutionelle Gegenstück zu Art. 27 BV.[109] Wie dargelegt, beeinflusst der in Art. 94 BV statuierte Grundsatz der Wirtschaftsfreiheit auch das Verständnis und die Anwendung von Art. 27 BV.[110] Darüber hinaus hat Art. 94 BV auch einen selbständigen Gehalt und kann aufgrund seiner Wichtigkeit in der schweizerischen Wirtschaftsverfassung als dessen „Grundnorm"[111] gesehen werden. Art. 94 BV ist in drei Teilgehalte unter-

---

[103] Richli, Nr. 109.

[104] Waldmann, BV-BaKomm, N 38 ff. zu Art. 26 BV.

[105] Waldmann, BV-BaKomm, N 12 zu Art. 26 BV; ähnlich auch: Kiener/Kälin/Wyttenbach, N 5 zu § 30.

[106] Waldmann, BV-BaKomm, N 36 zu Art. 26 BV.

[107] Siehe dazu etwa: Kiener/Kälin/Wyttenbach, N 1 ff. zu § 16 und N 1 ff. zu § 32; Rhinow/Schmid/Biaggini/Uhlmann, N 53 ff. zu § 6.

[108] So kommt der Koalitionsfreiheit keine zentrale Bedeutung bei der Konstituierung der Wirtschaftsordnung zu und die Niederlassungsfreiheit ist lediglich komplementär zur Freizügigkeit der Berufstätigen, die durch die Wirtschaftsfreiheit geschützt ist. Siehe dazu: Rudin, BV-BaKomm, N 7 zu Art. 24 BV.

[109] So explizit auch das Bundesgericht im Fall „glarnerSach": BGE 138 I 378 (384 f.).

[110] Uhlmann, BV-BaKomm, N 1 zu Art. 94 BV.

[111] Uhlmann, BV-BaKomm, N 2 zu Art. 94 BV.

gliedert: *(1)* Grundsatz der Wirtschaftsfreiheit (Art. 94 Abs. 1 und 4 BV), *(2)* Wohlfahrtsgarantie (Art. 94 Abs. 2 BV) und *(3)* Schaffung günstiger Rahmenbedingungen (Art. 94 Abs. 3). Neben Art. 94 BV spielt ferner auch Art. 96 BV (Wettbewerbspolitik) eine massgebliche Rolle bei der Konstituierung einer freiheitlichen und wettbewerbsorientierten Privatwirtschaftsordnung.[112]

i) Grundsatz der Wirtschaftsfreiheit

Von besonderer Bedeutung ist das staatliche Bekenntnis zur Wirtschaftsfreiheit nach Art. 94 Abs. 1 und 4 BV.[113] Nach Uhlmann vereinigen sich im Grundsatz der Wirtschaftsfreiheit von Art. 94 Abs. 1 BV „mehrere normative Aussagen unterschiedlicher Verbindlichkeit und Durchsetzbarkeit".[114] Die wichtigsten sind: *(1)* Bekenntnis zur Wettbewerbswirtschaft, *(2)* Förderung und Sicherung des Binnenmarkts sowie *(3)* zurückhaltende staatliche Wirtschaftstätigkeit.[115]

Insbesondere das Bekenntnis zur Wettbewerbswirtschaft ist vorliegend von besonderem Interesse. Wie das Bundesgericht in einem grundlegenden Entscheid darlegte, schützt Art. 94 BV „insbesondere das Bestehen einer Wettbewerbswirtschaft".[116] Dies ergibt sich jedoch nicht direkt aus Art 94 Abs. 1 BV, sondern indirekt aus Art. 94 Abs. 4 BV; so streicht Art. 94 Abs. 4 BV „Massnahmen, die sich gegen den Wettbewerb richten"[117] heraus. Der Wettbewerbsschutz von Art. 94 BV darf aber nicht mit jenem von Art. 96 BV gleichgesetzt werden:[118] So statuiert Art. 94 BV lediglich ein staatliches Beeinträchtigungsverbot, nicht aber eine staatliche Schutzpflicht.[119] Art. 94 BV ist folglich nicht als verfassungsrechtliche Grundlage für eine staatliche Wettbewerbspolitik zu sehen.

ii) Wohlfahrtsgarantie

Die Wohlfahrtsgarantie von Art. 94 Abs. 2 BV statuiert, dass die Wirtschaftspolitik dem Gesamtinteresse verpflichtet sein soll. Die Lehre misst Art. 94 Abs. 2 BV jedoch eine untergeordnete Bedeutung bei. So wird zwar betont, dass die Wohlfahrtsgarantie verbindliche Staatsziele normiert, diese aber nicht justiziabel sind.[120]

---

[112] Weitere, hier nicht behandelte, grundlegende Wirtschaftsverfassungsnormen sind Art. 95 BV (privatwirtschaftliche Erwerbstätigkeit), Art. 97 BV (Schutz der Konsumentinnen und Konsumenten) und Art. 100 BV (Konjunkturpolitik).

[113] Richli, Nr. 138 ff.

[114] Uhlmann, BV-BaKomm, N 3 zu Art. 94 BV; Richli, Nr. 133.

[115] Siehe dazu: Uhlmann, BV-BaKomm, N 5 ff. zu Art. 94 BV.

[116] BGE 138 I 378 (387 ff.); Uhlmann, BV-BaKomm, N 5 zu Art. 94 BV.

[117] Rhinow/Schmid/Biaggini/Uhlmann, N 55 zu § 4.

[118] Zu Art. 96 BV siehe unten: *§ 3.B.II.2.iv) Wettbewerbspolitik.*

[119] Die Schutzpflicht wird erst durch Art. 96 BV begründet; Hänni/Stöckli, Nr. 113; Uhlmann, BV-BaKomm, N 8 zu Art. 94 BV.

[120] Dies hat unter anderem drei Ursachen: Erstens geht aus den wirtschaftstheoretischen

In diesem Sinne ist Art. 94 Abs. 2 BV in erster Linie als Garantienorm zu verstehen: Der Verfassungsgeber setzt sich nur soweit für eine freiheitliche und wettbewerbsorientierte Privatwirtschaftsordnung ein, als diese die Wohlfahrtsförderung sichert. Oder zugespitzt formuliert: Der Verfassungsgeber anerkennt mit Art. 94 Abs. 2 BV implizit, dass eine freiheitliche und wettbewerbsorientierte Privatwirtschaftsordnung nicht alleine die Förderung der gemeinsamen Wohlfahrt garantiert. Diese Argumentation ist auch bei Biaggini zu finden, wenn er darauf verweist, „dass die Marktmechanismen nicht durchweg und nicht allein zu Ergebnissen führen, die den obersten Zielen und Wertentscheidungen der staatlichen Gemeinschaft gerecht werden".[121] Ähnlich hält auch Schluep fest, dass „‚die Wirtschaft‘ nicht eine irgendwie ausgegrenzte Anstalt zur Erzeugung von Wohlstand, sondern Teil der Gesellschaft ist".[122] Dabei gilt es jedoch zu beachten, dass Art. 94 Abs. 2 BV keine verfassungsrechtliche Grundlage für grundsatzwidrige Massnahmen im Sinne von Art. 94 Abs. 4 BV bietet. Vielmehr stellt die Norm sicher, dass das marktwirtschaftliche System und das Wettbewerbsprinzip nicht verabsolutiert bzw. zum Selbstzweck erhoben werden. Schliesslich geht mit der Garantienorm indirekt auch eine sozialpolitische Verantwortung des Staats einher.[123]

Grundlagen hervor, dass in der marktwirtschaftlich orientierten Wirtschaftsordnung kein fundamentaler Konflikt zwischen der Verfolgung von Einzel- und Gesamtinteressen besteht. Zweitens fügt sich Art. 94 Abs. 2 BV nicht nahtlos in die Gesamtsystematik von Art. 94 BV ein: Abs. 2 könnte als Kompetenznorm für Massnahmen gegen den Grundsatz der Wirtschaftsfreiheit verstanden werden. Schliesslich ist die untergeordnete Bedeutung von Art. 94 Abs. 2 BV den abstrakten Begriffen „Wohlfahrt" und „wirtschaftlicher Sicherheit" geschuldet. Wie Uhlmann festhält, lässt der Verfassungsgeber die beiden Begriffe, sowie einen daraus resultierenden Gesetzgebungsauftrag, „im Vagen". Uhlmann, BV-BaKomm, N 16 f. zu Art. 94 BV; siehe hierzu: Vallender, St. Galler Komm, N 11 zu Art. 94 BV.

[121] Biaggini, OF-Kommentar, N 10 zu Art. 94 BV; Botschaft über eine neue Bundesverfassung vom 20. November 1996, BBl 1997 I 1 ff., S. 296; ähnlich so auch: Rhinow/Schmid/Biaggini/Uhlmann, N 85 f. zu § 4.

[122] Schluep, S. 98.

[123] Siehe hierzu: Uhlmann, BV-BaKomm, N 16 zu Art. 94 BV; ein ausgebauter Sozialstaat ist durchaus angezeigt, da ein leistungs- und wettbewerbsbasiertes Wirtschaftssystem per Definition immer auch Verlierer hervorbringt. Diese sollen nicht ihrem Schicksal überlassen werden, sondern – bei Bedarf – von einem funktionieren Sozialstaat aufgefangen werden. Die staatliche Sozialpolitik ist folglich nicht als Gegenspieler der freiheitlichen und wettbewerbsorientierten Privatwirtschaftsordnung zu sehen. Vielmehr ist ein Ausgleich zwischen den beiden Ansätzen zu suchen. Oder wie es Richli formuliert: „Es wäre verfehlt anzunehmen, soziale Sicherheit gehe allemal auf Kosten der Wirtschaftsfreiheit. Andererseits steht die Wirtschaftsfreiheit gegen einen vollständigen Vorsorge- und Versorgungsstaat. Die wirtschaftliche Freiheit ist mit Risiken verbunden (Unternehmerrisiko, Schicksalsschläge). Sozial Sicherung und wirtschaftliche Freiheit sind Grundwerte, die der gegenseitigen Ausgleichung und Optimierung bedürfen. Das schliesst eine Maximierung des einen Wertes zu Lasten des anderen aus.", Richli, Nr. 56.

iii) Schaffung günstiger Rahmenbedingungen

Gemäss Art. 94 Abs. 3 BV haben der Bund und die Kantone im Rahmen ihrer Zuständigkeit für günstige privatwirtschaftliche Rahmenbedingungen zu sorgen. Der Begriff „Rahmenbedingung" ist dabei weit zu verstehen. Wie Uhlmann zurecht festhält, ist fast „jedes staatliche Handeln geeignet, auf die wirtschaftlichen Gegebenheiten positiv oder negativ Einfluss zu haben".[124] Er kommt daher zum Schluss, dass Art. 94 Abs. 3 im Wesentlichen von programmatischer Natur ist.[125]

iv) Wettbewerbspolitik

Art. 96 BV ermächtigt und verpflichtet den Bund, Bestimmungen gegen Wettbewerbsbeschränkungen (Abs. 1), zur Preisüberwachung (Abs. 2 lit. a), und gegen den unlauteren Wettbewerb (Abs. 2 lit. b) zu erlassen. Art. 96 BV bildet damit auch die Grundlage für eine Wettbewerbspolitik des Bundes.[126]

Bevor auf ausgewählte Aspekte von Art. 96 BV in gebotener Kürze eingegangen wird, ist vorweg das Verhältnis von Art. 96 BV zu Art. 94 sowie zu Art. 27 BV darzulegen. Im Gegensatz zu Art. 94 BV – der den Schutz des Wettbewerbs vor staatlicher Verzerrung im Blick hat – zielt Art. 96 BV auf den Schutz des Wettbewerbs vor Privaten ab.[127] Mit Art. 96 BV anerkennt der Verfassungsgeber, dass es nicht ausreicht, den Staat auf den Koordinationsmechanismus des Wettbewerbs zu verpflichten, sondern dass auch Massnahmen notwendig sind, um den Wettbewerb vor bestimmten privaten Verhaltensweisen zu schützen. Art. 94 BV und Art. 96 BV sind folglich komplementär und garantieren einen umfassenden verfassungsrechtlichen Wettbewerbsschutz in der Schweiz.[128]

Das Verhältnis von Art. 96 BV und Art. 27 BV ist dahingegen spannungsgeladener. Insbesondere die zuweilen unter der alten Bundesverfassung vertretene „Abweichungsthese" sah einen Konflikt zwischen der privaten Wirtschaftsfreiheit und der staatlichen Wettbewerbspolitik.[129] Die Abweichungsthese ging davon aus, dass jeder staatliche Eingriff in die privatautonome Wirtschaftsgestaltung auch ein Eingriff in das Grundrecht der Wirtschaftsfreiheit darstellt. Dieser These folgend wäre es auch ein Eingriff in die Wirtschaftsfreiheit, wenn der Staat den Privaten beispielsweise verbieten würde, Preisabsprachen zu treffen. Der Konflikt akzentuierte sich insbesondere im Rahmen der sog. „Biedenkopf-Homburger-Kontroverse".[130] Heute wird jedoch überwiegend aner-

---

[124] Uhlmann, BV-BaKomm, N 18 zu Art. 94 BV.
[125] Uhlmann, BV-BaKomm, N 18 zu Art. 94 BV.
[126] Jacobs, St. Galler Komm, N 4 zu Art. 96 BV.
[127] Vallender/Hettich/Lehne, N 1 zu § 9; Uhlmann, BV-BaKomm, N 7 zu Art. 96 BV.
[128] Uhlmann, BV-BaKomm, N 7 zu Art. 96 BV.
[129] Siehe dazu: Richli, Nr. 752 ff.
[130] Siehe dazu: Biedenkopf, S. 16 ff.

kannt, dass Vorschriften, die den Wettbewerb schützen, keine Abweichung vom Grundsatz der Wirtschaftsfreiheit darstellen, sondern der Sicherung und Verwirklichung der Wirtschaftsfreiheit dienen.[131]

Obwohl im Wirtschaftsrecht auch Massnahmen gegen den Preismissbrauch (Art. 96 Abs. 2 lit. a BV) und gegen den unlauteren Wettbewerb (Art. 96 Abs. 2 lit. b BV) eine wichtige Rolle spielen, ist aus konstitutiv-institutioneller Sicht primär Art. 96 Abs. 1 BV von Interesse.

Der Normtext von Art. 96 Abs. 1 BV wurde vom Verfassungsgeber bewusst offen formuliert: Der Bund erlässt Vorschriften gegen volkswirtschaftlich oder sozial schädliche Auswirkungen von Kartellen und anderen Wettbewerbsbeschränkungen. Dahinter steht der Grundgedanke, dass es die Aufgabe des Gesetzgebers und der rechtsanwendenden Behörden ist, *(1)* den Geltungsbereich schädlicher Wettbewerbsbeschränkungen abzustecken, *(2)* Wettbewerbsziele zu konkretisieren sowie *(3)* entsprechende Instrumente zur Zielerreichung auszuarbeiten.[132] Der Verfassungsgeber gibt mit Art. 96 Abs. 1 BV lediglich einen groben Rahmen vor. Bei der Konkretisierung auf Gesetzesstufe nimmt insbesondere das Kartellgesetz (KG) eine wichtige Funktion ein.

Vor dem Hintergrund der formellen Wirtschaftsverfassung kann gesagt werden, dass sich die schweizerische Wirtschaftsordnung zumindest implizit am marktwirtschaftlichen System orientiert.[133] Es gilt jedoch zu betonen, dass es sich hierbei nur um eine grundsätzliche Stossrichtung handelt; der Verfassungsgeber weicht teilweise von diesem Grundsatz ab. In diesem Sinne Rhinow et al.:

„Zudem anerkennt die Verfassung, dass negative Effekte privatautonomen Handelns im Wirtschaftsbereich nach Korrekturen rufen können. Heute überträgt die Verfassung dem Staat wichtige Aufgaben im Bereich der Wirtschafts-, Sozial- und Umweltpolitik."[134]

Wirtschafts-, sozial- und umweltpolitische Aspekte müssen jedoch nicht Fremdkörper in der freiheitlichen und wettbewerblichen Privatwirtschaftsordnung sein.[135] Vallender geht im Hinblick auf umweltpolitische Eingriffe sogar so weit, dass er im Nachhaltigkeitsprinzip eine „tragende rechtliche Säule vernünftiger Wirtschaftskultur" sowie eine „immanente Schranke der Wirtschaftsfreiheit" sieht.[136] Eine ähnliche Auffassung ist auch bei Richli mit Blick auf die

---

[131] Siehe dazu: Richli, Nr. 754 f.; m. w. V.: Uhlmann, BV-BaKomm, N 9 zu Art. 96 BV.

[132] Zu den drei Aspekten eingehend: Jacobs, St. Galler Komm, N 13 ff. zu Art. 96 BV; Uhlmann, BV-BaKomm, N 10 ff. zu Art. 96 BV; Vallender/Hettich/Lehne, N 2 zu § 9; Richli, Nr. 743.

[133] Siehe so auch: Rhinow/Schmid/Biaggini/Uhlmann, N 83 zu § 4.

[134] Rhinow/Schmid/Biaggini/Uhlmann, N 84 zu § 4.

[135] So stehen wohlfahrts- oder nachhaltigkeitsorientierte Massnahmen „nicht a priori in Widerspruch zum ‚Grundsatz der Wirtschaftsfreiheit'", Rhinow/Schmid/Biaggini/Uhlmann, N 86 zu § 4.

[136] Vallender, St. Galler Komm, N 43 zu Art. 73 BV.

staatliche Sozialpolitik zu finden: Sozialpolitik und Wirtschaftsfreiheit gehen Hand in Hand.[137] In diesem Sinne wird im Kontext der schweizerischen Wirtschaftsverfassung zuweilen auch von der sog. sozialen Marktwirtschaft gesprochen.

C. Traditionelle Wettbewerbsfunktionen

I. Wettbewerbsfunktionen und wirtschaftspolitische Ziele

Ganz allgemein sind unter den Funktionen des Wettbewerbs „die Wirkungen zu verstehen, die vom Wettbewerb ausgehen und das Verhalten der Marktsubjekte (…) verändern".[138] Sind diese Veränderungen der Marktsubjekte den vordefinierten wettbewerbspolitischen Zielen zuträglich, wird von einem funktionsfähigen bzw. wirksamen Wettbewerb gesprochen.[139] In diesem Sinne sind die Wettbewerbsfunktionen mit den Zielen des Wettbewerbs verbunden und zeigen die Möglichkeiten auf, in denen sich die Wettbewerbspolitik bewegen kann.

In der einschlägigen Literatur besteht jedoch nur bedingt Einigkeit über die Funktionen, die vom Wettbewerb erwartet werden.[140] Darüber hinaus wird eine einheitliche Systematisierung verkompliziert, weil die Funktionen unterschiedlich benannt, kategorisiert oder gewichtet werden.[141] Gemäss Herdzina sollten die Unterschiede jedoch nicht überbewertet werden, da sich letztlich jeder in der Lehre diskutierte Ansatz an den „gesellschaftlichen Grundwerten"[142] orientiert.[143] Es bestehe daher ein Grundkonsens.[144] In der schweizerischen Bundesverfassung werden diese Grundwerte erstmals in Art. 2 BV normiert. Im Kontext der Wirtschaftsverfassung sind insbesondere die Sicherung und Förderung der Freiheit, Wohlfahrt und Nachhaltigkeit von Bedeutung.[145] In der Lehre werden darüber hinaus noch weitere Ziele genannt; namentlich Sicherheit, Frieden und Gerechtigkeit.[146]

Ausgehend von diesem Grundkonsens lassen sich die gesellschaftlichen Grundwerte durch untergeordnete wirtschaftspolitische Ziele konkretisieren.[147]

---

[137] Richli, Nr. 56.
[138] Olten, S. 18.
[139] Olten, S. 16 ff.
[140] Olten, S. 18.
[141] Siehe dazu illustrativ: Olten, S. 20; Schmidt/Haucap, S. 40.
[142] Herdzina, Wettbewerbspolitik, S. 12.
[143] Wie jedoch noch zu zeigen sein wird, überzeugt seine Argumentation nicht restlos. Siehe hierzu unten: §3.C.VI.1. Problem der Leerformeln.
[144] Olten spricht in diesem Zusammenhang von den „obersten gesellschaftspolitischen Zielen". Siehe hierzu: Olten, S. 18.
[145] Siehe hierzu grundlegend: Belser, BV-BaKomm, N 1 ff. zu Art. 2 BV.
[146] Siehe hierzu: Olten, S. 18; Schmidt/Haucap, S. 39.
[147] Schmidt/Haucap, S. 35.

Konkret können unter anderem folgende wirtschaftspolitische Ziele abgeleitet werden: effiziente Ressourcenzuteilung, Wirtschaftswachstum, wirtschaftliche Einkommensverteilung und wirtschaftliche Freiheit.[148] Diese wirtschaftspolitischen Ziele können schliesslich in folgende vier Wettbewerbsfunktionen umgemünzt werden: *(1)* Allokationsfunktion, *(2)* Innovationsfunktion, *(3)* Verteilungsfunktion und *(4)* Freiheitsfunktion.

II. Allokationsfunktion

1. Ökonomischer Allokationsbegriff und statische Effizienz

Effiziente Allokation im ökonomischen Sinne bezieht sich auf die Zuteilung von Ressourcen und beschreibt einen Prozess, bei dem knappe Ressourcen dorthin zugeteilt („alloziert") werden, wo sie den höchsten Wert erzielen. Dementsprechend gehen Konsumgüter an Konsumenten mit der höchsten Zahlungsbereitschaft und Produktionsgüter gehen an den Ort, wo sie am gewinnbringendsten weiterverarbeitet werden können. Der Allokationsprozess garantiert damit effiziente Ergebnisse.[149] Da dieser Austausch auf dem Markt in der Regel auf freiwilliger Basis erfolgt und niemand gegen seinen Willen schlechter gestellt wird, sind die Ergebnisse paretoeffizient.

In diesem Sinne gibt der Allokationsprozess die Antwort auf die folgende Grundfrage: Welche Güter sollen wie von wem produziert werden?[150] In Abgrenzung zur Innovationsfunktion wird im Rahmen des Allokationsprozesses von der Erhöhung der sog. statischen Effizienz gesprochen.[151]

2. Allokation und Wettbewerb

Der Wettbewerb bildet die Grundlage einer effizienten Ressourcenallokation und stellt sicher, dass die Ressourcen ihrer produktivsten Verwendung zugeführt werden.[152] Die Unternehmen sind infolge des Wettbewerbsdrucks gezwungen, kostengünstig zu produzieren; andernfalls werden sie auf lange Sicht aus dem Markt gedrängt. Eine kostengünstige Produktion verlangt von den Unternehmen, ihre Produktionsfaktoren so einzusetzen, dass diese ein Höchstmass an Leistung entfalten können (sog. Produktivitätsmaximum bzw. Produktionskostenminimum).[153] Der Wettbewerbsdruck stellt damit sicher, dass keine allokativen Ineffizienzen auftreten, welche die Konsumenten- bzw. Produzenten-

---

[148] Zur Verbindung von gesellschaftspolitischen Oberzielen, wirtschaftspolitischen Zielen und Wettbewerbsfunktionen siehe illustrativ: Herdzina, Wettbewerbspolitik, S. 32.

[149] Siehe dazu: Mathis, Effizienz, S. 33.

[150] Siehe dazu: Fischbach/Wollenberg, S. 48.

[151] Siehe hierzu oben: *§ 2.B. I.2.i) Knappheits- und Effizienzprämisse.*

[152] Schott, Nr. 21.

[153] Siehe zur Preisbildungsfunktion im Rahmen der neoklassischen Wettbewerbskonzeption eingehend: Olten, S. 41 ff.

rente beeinträchtigen.[154] Oder wie Olten das Verhältnis von Wettbewerb und Allokationsfunktion treffend zusammenfasst:

„Der Wettbewerb sorgt dafür, dass die Faktorleistungen (der Produktionsfaktoren Arbeit, Umwelt und Produktivkapital) in der Kombination eingesetzt werden, dass ein Maximum an Produktivität entsteht, und in die Einsatzbereiche gelenkt werden, wo sie entsprechend der Güternachfrage am dringendsten benötigt werden."[155]

Der Zwang zur produktivsten Verwendung der Ressourcen hat ferner einen entscheidenden Einfluss auf die Informationsfunktion von Preisen. So gibt nur der Marktpreis – definiert als jener Preis, der sich bei Zusammentreffen von Angebot und Nachfrage unter Wettbewerbsbedingungen ergibt – zuverlässige Informationen über die tatsächliche Ressourcenknappheit wieder.[156] Im Gegensatz dazu spiegelt der Monopolpreis die Knappheit nicht oder verfälscht wieder, da der Monopolist das Angebot künstlich verknappt, um einen höheren Monopolpreis (sog. Cournot-Preis) durchzusetzen.[157] In diesem Sinne auch Herdzina:

„Wichtigste Voraussetzung für das Funktionieren des Preismechanismus dürfte aber sein, dass sich einzelne Wirtschaftssubjekte dem Zwang zum Wirtschaften (…) nicht entziehen können. Dies dürfte der Fall sein, wenn sie bei ihren Versuchen, ihre Ziele zu erreichen, auf die Aktivitäten anderer unabhängiger Marktteilnehmer stossen, wobei der höhere Ziel- erreichungsgrad eines Teilnehmers einen geringeren Zielerreichungsgrad für andere bedingt. Eine derartige Konstellation war zuvor schon als wettbewerblich apostrophiert worden."[158]

Folglich geht mit der Allokationsfunktion des Wettbewerbs auch eine Informationsfunktion einher. Darüber hinaus hängt mit der Allokationsfunktion eine weitere (Unter-)Funktion zusammen: die Selektionsfunktion. Denn wie gesagt, werden Unternehmen, die ihre Ressourcen nicht der produktivsten Verwendung zuführen, auf lange Sicht vom Markt verdrängt.

Schliesslich sorgt der Wettbewerb nicht nur kurzfristig, sondern auch langfristig für eine effiziente Allokation der Ressourcen. Dadurch wird die Allokationsfunktion auch im Zeitablauf erfüllt – wofür zuweilen der Begriff „Anpassungsfunktion" verwendet wird.[159] Die Anpassungsfunktion besagt aber nur, dass sich die Wirtschaftsakteure aufgrund des Wettbewerbsdrucks an veränderte Rahmenbedingungen, wie etwa das Aufkommen neuer Produktionstechniken, anpassen. Inwiefern der Wettbewerb die Rahmenbedingungen selbst beeinflusst, erklärt die Anpassungsfunktion aber nicht.

---

[154] Zu denken ist insbesondere an Monopolgewinne und dem damit einhergehenden „deadweight loss"; Knieps, S. 5; Schott, Nr. 21.

[155] Olten, S. 24.

[156] Peters, S. 105.

[157] Peters, S. 105.

[158] Herdzina, Wettbewerbspolitik, S. 18.

[159] Herdzina, Wettbewerbspolitik, S. 23.

III. Innovationsfunktion

Der Wettbewerb erfüllt eine Innovationsfunktion, indem er Anreize für die Entwicklung neuer Produkte und Produktionsmethoden schafft. Knieps spricht in diesem Zusammenhang von Produktions- und Prozessinnovationen.[160] Die Innovationsfunktion beleuchtet damit nicht die statischen, sondern die evolutionären Vorzüge des Wettbewerbs, die gemeinhin unter dem Begriff „dynamische Effizienz" zusammengefasst werden.[161]

Gemäss Kerber geht die Innovationsfunktion im Kern auf zwei dynamische Wettbewerbsverständnisse zurück: *(1)* Hayeks Verständnis vom Wettbewerb als „Entdeckungsverfahren" und *(2)* Schumpeters Verständnis vom Wettbewerb als „Innovations- und Imitationsverfahren".[162]

1. Dynamisches Wettbewerbsverständnis nach Hayek

Friedrich A. von Hayeks Ansatz vom Wettbewerb als Entdeckungsverfahren beruht auf der Vorstellung, dass das Wissen der Marktakteure beschränkt ist; sie sind insbesondere nicht in der Lage, die Marktchancen eines bestimmten Produkts oder einer bestimmten Produktionsmethode ex-ante präzise einzuschätzen. Gemäss Hayek ist es die Aufgabe des Wettbewerbs, die besten Produkte und Produktionsverfahren ausfindig zu machen. Neuerungen sind in einem „trial-and-error"-Verfahren dem Markt auszusetzen und erst das tatsächliche Verhalten der Konsumenten liefert dem Anbieter die Information, ob die Neuerungen wirtschaftlich erfolgreich waren oder nicht.

Damit wehrt sich Hayek gegen einen sog. „konstruktivistischen Rationalismus". Er sieht es als eine Anmassung von Wissen, eine erstrebenswerte Gesellschaftsordnung auf dem Reissbrett entwerfen zu wollen. Seinem Ansatz folgend sind moderne Gesellschaften als spontane Ordnungen zu verstehen, die das Verhalten der Individuen, durch allgemeingehaltene und unpersönliche Regeln, so koordinieren, dass ein friedliches und gedeihliches gesellschaftliches Leben möglich ist. Die bestehende gesellschaftliche Ordnung ist folglich zu einem wesentlichen Teil auf evolutionäre Wachstumsprozesse zurückzuführen, wobei der Wettbewerb ein zentrales Entdeckungsinstrument darstellt.[163]

---

[160] Knieps, S. 5.
[161] Siehe hierzu unten: *§ 3.C.III.3. Zum Begriff der dynamischen Effizienz.*
[162] Kerber, Knowledge, S. 457 ff.
[163] Siehe zum Ganzen eingehend unten: *§ 4.B.III.1. Österreicher Schule: freiheitlicher Wettbewerb.*

2. Dynamisches Wettbewerbsverständnis nach Schumpeter

Joseph A. Schumpeters Ansatz vom Wettbewerb als Innovations- und Imitationsverfahren wurde entscheidend von seiner Forschung im Bereich Unternehmertum, Innovation und ökonomisches Wachstum beeinflusst.[164]

Herzstück seines dynamischen Wettbewerbsverständnisses ist das Konzept der sog. „schöpferischen Zerstörung".[165] Ausgangspunkt bildet dabei ein Pionierunternehmen, das durch innovative Produkte oder Produktionsverfahren Konkurrenten aus dem Markt verdrängt und eine vorübergehende Monopolstellung einnimmt. Die hohen Monopolgewinne des Pionierunternehmens ziehen jedoch Imitationen und weitergehende Innovationen der wieder in den Markt drängenden Konkurrenten nach sich. So verliert das Pionierunternehmen – sofern es nicht innovativ bleibt – seine Monopolstellung im Zeitablauf. Die Entwicklung neuer Produkte und Produktionsmethoden geht damit kontinuierlich weiter. Folglich bildet die schöpferische Zerstörung die zentrale endogene Treibkraft der wirtschaftlichen Entwicklung:[166]

„(…) der gleiche Prozess einer industriellen Mutation – wenn ich diesen biologischen Ausdruck verwenden darf –, der unaufhörlich die Wirtschaftsstruktur von innen heraus revolutioniert, unaufhörlich die alte Struktur zerstört und unaufhörlich eine neue schafft. Dieser Prozess der ‚schöpferischen Zerstörung' ist das für den Kapitalismus wesentliche Faktum. Darin besteht der Kapitalismus und darin muss auch jedes kapitalistische Gebilde leben."[167]

Sowohl Hayek als auch Schumpeter betonen die evolutionären bzw. dynamischen Elemente des Wettbewerbsprozesses. Nichtsdestotrotz sind materielle Unterschiede zwischen den beiden dynamischen Wettbewerbsverständnissen auszumachen. Insbesondere bei der Haltung gegenüber Monopolen: Während es bei Hayek die Aufgabe des Wettbewerbs ist, die besten Produkte und Produktionsverfahren ausfindig zu machen, sind es bei Schumpeter die Monopole, welche die eigentliche Innovationsleistung erbringen. Folglich ist Schumpeter gegenüber monopolistischen Unternehmen deutlich offener eingestellt als Hayek.[168]

---

[164] Kerber, Knowledge, S. 457 f.
[165] Schumpeter, S. 134 ff.
[166] Schott, Nr. 24.
[167] Schumpeter, S. 137 f.
[168] Balling, S. 90; ferner unterscheiden sich die beiden Ansätze hinsichtlich der Zukunftsaussichten für das marktwirtschaftliche System. Während Hayek mit dem „Wettbewerb als Entdeckungsverfahren" die Lanze für das marktwirtschaftliche System bricht, läutet Schumpeter in seinem Werk „Kapitalismus, Sozialismus und Demokratie" gerade den Niedergang dieses Systems ein.

3. Zum Begriff der dynamischen Effizienz

Wie erwähnt, wird in der Lehre die Innovationsfunktion zuweilen mit der dynamischen Effizienz gleichgesetzt.[169] Der Begriff suggeriert eine konzeptionelle Nähe zur statischen Effizienz, die jedoch irreführend ist: Im Vergleich zur statischen Effizienz, die genau definiert, quantifiziert und berechnet werden kann, ist das Konzept der dynamischen Effizienz äusserst schwammig. So verbergen sich heute hinter der dynamischen Effizienz verschiedene sich teilweise widersprechende Ansätze, die lediglich darin geeint sind, dass sie die Wichtigkeit von Innovationsleistungen hervorheben.[170] In diesem Sinne auch Kerber:

> „However, it is very important to understand that the term ‚efficiency' in ‚dynamic efficiency' does not have a comparably clear theoretical definition like the above-mentioned concept of allocative efficiency (or static efficiency). In the end, ‚dynamic efficiency' does not mean much more than that it is normatively preferable that innovations are generated and spread."[171]

Dem komplexen und kontroversen Innovationsbegriff ist es schliesslich geschuldet, dass die traditionelle Ökonomik immer noch Mühe im Umgang mit der dynamischen Effizienz bekundet.[172]

IV. Verteilungsfunktion

1. Funktionale Einkommensverteilung durch den Wettbewerb

Der Wettbewerb bewirkt im Sinne einer sog. funktionalen Einkommensverteilung eine Primärverteilung der Einkommen gemäss der Marktleistung.[173] Damit verhindert der Wettbewerbsdruck, dass sich ein Einzelner auf Kosten anderer eine dauerhafte und nichtleistungsbezogene Vorsprungsposition aneignet.[174] Insbesondere wird unterbunden, dass höhere Einkommen aufgrund einer dauerhaften und nicht leistungsbezogenen Monopolstellung generiert werden.[175]

  Gemäss Herdzina hat diese dem Leistungsprinzip unterliegende Primärverteilung verschiedene Vorteile. Erstens trägt es dem bereits erwähnten Grundsatz der Privilegienfreiheit Rechnung: Mit gleichen Aktivitäten, bei denen die gleichen Leistungen erbracht wurden, sollen auch die gleichen Einkommen erzielt werden.[176] Zweitens gehen mit dem Leistungsprinzip wohlfahrtsstei-

---

[169] Siehe dazu: Schott, Nr. 23; Knieps, S. 5 f.

[170] Damit besteht im ökonomischen Kontext keine einheitliche Vorstellung darüber, wie Innovation definiert oder quantifiziert werden kann.; Herdzina, Wettbewerbspolitik, S. 26.

[171] Kerber, Efficiency, S. 98.

[172] Kerber, Efficiency, S. 99.

[173] Olten, S. 27; Schott, Nr. 26.

[174] Herdzina, Wettbewerbspolitik, S. 29.

[175] In diesem Sinne ist auch Knieps zu verstehen, wenn er sagt, dass Monopole nicht mit der Verteilungsfunktion des Wettbewerbs vereinbar sind. Siehe hierzu: Knieps, S. 5.

[176] Herdzina, Wettbewerbspolitik, S. 28; Vanberg, Ethik der Wettbewerbsordnung, S. 8.

gernde Effekte einher: Durch das individuelle Streben nach höherem Einkommen profitiert nicht nur das Individuum, sondern – im Sinne der „unsichtbaren Hand" – letztlich auch die Gesamtgesellschaft.[177] Und schliesslich trägt das Leistungsprinzip zur Verbesserung des sozialen Klimas bei: Hohe Einkommen werden gesellschaftlich eher akzeptiert, wenn sie als Ergebnis besonders guter Leistung verstanden werden.[178]

2. Frage der Verteilungsgerechtigkeit

Ob eine solche funktionale Einkommensverteilung jedoch auch gerecht ist, hängt von der zugrunde liegenden Gerechtigkeitsvorstellung ab. Die Frage nach einer gerechten Verteilung stellt sich insbesondere dann, „wenn die aus dem realen Marktprozess erwachsende Verteilung den geltenden Gerechtigkeitsvorstellungen nicht entspricht".[179] Die konkreten Gerechtigkeitsvorstellungen können jedoch divergieren; so unterscheidet Olten im Rahmen der Einkommensverteilung zwischen vier unterschiedlichen Gerechtigkeitsprinzipien:[180]

– *Prinzip der Leistungsgerechtigkeit:* Wie bereits erläutert, werden die Einkommen gemäss dem Leistungsprinzip verteilt; wer mehr leistet, soll ein höheres Einkommen erhalten.
– *Prinzip der Gleichheit:* Gemäss dem Grundsatz der Privilegienfreiheit soll für die gleiche Leistung auch das gleiche Einkommen gezahlt werden.
– *Prinzip der Bedarfsgerechtigkeit:* Wer aufgrund sozialer oder ökonomischer Faktoren einen objektiv höheren Bedarf hat, soll Anspruch auf ein höheres Einkommen haben. Zu denken ist dabei insbesondere an Familien.
– *Prinzip der Opfergleichheit:* Wer eine Leistung unter höheren Opfern erbringen muss, soll deswegen nicht benachteiligt werden. Zu denken ist dabei insbesondere an Menschen mit körperlicher Behinderung.

Es ist schliesslich eine normative Frage, welchen dieser Prinzipien in einer Wirtschaftsordnung in welchem Umfang Rechnung getragen wird. Dennoch ist anerkannt, dass eine auf dem Wettbewerbsprinzip basierende Einkommensverteilung dem Prinzip der Leistungsgerechtigkeit und der Gleichheit Rechnung trägt. So fördert der Wettbewerb eine funktionale Einkommensverteilung und ist dem Grundsatz der Privilegienfreiheit verpflichtet. Andererseits ist aber auch anerkannt, dass über den wettbewerbsbestimmten Verteilungsprozess der Bedarfsgerechtigkeit und der Opfergerechtigkeit nicht angemessen Rechnung getragen wird.[181]

---

[177] Herdzina, Wettbewerbspolitik, S. 28; die Anreize zur Leistungssteigerung stehen darüber hinaus auch in engem Zusammenhang mit der Innovationsfunktion. Siehe dazu: Schott, Nr. 27.
[178] Herdzina, Wettbewerbspolitik, S. 28.
[179] Herdzina, Wettbewerbspolitik, S. 28.
[180] Siehe dazu: Olten, S. 27.
[181] Olten kommt daher zum Schluss, dass die Ergebnisse der funktionalen Einkommens-

V. Freiheitsfunktion

Der Wettbewerb eröffnet ökonomische, aber auch gesellschaftliche Freiheits-räume. In diesem Sinne hebt die Freiheitsfunktion die gesellschaftspolitische Bedeutung des Wettbewerbs explizit hervor.[182] Das Verhältnis von Wettbewerb und Freiheit ist jedoch nicht trivial, was unter anderem am Freiheitsbegriff selbst liegt.

1. Allgemeines zum Freiheitsbegriff

Ausgangspunkt bildet die Erkenntnis, dass die individuelle Freiheit – sei sie nun im ökonomischen oder gesellschaftlichen Kontext – nicht absolut, sondern relativ zu verstehen ist. Herdzina begründet die Notwendigkeit eines relativen Freiheitsverständnisses wie folgt:

„Absolute, totale Handlungsfreiheit, etwa im Sinne völligen Fehlens staatlicher Regle-mentierungen für alle, ist logisch gar nicht denkbar, da die so verstandenen Freiheits-bereiche der Subjekte in der Regel nicht komplementär, sondern substitutiv sind. Das Gewähren von totaler Autonomie für ein Subjekt reduziert den Freiheitsbereich anderer Subjekte, möglicherweise sogar auf Null."[183]

Dieses relative Freiheitsverständnis wurde im ökonomischen Kontext insbeson-dere von John Stuart Mills sog. „harm principle" geprägt:

„The only purpose for which power can be rightfully exercised over any member of a civilized community, against his will, is to prevent harm to others. His own good, either physical or moral, is not a sufficient warrant."[184]

Die Freiheit des Einen endet also dort, wo die Freiheit des Anderen beginnt. So kann es notwendig sein, in die individuellen Freiheitsräume einzugreifen, um die Freiheit „an sich" zu schützen. Inwieweit Eingriffe in die individuellen Frei-heitsbereiche noch als angemessen betrachtet werden, ist letztlich eine norma-tive Frage:

„Daraus folgt, dass ein System von (relativer) Freiheit durch in etwa gleiche Handlungs-spielräume und Wahlmöglichkeiten für alle gekennzeichnet ist. Was einzelnen als un-angemessene Beschränkung dieser Spielräume und Möglichkeiten und damit als Frei-heitsbeschränkung angesehen wird, ist in einem Katalog von Spielregeln, das heisst in gesellschaftlichen Normen sowie zentral in den vom Staat erlassenen Gesetzen, fest-gelegt."[185]

Bei der Verwirklichung dieser gleichen Handlungsspielräume und Wahlmög-lichkeiten spielt der Wettbewerb eine entscheidende Rolle.

---

verteilung durch eine Umverteilungspolitik korrigiert werden müssen. Siehe hierzu: Olten, S. 27.

[182] Schott, Nr. 28.
[183] Herdzina, Wettbewerbspolitik, S. 13.
[184] Mill, S. 22.
[185] Herdzina, Wettbewerbspolitik, S. 13 f.

2. Wettbewerb und wirtschaftliche Freiheit

Das Verhältnis von Wettbewerb und Freiheit wurde unter anderem von Erich Hoppmann und seinem Konzept der Wettbewerbsfreiheit geprägt. Stark vereinfacht, besagt das Konzept, dass der Wettbewerb den Marktakteuren Freiheitsräume eröffnet, die ohne ihn nicht vorhanden wären. Gemäss Hoppmann umfasst die Wettbewerbsfreiheit sowohl die Handlungs- und Entschliessungsfreiheit der Konkurrenten im marktwirtschaftlichen Parallelprozess als auch die Wahlfreiheit der Marktkontrahenten im marktwirtschaftlichen Austauschprozess. Konkret geht es um die Freiheit der Konkurrenten zum Einsatz ihrer Aktionsparameter, zum Vorstoss und zur Nachfolge in technisches, organisatorisches und ökonomisches Neuland sowie um die Freiheit der potenziellen Konkurrenten zum Markteintritt, aber auch um die Freiheit der Marktkontrahenten zur Auswahl zwischen mehreren Alternativen.[186]

Die so ausgestaltete Wettbewerbsfreiheit ist sehr weit gefasst und folglich im Sinne einer allgemeinen Wirtschaftsfreiheit zu verstehen; also als Freiheit der Anbieter oder Nachfrager, auf einem Markt tätig zu werden. So ist es nicht der Wettbewerb, sondern vielmehr das gesamte marktwirtschaftliche System, das die beschriebenen Freiheitsräume schafft.[187] Dennoch ist der Begriff „Wettbewerbsfreiheit" passend, da er die fundamentale Bedeutung des Wettbewerbs im marktwirtschaftlichen System hervorhebt.[188]

Analog zum allgemeinen Freiheitsbegriff ist auch die Wettbewerbsfreiheit nicht absolut zu verstehen: Eingriffe in die individuelle Wettbewerbsfreiheit sind hinzunehmen, um die Wettbewerbsordnung „an sich" zu schützen. Denn neben staatlichen ist die Wettbewerbsordnung auch vor privaten Wettbewerbsbeschränkungen zu schützen. Um diese unerwünschten ökonomischen Freiheitsbeschränkungen zu verhindern, müssen bestimmte Verhaltensweisen der Marktakteure mittels einer freiheitsermöglichenden Wettbewerbspolitik eingeschränkt oder untersagt werden. Solche Eingriffe in die Wettbewerbsfreiheit bedingen ein relatives Freiheitsverständnis.[189] Im Zusammenhang mit dem Konzept der Wettbewerbsfreiheit wird folglich immer wieder betont, dass es nicht um den Schutz der Wettbewerber, sondern um den Schutz des Wettbewerbs geht.[190]

---

[186] Siehe hierzu eingehend unten: *§ 4.B.III.1.iii) Konzeption der Wettbewerbsfreiheit.*

[187] Häufig wird in der Schaffung dieser Freiheitsräume einer der grössten Vorzüge des marktwirtschaftlichen Systems gesehen. Siehe hierzu: Herdzina, Wettbewerbspolitik, S. 14.

[188] Oder wie es Herdzina ausdrückt: „Da das dezentrale, marktwirtschaftliche, wettbewerbliche Planungssystem generell grössere Handlungsspielräume und Wahlmöglichkeiten aufweist als die Zentralplanwirtschaft und weil wettbewerbliches Marktverhalten zur Erhaltung dieses Systems unabdingbar ist, kann Wettbewerb insoweit als ein Instrument zur Sicherung von Freiheit angesehen werden.", Herdzina, Wettbewerbspolitik, S. 15 f.

[189] Olten, S. 22.

[190] Siehe hierzu: Künzler, S. 297 ff.

3. Wettbewerb und politische Freiheit

Wie erwähnt, geht die Freiheitsfunktion des Wettbewerbs über eine rein ökonomische Betrachtungsweise hinaus: Indem die Wettbewerbsordnung ökonomische Machtakkumulationen verhindert, schränkt sie indirekt die damit einhergehenden politischen Machtakkumulationen ein.[191] So ist auch Franz Böhm zu verstehen, wenn er den Wettbewerb emblematisch als das „genialste Entmachtungsinstrument der Geschichte"[192] bezeichnet. Die Verhinderung der politischen Machtakkumulation ist in zweifacher Hinsicht zu verstehen: Wettbewerb beschränkt sowohl die Macht der Privaten als auch des Staates.

Die private Machtakkumulation wird durch den Wettbewerb eingedämmt, da er indirekt den Einfluss von monopolistischen Grosskonzernen auf politische Entscheidungsfindungsprozesse (sog. „rent seeking"-Strategien) einschränkt. Aufgrund des Wettbewerbsdrucks können Grosskonzerne keine ökonomische Machtstellung aufbauen, die es ihnen erlaubt, über ressourcenintensives Lobbying auf politische Entscheidungen Einfluss zu nehmen. In diesem Sinne schützt der Wettbewerb die Gesellschaft vor Zuständen, wie sie Ende des 19. Jahrhunderts in den USA herrschten, als wenige äusserst marktmächtige Unternehmen aus ihrer ökonomischen Machtstellung heraus massgeblich Einfluss auf politische Entscheidungsprozesse nahmen. Überspitzt gesagt, schützt der Wettbewerb damit das Wahlsystem „one man one vote".[193]

Die staatliche Machtakkumulation wird demgegenüber begrenzt, da das dezentrale, marktwirtschaftliche und wettbewerbsorientierte Planungssystem eine übermässige staatliche Einmischung in den Wirtschaftsprozess untersagt, was die Abhängigkeit von staatlichen Institutionen begrenzt. Fälle, in denen beispielsweise die Berufswahl oder der wirtschaftliche Aufstieg an die „richtige" politische Gesinnung geknüpft ist – wie dies etwa in der DDR oder der UdSSR vorkam –, werden durch die dezentrale Wettbewerbsordnung eingedämmt. Vor diesem Hintergrund resümiert Schott:

„Aufgrund ihrer Freiheitsfunktion bildet die Wettbewerbswirtschaft eine existenzielle Grundlage des liberalen und demokratischen Staates. Grundrechtlich garantierte Freiheit, Demokratie und Wettbewerb stehen untereinander in enger Beziehung und bedingen einander gegenseitig."[194]

In diesem Sinne nimmt der Wettbewerb nicht nur ökonomische, sondern auch gesellschaftspolitische Funktionen wahr.

---

[191] In diesem Sinne sind auch Schmidt/Haucap zu verstehen, wenn sie sagen, dass die Konzentration wirtschaftlicher Macht „als nicht vereinbar mit einer funktionsfähigen parlamentarischen Demokratie angesehen" werden muss, Schmidt/Haucap, S. 38.

[192] Böhm, S. 22; Schott, Nr. 30.

[193] So hat auch der Ökonom Corwin Edwards im Wettbewerb das ökonomische Äquivalent zur Demokratie gesehen. Siehe dazu: Schmidt/Haucap, S. 39.

[194] Schott, Nr. 30.

VI. Von den Wettbewerbsfunktionen zu den Wettbewerbskonzeptionen

Wie einleitend erwähnt, trügt das hier vermittelte Bild von klar definierten und allgemein anerkannten Wettbewerbsfunktionen; bis heute bestehen Differenzen bezüglich der Ausgestaltung, Beziehung sowie Gewichtung der Wettbewerbsfunktionen.[195] Die Kontroversen über die Wettbewerbsfunktionen bilden jedoch nur die sprichwörtliche „Spitze des Eisbergs"; ihnen liegt ein deutlich fundamentalerer Konflikt bezüglich der normativen Grundlage des Wettbewerbsprinzips zugrunde. Es geht dabei um die seit mehr als 50 Jahren bestehende Streitfrage, welche Ziele der Wettbewerb zu adressieren hat. Nachfolgend werden zwei Problemkomplexe vorgestellt, die einen Einblick geben, welche fundamentalen Schwierigkeiten im Zusammenhang mit den Zielen des Wettbewerbs bis heute bestehen.

1. Problem der Leerformeln

Die Einigkeit bezüglich der Verfolgung der obersten gesamtgesellschaftlichen Ziele geht mit dem Streit über deren inhaltliche Ausgestaltung einher. So werden die Konzepte Freiheit, Wohlfahrt oder Nachhaltigkeit zuweilen als Leerformeln bezeichnet, die materiell nahezu beliebig ausgestaltet werden können.[196] Folglich wird durch die Orientierung des Wettbewerbs an diesen Leerformeln nur oberflächlich ein Grundkonsens erreicht, der bei genauerer Betrachtung gar nicht existiert. Insofern ist auch Herdzinas Aussage irreführend, dass die Konflikte nicht überbewertet werden sollen, da alle Wettbewerbsfunktionen den obersten gesamtgesellschaftlichen Zielen Rechnung tragen.[197]

Beispielsweise besteht ein vermeintlicher Konsens darüber, dass Wettbewerb die Wohlfahrt fördern soll. Das Problem liegt jedoch in der inhaltlichen Ausgestaltung des Wohlfahrtsbegriffs: Geht es ausschliesslich um die Erhöhung der Konsumentenrente im Sinne der Wohlfahrtsökonomik? Sind auch dynamische Aspekte wie Innovation oder Wirtschaftswachstum einzubeziehen? Oder sollen sogar weiche Konzepte wie Fairness oder menschliches Wohlbefinden in das Wohlfahrtsverständnis einfliessen? Je nach Auffassung ändert sich die Ausgestaltung des Wettbewerbs.[198] Beim Freiheitsbegriff sind die Probleme ähnlich gelagert. Wie dargelegt, lässt sich die Freiheit nur schützen, wenn basierend auf einem relativen Freiheitsverständnis in die individuellen Freiheitsbereiche eingegriffen werden kann. Jedoch befindet sich in diesem Zusammenhang der neuralgische Punkt im wertungsbedürftigen Begriff des „angemessenen Eingriffs".[199] Je nach gesellschafts-

---

[195] Siehe dazu illustrativ: Schmidt/Haucap, S. 40.
[196] Siehe dazu etwa: Schluep, S. 98 f.; Mathis, Nachhaltige Entwicklung, S. 66.
[197] Herdzina, Wettbewerbspolitik, S. 12.
[198] Siehe dazu: Schluep, S. 98.
[199] Siehe hierzu oben: § 3.C. V. *Freiheitsfunktion.*

politischer Grundausrichtung können ganz unterschiedliche Auffassungen vertreten werden.

Die obersten gesamtgesellschaftlichen Ziele sind damit als Anknüpfungspunkt nur bedingt geeignet: Aus diesen Zielen lassen sich nämlich ganz verschiedene wirtschafts- und wettbewerbspolitische Ziele ableiten, die sich ohne Weiteres auch widersprechen können. In diesem Sinne kann auch Schluep verstanden werden, wenn er festhält, dass man lediglich zu einer „allgemein akzeptieren Leerformel" gelangt, wenn man die Wettbewerbspolitik an der „Verwirklichung des Gemeinwohls (verstanden als gesellschaftspolitische Zielkonzeption)" aus-richtet:[200]

„Ziel der Wettbewerbspolitik ist die Erhaltung der Funktionsfähigkeit des Wettbewerbs. Diese Formulierung ist nur deshalb unbestritten, weil sie offen lässt, welchen Referenznormen zu genügen Funktion des Wettbewerbs ist. Überdies verdeckt die Wendung die Möglichkeit, dass die anzustrebenden Ziele im Verhältnis der Antinomie zueinander stehen."[201]

Differenzen im Rahmen der Wettbewerbsfunktionen lassen sich damit nur sehr bedingt mit einem Verweis auf die (vermeintlich) geteilten obersten gesamt-gesellschaftlichen Ziele abmildern.

2. Mittel- oder Zielcharakter?

Ausgangspunkt bildet die Frage, ob der Wettbewerb ein Instrument zur Errei-chung übergeordneter Ziele darstellt oder als letztes anzustrebendes Ziel zu be-trachten ist.[202] Diese Frage wurde insbesondere im Zusammenhang mit Hopp-manns Konzept der Wettbewerbsfreiheit diskutiert. Gemäss Hoppmann ist die Verwirklichung der Wettbewerbsfreiheit das ausschliessliche Ziel der Wett-bewerbspolitik – alle anderen Wettbewerbsfunktionen folgen indirekt daraus und müssen nicht explizit adressiert werden. Er spricht dabei von einer sog. ökonomischen Vorteilhaftigkeit, die sich über die Wettbewerbsfreiheit mani-festiert. Damit weist Wettbewerb mehr Ziel- als Mittelcharakter auf.[203] Diese Vorstellung von Wettbewerb ist jedoch keineswegs unumstritten; vielfach wird bezweifeln, dass die Wettbewerbsfreiheit stets zu den ökonomisch vorteilhaf-testen Ergebnissen führt.

Andererseits ergeben sich aber auch verschiedene Probleme, wenn Wettbewerb mehr Mittel- als Zielcharakter zugesprochen wird. So stellt sich beispielsweise die Frage, wie mit möglichen Konflikten zwischen den einzelnen Wettbewerbs-funktionen umgegangen wird.[204] Ein Zielkonflikt kann beispielsweise zwischen

---

[200] Schluep, S. 99.
[201] Schluep, S. 99.
[202] Schmidt/Haucap, S. 40.
[203] Siehe hierzu eingehend unten: *§ 4.B.III.1.iii) Konzeption der Wettbewerbsfreiheit.*
[204] Siehe dazu: Schmidt/Haucap, S. 42 ff.

der Allokations- und Innovationsfunktion erblickt werden. Wie bereits erwähnt, können wettbewerbspolitische Eingriffe, die auf die kurzfristige Erhöhung der statischen Effizienz abzielen, die Innovation und das Wirtschaftswachstum langfristig hemmen.[205] Insbesondere im Rahmen von Unternehmenszusammenschlüssen akzentuiert sich diese Problematik in besonderer Weise. So kann ein Unternehmenszusammenschluss einerseits einem marktmächtigen Unternehmen Vorschub leisten, das Preise über dem Marktpreis ausgeben kann. Da dabei ein sog. „deadweight loss" entsteht, wird die statische Effizienz vermindert. Andererseits aber können Unternehmenskonzentrationen – zumindest bis zu einem bestimmten Grad – die dynamische Effizienz fördern. Namentlich gehen mit dem Zusammenschluss in der Regel Kosteneinsparungen und Unternehmensgewinne einher, die etwa zur Finanzierung ressourcenintensiver Forschung verwendet werden können. Die Konfliktsituation wird noch vielschichtiger und komplexer, wenn neben ökonomischen auch ausserökonomische Aspekte berücksichtigt werden. So kann ein Unternehmenszusammenschluss unter Umständen zwar die dynamische Effizienz fördern, aber aufgrund der damit einhergehenden Machtakkumulation eine Gefahr für die Demokratie und den Rechtsstaat darstellen.

Die Ziel-Mittel-Problematik sowie die damit zusammenhängende Frage nach möglichen Zielkonflikten wurden insbesondere durch die sog. „Hoppmann-Kantzenbach-Kontroverse" geprägt.[206]

Die zwei dargestellten Problemkomplexe geben eine Vorstellung davon, wie grundsätzlich und kontrovers die Debatte um die Ziele des Wettbewerbs geführt wurde und teilweise immer noch geführt wird. Um diese und damit verwandte Problemkomplexe besser verstehen zu können, bedarf es einer eingehenden Analyse ausgewählter Wettbewerbskonzeptionen. Erst durch diese Einbettung in den grösseren Kontext der Wettbewerbskonzeptionen gelangt man zu einem tiefgreifenden Verständnis der Wettbewerbsziele und der damit verbundenen Auffassung von Wettbewerb.

D.　Fazit

Die Ausführungen in *§ 3 Materielle Grundlagen des Wettbewerbsprinzips* lassen sich wie folgt zusammenfassen:

– *Erstens* ist festzuhalten, dass keine einheitliche, umfassende, praktikable und positive Wettbewerbsdefinition besteht. Dies ist insbesondere dem Um-

---

[205] Siehe hierzu oben: *§ 3.C.III.2. Dynamisches Wettbewerbsverständnis nach Schumpeter*.

[206] Siehe hierzu eingehend unten: *§ 4.B.III.1.v) Exkurs: Hoppmann-Kantzenbach-Kontroverse*.

stand geschuldet, dass das Wettbewerbsprinzip höchst komplex ist, in unterschiedliche Lebensbereiche eindringt und ein vielschichtiges Phänomen darstellt. Es ist daher nicht sinnvoll, im Sinne einer essentialistischen Definition nach dem wahren Wesen des Wettbewerbs zu suchen. Um den Wettbewerb zu definieren sind vielmehr seine wichtigsten Dimensionen im Sinne einer nominalistischen Definition zu erfassen. Namentlich geht es dabei um Abgrenzungen, Eigenschaften oder Funktionen des Wettbewerbsprinzips.

– *Zweitens* wurde dargelegt, dass der Wettbewerb durch eine funktionierende Wettbewerbspolitik zu schützen ist. Die Wettbewerbspolitik setzt sich dabei aus drei Teilen zusammen: Wettbewerbstheorien, wettbewerbspolitische Leitbilder und Wettbewerbsrecht. Eine Wettbewerbstheorie stellt die deskriptive Referenzsituation dar und umfasst ein System von wissenschaftlich begründeten Aussagen, die bestimmte Tatsachen, Erscheinungen oder Prozesse und die ihnen zugrunde liegenden Gesetzmässigkeiten erklären. Ein wettbewerbspolitisches Leitbild gibt dahingegen die normative Referenzsituation vor, an der sich die Wettbewerbspolitik auszurichten hat. Das Wettbewerbsrecht konkretisiert schliesslich die normative Referenzsituation und setzt diese durch. Da die ersten zwei Teile sehr eng miteinander verknüpft sind, werden sie in der vorliegenden Studie unter dem Begriff „Wettbewerbskonzeptionen" zusammengefasst. Die Wettbewerbskonzeptionen umfassen theoretische Aussagen über Marktstrukturen, Wettbewerbsprozesse und Wettbewerbsergebnisse sowie wettbewerbspolitische Grundsätze. Diese Dreiteilung ist nicht allzu formalistisch zu sehen; es findet eine kontinuierliche und reziproke Beeinflussung zwischen den Wettbewerbstheorien, den wettbewerbspolitischen Leitbildern und dem Wettbewerbsrecht statt.

– *Drittens* wurde aufgezeigt, inwiefern der Wettbewerb ein integraler Bestandteil des marktwirtschaftlichen Systems darstellt. In einem ersten Schritt wurden die charakteristischen Eigenschaften der Marktwirtschaft herausgearbeitet, indem das marktwirtschaftliche dem planwirtschaftlichen System gegenübergestellt wurde. Das marktwirtschaftliche System lässt sich insgesamt als dezentral, individualistisch, ex-post-koordinierend, extrinsisch motivierend sowie „bottom up"-orientiert beschreiben. In einem zweiten Schritt wurde dargelegt, dass die Marktwirtschaft ohne Wettbewerb seine positiven Wirkungen nicht oder nur bedingt entfalten kann. Namentlich garantiert der Wettbewerb die Souveränität und Freiheit der Marktakteure, die Informationsfunktion der Marktpreise, die Sanktion und Motivation der Marktakteure sowie die individuelle und gesamtgesellschaftliche Wohlfahrtssteigerung.

– *Viertens* wurde dargestellt, inwiefern die wirtschaftstheoretischen Ausführungen betreffend Marktwirtschaft und Wettbewerb eine Entsprechung in der schweizerischen Verfassung finden. Der Verfassungsgeber bekennt sich zwar nicht explizit zur Marktwirtschaft, statuiert aber einen damit vergleichbaren Grundentscheid zugunsten einer freiheitlichen und wettbewerbsorientierten Privatwirtschaftsordnung. Dieser Grundentscheid ergibt sich aus der sog. formellen Wirtschaftsverfassung, die sich einerseits aus den wirtschaftlichen Grundrechten (insbesondere Art. 26 BV und Art. 27 BV), andererseits aus den weiteren wirtschaftsverfassungsrechtlichen Normen (insbesondere Art. 94 BV und Art. 96 BV) konstituiert. In diesem Zusammenhang wurde ersichtlich, dass der Wettbewerb auch in der schweizerischen Wirtschaftsordnung eine bedeutende Stellung einnimmt und ein integraler Bestandteil dieser Ordnung darstellt. Weiter wurde aufgezeigt, dass die Bundesverfassung den Wettbewerb sowohl vor übermässiger staatlicher (Art. 94 BV) als auch privater Einflussnahme (Art. 96 BV) schützt. Ferner ist heute überwiegend anerkannt, dass staatliche Eingriffe, die dem Erhalt der Wettbewerbsordnung dienen, nicht als Eingriff in die Wirtschaftsfreiheit des Einzelnen zu betrachten ist, sondern gerade zur Sicherung und Verwirklichung der Wirtschaftsfreiheit dienen. Schliesslich wurde ersichtlich, dass der Verfassungsgeber dem Gesetzgeber signifikante Entscheidungsspielräume bei der Konkretisierung des Geltungsbereichs, der Wettbewerbsziele sowie der entsprechenden Instrumente zur Zielerreichung einräumt. Der Gesetzgeber nahm diese Konkretisierungen insbesondere über das Kartellgesetz vor.

– *Fünftens* wurden die traditionellen Wettbewerbsfunktionen bzw. deren Herleitung dargelegt. Unter den Wettbewerbsfunktionen werden ganz allgemein die Wirkungen verstanden, die vom Wettbewerb ausgehen und das Verhalten der Marktsubjekte verändern. Dabei sind die Wettbewerbsfunktionen eng mit den Zielen des Wettbewerbs verknüpft; sofern die Wirkungen den – wie auch immer definierten – Zielen zuträglich sind, wird von einem funktionsfähigen Wettbewerb gesprochen.

Die Wettbewerbsfunktionen leiten sich in einem ersten Schritt aus den obersten gesellschaftlichen Zielen ab. Darunter fallen unter anderem die Ziele Freiheit, Wohlfahrt, Sicherheit, Gerechtigkeit und Nachhaltigkeit. In einem zweiten Schritt werden diese obersten gesellschaftlichen Ziele im Kontext der Wirtschaftspolitik konkretisiert. Dabei lassen sich unter anderem folgende wirtschaftspolitische Ziele formulieren: effiziente Ressourcenallokation, Wirtschaftswachstum, wirtschaftliche Einkommensverteilung und wirtschaftliche Freiheit. Der Wettbewerb fördert nun diese wirtschaftspolitischen Ziele im Rahmen folgender vier Wettbewerbsfunktionen: *(1)* Allokationsfunktion, *(2)* Innovationsfunktion, *(3)* Verteilungsfunktion, *(4)* Freiheitsfunktion.

– *Sechstens* wurde separat auf die vier traditionellen Wettbewerbsfunktionen eingegangen. Im Rahmen der Allokationsfunktion stellt der Wettbewerb eine effiziente Ressourcenallokation sicher und garantiert folglich, dass die Ressourcen ihrer produktivsten Verwendung zugeführt werden. In der Lehre wird dieser Allokationsprozess gemeinhin mit dem Begriff „statische Effizienz" gleichgesetzt. Mit der Allokationsfunktion gehen ferner auch noch weitere (Unter-)Funktionen einher; so etwa die Informations- und Selektionsfunktion. Im Rahmen der Innovationsfunktion schafft der Wettbewerb Anreize für die Entwicklung neuer Produkte und Produktionsmethoden. Dabei wird in der Regel zwischen Hayeks Ansatz vom „Wettbewerb als Entdeckungsverfahren" sowie Schumpeters Ansatz vom Wettbewerb als „Innovations- und Imitationsverfahren" unterschieden. In der Lehre wird die Innovationsfunktion gemeinhin mit dem Begriff „dynamische Effizienz" gleichgesetzt. Im Rahmen der Verteilungsfunktion sichert der Wettbewerb eine sog. funktionale Einkommensverteilung – also eine Verteilung gemäss dem Leistungsprinzip. In diesem Sinne korrespondiert die Wettbewerbsordnung mit dem Gerechtigkeitsprinzip der Leistungsgerechtigkeit und der Gleichheit. Dahingegen lässt sich der Wettbewerb nicht mit dem Prinzip der Bedarfsgerechtigkeit und der Opfergleichheit in Einklang bringen. Schliesslich garantiert der Wettbewerb im Rahmen der Freiheitsfunktion sowohl ökonomische als auch gesellschaftliche Freiheitsräume. Namentlich verhindert der Wettbewerb einerseits eine übermässige ökonomische, andererseits eine übermässige politische Machtakkumulation.

– *Siebtens* wurde aufgezeigt, dass das hier vermittelte Bild von klar definierten und allgemein anerkannten Wettbewerbsfunktionen trügt. Bis heute bestehen immer noch grosse Differenzen bezüglich der Ausgestaltung, Beziehung sowie Gewichtung der Wettbewerbsfunktionen. Hinter diesen Differenzen lebt aber ein grösserer Konflikt auf: Namentlich geht es dabei um die seit mehr als 50 Jahren bestehende Streitfrage, welchen Ziele der Wettbewerb Rechnung zu tragen hat. Konkret wurde anhand zweier Problemkomplexe aufgezeigt, welche fundamentalen Schwierigkeiten sich bis heute im Zusammenhang mit den Wettbewerbszielen stellen.

Einerseits taugen die gesellschaftlichen Ziele nur bedingt als Anknüpfungspunkt für die Wettbewerbsfunktionen. Die Einigkeit bezüglich der Verfolgung der obersten gesamtgesellschaftlichen Ziele geht nämlich mit dem Streit über deren inhaltliche Ausgestaltung einher. So werden die Konzepte Freiheit, Wohlfahrt oder Nachhaltigkeit zuweilen als Leerformeln bezeichnet, die materiell nahezu beliebig ausgestaltet werden können. Folglich wird durch die Orientierung des Wettbewerbs an diesen Leerformeln nur oberflächlich ein Grundkonsens erreicht, der bei genauer Betrachtung gar nicht existiert. Folglich sind die obersten gesamtgesellschaftlichen Ziele als Anknüpfungspunkt nur bedingt geeignet: Aus diesen Zielen lassen sich nämlich ganz verschiedene wirtschafts- und wettbewerbspolitische Ziele ableiten, die sich ohne Weiteres auch widersprechen können.

Andererseits ist umstritten, ob der Wettbewerb mehr Ziel- oder Mittelcharakter aufweist. Je nach Beantwortung dieser Frage ändert sich die Aufgabe der Wettbewerbspolitik und damit auch die Ausgestaltung des Wettbewerbsrechts. Wird Wettbewerb mehr Zielcharakter attestiert, so fragt es sich, ob durch die Aufrechterhaltung der Wettbewerbsfreiheit tatsächlich den anderen traditionellen Wettbewerbsfunktionen Rechnung getragen wird. Wird dahingegen davon ausgegangen, dass Wettbewerb mehr Mittelcharakter aufweist, ist unklar, wie mit möglichen Zielkonflikten umzugehen ist. Dies trifft sowohl auf das Verhältnis innerhalb der ökonomischen Wettbewerbsziele als auch auf jenes zwischen den ökonomischen und den ausserökonomischen Wettbewerbszielen zu. Um diese und damit verwandte Problemkomplexe besser verstehen zu können, ist eine eingehende Analyse ausgewählter Wettbewerbskonzeptionen angezeigt. Erst durch diese Einbettung in den grösseren Kontext der Wettbewerbskonzeptionen gelangt man zu einem tiefgreifenden Verständnis der Wettbewerbsziele und der damit verbundenen Auffassung von Wettbewerb.

§ 4 Konzeptionelle Grundlagen des Wettbewerbsprinzips

A. Grundsteinlegung:
Adam Smith als Vater der modernen Ökonomik

Die Wettbewerbspolitik hat, wie Herdzina festhält, „eine lange historische Tradition"[1], die bis zum Kodex Hammurabi zurückverfolgt werden kann.[2] Von der Bronzezeit über die Antike bis ins Spätmittelalter haben sich verschiedene Gelehrte mit dem Wettbewerbsprinzip befasst.[3] In der vorliegenden Studie wird auf eine Rekapitulation dieser Entwicklung verzichtet; vielmehr wird direkt bei den theoretischen Grundlagen der modernen Wettbewerbskonzeptionen angesetzt, die massgeblich von Adam Smith geprägt wurden.[4]

I. Adam Smiths Wirtschaftsverständnis

1. Intellektueller Hintergrund

Adam Smith legte mit seinem 1776 veröffentlichten Opus Magnum „*An Inquiry into the Nature and Causes of the Wealth of Nations*"[5] – heute meist unter dem Namen „The Wealth of Nations" bekannt – die theoretische Grundlage für das heutige Wirtschaftsverständnis. Wie kein anderes Werk hat „The Wealth of Nations" die ökonomische Denkweise geprägt und Adam Smith zum eigentlichen Vater der modernen Ökonomik gemacht.

Bevor jedoch auf sein Wirtschafts- bzw. Wettbewerbsverständnis eingegangen wird, ist in einem ersten Schritt sein intellektueller Hintergrund in gebotener Kürze zu erläutern.[6]

Adam Smith wurde 1723 im schottischen Kirkcaldy geboren und studierte Philosophie in Glasgow und Oxford. Mit 28 Jahren berief man ihn an der Univer-

---

[1] Herdzina, Wettbewerbspolitik, S. 1.

[2] Herdzina, Wettbewerbspolitik, S. 1.

[3] Zu den historischen Grundlagen siehe etwa: Andriychuk, S. 10 ff.; Volckart, S. 73 ff.

[4] In diesem Sinne hielt auch Bartling vielsagend fest: „Adam Smith ist möglicherweise immer noch der Autor, der zum Wesen des Wettbewerbs am meisten zu sagen hat.", Bartling, S. 10.

[5] *Adam Smith, An Inquiry into the Nature and Causes of the Wealth of Nations.*

[6] Siehe hierzu eingehender: Recktenwald, Klassiker des ökonomischen Denkens, S. 134 ff.; Aßländer, S. 11 ff.

sität Glasgow zum Professor für Moralphilosophie. Ganz im Sinne seiner Zeit wurde Moralphilosophie dabei nicht als eine enge und klar abgegrenzte Disziplin verstanden. Vielmehr befasste sich Smith im Rahmen seiner Forschung und Vorlesungen mit verschiedenen normativen Ordnungen der gesellschaftlichen Koexistenz; dazu gehörten neben ethischen insbesondere auch soziale, religiöse und rechtliche Normen. Während seiner gesamten akademischen Laufbahn, die erst kurz vor seinem Tod 1790 endete, veröffentlichte Smith nur zwei Werke: Neben dem erwähnten „The Wealth of Nations" erschien 1759 das weniger populäre Buch „The Theory of Moral Sentiments".[7] Alle anderen unfertigen Manuskripte und Entwürfe liess Adam Smith kurz vor seinem Tod vernichten.[8]

Vor diesem Hintergrund sind auch seine Vorlesungen in Ökonomik zu betrachten: Ökonomik wurde damals nicht als eine eigenständige Disziplin verstanden. Vielmehr wurde das Wirtschaftsgeschehen aus einem gesamtgesellschaftlichen Blickwinkel betrachtet, wobei neben ökonomischen auch philosophische, rechtliche und psychologische Überlegungen eine massgebliche Rolle spielten.[9] Darüber hinaus war Smith von den Naturwissenschaften und ihrem formalen methodischen Vorgehen fasziniert. Insbesondere beeindruckte ihn die Vorstellung, dass die natürliche Ordnung mittels einer einfachen und komplexitätsreduzierenden physikalischen Theorie erklärt werden konnte. Dieses naturwissenschaftliche Verständnis einer natürlichen und logischen Ordnung versuchte er in seine ökonomische Theorie zu integrieren. Smith wird auch als der „Newton der Sozialwissenschaften" bezeichnet, da er unter Anwendung der sog. „Newton'schen Methode" die Welt systematisch anhand möglichst weniger zentraler Prinzipien erklären wollte.[10] So fasste er auch die britische Volkswirtschaft als ein umfassendes, natürliches und mit interner Logik ausgestattetes System auf:

„In her present condition, Great Britain resembles one of those unwholesome bodies in which some of the vital parts are overgrown, and which, upon that account, are liable to many dangerous disorders (…) A small stop in that great blood-vessel, which has been artificially swelled beyond its natural dimensions, and (…) is very likely to bring on the most dangerous disorders."[11]

Dieser Vergleich der britischen Volkswirtschaft mit den natürlichen und lebensspendenden Kräften des menschlichen Blutkreislaufs ist nicht nur als einfache Metapher zu verstehen: Wie der Begriff „natural dimension" deutlich macht, glaubte Smith – zumindest unter gewissen Voraussetzungen – an einen sich selbstregulierenden Markt, der mit einer systeminternen Logik ausgestattet ist.[12]

---

[7] *Adam Smith, The Theory of Moral Sentiments.*

[8] Einzig das Manuskript „History of Astronomy" wurde von Smith als ausgereift genug erachtet und nicht vernichtet. Das Werk wurde posthum veröffentlicht.

[9] Recktenwald, Vademecum, S. 19.

[10] Mathis, Effizienz, S. 125.

[11] Smith, Wealth of Nations, IV.vii.c.43.

[12] In diesem Sinne ist auch Recktenwald zu verstehen, wenn er festhält, dass Smith „nach

Schliesslich war Adam Smith ein Akteur der „Schottischen Aufklärung" und ein enger Freund von David Hume – einem der führenden Intellektuellen dieser Bewegung. Hume verfasste das einflussreiche Werk *„A Treatise of Human Nature"*.[13] Wie Smith war auch Hume von der Newton'schen Methode fasziniert und vertrat einen empiristischen, skeptizistischen und naturalistischen Ansatz, mit dem er das menschliche Wesen zu ergründen versuchte. Humes Ansatz ist vor dem Hintergrund der damaligen sog. „Wissenschaftlichen Revolution" zu sehen: Unter dem Eindruck der naturwissenschaftlichen Entdeckungen und Erfindungen wurden die religiös geprägten, pessimistischen Denkmuster des Mittelalters langsam durch einen wissenschaftlich basierten Fortschrittsglauben ersetzt.[14] Was Hume für die menschliche Natur im Allgemeinen postulierte, übertrug Smith auf den ökonomischen Kontext. So abstrahierte er das Wirtschaftsleben von der christlichen Morallehre und erforschte stattdessen wirtschaftliche Tatsachen, um mögliche Gesetzmässigkeiten herauszufinden. Ferner sah er die Wirtschaft als eine essentielle Triebfeder für die menschliche Entwicklung.[15] Im Unterschied dazu gingen viele seiner Zeitgenossen – geprägt von einer christlichen Weltanschauung – immer noch von einer stagnierenden Welt aus, in der Wohlstand eine feste, unabänderliche Grösse darstellt.

2. Ökonomischer Liberalismus

Der ökonomische Liberalismus von Adam Smith ist insbesondere vor dem damals vorherrschenden, mittelalterlich geprägten Wirtschaftssystems zu betrachten: des Merkantilismus.[16] Vereinfacht gesagt, versteht Smith unter dem Merkantilismus ein autoritär gelenktes, kollektivistisches und protektionistisches Wirtschaftssystem, das in erster Linie bestehende Zunft- und Standesprivilegien sowie Monopole schützt.[17] Der Merkantilismus ist dabei mit einem hohen administrativen Aufwand verbunden, da alle ökonomischen Belange – wie Preis, Arbeit oder Produktion – autoritär geregelt und aufeinander abgestimmt werden müssen. Im Vergleich dazu stellt der ökonomische Liberalis-

---

Grundsätzen im menschlichen Verhalten" sucht und „sie dann zu einem widerspruchsfreien System, einer Ordnung, wie sie auch in der Natur, im Makro- und Mikrokosmos, vorliegt" verknüpft. Siehe hierzu: Recktenwald, Vademecum, S. 21.

[13] *David Hume, A Treatise of Human Nature.*

[14] So ähnlich auch Hume selbst: „We must therefore glean up our experiments in this science from a cautious observation of human life, and take them as they appear in the common course of the world, by men's behaviour in company, in affairs, and in their pleasures. Where experiments of this kind are judiciously collected and compared, we may hope to establish on them a science, which will not be inferior in certainty, and will be much superior in utility to any other of human comprehension.", Hume, S. xix.

[15] Mathis, Effizienz, S. 126.

[16] Der Begriff Merkantilismus ist indes nicht unproblematisch. Er wurde nämlich von Smith ausgesprochen negativ geprägt. In der heutigen wirtschaftshistorischen Forschung wird der Merkantilismus vielfach deutlich differenzierter und positiver bewertet.

[17] Schmidt/Haucap, S. 4 f.

mus einen ausgesprochen simplen Ansatz dar: Anstelle einzelner Autoritäten, die alle ökonomischen Belange regeln, bedarf es nur eines freien Markts, auf dem jeder Akteur selbst entscheiden kann, welche Güter er wie und wo anbieten oder nachfragen will. Durch diesen freien Austausch werden sich die richtige Menge und der richtige Preis automatisch einstellen.[18] Die staatliche Autorität hat sich im ökonomischen Liberalismus auf folgende drei Aufgaben zu beschränken: *(1)* Herstellung von Sicherheit und Ordnung, *(2)* Bereitstellen von öffentlichen Gütern sowie *(3)* Etablierung einer gerechten, funktionsfähigen Rechtsordnung.[19]

In diesem Sinne stellt der ökonomische Liberalismus ein eigentliches Gegenkonzept zum Merkantilismus dar. Es erstaunt daher nicht, dass Smith das mittelalterliche Wirtschaftssystem mit scharfen Worten kritisiert:

„It is the industry which is carried on for the benefit of the rich and the powerful, that is principally encouraged by our mercantile system. That which is carried on for the benefit of the poor and the indigent, is too often, either neglected, or oppressed."[20]

Aus heutiger Perspektive scheinen Smiths Erkenntnisse nicht sonderlich innovativ zu sein. Umso wichtiger ist es daher, diese in den historischen Kontext zu setzen: Im Merkantilismus war es nicht denkbar gewesen, dass der Wirtschaft eine selbstregulierende Logik innewohnt. Der ökonomische Liberalismus leitete daher ein Paradigmenwechsel ein und legte die Grundlage für eine moderne Marktwirtschaft, in der die freien Handlungen der einzelnen Marktakteure im Zentrum stehen.[21] Dabei ist vor einer Fehlinterpretation dieses Paradigmenwechsels zu warnen: Allem voran ist es nicht sachgerecht, Adam Smith als Begründer eines – wie auch immer definierten – Neo- oder „laissez faire"-Liberalismus zu verschmähen. Solche Schlussfolgerungen gehen meist auf eine zu reduktive Interpretation seines ökonomischen Liberalismus zurück. Konkret wird Adam Smith allzu oft auf einzelne, aus dem Kontext gegriffene Aussagen bezüglich des menschlichen Eigeninteresses reduziert:

„It is not from the benevolence of the butcher, the brewer, or the baker, that we expect our dinner, but from their regard to their own interest. We address ourselves, not to their humanity but to their self-love, and never talk to them of our own necessities but of their advantages."[22]
„Every man is, no doubt, by nature, first and principally recommended to his own care."[23]

Ausgehend von diesen populären Aussagen schlussfolgern verschiedene Autoren, dass Adam Smith ein grenzenloser Egoismus befürworte und mit seinem

---

[18] Schmidt/Haucap, S. 4 f.
[19] Olten, S. 34; Schmidt/Haucap, S. 6.
[20] Smith, Wealth of Nations, IV.viii.4.
[21] Schmidt/Haucap, S. 4.
[22] Smith, Wealth of Nations, I.ii.2.
[23] Smith, Theory of Moral Sentiments, II.ii.II.1.

ökonomischen Liberalismus eine entsprechende theoretische Grundlage dafür geschaffen habe. In diesem Sinne ist beispielsweise Layard zu verstehen, wenn er festhält, dass Adam Smith uns lehren würde, „dass alles gut wird, selbst wenn alle absolut egoistisch handeln."[24]

Nachfolgend ist im Rahmen einer vertieften Analyse aufzuzeigen, warum diese Deutungen des ökonomischen Liberalismus zu kurz greifen. Dabei ist insbesondere von Bedeutung, dass beide Werke – „The Theory of Moral Sentiments" und „The Wealth of Nations" – nicht getrennt, sondern als ein kohärentes Ganzes gelesen werden. Insbesondere durch den Einbezug des ersten Buchs lässt sich ein deutlich differenziertes Bild von Smiths Gesellschafts- und Wirtschaftsverständnis zeichnen.

3. „The Wealth of Nations" und „The Theory of Moral Sentiments"

Eine umfassende Analyse seiner zwei Werke würde den Rahmen der vorliegenden Studie fraglos sprengen. Die nachfolgenden Ausführungen beschränken sich daher auf drei zentrale Konzepte, anhand derer Smiths differenziertes Gesellschafts- und Wirtschaftsverständnis gut illustriert werden kann. Es handelt sich dabei um folgende drei Konzepte: *(1)* Arbeitsteilung, *(2)* Selbstinteresse und *(3)* unsichtbare Hand.

i) Arbeitsteilung

In „The Wealth of Nations" legt Adam Smith das ökonomische Potenzial einer arbeitsteiligen Gesellschaft eingehend dar; für ihn bildet das Konzept der Arbeitsteilung das Fundament der ökonomischen Entwicklung und lässt sich aufgrund seiner Wichtigkeit mit einem Newton'schen Gesetz vergleichen. So geht mit der Arbeitsteilung eine massive Erhöhung der Produktivität einher.[25] Smith illustriert dies am Beispiel einer Stecknadelmanufaktur:

> „To take an example (…) in which the division of labour has been very often taken notice of, the trade of the pin-maker; a workman not educated to this business (…) make one pin in a day (…) [But, M. M.] I have seen a small manufactory (…) where ten men only were employed, and where some of them consequently performed two or three distinct operations. (…) they could, when they exerted themselves, make among them about twelve pounds of pins in a day."[26]

Dieses populäre Beispiel überdeckt zuweilen aber die Tatsache, dass Smith auch auf die negativen Konsequenzen der Arbeitsteilung hinweist:

---

[24] Layard, S. 107.
[25] Siehe hierzu: Aßländer, S. 102 ff.
[26] Smith, Wealth of Nations, I. i.3.

„The man whose whole life is spent in performing a few simple operations (...) generally becomes as stupid and ignorant (...) The uniformity of his stationary life naturally corrupts the courage of his mind."[27]

Allen voran kritisiert Smith, dass mit einer Aufteilung der Arbeit auf verschiedene sehr simple Prozesse der einzelne Arbeitnehmer gewissermassen zum mechanischen Instrument verkommt und ohne Weiteres ausgewechselt werden kann. Diese Substituierbarkeit der Arbeitskraft schwächt die Verhandlungsmacht des Arbeitnehmers und führt – ohne die Gewährleistung gewisser Mindestgarantien – letztlich zur Ausbeutung einer wenig qualifizierten Arbeiterschicht. Was Smith in „The Wealth of Nations" theoretisch beschrieb, wurde ab Mitte des 19. Jahrhunderts zunehmend Realität: In den grossen Industriemetropolen kam es zu enormen Produktivitätssteigerungen, die unter anderem aber auf einer systematischen Ausbeutung der Arbeiterschicht beruhten. Diese Entwicklung vorausahnend forderte Smith staatliche Regulierung, um die negativen Auswirkungen der Arbeitsteilung abzumildern:

„But in every improved and civilised society this is the state into which the labouring poor, that is, the great body of the people, must necessarily fall, unless government takes some pains to prevent it."[28]

Dementsprechend befürwortet Adam Smith staatliche Eingriffe in den Wirtschaftsprozess durchaus.

ii) Eigeninteresse

Neben der Arbeitsteilung bildet auch das auf Eigenliebe gegründete Eigeninteresse eine weitere tragende Säule in Smiths ökonomischen Liberalismus. Es stellt ebenfalls eine wichtige Triebfeder für die wirtschaftliche Entwicklung dar.[29] Dabei bewertet er das Eigeninteresse jedoch nicht nur positiv, sondern durchaus ambivalent.

Einerseits betont Smith, dass es nicht nur unmöglich sei, das natürlich angeborene, eigennützige Streben zu beseitigen, sondern es aus ökonomischer Sicht auch nicht ratsam wäre, da der wachsende Wohlstand auf diesem unersättlichen Streben der Menschen aufbaut. Andererseits stellt Smith aber klar, dass dieses Streben auf der falschen Vorstellung beruht, dass das menschliche Glück vom materiellen Reichtum abhängt.[30] Diese Täuschung der Natur sei jedoch etwas Gutes, da dadurch der Wohlstand erhöht werde:

„The pleasures of wealth (...) strike the imagination as something grand and beautiful (...) It is this deception which rouses and keeps in continual motion the industry of man-

---

27 Smith, Wealth of Nations, V. i. f.50.
28 Smith, Wealth of Nations, V. i. f.50.
29 Recktenwald, Vademecum, S. 41; Mathis, Effizienz, S. 127.
30 Mathis, Effizienz, S. 127.

kind. It is this which first prompted them to cultivate the ground, to build houses (…) to invent and improve all the sciences and arts."[31]

Die Aussage macht deutlich, dass das Eigeninteresse für Smith nicht nur im ökonomischen Kontext als Leitmotiv fungiert, sondern sich auf das gesamte menschliche Tun erstreckt.[32]

Smiths Verständnis von Eigeninteresse ist jedoch nicht mit purem Egoismus gleichzusetzen. So betont er nämlich, dass das Eigeninteresse in einem vernünftigen Mass gehalten werden müsse: Ein Zuviel an Eigeninteresse (Egoismus oder Selbstsucht) ist moralisch ebenso zu missbilligen wie ein Zuwenig (Faulheit oder Leistungsverweigerung).[33] Da der Mensch aufgrund seiner natürlichen Veranlagung tendenziell zu eigeninteressiert handelt, bedarf es gewisser Korrektive, die das unersättliche Streben zurückbinden.

Gemäss Recktenwald und Mathis greift Adam Smith dabei auf folgende vier Korrektive zurück: *(1)* Mitgefühl und unparteiischer Beobachter, *(2)* ethische Normen, *(3)* positives Gesetz und *(4)* Wettbewerb. Nur im Rahmen dieser kontrollierenden Kräfte decke sich das Eigeninteresse mit dem Gesamtinteresse.[34]

– *Mitgefühl und unparteiischer Beobachter*
  Smith setzt Mitgefühl („sympathy" bzw. „fellow-feeling") mit Empathie gleich – also der Fähigkeit, Gefühle und Gedanken anderer mit Hilfe der Vorstellungskraft selbst mitzuempfinden. Diese Fähigkeit bewahre den Menschen davor, dass das Eigeninteresse in egoistische Einseitigkeit abgleite. Im Verständnis von Smith steht Mitgefühl jedoch weder für eine Tugend noch für einen moralischen Altruismus, sondern lediglich für das Vermögen, sich ineinander einzufühlen.[35] Das Prinzip des unparteiischen Beobachters – als Stimme der Vernunft und des Wissens – dient der moralischen Qualifikation des eigenen Verhaltens wie auch des Verhaltens anderer. Mit Blick auf das Verhalten anderer hilft der unparteiische Beobachter in dem Sinne, als er die Internalisierung nicht eigener Gefühle ermöglicht. Mit Blick auf das eigene Verhalten diszipliniert der unparteiische Beobachter das innere Selbst, indem die eigenen Handlungen aus einer anderen objektivierten Perspektive bewertet werden.[36]
  Gemäss Mathis weist Smith mit dem unparteiischen Beobachter und dem Mitgefühl auf die Sozialnatur des Menschen hin.[37] In diesem Sinne ist auch Recktenwald zu verstehen, wenn er sagt, dass bei Smith von einem gren-

---

[31] Smith, Theory of Moral Sentiments, IV.I.10.
[32] Recktenwald, Vademecum, S. 42.
[33] Recktenwald, Vademecum, S. 42.
[34] Siehe hierzu: Recktenwald, Vademecum, S. 45 ff.; Mathis, Effizienz, S. 127 ff.
[35] Recktenwald, Vademecum, S. 45 f.; Mathis, Effizienz, S. 127 f.
[36] Recktenwald, Vademecum, S. 26 f.; Mathis, Effizienz, S. 128.
[37] Mathis, Effizienz, S. 128.

zenlosen Egoismus „keine Spur" zu finden ist und die „Selbstbeherrschung (self-command), einen Eckpfeiler seines ethischen Systems" bildet.[38] Dennoch gilt zu beachten, dass Mitgefühl für Smith ein schwaches Korrektiv darstellt; es hält das eigene egoistische Verhalten nur selten in Schranken.[39]

– *Ethische Normen*

Gemäss Smith sind ethische Normen (sog. „general rules of conduct" bzw. „general rules of morality") ein pragmatisches, aber dennoch wirkmächtiges Korrektiv gegen ein übertriebenes Eigeninteresse:

> „The regard to those general rules of conduct, is (…) a principle of the greatest consequence in human life, and the only principle by which the bulk of mankind are capable of directing their actions."[40]

Diese Normen werden aber nicht autoritativ vorgegeben, sondern ergeben sich durch das Zusammenspiel der verschiedenen Akteure innerhalb einer Gesellschaft.[41]

– *Positives Gesetz*

Missbilligung als Sanktion für die Verletzung ethischer Normen reicht für Smith nicht aus, um den Menschen im Streben nach Wohlstand, Prestige und Macht effektiv zurückzuhalten. Es bedarf zusätzlich einem System positiver Gesetze. Dieses System ist von einem Gemeinwesen zu handhaben, das die Einhaltung der Normen überwacht und gegebenenfalls mit Zwang durchsetzt.[42] In diesem Sinne ist auch Olten zu verstehen, wenn er resümiert, dass bei Smith die freien Bürger zwar durch „ihren natürlichen Egoismus" motiviert sind, aber auch durch „Gesetz und Moral kontrolliert" werden.[43]

– *Wettbewerb*

In beiden Werken weist Smith darauf hin, dass die beschriebenen Korrektive an Effektivität verlieren, wenn die Grösse der Gesellschaft zunimmt. So sind das Mitgefühl, das Prinzip des unparteiischen Beobachters sowie die ethischen Normen wirksame Korrektive im familiären oder kommunalen Kontext, verlieren aber ihre kontrollierende Kraft auf nationaler oder internationaler Ebene. Hier kann der Wettbewerb eine wichtige Schutzfunktion wahrnehmen. Der tatsächliche oder potenzielle Druck der Konkurrenz hält nämlich überschiessendes ökonomisches Streben unverzüglich und wir-

---

[38] Recktenwald, Vademecum, S. 25.
[39] Smith, Theory of Moral Sentiments, III.IV.7.
[40] Smith, Theory of Moral Sentiments, III.V.1.
[41] Siehe hierzu auch: Recktenwald, Vademecum, S. 46; Mathis, Effizienz, S. 129.
[42] Recktenwald, Vademecum, S. 46 f.; Mathis, Effizienz, S. 129.
[43] Olten, S. 33.

kungsvoll in Grenzen.[44] Auf Smiths Wettbewerbsverständnis ist sodann in einem nächsten Kapitel vertieft einzugehen.[45]

Wird das Konzept vom Eigeninteresse wie vorliegend verstanden, löst sich auch das sog. „Adam-Smith-Problem" auf.[46] Dieses Problem beschreibt den unversöhnlichen Konflikt, in dem die zwei Werke zueinander stehen: Während Smith in „The Theory of Moral Sentiments" einen einfühlenden und altruistischen Menschen beschreibt, zeichnet er in „The Wealth of Nations" das Bild eines egoistischen und selbstsüchtigen Individuums. Doch wie die vorangegangene Analyse aufzeigt, greift diese Sichtweise zu kurz; Smith beschreibt ein deutlich differenzierteres Menschenbild. In diesem Sinne resümiert auch Mathis:

> „Der scheinbare Gegensatz löst sich gänzlich auf, wenn man zudem berücksichtigt, dass die moralischen Gefühle primär bei persönlichen Kontakten zur Geltung kommen, was vor allem in der ,Theorie' thematisiert wird. Im ,Wohlstand' dagegen liegt der Schwerpunkt bei der Koordination unpersönlicher Transaktionen, die im nationalen oder globalen Markt erforderlich sind, und bei denen das Eigeninteresse mehr durch den Wettbewerb als durch die Sympathie begrenzt wird."[47]

Werden die beiden Werke von Smith als kohärentes Ganzes gelesen, löst sich das „Adam-Smith-Problem" auf.

iii) Unsichtbare Hand

Das Konzept der unsichtbaren Hand („invisible hand") geht auf eine berühmte Metapher in „The Wealth of Nations" zurück:

> „[Every, M. M.] individual (…) intends only his own gain, and he is (…) led by an invisible hand to promote an end which was no part of his intention. (…) By pursuing his own interest he frequently promotes that of the society more effectually than when he really intends to promote it."[48]

Die unsichtbare Hand besagt also, dass eigennütziges Handeln nicht nur das individuelle, sondern gleichzeitig auch das gesellschaftliche Wohl fördert.[49] In Anlehnung an die stoische Philosophie ist die unsichtbare Hand „that eternal art which educes good from ill".[50] Adam Smith wurde von dieser Philosophie während seines Studienaufenthalts in Oxford massgeblich beeinflusst. Die Stoiker gehen davon aus, dass die Kräfte innerhalb des Kosmos harmonisch aufeinander abgestimmt sind und damit miteinander wirken.[51]

---

[44] Recktenwald, Vademecum, S. 47 f.; Mathis, Effizienz, S. 129 f.
[45] Siehe hierzu unten: *§ 4.A.II. Klassischer Wettbewerb*.
[46] Siehe hierzu: Recktenwald, Vademecum, S. 57 ff.
[47] Mathis, Effizienz, S. 135.
[48] Smith, Wealth of Nations, IV.ii.9.
[49] Mathis, Effizienz, S. 131.
[50] Smith, Theory of Moral Sentiments, I.ii.III.4.
[51] Aßländer, S. 124; Mathis, Effizienz, S. 132 f.

Das Prinzip der unsichtbaren Hand kann heute als Herzstück des ökonomischen Liberalismus betrachtet werden: Es rechtfertigt einen freien, marktbasierten Koordinationsprozess, der nur minimaler staatlicher Eingriffe bedarf. Das Prinzip nimmt in Smiths Werken jedoch keine sonderlich prominente Stellung ein. Insgesamt erwähnt er den Begriff nur zweimal. Neben der besagten Stelle verwendet er den Begriff bereits einmal in „The Theory of Moral Sentiments"; dabei betont er jedoch weniger die ökonomische Wirkweise des Prinzips, sondern den damit zusammenhängenden sozialen Ausgleichsmechanismus:

„The rich (…) are led by an invisible hand to make nearly the same distribution of the necessaries of life, which would have been made, had the earth been divided into equal portions among all its inhabitants."[52]

Als sozialer Ausgleichsmechanismus sorgt die unsichtbare Hand nicht nur dafür, dass dank der Reichen Wohlstand erzeugt wird, sondern dass sich dieser Wohlstand auch in gerechter Weise auf alle Bevölkerungsschichten verteilt.[53]

Schliesslich ist zu erwähnen, dass Smiths Eigeninteresse nicht vorbehaltslos mit Gemeinwohl gleichgesetzt werden kann: Die unsichtbare Hand entfaltet ihre wohlfahrtssteigernde Wirkung nämlich nur dann, wenn das Eigeninteresse durch die oben beschriebenen Korrektive in Grenzen gehalten wird.[54]

II. Klassischer Wettbewerb

Adam Smith sieht im Wettbewerbsprinzip in erster Linie ein überlegenes Gegenkonzept zu den bestehenden merkantilistischen Koordinationsprozessen.[55] So hält er auch selbst fest:

„Competition will regulate much better than any assize."[56]

Während die Anhänger des Merkantilismus den Wettbewerb meist sehr kritisch betrachten, streicht Smith dessen wohlfahrtsfördernde Funktion explizit heraus:

„In general, if any branch of trade, or any division of labour, be advantageous to the public, the freer and more general the competition, it will always be the more so."[57]

Smith verstand unter dem Wettbewerb einen dynamischen Prozess aus Aktion und Reaktion, der jedem Marktteilnehmer einen begrenzten Freiheitsbereich eröffnet.[58] In diesem Sinne ist auch Olten zu verstehen, wenn er sagt, dass die „eigentliche wissenschaftliche Leistung" von Adam Smith darin bestand,

---

[52] Smith, Theory of Moral Sentiments, IV.I.10.
[53] Aßländer, S. 126 f.
[54] Siehe hierzu oben: *§ 4.A. I.3.ii) Eigeninteresse.*
[55] Schmidt/Haucap, S. 4.
[56] Smith, Wealth of Nations, I. x. c.62.
[57] Smith, Wealth of Nations, II.ii.106.
[58] Schmidt/Haucap, S. 4; Recktenwald, Vademecum, S. 47.

dass er „die produktivitätssteigernden Potentiale der ökonomischen Freiheit"
erkannte und damit „den freien Wettbewerb als gesamtwirtschaftliches Kon-
troll-, Koordinations- und Steuerungsinstrument auf den Märkten" entdeckt
hat.[59]

Ferner betont Smith aber auch, dass der Wettbewerb eine wichtige Preisfunktion wahrnimmt; er fördert nämlich einen gerechten bzw. natürlichen Preis. Im
Unterschied zum Marktpreis, der sich aus dem Zusammenspiel von Angebot
und Nachfrage ergibt, ist der natürliche Preis an objektive Faktoren geknüpft.
Gemäss der sog. „Wertfaktoren"- bzw. „adding-up"-Theorie entspricht der natürliche Preis den durchschnittlichen Faktoraufwendungen, die zur Herstellung
eines Guts erforderlich sind. Diese Aufwendungen setzen sich aus den drei objektiven Faktoren Arbeit, Boden und Kapital zusammen. Über den Wettbewerb
sind die beiden Preise – natürlicher Preis und Marktpreis – miteinander verbunden: In einer wettbewerbsorientierten Marktwirtschaft bewegt sich der Marktpreis nämlich langfristig um den natürlichen Preis herum.[60]

Smith ist sich jedoch durchaus bewusst, dass die optimalen Preisbildungs-
und Koordinationsprozesse bzw. der ihnen zugrunde liegende Wettbewerb
durch private Handlungen gestört werden können.[61] So etwa durch monopolistische Unternehmen:

„The monopolists, by keeping the market constantly understocked, by never fully sup-
plying the effectual demand, sell their commodities much above the natural price, and
raise their emoluments, whether they consist in wages or profit, greatly above their natural rate."[62]

Dies trifft insbesondere auf dauerhafte Monopolstellungen zu. Dahingegen sah
Smith zeitlich begrenzte Monopole unter bestimmten Umständen sogar als wünschenswert an, da sich diese positiv auf Innovation und Fortschritt auswirken.[63]
Darüber hinaus sieht er auch Preisabsprachen als problematische Wettbewerbsbeschränkungen an, wie das nachfolgende populäre Zitat deutlich macht:

„People of the same trade seldom meet together, even for merriment and diversion, but
the conversation ends in a conspiracy against the public, or in some contrivance to raise
prices."[64]

---

[59] Olten, S. 34; schliesslich ist festzuhalten, dass mit Smiths Wirtschafts- bzw. Wettbewerbsverständnis verschiedene normative Prämissen ins Zentrum der Ökonomik gerückt
sind, die bis heute fast unverändert Geltung besitzen. Namentlich handelt es sich dabei um die
Konsumentensouveränität, den dezentralen Lenkungsmechanismus und das Leistungsprinzip.
Siehe hierzu: Schmidt/Haucap, S. 6 f.

[60] Siehe hierzu: Olten, S. 34 ff.

[61] Olten, S. 37.

[62] Smith, Wealth of Nations, I.vii.26.

[63] Schmidt/Haucap, S. 5; Olten, S. 38.

[64] Smith, Wealth of Nations, I. x. c.27.

Dennoch spricht er sich gegen ein allgemeines Kartellverbot aus; ein solches Verbot würde nämlich nur begrenzt wirksam sein sowie die Freiheitsbereiche der Marktakteure über die Massen einschränken.[65] Diese Ansicht steht ferner im Einklang mit seiner Vorstellung von Eigeninteresse:[66] Während Wettbewerb in erster Linie im nationalen und internationalen Kontext ein wirksames Korrektiv darstellt, wird auf familiärer oder kommunaler Ebene überschiessendes Eigeninteresse bereits durch andere kontrollierende Kräfte in Grenzen gehalten. Wenn also zwei lokale Unternehmer ihrem Eigeninteresse folgen und Absprachen treffen, wird ein allfälliges überschiessendes ökonomisches Streben bereits durch das Mitgefühl, den unparteiischen Beobachter oder ethische Normen in Grenzen gehalten. Bei national oder international agierenden Unternehmen greifen diese Korrektive jedoch nicht und es bedarf daher eines effektiven Wettbewerbs. In diesem Sinne lässt sich sagen: Während Smith für die Eindämmung negativer Konsequenzen von Kooperationen und Absprachen im Kleinen von staatlichen Eingriffen absieht, setzt er sich für staatliche Eingriffe zur Förderung des Wettbewerbs im Grossen ein. Oder zugespitzt formuliert: Smith befürwortet eine zweigeteilte Wettbewerbspolitik, die Wettbewerb im Grossen vorschreibt, Kooperationen im Kleinen aber zulässt.

Letztlich ist es aber Spekulation, wie Smiths Wettbewerbspolitik genau ausgesehen hätte. Denn er selbst hat sich nur punktuell zu den wettbewerbspolitischen Aufgaben geäussert. Diese lassen sich daher meist nur implizit aus seinen Werken ableiten. Vor diesem Hintergrund ist auch die nachfolgende von Schmidt und Haucap sowie Olten erarbeitete Aufzählung wirtschafts- bzw. wettbewerbspolitischer Aufgaben zu verstehen: *(1)* Sicherung der ökonomischen Handlungsfreiheit der Marktteilnehmer, *(2)* Eindämmung kartellistischer Absprachen, *(3)* Gewährleistung einer ausreichenden Zahl an konkurrierenden Marktteilnehmern, *(4)* Förderung von Marktinformation und -transparenz sowie *(5)* Sicherung offener Märkte.[67]

Insgesamt ist zu bilanzieren: Adam Smith hat nach heutigem Verständnis noch keine umfassende und kohärente Wettbewerbskonzeption ausgearbeitet. Vielmehr wird in der Sekundärliteratur versucht, die verschiedenen in seinen zwei Werken verteilten Aussagen zu einem einheitlichen Wettbewerbsansatz zusammenzuführen. Dabei ergeben sich zuweilen relativ eigenwillige oder ideologisch gefärbte Interpretationen. Je nach Autor werden mehr die systemischen oder effektbasierten Komponenten seines Wettbewerbsverständnisses hervorgehoben.[68] Dies ist jedoch nicht per se negativ zu sehen, sondern lässt sich auch

---

[65] Schmidt/Haucap, S. 6.
[66] Siehe hierzu oben: *§ 4.A. I.3.ii) Eigeninteresse.*
[67] Olten, S. 38; Schmidt/Haucap, S. 5 f.
[68] Zur Unterscheidung zwischen dem effektbasierten und systemischen Wettbewerbsverständnis siehe sogleich: *§ 4.B. Effektbasierte und systemische Wettbewerbskonzeptionen.*

positiv wenden: Smith vertrat insgesamt ein relativ breites Wettbewerbsverständnis, an das beide modernen Wettbewerbstraditionen anschliessen können:

> „Man kann feststellen, dass die klassische Ökonomie die Bedeutung des Wettbewerbs für die Funktionsfähigkeit des marktwirtschaftlichen Systems in vollem Umfang erkannt hat. Der Wettbewerb als Motor für die Steigerung der Produktivität und des ‚Reichtums der Nationen', als Instrument, ökonomisch optimale und gerechte Marktergebnisse zu erzielen und den wirtschaftlichen und technischen Fortschritt zu erzwingen."[69]

Diesem breiten Wettbewerbsverständnis ist es schliesslich geschuldet, dass Adam Smith sowohl als Gründungsvater des systemischen als auch des effektbasierten Wettbewerbsverständnisses betrachtet wird.[70]

B. Effektbasierte und systemische Wettbewerbskonzeptionen

I. Überblick

1. Systematik

Nach der Grundsteinlegung durch Adam Smith ist eine divergierende Fortentwicklung zu beobachten: Insbesondere nach dem Ende des Zweiten Weltkriegs – im Zuge des wirtschaftlichen Wiederaufbaus – wurde eine Vielzahl unterschiedlicher Wettbewerbskonzeptionen erarbeitet. Ende des 20. Jahrhunderts hat die Differenzierung ein Ausmass erreicht, dass eine einheitliche Kategorisierung und Systematisierung nur noch schwer möglich ist. Es erstaunt daher nicht, dass die Wettbewerbsliteratur heute Mühe bekundet, die Entwicklung der Wettbewerbskonzeptionen in ein einheitliches Raster zu bringen (siehe S. 102).

Trotz der Unterschiede in der Benennung und Systematisierung lassen sich dennoch Gemeinsamkeiten herauslesen. Die Mehrheit der Autoren orientiert sich, mehr oder weniger konsequent, an folgendem Aufbau:

- *Klassischer Wettbewerb*
- *Neoklassik: vollkommener Wettbewerb*
- *„Harvard School": funktionsfähiger und wirksamer Wettbewerb*
- *Freiburger Schule: vollständiger Wettbewerb*
- *Österreicher Schule: freiheitlicher Wettbewerb*
- *„Chicago School": effizienzorientierter Wettbewerb*

Die fünf noch nicht behandelten Wettbewerbskonzeptionen lassen sich wiederum zwei idealtypischen Grundpositionen zuordnen. In Anlehnung an Hoppmann, Künzler oder Heidrich ist zwischen den sog. systemischen Wettbewerbs-

---

[69] Olten, S. 38.
[70] Siehe hierzu kritisch: Schmidt/Haucap, S. 7.

Schmidt und Haucap*[71]

1. Dynamischer Wettbewerb der Klassik
2. Neoklassisches Gleichgewichtsmodell der vollständigen Konkurrenz
3. Harvard School
4. Austrian School
5. Chicago School
6. Post-Chicago School

Aberle[72]

1. Von der freien zur vollständigen Konkurrenz
   1.1 Freie Konkurrenz
   1.2 Vollständige Konkurrenz
2. Harvard School
3. Neuklassische Konzeption der Wettbewerbsfreiheit
4. Chicago School

Olten*[73]

1. Klassisch dynamische Wettbewerbstheorie
2. Die neoklassische statische Theorie der vollkommenen Konkurrenz
3. Die Ordoliberale Theorie des vollständigen Wettbewerbs
4. Die Theorien des dynamischen Wettbewerbsprozesses (Workable Competition)
5. Maximierung der Konsumentenwohlfahrt (Chicago School)

Knieps[74]

1. Klassischer Liberalismus
2. Vollkommene Konkurrenz und allgemeines Gleichgewicht (Neoklassik)
3. Freiburger Schule des Ordoliberalismus
4. Konzept der Wettbewerbsfreiheit
5. Die Chicago Schule der Antitrustpolitik
6. Das Konzept des funktionsfähigen Wettbewerbs (Harvard-Schule)

Schuhmacher[75]

1. Wettbewerb der Klassiker
2. Vollkommener Wettbewerb und Gleichgewichtskonzept
3. Funktionsfähiger Wettbewerb und dynamische Konzepte
4. Systemtheoretische Ansätze
   4.1 Wettbewerb als Entdeckungsverfahren
   4.2 Konzept der Wettbewerbsfreiheit
   4.3 Ordoliberalismus
5. Chicago
6. Post-Chicago

Bartling[76]

1. Klassische Wettbewerbsvorstellung
2. Vollkommene Konkurrenz
3. Workable Competition
4. Freier Wettbewerb

* Die Autoren trennen in ihren Werken zwischen Wettbewerbstheorien und wettbewerbspolitischen Leitbildern. Um eine Vergleichsmöglichkeit zu schaffen, wurden Theorien und Leitbilder im Rahmen dieser Übersicht vereint.

---

[71] Schmidt/Haucap, S. 3 ff.
[72] Aberle, S. 26 ff.
[73] Olten, S. 31 ff.
[74] Knieps, S. 67 ff.
[75] Schuhmacher, S. 33 ff.
[76] Bartling, S. 9 ff.

konzeptionen[77] und den sog. effektbasierten Wettbewerbskonzeptionen zu unterscheiden.[78]

2. Systemisches und effektbasiertes Wettbewerbsverständnis

Die systemischen Wettbewerbskonzeptionen zeichnen sich durch ein regelorientiertes, evolutorisches, rationalistisches sowie formales Wettbewerbsverständnis aus. Dabei ist der Wettbewerb ein Ziel „in sich selbst", der um seiner „selbst willen gewünscht" wird.[79] Die systemischen Wettbewerbskonzeptionen stemmen sich gegen den Anspruch, die Wirtschafts- bzw. Wettbewerbsordnung lenken zu wollen, indem von staatlicher Seite klar definierte ökonomische Ziele vorgegeben werden.[80] Stattdessen hat der Staat die Aufgabe, die rechtliche Rahmenordnung, im Sinne von Spielregeln, zu schaffen, in der sich die wirtschaftlichen Tätigkeiten abspielen. Eine treffende Umschreibung der Kernelemente dieses systemischen Wettbewerbsverständnisses findet sich bei Heidrich:

„Wettbewerb [wird, M. M.] als ontologische Komponente (…), d.h. als Wesensmerkmal von Realität schlechthin verstanden. Wettbewerb ist durch das natürliche Universum und die ihm inhärenten Gesetzmässigkeiten vorgegeben. Das Phänomen kann erforscht, nicht aber beliebig gestaltet und für bestimmte Ziele verwendet werden. Wettbewerb ist keine Maschine, kein künstlich formbarer Mechanismus. Unter Beachtung seiner Gesetzmässigkeiten kann jedoch versucht werden, die Sozial- und Wirtschaftsordnung so zu gestalten, dass aufgestellte Ziele mithilfe der in die richtige Richtung gelenkten Wettbewerbskräfte erreicht werden."[81]

Diesem systemischen Wettbewerbsverständnis sind die Wettbewerbskonzeptionen der Österreicher Schule (freiheitlicher Wettbewerb) und der Freiburger Schule (vollständiger Wettbewerb) zuzuordnen.

Die effektbasierten Wettbewerbskonzeptionen zeichnen sich dahingegen durch ein zielorientiertes, mechanistisches, empiristisches sowie materielles Wettbewerbsverständnis aus. Der Wettbewerb hat dabei überwiegend Mittelcharakter und ist ein Instrument zur Erreichung konkreter Ziele.[82] Wettbewerb wird damit als eine konstruierte Maschine zur Erreichung bestimmter Ziele angesehen.[83] Von Künzler wird der instrumentelle Charakter, in Gegenüberstellung zum systemischen Wettbewerbsverständnis, wie folgt zusammengefasst:

---

[77] Geläufiger ist der Begriff „systemtheoretische Wettbewerbskonzeptionen". Um die Wettbewerbskonzeptionen jedoch klar von Niklas Luhmanns rechtssoziologischer Systemtheorie abzugrenzen, wird in der vorliegenden Studie konsequent von *systemischen* Wettbewerbskonzeptionen gesprochen.

[78] Siehe dazu: Hoppmann, Definition, S. 12 f.; Künzler, S. 33 ff.; Heidrich, S. 41 ff.

[79] Hoppmann, Definition, S. 13.

[80] Schuhmacher, S. 50.

[81] Heidrich, S. 57.

[82] Hoppmann, Definition, S. 12 f.

[83] Heidrich, S. 73.

„Während die als ‚Wettbewerbsfunktionen' bezeichneten Resultate des Wettbewerbs nach herkömmlicher Auffassung beschreiben, welche tatsächlichen Auswirkungen freier, nicht beschränkter Wettbewerb hat, wird diesen Funktionen in der neuen Wettbewerbspolitik ein teleologischer Sinn gegeben. Die wirtschaftlichen Funktionen des Wettbewerbs sind das anvisierte Ziel, zu dessen Verwirklichung die wirtschaftlichen Akteure beizutragen haben. Dem Marktprozess sind mit anderen Worten ganz bestimmte ökonomische Ergebnisse vorgegeben."[84]

Grundlegend für die effektbasierten Wettbewerbsansätze ist darüber hinaus die Annahme, dass eine bestimmte Marktausprägung den wünschenswerten Wettbewerb repräsentiert. Aufgabe der Wettbewerbspolitik ist es folglich, das real existierende Marktsystem möglichst getreu diesem Ideal zu gestalten.[85]

Diesem effektbasierten Wettbewerbsverständnis sind die Wettbewerbskonzeptionen der Neoklassik (vollkommener Wettbewerb), der „Harvard School" (funktionsfähiger und wirksamer Wettbewerb) und der „Chicago School" (effizienzorientierter Wettbewerb) zuzuordnen.

Die Unterscheidung zwischen systemischen und effektbasierten Wettbewerbskonzeptionen geht im Kern auf zwei unterschiedlich ausgerichtete Denktraditionen zurück: Die systemischen Konzeptionen stehen in der deontologischen Denktradition, wohingegen die effektbasierten Wettbewerbskonzeptionen in der utilitaristischen Denktradition zu verorten sind.[86] Dem Utilitarismus liegt eine teleologische bzw. zweckgerichtete Ethik zugrunde, wohingegen der deontologische Ansatz eine Gesinnungs- bzw. Regelethik begründet.[87]

Die Verbindung von Deontologie und systemischem Wettbewerbsverständnis bzw. von Utilitarismus und effektbasiertem Wettbewerbsverständnis lässt sich auch relativ gut anhand der ideengeschichtlichen Entwicklung aufzeigen: Die systemischen Konzeptionen wurden allesamt im kontinentaleuropäischen oder genauer gesagt im deutschsprachigen Raum entwickelt. Kontinentaleuropa und insbesondere Deutschland sind massgeblich vom Kantianismus geprägt. Kant kann wohl als der bekannteste als auch einer der konsequentesten Vertreter der deontologischen Ethik betrachtet werden. Die effektbasierten Konzeptionen wurden dahingegen im angelsächsischen Raum entwickelt. Nordamerika und England sind stark von den Werken von Jeremy Bentham und John Stuart Mill geprägt – die beiden Philosophen gelten als Begründer des klassischen Utilitarismus.[88]

Nachfolgend ist auf die unterschiedlichen Wettbewerbskonzeptionen vertieft einzugehen. Dabei orientiert sich die Studie an der dargelegten Dichotomie von systemischen und effektbasierten Wettbewerbskonzeptionen.

---

[84] Künzler, S. 33.
[85] Heidrich, S. 72.
[86] Heinemann, Marktwirtschaft und Wettbewerbsordnung, S. 435.
[87] Siehe dazu instruktiv: Mathis, Effizienz, S. 142 ff.
[88] Mathis, Effizienz, S. 142.

II. Entwicklung der effektbasierten Wettbewerbskonzeptionen

1. Neoklassik: vollkommener Wettbewerb

i) Vom klassischen Wettbewerb zur neoklassischen Wettbewerbskonzeption

Der Wettbewerbskonzeption des vollkommenen Wettbewerbs[89] liegt das neoklassische Gleichgewichtsmodell zugrunde. Die neoklassische Wettbewerbskonzeption ist folglich nicht als genuiner Wettbewerbsansatz zu sehen, sondern als integraler Bestandteil eines umfassenderen ökonomischen Theorieansatzes. Dennoch ist es nicht verfehlt, den neoklassischen Ansatz (auch) bei den Wettbewerbskonzeptionen einzuordnen, da im neoklassischen Theorieansatz dem Wettbewerb eine sehr wichtige Funktion zukommt.

Die neoklassische Ökonomik wurde Ende des 19. Jahrhunderts entwickelt und löste die klassische Ökonomik ab. Dabei sind zwei ökonomischen Schulen Vorreiterrollen zu attestieren: der Österreicher Grenznutzenschule um Carl Menger und der Lausanner Schule um Léon Walras.[90] Die beiden Denkschulen sind im Sinne einer „bürgerlichen Ökonomik" als Gegenbewegung zur marxistischen Wirtschaftstheorie zu sehen. Insbesondere kritisieren sie die von Marx formulierte objektivistische Arbeitswertlehre und stellen ihr eine subjektivistische Wertetheorie entgegen. Ferner wenden sich die beiden Denkschulen mit der Ausarbeitung der Grenzproduktivitätstheorie gegen die marxistische Ausbeutungsthese und negieren den von Marx propagierten volkswirtschaftlichen Konzentrationsprozess.[91]

Die neoklassische Ökonomik wendet sich aber nicht nur gegen die marxistische Wirtschaftslehre, sondern bricht teilweise auch mit der klassischen Ökonomik: Im Vergleich zu Smiths Wirtschafts- und Wettbewerbsverständnis ist die neoklassische Wettbewerbskonzeption nämlich deutlich formalistischer, mathematischer, statischer sowie reduktionistischer. Nach der neoklassischen Konzeption ist der Wettbewerb ausschliesslich im Rahmen des Preis-Mengen-Diagramms zu fassen; was im Diagramm nicht dargestellt werden kann, wird von der neoklassischen Wettbewerbskonzeption nicht berücksichtigt.[92] Als Folge davon orientiert sich die neoklassische Ökonomik schwergewichtig am statischen Effizienzkriterium. Dynamische Wettbewerbsaspekte, die bei Smith eine wichtige Rolle gespielt haben, werden dahingegen marginalisiert.[93]

---

[89] Die Wettbewerbskonzeption wird zuweilen auch als „vollkommene Konkurrenz" oder „vollständige Konkurrenz" bezeichnet. Siehe hierzu: Knieps, S. 7; Aberle, S. 27.

[90] Menger und Walras griffen dabei auf die Grundlagenarbeit von Johann Heinrich Gossen zurück. Darüber hinaus haben aber auch Gustav Schmoller oder Stanley Jevons zur Entwicklung der neoklassischen Ökonomik beigetragen. Siehe dazu: Kerber, Wettbewerbspolitik, S. 374 f.; Olten, S. 41 f.

[91] Olten, S. 39 ff.

[92] Siehe hierzu unten: § 4.B.II.1.iii) Vollkommener Wettbewerb vs. Angebotsmonopol.

[93] Siehe hierzu unten: § 4.B.II.1.v) Kritik.

Dieser Verständniswandel ist jedoch nicht per se negativ zu sehen: Der neoklassische Wettbewerbsansatz besticht durch seine formale Eleganz, Einfachheit sowie mathematische Exaktheit. Im Sinne des „Ockham'schen Rasiermessers" können darüber hinaus mit relativ wenigen Variablen eine Vielzahl von Marktergebnissen vorausgesagt werden.[94] Es erstaunt folglich nicht, dass die neoklassische Theorie bis heute grosse Anziehungskraft besitzt.[95]

ii) Grundprämissen

Im neoklassischen Theorienverständnis wird formal streng zwischen Marktstrukturen, -verhalten und -ergebnissen unterschieden. Die Beeinflussung erfolgt dabei kausal einseitig; die Marktstrukturen determinieren das Marktverhalten, woraus schliesslich Schlussfolgerungen bezüglich der Marktergebnisse abgeleitet werden.[96]

Bezeichnend für den formalistischen und reduktionistischen Charakter des neoklassischen Ansatzes ist die klare Ausweisung von Prämissen im Rahmen der Marktstrukturen. In Anlehnung an Schmidt und Haucap kann zwischen folgenden Prämissen unterschieden werden:[97] *(1)* gegebene Technik und damit gegebene Produktions- und Kostenfunktionen, *(2)* gegebene Bevölkerungszahl und Ausstattung mit Produktionsfaktoren, *(3)* gegebene und stabile intrinsische Motivation der Marktakteure, *(4)* Homogenität der Güter, da keine individuellen Präferenzen der Marktakteure bestehen, *(5)* vollkommene Markttransparenz, *(6)* Abwesenheit von externen Effekten[98], *(7)* Abwesenheit von Transaktionskosten, *(8)* vollständig rationales Verhalten der Marktakteure, *(9)* keine Markteintrittsschranken, *(10)* unendliche hohe Anpassungsgeschwindigkeit der Marktakteure sowie *(11)* atomistischer Markt mit einer Vielzahl von Nachfragern und Anbietern.

Bezüglich des Marktverhaltens der Nachfrager und Anbieter ist festzuhalten, dass sich diese ausschliesslich als Mengenanpasser verhalten und keinen Einfluss auf die Preisentwicklung nehmen können. Dies ist dem atomistischen

---

[94] Zur Bedeutung des Ockham'schen Rasiermesser im Rahmen der neoklassischen Ökonomik siehe: Mathis, Effizienz, S. 28 f.

[95] In diesem Sinne auch Heidrich: „Trotz der geläufigen Kritik an dem neoklassischen Modell, (…) greifen viele Theorien und Leitbilder auf dieses wohlfahrtsökonomische Referenzmodell zurück. (…) Darüber hinaus sind die Ergebnisse des neoklassischen Modells – insbesondere die Vorzugswürdigkeit einer polypolistischen Marktstruktur gegenüber einem Monopol – in der Gesellschaft intuitiv als positiv anerkannt"., Heidrich, S. 76.

[96] Schmidt/Haucap, S. 8 f.; Heidrich, S. 76.

[97] Schmidt/Haucap, S. 7 f.

[98] Im ökonomischen Kontext sind unter externen Effekten die Nachteile (negative externe Effekte) bzw. Vorteile (positive externe Effekte) zu verstehen, die eine Wirtschaftseinheit einer anderen ohne ihren Willen und ausserhalb des Marktes zukommen lässt. Siehe dazu: Bartling, S. 16 f.

Markt geschuldet: Die jeweiligen Marktanteile der Nachfrager und Anbieter sind zu klein, damit sie einen Einfluss auf den Marktpreis nehmen könnten.[99]

Schliesslich determinieren die Marktstrukturen über das Marktverhalten die Marktergebnisse. Die optimalen Marktergebnisse realisieren sich dabei im sog. Marktgleichgewicht. Konkret handelt es sich um folgende Ergebnisse:[100]

- *Keine Unter- bzw. Überproduktion:* Die angebotene Menge entspricht der nachgefragten Menge.
- *Die grösste Zahl der Anbieter und Nachfrager kann Verträge abschliessen:* Bei jedem anderen Preis wären verkaufte Menge und Umsatz kleiner.
- *Richtige Anbieter- und Nachfragerselektion:* Anbieter, die zu hohe Preise verlangen, weil sie zu hohe Produktionskosten haben, sowie Nachfrager, die den Wert eines Guts zu gering schätzen, scheiden aus dem Markt aus.
- *Gewinn- bzw. Nutzenmaximierung:* Die Anbieter und Nachfrager, die zum Gleichgewichtspreis Verträge abschliessen, werden positiv sanktioniert: Die Anbieter erzielen ein Gewinnmaximum und die Nachfrager ein Nutzenmaximum.

Zusammengefasst lässt sich sagen, dass das Marktgleichgewicht einen statischen effizienten – oder genauer gesagt paretooptimalen – Zustand widerspiegelt und damit der Allokationsfunktion des Wettbewerbs vollumfänglich Rechnung getragen wird.[101]

Die Anziehungskraft des neoklassischen Ansatzes rührt insbesondere von der Tatsache, dass sich das Marktgleichgewicht prinzipiell von selbst einstellt – sofern die Marktstrukturen gemäss dem neoklassischen Ansatz vorhanden sind.[102] Darüber hinaus sind keine weiteren staatlichen Eingriffe angezeigt.

iii) Vollkommener Wettbewerb vs. Angebotsmonopol

Gemäss der traditionellen Wohlfahrtsökonomik ist die Erhöhung der statischen Effizienz mit der Erhöhung der ökonomischen Wohlfahrt gleichzusetzen. Es handelt sich beim Marktgleichgewicht also nicht nur um den paretooptimalen, sondern auch um den wohlfahrtsoptimalen Zustand.[103] Dieser Optimalzustand, der sich im Marktgleichgewicht verwirklicht, lässt sich im Rahmen des Preis-Mengen-Diagramms wie folgt darstellen:

---

[99] Schmidt/Haucap, S. 8.
[100] Olten, S. 46 f.; Schmidt/Haucap, S. 8 f.
[101] Siehe hierzu oben: *§ 3.C.II.Allokationsfunktion.*
[102] Konkret verhindert der Nachfrager- bzw. Anbieterwettbewerb, dass ein Nachfrage- bzw. Angebotsüberhang entsteht.
[103] Kerber, Wettbewerbspolitik, S. 375; Künzler, S. 37.

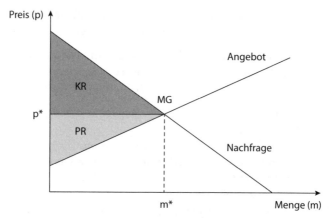

Abbildung 1: Vollkommener Wettbewerb

Die Nachfragekurve zeigt auf, welche Menge zu welchem Preis nachgefragt wird. Bei einem hohen Preis für ein bestimmtes Produkt werden die Nachfrager eine geringe Menge nachfragen und bei tiefen Preisen eine höhere Menge. Umgekehrt zeigt die Angebotskurve an, welche Menge zu welchem Preis angeboten wird. Bei höheren Preisen für ein bestimmtes Produkt werden die Anbieter eine höhere Menge anbieten, bei tieferen Preisen eine geringere Menge. Oder technischer formuliert: Die Angebotskurve hat eine positive Steigung, da bei einem Anstieg des Preises (p) die angebotene Menge (m) steigt. Die Nachfragekurve hat umgekehrt eine negative Steigung, da bei einem Anstieg des Preises (p) die nachgefragte Menge (m) sinkt.[104] In diesem Sinne wird mit der Nachfrage- und Angebotskurve die Angebots- bzw. Nachfragebereitschaft der Konsumenten und Produzenten zu unterschiedlichen Preisen plastisch gemacht.[105] Wo sich Nachfrage- und Angebotskurve schneiden, liegt das Marktgleichgewicht (MG).

Im Zusammenhang mit der ökonomischen Wohlfahrtsakkumulation kann zwischen Konsumentenrente (KR) und Produzentenrente (PR) unterschieden werden. Die Konsumentenrente ist die Differenz zwischen dem Preis, den ein potenzieller Käufer bereit gewesen wäre zu zahlen, und dem tatsächlich niedrigeren Preis, den er zu zahlen hat (dunkelgraues Dreieck in der Abbildung).[106] Die Produzentenrente ist demgegenüber die Differenz zwischen dem minimalen Preis, den ein Verkäufer akzeptieren würde, und dem höheren Preis, der effek-

---

[104] Mathis, Effizienz, S. 30 f.

[105] Zu gewissen Preisen besteht kein Angebot bzw. keine Nachfrage mehr (in den Punkten wo sich Angebots- bzw. Nachfragekurve mit der p-Achse schneidet). Man kauft bzw. verkauft dann gewisse Güter nicht mehr oder verlagert auf substitutive Güter.

[106] Mathis, Effizienz, S. 195 f.

tiv gezahlt wurde (hellgraues Dreieck in der Abbildung).[107] Die Totalrente, das heisst die Addierung der Konsumenten- mit der Produzentenrente, gibt sodann das Wohlfahrtsmaximum wieder.

Die Vorzüge des vollkommenen Wettbewerbs lassen sich am besten illustrieren, wenn man den Marktzustand des vollkommenen Wettbewerbs mit dem Marktzustand in einer Monopolsituation vergleicht. Im sog. Angebotsmonopol maximiert ein Anbieter seinen Gewinn ohne Wettbewerbsdruck. Dementsprechend bietet er unter der Bedingung Grenzkosten = Grenzerlös (Monopolpreis, p^m) an und nicht unter der Bedingung Grenzkosten = Grenzerlös = Marktpreis (Marktpreis, p^*).[108] Gemäss der Wohlfahrtsökonomik geht die grösste Gefahr für Wohlfahrtseinschränkungen von solchen Angebotsmonopolen aus. Die Marktsituation bei einem Angebotsmonopol lässt sich im Preis-Mengen-Diagramm wie folgt darstellen:

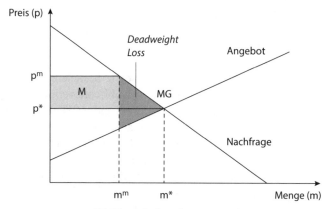

Abbildung 2: Angebotsmonopol

Beim Angebotsmonopol ist das Hauptproblem aber nicht darin zu sehen, dass der Monopolist eine Monopolrente (M) zulasten der Konsumentenrente (KR) erwirtschaftet. Diese Beschneidung der Konsumentenrente könnte – zumindest in der Theorie – durch eine steuerliche Umverteilung ausgeglichen werden.[109] Das Hauptproblem ist vielmehr im sog. „deadweight loss" zu sehen, das die Gesamtwohlfahrt im Umfang des dunkelgrauen Dreiecks verringert. Diese Wohlfahrtsreduktion ergibt sich einerseits aus der Tatsache, dass die Nachfrager das Produkt zum höheren Preis weniger oder gar nicht kaufen, andererseits daraus, dass der Monopolist aufgrund nichtrealisierter Transaktionen keine Einnahmen erzielen kann.[110]

---

[107] Mathis, Effizienz, S. 195 f.
[108] Olten, S. 48; Kerber, Wettbewerbspolitik, S. 376 f.
[109] Mathis, Effizienz, S. 195 f.
[110] Mathis, Effizienz, S. 195.

iv) Aufgabe der Wettbewerbspolitik

Vor dem Hintergrund des Gesagten wird ersichtlich, was von staatlicher Seite notwendig ist, damit vollkommener Wettbewerb herrscht:

„Auf der Basis der wohlfahrtsökonomischen Marktversagenstheorie folgt wirtschaftspolitisch, dass jede Abweichung, die auf realen Märkten von den Annahmen dieses Modells bestehen, zu einem Verfehlen der effizienten Allokation führt. Damit verbindet sich im Prinzip die Aufforderung an die Wirtschaftspolitik, dieses Marktversagen durch ein geeignetes wirtschaftspolitisches Eingreifen zu reduzieren oder zu beseitigen. Wettbewerbspolitik hat aus dieser Perspektive dann das Ziel, das aus Wettbewerbsbeschränkungen folgende Marktversagen zu bekämpfen, um das Ziel der effizienten Allokation zu verwirklichen. Als konkretes Beurteilungskriterium für die Analyse von Wettbewerbsproblemen auf einzelnen Märkten hat sich dabei der ‚soziale Überschuss' als Summe von Konsumenten- und Produzentenrente auf einem Markt herausgebildet."[111]

Dementsprechend handelt es sich um eine äusserst preisorientierte Wettbewerbspolitik: Wettbewerbspolitische Eingriffe sind dann angezeigt, wenn sich der tatsächliche Preis über dem Marktpreis befindet und damit ein wohlfahrtsschädliches „deadweight loss" generiert wird. Insgesamt wird damit die Grundlage für eine aktive Wettbewerbspolitik geschaffen. So soll die Wettbewerbspolitik die Entstehung von Monopolen verhindern sowie bestehende Monopolmacht einschränken oder gar auflösen, da diese eine wohlfahrtsvernichtende Wirkung zeitigen.[112] Gleiches gilt auch für ein- und zweiseitige Wettbewerbsbeschränkungen: So führen Preis- bzw. Gebietsabsprachen oder aber eine Absatzeinschränkung durch einen Marktbeherrscher zu überhöhten Preisen. Folglich sind auch diese Unternehmenspraktiken zu untersagen. Auf andere Wettbewerbsziele, wie dynamische Effizienz oder Wettbewerbsfreiheit, ist im Rahmen der neoklassischen Analyse des Wettbewerbsrechts keine Rücksicht zu nehmen.

Es gilt dabei jedoch zu beachten, dass der paretooptimale Zustand letztlich ein Ideal darstellt, das in der Realität nie erreicht werden kann. In diesem Sinne hat die Wettbewerbspolitik lediglich die Aufgabe, die realen Gegebenheiten soweit wie möglich an den Idealzustand heranzuführen.

Obwohl eine aktive Wettbewerbspolitik basierend auf der neoklassischen Wettbewerbskonzeption begründet werden kann, sind im neoklassischen Theorienverständnis Eingriffe relativ selten angezeigt: Ausgehend von den Grundprämissen sind wettbewerbswidrige Verhaltensweisen in der Regel nämlich effizienzvermindernd bzw. irrational. So lohnt sich beispielsweise eine Kampfpreisstrategie für ein Unternehmen nicht, weil es seine Konkurrenten aufgrund der atomistischen Marktstruktur nicht aus dem Markt drängen kann bzw. aufgrund der nicht existierenden Marktzutrittsschranken immer wieder neue Konkurrenten auf den Markt drängen.

---

[111] Kerber, Wettbewerbspolitik, S. 375.
[112] Heidrich, S. 76.

v) Kritik

Die neoklassische Wettbewerbskonzeption lässt sich aus unterschiedlichen Gründen kritisieren. Nachfolgend ist auf drei Kritikpunkte vertieft einzugehen.

– *Unrealistische Modellannahmen*
Der wohl grösste Pferdefuss hat die neoklassische Wettbewerbskonzeption bei seinen Modellannahmen. Die diesbezügliche Kritik lässt sich wie folgt zusammenfassen: Die neoklassischen Modelle sind zu abstrakt und finden in der ökonomischen Realität keine Entsprechung. So gibt es auf realen Märkten Markttransparenz, heterogene Güter, externe Effekte, irrationales Verhalten oder Markteintrittsschranken. Darüber hinaus sind die Marktanteile häufig gerade nicht atomistisch; Anbieter oder Nachfrager besitzen teilweise so hohe Marktanteile, dass sie nicht als Mengenanpasser fungieren, sondern Einfluss auf die Preisbildung nehmen können.

Angesichts der unrealistischen Modellannahmen bezeichnete Arndt den neoklassischen Ansatz als Irrweg der Ökonomie. Äusserst problematisch sieht er insbesondere die Immunisierung der neoklassischen Ökonomik gegenüber Kritik.[113] Wie er überspitzt festhält, scheint es geradezu, dass die neoklassische Ökonomik behaupte, dass die Realität und nicht die Theorie unvollständig sei.[114] Vor diesem Hintergrund spricht er der neoklassischen Wettbewerbskonzeption den Nutzen ab:

„Das zeit- und raumlose Modell der sog. ‚vollkommenen Konkurrenz' hat nicht das Geringste mit der sich in Zeit und Raum abspielenden Konkurrenz zu tun, die sich in der ökonomischen Wirklichkeit findet. Jeder Schluss von diesem zeit- und raumlosen Grenzbegriff auf die Realität ist logisch unzulässig (…).“[115]

Obwohl diese Kritik überzogen scheint, trifft sie dennoch einen wichtigen Punkt: Im Rahmen der neoklassischen Wettbewerbskonzeption klaffen der theoretische Anspruch und die Realität zuweilen weit auseinander.

– *Quantifizierbarkeit*
Weiter ist zu kritisieren, dass im Rahmen der neoklassischen Wettbewerbskonzeption der quantitativen Analyse eine zu hohe Bedeutung beigemessen wird. So kritisiert etwa Stucke die neoklassische Wettbewerbskonzeption für ihre zu pointierte Ausrichtung am Quantifizierbarkeitskriterium:

„One criticism of neoclassical economic theory, however, is what is measurable becomes disproportionately important. So those factors that are easier to assess (such as the merger's likely short-term impact on price, output, or productive efficiency in narrowly defined market) increase in importance. Those factors that are harder to as-

---

[113] In diesem Zusammenhang spricht Bartling in Anlehnung an Hans Albert von einem sog. „Modell-Platonismus". Siehe hierzu: Bartling, S. 12.
[114] Siehe hierzu: Arndt, S. 44 ff.; und ferner auch: Schluep, S. 101.
[115] Arndt, S. 45 f.; siehe auch: Olten, S. 51.

sess or measure (like the merger's impact on [...] systemic risk and risk of democracy and individual autonomy) are ignored or discounted."[116]

Konzepte, die schwierig zu quantifizieren sind – wie ökonomische oder politische Freiheitsräume, Fairness oder Verteilungsgerechtigkeit –, werden vom neoklassischen Ansatz marginalisiert.[117]

– *Statische Analyse*

Wie bereits erwähnt, vernachlässigt die neoklassische Konzeption die dynamischen Aspekte des Wettbewerbs; abgesehen von der Anpassungsfunktion, also der Ressourcenallokation im Zeitablauf, adressiert die neoklassische Konzeption keine dynamischen Wettbewerbsaspekte.[118] Insbesondere blendet die Konzeption die Innovationsfunktion vollständig aus. Zwangsläufig werden somit kurzfristige Effizienzgewinne höher gewichtet als der langfristige wirtschaftliche Fortschritt. Gemäss Schott geht die Problematik der rein statischen Analyse jedoch über die Innovationsfunktion hinaus:

„Über das Problem der fehlenden Innovation hinaus verschliesst sich das Modell der vollkommenen Konkurrenz der Tatsache, dass Gesellschaft und Wirtschaft in einem steten Wandel begriffen sind. (…) Gerade die Fähigkeit zur raschen Anpassung an veränderte Umstände im Interesse der Wohlfahrtssteigerung zeichnet aber den dezentralen Koordinationsmechanismus des Wettbewerbs aus und stellt eine wichtige Wettbewerbsfunktion dar."[119]

In diesem Sinne kommen auch Bartling und Schmidt und Haucap zum Schluss, dass die neoklassische Wettbewerbskonzeption keine Erklärung für die evolutionäre Entwicklung der Wirtschaft liefern kann.[120]

Angesichts der deutlichen und mannigfaltigen Kritik ist es nicht weiter erstaunlich, dass die neoklassische Wettbewerbskonzeption heute vielfach als überholt angesehen wird.[121] Jedoch steht die Ablehnung des neoklassischen Ansatzes im Rahmen der Wettbewerbsforschung im Kontrast zur allgemeinen ökonomischen Forschung, wo die Neoklassik immer noch eine vorherrschende Stellung einnimmt. Dies führt zwangsläufig zu gewissen Spannungen zwischen der ökonomischen Wettbewerbsforschung und anderen Teilen der Ökonomik.[122]

---

[116] Stucke, Happiness, S. 2607.
[117] Siehe hierzu oben: *§ 2.B.II.1.i) Fairness in der Ökonomik.*
[118] Siehe hierzu oben: *§ 3.C.III. Innovationsfunktion.*
[119] Schott, Nr. 48.
[120] Schmidt/Haucap, S. 10; Bartling, S. 15 f.
[121] Schmidt/Haucap, S. 9; Olten, S. 50.
[122] In diesem Zusammenhang ist jedoch eine Relativierung angebracht: Mit dem zunehmenden Einfluss der „Chicago School" Mitte der 1970er Jahre, feierte auch der neoklassische Ansatz ein Revival. Siehe dazu unten: *§ 4.B.II.3. „Chicago School": effizienzorientierter Wettbewerb.*

2. „Harvard School": vom funktionsfähigen zum wirksamen Wettbewerb

i) Frühe „Harvard School": funktionsfähiger Wettbewerb

Die Kritik am realitätsfremden Konzept des vollkommenen Wettbewerbs führte ab den 1920er Jahren sukzessiv zu einer Modifikation der neoklassischen Wettbewerbskonzeption.[123] In den USA mündete die Entwicklung zu Beginn der 1940er Jahre in einer neuen Wettbewerbskonzeption: im als „Workable Competition"[124] bzw. „Harvard School" bezeichneten Ansatz.[125] Die Grundidee der „Harvard School" geht zurück auf den Aufsatz „*Toward a Concept of Workable Competition*"[126] von John M. Clark, den er 1940 publiziert hat. Clark gilt heute als Begründer der Konzeption des funktionsfähigen Wettbewerbs.

Im Rahmen des Aufsatzes hat der Autor jedoch (noch) keine vollkommen neue und eigenständige Wettbewerbskonzeption ausgearbeitet. Vielmehr geht er von der neoklassischen Wettbewerbskonzeption aus und legt dar, dass es nicht immer sinnvoll ist, allen Bedingungen des vollkommenen Wettbewerbs so weit wie möglich Rechnung zu tragen:

> „Where one condition of perfect competition is absent, the presence of others may lead to greater rather than less imperfection. (…) If there are, for example, five conditions, all of which are essential to perfect competition, and the first is lacking in a given case, then it no longer follows that we are necessarily better off for the presence of any one of the other four. In the absence of the first, it is a priori quite possible that the second and third may become positive detriments; and a workably satisfactory result may depend on achieving some degree of ‚imperfection' in these other two factors."[127]

Gemäss Schmidt und Haucap markiert Clarks Ansatz einen Wendepunkt in der wettbewerbspolitischen Beurteilung von Marktunvollkommenheiten: Wenn auf einem bestimmten Markt mehrere Unvollkommenheiten vorliegen, so kann in bestimmten Konstellationen das Hinzutreten eines weiteren Unvollkommenheitsfaktors den Wettbewerb funktionsfähiger machen.[128] Marktunvollkommenheiten sind damit nicht per se negativ zu sehen, sondern je nach Vollkommenheitsgrad eines Markts sogar wünschenswert. Clark spricht in diesem Zusammenhang von der sog. „remedial imperfection"[129] – zu deutsch: „Gegengiftthese" oder „Heilmittelkonzept".[130]

Die Grundidee dieses funktionsfähigen Wettbewerbs lässt sich wie folgt illustrieren: Ausgangspunkt bildet ein unvollkommener Markt, auf dem keine ato-

---

[123] Siehe hierzu m. w. V.: Heidrich, S. 76 f.
[124] Zu deutsch: funktionsfähiger Wettbewerb.
[125] Kerber, Wettbewerbspolitik, S. 378.
[126] *John M. Clark, Toward a Concept of Workable Competition.*
[127] Clark, Workable Competition, S. 241 f.
[128] Schmidt/Haucap, S. 12.
[129] Clark, Workable Competition, S. 249.
[130] Schmidt/Haucap, S. 12; Heidrich, S. 77.

mistische Marktstruktur, sondern ein Angebotsoligopol besteht.[131] Auf solch einem Markt kann nun die strikte Implementierung bestimmter neoklassischer Modellbedingungen kontraproduktiv sein; so etwa die Verwirklichung von vollkommener Markttransparenz. Durch die Erhöhung der Markttransparenz werden die wenigen Anbieter nämlich zu sog. Parallelverhalten verleitet. Die Anbieter sprechen die Preise also nicht direkt miteinander ab, sondern ahmen die Preisentwicklung der Konkurrenz nach. Diese Nachahmungen setzen aber voraus, dass man die Preise der Konkurrenz kennt. Dementsprechend kann es auf einem oligopolistischen Markt letztlich sinnvoller sein, die Markttransparenz zu reduzieren, da infolge der Ungewissheit über das Verhalten der Konkurrenten die Neigung zum Parallelverhalten abnimmt.[132]

Damit wird ersichtlich, dass das Konzept des funktionsfähigen Wettbewerbs im Vergleich zur neoklassischen Wettbewerbskonzeption näher an der Realität angelegt und pragmatischer ausgestaltet ist.[133] Dennoch: Clark orientiert sich weiterhin stark am neoklassischen Wettbewerbsansatz. Er bezeichnet seinen funktionsfähigen Wettbewerb als „second-best-solution" und macht damit deutlich, dass der ideale anzustrebende Zustand immer noch jener des vollkommenen Wettbewerbs sei – als „first-best-solution".[134] Sein Ansatz ist als einen „inferioren Ersatz"[135] zu verstehen.[136] Darüber hinaus bleibt auch die normative Grundlage unangetastet: Ob der Wettbewerb funktionsfähig ist oder nicht, richtet sich immer noch nach dem statischen Effizienzkriterium im Rahmen der traditionellen Wohlfahrtsökonomik.[137] Mit der Schaffung weiterer Unvollkommenheiten soll dem ökonomischen Wohlfahrtsmaximum weitestgehend Rechnung getragen werden. Zudem greift der Ansatz der „Harvard School" auf die neoklassische Unterscheidung zwischen Marktergebnissen, -strukturen und -verhalten zurück und baut diese weiter aus. So gelten die Vertreter die „Harvard School" als Begründer des sog. „Structure-Conduct-Performance"-Paradigma.[138] Im Gegensatz zum neoklassischen Ansatz hat die „Harvard School" aber ein offeneres Verständnis hinsichtlich des Zusammenspiels der drei Marktaspekte. In diesem Sinne auch Kerber:

---

[131] Ein Angebotsoligopol besteht, wenn nur einige wenige – aber nicht nur ein – Anbieter auf einem bestimmten Markt sind.

[132] Schmidt/Haucap, S. 13; Aberle, S. 30; für weitere Beispiele siehe: Clark, Workable Competition, S. 242 f.

[133] Aberle, S. 29.

[134] Künzler, S. 43.

[135] Schmidt/Haucap, S. 12.

[136] Oder wie es Künzler ausdrückt: „Die ‚workable competition' des frühen Clark versucht (…) zwar, das wettbewerbstheoretische Modell der Realität anzunähern, bleibt aber in seinem Ansatz als ‚second-best-solution' dem Richtmass der vollkommenen Konkurrenz und damit der statischen Denkweise verhaftet.", Künzler, S. 42.

[137] Siehe dazu etwa: Aberle, S. 29.

[138] Kerber, Wettbewerbspolitik, S. 378 f.

„Insofern impliziert das SVE-Paradigma [Struktur-Verhalten-Ergebnis-Paradigma, M. M.] eine dominierende Kausalrichtung von der Marktstruktur über das Marktverhalten auf die Marktergebnisse, auch wenn sowohl Rückwirkungen als auch die Bedeutung institutioneller Rahmenbedingungen und makroökonomischer Einflüsse anerkannt werden."[139]

Die Orientierung an der neoklassischen Konzeption soll aber nicht darüber hinwegtäuschen, dass Clark bereits im Aufsatz von 1940 erste Überlegungen hinsichtlich einer dynamischen Wettbewerbskonzeption angestellt hat. So weist er auf die Bedeutung langfristiger, dynamischer Wettbewerbswirkungen hin.[140] Bis Ende der 1950er Jahre setzt er sich aber nach wie vor für das Modell des vollkommenen Wettbewerbs ein – zumindest als ideales Richtmass.[141] Erst im Zuge seiner späteren, umfassenderen Konzeption des wirksamen Wettbewerbs löst sich Clark vollständig vom neoklassischen Modell.

ii) Späte „Harvard School": wirksamer Wettbewerb

Unter dem Einfluss der aufkommenden dynamischen Wettbewerbsansätze[142] modifiziert Clark Anfang der 1960er Jahre seine Wettbewerbskonzeption umfassend. Dabei bricht er vollständig mit der normativen Grundlage der Neoklassik und wendet sich dem wirtschaftlichen Fortschritt als anzustrebendes Ziel zu.[143] Die neue Zielausrichtung kombiniert er mit dem bewährten Ansatz der wünschenswerten Marktunvollkommenheiten. Die Grundlage seiner neuen Wettbewerbskonzeption bildet das 1961 erschienene Werk *„Competition as a Dynamic Process".*[144] Mit der neuen Bezeichnung „effective competition" – zu deutsch: wirksamer Wettbewerb – macht Clark deutlich, dass es sich um eine neue Wettbewerbskonzeption handelt, die sich vollständig von der neoklassischen Konzeption gelöst hat:

„I have become increasingly impressed that the kind of competition which we have, with all its defects – and these are serious – is better than the ‚pure and perfect' norm, because it makes for progress. Some departures from ‚pure and perfect' competition are not only inseparable from progress, but necessary to it. The theory of effective competition is a dynamic theory."[145]

Die Schaffung von Marktunvollkommenheiten ist nun nicht mehr als „second-best solution" aufzufassen, vielmehr stellen die Marktunvollkommenheiten einen integralen und konstitutiven Bestandteil seiner dynamischen

---

[139] Kerber, Wettbewerbspolitik, S. 378; für die Erklärung dieser Kausalbeziehungen wird in der Regel auf die Erkenntnisse der Industrieökonomik zurückgegriffen.
[140] Clark, Workable Competition, S. 246 ff. und S. 249 ff.; Schuhmacher, S. 38.
[141] Clark, Workable Competition, S. 241.
[142] Schmidt/Haucap, S. 13; Olten, S. 65.
[143] Zum Zielmodell siehe eingehender unten: *§ 4.B.II.2.iv) Normative Grundlagen.*
[144] *John M. Clark, Competition as a Dynamic Process.*
[145] Clark, Dynamic Process, S. ix.

Wettbewerbskonzeption dar. Dabei ist Clark massgeblich von Schumpeters Wettbewerbsverständnis beeinflusst und sieht den dynamischen Wettbewerbsprozess als eine Folge nie abgeschlossener Vorstoss- und Verfolgungsphasen:[146]

„A proper understanding of the processes of competition in industry and trade requires a recognition of the different and complementary roles of aggressive and defensive actions. (…) Overlapping this, but not coextensive with it, is the distinction between moves of an initiatory character (…) and responses precipitated by specific moves of a rival (…).“[147]

Erklärungsgegenstand der Konzeption ist demnach der Charakter des Vorstosses („move"), Art und Timing der Verfolgung („response") sowie die Unsicherheit und Effizienz dieser Phasen.[148]

Vor diesem Hintergrund ist es die Aufgabe der Wettbewerbsforschung herauszufinden, welche Marktunvollkommenheiten mit Blick auf den wirtschaftlichen Fortschritt wünschenswert sind und welche nicht. Clark selbst beschreibt die wünschenswerte Marktstruktur aber nur schematisch: Eine günstige Marktstruktur besteht, wenn viele Unternehmen vorhanden sind, die einerseits klein genug sind, damit sie Anreize für wettbewerbliches Verhalten haben, andererseits wirtschaftlich stark genug sind, damit sie Wettbewerbsdruck ausüben können.[149]

Ein differenzierterer Ansatz zur Unterscheidung zwischen wünschenswerten und nicht wünschenswerten Marktunvollkommenheiten wurde vom deutschen Ökonom Erhard Kantzenbach ausgearbeitet. Sein Ansatz der „optimalen Wettbewerbsintensität" beeinflusste insbesondere die deutsche Wettbewerbspolitik nachhaltig.

iii) Späte „Harvard School": optimale Wettbewerbsintensität

In Kantzenbachs Wettbewerbsansatz nimmt der Begriff „Wettbewerbsintensität" eine zentrale Stellung ein. Dieser drückt die Dynamik des Wettbewerbsprozesses aus und lässt sich als „die Geschwindigkeit mit der die Vorsprungsgewinne, die der technische Fortschritt den Unternehmern einbringt, von der Konkurrenz wieder weggefressen werden"[150] umschreiben. Ganz allgemein wird eine hohe Wettbewerbsintensität, im Sinne einer hohen „Wegfressgeschwindigkeit", als erstrebenswert angesehen.[151] Dabei ist die Wettbewerbsintensität optimal, wenn die Reaktion der Konkurrenz so lange auf sich warten lässt, dass Pionier-

---

[146] Schmidt/Haucap, S. 14.
[147] Clark, Dynamic Process, S. 14.
[148] Heidrich, S. 78.
[149] Clark, Dynamic Process, S. 473 ff.; Schuhmacher, S. 41.
[150] Kantzenbach, S. 39; Aberle, S. 34.
[151] Damit wird ersichtlich, dass ein wesentlicher Faktor für diesen Anpassungsprozess die Existenzgefährdung der passiven Unternehmen ist. Siehe dazu: Eickhof, S. 3.

unternehmen spürbare Marktanteilsgewinne realisieren können, aber so schnell erfolgt, dass die Vorsprungsgewinne auch wieder abgebaut werden.[152]

Ferner unterscheidet Kantzenbach zwischen potenzieller und effektiver Wettbewerbsintensität.[153] Diese sind auseinanderzuhalten, da ein Anstieg der potenziellen Wettbewerbsintensität nicht zwangsläufig auch ein Anstieg der effektiven Wettbewerbsintensität nach sich zieht. Je nach Marktstruktur kann ein Anstieg der potenziellen Wettbewerbsintensität zu ruinösen Machtkämpfen oder kooperativen Marktabsprachen führen, was mittelfristig die effektive Wettbewerbsintensität senken würde.[154] Gemäss Kantzenbach ist daher die effektive Wettbewerbsintensität massgebend.

Im Gegensatz zu anderen sog. „Workability"-Ansätzen kommt Kantzenbachs Ansatz mit relativ wenigen Variablen aus.[155] Die optimale Wettbewerbsintensität konstituiert sich im Wesentlichen über zwei Elemente der Marktstruktur: *(1)* die Zahl der Marktteilnehmer und *(2)* der Grad der Marktunvollkommenheiten.[156] Seine Wettbewerbsintensitätsfunktion lässt sich demnach wie folgt umschreiben:

r = r(n,d)

Die Variable r steht dabei für „degree of independent rivalry", n für „numbers of competitors" und d für „degree of market imperfections". Letztere Variable bemisst sich wiederum nach zwei Faktoren: (2a) der Produktheterogenität und (2b) der Markttransparenz. Die Funktion kann demnach folgendermassen präzisiert werden:

r = r(n,d(h,t))

Die Variable h steht für „product heterogenity" und t für „market transparency".
Ausgehend von dieser Funktion unterscheidet Kantzenbach zwischen drei verschiedenen Marktstrukturen:[157]

– *Polypol*[158] *mit Produkthomogenität und vollkommener Markttransparenz:*
Gemäss Kantzenbach ist die Wettbewerbsintensität bei einer neoklassischen

---

[152] Olten, S. 90.

[153] Kantzenbach, S. 45; Schmidt/Haucap, S. 15 f.

[154] Kantzenbach, S. 44 f.; Olten, S. 92.

[155] Insbesondere Almarinder Philips entwickelte einen mit Kantzenbach vergleichbaren „Workability"-Ansatz, stützte sich dabei aber auf ein deutlich komplexeres System mit einer Vielzahl von Variablen. Siehe dazu: Aberle, S. 35.

[156] Kantzenbach, S. 43 und S. 46; mit dem zweiten Element (Grad der Marktunvollkommenheiten) will Kantzenbach die Nachfragebeweglichkeit (die Bereitschaft der Nachfrager Konkurrenzprodukte zu kaufen) erfassen.

[157] Kantzenbach, S. 43 ff.

[158] Das Polypol zeichnet sich durch eine atomistische Marktstruktur aus: Es befinden sich eine grosse Zahl von Anbietern und Nachfragern auf dem entsprechenden Markt.

Marktstruktur unteroptimal.[159] Insbesondere verunmöglichen die mangelnden Selbstfinanzierungsmöglichkeiten und die geringen Unternehmensgrössen Investitionen, die im Hinblick auf strukturelle Anpassungen und technischen Fortschritt notwendig sind.[160] Oder anders formuliert: Unternehmen in einem Polypol haben nicht die Kapazität, Vorstossphasen auszulösen. Als Folge herrscht ein sog. „ruinöser Wettbewerb"[161] bzw. eine „Schlafmützenkonkurrenz"[162].

– *„Enges" Oligopol*[163] *mit weitgehender Produktheterogenität und geringer Markttransparenz*: Diese Marktstruktur fördert die maximale potenzielle Wettbewerbsintensität. Sie ist jedoch wirtschaftspolitisch unerwünscht, da sie nicht zu einem wirtschaftlichen Leistungskampf, sondern zu einem wirtschaftlichen Machtkampf oder solidarischem Parallelverhalten zwischen den Marktakteuren führt.[164] Die Wettbewerbsintensität ist damit langfristig überoptimal.[165]

– *„Weites" Oligopol*[166] *mit mässiger Produktheterogenität und begrenzter Markttransparenz:* Bei dieser Marktstruktur ist die effektive Wettbewerbsintensität optimal.[167] Hier sind Gewinnchancen, Existenzrisiken und Finanzierungsmöglichkeiten besonders günstig kombiniert.[168]

Kantzenbachs Wettbewerbsansatz lässt sich damit wie folgt zusammenfassen: Der wirtschaftliche Fortschritt wird über die optimale Wegfressgeschwindigkeit der Vorsprungsgewinne gefördert. Diese optimale Geschwindigkeit stellt sich ein, wenn die Marktstruktur ein weites Oligopol mit mässiger Produktheterogenität und begrenzter Markttransparenz aufweist.

Es stellt sich jedoch die Frage, was im Rahmen der späten „Harvard School" genau unter wirtschaftlichem Fortschritt zu verstehen ist. Dies leitet über zu den normativen Grundlagen der „Harvard School".

iv) Normative Grundlagen

Bezüglich der Wettbewerbsziele machen die drei präsentierten Wettbewerbsansätze zuweilen abweichende Vorgaben.

---

[159] Kantzenbach, S. 145.

[160] Schmidt/Haucap, S. 16.

[161] Die Verwendung des Begriffs „ruinöser Wettbewerb" ist nicht ganz unproblematisch, da in der Lehre keine einheitliche Definition besteht. Siehe dazu bereits: Tolksdorf, S. 29 ff. und S. 36 f.

[162] Lutz, S. 32.

[163] Ein enges Oligopol weist sehr wenige Anbieter (ca. 2–5 Anbieter) auf.

[164] Kantzenbach, S. 45 f.; Olten, S. 93.

[165] Kantzenbach, S. 139.

[166] Ein weites Oligopol weist wenige Anbieter (ca. 5–10 Anbieter) auf.

[167] Kantzenbach, S. 138.

[168] Schmidt/Haucap, S. 16.

– *Funktionsfähiger Wettbewerb*

Der funktionsfähige Wettbewerb orientiert sich an der traditionellen neoklassischen Zielausrichtung. Wettbewerb soll die statische Effizienz im
Sinne der Konsumenten- und Produzentenrente erhöhen. Im Gegensatz zum
neoklassischen Ansatz, nähert man sich beim funktionsfähigen Wettbewerb
jedoch über unvollkommene Marktstrukturen dem paretooptimalen Zustand
an. Ausserhalb der traditionellen neoklassischen Ökonomik liegende Ziele –
wie etwa Innovation oder allgemeiner wirtschaftlicher Fortschritt – werden
nicht berücksichtigt.

– *Wirksamer Wettbewerb*

Im Rahmen des wirksamen Wettbewerbs bricht Clark mit der neoklassischen
Zielvorstellung. Für die normative Grundausrichtung ist stattdessen von folgender Frage auszugehen:

> „What do we want competition to do for us? (…) to start by asking ourselves di-
> rectly what we want of competition (…) and what the necessary conditions and con-
> sequences are."[169]

Clark sieht es als normative Frage an, welche Ziele an den Wettbewerb he-
ranzutragen sind. Dementsprechend können auch dynamische oder ausserökonomische Ziele berücksichtigt werden.[170] Diese Ziel- bzw. Wettbewerbsvorstellung widerspiegelt ganz deutlich das instrumentelle Verständnis der
effektbasierten Wettbewerbskonzeptionen: Die Ziele umschreiben, was der
Wettbewerb als dynamisches Konzept leisten soll.[171] In diesem Sinne ist
auch Heidrich zu verstehen, wenn er sagt, dass Clark den Wettbewerb als
einen „nach Bedarf einsetzbaren Mechanismus ansieht".[172]

Wie schon bei der Formulierung der wünschenswerten Marktstrukturen
bleibt Clark aber auch bei den Wettbewerbszielen relativ vage. Er unterscheidet in loser Zusammenstellung zwischen ganz verschiedenen Zielen:
dynamische Allokation, Produktionseffizienz und Eliminierung ineffizien-
ter Verfahren sowie Akteure, Produktdifferenzierung, Sozialisierung der
Fortschrittsgewinne, hohe und stabile Beschäftigung sowie wirtschaftliche
Handlungsfreiheit (auch als Ziel in sich selbst). Schliesslich soll der Wett-

---

[169] Clark, Dynamic Process, S. 63.

[170] In diesem Sinne ist auch Kerber zu verstehen, wenn er den wirksamen Wettbewerb
mit einem sog. „multi-goal-approach" gleichsetzt. Siehe hierzu: Kerber, Wettbewerbspolitik,
S. 380.

[171] Schuhmacher, S. 41.

[172] Heidrich, S. 80; und weiter führt der Autor aus: „Dies wird besonders deutlich an der
von ihm aufgestellten Ausgangsfrage: Was soll Wettbewerb für uns tun und welche Bedingungen müsse dafür vorliegen? Clark gibt dadurch zu erkennen, (…) dass Wettbewerb für ihn ein
‚künstlicher‘, mehr oder weniger beliebig gestaltbarer Gegenstand ist. Die konkrete Art und
Weise der Gestaltung hängt massgeblich davon ab, welches Ziel erreicht werden soll". Heidrich, S. 80 f.

bewerb als Entmachtungsinstrument wirken und die Konsumentensouveränität sicherstellen.[173] Clark hält die dynamischen Wettbewerbswirkungen jedoch für bedeutsamer als die statischen:

„To sum up the conclusion of this survey of the benefits we want from competition, they include forces of dynamic progress (…). The benefits of competition also include equilibrating effects (…). Where the two kinds of gain conflict, those of a continuing progressive character outweigh gains that might be initially larger but not progressive."[174]

Diese Vorrangstellung der dynamischen Wirkungen findet sich auch bei Kantzenbachs Ansatz der optimalen Wettbewerbsintensität – da jedoch in akzentuierter Form.

– *Optimale Wettbewerbsintensität*
Kantzenbach unterscheidet zwischen statischen und dynamischen Wettbewerbszielen bzw. -funktionen: Die statischen Funktionen entsprechen der dargestellten Allokations- und Verteilungsfunktion. Die dynamischen Funktionen sind mit der Innovationsfunktion gleichzusetzen.[175] Die Freiheitsfunktion wird von Kantzenbach dahingegen nicht adressiert. Darüber hinaus klammert Kantzenbach auch ausserökonomische Aspekte aus:

„Wegen der mangelnden Zwangsläufigkeit ihrer gesellschaftspolitischen Auswirkungen und der Schwierigkeit, diese vorher abzuschätzen, halte ich persönlich eine ausschliesslich wirtschaftspolitische Orientierung der Wettbewerbspolitik für gerechtfertigt."[176]

Jedoch verneint er nicht per se die Existenz ausserökonomischer Wettbewerbsfunktionen, sondern überlässt es „dem Leser", die ökonomischen Ergebnisse „durch die zusätzliche Berücksichtigung von ausserökonomischen Zielen zu relativieren".[177] Die Abweichungen vom ökonomischen Idealzustand sind als soziale Kosten zu verstehen, die für die Durchsetzung der ausserökonomischen Ziele aufgewendet werden.[178]

Um mögliche Zielkonflikte zu umgehen, spricht sich Kantzenbach allen voran für die Verwirklichung der Innovationsfunktion aus.[179] Er anerkennt

---

[173] Clark, Dynamic Process, S. 66 ff.; Heidrich, S. 79; siehe dazu auch: Kerber, Wettbewerbspolitik, S. 380; Schuhmacher, S. 40 f.

[174] Clark, Dynamic Process, S. 88.

[175] Kantzenbach, S. 16 ff.; Kantzenbach verwendet andere Begriffe für die Umschreibung der Wettbewerbsfunktionen. Zu den statischen Funktionen gehören nach Kantzenbach die Einkommensverteilung, die Angebotszusammensetzung sowie die Produktionssteuerung. Zu den dynamischen Funktionen gehören die Anpassungsflexibilität und der technische Fortschritt. Diese Begriffe sind inhaltlich aber mit den in dieser Studie verwendeten Begriffe deckungsgleich. Siehe hierzu oben: *§ 3.C. Traditionelle Wettbewerbsfunktionen.*

[176] Kantzenbach, S. 14.

[177] Kantzenbach, S. 14.

[178] Kantzenbach, S. 14.

[179] Kantzenbach, S. 148.

zwar, dass der Wettbewerb auch statische Funktionen hat, misst diesen aber nur eine untergeordnete Bedeutung zu. Diese sind vernachlässigbar, weil im Zuge der Förderung der dynamischen Wettbewerbsfunktionen die statischen Funktionen, quasi als positive Nebenwirkung, ebenfalls gefördert werden:

„Ein ständiger Strom technischer Verbesserungen und eine hohe Anpassungsflexibilität der Wirtschaft vermögen in erheblichem Umfang die nachteiligen Wirkungen unteroptimaler Faktorallokation, Angebotszusammensetzung und Einkommensverteilung auf den allgemeinen Wohlstand zu kompensieren. Darüber hinaus garantiert eine hohe dynamische Funktionsfähigkeit des Wettbewerbs gleichzeitig auch eine beschränkte Erfüllung der statischen Funktion, eine Beziehung, die in diesem Ausmass umgekehrt nicht gilt."[180]

Die Unterschiede zwischen der normativen Grundlage des wirksamen Wettbewerbs und der optimalen Wettbewerbsintensität sollten nicht überbewertet werden: Die Differenzen im Rahmen der späten „Harvard School" sind mehr von gradueller als grundsätzlicher Natur. So anerkennen beide Ansätze, dass der Wettbewerb verschiedenen Zielen bzw. Funktionen zu genügen hat. Während sich Kantzenbach für ein ökonomisch fokussiertes Zielbündel ausspricht, das primär über die dynamische Effizienz verwirklicht wird, tritt Clark für ein breiteres Zielbündel ein, das sich aus dem gesellschaftlichen Konsens ergibt.

v) Aufgabe der Wettbewerbspolitik

Ganz allgemein hat die Wettbewerbspolitik bei der „Harvard School" die Aufgabe, wünschenswerte Marktunvollkommenheiten zu verwirklichen. Dabei bildet das Struktur-Verhalten-Ergebnis-Paradigma die gemeinsame Klammer: Alle Wettbewerbskonzeptionen der „Harvard School" – einschliesslich der Konzeption des funktionsfähigen Wettbewerbs – postulieren eine marktstrukturorientierte Wettbewerbspolitik.[181] Die Strukturen beeinflussen das Verhalten, was schliesslich die wie auch immer definierten Ergebnisse gewährleistet.

Jedoch hat die Wettbewerbspolitik, je nach Zielvorgabe der einzelnen Ansätze, andere Aufgaben. Im Rahmen der späten „Harvard School" findet sich der wohl pointierteste als auch praktikabelste Aufgabenkatalog bei Kantzenbach. Im Gegensatz zu Clark, der bezüglich der Aufgaben der Wettbewerbspolitik relativ allgemein blieb, formulierte Kantzenbach ganz konkrete wettbewerbspolitische Aufgaben:[182]

– *Umwandlung von polypolistisch strukturierten Märkten in weite Oligopole* (mittels Kooperationsabsprachen und Fusionen).

---

[180] Kantzenbach, S. 133 f.
[181] Kerber, Wettbewerbspolitik, S. 380.
[182] Kantzenbach, S. 134 ff.: Schmidt/Haucap, S. 16.

- *Verhinderung der Umwandlung von weiten Oligopolen zu engen Oligopolen und Monopolen* (mittels Fusionskontrollen).
- *Umwandlung enger Oligopole und Monopole in weite Oligopole* (mittels Unternehmensentflechtungen oder – da Entflechtungsregelungen politisch kaum mehrheitsfähig sind – Verhaltenskontrolle bei unveränderter Marktstruktur).

Oder in pointierter Form bei Aberle:

„Die Wettbewerbspolitik soll, um die optimale Wettbewerbsintensität zu sichern, über- und unteroptimale Wettbewerbsstrukturen beeinflussen und möglichst Marktformen des weiten Oligopols fördern."[183]

In Deutschland wurde Kantzenbachs Ansatz vom Gesetzgeber insbesondere bei der Novellierung des Kartellgesetzes von 1973 aufgegriffen:[184] Im Gesetz gegen Wettbewerbsbeschränkungen (GWB) wurden die vorbeugende Fusionskontrolle, die Missbrauchskontrolle für marktbeherrschende Unternehmen sowie die Kooperationserleichterung für Klein- und Mittelbetriebe eingeführt bzw. konkretisiert.[185] Aber auch in den USA etablierte sich in den 1960er Jahren eine aktive und restriktive Wettbewerbspolitik, die stark von der „Harvard School" geprägt war.[186]

vi) Kritik

Die nachfolgende Kritik bezieht sich teilweise auf die gesamte „Harvard School", teilweise aber auch nur auf einzelne Wettbewerbsansätze. Daher wird bei jedem Kritikpunkt einleitend erwähnt, worauf sich die Kritik bezieht.

- *Struktur-Verhaltens-Ergebnis-Paradigma*
  Dieser erste Kritikpunkt bezieht sich auf die gesamte „Harvard School". Das von der „Harvard School" entwickelte Struktur-Verhaltens-Ergebnis-Paradigma wird kritisiert, da es die realen Wettbewerbsprozesse nur unzureichend fassen kann. Konkret wird vorgebracht, dass im Rahmen der Wettbewerbsprozesse Veränderungen nicht nur von den Marktstrukturen ausgehen; vielmehr bestehen auch Rückkopplungseffekte.[187] Ausgehend von dieser Kritik sehen verschiedene Autoren die Wettbewerbsansätze der „Harvard School" lediglich als Marktstrukturansätze, die den Wettbewerbsprozess ausschliesslich als Funktion der Marktform begreifen.[188] Dass dies auch anders sein kann, illustriert Bartling anhand verschiedener Beispiele:

---

[183] Aberle, S. 36.
[184] Olten, S. 93.
[185] Eickhof, S. 52 ff.; Olten, S. 93.
[186] Siehe hierzu unten: § 7.A.III.1. Entwicklung.
[187] Olten, S. 94.
[188] Schmidt/Haucap, S. 17; Bartling, S. 26.

„So tritt vom Marktverhalten eine Rückwirkung auf die Marktstruktur ein, z. B. wenn sich durch Fusionen von Wirtschaftseinheiten oder durch Kartellabsprachen zwischen Wettbewerbern oder durch eine Verdrängung von Konkurrenten durch Kampfpraktiken die Zahl der rivalisierenden Marktteilnehmer ändert. Ähnlich offensichtlich ist, dass Marktergebnisse von unmittelbarem Einfluss für das Marktverhalten sind, z. B. wenn durch hohe Gewinne die Wettbewerbsneigung sinkt, weil ein ruhiges Leben den Vorrang erhält, oder wenn durch Verluste von Marktanteilen Unternehmer zu erhöhter Wettbewerbsaggressivität angestachelt werden."[189]

Die Wettbewerbsprozesse sind damit zu komplex und vielschichtig, um sie in das Korsett des Struktur-Verhaltens-Ergebnis-Paradigma zwängen zu können.[190]

– *Wettbewerbsfreiheit*
Dieser Kritikpunkt bezieht sich auf die gesamte „Harvard School" – insbesondere aber auf Kantzenbachs Ansatz der optimalen Wettbewerbsintensität. Von Anhängern des systemischen Wettbewerbsverständnis wird die „Harvard School" kritisiert, da diese die Funktion der Wettbewerbsfreiheit marginalisiert bzw. ausklammert. Vordergründig geht es dabei um die Kritik, dass die Wettbewerbsansätze der „Harvard School" eine unvollständige Zielstruktur aufweisen; neben wünschenswerten ökonomischen Marktergebnissen hat die Wettbewerbspolitik nämlich auch der Wettbewerbsfreiheit Rechnung zu tragen. Die Problematik reicht jedoch tiefer, als es auf den ersten Blick scheinen mag: Es wird nämlich nicht nur die Marginalisierung einer bestimmten Wettbewerbsfunktion kritisiert, sondern vielmehr das effektbasierte Wettbewerbsverständnis der „Harvard School" an sich. Eine aristophanische Zusammenstellung der diesbezüglichen Kritik findet sich bei Heidrich: Wettbewerb wird im Rahmen der effektbasierten Ansätze lediglich „als ‚apparatives Zweckgefüge' und ‚staatliche Veranstaltung', als ‚Werkzeug der Politikmaschinerie', kurz: als ‚Pferderennen'" aufgefasst.[191] Dieser fundamentale Konflikt zwischen effektbasiertem und systemischem Wettbewerbsverständnis spitzte sich insbesondere im Rahmen der sog. „Hoppmann-Kantzenbach-Kontroverse" zu. Dabei ging es im Wesentlichen um die Frage, ob Wettbewerb mehr Ziel- oder Mittelcharakter zu attestieren ist.[192]

– *Gewählte Parameter*
Dieser Kritikpunkt bezieht sich in erster Linie auf die späte „Harvard School". Wie dargelegt, wurden für die Messung der Wirksamkeit des Wett-

---

[189] Bartling, S. 26.
[190] Bartling, S. 25; siehe hierzu ferner unten: *§ 4.B.III.1.i) Hayeks Ordnungs- und Regelverständnis.*
[191] Heidrich, S. 73.
[192] Siehe hierzu unten: *§ 4.B.III.1.v) Exkurs: Hoppmann-Kantzenbach-Kontroverse.*

bewerbs unterschiedliche Ansätze ausgearbeitet.[193] Kantzenbachs Ansatz sticht dabei heraus, weil dieser lediglich auf zwei Parameter zurückgreift – Anzahl Marktteilnehmer und Grad der Marktunvollkommenheiten –, aber dennoch allgemeine Gültigkeit beansprucht.[194]

Diesbezüglich wendet Kaufer ein, dass mehr analytischer Aufwand zur Bestimmung der optimalen Wettbewerbsintensität von Nöten ist als die blosse Zählung der Marktteilnehmer und die Abschätzung der Produktheterogenität sowie der Markttransparenz.[195] Mit Kantzenbachs Ansatz gehe vielmehr eine problematische Reduktion der Marktstrukturen einher, die zu verkappten Schlussfolgerungen führe. Insbesondere vernachlässige Kantzenbach substanzielle Faktoren wie etwa Höhe der Markteintrittsschranken, den Unternehmenstypus oder die Marktphase.[196] Letztlich kann diese reduktionistische Betrachtungsweise zu implausiblen Aussagen führen; etwa, dass der Eintritt eines neuen Anbieters in ein weites Oligopol zur Verringerung der Wettbewerbsintensität führt.[197]

Andere „Workablility"-Ansätze versuchen dieser Kritik Rechnung zu tragen, indem sie zusätzliche Parameter einbeziehen.[198] Diese Ansätze sind zwar realitätsnäher, haben aber einen anderen signifikanten Nachteil: Sie sind weniger praxistauglich. So rechnete Bartling vor, dass sich bei sieben Marktstrukturmerkmalen, die mit jeweils nur drei allgemeinen Untergruppen (klein, mittel und gross) kombiniert werden, bereits 116'280 verschiedene Möglichkeiten der Marktstrukturgestaltung ergeben.[199] Je mehr Parameter eingeführt werden, desto schwieriger ist es zudem, die Kausalbeziehung zwischen den einzelnen Parametern nachzuweisen. Vorhersagen sind damit fast unmöglich.

In diesem Sinne geht dieser dritte Kritikpunkt mit dem ersten einher: Die Markt- und Wettbewerbsprozesse sind zu komplex, als dass die Zahl der Beurteilungskriterien abschliessend begrenzt noch zu einer sinnvollen Kombination zusammengestellt werden können.[200]

– *Optimalwettbewerb und Interventionismus*
Dieser Kritikpunkt bezieht sich primär auf Kantzenbachs Wettbewerbsansatz der optimalen Wettbewerbsintensität.

---

[193] Siehe hierzu oben: *§ 4.B.II.2.iii) Späte „Harvard School": optimale Wettbewerbsintensität.*
[194] Olten, S. 94.
[195] Siehe hierzu: Kaufer, S. 242 f.
[196] Schmidt/Haucap, S. 17; Olten, S. 94; Aberle, S. 36; Bartling spricht in diesem Zusammenhang von der „unzureichende(n) Erfassung der Wettbewerbsdeterminationen", Bartling, S. 36.
[197] Bartling, S. 36.
[198] Siehe dazu: Aberle, S. 35.
[199] Bartling, S. 23.
[200] Olten, S. 87.

Wie dargelegt, hat die Wettbewerbspolitik bei Kantzenbach die Aufgabe, einen bestimmten Optimalwettbewerb zu verwirklichen.[201] Bei Abweichung von diesem Optimalwettbewerb hat die Wettbewerbspolitik einzugreifen; insofern sind unter- als auch überoptimale Wettbewerbsintensität mit gleicher Konsequenz zu bekämpfen.[202] In der Realität zeichnen sich jedoch fast alle Märkte durch unter- bzw. überoptimale Wettbewerbsintensität aus. Folglich müssten die Wettbewerbsbehörden ununterbrochen in den Markt eingreifen, um die optimale Wettbewerbsintensität herzustellen bzw. aufrechtzuerhalten. Gemäss Bartling wäre damit ein kritischer Interventionsgrad überschritten und der Wettbewerb würde durch die staatlichen Eingriffe mehr gehemmt als gefördert.[203] Ferner leisten aber auch Begriffe wie „enges/weites" Oligopol, „weitgehende/mässige" Produktheterogenität sowie „geringe/begrenzte" Markttransparenz einer interventionistischen Wettbewerbspolitik Vorschub. Denn mit solchen Begriffen werden den Wettbewerbsbehörden diskretionäre Handlungsspielräume zugebilligt. Vor diesem Hintergrund warnt Aberle vor einer „undifferenzierten Oligopolisierungsstrategie"[204], welche die Rechtssicherheit und damit die langfristige Unternehmensplanung gefährdet.

Neben der dargelegten Kritik erfuhr die „Harvard School" Mitte der 1970er Jahre darüber hinaus auch Kritik von der aufkommenden effizienzorientierten Wettbewerbskonzeption der „Chicago School".

3. „Chicago School": effizienzorientierter Wettbewerb

i) Allgemeines

Unter der sog. „Chicago School" versteht man eine effizienzorientierte Wettbewerbskonzeption, die ab Mitte der 1970er Jahre von Ökonomen und Juristen in den USA ausgearbeitet wurde. Zu den prominenteren Vertretern der „Chicago School" zählen Robert Bork, George Stigler, Frank Easterbrook und Richard A. Posner.[205]

Die „Chicago School" hatte ab den späten 1970er Jahren massgeblichen Einfluss auf die US-amerikanische Wettbewerbspolitik und gilt heute noch als die vorherrschende Wettbewerbskonzeption in den USA. Aber wie Heinemann feststellt, wurde nicht nur die US-amerikanische Wettbewerbspolitik von diesem Ansatz geprägt, sondern „[t]here is hardly a jurisdiction in the world which

---

[201] Siehe hierzu oben: *§ 4.B.II.2.iii) Späte „Harvard School": optimale Wettbewerbsintensität*.

[202] Bartling, S. 40.

[203] Bartling, S. 40.

[204] Aberle, S. 37.

[205] Massgebenden Einfluss hatten aber auch Harold Demsetz, Aaron Director sowie Milton Friedman.

has not been affected by the Chicago revolution".[206] So wurde namentlich die Wettbewerbspolitik der EU sowie jene der einzelnen Mitgliedstaaten massgeblich von der Doktrin der „Chicago School" beeinflusst.[207] Trotz der Strahlkraft wird im akademischen Umfeld das wettbewerbspolitische Programm der „Chicago School" bis heute kontrovers diskutiert. Einerseits rührt die Kontroverse daher, dass kein konsolidiertes wettbewerbspolitisches Programm der „Chicago School" besteht – so vertraten bereits deren Begründer graduell unterschiedliche Ansätze.[208] Andererseits ist die Kontroverse der US-amerikanischen Wissenschaftstradition geschuldet: Inhalte werden zuweilen essayistischer formuliert oder radikaler vertreten als etwa in Kontinentaleuropa.

ii) Kernelemente

Das Programm der „Chicago School" lässt sich wie folgt zusammenfassen: Rückbesinnung auf die neoklassische Wettbewerbskonzeption und die damit einhergehende Ablehnung der Wettbewerbskonzeptionen der späten „Harvard School".

Die Ablehnung der späten „Harvard School" gründet im Kern auf deren unzureichenden theoretischen Fundierung: Gemäss den Vertretern der „Chicago School" mangelt es den Wettbewerbsansätzen der späten „Harvard School" an analytischer und methodischer Klarheit, was im Ergebnis zu einer unklaren, widersprüchlichen oder zumindest nicht praktikablen Wettbewerbspolitik führt.[209] In diesem Sinne ist auch Stigler zu verstehen, wenn er sagt, dass die methodische Grundlage der „Harvard School", „has been so nontheoretical, or even antitheoretical, that few economic theorists were attracted to it".[210]

---

[206] Heinemann, More Realistic Approach, S. 212; Leslie begründet dies wie folgt: „It is hardly surprising that courts rely on the simple version of economic theory espoused by the Chicago School. Such theory has the primary virtue of being just that: simple. It is easy to understand and easy to apply.", Leslie, Response, S. 57.

[207] Siehe hierzu unten: *§ 5.B.II. „More Economic Approach".*

[208] Während beispielsweise Bork eine radikale Position vertritt, kann Posner als vergleichsweise gemässigter Vertreter der effizienzorientierten Wettbewerbskonzeption gesehen werden.

[209] Kerber, Wettbewerbspolitik, S. 381; in diesem Sinne ist auch der Titel von Borks Opus Magnum („The Antitrust Paradox") zu verstehen: Während das Wettbewerbsrecht ursprünglich zur Förderung des Wettbewerbs beitragen sollte, kam es unter dem Einfluss der „Harvard School" zu einer Hemmung der Wettbewerbsprozesse.

[210] Stigler, Organization of Industry, S. 1; oder auch: Posner, Chicago School, S. 933 f.; damit einher geht die Kritik am Struktur-Verhaltens-Ergebnis-Paradigma. Jedoch ist in diesem Zusammenhang eine Präzisierung angebracht: Die Anhänger der „Chicago School" kritisieren zwar den strukturellen Determinismus der „Harvard School", dennoch verbleibt ihr eigener Ansatz in den Kategorien Marktstruktur, -verhalten, -ergebnis. In diesem Sinne Heidrich: „Im Ergebnis unterfällt die Chicago School somit aufgrund ihres methodologischen Ansatzes dem mechanistisch-konstruktivistischen Paradigma, das nach der Verwirklichung bestimmter Marktergebnisse oder Marktstrukturen trachtet", Heidrich, S. 88.

Dieser Mangel soll mit einer Rückbesinnung auf die neoklassische Wettbewerbskonzeption behoben werden: Nur basierend auf den neoklassischen Modellannahmen könne eine methodisch und analytisch ausgereifte Wettbewerbskonzeption entstehen. In diesem Sinne Bork:

„To read antitrust literature or to participate in the numerous conferences convened to discuss policy is to become convinced that antitrust is less a discipline than a buzzing confusion of unrelated opinion. Even agreement on conclusions is usually superficial, papering over fundamental disagreement about reasons. One cause of this eminently unsatisfactory state of affairs lies in a failure to focus and settle the question of the form of reasoning, or argument, proper to the subject matter. The mode of correct antitrust analysis is determined by the strengths and weaknesses of price theory. Once these are understood and respected, we should achieve greater agreement on substantive issues."[211]

Das theoretische Fundament der effizienzorientieren Wettbewerbskonzeptionen bildet das neoklassische Modell – andere Ansätze werden explizit oder implizit abgelehnt.[212] Im Ergebnis findet damit eine Angleichung der Wettbewerbsforschung an die traditionelle neoklassische Forschung statt.[213]

Jedoch wird von den Anhängern der „Chicago School" nicht eine strikte Rückkehr zur neoklassischen Wettbewerbskonzeption gefordert. Einerseits wird das neoklassische Grundmodell nämlich nicht mehr als Abbildung realer Märkte verstanden, sondern als theoretisches Ausgangsmodell.[214] Der Wert des neoklassischen Modells liegt, so die Vertreter der „Chicago School", also nicht in dessen Realitätsnähe, sondern darin, Marktergebnisse relativ zuverlässig vorhersagen zu können.[215] Dies verdeutlicht auch die in der „Chicago School" verwendete „as if"-Formulierung;[216] Unternehmer würden sich so verhalten, als ob sie profitmaximierend unter Kenntnis aller relevanten Tatsachen handeln:

„The validity of its tenets depends upon their success in predicting behavior, and the basic tenet of price theory, as Milton Friedman points out, states that businessmen gen-

---

[211] Bork, S. 116; in diesem Sinne auch Posner: „Yet it is still fair to ask why the application of price theory to antitrust should have been a novelty. The answer, I believe, is that in the 1950's and early 1960's industrial organization, the field of economics that studies monopoly questions, tended to be untheoretical, descriptive, ‚institutional', and even metaphorical. Casual observation of business behavior, colorful characterizations (such as the term ‚barrier to entry'), eclectic forays into sociology and psychology, descriptive statistics, and verification by plausibility took the place of the careful definitions and parsimonious logical structure of economic theory. The result was that industrial organization regularly advanced propositions that contradicted economic theory.", Posner, Chicago School, S. 928 f.

[212] Schuhmacher, S. 74.

[213] Heinemann, More Realistic Approach, S. 212; darin sieht auch Posner eine der Stärken dieser Wettbewerbskonzeption: „The Chicago school has largely prevailed with respect to its basic point: that the proper lens for viewing antitrust problems is price theory.", Posner, Chicago School, S. 932.

[214] Schuhmacher, S. 69.

[215] Schuhmacher, S. 73.

[216] Schuhmacher, S. 69.

erally behave as if they were engaged in maximization, just as theory of physical science might state that leaves position themselves on trees ,as if each leaf deliberately sought to maximize the amount of sunlight it receives'."[217]

Demzufolge ist das neoklassische Modell, obwohl zuweilen unrealistisch, so erklärungskräftig, dass Unternehmen sich nur dann auf Dauer im Wettbewerb durchsetzen können, wenn sie effizient wirtschaften.[218]

Andererseits erweitert die „Chicago School" die neoklassische Wettbewerbskonzeption um eine dynamische Perspektive: den Wettbewerb als Ausleseverfahren.[219] Um jedoch einen Widerspruch mit dem statischen Gleichgewichtsmodell der Neoklassik zu vermeiden, wird eine ganz eigene Vorstellung von Dynamik vertreten: Der sich selbst überlassene Wettbewerb zwingt die Unternehmen zu einer laufenden Anpassung an das sich fortwährend ändernde Marktgleichgewicht – das jedoch nie erreicht werden kann. Das neoklassische Marktgleichgewicht wird damit nicht als (statischer) Endzustand, sondern als (dynamische) Referenznorm gesehen.[220] Wenn Unternehmen nicht in der Lage sind, mittels effizienter Methoden Produkte zum Gleichgewichtspreis anzubieten, scheiden sie über lange Sicht aus dem entsprechenden Markt aus. Jedoch sind auch die verbleibenden Unternehmen gezwungen, sich an das konstant verändernde Marktgleichgewicht anzupassen. Im Kontext dieses Ausleseverfahrens spricht Stigler vom „survivor principle"[221] bzw. unter Bezugnahme auf Marshall vom „survival of the fittest".[222] Dieses sozialdarwinistische Wettbewerbsverständnis findet sich ebenfalls bei Bork:

„Several of the first principles of antitrust methodology derive from an aspect of the market system that has often been expressed in the analogy to the Darwinian theory of natural selection and physical evolution. (...) The environment to which the business firm must adapt is defined, ultimately, by social wants and the social costs of meeting them. Firm that adapts to the environment better than its rivals tends to expand. The less successful firm tends to contract – perhaps, eventually, to become extinct. (...) A key factor in evolution is death, and that holds true in economic as in physical evolution. The firm has an advantage over the animal because it can consciously change not just its behavior but its structure and so avoid or postpone death, but the threat is there and it becomes an actuality for many firms every year."[223]

---

[217] Bork, S. 120.

[218] Kerber, Wettbewerbspolitik, S. 382; damit versuchen die Anhänger der „Chicago School" auch den Kritikern der neoklassischen Wettbewerbskonzeption den Wind aus den Segeln zu nehmen: Die effizienzorientierte Wettbewerbskonzeption stellt primär auf die „realistische" Vorhersagefähigkeit der „unrealistischen" neoklassischen Modelle ab.

[219] Schuhmacher, S. 74; Kerber, Dynamischer Wettbewerb, S. 177.

[220] Heidrich, S. 86 f.

[221] Stigler, Economies of Scale, S. 54.

[222] Stigler, Economies of Scale, S. 56 (Fn. 2).

[223] Bork, S. 118.

Die Synthese von statischem Gleichgewichtsmodell und dynamischem Wettbewerb hat jedoch seine Grenzen: Die effizienzorientierte Wettbewerbskonzeption kann nicht als eine dynamische Wettbewerbskonzeption im engeren Sinne verstanden werden, da evolutorische Aspekte – wie dynamische Effizienz, technischer Fortschritt oder Innovation – systematisch ausgeklammert werden. So moniert auch Heidrich, dass die Wettbewerbskonzeption der „Chicago School" „nicht einmal im Ansatz versuche, Wettbewerb als evolutorischen Prozess zu erklären. ‚Evolution' bedeutet in der Chicago-Sprache einfach eine Reduzierung auf die Formel ‚survival of the fittest' oder ‚survival of the most efficient'".[224] In diesem Sinne bleibt die effizienzorientierte Wettbewerbskonzeption im Kern statisch.

iii) Normative Grundlage: Gesamt- vs. Konsumentenwohlfahrt

Die „Chicago School" lehnt ein Zielbündel – wie es die „Harvard School" postuliert – als widersprüchlich und nicht praktikabel ab.[225] Gleichzeitig findet eine Rückbesinnung auf die Zielvorgabe der neoklassischen Wettbewerbskonzeption statt: Die „Chicago School" gibt die Maximierung der statischen Effizienz als anzustrebendes Ziel aus.[226] Diese sog. „efficiency doctrine"[227] ist auch im Zusammenhang mit dem Bedürfnis nach analytischer und methodischer Klarheit zu sehen. Im Gegensatz zu anderen ökonomischen und insbesondere ausserökonomischen Zielen kann der statische Effizienz- bzw. Wohlfahrtsbegriff quantitativ gefasst werden. In diesem Sinne Bork:

„Exclusive adherence to a consumer welfare goal is superior in that it (1) gives fair warning, (2) places intensely political and legislative decisions in Congress instead of the courts, (3) maintains the integrity of the legislative process, (4) requires real rather than unreal economic distinctions, and (5) avoids arbitrary or anticonsumer rules. A multiple-goal approach can achieve none of these things."[228]

Innerhalb der „Chicago School" bestehen jedoch Differenzen bezüglich der konkreten Ausgestaltung dieser „efficiency doctrine". Dies betrifft insbesondere die Frage, welche Effizienz bzw. Wohlfahrt erhöht werden soll. Konkret stehen sich zwei wettbewerbspolitische Grundpositionen gegenüber: Die eine

---

[224] Heidrich, S. 88.

[225] Kerber, Wettbewerbspolitik, S. 381.

[226] Schuhmacher, S. 75.

[227] Budzinski, Pluralism, S. 1 ff.

[228] Bork, S. 81; und in gleicher Weise Posner: „Since efficiency is an important social value, this conclusion establishes a prima facie case for having an antitrust policy. It also implies the limitations of that policy: to the extent that efficiency is the goal of antitrust enforcement, there is no justification for carrying enforcement into areas where competition is less efficient than monopoly because the costs of monopoly pricing are outweighed by the economies of centralizing production in one or very few firms. (...) Having established that the only goal of antitrust law should be to promote efficiency in the economics sense, I next proceed to develop the implications for the law of adopting this goal." Posner, Antitrust Law, S. 2.

Seite fordert die Maximierung der Gesamtwohlfahrt und die andere Seite postuliert die ausschliessliche Maximierung der Konsumentenwohlfahrt.[229] Der Unterschied zwischen Gesamt- und Konsumentenwohlfahrt liegt darin, ob bei der wettbewerbspolitischen Bewertung die Produzentenwohlfahrt berücksichtigt wird (Gesamtwohlfahrt) oder nicht (Konsumentenwohlfahrt). Doch wann fällt die Erhöhung der Konsumenten- und Gesamtwohlfahrt auseinander? Oder anders gefragt: Wo erfährt diese Unterscheidung praktische Relevanz?

Um diese Frage beantworten zu können, muss man sich vorweg der sog. produktiven Effizienz als zusätzlichem Bewertungskriterium zuwenden. Im Gegensatz zur allokativen Effizienz, welche die optimale Ressourcenallokation widerspiegelt (Paretoeffizienz),[230] bezieht sich die produktive Effizienz auf den Einsatz der Produktionsfaktoren bei der Herstellung von Gütern. Ein einzelnes Unternehmen produziert effizient, wenn bei gegebener Technologie jeder Output mit dem geringstmöglichen Einsatz von Inputfaktoren erzeugt werden kann.[231] Die Unterscheidung von Konsumenten- und Gesamtwohlfahrt erfährt sodann bei einem Konflikt zwischen der Erhöhung der allokativen und der produktiven Effizienz praktische Relevanz.

Diesbezügliche Anwendungsfälle finden sich allen voran im Kontext von sog. „economies of scale".[232] Wie bereits dargelegt, sind gemäss dem neoklassischen Standardmodell marktmächtige Grossunternehmen grundsätzlich nicht wünschenswert, da sie Preise über dem Wettbewerbspreis setzen und folglich eine Monopolrente unter anderem auf Kosten der allokativen Effizienz generieren („deadweight loss").[233] Was in diesem Zusammenhang jedoch nicht berücksichtigt wird, sind die sinkenden Grenzkosten der marktmächtigen Grossunternehmen durch das Ausnützen von Grössenvorteilen – den besagten „economies of scale".[234] Eine Erhöhung der produktiven Effizienz kann folglich mit einer Reduktion der allokativen Effizienz einhergehen. Dieser Konflikt lässt sich im Rahmen des Preis-Mengen-Diagramms wie folgt darstellen:

---

[229] Diese Kontroverse ist nicht zuletzt dem Umstand geschuldet, dass die Vertreter der „Chicago School" den Effizienzbegriff nicht sauber definieren. Als Konsequenz sind auch in der Sekundärliteratur widersprüchliche Aussagen zu finden. Siehe dazu dezidiert: Heidrich, S. 85 f. (Fn. 340).

[230] Siehe hierzu oben: *§ 3.C.II. Allokationsfunktion.*

[231] Schwalbe/Zimmer, S. 8; Bork umschreibt die Unterscheidung von allokativer und produktiver Effizienz wie folgt: „Allocative efficiency (…) refers to the placement of resources in the economy, the question of whether resources are employed in tasks where consumers value their outputs most. Productive efficiency refers to the effective use of resources by particular firms.", Bork, S. 91.

[232] Siehe dazu grundlegend: Stigler, Economies of Scale, S. 54 ff.

[233] Siehe hierzu oben: *§ 4.B.II.1.iii) Vollkommener Wettbewerb vs. Angebotsmonopol.*

[234] Für die konkreten Skalenvorteile siehe illustrativ: Schmidt/Haucap, S. 112.

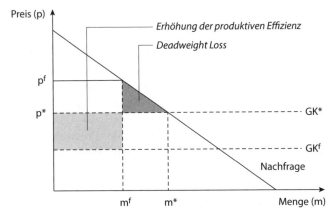

Abbildung 3: „Williamson-trade-off"-Modell

Das obige Preis-Mengen-Diagramm bildet einerseits die Marktlage bei vollkommenem Wettbewerb ab (Zustand *), andererseits die Marktlage nach einer
Fusion verschiedener Wettbewerber zu einem marktmächtigen Grossunternehmen (Zustand *f*). Das „deadweight loss" ist auf die Erhöhung der Preise durch
das marktmächtige Unternehmen zurückzuführen, was gleichzeitig mit der Verringerung der allokativen Effizienz einhergeht. Darüber hinaus findet eine Erhöhung der produktiven Effizienz statt, da das marktmächtige Unternehmen
Grössenvorteile ausnützt und effizienter produzieren kann. Dies lässt sich gra-
phisch durch die Senkung der Grenzkosten darstellen: Im Zustand des vollkommenen Wettbewerbs bestehen keine Grössenvorteile und folglich wird zu
höheren Grenzkosten (GK*) produziert, als dies nach der Fusion (GK^f) der Fall
ist.[235]

Ob eine solche Fusion letztlich wünschenswert ist oder nicht, hängt von dem
zugrunde liegenden Wohlfahrts- bzw. Effizienzkriterium bei der wettbewerbsrechtlichen Bewertung ab. Wenn man ausschliesslich die Konsumentenwohlfahrt betrachtet, ist die Fusion nicht wünschenswert, da die Konsumentenrente
um das dunkelgraue Dreieck beeinträchtigt wird.[236] Wenn man jedoch die Gesamtwohlfahrt betrachtet, so ist ein „trade-off" zwischen der allokativen und
produktiven Effizienz vorzunehmen: Wenn die Erhöhung der produktiven Effizienz (hellgraue Fläche) die Beeinträchtigung der allokativen Effizienz (dunkelgraues Dreieck) übersteigt und damit die Gesamtwohlfahrt per Saldo gesteigert
wird, ist die Fusion wünschenswert.[237] Dieser „trade-off"-Ansatz wurde mass-

---

[235] Siehe dazu: Kerber, Wettbewerbspolitik, S. 382.
[236] Die Konsumentenrente wird aber zusätzlich auch durch die Abschöpfung der Monopolrente beeinträchtigt.
[237] Damit wird deutlich, dass im Rahmen der „Chicago School" keine echten bzw. proble-

gebend von Oliver E. Williamson geprägt; daher wird der Ansatz gemeinhin auch als „Williamson-trade-off"-Modell bezeichnet.[238]

Ob die Konsumenten- oder Gesamtwohlfahrt als Referenznorm herangezogen wird, ist letztlich eine normative Frage. Gemäss Schwalbe und Zimmer lassen sich für beide Positionen Argumente finden: So ermöglicht die Gesamtwohlfahrt eine grössere Zahl statisch effizienter Entwicklungen. Zudem sind viele Unternehmen als Aktiengesellschaften konstituiert; da Aktionäre gleichzeitig auch Konsumenten sind, kommt die Erhöhung der Produzentenrente letztlich auch den Konsumenten zugute.[239] Für die exklusive Berücksichtigung der Konsumentenrente spricht dahingegen, dass es den Konsumenten – im Unterschied zu den Unternehmern – grundsätzlich schwieriger fällt, ihre Interessen zu bündeln und effektiv in den politischen Prozess einzubringen. Daher müssen die Konsumenteninteressen, in Form der Konsumentenrenten, bereits in der Wettbewerbspolitik institutionell verankert werden.[240]

Unbesehen der zwei unterschiedlichen Grundhaltungen ist zu bilanzieren, dass das statische Effizienz- bzw. Wohlfahrtskriterium innerhalb der „Chicago School" eine überragende Stellung einnimmt.

iv) Aufgabe der Wettbewerbspolitik

Die Anhänger der „Chicago School" vertrauen in erster Linie auf die Selbstheilungskräfte des Markts und sind gegenüber staatlichen Eingriffen skeptisch eingestellt.[241]

Dieser starke Glaube an die Selbstheilungskräfte wird insbesondere bei der wettbewerbspolitischen Haltung betreffend staatliche Marktstruktureingriffe ersichtlich: Im Gegensatz zur „Harvard School" lehnen die Vertreter der „Chi-

---

matisch aufzulösenden Zielkonflikte entstehen. Somit trägt auch dieser Aspekt dem Bedürfnis der analytischen und methodischen Klarheit Rechnung.

[238] Oder wie es Williamson selbst formuliert: „Most mergers produce neither significant price nor efficiency consequences, and where this is true the analysis of this paper has limited relevance. Where both occur, however, and if without merger the transition to an efficient industrial configuration is apt to be both painful and delayed, an efficiency defense deserves consideration. This does not of course mean that the mere existence of economies is sufficient to a merger. But since a relatively large percentage increase in price is usually required to offset the benefits that result from a 5 to 10 per cent reduction in average costs, the existence of economies of this magnitude is sufficiently important to give the antitrust authorities pause before disallowing such a merger", Williamson, Tradeoffs, S. 33 f.; aber auch: Schmidt/Haucap, S. 123 ff.

[239] Schwalbe/Zimmer, S. 12.

[240] Schwalbe/Zimmer, S. 12; für eine Auseinandersetzung mit den zwei Wohlfahrtstandards siehe auch: Kaplow, S. 3 ff.

[241] Oder wie es Leslie pointiert zusammenfasst: „The genius of the Chicago School was its simplicity: markets operate efficiently; market failures rarely occur; and thus antitrust is largely unnecessary.", Leslie, Response, S. 64.

cago School" Eingriffe in die Marktstruktur ab.[242] Insbesondere zu hohe Markt-
konzentrationen gibt es im Verständnis der „Chicago School" grundsätzlich
nicht; Marktmacht ist primär Ausdruck effizienter Unternehmensaktivitäten.
Von strikten Fusionskontrollen und Entflechtungen konzentrierter Unternehmen wird daher abgesehen.[243] Die Vertreter der „Chicago School" scheinen jedoch eine Ausnahme zu machen: Horizontale Zusammenschlüsse sind zu untersagen, wenn diese offensichtlich nicht zur Erhöhung der produktiven Effizienz
dienen, sondern einzig darauf abzielen, eine Monopolrente zu generieren.[244]
Dies fällt jedoch nur in Betracht, wenn die am Zusammenschluss beteiligten
Unternehmen hohe Marktanteile aufweisen. Aber auch dann ist stets im Einzelfall zu prüfen, ob im Sinne des „Williamson-trade-off"-Modells die Erhöhung
der produktiven Effizienz per Saldo die Verringerung der allokativen Effizienz
übersteigt.[245]

Hinsichtlich staatlicher Marktverhaltenseingriffe lässt sich ein anderes Bild
zeichnen: In der Lehre wird zuweilen darauf hingewiesen, dass die „Chicago
School" mit Blick auf ein- und zweiseitige Wettbewerbsbeschränkungen eine aktive Wettbewerbspolitik befürwortet.[246] Im Vergleich zur „Harvard School" mag
dies wohl zutreffend sein, da diese eine marktstrukturorientierte Wettbewerbspolitik beschreibt. Es scheint jedoch übertrieben, im Zusammenhang mit der
„Chicago School" von einer aktiven Wettbewerbspolitik zu sprechen. Dies lässt
sich deutlich anhand vertikaler Abreden, einseitiger Verhaltensweisen marktbeherrschender Unternehmen sowie horizontaler Preisabreden illustrieren.

Mit Blick auf vertikale Abreden und einseitige Verhaltensweisen marktbeherrschender Unternehmen ist man sich innerhalb der „Chicago School"
weitgehend einig: Diese Unternehmenshandlungen dienen primär der Steige-
rung der produktiven Effizienz. Folglich sind keine staatlichen Eingriffe angezeigt, was die folgenden Aussagen von Bork und Posner deutlich machen:

„We have seen that all (…) vertical restraints are beneficial to consumers and should for
that reason be completely lawful. Basic economic theory tells us that the manufacturer
who imposes such restraints cannot intend to restrict output and must (…) intend to create efficiency."[247]

„[F]irms cannot in general obtain or enhance monopoly power by unilateral action – unless of course, they are irrationally willing to trade profits for position. Consequently, the
focus of the antitrust laws should not be on unilateral action (…)."[248]

---

[242] Kerber, Wettbewerbspolitik, S. 382; Schmidt/Haucap, S. 26.
[243] Posner, Antitrust Law, S. 102.
[244] Bork, S. 219.
[245] Bork, S. 219.
[246] Schmidt/Haucap, S. 27.
[247] Bork, S. 297.
[248] Posner, Chicago School, S. 928; in diesem Sinne werden Kopplungsverträge, Preis-
bindungen zweiter Hand oder Kampfpreisunterbietungen als Strategien des handelnden Un-

Dahingegen sind die Vertreter der „Chicago School" kritischer bezüglich horizontaler Preisabreden eingestellt.[249] Analog zu den horizontalen Zusammenschlüssen, sind Abreden aber lediglich dann zu untersagen, wenn sie einzig auf die Generierung einer Monopolrente abzielen.[250] Sofern eine horizontale Preisabrede Bestandteil eines umfassenderen horizontalen Kooperationsvertrags ist, muss im Einzelfall beurteilt werden, ob im Sinne des „Williamson-trade-off"-Modells die Erhöhung der produktiven Effizienz die Senkung der allokativen Effizienz per Saldo übersteigt.[251]

v) Normausgestaltung: „Rule of Reason" vs. „Per se Rule"

Wie die obigen Ausführungen aufzeigen, sind für die „Chicago School" wettbewerbsrelevante Verhaltensweisen nicht per se rechtmässig oder rechtswidrig. Vielmehr ist im konkreten Einzelfall zu beurteilen, ob per Saldo die statische Effizienz erhöht wird oder nicht. Um diese Einzelfallabwägungen vornehmen zu können, müssen die Rechtsnormen so ausgestaltet sein, dass sie den Wettbewerbsbehörden diskretionäre Entscheidungsspielräume zubilligen. In diesem Zusammenhang spricht man von einem sog. „Rule of Reason"-Ansatz.[252] Durch die verstärkte Einzelfallorientierung der Wettbewerbspolitik wird erhofft, effizienzschädigende und -fördernde Effekte besser differenzieren und bewerten zu können. Oder allgemeiner formuliert: Es geht um die Minimierung Fehler 1. Ordnung (Freigabe negativer Effizienzeffekte) sowie 2. Ordnung (Untersagung positiver Effizienzeffekte).[253]

Das konzeptionelle Gegenstück zum „Rule of Reason"-Ansatz bildet der „Per se Rule"-Ansatz, der den Wettbewerbsbehörden keine oder nur minimale Entscheidungsspielräume zubilligt.[254] Ein wettbewerbsrelevantes Verhalten wird dabei anhand ganz bestimmter eng umschriebener Kriterien als rechtmässig oder rechtswidrig eingeordnet.[255]

---

ternehmens zur Erhöhung der produktiven Effizienz verstanden und folglich als unbedenklich eingestuft. Siehe dazu auch: Bork, S. 160.

[249] Von einem streng analytischen Standpunkt aus betrachtet, der Marktmacht nur als Ausdruck effizienter Unternehmensstrukturen versteht, sollten auch horizontale Preisabreden erlaubt sein. In diesem Sinne Posner: „Partly, perhaps, for tactical reasons (not to seem to reject antitrust policy in its entirety), the members of the Chicago school would sometimes denounce price fixing. But it is unlikely that they regarded even price fixing (...) as a serious problem.", Posner, Chicago School, S. 932.

[250] Posner, Chicago School, S. 933.

[251] Siehe dazu: Bork, S. 279.

[252] Siehe dazu instruktiv: Schmidt, Rule of Reason, S. 369 ff.; Schmidt, More Economic Approach, S. 1 ff.

[253] Schmidt, Rule of Reason, S. 371.

[254] Zur historischen Entwicklung der beiden Ansätze siehe eingehend: Stucke, Rule of Reason, S. 1387 ff.

[255] Insgesamt nimmt der Gesetzgeber beim „Per se Rule"-Ansatz die Abwägung bereits vorweg und gesteht der Wettbewerbsbehörde keine differenzierte Betrachtungsweise mehr zu.

Die Debatte „Rule of Reason" vs. „Per se Rule" kann fast bis zum Ursprung der US-amerikanischen Wettbewerbspolitik zurückverfolgt werden. Mitte der 1970er Jahre – im Zuge der „Chicago School" – erhielt sie aber eine zusätzliche Dynamik. Der Grund dafür: Im Gegensatz zur „Chicago School" präferiert die „Harvard School" eine „Per se Rule"-orientierte Wettbewerbspolitik:

„Many of the Court's antitrust decisions between the 1950s and early 1970s became a popular piñata for the Chicago School adherents, whose view of law and economics clashed with the simplification embodied in the per se rules."[256]

In den 2000er Jahren erlebte die Kontroverse betreffend die Ausgestaltung der wettbewerbsrechtlichen Tatbestände mit dem „More Economic Approach" eine Neuauflage in der europäischen Wettbewerbspolitik.[257]

vi) Kritik

Durch den Rückgriff auf die neoklassische Wettbewerbskonzeption ist die „Chicago School" vergleichbarer Kritik ausgesetzt. Namentlich lässt sich die effizienzorientierte Wettbewerbskonzeption aufgrund unrealistischer Modellannahmen, der Überbewertung quantitativer Methoden oder der Vernachlässigung dynamischer Wettbewerbsaspekte kritisieren.[258] Durch die spezifischen Abwandlungen und Pointierungen erfuhr die „Chicago School" aber auch gesonderte Kritik.

– *Umgang mit Marktmacht*
  Die sehr positive Bewertung von Marktmacht im Rahmen der „Chicago School" ist mindestens aus zwei Gründen problematisch.
  Einerseits ist das Verständnis von Marktmacht als ausschliesslicher Ausdruck effizienter Unternehmenstätigkeit unterkomplex: In der Realität kann Marktmacht auch über Verhaltensweisen generiert werden, die keine Effizienzsteigerungen mit sich bringen. Die entsprechenden Verhaltensweisen müssen aus diesem Grund nicht zwingend irrational sein.[259] Darüber hinaus wird aufgrund der Rationalitätsannahme ausgeblendet, dass sich Marktakteure in der Realität auch irrational verhalten. So können sich beispiels-

---

Siehe dazu: Schmidt, Rule of Reason, S. 396; ganz allgemein unterscheiden sich die beiden Ansätze hinsichtlich der Frage, inwieweit die wettbewerbsrechtlichen Tatbestände mehr oder weniger differenziert sein sollen.; Schmidt, Rule of Reason, S. 370; kritisch siehe auch: Posner, Antitrust Law, S. 39 f.

[256] Stucke, Rule of Reason, S. 1406.
[257] Siehe hierzu unten: *§ 5.B.II. „More Economic Approach".*
[258] Heidrich, S. 86; siehe hierzu oben: *§ 4.B.II.1.v) Kritik.*
[259] So kann beispielsweise eine verlustgenerierende Kampfpreisstrategie auf einem Markt mit hohen Zutrittsschranken rational sein, auch wenn damit ausschliesslich die Verdrängung der Mitbewerber beabsichtigt wird. In diesem Sinne ist Posners Aussage, dass Unternehmen irrational handeln, wenn sie „position" über „profits" stellen, nicht vorbehaltlos beizupflichten.

weise Unternehmen aufgrund kognitiver Verzerrungen auf effizienzvermindernde Kampfpreisstrategien einlassen.[260]

Andererseits wird vernachlässigt, dass marktmächtige Unternehmen gesellschaftliche Freiheiten einschränken können: Auch wenn Marktmacht
ausschliesslich Ausdruck effizienter Unternehmensstrukturen und damit
„gerechtfertigt" ist, ist dennoch nicht von der Hand zu weisen, dass über
ökonomische Marktmacht Einfluss auf die demokratische Meinungsbildung
und politische Entscheidungen genommen werden kann.[261]

– *Ideologiefreie Wettbewerbskonzeption*

Verschiedene Vertreter der „Chicago School" verschmähen die Konzeptionen
der „Harvard School" als ideologisch, unökonomisch und untheoretisch.[262]
Ihre eigene Wettbewerbskonzeption sehen sie dahingegen als weitgehend
ideologiefrei, rein ökonomisch sowie theoretisch und empirisch fundiert.[263]
Bei genauerer Betrachtung der effizienzorientierten Wettbewerbskonzeption
wird jedoch ersichtlich, dass sie den selbstgesteckten Ansprüchen nur bedingt gerecht wird.

So ist bereits die Verwendung des Effizienzkriteriums im Zielmodell nicht
ideologiefrei: Wie im Rahmen der methodischen Grundlagen aufgezeigt
wurde, unterliegt das Effizienzkriterium verschiedenen normativen Werturteilen.[264] Darüber hinaus sind auch die positiven Effekte eines sozialdar-
winistischen Wettbewerbsverständnisses weder theoretisch noch empirisch
ausreichend fundiert; die positive Bewertung widerspiegelt in erster Linie,
so Olten, ein „subjektives Bekenntnis, ein politisches Credo".[265] Schliesslich lässt sich einwenden, dass im Rahmen der effizienzorientierten Wettbewerbskonzeption ein selektiver Empirismus betrieben wird: So werfen
insbesondere Schmidt und Haucap den Vertretern der „Chicago School" vor,
eine willkürliche Auswahl empirischer Studien nach dem Gesichtspunkt zu
treffen, „welche Studien die eigene Position stützen; die weit überwiegende
Mehrzahl der Studien, die zu gegenteiligen Ergebnissen kommen, wird vernachlässigt".[266] Demzufolge ist die effizienzorientierte Wettbewerbskonzeption nicht minder ideologisch, unökonomisch und untheoretisch als die von
ihr kritisierten Konzeptionen.

---

[260] Siehe dazu unten: *§ 6.B.II. Anwendungsfelder.*
[261] Siehe hierzu oben: *§ 3.C. V.3. Wettbewerb und politische Freiheit.*
[262] Dies geht auch aus folgender Aussage von Posner hervor: „The (…) characteristic concepts of the industrial organization of this period had this in common: they were not derived
from and were often inconsistent with economic theory, and in particular with the premises of
rational profit maximization. They were derived from observation, unsystematic and often superficial, of business behavior.", Posner, Chicago School, S. 931.
[263] Siehe hierzu oben: *§ 4.B.II.3.ii) Kernelemente.*
[264] Siehe hierzu oben: *§ 2.B.II.3.ii) Normativität in der Ökonomik.*
[265] Olten, S. 105; kritisch dazu auch: Kerber, Wettbewerbspolitik, S. 382.
[266] Schmidt/Haucap, S. 28.

– *Nicht praktikables Effizienzziel*

Ferner kann die mangelnde Praktikabilität des Effizienzkriteriums kritisiert werden. So stellt der Effizienzbegriff eine Art „black box" dar, mit der alle möglichen Wettbewerbsbeschränkungen gerechtfertigt werden können. In diesem Sinne Stucke:

> „Promoting efficiency is a feasible goal for market fundamentalists and socialist central planners, who have a unifying theory of how markets work, how market participants behave, and how efficiency can be maximized. But in (…) reality the antitrust agencies and generalist courts do not know whether, or how often, they accurately assess the likelihood and magnitude of the (…) (in)efficiencies from mergers and other restraints of trade."[267]

Bestimmte Vertreter der „Chicago School" scheinen sich dieser Problematik bewusst zu sein. So sieht es beispielsweise Bork als eine unmögliche Aufgabe an, kartellrechtliche Standards auszuarbeiten, die einer direkten Messung und Quantifizierung des Effizienzkriteriums bedürfen. Dementsprechend spricht er sich gegen eine Rechtsanwendung aus, die direkt an den Effizienzwirkungen ausgerichtet ist.[268] Eine damit vergleichbare Ansicht ist bei Posner zu finden; ihm, so scheint es, stellt die Sicherung des Wettbewerbs das praktikablere Ziel dar.[269]

– *„Rule of Reason"-Ansatz*

Wie dargelegt, sind die Wettbewerbsbehörden im Rahmen der effizienzorientierten Wettbewerbskonzeption auf diskretionäre Ermessensspielräume angewiesen, um effizienzsteigernde und -vermindernde Verhaltensweisen adäquat bewerten zu können. Dieses weite behördliche Ermessen ist jedoch aus verschiedenen Gründen problematisch.

Erstens ist es im Rahmen eines „Rule of Reason"-Ansatzes für Interessengruppen deutlich einfacher, auf die wettbewerbsbehördlichen Entscheidungen Einfluss zu nehmen. Im Extremfall werden die Wettbewerbsbehörden von den Interessengruppen instrumentalisiert, was eine objektive und faire Rechtsanwendung unterminiert.[270] Zweitens spricht ein ökonomisches Argument gegen den „Rule of Reason"-Ansatz: Einzelfallentscheidungen sind in der Regel mit hohen Entscheidungskosten verbunden. Während im Rahmen des „Per se Rule"-Ansatzes wettbewerbsschädliche Verhaltensweisen, wie etwa eine Preisabsprache, lediglich aufgedeckt werden müssen, hat die Wettbewerbsbehörde im Rahmen des „Rule of Reason"-Ansatzes zu prüfen,

---

[267] Stucke, Antitrust Goals, S. 590 f.

[268] Siehe dazu: Bork, S. 117; Heinemann, Realität, S. 38 f.

[269] „Alas, it's very difficult to measure the efficiency consequences of a challenged practice. (…) Efficiency is the ultimate goal of antitrust, but competition a mediate goal that will often be close enough to ultimate goal to allow the courts to look no further.", Posner, Antitrust Law, S. 29; siehe ferner auch: Schmidt/Haucap, S. 29.

[270] Schmidt, Rule of Reason, S. 372.

ob eine Verhaltensweise im konkreten Einzelfall eine effizienzsteigernde Wirkung zeitigt. Um eine adäquate Bewertung zu gewährleisten, müssen die Wettbewerbsbehörden die entscheidungsrelevanten Informationen beschaffen und bewerten können.[271] Dabei fallen nicht nur höhere Informationssuchkosten, sondern aufgrund des benötigten Expertenwissens auch höhere Entscheidungskosten an. Drittens geht mit dem „Rule of Reason"-Ansatz ein Verlust an Rechtssicherheit einher: Die einzelfallbezogene Wettbewerbsanalyse steht nämlich im Konflikt mit dem unternehmerischen Bedürfnis nach vorhersagbaren Entscheidungen.[272]

Mit dem vollkommenen, funktionsfähigen, wirksamen und effizienzorientierten Wettbewerb sind die wichtigsten effektbasierten Wettbewerbskonzeptionen dargelegt. Die Unterschiede und Spannungen zwischen den einzelnen Konzeptionen sollen jedoch nicht darüber hinwegtäuschen, dass sie im Kern das gleiche Wettbewerbsverständnis teilen. Nämlich: Wettbewerb ist kein ontologisches Konzept, kein Ziel an sich; vielmehr ist er ein instrumentell-mechanisches Mittel zur Erreichung konkreter vordefinierter Ziele, der umgestaltet, im Rahmen der Kategorien Marktstruktur, -verhalten und -ergebnis beschrieben sowie empirisch ergründet werden kann.

III. Entwicklung der systemischen Wettbewerbskonzeptionen

1. Österreicher Schule: freiheitlicher Wettbewerb

i) Hayeks Ordnungs- und Regelverständnis

Die freiheitliche Wettbewerbskonzeption basiert auf dem theoretisch-ideologischen Grundverständnis der Österreicher Schule der Nationalökonomie. Neben Carl Menger, Eugen von Böhm-Bawerk, Ludwig von Mises und Israel Kirzner ist insbesondere Friedrich A. von Hayek einer der bedeutendsten Vertreter der Österreicher Schule.[273] Aufgrund seines umfassenden Theorienansatzes – mit dem er unter anderem Begriffe wie „Wettbewerb als Entdeckungsverfahren",

---

[271] Schmidt, Rule of Reason, S. 372; siehe dazu auch: Bickenbach/Kumkar/Soltwedel, S. 236.

[272] Schmidt, More Economic Approach, S. 13; in diesem Sinne ist auch Stucke zu verstehen: „Consequently the rule of reason has been rightly criticized for its inaccuracy and inconsistent results. Market participants cannot always foresee with fair certainty how the authority will use its coercive power in given circumstances. Nor will the rule of reason naturally orient itself toward rule-of-law principles. The Court, with its limited docket, cannot provide a case-by-case tutorial on how to apply its rule of reason. If anything, the Court further reduced the rule of reason's accuracy, objectivity, and predictability (…). Accordingly, the vacuous rule-of-reason standard fails to constrain the Executive and Judiciary Branches from exercising power arbitrarily and leaves the litigants mired in interminable and costly litigation.", Stucke, Rule of Reason, S. 1465 f.

[273] Kerber, Wettbewerbspolitik, S. 388; Schmidt/Haucap, S. 19.

„konstitutionelle Ungewissheit" oder „spontane Ordnung" massgeblich geprägt hat – kann Hayek als einer der Gründungsväter des systemischen Wettbewerbsverständnisses betrachtet werden.

Ausgewählte Elemente von Hayeks Ansatz wurden im Rahmen dieser Studie bereits dargelegt.[274] Die nachfolgende Abhandlung greift diese Ausführungen auf und baut diese weiter aus, um so ein umfassenderes Bild seines Ansatzes zu vermitteln. Die nachfolgende Gliederung ist an Heidrich angelegt und soll Hayeks Ordnungsverständnis verständlicher machen.[275]

– *Methodische Grundlagen*
   Hayek verwendet einen streng formalen, deduktiven Theorienansatz: Alle Aussagen werden aus a priori vorhandenen, selbsterklärenden Prämissen abgeleitet, die weder begründet noch abgeleitet werden können. Diese sog. Axiome sind keiner empirischen Überprüfbarkeit zugänglich.[276] Folglich lehnt Hayek ein empirisch-induktives Vorgehen im Rahmen der Theorienbildung ab und weist ganz allgemein auf die beschränkte Aussagekraft empirischer Untersuchungen hin.[277] Letzteres ist insbesondere der Komplexität der Gesellschaftsordnung geschuldet. In diesem Sinne ist auch der Wettbewerb nur begrenzt empirisch fassbar:

   „Es ist nämlich eine notwendige Folge des Grundes, aus dem allein wir uns des Wettbewerbs bedienen, dass die Gültigkeit der Theorie des Wettbewerbs für jene Fälle, in denen sie interessant ist, nie empirisch nachgeprüft werden kann."[278]

   Hayek steht methodisch damit auf dem Boden des (kritischen) Rationalismus.[279] Darüber hinaus lehnt er eine zu ausgeprägte Mathematisierung der Ökonomik ab, die mehr oder weniger zum Selbstzweck erhoben wird; vielmehr bedarf es des verbalen Arguments und der Sprachfähigkeit der Ökonomen.[280]

– *Individualismus und Gesellschaftsordnung*
   Hayek geht im Rahmen seines Ansatzes von einem methodologischen Individualismus aus: Soziale Phänomene werden basierend auf den Handlungen einzelner Akteure erklärt. Dieser Individualismus ist jedoch nicht in einer naiven, atomistisch-neoklassischen Form zu verstehen, sondern als „institutioneller Individualismus".[281]

---

[274] Siehe hierzu oben: *§ 3.C.III.1. Dynamisches Wettbewerbsverständnis nach Hayek* und *§ 3.C. V.Freiheitsfunktion.*
[275] Siehe zum Ganzen dezidiert: Heidrich, S. 172 ff.
[276] Siehe hierzu bereits oben: *§ 2.B.IV.1.iii) Wettbewerb und Empirie*; Heidrich, S. 175.
[277] Heidrich, S. 176; siehe hierzu auch: Holl, S. 51.
[278] Hayek, Wettbewerb als Entdeckungsverfahren, S. 250.
[279] Siehe hierzu oben: *§ 2.B.II.2 Umgang mit Empirie.*
[280] Siehe hierzu ferner auch: Zweynert/Kolev/Goldschmidt, S. 11.
[281] Siehe hierzu eingehend unten: *§ 6.A. I.2. Systemisches Wettbewerbsverständnis.*

Die einzelnen Individuen unterliegen sodann einer sog. konstitutionellen Ungewissheit;[282] sie haben keine Kenntnisse hinsichtlich der Pläne, Zwecke und Handlungen anderer Individuen, der Gesamtheit der Auswirkungen eigener Handlungen auf Dritte, der Gesamtordnung oder der Aussenwelt.[283] In diesem Sinne besteht lediglich ein individuelles, aufgesplittertes Wissen über die Abläufe in einer Gesellschaft.[284] Damit ein reibungsloses und gedeihliches Zusammenleben der Individuen möglich ist, muss diese konstitutionelle Ungewissheit gesamtgesellschaftlich reduziert werden. Dies setzt eine funktionierende Gesellschaftsordnung voraus, die das verstreute Individualwissen sammeln und verwerten kann.

In diesem Zusammenhang unterscheidet Hayek streng zwischen zwei unterschiedlichen Ordnungssystemen: Es gibt organisierte Ordnungen (sog. „Taxis") und selbstorganisierte Ordnungen (sog. „Kosmoi").[285] Die Taxis-Ordnungen sind auf konkrete Ziele oder Zwecke ausgerichtet und werden mittels sog. „Theses" (Befehle) geschaffen, aufrechterhalten und weiterentwickelt.[286] Auch wenn eine Thesis mehr oder weniger allgemein formuliert werden kann, weist sie in der Regel den Charakter spezieller und einzelfallbezogener Anweisungen auf.[287] Die Taxis-Ordnung ist begrifflich mit „Teleokratie"[288] gleichzusetzen. Im Gegensatz dazu ist die Kosmos-Ordnung nicht absichtlich erzeugt, sondern zweckunabhängig und demnach zur Erreichung vieler verschiedener selbstwiderstreitender Ziele nutzbar. Die in einem Kosmos wirkenden Ordnungskräfte sind die sog. „Nomoi"[289]. Nomoi sind allgemeine Regeln, die konstitutiv für den Erhalt der Gesellschaftsordnung sind.[290] Die Kosmos-Ordnung ist begrifflich mit „Nomokratie" oder „spontaner Ordnung" gleichzusetzen.[291]

In der Teleokratie wird das gesamte individuell aufgesplittete und verstreute Wissen einer einzigen zentralen Behörde zur Verfügung gestellt, damit diese einen abgestimmten Gesamtplan aufstellen kann. Dahingegen wird in der spontanen Ordnung den Individuen das zusätzliche Wissen ver-

[282] Hayek, Rechtsordnung und Handelnsordnung, S. 171.
[283] Diese Ungewissheit ist folglich nicht im Sinne der neoklassischen, formal probabilistischen Ungewissheit (blosses Risiko) zu verstehen, sondern als eine *echte* Ungewissheit; Heidrich, S. 177 und S. 191; Schuhmacher, S. 52.
[284] Heidrich, S. 190 f.; Kerber, Wettbewerbspolitik, S. 388.
[285] Hayek, Sprachverwirrung, S. 208 f.; siehe dazu auch: Hayek, Arten der Ordnung, S. 32 ff.
[286] Hayek, Sprachverwirrung, S. 211.
[287] Hayek, Sprachverwirrung, S. 211; Heidrich, S. 185.
[288] Hayek, Sprachverwirrung, S. 223 f.
[289] Hayek, Sprachverwirrung, S. 211.
[290] Heidrich, S. 185 f.
[291] Hayek verwendet für die spontane Marktordnung in Anlehnung an Mises zuweilen auch den Begriff „Katallaxie". Siehe hierzu: Hayek, Sprachverwirrung, S. 224 f.; Heidrich, S. 193.

mittelt, das sie brauchen, um ihre Pläne erfolgreich dezentral verwirklichen zu können.[292]

Für Hayek ist die spontane Ordnung die bei weitem leistungsfähigere und damit erfolgreichere Ordnungsform; das individuell aufgesplitterte und verstreute Wissen kann nämlich nur dann bestmöglich ausgenutzt werden, wenn den mit den örtlichen und zeitlichen Umständen vertrauten Menschen die wesentlichen Entscheidungen überlassen werden.[293] Zudem ist eine spontane Ordnung in der Lage, auf alle kleinen Veränderungen und Unterschiede zu reagieren, die unter dem Zentralplanungssystem aus Praktikabilitätsgründen bewusst vernachlässigt werden.[294] Folglich wehrt sich Hayek gegen einen konstruktivistischen Rationalismus und sieht es als eine „Anmassung von tatsächlichem Wissen"[295], eine erstrebenswerte Gesellschaftsordnung „more geometrico" auf dem Reissbrett entwerfen zu wollen.[296]

– *Informations-, Innovations- und Ordnungsfunktion des Wettbewerbs*
Die Verarbeitung des verstreuten Wissens ist in der spontanen Ordnung mit gewissen Auflagen verbunden: Die individuellen Informationen müssen bündel- sowie übermittelbar sein.[297] Dabei spielt der Markt- bzw. Wettbewerbsprozess eine fundamentale Rolle; dieser ist als Informationssammelprozess zu verstehen, der das weit verstreute Wissen abruf- und nutzbar macht.[298] Über den Preis, der sich im Rahmen des Wettbewerbsprozesses bildet, wird die Information sodann an die Marktteilnehmer weitergegeben.[299] Neben dieser Informationsfunktion erfüllt der Wettbewerb noch eine weitere Funktion: die Innovationsfunktion. Der Wettbewerb deckt folglich nicht nur bestehende Tatsachen auf, sondern schafft auch neue Tatsachen, die es ohne ihn überhaupt nicht gäbe.[300] In diesem Zusammenhang ist auch Hayeks oft zitierter Einleitungssatz zu verstehen, dass die Ökonomen „den Wettbewerb meist unter Voraussetzungen untersucht haben, die, wenn sie in der Wirk-

---

[292] Heidrich, S. 191.

[293] Siehe dazu: Hayek, Planwirtschaft, S. 153 ff.; Heidrich, S. 191; Schuhmacher, S. 57.

[294] Heidrich, S. 195.

[295] Hayek, Konstruktivismus, S. 27.

[296] Koller, S. 44.

[297] Heidrich, S. 191.

[298] Siehe zur Informationsfunktion bereits oben: *§ 3.C.II. Allokationsfunktion*; Heidrich, S. 192.

[299] Siehe zur Funktion des Preises bereits oben: *§ 3.C.II. Allokationsfunktion*; im Endeffekt soll wirtschaftliche Tätigkeit nicht mehr nach den bekannten Bedürfnissen konkreter Menschen, sondern nur noch an den abstrakten Signalen bzw. am „Symbol" der Marktpreise ausgerichtet werden. So ermöglicht erst das Zusammenspiel von Wettbewerbsprozess und Preissystem, dass Tatsachen aufgedeckt und dezentrales Wissen genutzt werden kann.; Hayek, Verwertung des Wissens, S. 115; Heidrich, S. 192 f.

[300] Hayek sieht die neoklassische Wettbewerbskonzeption bereits vom Ansatz her als theoretisch völlig verfehlt an, da sie diese zentrale Funktion der Suche nach neuem Wissen ignoriert.; Kerber, Wettbewerbspolitik, S. 388; Heidrich, S. 197; Schuhmacher, S. 57.

lichkeit zuträfen, diesen Wettbewerb uninteressant und nutzlos machen würden".[301]

Schliesslich hat das Zusammenspiel von Wettbewerbsprozess und Preissystem auch eine sog. Ordnungswirkung. Durch die systematische Enttäuschung gewisser Erwartungen im Wettbewerbsprozess wird ein unpersönlicher Zwang ausgeübt, der die Individuen zur Verhaltensveränderung veranlasst. Diese sog. negativen Rückkopplungen haben zur Folge, dass es letztlich zur wechselseitigen Anpassung der individuellen Pläne einander unbekannter Personen kommt. Die wechselseitige Anpassung mündet sodann in einer gesamtgesellschaftlichen Ordnung – der spontanen Ordnung.[302] In diesem Sinne hat der Wettbewerb eine wichtige Scharnierfunktion: Er bringt unterschiedliches Wissen und Zwecke miteinander in Einklang und bildet damit das Fundament einer spontanen Ordnung.

– *Individuelle Freiheit*
Eine, wenn nicht gar die wichtigste Voraussetzung für das Funktionieren der spontanen Ordnung ist die Gewährleistung individueller Freiheitsräume.[303] Nur so kann jeder Einzelne seine besonderen Kenntnisse und Fähigkeiten am wirksamsten nutzen und damit zu einer leistungsfähigen spontanen Ordnung beitragen:

„Weil die Freiheit einen Verzicht auf direkte Lenkung der individuellen Bemühungen bedeutet, kann eine Gesellschaft freier Menschen von weit mehr Kenntnissen Gebrauch machen, als die Vernunft des weisesten Herrschers erfassen könnte. Aus dieser Grundlage des Arguments für die Freiheit folgt, dass wir ihre Ziele nicht erreichen werden, wenn wir die Freiheit auf die besonderen Fälle beschränken, in denen wir wissen, dass sie Gutes stiften wird. (…) Unser Vertrauen auf die Freiheit beruht (…) auf dem Glauben, dass sie im ganzen mehr Kräfte zum Guten als zum Schlechten auslösen wird."[304]

Damit wird die Freiheit nicht nur zu einem normativen Ziel erhoben, sondern als positive Voraussetzung einer spontanen Ordnung dargestellt. Um den Freiheitsbegriff näher zu umschreiben, bedient sich Hayek dessen konzeptionellem Gegenstück: dem Zwang. Der Einzelne muss in dem Masse gegen Zwang geschützt werden, dass ihm der vollste Gebrauch seines individuellen Wissens möglich ist. Hayek bekundet jedoch Mühe bei der inhaltlichen Ausgestaltung des Freiheitsbegriffs. Allen voran hat er auf folgende Frage keine befriedigende Antwort: Wann ist dem Freiheitserfordernis ge-

---

[301] Hayek, Wettbewerb als Entdeckungsverfahren, S. 249.
[302] Heidrich, S. 193.
[303] Umgekehrt gewährleistet eine spontane Ordnung ihren Elementen individuelle Freiheit. Zwischen Freiheit und Ordnung besteht damit ein Verhältnis der Interdependenz. Siehe dazu: Heidrich, S. 203.
[304] Hayek, Verfassung der Freiheit, S. 42.

nüge getan, damit sich eine spontane Ordnung bilden kann?[305] Ursprünglich vertrat Hayek den relativ pauschalen Standpunkt, dass die Freiheit gewahrt ist, wenn den Individuen keine schweren Formen des Zwangs auferlegt werden – etwa durch Gewalttat, Betrug oder Irreführung.[306] Dieser Ansatz wurde jedoch stark kritisiert, woraufhin Hayek seinen Freiheits- bzw. Zwangsbegriff revidiert hat.[307] Freiheit setzt schliesslich einen durch rechtliche Regeln gesicherten Bereich statthafter Handlungen voraus, der das Individuum vor privaten und staatlichen Eingriffen schützt.[308] Faktisch ist es nun die Aufgabe des Rechts, diese Freiheitsräume abzugrenzen, wodurch Zwang mit einem Rechtsverstoss gleichzusetzen ist.[309]

– *Eigenschaften der Nomoi*
Hayek beschäftigte sich nicht nur mit der Entstehung und Ausgestaltung der Gesellschaftsordnung, sondern auch mit den Regeln innerhalb der Ordnung. Die bedeutendsten Regeln stellen dabei die sog. allgemeinen Verhaltensregeln bzw. Regeln des gerechten Verhaltens dar. Sie übernehmen in einer spontanen Ordnung die Funktion von Nomoi und sind damit konstitutiv für die Herausbildung der Ordnung.[310]

Gemäss Hayek müssen diese allgemeinen Verhaltensregeln folgende vier Voraussetzungen erfüllen: Sie müssen *(1) negativ, (2) universalisierbar, (3) gleich* sowie *(4) bekannt und gewiss* sein.[311] Negativ sind die Verhaltensregeln, wenn sie lediglich gewisse Handlungen verbieten, jedoch keine bestimmten Verhaltensweisen vorschreiben.[312] Universalisierbar sind die Regeln, wenn sie abstrakt formuliert und universell anwendbar sind.[313] Gleich sind die Verhaltensregeln, wenn sich kein Individuum über sie stellen oder sich ihnen entziehen kann.[314] Bekannt und gewiss sind die Verhaltensregeln, wenn sie möglichst weitgehende Rechtssicherheit gewährleisten.

Diese letzte Voraussetzung steht jedoch im Spannungsverhältnis zur konstitutionellen Ungewissheit und der damit verbundenen Unmöglichkeit, jede Regelung für eine konkrete Situation im Voraus erschaffen zu können. Aus diesem Grund ist die Verwendung allgemein umschriebener und auslegungs-

---

[305] Heidrich, S. 198.
[306] Hayek, Verfassung der Freiheit, S. 13 ff.
[307] Zur Kritik an Hayeks Freiheitsverständnis siehe unten: *§ 4.B.III.1.vi) Kritik.*
[308] Siehe dazu: Hayek, Freiheit, S. 110.
[309] Heidrich, S. 201 und S. 203.
[310] Heidrich, S. 209.
[311] Heidrich, S. 210 ff.; Koller, S. 45.
[312] Sie schützen folglich die Sphären, innerhalb deren jedermann nach seinem Gutdünken frei handeln kann. Siehe dazu: Hayek, Freiheit, S. 185 ff.
[313] Ausgeschlossen ist damit jede Bezugnahme auf konkrete Tatsachen, Wirkungen oder Ergebnisse.; Hayek, Freiheit, S. 190.
[314] Hayek, Verfassung der Freiheit, S. 291 f.; Heidrich, S. 211 f.

bedürftiger Tatbestände nicht zu vermeiden.[315] Hayek spricht in diesem Zusammenhang von sog. Mustervoraussagen bzw. „pattern predictions".[316] Bei
der Einzelfallanwendung darf den Behörden aber kein freies Ermessen eingeräumt werden, da sonst persönliche oder politische Interessen Eingang in
den Entscheidungsprozess finden. Folglich ist bei der Verwirklichung geeigneter Rechtsregeln primär auf gebundene Tatbestände zurückzugreifen.[317]

Analog zur Entstehung der Gesellschaftsordnung stellt für Hayek auch
die bewusste auf dem Reissbrett entworfene Regelgestaltung eine Anmassung von Wissen dar.[318] Dementsprechend sollen die allgemeinen Verhaltensregeln mehr oder weniger zufällig in die spontane Ordnung eingeführt
werden; die Regeln müssen sich sodann in einem wettbewerblichen Aus-
leseprozess permanent bewähren. Nicht bewährte Regeln werden ersetzt
oder modifiziert.[319] Trotz dieser evolutionären Sichtweise schliesst Hayek
bewusste Reformen der allgemeinen Verhaltensregeln nicht aus. Reformen
sind soweit zulässig, als es sich um behutsame Modifikationen einzelner Regeln im Rahmen des tradierten Gesamtsystems handelt.[320]

ii) Wirtschafts- und wettbewerbspolitische Konsequenzen

Ausgehend von diesem Ordnungs- und Regelverständnis zieht Hayek folgende
wirtschafts- und wettbewerbspolitische Konsequenzen:

– *Wirtschaftspolitische Konsequenzen*
Primäre Aufgabe der Wirtschaftspolitik ist die Schaffung und Aufrechterhaltung eines Rahmenwerks, das die wirtschaftliche Handlungsfreiheit des
Einzelnen gegenüber staatlichen und privaten Eingriffen schützt. Damit die
spontane Ordnung ihre Leistungsfähigkeit vollumfänglich entfalten kann,
genügt es aber nicht, dass sich der Staat auf die Normierung und Durchset-

---

[315] Hayek, Verfassung der Freiheit, S. 295 ff.; Heidrich, S. 212; Schuhmacher, S. 54 f.

[316] „Though we may never know as much about certain complex phenomena as we can
know about simple phenomena, we may partly pierce the boundary by deliberately cultivating
a technique which aims at more limited objectives – the explanation not of individual events
but merely of the appearance of certain patterns or orders. Whether we call these mere explanations of the principle or mere pattern predictions or higher-level theories does not matter. Once
we explicitly recognize that the understanding of the general mechanism which produces patterns of a certain kind is not merely a tool for specific predictions but important in its own right,
and that it may provide important guides to action (or sometimes indications of the desirability
of no action), we may indeed find that this limited knowledge is most valuable.", Hayek, Theory of Complex Phenomena, S. 65 f.; siehe ferner: Schuhmacher, S. 54; Schmidt/Haucap, S. 18.

[317] Auf die wettbewerbspolitische Praxis umgemünzt bedeutet dies: Hayek spricht sich für
eine „Per se Rule"-Ansatz und gegen eine „Rule of Reason"-Ansatz aus. Siehe hierzu unten:
§ 4.B.III.1.iii) Konzeption der Wettbewerbsfreiheit.

[318] Schuhmacher, S. 56; Heidrich, S. 215 f.

[319] Heidrich, S. 214.

[320] Siehe hierzu: Koller, S 47; Heidrich, S. 228 f.

zung allgemeiner Verhaltensregeln beschränkt; vielmehr ist er zur Errichtung des gesamten institutionellen Rahmenwerks angehalten:[321]

„Eine funktionierende Marktwirtschaft setzt gewisse Tätigkeiten des Staates voraus; einige andere staatliche Tätigkeiten werden ihr Funktionieren unterstützen; und sie kann noch viele andere dulden, vorausgesetzt, dass sie mit einem funktionierenden Markt vereinbar sind. (…) Es kann daher eine Regierung, die verhältnismässig inaktiv ist, aber das falsche macht, die Kräfte des Marktes weit mehr lähmen als eine Regierung, die sich um Wirtschaftsangelegenheiten mehr kümmert, sich aber auf Tätigkeiten beschränkt, die die spontanen Kräfte der Wirtschaft unterstützen."[322]

Konkret liegt es in der staatlichen Verantwortung, eine leistungsfähige Wirtschaftsordnung durch weitere Regeln und Institutionen sicherzustellen; etwa durch die Einführung eines Geld- und Rechtssystems, eines Grundbuchregisters oder durch die Bereitstellung statistischer Informationen.[323] Trotz der Notwendigkeit staatlicher Eingriffe ist jede staatliche Tätigkeit immer auf ihre Vereinbarkeit mit der spontanen Ordnung zu überprüfen. So ist es dem Staat beispielsweise untersagt, Befehle oder konkrete Verbote zu erlassen – selbst wenn sie die einzig wirksamen Mittel für die Zielerreichung sind.[324]

– *Wettbewerbspolitische Konsequenzen*

Wie dargelegt, versteht Hayek den Wettbewerb im Kern als ein dynamisches und ergebnisoffenes Entdeckungsverfahren. Der Verlauf und die Ergebnisse dieses Verfahrens sind damit nicht vorhersehbar – auch nicht vom Gesetzgeber, den Wettbewerbsbehörden oder den Gerichten.[325]

Daraus ergeben sich unter anderem zwei wettbewerbspolitische Konsequenzen: Einerseits sind spezifische Marktstruktur- oder Marktergebnisvorgaben, wie sie im Rahmen der effektbasierten Wettbewerbskonzeptionen üblich sind, zum Scheitern verurteilt und somit unzulässig.[326] Ex-ante lassen sich Vorhersagen nicht exakt treffen, da die benötigten Informationen erst durch den Wettbewerbsprozess selbst geschaffen oder nutzbar gemacht werden. Andererseits lässt sich der Wettbewerb nicht im Rahmen des neoklassischen Gleichgewichtsmodells fassen, simulieren oder berechnen.[327] Der Wettbewerb ist vielmehr als dynamisches Konzept zu begreifen, das nicht nur eine effiziente Ressourcenallokation zum Ziel hat.

---

[321] Im Sinne Hayeks wird eine Institution ganz allgemein als Regel eines Spiels definiert. Siehe dazu: Hayek, Verfassung der Freiheit, S. 304 ff.; Holl, S. 12; Heidrich, S. 251.

[322] Hayek, Verfassung der Freiheit, S. 306.

[323] Heidrich, S. 251.

[324] Abgesehen von der Errichtung eines institutionellen Rahmenwerks dürften daher kaum Gründe vorhanden sein, dass der Staat tätig wird.; Hayek, Verfassung der Freiheit, S. 306 ff.; Heidrich, S. 252 f.

[325] Heidrich, S. 253.

[326] Schuhmacher, S. 57.

[327] Heidrich, S. 253; Koller, S. 44.

Bezüglich konkreter wettbewerbspolitischer Massnahmen bleibt Hayek aber relativ vage. Ganz allgemein lässt sich jedoch festhalten, dass er die grösste Gefahr für den Wettbewerb in der staatlichen Einflussnahme sieht. Ziel der allgemeinen Wettbewerbspolitik müsse es daher sein, die Möglichkeit zum Wettbewerb zu erhalten, indem staatliche Beschränkungen beseitigt werden. Konkret bedeutet dies: Eliminierung staatlich geförderter Monopole und Marktzutrittsschranken.[328] Private Wettbewerbsbeschränkungen werden dahingegen als relativ unproblematisch gesehen und die Wettbewerbspolitik soll in diesem Zusammenhang weitgehende Zurückhaltung üben.[329] Diese Zurückhaltung gegenüber privaten Wettbewerbsbeschränkungen ist nicht zuletzt auch Hayeks Regelverständnis geschuldet: Viele wettbewerbsbeschränkende Verhaltensweisen lassen sich nicht in allgemeiner bzw. systemkonformer Weise normieren.[330] Dies nimmt Hayek jedoch bewusst in Kauf. Für ihn sind die Nachteile, die aus einer fehlenden Normierung aller wettbewerbsbeschränkenden Verhaltensweisen entstehen, das kleinere Übel als die Aufstellung systemwidriger Regeln, die diskretionäre Ermessensspielräume zulassen oder bestimmte ökonomische Ziele adressieren und damit die Leistungsfähigkeit der spontanen Ordnung gefährden.

Es ist zu bilanzieren, dass Hayeks wettbewerbspolitische Ausführungen sehr allgemein bleiben und viele Fragen offen lassen. In diesem Sinne hat er keinen praktikablen Wettbewerbsansatz ausgearbeitet; seine Ausführungen bilden vielmehr die theoretische Grundlage, von der aus praxisorientierte Ansätze erarbeitet wurden. Einer der wohl prominentesten Wettbewerbsansätze entwickelte dabei der deutsche Ökonom Erich Hoppmann. Er baute Hayeks Ansatz in den 1960er und 1970er Jahren zu einer praktikablen Wettbewerbskonzeption aus: der Konzeption der Wettbewerbsfreiheit.

iii) Konzeption der Wettbewerbsfreiheit

Bevor auf die Konzeption der Wettbewerbsfreiheit eingegangen wird, sind drei einleitende Bemerkungen angebracht.

Erstens geht Hoppmann von der sog. Unzerlegbarkeitsthese bzw. vom Gesamtmarktkonzept aus. Im Kern besagt das Konzept, dass alle Marktteilnehmer auf allen Märkten miteinander im Wettbewerb stehen, sodass die Herauslösung und Analyse einzelner Teilmärkte nicht möglich bzw. willkürlich sei.[331] Diese Idee eines Gesamtmarkts geht im Kern auf Hayek zurück: Die Herauslösung einzelner Teilmärkte durch die Wettbewerbsbehörden stellt eine Anmas-

---

[328] Siehe dazu: Schuhmacher, S. 57 f.
[329] Lediglich in Fällen von Markt- und Wettbewerbsversagen könne eine gewisse staatliche Regulierung gerechtfertigt sein. Siehe dazu: Hayek, Freiheit, S. 394 ff.
[330] Schuhmacher, S. 57.
[331] Siehe hierzu: Hoppmann, Marktmacht, S. 9.

sung von Wissen dar, da das marktwirtschaftliche System zu komplex und vielschichtig ist, um die „richtigen" Trennungen vornehmen zu können. Konkret stellt etwa die Bestimmung des „relevanten" Markts eine Anmassung von Wissen dar, da weder der Markt noch die Marktstrukturen exogene Grössen seien, sondern endogene Sachverhalte im Rahmen des kompetitiven Prozesses.[332] Der relevante Markt wird von den Unternehmen selbst bestimmt und stellt für diese einen marktstrategischen Aktionsparameter dar.[333]

Zweitens setzt sich Hoppmann für die Rückkehr zu einer „marktwirtschaftlichen"[334] Wettbewerbspolitik ein. Mit der Bezeichnung „marktwirtschaftlich" will sich Hoppmann von Politikern und Ökonomen abgrenzen, die seiner Ansicht nach einen „sozialistischen"[335] Wettbewerb anstreben: Während der marktwirtschaftliche Wettbewerb keine konkret vorgegebenen Ziele kenne, verfolge der sozialistische Wettbewerb bestimmte gesellschaftliche Zielsetzungen.[336]

Drittens lässt sich Hoppmanns Wettbewerbsansatz in eine ursprüngliche und eine erweiterte Konzeption unterteilen. Erstere hat er Mitte der 1960er Jahren ausgearbeitet und letztere in den 1970er Jahren. Auf die beiden Konzeptionen ist nachfolgend separat einzugehen.

– *Die ursprüngliche Konzeption der Wettbewerbsfreiheit*
Herzstück von Hoppmanns Wettbewerbskonzeption bildet das Konzept der Wettbewerbsfreiheit.[337] Wie bereits dargelegt,[338] umfasst die Wettbewerbsfreiheit sowohl die Wahlfreiheit der Marktkontrahenten im marktwirtschaftlichen Austauschprozess als auch die Handlungs- und Entschliessungsfrei-

---

[332] So insbesondere: Eickhof, S. 41.

[333] Eickhof, S. 41; ebenfalls unter Berufung auf das Gesamtmarktkonzept lehnt Hoppmann das Konzept des reinen Monopols ab: Bei einer Gesamtmarktbetrachtung unterliegt jeder Monopolist dem Wettbewerb durch andere Güter. Siehe dazu: Heidrich, S. 297.

[334] Hoppmann, Fusionskontrolle, S. 6 (Fn. 3); Eickhof, S. 41.

[335] Hoppmann, Definition, S. 23 ff.

[336] Vor diesem Hintergrund formuliert Hoppmann auch seine Kritik an der neoklassischen Wettbewerbskonzeption bzw. am gesamten effektbasierten Wettbewerbsverständnis: „ (…) hat sich ein Erklärungsansatz [als, M. M.] besonders erfolgsversprechen erwiesen, der als Theorie komplexer Phänomene konzipiert ist. Man könnte ihn system- oder sozialtheoretisch nennen. Er fasst soziale Strukturen und Prozesse als komplexe Phänomene auf, die nicht nach neoklassisch-mechanistischer Manier auf einfache, sog. ökonomische Gesetze reduziert werden können. Der Markt wird als komplexes kybernetisches System erfasst. Die Elemente dieses Systems sind die Individuen und die Unternehmen. Sie interagieren spontan aufgrund allgemeiner Verhaltensregeln, der Systemcharakter ist selbstregulierend, umweltoffen und evolutorisch. Die lenkende Kraft der Evolution ist die Selektion. Die Kraft, die die Evolution speist, ist die positive Rückkopplung, die negative Rückkopplung ist die Kraft, die das Marktsystem homöostatisch stabilisiert.", Hoppmann, Systemtheorie, S. 7; siehe ferner auch: Hoppmann, Fusionskontrolle, S. 6 (Fn. 3); Hoppmann, Definition, S. 23 ff.; Eickhof, S. 41.

[337] Olten, S. 99; Eickhof, S. 44; Schmidt/Haucap, S. 21; Künzler, S. 57.

[338] Siehe hierzu bereits oben: *§ 3.C. V.2. Wettbewerb und wirtschaftliche Freiheit*; Hoppmann, Definition, S. 15.

heit der Wettbewerber im marktwirtschaftlichen Parallelprozess. Dabei geht
es um die Freiheit der Wettbewerber zum Einsatz ihrer Aktionsparameter,
zum Vorstoss sowie zur Nachfolge in technisches, organisatorisches und
ökonomisches Neuland sowie um die Freiheit der potenziellen Wettbewerber zum Markteintritt, aber auch um die Freiheit der Marktkontrahenten
zur Auswahl zwischen mehreren Alternativen. Die individuellen Freiheitsbereiche sind jedoch nicht absolut, sondern relativ zu verstehen.[339] Dementsprechend geht es Hoppmann um die Herstellung und Aufrechterhaltung der
relativen Wettbewerbsfreiheit, die sich in den Aktionsspielräumen der (potenziellen) Marktteilnehmer manifestiert.

Um zu bestimmen, ob die relative Wettbewerbsfreiheit ausreichend ge-
währleistet ist, greift Hoppmann auf das Konzept der Marktmacht zurück.
Demnach ist die Wettbewerbsfreiheit verletzt, wenn die Marktmacht der
Marktakteure „unangemessen"[340] hoch ist. Um die Unangemessenheit der
Marktmacht festzustellen, entwickelte Hoppmann ein zweistufiges Prüfpro-
gramm: Zunächst ist zu fragen, in welchem Ausmass Marktmacht vorliegt
und worauf diese zurückzuführen ist. Anschliessend ist zu fragen, ob die
Marktmacht unangemessen ist.[341]

Zur Beantwortung der ersten Frage ist, so Hoppmann, ein Instrumentari-
um wertfreier Begriffe erforderlich: Das Struktur-Verhaltens-Ergebnis-Paradigma sei, weil unterkomplex, dafür „inadäquat".[342] Stattdessen sind für
eine realistische Beschreibung der Marktprozesse sämtliche Wettbewerbs-
dimensionen im Rahmen des Austausch- und Parallelprozesses zu überprüfen. Dazu gehören etwa ein Produktflexibilitätstest oder ein Freiheitstest für
aktuelle und potenzielle Wettbewerber.[343] Diese mehrdimensionale Überprüfung soll den Marktprozess als dynamische Erscheinung fassbar machen.
Hoppmann bezeichnet diese Überprüfung als sog. „Marktmacht-Test".[344]
Die zweite Frage wird von Hoppmann dahingegen explizit nicht beantwortet. Dies, weil sich Urteile über das genaue Ausmass der noch tolerierbaren
Freiheitsbeschränkungen „wissenschaftlich nicht sichern"[345] lassen.[346]

---

[339] Siehe hierzu oben: *§ 4.B.III.1.i) Hayeks Ordnungs- und Regelverständnis.*
[340] Hoppmann, Definition, S. 37.
[341] Hoppmann, Definition, S. 37; Heidrich, S. 281.
[342] Hoppmann, Definition, S. 39; Dies insbesondere, weil das Paradigma den dynamisch-
historischen Marktprozess nicht berücksichtigt.
[343] Hoppmann, Definition, S. 38 f.; Heidrich, S. 281.
[344] Hoppmann, Definition, S. 44.
[345] Hoppmann, Definition, S. 44.
[346] Die Hauptaufgabe der Wettbewerbsforschung, so Hoppmann, bestehe nun darin, begriffliche Grundlagen sowie adäquate Tests zu erarbeiten, mit deren Hilfe Beschränkungen der
Wettbewerbsfreiheit bzw. der Aufbau von Marktmacht diagnostiziert werden können. Siehe
hierzu: Hoppmann, Definition, S. 48; Eickhof, S. 44.

Ist die relative Wettbewerbsfreiheit gesichert, führe dies, so Hoppmann, stets zu einer sog. „ökonomischen Vorteilhaftigkeit".[347] Unter diesem Begriff sind die leistungsinduzierten individuellen ökonomischen Vorteile zu verstehen, die vom leistungsfähigeren Wettbewerber abgeschöpft werden.[348] Diese ökonomischen Vorteile sind strikt individuell zu verstehen; überindividuelle Vorteile – im Sinne volkswirtschaftlicher oder gesamtgesellschaftlicher Zielvorgaben – sind nicht miteingeschlossen.[349]

Hoppmanns These, dass Wettbewerbsfreiheit stets zu individuell-ökonomischen Vorteilen führt und somit kein Konflikt zwischen diesen beiden „Zielkomplexen"[350] existiert, wird heute in der Literatur als sog. Non-Dilemma-These bzw. Harmonie-These bezeichnet.[351] Oder wie es Hoppmann selbst formuliert:

„Wettbewerbsfreiheit und ökonomische Vorteilhaftigkeit sind zwei Aspekte desselben wettbewerblichen Prozesses, sind zwei Seiten derselben Medaille. Deshalb kann es keine Alternative, keinen Konflikt und kein Problem der Vorrangigkeit zwischen beiden Zielen geben."[352]

Hinsichtlich dieser Harmonie-These sind jedoch zwei Präzisierungen angebracht. Einerseits muss eine zusätzliche Bedingung erfüllt sein, damit kein Konflikt zwischen den beiden Zielkomplexen entsteht: Die Marktteilnehmer müssen eine Wettbewerbsgesinnung bzw. einen „spirit of competition"[353] aufweisen. Jedoch führt Hoppmann diesen Aspekt der Leistungsmotivation nicht weiter aus, sondern unterstellt den Marktakteuren diesen Wettbewerbstrieb als ursprünglich angeborene, anthropologische Komponente.[354] Andererseits umschreibt er einen sog. Ausnahmebereich, der die Harmonie-These entscheidend relativiert.[355] Im Rahmen dieses Ausnahmebereichs räumt Hoppmann ein, dass es zu einem Konflikt zwischen der Wettbewerbsfreiheit

---

[347] Hoppmann, Definition, S. 17 ff.; was genau unter ökonomischer Vorteilhaftigkeit verstanden wird, hängt schliesslich vom Standpunkt der einzelnen Marktteilnehmer ab.

[348] In diesem Sinne gilt: „Wer Besseres leistet, erzielt vor seinen Mitbewerbern irgendeinen Vorteil.", Hoppmann, Definition, S. 17; konkret wird im marktwirtschaftlichen Parallelprozess ein Akteur nur dann in den Markt eintreten, wenn er sich davon einen individuellen, wirtschaftlichen Vorteil verspricht. Im marktwirtschaftlichen Austauschprozess kommt es dahingegen nur dann zu einer freiwilligen Transaktion, wenn beide Marktakteure einen individuellen ökonomischen Vorteil erwarten. Siehe hierzu: Eickhof, S. 43.

[349] In diesem Zusammenhang kritisiert Hoppmann indirekt auch die effektbasierten Wettbewerbskonzeptionen, die den Wettbewerb als „psychologische Technik, die in den Dienst bestimmter ökonomischer Ziele gestellt wird" sehen. Siehe hierzu: Hoppmann, Definition, S. 23 f.

[350] Hoppmann, Definition, S. 14.

[351] Schuhmacher, S. 59; Schmidt/Haucap, S. 42; Aberle, S. 38; Olten, S. 97 f.

[352] Hoppmann, Definition, S. 21.

[353] Hoppmann, Definition, S. 14.

[354] Hoppmann, Definition, S. 14; Heidrich, S. 278.

[355] Eickhof, S. 45.

und der ökonomischen Vorteilhaftigkeit kommen kann bzw. dass man die
ökonomischen Vorteile nur erzielen kann, wenn man unangemessene Marktmacht akzeptiert. In diesen Ausnahmebereich fällt unter anderem ein Leistungsmonopol oder aber das Ausnützen von Grössenvorteilen („economies
of scale").[356] Die Einführung dieses Ausnahmebereichs ist in der Lehre
jedoch stark kritisiert worden; damit würde die Harmonie-These nämlich
gegen jegliche Falsifikation immunisiert bzw. zur Tautologie werden.[357]

Vor diesem Hintergrund lässt sich die ursprüngliche Konzeption der Wettbewerbsfreiheit wie folgt zusammenfassen: Unter der Voraussetzung, dass
eine Wettbewerbsgesinnung herrscht und der Ausnahmebereich nicht tan-
giert ist, hat die Wettbewerbspolitik lediglich die Sicherung der relativen
Wettbewerbsfreiheit zum Ziel, die individuellen ökonomischen Vorteile ergeben sich dann von selbst. Hoppmann sieht den Wettbewerb damit als ein
Ziel in sich selbst; alle anderen Wettbewerbsziele, wie die Allokations-, Ver-
teilungs- oder Innovationsfunktion, müssen von der Wettbewerbspolitik
nicht explizit adressiert werden.

Diese ursprüngliche Wettbewerbskonzeption von Hoppmann war Ende der
1960er Jahre vielfach Kritik ausgesetzt. Neben der Immunisierung der Harmonie-These und der damit einhergehenden tautologischen Wettbewerbsdefinition wurde unter anderem auch die Erfassung von „unangemessener"
Marktmarkt und die anthropologische Begründung der Wettbewerbsgesinnung kritisiert.[358] Es erstaunt daher nicht, dass Hoppmann seine ursprüngliche Konzeption zu Beginn der 1970er Jahre revidiert hat. Das „Geburts-
jahr" dieser neuen Konzeption wird von Heidrich und Eickhof auf 1972
gelegt.[359] Es ist jedoch fraglich, ob es sich dabei tatsächlich um eine „Zä-
sur"[360] handelt. Vielmehr scheint diese neue Konzeption gleichzeitig eine
Erweiterung und Zuspitzung der ursprünglichen Konzeption zu sein.

– *Die erweiterte Konzeption der Wettbewerbsfreiheit*
Grundsätzlich nähert sich Hoppmanns erweiterte Wettbewerbskonzeption
noch weitgehender an Hayeks Wirtschafts- bzw. Wettbewerbsverständnis an.
Dabei fallen insbesondere drei Neuerungen ins Gewicht.

Erstens verabschiedet sich Hoppmann vom vagen zweistufigen Prüfprogramm zur Bestimmung der Unangemessenheit von Marktmacht und substituiert dieses durch Hayeks Zwangs- bzw. Freiheitsverständnis: Die relative
Wettbewerbsfreiheit wird folglich nicht eingeschränkt, wenn unangemes-

---

[356] Siehe hierzu bereits oben: *§ 4.B.II.3.iii) Normative Grundlage: Gesamt- vs. Konsumentenwohlfahrt*; Hoppmann, Definition, S. 22.
[357] Siehe dazu: Aberle, S. 39; Schmidt/Haucap, S. 21; Eickhof, S. 46; Heidrich, S. 279.
[358] Siehe dazu m. w. V.: Heidrich, S. 279 und S. 282 f.
[359] Heidrich, S. 273; Eickhof, S. 42 und S. 47.
[360] Heidrich, S. 273.

sene Marktmacht vorliegt, sondern wenn die individuellen Freiheitsräume durch Zwang beeinträchtigt werden.[361] Pointiert gesagt, ersetzt Hoppmann damit seinen Marktmacht-Test durch einen Freiheits-Test.

Zweitens betont Hoppmann in seinen späteren Schriften die Wichtigkeit allgemeiner Verhaltensregeln. So schützen diese Regeln vor zu weitgehenden staatlichen Eingriffen in die individuellen Freiheitsbereiche und tragen massgeblich zur Leistungsfähigkeit der spontanen Ordnung bei.[362] Analog zu Hayek vertritt auch Hoppmann die Auffassung, dass die allgemeinen Verhaltensregeln negativ, universalisierbar, gleich sowie bekannt und gewiss sein müssen. Darüber hinaus muss der Gesetzgeber den marktwirtschaftlichen Evolutionsprozess, aus dem die allgemeinen Verhaltensregeln entstanden sind, bei der Revidierung dieser Regeln zwingend berücksichtigen. Konkret sind die Regeln damit nur schrittweise und unter Würdigung des tradierten Gesamtsystems zu reformieren.[363] Für die Wettbewerbspolitik bedeutet dies, dass ausschliesslich ein „Per se Rule"-Ansatz zur Anwendung gelangt. Ein „Rule of Reason"-Ansatz, der den Wettbewerbsbehörden diskretionäre Ermessensspielräume zugestehen würde, ist dahingegen systemwidrig.[364] Letztlich findet damit eine inhaltliche Gleichschaltung von Hoppmanns und Hayeks Regelverständnis statt.[365]

Drittens revidiert Hoppmann seine Vorstellung von Wettbewerbsfreiheit und ökonomischer Vorteilhaftigkeit. In seinen späteren Schriften vermeidet er die Begriffe Non-Dilemma- bzw. Harmonie-These und differenziert nicht mehr zwischen individuell-ökonomischen und überindividuellen Vorteilen. Vielmehr ist Wettbewerbsfreiheit nun Voraussetzung für die Erfüllung sog. ökonomischer Wettbewerbsfunktionen. Unter die ökonomischen Wettbewerbsfunktionen subsumiert Hoppmann unter anderem Wachstum, technischen Fortschritt, Allokationseffizienz und Leistungssteigerung.[366] Aber auch in seiner erweiterten Konzeption sieht er keinen Konflikt zwischen den

---

[361] Hoppmann, Fusionskontrolle, S. 12 f.; Eickhof, S. 42; wie Hayek, weist auch Hoppmann darauf hin, dass privater Zwang nur durch ein staatliches Zwangsmonopol verhindert werden kann, dieses Zwangsmonopol aber zugleich selbst in seinem Umfang durch den freiheitlichen Rechtstaat zu beschränken ist: „Rechtstaat und Marktsystem sind insofern nur zwei Seiten einer Medaille." Siehe dazu: Hoppmann, Marktsystem, S. 14; Heidrich, S. 289.

[362] Siehe hierzu: Hoppmann, Marktsystem, S. 19.

[363] Heidrich, S. 288 f.

[364] Siehe dazu: Eickhof, S. 52.

[365] Mit dem zunehmenden Einfluss der „Chicago School" hat sich Hoppmann in einem seiner Spätwerke auch mit dem Verhältnis von allgemeinen Verhaltensregeln und Effizienz auseinandergesetzt. Gemäss Hoppmann existiert keine anzustrebende optimale Effizienz. Effizienzmassstab sind vielmehr die individuellen Freiheitsräume, die durch die allgemeinen Verhaltensregeln gewährleistet werden. Nur so kann das individuell aufgesplitterte Wissen für die Gesamtgesellschaft nutzbar gemacht werden und damit eine effiziente Wirtschaftsordnung sicherstellen. Insofern setzt in Hoppmanns Verständnis Effizienz allgemeine Verhaltensregeln voraus. Siehe dazu: Hoppmann, Effizienz, S. 184 ff.; Heidrich, S. 290.

[366] Hoppmann, Fusionskontrolle, S. 18; Eickhof, S. 43.

beiden Zielkomplexen. Im Gegenteil: Werden die Wettbewerbsfreiheit und damit der Wettbewerb beschränkt, leiden darunter die ökonomischen Wettbewerbsfunktionen.[367] Es kann folglich gesagt werden, dass Hoppmann in seiner späteren Konzeption zwar begrifflich vom Konzept der Harmonie-These Abstand genommen hat, in materieller Hinsicht dieses jedoch noch weiter ausbaute: Ökonomische Vorteilhaftigkeit wird nicht mehr rein individuell, sondern marktbezogen verstanden.[368]

Mit der erweiterten Konzeption verschwinden die Unterschiede zwischen Hoppmanns und Hayeks Wirtschafts- und Wettbewerbsverständnis nahezu vollständig.[369] Der entscheidende Mehrwert – der ihn auch zu einer prominenten Figur in der Wettbewerbsforschung macht – hat Hoppmann damit nicht im Rahmen der theoretischen Grundlagen erbracht, sondern bei den wettbewerbspolitischen Regulierungsvorschlägen.

iv) Aufgabe der Wettbewerbspolitik

Primäre Aufgabe der Wettbewerbsbehörden ist die Aufrechterhaltung der (relativen) Wettbewerbsfreiheit – dies umfasst sowohl den Schutz gegenüber staatlichen als auch privaten Freiheitsbeschränkungen. Während in Hoppmanns ursprünglicher Konzeption die staatlichen und privaten Beschränkungen eine gleichrangige Gefahr für die Wettbewerbsfreiheit darstellten, werden in der erweiterten Konzeption die staatlichen Massnahmen – ganz im Sinne Hayeks – als „die wesentliche Quelle für Wettbewerbsbeschränkungen"[370] gesehen. Die Wettbewerbspolitik hat dementsprechend die systematische Beobachtung der Staatstätigkeit sowie die Unterbindung staatlicher Wettbewerbsbeschränkungen zur Hauptaufgabe.[371] Die Gefahr, dass Freiheitsbeschränkungen von Privaten ausgehen, sieht Hoppmann in seiner erweiterten Konzeption dahingegen als gering an – diese Beschränkungen gehören „zu den weniger gewichtigen Problemen".[372] Soweit überhaupt Massnahmen gegen private Wettbewerbsbeschränkungen erforderlich sind, kommt es dabei lediglich auf die richtige Abgrenzung der Freiheitsbereiche an.[373] Dies ist jedoch primär Aufgabe des Gesetzgebers, der durch die Normierung allgemeiner Verhaltensregeln die individuellen Freiheitsräume vor privatem Zwang schützt. Gelingt es mit diesen Regeln, die Abwesenheit von Zwang sicherzustellen, kann es nur noch wettbewerbliche Marktmacht geben, die sich im dynamischen Marktprozess auf-

---

[367] Eickhof, S. 43.
[368] Eickhof, S. 44.
[369] Zu Hoppmanns erweiterter Konzeption siehe auch: Kerber, Dynamischer Wettbewerb, S. 174 ff.
[370] Hoppmann, Fusionskontrolle, S. 14; Eickhof, S. 44 f.
[371] Hoppmann, Fusionskontrolle, S. 14.
[372] Hoppmann, Fusionskontrolle, S. 26; Heidrich, S. 291.
[373] Heidrich, S. 292.

und abbaut – und daher keiner staatlichen Kontrolle bedarf.[374] Damit entfällt auch die wettbewerbsbehördliche Einzelfallbeurteilung von Marktmacht. Im Rahmen der privaten Wettbewerbsbeschränkungen wird der Wettbewerbspolitik damit quasi jegliche Daseinsberechtigung abgesprochen.[375]

Unbesehen dieser Ausführungen hat sich Hoppmann dennoch mit den einzelnen Formen privater Wettbewerbsbeschränkungen auseinandergesetzt. Dies ist jedoch nicht als Eingeständnis von Hoppmann zu verstehen, dass sein eigener Wettbewerbsansatz in der Praxis nicht funktioniert. Vielmehr haben sich die Wettbewerbsbehörden mit solchen privaten Wettbewerbsbeschränkungen zu befassen, weil der Staat die ihm zugewiesenen Aufgaben nicht sachgerecht wahrnimmt.

– Bewertung von Zusammenschlüssen

Im Rahmen seiner erweiterten Konzeption hat sich Hoppmann ausführlich mit Unternehmenszusammenschlüssen befasst.[376] Dabei vertritt er eine radikale Position: Zusammenschlüsse sind per se zu untersagen. Was auf den ersten Blick erstaunen mag, entpuppt sich bei genauerer Betrachtung lediglich als konsequente Anwendung seiner erweiterten Konzeption der Wettbewerbsfreiheit.[377]

Ausgangspunkt bildet die Erkenntnis, dass Fusionskontrollen „systemwidrig und vom Prinzip her ungeeignet"[378] sind. Hoppmann begründet dies wie folgt: Fusionskontrollen können im Einzelnen entweder der Bekämpfung unerwünschter Unternehmensmacht, unerwünschter Unternehmenskonzentration oder Wettbewerbsbeschränkungen dienen.[379] In allen drei Fällen wird jedoch ein Analysemodell vorausgesetzt, das mit der Systemrationalität der spontanen Ordnung nicht vereinbar ist. So bedarf es eines Modells, das im Einzelfall ex-ante bewerten kann, ob ein bestimmter Unternehmenszusammenschluss unerwünschte Marktmacht oder -konzentration mit sich bringt. Dieses Vorgehen widerspricht aber dem Verständnis von Wettbewerb als offenem Prozess, dessen Ergebnisse ex-ante nicht exakt prognostiziert werden können, da die relevanten Informationen innerhalb des komplexen marktwirtschaftlichen Systems erst aufgedeckt werden.[380] Vor diesem Hinter-

---

[374] Heidrich, S. 293.

[375] Heidrich sieht die Aufgabe der Wettbewerbspolitik in erster Linie im Vergleichen von Marktverläufen, die unter alternativen institutionellen Bedingungen innerhalb des Rahmens der spontanen Ordnung eintreten können. Siehe dazu: Heidrich, S. 293.

[376] Siehe dazu: Hoppmann, Fusionskontrolle, S. 29 ff.

[377] In seiner ursprünglichen Konzeption begrüsste Hoppmann dahingegen noch eine Fusionskontrolle und erlaubte Zusammenschlüsse grundsätzlich. Siehe dazu m. w. V: Eickhof, S. 47.

[378] Hoppmann, Fusionskontrolle, S. 59.

[379] Hoppmann, Fusionskontrolle, S. 30; Eickhof, S. 47.

[380] Siehe dazu ausführlich: Hoppmann, Fusionskontrolle, S. 31 ff.; Eickhof, S. 47 f.

grund lehnt Hoppmann staatliche Einzelfallkontrollen von Unternehmenszusammenschlüssen ab.

Dementsprechend kommen nur noch zwei Lösungsalternativen in Betracht: Entweder werden Zusammenschlüsse per se erlaubt oder per se verboten. Hoppmann entschied sich für letztere Lösung, da Fusionen ganz generell mit sog. „ex-ante-Koordinationen"[381] von Plänen einhergehen, welche
die Komplexität des Marktsystems reduzieren. Wenn solche Koordinierun-
gen immer mehr um sich greifen, ist letztlich die Existenz des polyzentrischen, spontanen Marktsystems gefährdet.[382]

– *Bewertung von ein- und zweiseitigen Wettbewerbsbeschränkungen*
Hoppmann hat sich nur am Rande mit ein- und zweiseitigen Wettbewerbsbeschränkungen auseinandergesetzt. Gemäss Eickhof lässt sich Hoppmanns
diesbezügliche Haltung jedoch aus verschiedenen Passagen in seinen Spätwerken ableiten.[383]

Gemäss Hoppmann stellen auch Kartelle – als mehrseitige Wettbewerbsbeschränkungen – „eine Form der ex-ante Koordination von Unternehmen"
dar, was „die Gleichbehandlung von Kartellen und Unternehmenszusammenschlüssen" rechtfertigt.[384] Da die zu unterbindenden Methoden – wie
Preis- oder Gebietsabsprachen – in der Wettbewerbsforschung weitgehend
bekannt sind, bleibt im Rahmen von Kartellen kein Raum für behördliches
Ermessen; diese Praktiken sind ebenfalls per se zu verbieten.[385]

An anderer Stelle weist Hoppmann darauf hin, dass Ex-ante-Koordinationen „auch durch Drohung und Ausübung von Zwang"[386] geschehen können.
Damit spricht er implizit das Problem von einseitigen Wettbewerbsbeschränkungen an; diese lassen „,Blockierungen' innerhalb des Systems der spontanen Koordination entstehen, durch die die Adaptionsfähigkeit sowohl des
ganzen Systems als auch der einzelnen Entscheidungszentren innerhalb des
Systems aneinander beeinträchtigt wird".[387] Im Gegensatz zu den mehrsei-
tigen sind bei den einseitigen Wettbewerbsbeschränkungen die zu unterbindenden Methoden noch nicht vollständig bekannt. Es ist folglich die Aufgabe der Wettbewerbsforschung bzw. der theoretischen Wettbewerbspolitik,

---

[381] Hoppmann, Fusionskontrolle, S. 63.
[382] Hoppmann, Fusionskontrolle, S. 62 f.; Heidrich, S. 297 f.; die Begründung, warum Unternehmenszusammenschlüsse als wettbewerbsbeschränkende Verhaltensweisen verstanden
werden sollten, ist jedoch auf starke Kritik gestossen. Siehe dazu unten: *§ 4.B.III.1.vi) Kritik.*
[383] Eickhof, S. 48 f.; ferner sind die Überlegungen betreffend Unternehmenszusammenschlüsse mittels Analogieschlusses auch auf ein- und mehrseitige Wettbewerbsbeschränkungen anwendbar.
[384] Hoppmann, Fusionskontrolle, S. 86.
[385] Siehe dazu: Eickhof, S. 48; Heidrich, S. 299 f.
[386] Hoppmann, Fusionskontrolle, S. 62.
[387] Hoppmann, Fusionskontrolle, S. 62.

die restriktiven Praktiken klar zu identifizieren und sodann per se zu verbieten.[388]

Die Ausführungen machen deutlich: Für Hoppmann bildet die „Systemkonformität" das wichtigste Entscheidungskriterium. So gibt er unumwunden zu, dass die Anwendung eines „Per se Rule"-Ansatzes in gewissen Einzelfällen zu wohlfahrtsschädlichen Ergebnissen führen könne.[389] Diese schädlichen Ergebnisse seien jedoch vernachlässigbar, da sie mit den Vorteilen, die aus der Aufrechterhaltung einer spontanen Ordnung und der daran gekoppelten Wettbewerbsfreiheit erwachsen, weit mehr als kompensiert werden. Daraus folgt, dass „allgemein nur die Regel als Ganzes gerechtfertigt werden muss, nicht ihre einzelne Anwendung".[390]

v) Exkurs: Hoppmann-Kantzenbach-Kontroverse

Unter der sog. Hoppmann-Kantzenbach-Kontroverse versteht man eine in den späten 1960er Jahren geführte akademische Auseinandersetzung zwischen Erich Hoppmann und Erhard Kantzenbach.[391] Die Kontroverse kann als prominentester Schriftenwechsel zwischen einem Vertreter eines effektbasierten (Kantzenbach) und eines systemischen Wettbewerbsverständnisses (Hoppmann) angesehen werden.

Die Kontroverse gründet im Kern auf folgender Frage: Weist der Wettbewerb mehr Ziel- oder Mittelcharakter auf?[392] Während Hoppmann den Wettbewerb – oder präziser gesagt die Wettbewerbsfreiheit – als das einzig anzustrebende Ziel der Wettbewerbspolitik versteht, sieht Kantzenbach im Wettbewerb ein Mittel, das zur Erreichung übergeordneter ökonomischer Ziele dient. Konkreter Aufhänger der Kontroverse ist dabei die Frage, ob ein Zielkonflikt zwischen Wettbewerb und ökonomischer Vorteilhaftigkeit bestehen kann (Dilemma-These) oder nicht (Harmonie-These). Kantzenbach vertritt die Ansicht, dass zwischen den beiden Zielkomplexen Konflikte bestehen können; das Dilemma besteht nun darin, die einzelnen Wettbewerbsziele gegeneinander abzuwägen.[393] Hoppmann vertritt dahingegen die Harmonie-These: Wettbewerbsfreiheit und ökonomische Vorteilhaftigkeit sind zwei Seiten derselben Medaille.[394]

---

[388] Heidrich, S. 295 f.; Eickhof, S. 48 f.

[389] Hoppmann, Fusionskontrolle, S. 83.

[390] Hoppmann, Fusionskontrolle, S. 83; diese Ansicht ist unter anderem auf Hoppmanns Vorstellung vom Gesamtmarktkonzept zurückzuführen: Primäre Aufgabe ist die Funktionssicherung des gesamten Marktsystems und nicht nur einzelner Teilmärkte oder gar einzelner Marktakteure.

[391] Siehe dazu dezidiert: Eickhof, S. 49 ff.

[392] Eickhof, S. 49.

[393] Siehe dazu oben: *§ 4.B.II.2.iii) Späte „Harvard School": optimale Wettbewerbsintensität* und *§ 4.B.II.2.iv) Normative Grundlagen.*

[394] Siehe dazu oben: *§ 4.B.III.1.iii) Konzeption der Wettbewerbsfreiheit.*

Ausgehend von den unterschiedlichen Wettbewerbsvorstellungen haben die beiden Akademiker ganz unterschiedliche wettbewerbspolitische Handlungs-empfehlungen ausgearbeitet: Hoppmanns Vorstellung von der Leistungsfähig-keit der spontanen Ordnung verbietet eine Feinsteuerung der Märkte mittels einer aktiven Wettbewerbspolitik. Im Gegensatz dazu bildet die Feinsteuerung der Märkte zur Sicherung der optimalen Wettbewerbsintensität bei Kantzen-bach einen integralen Bestandteil der Wettbewerbspolitik. Die unterschiedli-chen Handlungsempfehlungen lassen sich letztlich auch auf divergierende Staatsverständnisse zurückführen: Während Kantzenbach den Staat als Institu-tion zur Lösung wettbewerbspolitischer Probleme betrachtet, sieht Hoppmann in ihm der Hauptproblemverursacher.[395]

In der Hoppmann-Kantzenbach-Kontroverse ist letztlich kein eindeutiger Sie-ger auszumachen. Vielmehr hatten beide Wettbewerbskonzeptionen einen nach-haltigen Einfluss auf die Wettbewerbspolitik – zumindest im deutschsprachigen Raum. So hat Kantzenbachs Wettbewerbskonzeption, wie bereits erwähnt, die praktische Wettbewerbspolitik der 1960er und 1970er Jahre mitgeprägt.[396] Aber auch in der theoretischen Wettbewerbspolitik wurde sein Ansatz immer wieder aufgegriffen und weiter differenziert. Dies trifft allen voran auf die von ihm aus-gearbeitete Dilemma-These zu; so kann heute in Anlehnung an Schmidt und Haucap zwischen drei Dilemma-Thesen unterschieden werden:[397]

– *Dilemma-These I:* Beschreibt den Zielkonflikt innerhalb der ökonomischen Wettbewerbsfunktionen. Klassisches Beispiel ist der Konflikt zwischen Al-lokations- und Innovationsfunktion: Wettbewerbspolitische Eingriffe, die auf die kurzfristige Erhöhung der statischen Effizienz abzielen, können lang-fristig die Innovation und das Wirtschaftswachstum hemmen.[398]
– *Dilemma-These II:* Beschreibt den Zielkonflikt zwischen den ökonomischen und den gesellschaftspolitischen Wettbewerbsfunktionen. So können markt-mächtige Unternehmen beispielsweise die dynamische Effizienz erhöhen, aber aufgrund der daraus folgenden ökonomischen und politischen Macht-akkumulation eine Gefahr für die Demokratie und den Rechtsstaat darstel-len.
– *Dilemma-These III:* Schliesslich sind auch Zielkonflikte zwischen den Wett-bewerbsfunktionen und anderen öffentlichen Interessen möglich. Zu denken ist etwa an Umwelt-, Kultur- oder Landesversorgungsinteressen, die einem freien wirtschaftlichen Wettbewerb entgegenstehen.

---

[395] Eickhof, S. 51.
[396] Siehe hierzu oben: *§ 4.B.II.2.iii) Späte „Harvard School": optimale Wettbewerbs-intensität.*
[397] Schmidt/Haucap, S. 42 f.
[398] Die Dilemma-These I ist die ursprüngliche Dilemma-These, die Kantzenbach im Rah-men der Kontroverse mit Hoppmann ins Feld führte.

Aber auch Hoppmanns Einfluss auf die praktische und theoretische Wettbewerbspolitik ist nicht zu unterschätzen. So wird die Konzeption der Wettbewerbsfreiheit bis heute immer wieder von Autoren aufgegriffen und weiterentwickelt.[399]

vi) Kritik

Neben Kantzenbachs Kritik werden gegen das Konzept der Wettbewerbsfreiheit aber auch andere Einwände vorgebracht. Auf drei gewichtige Kritikpunkte ist nachfolgend vertieft einzugehen:[400]

- *Freiheitsbegriff*
  Individuelle Freiheit, verstanden als Abwesenheit von Zwang durch andere, bildet sowohl bei Hayek als auch bei Hoppmann die Grundlage für die Leistungsfähigkeit des Marktsystems. Der Freiheitsbegriff der Österreicher Schule geht aber mit einem fundamentalen Problem einher; nämlich jenem der richtigen Abgrenzung der individuellen Freiheitsbereiche.[401]
  Nehmen wir folgendes Kurzbeispiel zur Illustration: Die Wettbewerbsbehörde untersagt den Zusammenschluss zweier Unternehmen mit der Begründung, dass das daraus resultierende marktmächtige Unternehmen die individuellen Freiheitsbereiche der anderen Marktakteure einschränken würde. Die zwei betroffenen Unternehmen wenden jedoch ein, dass mit der Untersagung ihre individuellen Freiheitsbereiche eingeschränkt werden und es nicht ersichtlich ist, warum die Freiheitsbereiche der anderen Marktakteure einen höheren Stellenwert geniessen sollen. Hier offenbart sich eine fundamentale Schwachstelle des Hayekschen Freiheitsverständnisses: Wenn verschiedene Freiheitsbereiche aufeinanderprallen, liefert die Österreicher Schule keine Antwort auf die Frage, welche Freiheiten zu bevorzugen sind. Zur Beantwortung dieser Frage ist zwangsläufig auf alternative Kriterien abzustellen.
  Heidrich spricht in diesem Zusammenhang von der Umverteilung individueller Freiheiten, die nur gerechtfertigt ist, wenn dadurch überindividuelle Vorteile entstehen.[402] Und Stucke fasst dieses Grundproblem pointiert wie folgt zusammen:

„Consequently, promoting economic freedom inherently involves trading in some people's freedom to promote others'. To make that trade-off, one invariably relies on other values and goals beside economic freedom."[403]

---

[399] Siehe hierzu: Eickhof, S. 56.
[400] Für weitere kritische Aspekte siehe insbesondere: Bartling, S. 49 ff.; Künzler, S. 58 ff.
[401] Siehe dazu eingehend: Heidrich, S. 247 ff.; Koller, S. 46 f.; Stucke, Antitrust Goals, S. 591 ff.
[402] Heidrich, S. 248 f.; Koller, S. 46.
[403] Stucke, Antitrust Goals, S. 592 f.

Damit liefert das Konzept der (Wettbewerbs-)Freiheit im Konfliktfall kein finales Entscheidungskriterium. Sobald man jedoch auf Alternativkriterien abstellt, ergeben sich verschiedenste Folgeprobleme.[404] Hayek scheint sich diesem Abgrenzungsproblem durchaus bewusst zu sein und versucht, dieses zu umgehen, indem er letztlich der Rechtswissenschaft die Abgrenzungsaufgabe zuteilt: Insbesondere die Gerichte sollen mittels Kasuistik die allgemeinen Verhaltensregeln konkretisieren und damit die individuellen Freiheitsbereiche voneinander abgrenzen.[405] Damit ist das Grundsatzproblem jedoch nicht gelöst; vielmehr wird es auf die Ebene der Rechtsetzung und -anwendung verlagert.[406]

Vor diesem Hintergrund sind auch die Kritiker zu verstehen, die den Freiheitsbegriff der Österreicher Schule als „merkwürdig unterbestimmt und blass"[407] bezeichnen und aus ihm „kaum konkrete Schlussfolgerungen für das Recht gegen Wettbewerbsbeschränkungen"[408] ableiten können.

– *Marktvertrauen*

Der zuweilen erhobene Vorwurf, die Österreicher Schule leistet einem „laissez faire"-Liberalismus Vorschub, ist nicht stichhaltig. Wie dargelegt, bedarf es für die Funktionsfähigkeit der spontanen Ordnung gerade der staatlichen Sicherung der individuellen Freiheitsräume. Ferner sind auch die wettbewerbspolitischen Empfehlungen nicht mit dem Grundgedanken eines „laissez faire"-Liberalismus vereinbar. So macht beispielsweise Hoppmanns striktes Fusionsverbot deutlich, dass sich die Vertreter der Österreicher Schule staatlichen Eingriffen – auch wenn sie sehr tiefgreifend sind – nicht verschliessen.[409]

Obwohl dieser „laissez faire"-Vorwurf ins Leere läuft, hat eine ähnlich gelagerte Kritik durchaus ihre Berechtigung. So liegt dem Ordnungsverständnis der Österreicher Schule ein kritisches Werturteil bzw. Dogma zugrunde; nämlich das ausgeprägte Marktvertrauen innerhalb der spontanen Ordnung. So sind staatliche Eingriffe in das marktwirtschaftliche System, die über den Erhalt der spontanen Ordnung hinausgehen, systemwidrig und kategorisch abzulehnen. Im Umkehrschluss bedeutet dies: Es ist ausschliess-

---

[404] So insbesondere auch, wenn man, wie verschiedene Autoren vorschlagen, auf die Effizienz als Alternativkriterium abstellt.; Schmidtchen, Recht und Ökonomie, S. 160; m. w. V.: Heidrich, S. 249; jedoch bringen auch andere Kriterien Folgeprobleme mit sich. Siehe so zum Kriterium des „sozialen Fortschritts" instruktiv: Koller, S. 46 ff.

[405] Heidrich, S. 248.

[406] Dies ist nicht unproblematisch, da es signifikante Unterschiede zwischen der rechtlichen und der ökonomischen Rationalität gibt. Siehe hierzu oben: *§ 2.B.II. Rechtliche vs. ökonomische Rationalität.*

[407] Koller, S. 46.

[408] Bartling, S. 50; Olten, S. 101.

[409] Siehe hierzu oben: *§ 4.B.III.1.ii) Wirtschafts- und wettbewerbspolitische Konsequenzen* und *§ 4.B.III.1.iii) Konzeption der Wettbewerbsfreiheit.*

lich das Marktsystem, das innerhalb der spontanen Ordnung für den sozialen Fortschritt sorgt, der letztlich allen Menschen zugute kommt.[410] Dieses Marktvertrauen lässt sich insbesondere bei Hoppmann herauslesen: Die Harmonie-These als auch seine unkritische Haltung gegenüber privaten Wettbewerbsbeschränkungen zeugen von einem sehr weitreichenden Marktvertrauen.[411]

Die Prämisse der Leistungsfähigkeit des Markts ist an sich relativ unbedenklich. Problematisch ist vielmehr, dass die Vertreter der Österreicher Schule aus methodischer Sicht auf dem Boden des Rationalismus stehen und damit ihre Ausgangsannahmen als Axiome verstehen. Eine empirische Überprüfung (deduktiv) bzw. Erweiterung (induktiv) der Annahmen ist damit grundsätzlich ausgeschlossen. Der Leistungsfähigkeit des Markts axiomatischen Charakter zuzusprechen, wurde unter anderem von Koller stark kritisiert:

> „Darin kommt ein nahezu uneingeschränktes Vertrauen in die selbstregulativen Kräfte ungesteuerter Systeme individuellen Handelns zum Ausdruck, ein Vertrauen, das man in Kenntnis der vielfältigen Paradoxien, die solche Systeme in sich bergen, und angesichts der Fehlentwicklungen, in die sie immer wieder führen, wohl nur als naiv bezeichnen kann."[412]

Zu einem ähnlichen Fazit kommen auch Schmidt und Haucap, die Hoppmanns „totale[s] Vertrauen auf den Marktmechanismus, d. h. die a priori positive Bewertung von Marktergebnissen (...) zumindest nicht unproblematisch"[413] finden.[414]

– *„Per se Rule"*

Schliesslich wurde Hoppmann aufgrund seiner ausschliesslichen Orientierung am „Per se Rule"-Ansatz kritisiert. Stein des Anstosses bildet die wettbewerbspolitische Bewertung von Unternehmenszusammenschlüssen. Gemäss Hoppmann sind diese per se zu verbieten.[415] Aufgrund dieser Be-

---

[410] Koller, S. 47; dieses starke Marktvertrauen lässt sich indes auch anderweitig begründen. So wurde Hayek stark von den Ideen des klassischen Liberalismus geprägt. Die führenden Liberalen, wie etwa John Locke, waren meist Anhänger von aufklärerischen und deistischen Ideen. Beeinflusst von der Vorstellung eines deistischen „Uhrmachergotts", verstanden sie die Wirtschaftsordnung, als ein in sich geschlossenes System, das am besten funktioniert, wenn es ungestört bzw. natürlich ablaufe. Diese Grundidee, dass sobald die (göttliche) Ordnung geschaffen ist, keine weiteren (göttlichen) Eingriffe notwendig sind, findet sich auch in Hayeks Ordnungsverständnis wieder. Siehe dazu kritisch: Dölken, S. 26 ff.

[411] In diesem Sinne ist auch Kerber zu verstehen: „Ebenso wie die Chicago School läuft (...) auch Hoppmann Gefahr, fälschlicherweise anzunehmen, dass das, was sich auf dem Markt als überlegen durchsetzt, auch in einem normativen Sinne besser ist", Kerber, Dynamischer Wettbewerb, S. 178.

[412] Koller, S. 47.

[413] Schmidt/Haucap, S. 22.

[414] Eine vergleichbare Kritik findet sich bei: Aberle, S. 40.

[415] Siehe hierzu oben: *§ 4.B.III.1.iii) Konzeption der Wettbewerbsfreiheit.*

trachtungsweise erfuhr Hoppmann von verschiedener Seite Kritik: Im Kern wurde ihm vorgeworfen, dass er die Zusammenschlussthematik zu pauschal betrachten würde und darüber hinaus nicht schlüssig aufzeigen kann, warum Zusammenschlüsse grundsätzlich wettbewerbsschädlich sind. Im Zuge dieser Kritik revidierte Hoppmann in einem seiner letzten Werke seinen Fusionsansatz erneut: Analog zu den ein- und zweiseitigen Wettbewerbsbeschränkungen sei es nun auch hier die Aufgabe der theoretischen Wettbewerbspolitik, die restriktiven Zusammenschlusspraktiken zu identifizieren.[416]

Vor diesem Hintergrund resümiert Aberle, dass ein „Per se Rule"-Ansatz der wettbewerblichen Realität letztlich nicht gerecht werden kann, da „nur wenige Tatbestände als eindeutig wettbewerbsbeschränkend eingestuft werden können".[417] Auch Schmidt und Haucap sehen es als nicht sachgerecht an, „eine dem Wettbewerbsprozess adäquate Handlungstheorie nur mittels per-se-Regeln aufzustellen".[418] Vielmehr müssen den Wettbewerbsbehörden bei der Beurteilung wettbewerbsrelevanter Sachverhalte grössere Ermessensspielräume eingeräumt werden.

2. Freiburger Schule: vollständiger Wettbewerb

i) Ausgangspunkt

Die Konzeption des vollständigen Wettbewerbs basiert auf dem theoretischen Grundverständnis der Freiburger Schule der Nationalökonomie. Prägende Figur dieser Schule ist Walter Eucken, der mit seinem ab den 1930er Jahren ausgearbeiteten Ansatz des sog. Ordoliberalismus die deutsche Wirtschaftspolitik der Nachkriegszeit entscheidend mitprägte. Nach Euckens Tod 1950 machte es sich insbesondere Franz Böhm zur Aufgabe, das ordoliberale Gedankengut in Wissenschaft und Politik weiterzuverbreiten.[419] Im Rahmen dieser Untersuchung wird jedoch in erster Linie der traditionelle Ordoliberalismus nach Walter Eucken thematisiert. Grundlage bildet dabei sein posthum erschienenes Werk *„Grundsätze der Wirtschaftspolitik"*.[420]

Bevor auf die Kernelemente des Ordoliberalismus und die Konzeptionen des vollständigen Wettbewerbs eingegangen wird, sind drei Vorbemerkungen angebracht.

---

[416] Eickhof, S. 49; Heidrich, S. 298 f.

[417] Aberle, S. 40.

[418] Schmidt/Haucap, S. 22.

[419] Freilich ist dies eine sehr vereinfachte Zusammenfassung der Entwicklungsgeschichte der Freiburger Schule. Siehe dazu eingehender: Pies, S. 8 ff.; Goldschmidt/Wohlgemuth, S. 3 ff.; Heinemann, Freiburger Schule, S. 8 ff.

[420] Siehe hierzu: *Walter Eucken, Grundsätze der Wirtschaftspolitik*; bei der Vollendung des Werks waren insbesondere Walter Euckens Frau, Edith Eucken sowie sein Mitarbeiter K. Paul Hensel federführend. Trotz ihrer Bemühungen, das Werk im Sinne von Walter Eucken kohärent zu vollenden, bleibt es streckenweise fragmentarisch. Siehe dazu: Pies, S. 32.

Erstens ist festzuhalten, dass Eucken keine genuine Wettbewerbskonzeption ausgearbeitet hat; vielmehr ist sein Ansatz als eine wirtschaftpolitische Gesamtentscheidung zu betrachten: Wirtschafts- und Wettbewerbsordnung gehen dabei Hand in Hand.[421] Dies macht bereits die von Eucken verwendete Terminologie deutlich: So spricht er nicht von „Wettbewerbspolitik", sondern von der „Politik der Wettbewerbsordnung".[422]

Zweitens steht Eucken vom methodischen Standpunkt her auf dem Boden des Rationalismus. Er ist der Ansicht, dass nur basierend auf dem Rationalismus die methodische Herausforderung der Ökonomik – nämlich der Durchstoss zur wirtschaftlichen Wirklichkeit – bewältigt werden kann.[423] Der Empirismus ist dahingegen abzulehnen. Gemäss Heinemann sieht Eucken die empiristische Methode insbesondere problematisch, da basierend auf den angestellten Beobachtungen keine allgemeinen Fragen und Probleme formuliert werden. So sei der Empirismus ein Irrweg: Entweder werden lediglich reine Tatsachensammlungen angefertigt, die überhaupt keine wissenschaftliche Leistung darstellen, da sie keine Zusammenhänge aufdecken; oder es werden zwar Zusammenhänge aufgedeckt, denen es aber an einer strengen Methode fehlt.[424]

Schliesslich ist zu erwähnen, dass das ordoliberale Wirtschaftsverständnis von Eucken verschiedene Berührungspunkte mit der Österreicher Schule als auch mit dem neoklassischen Wettbewerbsverständnis aufweist. Eucken verbindet nämlich den formalen preistheoretischen Wettbewerbsansatz der Neoklassik mit dem Konzept der Wettbewerbsfreiheit der Österreicher Schule. Gemäss Vanberg versucht sich Eucken bei dieser Synthese an der Quadratur des Kreises – die ihm nach Ansicht des Autors jedoch nicht gelingt.[425] Es erstaunt daher nicht, dass gewisse Schwierigkeiten bei der Einordnung und Abgrenzung des ordoliberalen Gedankenguts bestehen.[426] Im Rahmen dieser Studie wird in Anlehnung an Pies, Künzler und Schuhmacher der Ordoliberalismus bzw. der damit verbundene vollständige Wettbewerb dem systemischen Wettbewerbsverständnis zugeordnet.[427]

---

[421] Eucken, Wirtschaftspolitik, S. 180 ff.; Schuhmacher, S. 68.

[422] Eucken, Wirtschaftspolitik, S. 241.

[423] Heinemann, Freiburger Schule, S. 32.

[424] Siehe dazu: Heinemann, Freiburger Schule, S. 41 f.

[425] So sei der verfahrensorientierte Leistungswettbewerb, der eine privilegienfreie Ordnung schafft und damit die Freiheitsräume des Einzelnen schützt, nicht mit dem ergebnisorientierten neoklassischen Wettbewerb vereinbar. Vanberg schlägt vor diesen Konflikt aufzulösen, in dem anerkannt wird, dass „nur das Konzept des Leistungswettbewerbs zur systematischen Logik des Freiburger Forschungsprogramms passt". Siehe hierzu: Vanberg, die normativen Grundlagen, S. 62 f.

[426] Heidrich spricht in diesem Zusammenhang von den im Ordoliberalismus „innewohnenden Widersprüche". Siehe hierzu: Heidrich, S. 114; siehe ferner auch: Schuhmacher, S. 67 f.; Pies, S. 123 ff.; Maier-Rigaud, S. 139 ff.

[427] Pies, S. 226 f.; Künzler, S. 54 f.; Schuhmacher, S. 63 ff.

ii) Kernelemente des Ordoliberalismus

Der Ordoliberalismus setzt sich vereinfacht gesagt mit dem Verhältnis von staatlicher, wirtschaftlicher und gesellschaftlicher Ordnung auseinander und stellt dabei die Freiheit des Individuums ins Zentrum.[428] Um die Kernelemente des Ordoliberalismus systematisch darzulegen, ist von folgender Frage auszugehen: Was für eine Wirtschaftsordnung soll bestehen und wer soll diese wie verwirklichen?[429]

– *Was für eine Wirtschaftsordnung?*
Zunächst unterscheidet Eucken zwischen zwei verschiedenen Ordnungsgrundformen zur Lenkung der Wirtschaftsprozesse: der Zentralverwaltungswirtschaft und der Marktwirtschaft. Für Eucken stellt letztere die überlegenere Wirtschaftsform dar.[430] So ist die Zentralverwaltungswirtschaft nicht nur mit Blick auf die wirtschaftliche Leistungsfähigkeit unterlegen, sondern auch hinsichtlich moralischer, sozialer oder freiheitlicher Gesichtspunkte:

„(E)ine Wirtschaftspolitik zentraler Leistung beschränkt nicht nur die Freiheit der Betriebsleiter; gleichzeitig werden auch die schon früher gefährdeten Freiheitssphären der Arbeiter noch weiter verringert. Statt die Freiheitssphären so abzugrenzen, dass nicht die eine – z. B. die des Arbeitgebers – die andere – nämlich die der Arbeiter – zusammendrückt, werden beide verkleinert oder beseitigt, indem beide den Weisungen eines dritten Faktors, der zentralen Planstelle, unterworfen werden. Da die zentralen Planstellen den wirtschaftlichen Alltag der Menschen beherrschen und die Menschen auf zentrale Planziele befehlend richten, werden die Menschen Mittel zum Zweck. Es kann nicht nach dem fundamentalen moralischen Prinzip verfahren werden, ,den Menschen jederzeit zugleich als Zweck' nicht ,bloss als Mittel' zu gebrauchen (Kant)."[431]

Damit wird deutlich, dass sich Eucken bei der Gestaltung der Wirtschaftsordnung auch von ausserökonomischen Überlegungen leiten lässt. Im Kern geht es ihm um die Frage, wie „der modernen industrialisierten Wirtschaft eine funktionsfähige und menschenwürdige Ordnung gegeben werden"[432] kann.[433]

---

[428] Künzler, S. 54; Pies, S. 226.

[429] Die drei Teilfragen sind jedoch nicht trennscharf: Insbesondere die Frage nach dem „was" bezieht bis zu einem gewissen Grad auch auf die Frage nach dem „wer". Die Unterteilung orientiert sich jedoch an Euckens eigenem Aufbau. Siehe dazu: Eucken, Wirtschaftspolitik, S. 241 ff. („Was"-Frage), S. 325 ff. („Wer"-Frage), S. 334 ff. („Wie"-Frage).

[430] Siehe dazu bereits oben: *§ 3.B. I.1. Markt- und Planwirtschaft.*

[431] Eucken, Wirtschaftspolitik, S. 126.

[432] Eucken, Wirtschaftspolitik, S. 14.

[433] Pies, S. 61 f.; siehe dazu auch die siebte und zehnte Grundaussage bei: Goldschmidt/Wohlgemuth, S. 13 f.; bei dieser Ausgangsfrage erstaunt es nicht weiter, dass Eucken heute als Wegbereiter der „sozialen Marktwirtschaft" gesehen wird. Siehe dazu m. w. V.: Heinemann, Freiburger Schule, S. 5 f.; Goldschmidt/Wohlgemuth, S. 5 ff.

Die Ablehnung einer Zentralverwaltungswirtschaft bedeutet indes nicht, dass der Ordoliberalismus mit einem „laissez faire"-Liberalismus gleichzusetzen ist. Eucken ist vielmehr der Ansicht, dass in einer nicht regulierten Wirtschaft die einzelnen Marktakteure ihrem „Hang zur Monopolbildung"[434] erliegen und so die marktwirtschaftliche Wettbewerbsordnung beseitigen würden – die Ordnungsform der Wirtschaft würde damit letztlich der privaten Willkür überlassen.[435] Auf lange Sicht ist der „laissez faire"-Liberalismus folglich genauso freiheitsbeschränkend wie die Zentralverwaltungswirtschaft. Einziger Unterschied: Die Einschränkung geht nicht von staatlichen, sondern privaten Akteuren aus.[436] Vor diesem Hintergrund ist Eucken sowohl gegenüber staatlicher als auch privater Machtakkumulation – die jeweils auf ihre Weise die individuellen Freiheitsräume beschränken – ausgesprochen kritisch eingestellt.[437]

Nachdem Eucken diese zwei ordnungstheoretischen Extrempositionen verworfen hat, führt er aus, dass einzig die Wettbewerbsordnung, in der die Marktform der vollständigen Konkurrenz überwiegt, zu einer funktionsfähigen und menschenwürdigen Ordnung führen kann.[438] Die Wirtschaftssubjekte gehorchen dabei nicht Befehlen, die ihnen andere gegeben haben, sondern sie planen und handeln so, wie es ihnen am besten erscheint. Dabei dirigieren die Konsumenten den Prozess: Es handelt sich damit nicht um eine Subordinations-, sondern um eine Koordinationsordnung.[439]

Diese Wirtschaftsordnung verwirklicht sich jedoch nicht von selbst, sondern muss aktiv geschaffen werden. Dabei stellt sich jedoch die Frage, wer die Potenz zur Schaffung dieser Ordnung hat.[440]

– *Wer verwirklicht die Wirtschaftsordnung?*
Die Verwirklichung der Wettbewerbsordnung, in der die Marktform der vollständigen Konkurrenz überwiegt, kann nach Eucken nicht den Privaten überlassen werden, sondern es bedarf einer staatlichen Wirtschaftspolitik.[441]

---

[434] Eucken, Wirtschaftspolitik, S. 30.
[435] Eucken, Wirtschaftspolitik, S. 54.
[436] Siehe dazu umfassend: Eucken, Wirtschaftspolitik, S. 26 ff.; ferner lehnt Eucken auch eine sog. „Wirtschaftspolitik der Mittelwege" ab, die Kombinationen oder Kompromisse zwischen den beiden Extremen sucht. Konkret handelt es sich bei den besagten Mittelwegen um die „Vollbeschäftigungspolitik", die „Politik partiell zentraler Leitung des Wirtschaftsprozesses" sowie die „Politik der ständischen Ordnung". Siehe dazu: Eucken, Wirtschaftspolitik, S. 140 ff.
[437] Künzler, S. 55.
[438] Heinemann, Freiburger Schule, S. 73 f.; Heidrich, S. 104.
[439] Heinemann, Freiburger Schule, S. 74.
[440] Eucken, Wirtschaftspolitik, S. 325.
[441] Er begründet dies wie folgt: „der Einwand muss aufrechterhalten werden, dass der Berufsstand zum Träger der Wettbewerbsordnung überhaupt nicht befähigt ist, eben weil Berufs-

In diesem Sinne ist der Staat der „Hüter der Wettbewerbsordnung".[442] Nur er besitzt die nötige Potenz und Konsequenz, um der Wettbewerbsordnung zum Durchbruch zu verhelfen. Die Wichtigkeit einer konsequenten Wirtschaftspolitik hat Eucken, in Anlehnung an Kant, an anderer Stelle besonders hervorgehoben: Nicht Doktrinarismus, sondern Konsequenz muss „die grösste Obliegenheit" der Wirtschaftspolitik sein, um „die Sachlogik voll zur Geltung zu bringen".[443] Der Staat kann bei der Schaffung der Wirtschaftsordnung aber nicht nach Belieben verfahren. Vielmehr hat er gewisse Grundsätze zu beachten.

– *Wie wird die Wirtschaftsordnung verwirklicht?*

Bei der Verwirklichung der Wettbewerbsordnung hat sich der Staat strikt an zwei Grundsätze zu halten:

„Erster Grundsatz: Die Politik des Staates sollte darauf gerichtet sein, wirtschaftliche Machtgruppen aufzulösen oder ihre Funktion zu begrenzen."[444]

„Zweiter Grundsatz: Die wirtschaftspolitische Tätigkeit des Staates sollte auf die Gestaltung der Ordnungsform der Wirtschaft gerichtet sein, nicht auf die Lenkung des Wirtschaftsprozesses."[445]

Im Kern stellen beide Grundsätze eine unabhängige staatliche Willensbildung sicher.[446] So soll der erste Grundsatz verhindern, dass private Gruppen eine derartige grosse Machtfülle erlangen, dass sie – über Lobbyismus und dergleichen – dem Staat Privilegien abringen können. Gemäss Eucken ist die Gewährung von Privilegien unter anderem aus zwei Gründen problematisch: Einerseits wird die Wettbewerbsordnung zulasten der Nichtprivilegierten verzerrt, andererseits schadet sie dem Staat selbst, da jede Festigung wirtschaftlicher Machtgruppen durch Privilegien eine „neufeudale Autoritätsminderung des Staates"[447] nach sich zieht.[448] Mit dem zweiten Grundsatz soll die Grenze der Staatstätigkeit abgesteckt werden: Regulierungen dürfen nicht mit dem Ziel erlassen werden, die Wirtschaftsprozesse staatlich zu lenken und zu planen. Damit wird letztlich sichergestellt, dass der Staat bei der Verwirklichung der Wettbewerbsordnung nicht in eine Zentralverwaltungs-

---

stände von sich aus nicht eine Marktform stützen werden, die gegen ihr tatsächliches oder vermeintliches Interesse wirkt.", Eucken, Wirtschaftspolitik, S. 326.

[442] Eucken, Wirtschaftspolitik, S. 327.

[443] Eucken, Wirtschaftspolitik, S. 308.

[444] Eucken, Wirtschaftspolitik, S. 334.

[445] Eucken, Wirtschaftspolitik, S. 336.

[446] Eucken, Wirtschaftspolitik, S. 337; siehe hierzu auch: Heidrich, S. 107 f.

[447] Eucken, Wirtschaftspolitik, S. 334.

[448] Heute wird in der politischen Ökonomie die Problematik der privaten Einflussnahme auf staatliche Entscheidungsprozesse unter dem Begriff „rent seeking" oder „capture theory" diskutiert. Siehe hierzu unten: § 5.B. I.3. Neue Institutionenökonomik.

wirtschaft abdriftet.[449] In diesem Zusammenhang stellt Eucken klar, dass es die Frage nach mehr oder weniger Staatstätigkeit am Wesentlichen vorbei geht; so handelt es sich nicht um ein quantitatives, sondern um ein qualitatives Problem:[450]

> „Der Staat soll weder den Wirtschaftsprozess zu steuern versuchen, noch die Wirtschaft sich selbst überlassen: Staatliche Planung der Formen – ja; staatliche Planung und Lenkung des Wirtschaftsprozesses – nein. Den Unterschied von Form und Prozess erkennen und danach handeln, das ist wesentlich."[451]

Der emblematische Satz „Staatliche Planung der Formen – ja; staatliche Planung und Lenkung des Wirtschaftsprozesses – nein", gilt bis heute als ordoliberale Leitmaxime.

Nach der Erörterung der drei Teilfragen lässt sich die Ausgangsfrage wie folgt beantworten: Die Wirtschaftsprozesse sollen durch eine Wettbewerbsordnung, in der die Marktform der vollständigen Konkurrenz überwiegt, koordiniert werden, die mittels einer staatlichen Wirtschaftspolitik verwirklicht wird und sich unabhängig von Interessengruppen auf die Gestaltung der Ordnungsform der Wirtschaft beschränkt.

Im nachfolgenden Kapitel ist nun darzulegen, was Eucken konkret unter einer Wettbewerbsordnung versteht, in der die Marktform der vollständigen Konkurrenz überwiegt.

iii) Konzept des vollständigen Wettbewerbs

Eucken begreift den Wettbewerb nicht als Wesensmerkmal der Realität schlechthin, sondern als ein Kunstobjekt, das es aufrechtzuerhalten gilt.[452] Mit anderen Worten ist die Wettbewerbsordnung ausschliesslich ein Funktionalitätsüberlegungen Rechnung tragendes Zweckgebilde, das aufgrund seiner Funktionalität in den Dienst der Menschen gestellt wird.[453] Unter der „Marktform der vollständigen Konkurrenz" bzw. dem vollständigen Wettbewerb versteht Eucken sodann, dass in allen Bereichen der Marktwirtschaft das Prinzip des Leistungswettbewerbs herrscht, das zur Leistungssteigerung als auch zur Lenkung des Wirtschaftsprozesses führt.[454] Doch wann herrscht vollständiger Wettbewerb vor und wie ist dieser herzustellen und zu erhalten?

---

[449] Indirekt wird das staatliche Verbot zur Planung und Lenkung des Wirtschaftsprozesses durch rechtstaatliche Garantien verwirklicht, welche die Freiheitsbereiche des Einzelnen vor zu weitgehenden staatlichen Eingriffen schützen. So ist die Gesamtentscheidung für eine weitgehende Realisierung der Zentralverwaltungswirtschaft nicht mit der Gesamtentscheidung für den Rechtsstaat vereinbar. Siehe dazu: Eucken, Wirtschaftspolitik, S. 130; Heidrich, S. 108.

[450] Eucken, Wirtschaftspolitik, S. 336.

[451] Eucken, Wettbewerbsordnung, S. 93.

[452] Heidrich, S. 110.

[453] Pies, S. 80 f.

[454] Schuhmacher, S. 64 f.

– *Wettbewerbsindikator*

Gemäss Eucken herrscht vollständiger Wettbewerb dann vor, wenn die Marktpreise als „Plandaten"[455] angenommen werden. Diese Bedingung ist erfüllt, wenn die Marktmacht der einzelnen Marktakteure so klein ist, dass die Akteure keinen Einfluss auf die Preisbildung nehmen können und den Preis damit als Datum betrachten.[456] Werden die Marktpreise als Plandaten angenommen, so Eucken, ist ein Rahmen geschaffen, „in dem die freie Betätigung des einzelnen durch die Freiheitssphäre des anderen begrenzt wird und so die menschlichen Freiheitsbereiche ins Gleichgewicht gelangen".[457] In diesem Sinne hat die gesamte Wirtschaftspolitik diesem Wettbewerbsindikator Rechnung zu tragen:

„Die Kernfrage der modernen Wirtschaftspolitik sollte auch als Kernfrage behandelt werden. Es geschieht, indem die Herstellung eines funktionsfähigen Preissystems vollständiger Konkurrenz zum wesentlichen Kriterium jeder wirtschaftspolitischen Massnahme gemacht wird. Dies ist das wirtschaftsverfassungsrechtliche Grundprinzip. (…) Jede Wirtschaftspolitik scheitert, der dies nicht gelingt. Das ist der strategische Punkt, von dem aus man das Ganze beherrscht und auf den deshalb alle Kräfte zu konzentrieren sind: (…) Hier liegt unser ‚Toulon'."[458]

Der Staat muss sich bei der Verwirklichung dieser Wettbewerbsordnung jedoch strikt an bestimmte Prinzipien halten. Dabei ist zu unterscheiden zwischen sog. konstituierenden Prinzipien, die bei der Herstellung der Wettbewerbsordnung zu beachten sind und sog. regulierenden Prinzipien, die für den Erhalt der Funktionsfähigkeit der Wettbewerbsordnung massgeblich sind.[459]

– *Herstellung der Wettbewerbsordnung*

Für die Herstellung der Wettbewerbsordnung nennt und beschreibt Eucken sechs konstituierende Prinzipien:

1. *Primat der Währungspolitik:* In einer Wettbewerbsordnung lenkt der Preis die Wirtschaftsprozesse. Grundvoraussetzung dafür ist die relative Stabilität des Geldwerts. Bei Störungen der Geldwertstabilität geben die Preisrelationen die Knappheitsrelationen nämlich nicht mehr adäquat wieder. Als Folge taugt der Preis nicht weiter als Wettbewerbsindikator

---

[455] Eucken, Wirtschaftspolitik, S. 377.

[456] „Nur so kann das Ziel erreicht werden, dass nicht eine kleine Minderheit, sondern alle Bürger über den Preismechanismus die Wirtschaft lenken können. Die einzige Wirtschaftsordnung, in der dies möglich ist, ist die des ‚vollständigen Wettbewerbs'.", Eucken, Wettbewerbsordnung, S. 93; Schuhmacher, S. 63 f.; Heidrich, S. 105.

[457] Eucken, Wirtschaftspolitik, S. 250; vergleichbare Formulierungen betreffend Freiheitsräume finden sich auch bei Hayek. Siehe hierzu oben: *§ 4.B.III.1.i) Hayeks Ordnungs- und Regelverständnis.*

[458] Eucken, Wirtschaftspolitik, S. 254 f.

[459] Schuhmacher, S. 65 f.; Heinemann, Freiburger Schule, S. 75.

und Lenkungsinstrument der Wirtschaftsprozesse.[460] Letztlich setzen die Preisschwankungen falsche Anreize; Eucken nennt in diesem Zusammenhang rein inflationsbedingte Gewinne und rein deflationsbedingte Verluste.[461] Dementsprechend besitzt die Währungspolitik und die damit einhergehende Währungsstabilität für die Wettbewerbsordnung ein „Primat".[462]

2. *Offene Märkte:* Die Wettbewerbsordnung muss jede denkbare Form privater und staatlicher Marktzutrittsschranken verhindern oder beseitigen.[463] Denn: Geschlossene Märkte erleichtern die Monopolbildung und führen dazu, dass die Preise ihre Lenkungsfunktion verlieren.[464] Als staatliche Marktschliessungsmassnahmen werden von Eucken unter anderem Einfuhrverbote, Prohibitivzölle, Investitionsverbote, Anbaubeschränkungen und Zuzugssperren genannt. Private Marktschliessungsmassnahmen erblickt er unter anderem in der Bindung der Abnehmer durch Exklusivverträge und Treuerabatte, in der Sperrung von Material und Arbeitenden sowie in der Unterbietung durch Kampfpreise.[465]

3. *Privateigentum:* Für Eucken sind Eigentumsordnung und Wettbewerbsordnung interdependent: Wie „Privateigentum an Produktionsmitteln eine Voraussetzung der Wettbewerbsordnung ist, so ist die Wettbewerbsordnung eine Voraussetzung dafür, dass das Privateigentum an Produktionsmitteln nicht zu wirtschaftlichen und sozialen Missständen führt".[466] Staatliches Kollektiveigentum und Wettbewerbsordnung sind damit nicht miteinander vereinbar.[467] Zudem macht Euckens Aussage deutlich, dass Privateigentum nicht an sich problematisch ist, sondern der durch Abwesenheit der Wettbewerbsordnung resultierende „wirtschaftliche und soziale Inhalt des Privateigentums".[468]

4. *Vertragsfreiheit:* Wettbewerb entsteht nicht, wenn die Marktakteure keine Möglichkeit haben, Verträge frei abzuschliessen, die zur Erreichung der gesetzten Ziele erforderlich sind.[469] Diese Vertragsfreiheit ist jedoch nicht

---

[460] Heinemann, Freiburger Schule, S. 77.

[461] Eucken, Wirtschaftspolitik, S. 256 f.

[462] Eucken, Wirtschaftspolitik, S. 256.

[463] Olten, S. 54.

[464] Olten, S. 54.

[465] Eucken, Wirtschaftspolitik, S. 264 ff.: Heinemann, Freiburger Schule, S. 77 f.

[466] Eucken, Wirtschaftspolitik, S. 275; Olten, S. 55.

[467] So hält er es für höchst unwahrscheinlich, dass der Staat, dem alle Produktionsmittel gehören und bei dem alle wirtschaftliche Macht konzentriert ist, auf die Ausübung dieser Macht verzichten wird und die Lenkung des Produktionsprozesses den Konsumenten überlässt.

[468] Eucken, Wirtschaftspolitik, S. 272.

[469] Eucken, Wirtschaftspolitik, S. 275 f.; Heinemann, Freiburger Schule, S. 84; ferner schliesst die Lenkung der Wirtschaft durch Verfügungen oder Befehle eine Lenkung der Wirtschaft durch den vollständigen Wettbewerb aus.

absolut zu gewährleisten; vielmehr müssen Grenzen gezogen werden, damit die Vertragsfreiheit die Wettbewerbsordnung nicht untergräbt.[470] So ist die Vertragsfreiheit einerseits einzuschränken, wenn sie zur Aufhebung der Wettbewerbsordnung missbraucht wird – so etwa bei kartellistischen Absprachen. Andererseits ist die Vertragsfreiheit zu beschneiden, wenn kein vollständiger Wettbewerb herrscht.[471]

5. *Haftung:* Aus der Vertragsfreiheit und dem Privateigentum leitet Eucken das Prinzip der Haftung ab: „Wer den Nutzen hat, muss auch den Schaden tragen".[472] Das Haftungsprinzip garantiert eine leistungsgerechte Auslese von Unternehmen und Kaderleuten und sorgt für eine umsichtige Kapitaldisposition. Ausserdem wirkt sie der Unternehmenskonzentration entgegen, da eine volle Haftbarkeit für erworbene Unternehmen besteht.[473] Das Haftungsprinzip gehört damit zur Lenkungsmechanik des vollständigen Wettbewerbs und ist damit ein unentbehrliches ordnungspolitisches Institut der Wettbewerbsordnung.[474]

6. *Konstanz der Wirtschaftspolitik*: Für die Herstellung der Wettbewerbsordnung bedarf es schliesslich einer konstanten Wirtschaftspolitik. Sie stellt sicher, dass die Marktteilnehmer langfristig planen und ihre Pläne im Wettbewerbsprozess aufeinander abstimmen können.[475] Wenn es dahingegen an einer konstanten Wirtschaftspolitik fehlt, kann keine „Atmosphäre des Vertrauens"[476] aufgebaut werden und langfristige Investitionen werden nicht getätigt. Zudem: Je grösser die Planungsunsicherheit ist, desto mehr besteht die Neigung der Marktakteure zur Konzernbildung. Damit ist am wirtschaftsverfassungsrechtlichen Rahmen, welcher der Wirtschaftspolitik zugrunde liegt, beharrlich festzuhalten und Änderungen sind nur mit Umsicht vorzunehmen.[477]

---

[470] Olten, S. 55; die Vertragsfreiheit ist damit gleichzeitig wettbewerbsfördernd als auch wettbewerbsbehindernd.

[471] Beispielsweise führt die Vertragsfreiheit im Rahmen von Monopolen zu diktierten Verträgen. Konkret kann der Arbeitnehmer von seiner Vertragsfreiheit nur unzureichend Gebrauch machen, da ein zu grosses Machtgefälle gegenüber dem monopolistischen Arbeitgeber besteht. Siehe dazu: Eucken, Wirtschaftspolitik, S. 277 ff.; Schuhmacher, S. 65 f.; Olten, S. 55.

[472] Eucken, Wirtschaftspolitik, S. 279; Olten, S. 55.

[473] Heinemann, Freiburger Schule, S. 87.

[474] Olten, S. 55; folglich steht Eucken Haftungsbeschränkungen und -ausschlüssen äusserst kritisch gegenüber: „Haftung ist nicht nur eine Voraussetzung für die Wirtschaftsordnung des Wettbewerbs, sondern überhaupt für eine Gesellschaftsordnung, in der Freiheit und Selbstverantwortung herrschen. Volle Klarheit muss vor allem über eins bestehen: ‚Jede Beschränkung der Haftung löst eine Tendenz zur Zentralverwaltungswirtschaft aus.'", Eucken, Wirtschaftspolitik, S. 285.

[475] Olten, S. 55.

[476] Eucken, Wirtschaftspolitik, S. 288.

[477] Eucken, Wirtschaftspolitik, S. 289.

Diese sechs konstituierenden Prinzipien der Wirtschaftsverfassung bilden eine wirtschaftspolitische Gesamtentscheidung: Sie müssen ausnahmslos und gemeinsam angewendet werden, eine isolierte Anwendung der Prinzipien würde „ihren Zweck völlig verfehlen".[478]

– *Erhalt der Funktionsfähigkeit der Wettbewerbsordnung*
Die Notwendigkeit regulierender Prinzipien, die zum Erhalt der Funktionsfähigkeit der Wettbewerbsordnung angezeigt sind, geht auf die Erkenntnis zurück, dass, auch wenn der vollständige Wettbewerb verwirklicht ist, die Wettbewerbsordnung korrekturbedürftige Schwächen und Mängel aufweist.[479] Eucken unterscheidet unter anderem zwischen drei regulierenden Prinzipien:

1. *Einkommenspolitik:* In der Wettbewerbsordnung wird die Verteilung nicht nach ethischen Gesichtspunkten vollzogen, sondern sie wird einem „ethisch-gleichgültigen Automatismus"[480] überlassen. Aus diesem Grund ist die Wettbewerbsordnung jedoch nicht per se abzulehnen: Ihre Verteilungsmechanik ist – im Sinne einer „relativ besten Lösung"[481] – immer noch besser als die willkürliche Verteilung durch private oder öffentliche Machtkörper. Nichtsdestotrotz ist es zuweilen angezeigt, den Verteilungsmechanismus der Wettbewerbsordnung zu durchbrechen und aufgrund von Gerechtigkeitsüberlegungen steuerliche Umverteilungen vorzunehmen. Diese Aufgabe kommt der staatlichen Einkommenspolitik zu.[482]

2. *Wirtschaftsrechnung:* Im Rahmen des vollständigen Wettbewerbs können Nachteile entstehen, weil ein Marktakteur die Wirkung einer bestimmten Handlung „nicht oder nur teilweise in seine Wirtschaftsrechnung einsetzen muss".[483] Damit fehlt es an einer negativen Rückkopplung einzelner Unternehmenshandlungen. Was Eucken unter dem regulierenden Prinzip „Wirtschaftsrechnung" diskutiert, wird heute in der Ökonomik als negative externe Effekte bezeichnet.[484] Als Beispiele solcher negativen externen Effekte erwähnt Eucken unter anderem die Umweltverschmutzung und die Kinderarbeit. Er sieht es als Staatsaufgabe an, die Planungsfreiheit einzugrenzen, wenn es an solchen negativen Rückkopplungen fehlt – etwa durch das Verbot der Kinderarbeit oder die Einführung von Umweltschutzvorschriften.[485] Diese Verbote und Auflagen müssen jedoch

---

[478] Eucken, Wirtschaftspolitik, S. 291; Olten, S. 56; Hedrich, S. 106.
[479] Eucken, Wirtschaftspolitik, S. 291.
[480] Eucken, Wirtschaftspolitik, S. 300.
[481] Heinemann, Freiburger Schule, S. 93 f.; Eucken, Wirtschaftspolitik, S. 300.
[482] Siehe hierzu bereits oben: *§ 3.C.IV.2. Frage der Verteilungsgerechtigkeit*; Eucken, Wirtschaftspolitik, S. 300.
[483] Eucken, Wirtschaftspolitik, S. 302.
[484] Heinemann, Freiburger Schule, S. 94.
[485] Eucken, Wirtschaftspolitik, S. 302 f.

möglichst präzise umschrieben werden, da sie andernfalls ein Einfallstor für den Missbrauch staatlicher Macht sind.[486]

3. *Anomales Angebotsverhalten:* Mit dem sog. anomalen Angebotsverhalten wird das Phänomen beschrieben, dass sinkende Lohnpreise zu einer Erhöhung des Arbeitsangebots führt.[487] Anomales Angebotsverhalten auf dem Arbeitsmarkt rührt primär daher, dass die Arbeitnehmer nicht in andere Beschäftigungsgebiete ausweichen können und die ausgezahlten Löhne nicht zur Existenzsicherung reichen.[488] Eucken hält das Problem des anomalen Angebotsverhaltens jedoch nicht für akut, da diesem durch andere konstituierende und regulierende Prinzipien weitgehend Einhalt geboten wird. So ist beispielsweise bei Personenfreizügigkeit – als Ausfluss offener Märkte – das Ausweichen in andere Beschäftigungsgebiete einfacher möglich.[489] Sollte auf einem Markt dennoch anomales Angebotsverhalten auftreten, so Eucken, müssten Minimallöhne eingeführt werden.[490]

Schliesslich kann die strenge Befolgung der konstituierenden Prinzipien aber nicht verhindern, dass die Wettbewerbsordnung gewisse systemfremde Ordnungsformen enthält. Konkret meint Eucken damit monopolistische Unternehmen.[491] Dementsprechend bildet die Monopolkontrolle ein viertes regulierendes Prinzip. Die Monopolkontrolle wird im nachfolgenden Kapitel „Aufgabe der Wettbewerbspolitik" erörtert.[492]

Es ist zu bilanzieren: Unter vollständiger Konkurrenz bzw. vollständigem Wettbewerb versteht Eucken einen Leistungswettbewerb, dessen Funktionsfähigkeit sich anhand der Wettbewerbspreise ablesen lässt. Im Zuge der Herstellung und Aufrechterhaltung der Funktionsfähigkeit des vollständigen Wettbewerbs muss sich der Staat an sechs konstituierende und vier regulierende Prinzipien halten. Sofern alle Prinzipien strikt befolgt werden, entsteht eine gesamtmarktwirtschaftliche Ordnung, die der modernen industrialisierten Wirtschaft eine funktionsfähige und menschenwürdige Ordnung gibt.

---

[486] Eucken, Wirtschaftspolitik, S. 303.

[487] Das normale Angebotsverhalten ist umgekehrt: Bei sinkenden Lohnpreisen sinkt das Angebot. Siehe dazu: Brauer/Homann, S. 42.

[488] Eucken führt in diesem Zusammenhang an, dass in bestimmten Regionen die Vermehrung der Bevölkerung zu einem Lohndruck führen kann, der sich dadurch verschärft, dass die einzelnen Familien gerade in Folge des Lohndrucks gezwungen sind, weitere Familienmitglieder auf den Arbeitsmarkt zu senden. Siehe dazu: Eucken, Wirtschaftspolitik, S. 303.

[489] Eucken, Wirtschaftspolitik, S. 304; Heinemann, Freiburger Schule, S. 94 f.

[490] Eucken, Wirtschaftspolitik, S. 304.

[491] Eucken, Wirtschaftspolitik, S. 291.

[492] Siehe dazu unten: *§ 4.B.III.2.iv) Aufgabe der Wettbewerbspolitik.*

iv) Aufgabe der Wettbewerbspolitik

Zu den konkreten Aufgaben der Wettbewerbspolitik äusserte sich Eucken nur am Rande. So hatte er nämlich im Rahmen seines Werks „Grundsätze der Wirtschaftspolitik" nicht den Anspruch, einen umfassenden, praxiorientieren Wettbewerbsansatz auszuarbeiten.[493] Unbesehen dieser Tatsache lassen sich dennoch Anhaltspunkte finden, welche Aufgaben die Wettbewerbspolitik gemäss Eucken wahrzunehmen hat. Darauf basierend wurde in der Sekundärliteratur ein wettbewerbspolitisches Programm ausgearbeitet.

Ganz grundsätzlich sieht dieser ordoliberale Wettbewerbsansatz die Aufgabe der Wettbewerbspolitik in der Verhinderung und Einschränkung ökonomischer Machtakkumulation. Denn nur so können die individuellen Freiheitsräume aller Marktteilnehmer tatsächlich gewahrt werden. Indikator, ob die Wettbewerbspolitik dieser Aufgabe tatsächlich nachkommt, bildet dabei der Marktpreis: Wird dieser von den Marktteilnehmern als Datum betrachtet – und kann somit nicht von einzelnen Akteuren beeinflusst werden –, besteht keine ökonomische Machtakkumulation und die Freiheitsbereiche der einzelnen Marktteilnehmer sind gesichert. Vor diesem Hintergrund kommt Olten zum Schluss, dass sich die Freiburger Schule für eine äusserst rigide Wettbewerbspolitik ausspricht; denn nur so sei es nämlich möglich, die wirtschaftliche Macht aller Marktakteure möglichst klein zu halten.[494] Konkret sind der Wettbewerbspolitik damit folgende zwei Aufgabenbereiche zuzuweisen, die primär bei den Marktstrukturen ansetzen, sich aber auch auf das Marktverhalten erstrecken:[495]

– *Monopolverhinderung und Unterbindung schädlicher monopolistischer Verhaltensweisen*
  Die Wettbewerbspolitik hat in erster Linie die Entstehung monopolistischer Unternehmen zu verhindern. Dazu gehört eine strenge Zusammenschlusskontrolle, die im Grundsatz von einem Zusammenschlussverbot ausgeht.[496] Aber auch hinsichtlich bestehender Monopole äussert sich Eucken deutlich: „Auflösung, wo Auflösung möglich ist, sonst Unterwerfung unter die Monopolkontrolle".[497]
  Wie bereits erwähnt, stellt die Monopolkontrolle das letzte regulierende Prinzip der Wettbewerbsordnung dar. Eucken selbst macht dazu folgende Ausführungen: Die Monopolaufsicht ist einem staatlichen Monopolamt

---

[493] So beabsichtigte Eucken auch im Vorwort zu schreiben, dass sein Werk „nicht den Tagesproblemen gewidmet" ist und insofern „eine Arbeit auf lange Sicht" darstellt (auf diesen Umstand weist die Verfasserin des Vorworts, Edith Eucken, explizit hin). Siehe dazu: Eucken, Vorwort, S. VI; Darüber hinaus war es Eucken auch nicht mehr möglich sein Grundlagenwerk weiter zu verfeinern und zu konkretisieren, da er kurz vor der Vollendung des Werks verstarb.

[494] Olten, S. 56.

[495] Eucken, Wirtschaftspolitik, S. 172.

[496] Heidrich, S. 107.

[497] Eucken, Wirtschaftspolitik, S. 290; Olten, S. 56.

zu übertragen, um sie den Einflüssen von Interessengruppen zu entziehen und damit die Unabhängigkeit der Aufsicht zu gewährleisten.[498] Das Monopolamt hat die Aufgabe, Monopole soweit wie möglich aufzulösen und diejenigen, die sich nicht auflösen lassen, zu beaufsichtigen. Dabei soll die Monopolaufsicht auf einen weitreichenden Katalog von Verhaltensauflagen zurückgreifen können, um die monopolistischen Unternehmen zu einem wettbewerbsanalogen Verhalten zu veranlassen. Konkret sind den Monopolen unter anderem Treuerabatte, Preisdiskriminierungen oder Kampfpreisstrategien zu untersagen. Ferner unterliegt auch die Festlegung der Preishöhe der Monopolaufsicht. So hat das monopolistische Unternehmen zu einem Preis anzubieten, der dem Gleichgewichtspreis entspricht. Die Monopolaufsicht kontrolliert sodann periodisch die Preise und korrigiert diese gegebenenfalls nach unten. Mit diesen Verhaltensauflagen soll der langfristig wirkende Druck der Wettbewerbsordnung simuliert werden.[499]

Im Zweifel, so Eucken, muss die Monopolkontrolle hart und konsequent sein – dies schliesst insbesondere die zivilrechtliche Nichtigkeit der besagten Verhaltensweisen und die strafrechtliche Verfolgung der verantwortlichen Personen mit ein.[500] Damit soll eine prophylaktische Wirkung erzielt werden: Durch die Auflagen und Androhungen wird der Drang zur Monopolbildung – insbesondere von Oligopolen – geschwächt und es entsteht ein Anreiz, sich wettbewerbsanalog zu verhalten. Gemäss Eucken beschränkt sich die Monopolkontrolle jedoch auf relativ wenige Fälle; insbesondere verschwindet bereits durch die Anwendung der konstituierenden Prinzipien ein grosser Teil der Monopole aus den Märkten.[501]

– *Verbot zweiseitiger Wettbewerbsbeschränkungen*
Neben der Verhinderung und Beschränkung von Monopolen und monopolistischem Verhalten sind auch zweiseitige Wettbewerbsabreden konsequent zu unterbinden. Olten spricht diesbezüglich von strikten und generellen Kartellverboten sowie Kartellauflösungsgeboten.[502] Von Ausnahmetatbeständen, die Wettbewerbsabreden aus Gründen der statischen oder dynamischen Effizienz als zulässig erachten, ist abzusehen. Eucken sah jedoch auch hier kaum Handlungsbedarf: Die konsequente Anwendung der konstituierenden Prinzipien macht die Kartellbildung noch unwahrscheinlicher als die Herausbildung von Monopolen.[503]

---

[498] Eucken, Wirtschaftspolitik, S. 294.
[499] Siehe zum Ganzen: Eucken, Wirtschaftspolitik, S. 295 ff.; Schuhmacher, S. 66 f.
[500] Eucken, Wirtschaftspolitik, S. 298 f.; Heidrich, S. 107 f.
[501] Eucken, Wirtschaftspolitik, S. 299.
[502] Olten, S. 56.
[503] „Die Entstehung von monopolistischen Machgebilden wird verhindert. Und zwar nicht nur durch Kartellverbote, sondern – was weit wichtiger ist – durch eine Wirtschafts- und Rechtspolitik, welche die starken Kräfte der Konkurrenz, die in der modernen Wirtschaft vor-

Die hier erläuterten Aufgaben der Wettbewerbspolitik machen deutlich, dass sich die Wettbewerbsbehörden im Rahmen der Freiburger Schule nicht nur auf die Überwachung staatlicher Wettbewerbsbeschränkungen fokussieren können: So stellen für Eucken, entgegen der Auffassung der Österreicher Schule, die privaten Wettbewerbsbeschränkungen eine gleich grosse Gefahr für die Wettbewerbsordnung dar wie die staatlichen Beschränkungen.[504]

v) Kritik

Die Konzeption des vollständigen Wettbewerbs der Freiburger Schule erfuhr aus verschiedenen Gründen Kritik.[505] Die nachfolgenden Ausführungen beschränken sich auf zwei Kritikpunkte:

– *Marktmachtbewertung*
   Gemäss Pies ist Euckens Ordnungstheorie „im Kern eine Theorie der Macht".[506] Aufgabe der Wettbewerbsordnung ist die Verhinderung, der Abbau sowie die Beschränkung von privater und staatlicher Macht. In diesem Zusammenhang ist auch Böhms prominente Aussage einzuordnen, dass der Wettbewerb das „genialste Entmachtungsinstrument der Geschichte"[507] sei.[508]

   Gerade bei diesem Kernaspekt des ordoliberalen Wirtschaftsverständnisses setzt der erste Kritikpunkt an: Verschiedene Autoren bemängeln, dass die Anhänger des Ordoliberalismus das Marktmachtkonzept zu pauschal betrachten würden. Insbesondere wird kritisiert, dass sich eine exklusiv negative Bewertung privater Marktmacht nicht rechtfertigen lasse. In diesem Sinne ist auch die folgende Kritik von Hellwig an Franz Böhm zu verstehen:

   „Bei ihm ist Marktmacht immer das Ergebnis von illegitimen Kartellbildungen, Unternehmenszusammenschlüssen oder Behinderungsmissbräuchen. (…) In dieser Absolutheit, in der diese Aussagen formuliert werden, sind sie einfach falsch. Nicht alle Marktmacht ist das Ergebnis privatrechtlicher ‚Falschspielertricks'. Es gibt auch Marktmacht aufgrund von besonderen Leistungen und besonderer Attraktivität für die Kunden. Es gibt auch marktmächtige Unternehmen, die weiterhin Leistungswettbewerb betreiben und sich bemühen, ihre Produkte stets besser oder billiger werden zu lassen."[509]

   Ausgehend davon leitet Hellwig die Forderung ab, dass Marktmacht nicht per se zu verhindern sei, sondern dass im Einzelfall geprüft werden muss,

---

handen sind, durch Anwendung der konstituierenden Prinzipien zum Durchbruch bringen.", Eucken, Wirtschaftspolitik, S. 292 f.
   [504] Heidrich, S. 110 f.
   [505] Siehe dazu insbesondere die zusammengetragene Kritik und die Kritikanalyse bei: Pies, S. 69 ff.
   [506] Pies, S. 226.
   [507] Böhm, S. 22.
   [508] Siehe hierzu bereits oben: *§ 3.C. V.3. Wettbewerb und politische Freiheit.*
   [509] Hellwig, S. 247 f.

ob ein bestimmtes Verhalten eines marktmächtigen Unternehmens per Saldo eine wettbewerbsförderliche oder wettbewerbsschädliche Wirkung zeitigt.[510] Eine undifferenzierte Betrachtungsweise von Marktmacht und die damit verbundenen wettbewerbspolitischen Eingriffe würden dahingegen den Leistungswettbewerb auf lange Sicht selbst schädigen.[511]

– *Autoritärer Liberalismus*
Ferner werden die Auswahl und Begründung der Werturteile innerhalb der ordoliberalen Wirtschaftsordnung kritisiert. Allen voran Eucken wurde vorgeworfen, seine Wirtschaftsordnung nicht auf demokratischem Weg, sondern „top down" implementieren zu wollen.[512]

Einer der diesbezüglich prominentesten Kritiker ist Gebhard Kirchgässner. Er wirft Eucken vor, dass er es explizit untersagt habe, eine „wissenschaftliche Analyse des politischen Prozesses"[513] vorzunehmen. Anstelle eines demokratischen Entscheidungsfindungsprozesses hat, so Kirchgässner, der Ordnungstheoretiker – dem allem Anschein nach ein überlegenes Wissen zur Verfügung steht – „top down" zu entscheiden, was für die Menschen gut oder schlecht ist.[514] Die Herrschaft des Volks wird damit zulasten einer „Herrschaft der Wissenden"[515] unterminiert. In diesem Sinne postuliere Eucken eine „elitäre" Wirtschaftspolitik, wobei den Ordnungstheoretikern, in Anlehnung an Platon, die Rolle von „Philosophen-Königen" zukäme, die von ihrer überhöhten Position aus, Eingriffe in das direkte Spiel der Wirtschaftsabläufe verbieten würden.[516] Gemäss Kirchgässner zeichnet Eucken damit das Bild eines „wohlmeinenden Diktators"[517], eines „autoritären Liberalismus".[518] Gewisse Autoren bauen diesen Kritikpunkt noch weiter aus und unterstellen Eucken, seine Wirtschaftskonzeption implizit auf eine Regierungsform nationalsozialistischer Prägung mit autoritärem Führer ausgelegt zu haben.[519]

---

[510] Damit einher geht wiederum die Streitfrage von „Per se Rule" vs. „Rule of Reason". Siehe hierzu oben: *§ 4.B.II.3.v) Normausgestaltung: „Rule of Reason" vs. „Per se Rule"*; für eine differenzierte Betrachtungsweise hinsichtlich der Machtfrage siehe: Kirchgässner, Wirtschaftspolitik, S. 67.

[511] Hellwig, S. 248; in diesem Zusammenhang werden die Vertreter des Ordoliberalismus auch kritisiert, dass sie die Bekämpfung privater Marktmacht durch einen Ausbau staatlicher Macht erreichen wollen. Letztlich findet damit kein Abbau von Macht statt, sondern lediglich eine Verlagerung von privater Marktmacht auf den Staat. Siehe dazu: Heidrich, S. 112 f.

[512] Siehe dazu kritisch: Vanberg, die normativen Grundlagen, S. 56.

[513] Kirchgässner, Wirtschaftspolitik, S. 53.

[514] Kirchgässner, Wirtschaftspolitik, S. 53.

[515] Fischer, S. 149.

[516] Kirchgässner, Wirtschaftspolitik, S. 65 f.

[517] Kirchgässner, Wirtschaftspolitik, S. 59.

[518] Haselbach, S. 19.

[519] Siehe dazu kritisch: Pies, S. 76 ff.; Heinemann, Freiburger Schule, S. 104.

Mit dem freiheitlichen und vollständigen Wettbewerb sind die zwei wichtigsten systemischen Wettbewerbskonzeptionen dargelegt. Die Unterschiede und Spannungen zwischen den beiden Konzeptionen sollen nicht darüber hinwegtäuschen, dass sie im Kern das gleiche Wettbewerbsverständnis teilen. Nämlich: Wettbewerb ist ein rational fassbares ontologisches Konzept, ein Ziel an sich, das nicht auf bestimmte vordefinierte Ziele festgelegt werden kann; dem Staat – sei es aus Anmassung von Wissen oder Gefahr vor Machtmissbrauch – ist es untersagt, direkt in die Wettbewerbsprozesse einzugreifen, vielmehr soll er den rechtlichen Rahmen schaffen, in dem sich die Wettbewerbsprozesse relativ frei abspielen können.

C. Fazit

Die Ausführungen in *§ 4 Konzeptionelle Grundlagen des Wettbewerbsprinzips* lassen sich wie folgt zusammenfassen:

– *Erstens* wurde aufgezeigt, dass sich alle traditionellen Wettbewerbskonzeptionen die gleiche theoretische Grundlage teilen; sie alle basieren auf dem ökonomischen Verständnis von Adam Smith, das er im Rahmen seiner zwei Werke – „The Wealth of Nations" und „The Theory of Moral Sentiments" – dargelegt hat. Seine Idee vom ökonomischen Liberalismus ist dabei massgeblich von seiner Gesellschaftsvorstellung geprägt. So glaubt Smith, als Akteur der schottischen Aufklärung, an den wissenschaftlich basierten Fortschritt und versteht, anders als viele seiner Zeitgenossen, die Wirtschaft als eine essentielle und wohlstandsvermehrende Triebfeder der menschlichen Entwicklung.

Smiths ökonomischer Liberalismus ist vor dem Hintergrund des damals vorherrschenden, mittelalterlich geprägten Wirtschaftssystems zu sehen: des Merkantilismus. Im Gegensatz zum autoritär gelenkten, kollektivistischen und protektionistischen Merkantilismus stellt der ökonomische Liberalismus einen ausgesprochen simplen Ansatz dar: Anstelle weniger Autoritäten, die alle ökonomischen Belange regeln, bedarf es lediglich eines freien Markts, auf dem jeder Akteur selber entscheiden kann, welche Güter er wie und wo anbieten oder nachfragen will. Durch diesen freien Austausch werden sich die richtige Menge und der richtige Preis automatisch einstellen. Entscheidend ist in diesem Zusammenhang jedoch, dass Smiths ökonomischer Liberalismus nicht zu reduktiv, im Sinne eines „laissez faire"-Liberalismus, interpretiert wird. Werden seine zwei Werke als kohärentes Ganzes gelesen, kommt nämlich ein deutlich differenzierteres und ambivalenteres Gesellschafts- und Wirtschaftsverständnis zum Vorschein. So ist sich Smith beispielsweise durchaus bewusst, dass die Arbeitsteilung nicht nur mit einer enormen Produktionserhöhung einhergeht, sondern auch mit negativen Konsequenzen für die Arbeitnehmer verbunden sein kann. So hat er bereits vor den psychischen und sozialökonomischen Folgen einer arbeitsteiligen Gesellschaft gewarnt. Darüber hinaus macht Smith deutlich, dass das Prinzip der unsichtbaren Hand nur funktioniert, wenn das überschiessende Eigeninteresse durch verschiedene Korrektive zurückgebunden wird. Namentlich handelt es sich dabei um: *(1)* Mitgefühl und parteiischer Beobachter, *(2)* ethische Normen, *(3)* positives Gesetz und *(4)* Wettbewerb. Nur im Rahmen dieser vier Korrektive kann die unsichtbare Hand ihre positive Wirkung entfalten; nur dann fördert das eigennützige Handeln nicht nur das individuelle, sondern auch das gesellschaftliche Wohl.

– *Zweitens* wurde ersichtlich, dass Adam Smith das Wettbewerbsprinzip in erster Linie als überlegenes Gegenkonzept zu den bestehenden merkantilistischen Koordinationsprozessen versteht. Dabei streicht er die wohlfahrtsfördernde Funktion des Wettbewerbs explizit heraus. Smith versteht unter Wettbewerb ganz allgemein einen dynamischen Prozess aus Aktion und Reaktion, der jedem Marktteilnehmer einen begrenzten Freiheitsbereich eröffnet. Ferner betont er aber auch, dass der Wettbewerb eine wichtige Preisfunktion wahrnimmt, indem er den Marktpreis an den gerechten bzw. natürlichen Preis heranführt. Der natürliche Preis setzt sich dabei aus den Faktoren Arbeit, Boden und Kapital zusammen.

Smith ist sich aber bewusst, dass die optimalen Preisbildungs- und Koordinationsprozesse bzw. der ihnen zugrunde liegende Wettbewerb durch private Handlungen gestört werden können. Dies trifft allen voran auf Verzerrungen durch dauerhafte Monopole sowie durch Preisabsprachen zu. Dennoch spricht sich Smith gegen ein allgemeines Kartellverbot aus; ein solches Verbot würde nur begrenzt wirksam sein und die Freiheitsbereiche der Marktakteure über die Massen einschränken. Vor diesem Hintergrund kann gesagt werden, dass Smith eine zweigeteilte Wettbewerbspolitik befürwortet, die Wettbewerb im Grossen vorschreibt, Kooperationen im Kleinen aber zulässt.

Letztlich ist es aber Spekulation, wie Smiths Wettbewerbspolitik genau ausgesehen hätte. Er selbst hat sich nämlich nur punktuell zu den wettbewerbspolitischen Aufgaben geäussert. Diese lassen sich meist nur implizit aus seinen zwei Werken ableiten.

In der Sekundärliteratur werden unter anderem folgende wirtschafts- bzw. wettbewerbspolitischen Aufgaben genannt: *(1)* Sicherung der ökonomischen Handlungsfreiheit der Marktteilnehmer, *(2)* Eindämmung kartellistischer Absprachen, *(3)* Sicherung einer ausreichenden Zahl an konkurrierenden Marktteilnehmern, *(4)* Förderung von Marktinformation und -transparenz sowie *(5)* Sicherung offener Märkte. Obwohl Smith keine umfassende und kohärente Wettbewerbskonzeption ausgearbeitet hat, adressiert er damit bereits alle wesentlichen Funktionen des Wettbewerbs. Diesem breiten Wettbewerbsverständnis ist es schliesslich geschuldet, dass Adam Smith als Gründungsvater des systemischen als auch des effektbasierten Wettbewerbsverständnisses betrachtet wird.

— *Drittens* wurde dargelegt, dass die einheitliche Kategorisierung und Systematisierung der modernen Wettbewerbskonzeptionen mit Schwierigkeiten verbunden sind. Nach der Analyse verschiedener Systematisierungsansätze wurde aber ersichtlich, dass sich die Wettbewerbsliteratur mehrheitlich an folgendem Aufbau orientiert: *(1)* klassischer Wettbewerb, *(2)* Neoklassik: vollkommener Wettbewerb, *(3)* „Harvard School": funktionsfähiger und wirksamer Wettbewerb, *(4)* Freiburger Schule: vollständiger Wettbewerb, *(5)* Österreicher Schule: freiheitlicher Wettbewerb und *(6)* „Chicago School": effizienzorientierter Wettbewerb.

Die fünf letztgenannten Wettbewerbskonzeptionen lassen sich entweder dem sog. effektbasierten Wettbewerbsverständnis oder dem sog. systemischen Wettbewerbsverständnis zuordnen. Das effektbasierte Wettbewerbsverständnis fasst den Wettbewerb als ein instrumentell-mechanisches Mittel zur Erreichung konkreter vordefinierter Ziele auf, der umgestaltet, im Rahmen der Kategorien Marktstruktur, -verhalten und -ergebnis beschrieben sowie empirisch ergründet werden kann. Diesem effektbasierten Wettbewerbsverständnis sind die Wettbewerbskonzeptionen der Neoklassik, der „Harvard School" und der „Chicago School" zuzuordnen. Das systemische Wettbewerbsverständnis sieht den Wettbewerb dahingegen als ein rational fassbares ontologisches Konzept, ein Ziel an sich, das nicht auf bestimmte vordefinierte Ziele festgelegt werden kann; dem Staat – sei es aus Anmassung von Wissen oder Gefahr vor Machtmissbrauch – ist es untersagt, direkt in die Wettbewerbsprozesse einzugreifen, vielmehr soll er den rechtlichen Rahmen schaffen, in dem sich die Wettbewerbsprozesse relativ frei abspielen können. Diesem systemischen Wettbewerbsverständnis sind die Wettbewerbskonzeptionen der Freiburger Schule und der Österreicher Schule zuzuordnen.

Die Unterscheidung zwischen den beiden Wettbewerbsverständnissen geht im Kern auf zwei unterschiedlich ausgerichtete Denktraditionen zurück: Die systemischen Konzeptionen stehen in der deontologischen Denktradition, wohingegen die effektbasierten Wettbewerbskonzeptionen in der utilitaristischen Denktradition zu verorten sind.

— *Viertens* wurde ersichtlich, dass die neoklassische Wettbewerbskonzeption des vollkommenen Wettbewerbs nicht als genuiner Wettbewerbsansatz zu sehen ist, sondern ein integraler Bestandteil eines umfassenderen ökonomischen Theorieansatzes darstellt; namentlich der neoklassischen Ökonomik. Im Vergleich zu Smiths Wirtschafts- bzw. Wettbewerbsverständnis ist die neoklassische Wettbewerbskonzeption deutlich formalistischer, mathematischer, statischer sowie reduktionistischer. In diesem Sinne wird der Wettbewerb ausschliesslich im Rahmen des Preis-Mengen-Diagramms dargestellt – was darin nicht abgebildet werden kann, wird von der neoklassischen Wettbewerbskonzeption nicht erfasst. Ferner wird im neoklassischen Theorieverständnis formal streng zwischen Marktstrukturen, -verhalten und -ergebnissen unterschieden. Hinsichtlich der normativen Grundlage orientiert sich die Neoklassik stark an der traditionellen Wohlfahrtsökonomik: Der Wettbewerb soll dazu beitragen, dass sich auf Märkten ein Gleichgewichtszustand einstellt, der letztlich den paretooptimalen Zustand widerspiegelt. Oder pointiert formuliert: Wettbewerb orientiert sich an der Allokationsfunktion und hat damit ausschliesslich die Maximierung der statischen Effizienz zum Ziel.

In diesem Sinne handelt es sich um eine äusserst preisorientierte Wettbewerbspolitik: Wettbewerbspolitische Eingriffe sind dann angezeigt, wenn sich der tatsächliche Preis über dem Marktpreis befindet und damit ein wohlfahrtsschädliches „deadweight loss" generiert wird. Allen voran soll die Wettbewerbspolitik die Entstehung von Monopolen verhindern und bestehende Monopolmacht einschränken oder gar auflösen, da diese eine wohlfahrtsvernichtende Wirkung zeitigen. Gleiches gilt für ein- und zweiseitige Wettbewerbsbeschränkungen: So führen auch Preis- bzw. Gebietsabsprachen oder eine Absatzeinschränkung durch einen Marktbeherrscher zu überhöhten Preisen. Auch diese Unternehmenspraktiken sind damit zu untersagen. Auf andere Wettbewerbsziele, wie dynamische Effizienz oder Wettbewerbsfreiheit, ist im Rahmen der neoklassischen Wettbewerbskonzeption keine Rücksicht zu nehmen. Obwohl vor diesem Hintergrund eine aktive Wettbewerbspolitik begründet werden kann, sind im neoklassischen Theorienverständnis Eingriffe selten angezeigt: Ausgehend von den Grundprämissen sind wettbewerbswidrige Verhaltensweisen in der Regel effizienzvermindernd bzw. irrational.

An der neoklassischen Wettbewerbskonzeption wird schliesslich kritisiert, dass sie sich *(1)* auf unrealistische Modellannahmen stützt, *(2)* dem Quantifizierbarkeitskriterium einen zu hohen Stellenwert einräumt und *(3)* im Rahmen ihrer Analyse lediglich statische Wettbewerbsaspekte berücksichtigt.

– *Fünftens* wurde dargelegt, dass die „Harvard School" massgeblich von den Arbeiten von Clark geprägt ist und sich die Schule in eine frühe „Harvard School" (funktionsfähiger Wettbewerb) und eine späte „Harvard School" (wirksamer Wettbewerb) unterteilen lässt. Während die frühe „Harvard School" die Wettbewerbspolitik der 1940er und 1950er Jahre mitgeprägt hat, beeinflusste die späte „Harvard School" die Wettbewerbspolitik der 1960er und frühen 1970er Jahre.

Die im Rahmen der frühen „Harvard School" entwickelte Konzeption des funktionsfähigen Wettbewerbs stellt im Kern eine realitätsnähere und pragmatischere Modifikation der neoklassischen Wettbewerbskonzeption dar. Die Grundidee hinter dem funktionsfähigen Wettbewerb ist folgende: Wenn auf einem Markt eine der neoklassischen Modellannahmen nicht gegeben ist (etwa das Fehlen eines polypolistischen Markts) so kann die Verwirklichung einer anderen Modellannahme (etwa die Verbesserung der Markttransparenz) nicht zur Erhöhung, sondern zur Verringerung der statischen Effizienz führen. Damit werden im Rahmen der frühen „Harvard School" Marktunvollkommenheiten nicht per se negativ gesehen, sondern diese sind je nach Vollkommenheitsgrad der Märkte sogar wünschenswert. Ferner wird bei der frühen „Harvard School" die neoklassische Unterscheidung zwischen Marktstruktur, -verhalten und -ergebnis aufgegriffen und zum „Structure-Conduct-Performance"-Paradigma ausgebaut. Im Unterschied zur neoklassischen Vorstellung werden im besagten Paradigma unter anderem auch Rückkopplungseffekte miteinbezogen.

Im Rahmen der späten „Harvard School" löst sich Clark vollständig von der neoklassischen Wettbewerbskonzeption: Primäres Wettbewerbsziel ist nicht mehr die Erhöhung der statischen Effizienz, sondern die Förderung des wirtschaftlichen Fortschritts. Diese neue Zielausrichtung kombinierte er mit seinem Ansatz der wünschenswerten Marktunvollkommenheiten. Da Clark selbst die wünschenswerten Marktstrukturen nur schematisch umschreibt, ist es letztlich die Aufgabe der Wettbewerbsforschung herauszufinden, welche Marktunvollkommenheiten mit Blick auf den wirtschaftlichen Fortschritt wünschenswert sind und welche nicht. Einen präziseren Unterscheidungsansatz hat der deutsche Ökonom Kantzenbach ausgearbeitet. Im Rahmen seines Wettbewerbsansatzes der „optimalen Wettbewerbsintensität" legt er dar, dass dem wirtschaftlichen Fortschritt am besten Rechnung getragen wird, wenn auf den Märkten eine optimale Wettbewerbsintensität herrscht. Die Wettbewerbsintensität ist optimal, wenn die Reaktion der Konkurrenz so lange auf sich warten lässt, dass ein Pionierunternehmen einen spürbaren Marktanteilsgewinn realisieren kann, aber so schnell erfolgt, dass dieser Vorsprungsgewinn auch wieder abgebaut werden kann. Diese sog. optimale Wegfressgeschwindigkeit stellt sich gemäss Kantzenbach dann ein, wenn die Marktstruktur ein weites Oligopol mit mässiger Produktheterogenität und begrenzter Markttransparenz aufweist. Folglich ist es die Aufgabe der Wettbewerbspolitik diese Marktstruktur mittels Fusionen, Fusionskontrollen sowie Kooperationserleichterungen herzustellen.

Der wirtschaftliche Fortschritt als Wettbewerbsziel ist indes nicht unproblematisch: So sieht es Clark letztlich als normative Frage an, welche Ziele unter den Begriff „wirtschaftlicher Fortschritt" subsumiert werden. Diese können von der Erhöhung der statischen Effizienz über die Sozialisierung der Fortschrittsgewinne bis hin zur Sicherung der Konsumentensouveränität reichen. Kantzenbach schlägt dahingegen vor, den wirtschaftlichen Fortschritt mit der Verwirklichung der Innovationsfunktion des Wettbewerbs gleichzusetzen.

Die gesamte „Harvard School" wird schliesslich dafür kritisiert, dass sie *(1)* die wettbewerbliche Realität durch die Verwendung des Struktur-Verhalten-Ergebnis-Paradigma nur unzureichend fassen kann und *(2)* die Freiheitsfunktion des Wettbewerbs ausklammert. Weiter wurde die späte „Harvard School" dafür kritisiert, dass sie *(3)* sich bei der wettbewerbsrechtlichen Analyse auf Parameter stützt, die entweder unrealistisch oder nicht praktikabel sind. Schliesslich wurde Kantzenbachs Ansatz von der optimalen Wettbewerbsintensität kritisiert, weil dieser *(4)* durch die Definition eines Optimalwettbewerbs die Tür für staatlichen Interventionismus öffnet.

– *Sechstens* wurde aufgezeigt, dass die effizienzorientierte Wettbewerbskonzeption der „Chicago School" in den 1970er Jahren als Gegenkonzeption zu den Wettbewerbskonzeptionen der „Harvard School" entwickelt wurde und im Kern eine Rückkehr zum methodisch und analytisch stringenteren neoklassischen Ansatz fordert. Obwohl sich die Wettbewerbskonzeption der „Chicago School" stark an der neoklassischen Wettbewerbskonzeption orientiert, geht sie nicht in dieser auf. So wird beispielsweise das neoklassische Grundmodell nicht als eine Abbildung realer Märkte verstanden, sondern als theoretisches Ausgangsmodell, das aufgrund seiner hohen Erklärungskraft vorzugswürdig ist. Ferner erweitert die „Chicago School" das neoklassische Wettbewerbsverständnis um eine dynamische Komponente; den Wettbewerb als Ausleseverfahren. Dabei zwingt der sich selbst überlassene Wettbewerb die Unternehmen zu einer laufenden Anpassung an ein sich fortwährend änderndes Marktgleichgewicht, das jedoch nie erreicht werden kann. Unbesehen dieser dynamischen Komponente bleibt die effizienzorientierte Wettbewerbskonzeption im Kern statisch: So werden echte evolutorische Aspekte wie dynamische Effizienz, technischer Fortschritt oder Innovation weiterhin ausgeklammert.

Bezüglich der Zielvorgaben bewegt sich die „Chicago School" ganz auf der Linie des neoklassischen Ansatzes: Als Ziel wird die Maximierung der statischen Effizienz ausgegeben. Jedoch ist innerhalb der „Chicago School" umstritten, ob diese sog. „efficiency doctrine" als Maximierung der Gesamtwohlfahrt oder der Konsumentenwohlfahrt zu verstehen ist. Während bei der Konsumentenwohlfahrt ausschliesslich auf die allokative Effizienz abgestellt wird, berücksichtigt die Gesamtwohlfahrt zusätzlich auch die produktive Effizienz, die im Rahmen des Preis-Mengen-Diagramms als sog. Produzentenwohlfahrt dargestellt werden kann. Die Unterscheidung erfährt dann eine praktische Relevanz, wenn ein Konflikt zwischen der Erhöhung der Produzentenrenten und der Konsumentenrente besteht. Dies kann beispielsweise bei einem Unternehmenszusammenschluss der Fall sein: Ein fusioniertes Unternehmen kann einerseits die allokative Effizienz durch das Abschöpfen einer Monopolrente reduzieren, aber andererseits seine produktive Effizienz durch das Ausnützen von Grössenvorteilen – sog. „economies of scale" – erhöhen.

Ferner vertrauen die Vertreter der „Chicago School" in erster Linie auf die Selbstheilungskräfte des Markts und sind gegenüber staatlichen Eingriffen kritisch eingestellt. Konkret sind wettbewerbspolitische Eingriffe nur dann angezeigt, wenn horizontale Zusammenschlüsse oder Abreden einzig zur Generierung einer Monopolrente eingegangen werden. Aber auch dann ist in einem ersten Schritt stets zu prüfen, ob im Rahmen des sog. „Williamson-trade-off"-Modells die Erhöhung der produktiven Effizienz die Verminderung der allokativen Effizienz per Saldo übersteigt. Folglich können die wettbewerbsrelevanten Verhaltensweisen nicht per se als rechtmässig oder unrechtmässig qualifiziert werden; vielmehr sind die Effizienzwirkungen im Einzelfall zu bewerten. Damit eine solche Bewertung jedoch möglich ist, müssen die Wettbewerbsbehörden über weitreichende Ermessensspielräume verfügen. Dementsprechend lehnen die Anhänger der „Chicago School" einen „Per se Rule"-Ansatz ab und setzen sich für einen „Rule of Reason"-Ansatz ein. Dabei werden den Wettbewerbsbehörden im Rahmen ungebundener Tatbestände weitgehende Ermessensspielräume zugebilligt.

An der effizienzorientierten Wettbewerbskonzeption der „Chicago School" wird schliesslich kritisiert, dass sie *(1)* ein unterkomplexes und verharmlosendes Marktmachtverständnis vertritt, *(2)* analog zur kritisierten „Harvard School" stellenweise ideologisch, unökonomisch und untheoretisch ist, *(3)* sich am nicht praktikablen Effizienzziel orientiert sowie *(4)* die Herausforderungen und Kosten eines „Rule of Reason"-Ansatzes vernachlässigt.

– *Siebtens* wurde aufgezeigt, dass die Wettbewerbskonzeption des freiheitlichen Wettbewerbs im Kern auf das Ordnungs- und Regelverständnis von Hayek zurückgeht. Ausgangspunkt bildet dabei die Vorstellung, dass die Individuen einer sog. konstitutionellen Ungewissheit unterliegen: Sie haben keine Kenntnisse hinsichtlich der Pläne, Zwecke und Handlungen anderer Individuen, der Gesamtheit der Auswirkungen eigener Handlungen auf Dritte, der Gesamtordnung oder der Aussenwelt. Um diese konstitutionelle Ungewissheit der Individuen zu reduzieren, bedarf es einer Gesellschaftsordnung, die zweckunabhängig erzeugt worden ist und demnach zur Erreichung vieler verschiedener selbstwiderstreitender Ziele nutzbar gemacht werden kann. Diese sog. nomokratische bzw. spontane Ordnung wird von Hayek gegenüber einer sog. teleokratischen Ordnung bevorzugt, die im Sinne eines Zentralplansystems eine erstrebenswerte Gesellschaftsordnung auf dem

Reissbrett entwerfen will. Im Rahmen der spontanen Ordnung kommt dem Wettbewerb eine fundamentale Rolle zu: Im Sinne eines Entdeckungsverfahrens stellt er sicher, dass in der spontanen Ordnung bestehende Tatsachen aufgedeckt (Informationsfunktion) und neue Tatsachen geschaffen werden (Innovationsfunktion). Der Wettbewerb hat darüber hinaus aber auch eine Ordnungsfunktion, indem er über negative Rückkopplungseffekte die Individuen zur wechselseitigen Anpassung ihrer Pläne zwingt. Eine, wenn nicht gar die wichtigste Voraussetzung für das Funktionieren der spontanen Ordnung ist die Gewährleistung individueller Freiheitsräume; nur so kann jeder Einzelne seine besonderen Kenntnisse und Fähigkeiten am wirksamsten nutzen und damit zu einer leistungsfähigen Ordnung beitragen. Gemäss Hayek sind innerhalb der spontanen Ordnung offene, allgemein umschriebene und auslegungsbedürftige Regeltatbestände zu vermeiden. Stattdessen ist auf gebundene Tatbestände abzustellen. Hayek verwendet in diesem Zusammenhang den Begriff „Mustervoraussagen". Diese Mustervoraussagen müssen insbesondere negativ, universalisierbar, gleich sowie bekannt und gewiss sein.

Von diesem Grundverständnis ausgehend zieht Hayek verschiedene wirtschafts- und wettbewerbspolitische Konsequenzen. So liegt die Aufgabe der Wirtschaftspolitik in der Schaffung und Aufrechterhaltung eines institutionellen Rahmenwerks, das die wirtschaftliche Handlungsfreiheit des Einzelnen gegenüber staatlichen und privaten Eingriffen schützt. Ansonsten hat der Staat strikte Zurückhaltung zu üben; insbesondere ist es ihm untersagt durch Befehle oder konkrete Verbote in die Freiheit des Einzelnen einzugreifen – selbst wenn solche Massnahmen das einzig wirksame Mittel für die erwünschte Zielerreichung darstellen. Bezüglich der Aufgaben der Wettbewerbspolitik bleibt Hayek relativ vage. So macht er lediglich deutlich, dass spezifische Marktstruktur- oder Marktergebnisvorgaben zum Scheitern verurteilt sind, da der Wettbewerb ein dynamisches und ergebnisoffenes Entdeckungsverfahren darstellt. Aus diesem Grund ist davon abzusehen, den Wettbewerb im Rahmen des neoklassischen Gleichgewichtsmodells fassen zu wollen.

Aufbauend auf Hayeks Arbeiten entwickelte Hoppmann in den 1960er und 1970er Jahren einen praktikablen Wettbewerbsansatz: die Konzeption der Wettbewerbsfreiheit. Hoppmann versteht unter Wettbewerbsfreiheit ganz allgemein die Freiheit der Wettbewerber zum Einsatz ihrer Aktionsparameter, zum Vorstoss sowie zur Nachfolge in technisches, organisatorisches und ökonomisches Neuland sowie als Freiheit der potenziellen Wettbewerber zum Markteintritt, aber auch als Freiheit der Marktkontrahenten zur Auswahl zwischen mehreren Alternativen. Die Konzeption der Wettbewerbsfreiheit lässt sich sodann in eine ursprüngliche Konzeption und eine erweiterte Konzeption unterteilen. Während Hoppmann in der ursprünglichen Konzeption teilweise noch Positionen vertreten hat, die von Hayeks Grundverständnis abweichen, verschwinden die Unterschiede in der erweiterten Konzeption nahezu vollständig. Innerhalb beider Konzeptionen hat die Wettbewerbspolitik aber ausschliesslich die Aufgabe, die Wettbewerbsfreiheit sicherzustellen. In der ursprünglichen Konzeption ist Hoppmann der Auffassung, dass im Sinne einer sog. Harmonie-These die Wettbewerbsfreiheit stets zu den ökonomisch vorteilhaftesten Ergebnissen führt. Diese sind jedoch strikt individuell zu verstehen; gesamtwirtschaftliche Vorteile sind darin nicht eingeschlossen. Es gibt jedoch einen sog. Ausnahmebereich wo die Harmonie-These keine Anwendung findet. In diesen Ausnahmebereich fällt beispielsweise das Leistungsmonopol. Aufgrund verschiedentlicher Kritik nimmt Hoppmann in der erweiterten Konzeption begrifflich zwar Abstand von der Harmonie-These, baut diese inhaltlich aber weiter aus: So sind die ökonomisch vorteilhaftesten Ergebnisse nicht mehr nur individuell, sondern marktbezogen zu verstehen. Die Hauptaufgabe der Wettbewerbspolitik besteht für Hoppmann darin, die Staatstätigkeit systematisch zu beobachten und allfällige staatliche Wettbewerbsbeschränkungen zu unterbinden. Hinsichtlich privater Wettbewerbsbeschränkungen, die gemäss Hoppmann selten sind, vertritt er eine relativ strikte Position: Da Fusionskontrollen systemwidrig sind und Fusionen letztlich die Existenz des polyzentrischen, spontanen Marktsystems gefährden, sind Unternehmenszusammenschlüsse per se zu verbieten. Gleiches gilt auch für zweiseitige Wettbewerbsbeschränkungen; sie sind per se zu verbieten. Im Rahmen einseitiger Wettbewerbsbeschränkungen sieht es Hoppmann sodann als Aufgabe der Wettbewerbsforschung an, die restriktiven Praktiken eindeutig zu identifizieren, die dann per se zu verbieten sind.

Ob die Wettbewerbspolitik nur die Aufgabe hat, die Wettbewerbsfreiheit sicherzustellen (und der Wettbewerb damit Zielcharakter aufweist) oder aber andere ökonomische Ziele zu adressieren hat (und der Wettbewerb damit mehr Mittelcharakter hat), war schliesslich der Hauptstreitpunkt in der sog. „Hoppmann-Kantzenbach-Kontroverse".

An der freiheitlichen Wettbewerbskonzeption der Österreicher Schule ist schliesslich zu kritisieren, dass sie *(1)* auf ein vages und nicht praktikables Freiheitsverständnis zurückgreift, *(2)* ein dogmatisches Marktvertrauen aufweist sowie *(3)* einen „Per se Rule"-Ansatz verfolgt, obwohl faktisch nur wenige Tatbestände als eindeutig wettbewerbsbeschränkend eingestuft werden können.

– *Achtens* wurde dargelegt, dass auch die Konzeption vom vollständigen Wettbewerb der Freiburger Schule dem systemischen Wettbewerbsverständnis zugeordnet werden kann. Prominenteste Figur dieser Schule ist Walter Eucken, der mit seinem ab den 1930er Jahren ausgearbeiteten Ansatz des Ordoliberalismus die deutsche Wirtschaftspolitik der Nachkriegszeit entscheidend mitgeprägt hat. Die Freiburger Schule bzw. der Ordoliberalismus setzt sich vereinfacht gesagt mit dem Zusammenhang zwischen staatlicher, wirtschaftlicher und gesellschaftlicher Ordnung auseinander und stellt dabei die Freiheit des Individuums ins Zentrum. Der Ordoliberalismus hat zum Ziel, der modernen industrialisierten Wirtschaft eine funktionsfähige und menschenwürdige Ordnung zu geben. Dieser Anspruch könne, so Eucken, weder eine Zentralverwaltungswirtschaft noch ein „laissez faire"-Liberalismus einlösen.

Vor diesem Hintergrund schlägt Eucken vor, dass die Wirtschaftsprozesse durch eine Wettbewerbsordnung koordiniert werden sollen, in der die Marktform der vollständigen Konkurrenz überwiegt, die mittels einer staatlichen Wirtschaftspolitik verwirklicht wird und sich unabhängig von Interessengruppen auf die Gestaltung der Ordnungsform der Wirtschaft beschränkt. Der Staat soll damit nur den wirtschaftlichen Rahmen planen – die direkte Lenkung des Wirtschaftsprozesses ist ihm untersagt. Unter einer Wettbewerbsordnung, in der die Marktform der vollständigen Konkurrenz überwiegt, versteht Eucken sodann, dass in allen Bereichen der Marktwirtschaft das Prinzip des Leistungswettbewerbs herrscht, das letztlich zur Leistungssteigerung als auch zur Lenkung des Wirtschaftsprozesses führt. Für die Herstellung der Wettbewerbsordnung sind gemäss Eucken sechs konstituierende Prinzipien notwendig: *(1)* Primat der Währungspolitik, *(2)* offene Märkte, *(3)* Privateigentum, *(4)* Vertragsfreiheit, *(5)* Haftung und *(6)* Konstanz der Wirtschaftspolitik. Diese sechs konstituierenden Prinzipien sind unverzichtbar für die Herstellung der Wettbewerbsordnung, jedoch erhalten sie nicht dessen Funktionsfähigkeit. Dafür bedarf es zusätzlich regulierender Prinzipien. Diese korrigieren die Schwächen und Mängel der Wettbewerbsordnung. Eucken beschreibt dabei vier regulierende Prinzipien: *(1)* Einkommenspolitik, *(2)* Wirtschaftsrechnung, *(3)* anomales Angebotsverhalten und *(4)* Monopolkontrolle. Sofern alle sechs konstituierenden und vier regulierenden Prinzipien strikt befolgt werden, entsteht eine gesamtmarktwirtschaftliche Ordnung, die der modernen industrialisierten Wirtschaft eine funktionsfähige und menschenwürdige Ordnung gibt.

Im Rahmen der Freiburger Schule stellt die Verhinderung von Machtakkumulation die primäre Aufgabe der Wettbewerbspolitik dar, was in der Regel ein aktives und konsequentes Vorgehen der Wettbewerbsbehörden nach sich zieht. So sind beispielsweise Monopole soweit wie möglich zu entflechten und falls dies nicht möglich sein sollte, einer strengen Kontrolle durch eine unabhängige Aufsichtsbehörde zu unterwerfen. Die Kontrolle soll letztlich sicherstellen, dass sich die monopolistischen Unternehmen ein wettbewerbsanaloges Verhalten aneignen. Im Zweifel soll die Monopolkontrolle hart und konsequent sein – dies schliesst insbesondere eine zivilrechtliche Nichtigkeit und eine strafrechtliche Verantwortung mit ein. Neben der Verhinderung und Beschränkung von Monopolen und deren wettbewerbsschädlichen Verhaltensweisen sind auch zweiseitige Wettbewerbsabreden strikt zu unterbinden. In der Theorie hat die Wettbewerbspolitik damit eine entscheidende Funktion bei der Aufrechterhaltung der ordoliberalen Wirtschaftsordnung. In der Praxis sieht Eucken jedoch kaum Handlungsbedarf; die konsequente Anwendung der konstituierenden Prinzipien machen sowohl Kartellbildungen als auch die Entstehung von Monopolen unwahrscheinlich.

An der Konzeption vom vollständigen Wettbewerb der Freiburger Schule ist schliesslich zu kritisieren, dass sie *(1)* eine exklusiv negative Bewertung von Marktmacht vornimmt, die sich nicht rechtfertigen lässt und *(2)* einem autoritären Liberalismus Vorschub leiste, da demokratische Entscheidungsprozesse ausgeblendet werden.

§ 5 Aktuelle wettbewerbspolitische Weiterentwicklungen

A. Vorbemerkung

Die Entwicklung der traditionellen Wettbewerbskonzeptionen nahm in den 1970er Jahren mit der effizienzorientierten Wettbewerbskonzeption der „Chicago School" ihren Abschluss. Soweit ersichtlich hat sich in den darauffolgenden rund 50 Jahren noch keine genuin neue Wettbewerbskonzeption hervorgetan. Dennoch: Die wettbewerbspolitische Entwicklung blieb in dieser Zeit nicht stehen. Seit Mitte der 1990er Jahren und dann insbesondere ab der Jahrtausendwende werden vermehrt Wettbewerbsansätze ausgearbeitet, die sich zwar immer noch stark an den traditionellen Wettbewerbskonzeptionen orientieren, jedoch punktuelle Änderungen und Erweiterungen vornehmen. Diese wettbewerbspolitischen Weiterentwicklungen sind nachfolgend darzulegen. Dabei bietet es sich an, zwischen Weiterentwicklungen im Rahmen des effektbasierten Wettbewerbsverständnisses und Weiterentwicklungen im Rahmen des systemischen Wettbewerbsverständnisses zu unterscheiden.

B. Weiterentwicklungen im Rahmen des effektbasierten Wettbewerbsverständnisses

Mit Blick auf das effektbasierte Wettbewerbsverständnis ist eine heterogene wettbewerbspolitische Weiterentwicklung zu beobachten, wobei verschiedene neue Ansätze aufgebracht und diskutiert werden. Grundlage für diese Ansätze bildet die weltweit vorherrschende Wettbewerbskonzeption der „Chicago School". Daher werden in der Literatur diese verschiedenen Ansätze und die damit einhergehende Entwicklung unter dem Sammelbegriff „Post-Chicago"-Strömung zusammengefasst.

I. „Post-Chicago"-Strömung

Der Begriff „Post-Chicago" macht deutlich, dass der traditionelle Ansatz der „Chicago School" sowohl Ausgangs-, Referenz- als auch Abgrenzungspunkt darstellt. In diesem Sinne stellen die Ansätze innerhalb dieses Sammelbegriffs,

so Schuhmacher, einerseits „die zentralen Weiterentwicklungen der Wettbewerbstheorien in ökonomischer Sicht dar", andererseits ist mit ihnen aber
auch „eine grundlegende Kritik an einigen Schlussfolgerungen des Chicago-
Ansatzes verbunden".[1] Und Heidrich sieht im Zuge der „Post-Chicago"-Strö-
mung „einen erneuten Schwung des ‚ideologischen Pendels' weg von einem
relativ stark ausgeprägten Laissez-faire hin zu einer moderaten interventionistischen Politik".[2]

Diese interventionistischere Haltung rührt insbesondere daher, dass die „Post-
Chicago"-Strömung Marktunvollkommenheiten einbezieht, die das ursprüngliche Modell der „Chicago School" nicht berücksichtigt.[3] Konkret erweitert die
„Post-Chicago"-Strömung die wettbewerbsrechtlichen Analysemethoden um
drei Forschungsfelder: *(1)* die Spieltheorie, *(2)* die Neue Industrieökonomik
sowie *(3)* die Neue Institutionenökonomik.[4] Nachfolgend ist auf die Grundzüge
und Kernaussagen dieser drei Forschungsfelder einzugehen.

1. Spieltheorie

Gegenstand der Spieltheorie ist die Analyse strategischer Entscheidungssituationen, insbesondere bei Interessenkonflikten oder Koordinationsproblemen.
Mit der Spieltheorie wird menschliches Verhalten als rationale Reaktion auf
die Veränderung gegebener Umweltbedingungen modelliert und dabei berücksichtigt, dass die Reaktion ihrerseits Reaktionen anderer Akteure provozieren
kann.[5]

Das spieltheoretische Lehrbuchbeispiel ist das sog. „Prisoner's Dilemma":
Dabei werden zwei Personen beschuldigt, einen Raubüberfall begangen zu
haben. Die Strafverfolgungsbehörde kann den zwei Verdächtigen jedoch nicht
den Raub nachweisen, sondern nur geringere Vergehen gegen das Waffengesetz. Sie werden daher getrennt verhört und ihnen wird je folgender Deal gemacht: Wenn der eine Verdächtige gesteht, kommt er frei, sein Komplize aber
zwölf Jahre in Haft. Gestehen beide, werden beide zehn Jahre inhaftiert. Gesteht keiner von beiden, kann die Strafverfolgungsbehörde nur den Verstoss
gegen das Waffengesetz nachweisen und beide müssen für vier Jahre ins Ge-

---

[1] Schuhmacher, S. 77.

[2] Heidrich, S. 92; in diesem Sinne auch Huffman: „If Chicagoans are Catholics, Post-Chi-
cagoans are Lutherans. This ideology represents a reaction to excesses of under-enforcement,
primarily due to simplifying assumptions that, while intended to make economics easier to
apply, also bring about wrong results.", Huffman, Neo-Chicago, S. 111 f.; ferner auch: Hovenkamp, Post-Chicago Antitrust, S. 482; Schuhmacher, S. 78.

[3] Hovenkamp, Post-Chicago Antitrust, S. 477.

[4] Schuhmacher, S. 77; siehe dazu auch: Kerber, Wettbewerbspolitik, S. 384 ff.; es gilt
jedoch zu beachten, dass sich die drei Forschungsfelder weder abschliessend definieren noch
voneinander abgrenzen lassen. Zwischen ihnen bestehen vielmehr mannigfaltige Verflechtun-
gen und Überschneidungen.

[5] Holler/Illing/Napel, S. 1; Heidrich, S. 95.

fängnis. Damit wird eine Situation geschaffen, in der es nicht zum optimalen Ergebnis führt, wenn sich die Akteure ausschliesslich eigennützig verhalten; sie müssen vielmehr strategisch vorgehen und das Verhalten des Gegenübers antizipieren. Dies hat zur Folge, dass beide Verdächtige sich nicht für das aus ihrer Perspektive bestmögliche Ergebnis entscheiden (nicht gestehen und hoffen, dass der andere Verdächtige gesteht), sondern jene Variante wählen, in der sie nicht durch die andere Partei unilateral schlechter gestellt werden. Dieses stabile Gleichgewicht wird in Anlehnung an seinen Begründer John Nash als sog. Nash-Gleichgewicht bezeichnet.[6] Im vorliegenden Beispiel wird dieses Gleichgewicht geschaffen, wenn beide Verdächtige gestehen und damit beide für zehn Jahre in Haft kommen.[7]

Obwohl die Grundlagen der Spieltheorie bereits in den 1950er Jahren gelegt wurden, fanden spieltheoretische Ansätze erst in den letzten 20 Jahren systematisch Eingang in die Wettbewerbsforschung.[8] Dabei wird die spieltheoretische Analyse nicht auf Räuber, sondern Unternehmen angewandt. Das nachfolgende Beispiel von Genoni soll den Nutzen dieser Analyse deutlich machen: Zwei Unternehmen, die auf dem gleichen Markt tätig sind, müssen je darüber entscheiden, ob sie eine Hoch- oder Niedrigpreisstrategie verfolgen wollen. Dabei sind vier Konstellationen denkbar: Entweder setzen beide Unternehmen ihre Preise hoch (1. Konstellation) bzw. tief (2. Konstellation) an. Darüber hinaus kann ein Unternehmen den Preis hoch und das andere tief ansetzen (3. Konstellation) bzw. umgekehrt (4. Konstellation). Das bestmögliche Ergebnis – im Sinne eines möglichst hohen Gewinns – käme vorliegend zustande, wenn beide Unternehmen eine Hochpreisstrategie verfolgen würden. Jedoch besteht bei einer bilateralen Hochpreisstrategie kein stabiles Gleichgewicht, da jedes Unternehmen unilateral zu einer Niedrigpreisstrategie wechseln könnte. Als Konsequenz würden alle Nachfrager zu diesem Unternehmen wechseln und das Hochpreisunternehmen würde massive Verluste erleiden. Insofern werden sich beide Unternehmen für eine Tiefpreisstrategie entscheiden, da bei dieser Konstellation – im Sinne des Nash-Gleichgewichts – kein Unternehmen durch die Handlung des anderen unilateral schlechter gestellt werden kann.[9] Mit diesem Beispiel wird implizit die Wichtigkeit des Verbots kartellistischer Vereinbarungen deutlich: Nur wenn solche Absprachen verboten sind und damit für die Kartellisten

---

[6] Siehe zum Ganzen: Mathis, Effizienz, S. 136 ff.; Schwalbe/Zimmer, S. 38 f.; Holler/Illing/Napel, S. 2 ff.; Genoni, S. 37 f.

[7] Da in diesem Beispiel die zwei Verdächtigen nicht in der Lage sind Absprachen zu treffen, deren Einhaltung durch einen exogenen Mechanismus erzwungen werden kann, spricht man in diesem Zusammenhang von der nichtkooperativen Spieltheorie. Falls solche Absprachen möglich sind, spricht man von der kooperativen Spieltheorie. Siehe hierzu: Schwalbe/Zimmer, S. 36.

[8] Heidrich, S. 96; in diesem Sinne sind auch die Ausführungen von Genoni unter der Überschrift „Das Gefangenendilemma im Kartellrecht" zu sehen. Siehe hierzu: Genoni, S. 42.

[9] Siehe zum Ganzen: Genoni, S. 42 ff.

kein exogener Durchsetzungsmechanismus besteht, sind die getroffenen Hochpreisabsprachen instabil.[10]

Vor diesem Hintergrund wird deutlich, dass die Spieltheorie den Wettbewerb als ein Spiel versteht, über das anhand des strategischen Verhaltens der Marktteilnehmer bestimmte Marktergebnisse prognostiziert werden können. Neben dieser eigenständigen Anwendung der Spieltheorie auf den Wettbewerb stellt sie ferner eine theoretische Hilfskonstruktion im Rahmen der Neuen Industrieökonomik dar.[11]

2. Neue Industrieökonomik

Im Kern handelt es sich bei der Neuen Industrieökonomik um einen Sammelbegriff verschiedener volkswirtschaftlicher Ansätze zur Erklärung von Marktergebnissen auf oligopolistischen Märkten.[12] Grundlage bildet dabei das neoklassische Paradigma, das jedoch Stellenweise modifiziert und erweitert wird.[13] Für die Analyse oligopolistischer Märkte stützt sich die Neue Industrieökonomik auf unterschiedliche Oligopolmodelle. Von grundlegender Bedeutung sind insbesondere *(1)* das Cournot-, *(2)* das Stackelberg- sowie das *(3)* Bertrand-Modell.[14] Die Modelle lassen sich auf verschiedene Marktkonstellationen anwenden. Vorliegend wird jedoch ausschliesslich auf die anschaulichste Konstellation eingegangen: das Duopol auf einem Markt mit homogenen Produkten.[15]

---

[10] Schwalbe/Zimmer, S. 36; siehe dazu auch: Erlei/Leschke/Sauerland, S. 310 f.; Knieps, S. 117 ff.; Genoni, S. 43 f.

[11] Genoni, S. 45; Heidrich, S. 91; zum Sonderfall der evolutorischen Spieltheorie siehe: Holler/Illing/Napel, S. 367 ff.

[12] Während die traditionelle Industrieökonomik der 1950er Jahre ein empirisch ausgerichtetes Forschungsgebiet ist, das sich am Struktur-Verhaltens-Ergebnis-Paradigma orientiert, stellt die Neue Industrieökonomik primär ein formal-theoretisches Forschungsgebiet dar, das auf mathematisch-spieltheoretischen Untersuchungen basiert. Zur Abgrenzung siehe: Bester, S. 2 ff.; Heidrich, S. 84 ff. und S. 92 ff.

[13] Bester, S. 1 f.; insbesondere ist entscheidend, dass zwischen den Oligopolisten keine Verhaltensabstimmungen, Kollusionen oder andere Vereinbarungen getroffen werden und es sich folglich um ein Anwendungsbeispiel der nichtkooperativen Spieltheorie handelt. Siehe hierzu: Schwalbe/Zimmer, S. 40.

[14] Das theoretische Fundament der drei Modellen ist nicht neu, sondern geht im Kern auf die klassische Ökonomik zurück. Dennoch sind die drei Modelle als aktuelle Weiterentwicklungen der „Post-Chicago"-Strömung zu sehen. Dies lässt sich – in den Worten von Bester – wie folgt begründen: „Die in diesem Buch dargestellte Theorie der Industrieökonomik hat ihre historischen Wurzeln in den Oligopolmodellen von Cournot (1838) und Bertrand (1883) (…). In den letzten Jahrzehnten entwickelte sich aus diesen ersten Ansätzen die sog. ‚Neuere Industrieökonomik', die durch eine umfassende Theorienbildung die traditionelle (…) Orientierung des Forschungsgebietes ergänzte und teilweise in den Hintergrund drängte. Diese rasante Entwicklung wurde entscheidend gefördert durch methodische Fortschritte auf dem Gebiet der Spieltheorie"., Bester, S. 4.

[15] Es lassen sich auch Entscheidungssituationen auf einem Markt mit heterogenen Produkten simulieren. Siehe hierzu: Bester, S. 90 f.; Schwalbe/Zimmer, S. 44 ff.; Genoni, S. 63 ff.

– *Cournot-Modell*

Im Rahmen des Cournot-Modells konkurrieren zwei Oligopolisten um die jeweils simultan von ihnen festgelegte Menge homogener Produkte – es besteht somit ein Mengenwettbewerb.[16] In diesem Modell besteht die Herausforderung für die Unternehmen darin, die eigene Absatzmenge, unter (teilweiser) Berücksichtigung der antizipierten Absatzmenge der Konkurrenten und deren Auswirkung auf den Preis, festzulegen.[17] Die Unternehmen setzen ihre Absatzmengen damit als sog. strategische Substitute ein.[18] Im Lichte dieser strategischen Überlegungen lässt sich bei einem Duopol mit homogenen Produkten ein Gleichgewicht berechnen, bei dem sich die angebotene Absatzmenge zwischen jener der vollständigen Konkurrenz (geringer als diese) und dem Monopol (grösser als diese) festsetzt.[19]

– *Stackelberg-Modell*

Das Stackelberg-Modell stellt im Wesentlichen eine Erweiterung des Cournot-Modells dar: Während bei Letzterem die Unternehmen ihre Absatzmengen simultan bestimmen, simuliert das Stackelberg-Modell eine sequenzielle Abfolge. Dabei trifft ein Oligopolist eine Mengenentscheidung (der sog. „Stackelberg Leader") und der Konkurrent (der sog. „Stackelberg Follower") richtet seine Entscheidung an der Strategie des „Stackelberg Leader" aus. Der Leader antizipiert wiederum mögliche Reaktionen des Followers und berücksichtigt diese bereits in seiner Entscheidung.[20] Diese sequenzielle Entscheidungssituation ermöglicht es, das Cournot-Modell um bestimmte strategische Verhaltensweisen zu erweitern.[21]

---

[16] Gemäss Zimmer/Schwalbe findet dieses Modell insbesondere auf Märkten Anwendung, in denen die Unternehmen die Mengenentscheidung nur unter hohem Kostenaufwand ändern können, während sie den Preis den Marktverhältnissen anpassen können, damit die produzierte Menge abgesetzt wird. Konkret ist etwa an die Schwerindustrie zu denken, wo gewählte Produktionskapazitäten nur schwer zu revidieren sind. Siehe hierzu: Schwalbe/Zimmer, S. 39.

[17] Bester, S. 83 f.; Genoni, S. 63.

[18] Schwalbe/Zimmer, S. 42; die Mengenreaktionen verlaufen dabei in gegensetzte Richtungen: Wenn ein Oligopolist A die Absatzmenge unbesehen der Mengenerhöhung des Oligopolisten B ebenfalls erhöht, würde dies – bei einer fallenden Nachfragekurve – zu einem Preiszerfall am Markt führen, der letztlich beiden Oligopolisten schadet. Oligopolist B muss folglich – das Verhalten von Oligopolist A antizipierend – seine Menge reduzieren, um einem Preiszerfall bzw. einem Unternehmensverlust entgegenzuwirken. Umgekehrt setzt eine mögliche Mengenreduktion eines Oligopolisten Anreize zur leichten Mengenausweitung für den anderen Oligopolisten.

[19] Zur Herleitung dieses Gleichgewichts siehe dezidiert: Schwalbe/Zimmer, S. 41 ff.; die mathematische Beweisführung hierzu findet sich bei: Bester, S. 83 ff.

[20] Genoni, S. 65; Schwalbe/Zimmer, S. 46 ff.

[21] Mit dem Stackelberg-Modell lässt sich aber nicht nur einen sequenziellen Mengenwettbewerb simulieren, sondern auch einen sequenziellen Preiswettbewerb.

– *Bertrand-Modell*

Im Rahmen des Bertrand-Modells konkurrieren die Oligopolisten um die jeweils von ihnen simultan festgelegten Preise für homogene Produkte – es besteht damit ein Preiswettbewerb.[22] In diesem Modell wird sich das stabile Gleichgewicht bei den Grenzkosten der Produkte bilden, was dem Preis bei vollkommenem Wettbewerb entspricht. Dies lässt sich mit der hohen Preiselastizität homogener Produkte begründen bzw. der damit einhergehenden Entscheidungsfindung: die Unternehmen werden sich wie im „Prisoner's Dilemma" verhalten und ihre Preise tief ansetzen, um den Umsatz sicherzustellen.[23]

Wenn man die simulierten Ergebnisse vom Cournot-Modell und Bertrand-Modell vergleicht, wird der massgebliche Einfluss der Wettbewerbsparameter auf das Marktergebnis deutlich: Während beim Preiswettbewerb das gleiche Ergebnis wie bei vollkommenem Wettbewerb resultiert, wird im Mengenwettbewerb eine vergleichsweise geringere Menge zum höheren Preis angeboten. Der Grund dafür liegt in der unterschiedlichen Nachfrageelastizität. Beim Preiswettbewerb reagiert die Nachfrage, wie bereits erwähnt, deutlich elastischer als bei Mengenwettbewerb. Da jedoch bereits zwei Anbieter ausreichen, um das gleiche Ergebnis wie bei vollkommenem Wettbewerb zu erzielen (sog. „Bertrand-Paradox"), wird das Bertrand-Modell – insbesondere im Vergleich zum Cournot-Modell – als weniger realistisch und aussagekräftig eingestuft.[24]

3. Neue Institutionenökonomik

Vereinfacht gesagt, hebt die Neue Institutionenökonomik[25] die Bedeutung institutioneller Rahmenbedingungen für den Wirtschaftsprozess hervor und macht diese einer ökonomischen Analyse zugänglich.[26] Eine Institution wird dabei verstanden als ein Vertrag oder ein Vertragssystem, eine Regel oder ein Regelsystem, inklusive der dazugehörigen Durchsetzungsmechanismen, die das in-

---

[22] Das Modell wird insbesondere für Branchen herangezogen, bei denen Preisänderungen mit Kosten verbunden sind, die Menge aber relativ leicht geändert werden kann und sich der Wettbewerb damit über den Preis abspielt. Schwalbe/Zimmer nennen im diesem Zusammenhang Versandhäuser, die bereits umfangreiche Kataloge mit verbindlichen Preisangaben gedruckt haben und Waren relativ leicht von anderen Herstellern beziehen können. Siehe hierzu: Schwalbe/Zimmer, S. 39 f.

[23] Siehe hierzu oben: *§ 5.B. I.1. Spieltheorie*; Genoni, S. 64.

[24] Schwalbe/Zimmer, S. 43; Heidrich, S. 93.

[25] Die *Neue* Institutionenökonomik ist vom *Alten* Institutionalismus abzugrenzen. Während in der Neuen Institutionenökonomik der methodologische Individualismus dominiert, ist es im Alten Institutionalismus der methodologische Holismus. Siehe dazu: Richter/Furubotn, S. 46 ff.

[26] Richter/Furubotn, S. 1; Erlei/Leschke/Sauerland, S. 1; Bickenbach/Kumkar/Soltwedel, S. 217.

dividuelle Verhalten kanalisieren.[27] Analog zur Spieltheorie und Neuen Industrieökonomik liegt auch der Wert der Neuen Institutionenökonomik in erster
Linie in der Aufdeckung der Schwächen der neoklassischen Modellannahmen,
die der „Chicago School" zugrunde liegen. Die Neue Institutionenökonomik
kritisiert insbesondere die institutionsneutrale Perspektive der Neoklassik bzw.
die Tendenz, eine ernsthafte Beschäftigung mit institutionellen Bedingungen
zu vermeiden. Das neoklassische Modell nimmt zwar das Vorhandensein von
politischen, rechtlichen, moralischen und anderer Institutionen zur Kenntnis,
behandelt sie aber – was ihre Effekte auf die Wirtschaftsleistung angeht – als
„allokationsneutral" und ignoriert diese weitgehend.[28] Namentlich werden ef-
fizienzmindernde Einflüsse wie Transaktionskosten, unvollständige Verträge,
Zuteilung von Verfügungsrechten, Behördenstrukturen sowie Informationsasymmetrien nur unzureichend oder gar nicht berücksichtigt.[29]

Im Kern geht die Neue Institutionenökonomik auf Ronald H. Coase und seinen 1937 veröffentlichten Aufsatz „ *The Nature of the Firm* "[30] zurück.[31] Coase
zeigt dabei auf, dass Vertragsschlüsse und -durchsetzungen mit Kosten verbunden sind; den sog. Transaktionskosten. Damit legte er den Grundstein für
einen neuen realitätsnäheren volkswirtschaftlichen Ansatz, der die ökonomische Hauptaufgabe in der Bestimmung institutioneller Konstrukte sieht, die
dem Bestehen von Transaktionskosten angemessen Rechnung tragen.[32] Von
Coases Grundidee ausgehend wurde die ökonomische Institutionenanalyse in
den 1960er Jahren intensiviert: Prominent zu erwähnen ist in diesem Zusammenhang die sog. „Principle-Agent"-Theorie, mit der problematische Informationsasymmetrien eingehender analysiert werden können.[33] Das Informations-
gefälle zwischen dem in der Regel schlechter informierten Prinzipal und dem
besser informierten Agenten kann insbesondere zu moralischem Fehlverhalten
auf Seiten des Agents („moral hazard") oder zu einer Negativauslese („adverse

---

[27] Richter/Furubotn, S. 7 f.; Erlei/Leschke/Sauerland, S. 20.

[28] Richter/Furubotn, S. 14.

[29] Richter/Furubotn, S. 2; siehe hierzu auch: Bickenbach/Kumkar/Soltwedel, S. 218 ff.;
Goldberg, S. 445.

[30] *Ronald Coase, The Nature of the Firm.*

[31] Obwohl Coase heute als intellektueller Vater der Transaktionsökonomik angesehen
wird, hat er im besagten Aufsatz den Begriff Transaktionskosten noch nicht verwendet. Siehe
in diesem Zusammenhang auch: Mathis, Effizienz, S. 67 f.

[32] Richter/Furubotn, S. 53; zu den prominentesten Vertretern der Neue Institutionenökonomik werden heute neben Ronald Coase auch Douglass North und Oliver E. Williamson
gezählt. Siehe hierzu instruktiv: Williamson, Organization Theory, S. 107 ff.; North, S. 230 ff.

[33] Im Rahmen der „Principal-Agent"-Theorie kann zwischen drei Formen von Informationsasymmetrien unterschieden werden: Die schlechter informierte Partei kann entweder bestimmte Eigenschaften („hidden characteristics"), verdeckte Handlungen („hidden actions")
oder Absichten („hidden intentions") der besser informierten Partei nicht kennen. Siehe hierzu
eingehend: Bickenbach/Kumkar/Soltwedel, S. 219.

selection") führen.[34] Zeitgleich wurde die ökonomische Analyse auch auf den politischen Sektor ausgeweitet und entsprechende Theorien und Modelle entwickelt. Insbesondere die Neue Politische Ökonomik mit ihrer Theorie der Demokratie, der Bürokratie sowie der Interessengruppen hat die Neuen Institutionenökonomik massgeblich geprägt.[35] Mit der Verfassungsökonomik wurde schliesslich eine Strömung geschaffen, die an der Schnittstelle von Neoklassik, Freiburger und Österreicher Schule steht.[36]

Während sich die Neue Institutionenökonomik als Forschungszweig innerhalb der Ökonomik bereits etabliert hat, stellt die direkte Anwendung ihrer Analysemethoden und Erkenntnisse auf Wettbewerbsprozesse eine neuere Entwicklung dar.[37] Dabei werden die tradierten wettbewerbspolitischen Erkenntnisse aus einer anderen Perspektive kritisch beleuchtet. In Anlehnung an Bickenbach, Kumkar und Soltwedel ist nachfolgend auf zwei wettbewerbspolitische Implikationen der Neuen Institutionenökonomik vertieft einzugehen.

---

[34] „Moral hazard" (zu deutsch: moralisches Risiko) beschreibt das Problem, dass sich die Agenten (als Nachfrager) aufgrund der institutionellen Rahmenbedingungen leichtsinnig oder verantwortungslos verhalten. So wird beispielsweise ein feuerversicherter Hauseigentümer weniger Sorgfalt bei der Schadensvermeidung oder -begrenzung aufwenden, als ein Eigentümer ohne Versicherung. „Adverse selection" (zu deutsch: negative Auslese) beschreibt das Problem, dass es sich für einen Agenten (als Anbieter) aufgrund der Transaktionskosten nicht lohnt, besonders hochwertige Güter anzubieten. So können die Nachfrager nämlich aufgrund der Transaktionskosten die Güterqualität nicht richtig bewerten und stellen im Hinblick auf ihre Zahlungsbereitschaft damit auf eine durchschnittlich zu erwartende Qualität ab. Schliesslich kann sich im Rahmen des Informationsgefälles auch ein sog. „hold up" (zu deutsch: aus einem Hinterhalt überfallen) ergeben. Dabei versucht der Agent durch ein erpresserisches Verhalten einen Vorteil auf Kosten des Prinzipals schaffen. Zu denken ist dabei etwa an einen Arbeitgeber, der für die Weiterbildung eines Arbeitnehmers aufkam. Als Folge davon steht der Arbeitgeber in einem Abhängigkeitsverhältnis zum Arbeitnehmer und dieser kann – unter Androhung der Kündigung – einen übertriebenen Lohn verlangen. Siehe zum Ganzen: Mathis, Effizienz, S. 35; Petersen, Adverse Selektion, S. 309 ff.

[35] Siehe dazu: Erlei/Leschke/Sauerland, S. 39 f.

[36] Daher wird die Verfassungsökonomik ebenfalls im Rahmen der Weiterentwicklungen des systemischen Wettbewerbsverständnisses diskutiert. Siehe hierzu unten: § 5.C.II.3. Einordnung; aus methodischer Sicht kann innerhalb der Neuen Institutionenökonomik zwischen einer theoretisch-basierten und einer empirisch-basierten Vorgehensweise unterschieden werden. Bei Ersterer liegt der Institutionenanalyse das traditionelle Verhaltensmodell des „homo oeconomicus" zugrunde. Man stützt sich auf die Annahme vollständig rationaler, willensstarker und eigennütziger Akteure. Bei der empirischen Vorgehensweise besteht dahingegen der Anspruch, ein Verhaltensmodell heranzuziehen, das sich am „realen" menschlichen Verhalten orientiert. Dabei gilt es, dem Facettenreichtum der individuellen Handlungsmotivationen Rechnung zu tragen – wie etwa Fairness oder Reziprozität. Zwischen diesen beiden Extrempolen gibt es sodann ein breites Spektrum an hybriden Ansätzen, die zwar vom „homo oeconomicus"-Modell ausgehen, dieses aber punktuell um realistischere Verhaltensannahmen erweitern. Siehe hierzu: Richter/Furubotn, S. 4 f.; Erlei, S. 223; prominent zu erwähnen ist in diesem Zusammenhang das von Herbert A. Simon entwickelte Verhaltensmodell der beschränkten Rationalität, das die Grundlage für die moderne Verhaltensökonomik bildet. Siehe hierzu unten: § 6.A. I.4 Konzept der beschränkten Rationalität als Bindeglied.

[37] Bickenbach/Kumkar/Soltwedel, S. 217.

– *Transaktionskostensenkende Wettbewerbshandlungen*

Der Gesetzgeber und die Wettbewerbsbehörde ·sollen Transaktionskosten bzw. Strategien zu deren Vermeidung angemessener berücksichtigen. Dies ist insbesondere bei vertikalen Verträgen und Zusammenschlüssen angezeigt. Gemäss Bickenbach, Kumkar und Soltwedel dienen diese nicht der Erlangung einer Monopolstellung, sondern müssen in erster Linie als unternehmerische Reaktion auf komplexe und damit transaktionskostenintensive Vertragsprobleme betrachtet werden.[38] So können etwa die Transaktionskosten für die Vertragsdurchsetzung zwischen einem Hersteller und einem Händler durch einen vertikalen Unternehmenszusammenschluss reduziert werden, da die transaktionskostenintensive gerichtliche Durchsetzung durch einen transaktionskostengünstigen unternehmensintern Durchsetzungsmechanismus substituiert wird.[39] In diesem Sinne sind vertikale Unternehmenszusammenschlüsse sowie vertikale Absprachen primär als Effizienzsteigerungsstrategien aufzufassen und damit wettbewerbsrechtlich wünschenswert. Eine Einschränkung ist nur angezeigt, wenn die beteiligten Unternehmen über Marktmacht verfügen und sich die Monopolbildungsgefahr damit tatsächlich manifestiert.[40] Aber auch dann ist kein generelles Verbot angebracht; vielmehr ist – im Sinne des „Rule of Reason"-Ansatzes – eine einzelfallbezogene Abwägung vorzunehmen, bei der die effizienzsteigernden Effekte aus der Transaktionskostensenkung gegen die effizienzvermindernden Effekte der Monopolstellung abgewogen werden.[41]

– *Regulierungsopportunismus*

Bei der institutionellen Ausgestaltung der Wettbewerbspolitik ist der Gefahr des sog. Regulierungsopportunismus Rechnung zu tragen.[42] So verstehen verschiedene Vertreter der Neuen Institutionenökonomik die Wettbewerbspolitik bzw. das Wettbewerbsrecht als einen langfristig „administrierten" Vertrag zwischen den Unternehmen und den Konsumenten. Die Verantwortung für die Administration – namentlich die Ausgestaltung, Anpassung,

---

[38] Dies trifft insbesondere für sog. „Netzwerkindustrien" zu: „Diese Industrien (z. B. Transport, Energie oder Telekommunikation) sind dadurch gekennzeichnet, dass aus technischen Besonderheiten aussergewöhnlich komplexe Vertragsprobleme resultieren. Zu nennen sind erhebliche Grössen- und Verbundvorteile, die Notwendigkeit erheblicher Investitionen in spezifische Analgen mit einer sehr hohen Lebensdauer, vielschichtige Komplementaritäten zwischen Betriebs- und Investitionsentscheidungen innerhalb und zwischen den vertikalen Stufen der Wertschöpfungskette sowie schliesslich der Umstand, dass die Lösungen der Koordinierungsprobleme in diesen Industrien häufig eine sehr zeitnahe Entscheidungsfindung und -durchsetzung erfordert (‚temporale Spezifität').", Bickenbach/Kumkar/Soltwedel, S. 232.

[39] Evers, S. 109 ff.; siehe ferner auch: Bickenbach/Kumkar/Soltwedel, S. 223.

[40] Evers, S. 131 f.

[41] Erlei/Leschke/Sauerland, S. 312; zum „Rule of Reason"-Ansatz siehe oben: *§ 4.B.II.3.v) Normausgestaltung: „Rule of Reason" vs. „Per se Rule".*

[42] Erlei/Leschke/Sauerland, S. 312.

Ausführung, Interpretation und Durchsetzung des Vertrags – wird den Akteuren der Gesetzgebung und -anwendung übertragen. Dazu gehören Parlamente, Wettbewerbsbehörden und Gerichte.[43] Jedoch regelt auch dieser administrierte Vertrag – namentlich die wettbewerbsrechtlichen Normen – nicht jeden denkbaren Einzelfall, sondern normiert die wettbewerbsrelevanten Sachverhalte nur in generell-abstrakter Form. Dies lässt sich wiederum auf die hohen Transaktionskosten zurückführen, die für die Ausarbeitung eines vollständigen Vertrags bzw. Normsystems nötig wären. Aufgrund dieser Unvollständigkeit werden den Behörden Entscheidungsvollmachten bei der Vertrags- bzw. Normauslegung eingeräumt.[44]

Mit diesen Entscheidungsspielräumen geht sodann eine Informationsasymmetrie einher: Die Unternehmen und Konsumenten (als Prinzipale) können die Absichten der staatlichen Akteure (als Agenten) nicht vollständig durchschauen. Die vorliegende Konstellation ist umso brisanter, als die Neue Institutionenökonomik – beeinflusst von der „public choice"-Theorie – davon ausgeht, dass auch die staatlichen Akteure nicht zwingend wohlwollend sind, sondern sich in erster Linie eigennützig opportunistisch verhalten.[45] Die Gefahr von moralischem Fehlverhalten („moral hazard") auf Seiten der Administratoren ist damit eminent; namentlich wenn die Behörden bei der Ermessensausübung durch Unternehmenslobbyisten oder Konsumentenverbände beeinflusst werden und sie damit nur noch partikulare Interessen im Blick haben.[46]

Die Problematik des Regulierungsopportunismus kann jedoch mit entsprechenden institutionellen Vorkehrungen entschärft werden; nämlich durch die strukturelle Trennung von Entscheidungskompetenzen innerhalb der Administration. Wird der Regulierungsprozess durch verschiedene Regulierungsinstitutionen – wie Parlament, Wettbewerbsbehörde und Gerichte – betreut, hat dies zwar einerseits den Nachteil, dass Koordinationsprobleme zwischen den Institutionen bestehen, die zu Transaktionskosten und Ineffizienzen führen. Andererseits schafft diese Trennung aber ein System von „checks and balances", das es Lobbyisten und Verbänden erschwert, den Regulierungsprozess vollständig zu vereinnahmen.[47]

4. Einordnung

Versucht man die Grundausrichtung der Spieltheorie, der Neuen Industrieökonomik und der Neuen Institutionenökonomik unter einer gemeinsamen Klammer zusammenzufassen, kann gesagt werden, dass alle drei Ansätze darauf

---

[43] So bereits: Goldberg, S. 426 ff.
[44] Bickenbach/Kumkar/Soltwedel, S. 226.
[45] Bickenbach/Kumkar/Soltwedel, S. 237.
[46] Erlei/Leschke/Sauerland, S. 313; Bickenbach/Kumkar/Soltwedel, S. 237.
[47] Siehe dazu ausführlich: Bickenbach/Kumkar/Soltwedel, S. 240 ff.

abzielen, die ökonomische Realität – durch Einbezug bestimmter Marktunvoll-kommenheiten – adäquater wiederzugeben. Dabei löst sich die „Post-Chicago"-Strömung jedoch nicht ganz von der „Chicago School" bzw. deren neoklassi-schen Grundlage. Vielmehr wird das Grundmodell punktuell erweitert.[48]

So bleibt das ökonomische Zielmodell weitgehend unangetastet: Ganz im Sinne der „Chicago School" soll die Wettbewerbspolitik im Rahmen der „Post-Chica-go"-Strömung primär zur Erhöhung der statischen Effizienz beitragen.[49] Andere Zielsetzungen wie Wettbewerbsfreiheit, Verhinderung von Machtakkumulati-on oder dynamische Effizienz werden nicht adressiert. Dementsprechend blei-ben die Ansätze der „Post-Chicago"-Strömung im Kern statisch. Zwar kann eingewendet werden, dass spieltheoretische Elemente auch rundenbasiert ein-gesetzt werden können, was dem Modell eine gewisse dynamische Komponen-te verleiht.[50] Gemäss Heidrich wird damit jedoch keine echte Innovation oder Unsicherheit abgebildet; es gebe „nur Berechnung; wirkliche Neuerungen seien annahmegemäss ausgeschlossen".[51] Der Spielverlauf ist nämlich letztlich de-terminiert.[52] Ferner übernehmen die Ansätze der „Post-Chicago"-Strömung weitgehend das Verhaltensmodell des „homo oeconomicus". Es werden ledig-lich komplexere Entscheidungssituationen mit diesem Verhaltensmodell ana-lysiert – wie etwa der Einbezug von strategischem Verhalten, Duopolsituatio-nen, Transaktionskosten oder Informationsasymmetrien. Schliesslich hält die „Post-Chicago"-Strömung auch an der traditionellen Unterscheidung zwischen Marktstruktur, -verhalten und -ergebnis fest.[53]

Insgesamt ist zu bilanzieren: Die „Post-Chicago"-Strömung ist eine hetero-gene Forschungsrichtung, welche die effizienzorientierte Wettbewerbskonzep-tion der „Chicago School" sowie die ihr zugrunde liegenden neoklassischen Modellannahmen als Ausgangspunkt nimmt. Mit Blick auf die positive Grund-lage werden jedoch gewisse realitätsnähere Erweiterungen vorgenommen: Ins-besondere wird das neoklassische Grundmodell um strategische Verhaltenswei-sen (Spieltheorie), oligopolistische Marktstrukturen (Industrieökonomik) sowie institutionelle Rahmenbedingungen und das Bestehen von Transaktionskosten (Institutionenökonomik) erweitert. Die normative Grundlage bleibt dahingegen unverändert: Das primäre Wettbewerbsziel ist die Erhöhung der statischen Ef-fizienz. Oder noch pointierter formuliert: Die „Post-Chicago"-Strömung zeigt den rechtssetzenden und -anwendenden Behörden auf, wie mittels realitäts-

---

[48] Siehe dazu auch: Hovenkamp, Post-Chicago Antitrust, S. 482 ff.

[49] Kerber, Wettbewerbspolitik, S. 386.

[50] Kritisch dazu auch: Schuhmacher, S. 70.

[51] Heidrich, S. 96 f.

[52] Heidrich, S. 96 f.; dem Wettbewerb ist nicht ein mathematisch berechenbares Risiko in-härent, sondern eine echte Ungewissheit. In diesem Zusammenhang wird zuweilen der Begriff „Knightsche Ungewissheit" verwendet. Siehe dazu: Richter/Furubotn, S. 2 (Fn. 1).

[53] Knieps, S. 45; Genoni, S. 53.

näheren ökonomischen Analysemethoden die statische Effizienz erhöht werden kann.[54]

Die Ansätze der „Post-Chicago"-Strömung wurden aber nicht nur im theoretischen Rahmen diskutiert, sondern fanden auch Eingang in die praktische Wettbewerbspolitik. Einer der wohl prominentesten Ansätze, der zumindest teilweise von der „Post-Chicago"-Strömung beeinflusst wurde, ist der europäische „More Economic Approach".[55]

II. „More Economic Approach"

1. Reformprozess

Die europäische Wettbewerbspolitik durchlief während der Jahrtausendwende einen Reformprozess. Angestossen wurde dieser unter anderem durch ein 1999 erarbeitetes Weissbuch der EU-Kommission, das sich für einen „ökonomischeren" Ansatz bei der Bewertung von wettbewerbsbeschränkenden Abreden ausspricht.[56] Die Grundidee einer ökonomischeren Betrachtungsweise des Wettbewerbsrechts wurde in den darauffolgenden Jahren sukzessive auf alle drei traditionellen Säulen des EU-Wettbewerbsrechts ausgeweitet: wettbewerbsbeschränkende Vereinbarung (heute: Art. 101 AEUV), Missbrauch marktbeherrschender Stellungen (heute: Art. 102 AEUV) und Fusionskontrolle. Die Reform, so Witt, fand ihren formalen Abschluss im Februar 2009 mit der *„Mitteilung der Kommission – Erläuterungen zu den Prioritäten der Kommission bei der Anwendung von Artikel 82 des EG-Vertrags auf Fälle von Behinderungsmissbrauch durch marktbeherrschende Unternehmen".*[57] Bemerkenswert ist dabei, dass die Reform nicht durch eine Revision oder Ergänzung des Normtexts induziert wurde. Vielmehr handelt es sich um eine weiche Reform, bei der die bestehenden Normen mittels rechtlich unverbindlicher Mitteilung und Leitlinien sukzessive uminterpretiert werden.[58]

Dieser hier summarisch nachgezeichnete Reformprozess wird heute sprachenübergreifend unter dem Begriff „More Economic Approach" zusammengefasst. Während sich der formelle Reformprozess relativ gut nachverfolgen lässt, bereitet die Darstellung des materiellen Programms des „More Economic Approach" mehr Probleme. Gemäss Behrens hat dies folgende Ursache:

---

[54] So ähnlich auch: Kerber, Wettbewerbspolitik, S. 386.

[55] Zur Einordnung des „More Economic Approach" siehe: *§ 5.B.II.4. Einordnung.*

[56] EU-Kommission, Weissbuch, Nr. 1 ff. (insbesondere: Nr. 78); siehe dazu auch: Behrens, S. 115 f.

[57] Zum gesamten Reformprozess siehe dezidiert und m. w. V.: Witt, S. 40 ff.; für die materiellen Änderungen siehe: Heidrich, S. 25 ff.

[58] Witt, S. 43 ff.; Von Jeinsen, S. 19.

„Wenn man nun die diversen Kommissionsleitlinien daraufhin befragt, was die Kommission dort zum ‚stärker wirtschaftlichen Ansatz' ausführt, so erhält man erstaunlicher Weise eine Reihe höchst unterschiedlicher und unscharfer Antworten. (…) Bei genauerer Analyse des Wortlauts sieht man sich vielmehr mit einer Reihe höchst unterschiedlicher Formulierungen konfrontiert, die eine Vielfalt von Schutzzielen und Beurteilungsmassstäbe ansprechen. (…) Nach einer klaren programmatischen Aussage (…) sucht man in den Kommissionsleitlinien vergeblich."[59]

In diesem Sinne gab die EU-Kommission dem „More Economic Approach" kein klares Profil. Antworten auf die Frage, was genau unter einer ökonomischeren Betrachtungsweise genau zu verstehen ist, finden sich jedoch, wenn man sich die Gründe und Ursachen des Reformprozesses vergegenwärtigt und die entsprechende Sekundärliteratur konsultiert.

2. Reformgründe

Der „More Economic Approach" stellt plakativ gesagt die Antwort auf die Kritik an der europäischen Wettbewerbspolitik der 1990er Jahre dar.

Die damalige Wettbewerbspolitik war tief in der systemischen Tradition verwurzelt: Wettbewerb hatte primär der Freiheitsfunktion Rechnung zu tragen und im Rahmen des regelorientierten Wettbewerbsrechts wurden wettbewerbsschädliche Sachverhalte per se verboten.[60] Diese traditionelle Sichtweise geriet sodann unter Beschuss: Im Kern lässt sich die Kritik dabei auf die wachsende Globalisierung und die damit einhergehende Vernetzung des europäischen und US-amerikanischen Wirtschaftsraums zurückführen. Mit der verstärkten wirtschaftlichen und rechtlichen Verflechtung spitzte sich nämlich der Konflikt zwischen den zwei unterschiedlichen Wettbewerbsverständnissen zu. Während in Europa Kartellfälle, wie gesagt, im Lichte eines systemischen Wettbewerbsverständnisses betrachtet wurden, orientierte sich die Wettbewerbsbehörde in den USA an einem effektorientierten Wettbewerbsverständnis, namentlich der effizienzorientierten Wettbewerbskonzeption der „Chicago School".[61] Die Spannungen erreichten ihren Höhepunkt, als Mitte der 1990er Jahre die US-amerikanischen und die EU-Wettbewerbsbehörden zeitgleich, aber unabhängig voneinander verschiedene internationale Kartellfälle bewertet haben und zu abweichenden Ergebnissen gelangt sind.[62]

Die EU stand daraufhin unter Zugzwang, ihre Wettbewerbspolitik jener der grössten Volkswirtschaft und ihres wichtigsten Handelspartners anzugleichen.

---

[59] Behrens, S. 120 f.

[60] Kirchner, S. 7; Witt S. 7 ff.; siehe ferner auch: Kerber, Dynamischer Wettbewerb, S. 171 ff.

[61] Zur Unterscheidung zwischen effektbasiertem und systemischem Wettbewerbsverständnis siehe oben: § 4.B.I.2. Systemisches und effektbasiertes Wettbewerbsverständnis; Kirchner, S. 16.

[62] Siehe dazu: Witt, S. 11 ff.

Der Druck bestand jedoch nicht nur indirekt – durch die wirtschaftliche Macht-stellung der USA –, sondern wurde auch direkt aus dem akademischen Umfeld aufgebaut. So sahen Wettbewerbsrechtler aus den USA das systemische Wett-bewerbsverständnis als veraltet sowie nicht mehr anschlussfähig für die mo-derne ökonomische Forschung und deren Analysemethoden an.[63] Die euro-päische Wettbewerbspolitik sollte sich damit nicht nur in materieller, sondern auch in methodischer Hinsicht der US-amerikanischen Wettbewerbspolitik an-gleichen.[64]

Vor diesem Hintergrund ist eine ökonomischere Betrachtungsweise im Rah-men des „More Economic Approach" so zu verstehen, dass sich die EU-Wett-bewerbspolitik in materieller sowie methodischer Hinsicht verstärkt an der US-amerikanischen Wettbewerbspolitik ausrichten soll, die von der „Chicago School" geprägt ist.[65] Zu einem vergleichbaren Ergebnis gelangt man auch, wenn die einschlägige Sekundärliteratur konsultiert wird.

3. Kernelemente

Eine der wohl treffendsten Umschreibungen des „More Economic Approach" findet sich bei Schmidtchen:

„A more economic approach to the application of competition law means that the assess-ment of each specific case will not be undertaken on the basis of the form or the intrinsic nature of a particular practice (form-based approach) but rather will be based on the as-sessment of its anti- and pro-competitive effects (effects-based approach). This move will lend itself to a rule of reason approach in Antitrust proceedings, and efficiency as a goal of Antitrust can be expected to play a more important role in the future."[66]

Basierend auf seiner Umschreibung kann der „More Economic Approach" auf folgende drei Kernelemente kondensiert werden:

– „Effects-based approach": Mit dem „More Economic Approach" findet ein Wechsel von einem systemischen hin zu einem effektbasierten Wettbewerbs-verständnis statt. Wettbewerb wird dementsprechend als ein instrumentell-

---

[63] So kritisiert etwa Hawk in einem 1995 publizierten Aufsatz, dass die EU-Wettbewerbs-politik zu rechtsdogmatisch und zu wenig ökonomisch-analytisch sei: „The legal formalisms (…) ultimately eliminate what should be the heart of the matter: an antitrust (i. e. economics/ law) substantive analysis of a particular agreement or practice (…). Competition law is eco-nomic law, and economics must play a predominant (if not exclusive) role in the examination of particular agreements. That is why the Commission's frequent inattention to market power and effects on price and output is so sorely criticized.", Hawk, S. 986; siehe ferner: Witt, S. 26; Von Jeinsen, S. 16; Heidrich, S. 30.

[64] Insbesondere sollen vermehrt quantitative Analysenmethoden herangezogen und em-pirisch-deduktiv vorgegangen werden. Siehe hierzu: Witt, S. 239 ff. und S. 244; Von Jeinsen, S. 42 ff.

[65] Diese Aussage ist jedoch zu relativieren. Siehe hierzu unten: § 5.B.II.4. Einordnung.

[66] Schmidtchen, Introduction, S. 1.

mechanisches Mittel zur Erreichung konkreter vordefinierter Ziele verstanden, das umgestaltet, im Rahmen der Kategorien Marktstruktur, -verhalten, -ergebnis beschrieben sowie empirisch ergründet werden kann.[67]

- *„Rule of Reason":* Wettbewerbsbeschränkende Massnahmen sind auch in der EU vermehrt einer einzelfallbezogenen Würdigung zu unterziehen. Der Komplexität wettbewerbsbezogener Sachverhalte soll damit angemessener Rechnung getragen und Fehler 1. und 2. Ordnung minimiert werden.[68] Die Einführung eines „Rule of Reason"-Ansatzes hat darüber hinaus zur Folge, dass der Einfluss der Kommission – die damit über grössere Entscheidungsspielräume verfügt – ausgebaut wird.[69]

- *„Efficiency":* Konsequenterweise ist im Rahmen des „More Economic Approach" auch das tradierte Zielmodell zu überdenken. Das Ziel des Wettbewerbs besteht nicht mehr in der Sicherung der Wettbewerbsfreiheit der Marktakteure, sondern in der Erhöhung der statischen Effizienz – mehrheitlich verstanden als Konsumentenwohlfahrt.[70] Laut den Befürwortern des „More Economic Approach" wird durch diese neue Zielsetzung nicht mehr der Unternehmer, sondern der Verbraucher geschützt.[71] Ferner wird mit dem neuen Zielmodell die Anschlussfähigkeit der europäischen Wettbewerbspolitik an die moderne ökonomische Forschung gewahrt.[72]

Neben Schmidtchen haben auch andere Autoren, wie etwa Heidrich[73] oder von Jeinsen[74], vergleichbare Kernelemente herausgearbeitet.

4. Einordnung

Insgesamt wird deutlich, dass sich der „More Economic Approach" weitgehend an der „Chicago School" orientiert; diese bildet das theoretische Fundament.[75] Jedoch ist diese Aussage in zweifacher Hinsicht zu relativieren: Einerseits übernimmt der „More Economic Approach" das Programm der „Chicago School" nicht telquel. So werden im Rahmen des „More Economic Approach" systemische und effektbasierte Elemente teilweise vermengt.[76] Andererseits bezieht der „More Economic Approach" auch die aktuelleren Ansätze der „Post-Chicago"-

---

[67] Siehe hierzu oben: *§ 4.B. I.2. Systemisches und effektbasiertes Wettbewerbsverständnis.*

[68] Siehe hierzu oben: *§ 4.B.II.3.v) Normausgestaltung: „Rule of Reason" vs. „Per se Rule".*

[69] Von Jeinsen, S. 57.

[70] Von Jeinsen, S. 49 f.; Schmidt, More Economic Approach, S. 4; siehe dazu kritisch und m. w. V.: Heidrich, S. 23; Witt, S. 80 ff.

[71] Siehe dazu bereits oben: *§ 4.B.II.3.iii) Normative Grundlage: Gesamt- vs. Konsumentenwohlfahrt.*

[72] Siehe dazu auch: Schmidtchen, More Economic Approach, S. 7.

[73] Heidrich, S. 22.

[74] Von Jeinsen, S. 48 ff.

[75] Stones, S. 528; Heinemann, More Realistic Approach, S. 211 f.

[76] Siehe dazu bereits: Meier, S. 55.

Strömung mit ein. In diesem Sinne steht der „More Economic Approach" sowohl zwischen der „Chicago School" und der systemischen Wettbewerbstradition als auch zwischen der „Chicago School" und der „Post-Chicago"-Strömung.

i) Zwischen „Chicago School" und systemischer Wettbewerbstradition

Das im Rahmen des „More Economic Approach" bestehende Spannungsverhältnis zwischen der „Chicago School" und der systemischen Wettbewerbstradition lässt sich im Kontext der drei oben beschriebenen Kernelemente nachzeichnen.

Einerseits ist umstritten, inwieweit die europäische Wettbewerbspolitik im Zuge des „More Economic Approach" den „effects-based approach" adaptieren soll. Während sich ein Teil der Lehre relativ deutlich für eine vollständige Übernahme einsetzt, favorisiert ein anderer Teil hybride Ansätze, die systemische und effektbasierte Komponenten vereinen. So spricht sich etwa Heinemann für ein Regel- und Ausnahmeverhältnis aus: Während das Konzept der Wettbewerbsfreiheit, als systemische Komponente, auf der Tatbestandsebene zu prüfen ist, sollen Effizienzüberlegungen, als effektbasierte Komponente, auf der Rechtfertigungsebene zum Tragen kommen.[77]

Andererseits wird diskutiert, wie umfassend die Ermessensspielräume für den Rechtsanwender auszugestalten sind. Dies ist insbesondere dem Umstand geschuldet, dass dem Gesetzgeber bei der Gestaltung der jeweiligen „Rule of Reason" ein erheblicher Spielraum zukommt.[78] Während einige Autoren einen „Rule of Reason"-Ansatz präferieren, der dem Rechtsanwender diskretionäre Handlungsspielräume einräumt, befürworten andere Autoren – geprägt vom systemtheoretischen Wettbewerbsverständnis – einen deutlich moderateren oder differenzierten Ansatz. So schlagen etwa Christiansen und Kerber im Rahmen ihres Konzepts der sog. „optimally differentiated rules" vor, dass die Wettbewerbsregeln nicht starr und pauschal als „Per se Rule" oder „Rule of Reason" auszugestalten sind. Vielmehr ist mittels einer ökonomischen Kosten-Nutzen-Analyse der optimale Differenzierungsgrad jeder einzelnen Wettbewerbsregel selbst zu bestimmen.[79] Je nach Ergebnis der Analyse sind „simple per se rules", „more or less differentiated rules (as safe harbor rules, ‚quick look' rules or predefined sets of assessment criteria in administrative guidelines)" bis hin zu „full-scale market analyses" denkbar.[80]

---

[77] Heinemann, Realität, S. 39 f.; ähnlich so auch: Schmidtchen, More Economic Approach, S. 6; siehe dazu ferner auch unten: § 7.A. I.3. *Kompatibilität oder Inkompatibilität?.*

[78] Der Ansicht von Schmidt folgend, kann das Ermessen innerhalb des „Rule of Reason"-Ansatzes – abgebildet auf einem bipolaren Kontinuum – theoretisch von unendlich bis knapp über Null festgelegt werden. Siehe dazu: Schmidt, More Economic Approach, S. 5.

[79] Christiansen/Kerber, S. 215.

[80] Christiansen/Kerber, S. 240; ein damit vergleichbarer Ansatz wird von Schmidt ver-

Schliesslich bestehen auch Differenzen hinsichtlich des Effizienzziels. Auf der einen Seite stehen mehrheitlich Ökonomen, die eine exklusive Ausrichtung des „More Economic Approach" am Effizienzkriterium allgemein befürworten.[81] Auf der anderen Seite stehen vorwiegend Juristen, die sich zwar auch für eine Orientierung am Effizienzkriterium aussprechen, aber eine ausschliessliche Orientierung ablehnen – vielmehr sollen auch noch andere Ziele berücksichtigt werden.[82]

ii) Zwischen „Chicago School" und „Post-Chicago"-Strömung

Der „More Economic Approach" orientiert sich darüber hinaus auch am Programm der „Post-Chicago"-Strömung. So spricht etwa Kirchner im Rahmen des „More Economic Approach" – beeinflusst von der Spieltheorie – vom Wettbewerb als „a sort of game, a rivalry between actors of one market side" und er führt weiter aus, dass „all players are bound by the rules of the game".[83] Ferner sehen verschiedene Autoren, wie etwa auch Genoni oder von Jeinsen, die Neue Industrieökonomik als integralen Bestandteil des „More Economic Approach" an.[84] Schliesslich wird auch auf Erkenntnisse der Neuen Institutionenökonomik zurückgegriffen: Für einen umfassenden Einbezug der Neuen Institutionenökonomik setzt sich beispielweise Kirstein ein, wenn er von einem „even more economic approach"[85] spricht. So sollen im Rahmen des „More Economic Approach" unter anderem Informationsasymmetrien stärker berücksichtigt werden.[86] Schliesslich werden institutionenökonomische Argumente zuweilen auch vorgebracht, um die Vor- und Nachteile eines „Rule of Reason"-Ansatzes darzulegen.[87]

---

folgt: Soweit wie möglich, soll der ökonomische Abwägungsprozess bereits im Rahmen der Rechtsetzung vollzogen werden. Die Erkenntnisse der ökonomischen Theorien widerspiegeln sich damit bereits in den Wettbewerbsregeln. Als Folge sind (beschränkte) „Rule of Reason" nur noch angezeigt, wenn ein vorgezogener Abwägungsprozess nicht möglich ist. Siehe dazu: Schmidt, More Economic Approach, S. 22.

[81] Siehe dazu m. w. V.: Parret, S. 76 ff.

[82] Kirchner fasst dieses Spannungsverhältnis treffend wie folgt zusammen: „To revisit ‚goals of competition law' is an economic topic and a legal topic as well. (...) From a normative perspective economic approaches and legal approaches differ in so far as (mainstream) economic approaches stress welfare goals and ultimately efficiency, whereas legal approaches are functional and focus on economic goals of the European Union and on ‚constitutional goals' like ‚the rule of law', ‚legal certainty' and ‚legitimacy of law-making'.", Kirchner, S. 8.

[83] Kirchner, S. 12.

[84] Genoni, S. 25; Von Jeinsen, S. 21.

[85] Kirstein, S. 60.

[86] Kirstein, S. 59 f.

[87] So wägt etwa Schmidt die Vorteile eines „Rule of Reason"-Ansatzes (Wohlfahrtsgewinne durch die Minimierung von Entscheidungsfehlern) gegen seine Nachteile (höhere Entscheidungskosten und Gefahr der Instrumentalisierung der Wettbewerbspolitik) ab. Siehe hierzu: Schmidt, More Economic Approach, S. 7 ff.; siehe dazu auch: Christiansen/Kerber, S. 231 ff.

Aufgrund seiner Zwitterstellung zwischen der „Chicago School", der „Post-Chicago"-Strömung sowie dem tradierten systemischen Wettbewerbsverständnis ist es nicht weiter erstaunlich, dass die Lehre Mühe bei der Einordnung des „More Economic Approach" bekundet.[88]

Wie tief und nachhaltig der „More Economic Approach" die europäische Wettbewerbspolitik schliesslich geprägt hat, lässt sich auch über zehn Jahren nach Ende des Reformprozesses nicht abschliessend beurteilen. Die Analyse der einschlägigen Literatur und der Rechtsprechung des Europäischen Gerichtshofs zeitigen insgesamt keine klaren Ergebnisse.[89] Es lässt sich jedoch festhalten, dass der zuweilen in den frühen Jahren des „More Economic Approach" propagierte Paradigmenwechsel bis heute nicht eingetreten ist.

C. Weiterentwicklungen im Rahmen des systemischen Wettbewerbsverständnisses

I. Überblick

Während im Rahmen des effektbasierten Wettbewerbsverständnisses zahlreiche und substanzielle Weiterentwicklungen zu beobachten sind, fällt die Bilanz bei den systemischen Konzeptionen bescheidener aus. Es erstaunt daher nicht, dass den heutigen Vertretern der systemischen Wettbewerbstradition vorgeworfen wird, dass sie keine wirklichen Beiträge zur Fortentwicklung des systemischen Wettbewerbsverständnisses leisten. In der Regel unterscheiden die Kritiker dabei nicht zwischen Freiburger Schule, Österreicher Schule oder einer anderen systemischen Schule, sondern fassen diese unter dem Oberbegriff „Ordnungsökonomik" zusammen.

Einer der prominentesten Kritiker der Ordnungsökonomik ist Gebhard Kirchgässner.[90] Bereits in einem 1988 publizierten Aufsatz konstatiert er, dass es den Ordnungstheoretikern weniger um sachliche Differenzen, sondern um das Verteidigen dogmatischer Standpunkte geht. Diese dogmatische Wendung spreche zwar „möglicherweise für dessen Begründer, Eucken, aber nicht unbedingt für seine Nachfahren. Es könnte eher ein Indiz dafür [s]ein, dass eine Weiterentwicklung dieser Theorie seit seinem Tode nicht mehr stattgefunden hat".[91] Diese ideologische Voreingenommenheit führe schliesslich dazu, so Kirchgässner, dass Ordnungstheoretiker moderne wirtschafts- und wettbewerbspoliti-

---

[88] Siehe dazu unter anderem: von Jeinsen, S. 60 f. (m. w. V.); Heidrich, S. 24; Schmidtchen, More Economic Approach, S. 6.

[89] Siehe dazu: Meier, S. 56 f.

[90] Kirchgässner, Wirtschaftspolitik, S. 53 ff.; siehe hierzu bereits oben: *§ 4.B.III.2.v) Kritik.*

[91] Kirchgässner, Wirtschaftspolitik, S. 65.

sche Massnahmen meist als „ordnungspolitisch unverträglich"[92] beurteilen und damit ablehnen. Kirchgässners damalige Ausführungen trafen offensichtlich einen Nerv; auch heute wird noch vielfach auf seine Kritik Bezug genommen. So schreiben etwa Wohlgemuth und Kolev unter Verweis auf Kirchgässner, dass der Ordnungsökonomik allgemein attestiert wird, dass sie „,krypto-normativ', theoretisch verstaubt, methodisch unsauber, ideologisch voreingenommen, undemokratisch, oder politisch naiv"[93] sei.

Aber auch unabhängig von Kirchgässner erfuhr die Ordnungsökonomik Kritik. So resümiert etwa Bachmann, dass sich die Anhänger der Ordnungsökonomik wie „Inselbewohner" verhalten und sich „von der internationalen Diskussion abschotten".[94] Als quasi logische Konsequenz konstatiert Braunberger den „unstreitbaren" Niedergang „der deutschen Ordnungsökonomik als wissenschaftliche Disziplin trotz einer reichen und beeindruckenden Tradition".[95] Schliesslich bilanziert auch Kerber einen signifikanten Bedeutungsverlust der Ordnungsökonomik. Seiner Ansicht nach gerieten die dynamischen und evolutorischen Ansätze der systemischen Wettbewerbstraditionen aufgrund des modernen und anschlussfähigeren Programms des „More Economic Approach" ins Hintertreffen.[96]

Der hier vermittelte Eindruck eines unstreitbaren Niedergangs ist jedoch zu relativieren. So scheint es zwar stichhaltig zu sein, dass sich bei den Weiterentwicklungen im Rahmen der systemischen Wettbewerbstradition – insbesondere im Vergleich zum effektbasierten Verständnis – insgesamt wenig getan hat; zu bilanzieren, dass keine Weiterentwicklung stattgefunden hat, ist indes nicht sachgemäss.[97] Insbesondere in den letzten 20 Jahren hat sich eine neue Generation von Ordnungsökonomen hervorgetan, die sich um eine Modernisierung der systemischen Wettbewerbsansätze bemühen. Konkret geht es ihnen darum, die traditionellen systemischen Wettbewerbskonzeptionen mit ausgewählten mo-

---

[92] Kirchgässner, Wirtschaftspolitik, S. 62.
[93] Wohlgemuth/Kolev, S. 197.
[94] Braunberger zitiert nach: Zweynert/Kolev/Goldschmidt, S. 7.
[95] Braunberger, S 227.
[96] „Dynamische und evolutionsökonomische Ansätze in der Wettbewerbstheorie spielen in der heutigen wettbewerbspolitischen Diskussion keine wirkliche Rolle. Der dominierende theoretische Ansatz ist die primär spieltheoretisch ausgerichtete moderne Industrieökonomik, die auch als theoretische Grundlage der sog. Post-Chicago Economics das theoretische Fundament des umfassenden Reformprozesses der europäischen Wettbewerbspolitik seit ende der 1990er Jahre darstellt (more economic approach).", Kerber, Dynamischer Wettbewerb, S. 183; in ähnlicher Weise ist auch Holl zu verstehen: „Der Einfluss des von Hayek'schen Forschungsprogramms auf die ökonomische Profession hält sich jedoch in einem weitgehend überschaubaren Rahmen. Weit verbreitet ist die Auffassung (…), dass von Hayek bereits längst vergessen wäre, wenn nicht seine politischen Ansichten und Visionen existierten bzw. überlebt hätten. Oft gelten die Erinnerung an seine Person und die Wertschätzung für sein Werk stärker seinen politischen Visionen als seinen ökonomischen und politischen Analysen.", Holl, S. 1.
[97] Zweynert/Kolev/Goldschmidt, S. 7 f.; siehe dazu etwa: Holl, S. 186 ff.

dernen ökonomischen Forschungsansätzen zu verbinden; im Vordergrund stehen dabei die Verfassungs-, Institutionen-, Verhaltens-, Industrie- oder Evolutionsökonomik.[98] Der Grundstein für diese Modernisierung wurde bereits Ende der 1980er Jahre von Viktor J. Vanberg gelegt, als er die traditionelle Ordnungsökonomik mit verfassungsökonomischen Ansätzen kombinierte.[99] Konkret entschärft Vanberg die gegen die Freiburger Schule gerichtete Kritik des autoritären Liberalismus, indem er das Prinzip der demokratischen Zustimmungsfähigkeit heranzieht:[100] Kernelemente der ordoliberalen Wirtschaftsordnung wie Leistungswettbewerb oder privilegienfreie Ordnung sind nicht wünschenswert, weil die ordoliberale Sachlogik diese so voraussetzt, sondern weil sie letztlich den Konsumenteninteressen am meisten dienen. Der rational handelnde Durchschnittsbürger wird sich auf Verfassungsstufe also für eine ordoliberale Wirtschaftsordnung aussprechen, weil diese seinen Interessen als Konsument am meisten entspricht. Überspitzt gesagt, ist es damit nicht der wohlwollende Diktator, der die ordoliberale Wirtschaftsordnung implementiert, sondern die Mehrheit der Individuen spricht sich aus Begründetheitsüberlegungen und auf demokratischem Weg für diese Wirtschaftsordnung aus.[101]

Die neue Generation von Ordnungsökonomen greift nach der Jahrtausendwende Vanbergs Pionierarbeit auf und arbeitet darauf basierend verschiedene neuartige ordnungsökonomische Ansätze aus. Diese werden teilweise unter einem neuen Oberbegriff zusammengefasst: der sog. „Neuen Ordnungsökonomik". Analog zur „Post-Chicago"-Strömung ist auch die Neue Ordnungsökonomik eine relativ heterogene und breite Forschungsbewegung, die jedoch in ihrer Grundausrichtung geeint ist:

„Zur Neuausrichtung der Wirtschaftswissenschaft schlagen sie [die Anhänger der Neuen Ordnungsökonomik, M.M.] drei Strategien vor, die gemeinsam darauf abzielen, Probleme der ‚gesellschaftliche[n] Realität' besser erkennen und lösen zu können: Erstens, durch die Wiederanbindung der Wirtschaftswissenschaften an die Sozialwissenschaften, indem sie auf die Interdependenz der Ordnungen verweisen. Zweites drängen sie darauf, dass die Wirtschaftswissenschaften ihre kulturökonomische Perspektive wiederentdeckten, und drittens, dass sie die Interdisziplinarität zu anderen Wissenschaften suchen sol-

---

[98] Zu den genannten „modernen ökonomischen Forschungsansätzen" sind zwei klärende Bemerkungen angebracht. Einerseits können die einzelnen Ansätze nicht trennscharf voneinander abgegrenzt werden, sie greifen vielmehr einander und überlappen sich stellenweise. Ihre exakten Konturen sind insgesamt sehr vage. Andererseits reichen die Wurzeln gewisser Ansätze, wie etwa der Evolutionsökonomik, weit zurück: So können bereits die Wettbewerbsansätze von Smith oder Schumpeter der Evolutionsökonomik zugeordnet werden. Insofern ist zuweilen Vorsicht angebracht, wenn man diesbezüglich von modernen ökonomischen Forschungsansätzen spricht – obwohl zweifellos aktuelle Forschungsprogramme in der Evolutionsökonomik bestehen, die weit über die Ansätze von Smith oder Schumpeter hinausgehen. Siehe dazu etwa: Aghion/Bloom/Blundell/Griffith/Howitt, S. 701 ff.

[99] Siehe dazu insbesondere: Vanberg, Constitutional Economics, S. 17 ff.

[100] Feld/Köhler, S. 80.

[101] Feld/Köhler, S. 79.

len. Mit diesem sozialwissenschaftlich-holistischen Ansatz versuchen sie, die Ordnungsökonomik innerhalb der Wirtschaftswissenschaften anschlussfähig zu machen, ohne
dabei auf die ‚alten Denker' Rekurs nehmen zu müssen.“[102]

Schliesslich ist zu sagen, dass es sich bei der Neuen Ordnungsökonomik, wie
schon bei der traditionellen Ordnungsökonomik, um eine primär deutschspra-
chige Forschungsströmung handelt.[103]

II. Neue Ordnungsökonomik

1. Grundausrichtung

Nachfolgend wird auf zwei Aufsätze der Neuen Ordnungsökonomik in geboten-
ner Kürze eingegangen, die deren Grundausrichtung gut illustriert.[104]

Zweynert, Kolev und Goldschmidt sehen die Neue Ordnungsökonomik als
„hidden champion“[105] der aktuellen ökonomischen Diskussion. Gemeint ist
damit, dass die Ordnungsökonomik im internationalen Diskurs vordergründig
zwar keine Rolle spielt, jedoch durch ihre abweichende Methodik und Themen-
schwerpunkte alternative Fragestellungen und Lösungsmöglichkeiten darbie-
tet. Die Neue Ordnungsökonomik liefert insbesondere da Erklärungsansätze,
wo die traditionelle, neoklassisch geprägte Ökonomik „den jüngsten Veränderungen der Wirtschaftswirklichkeit nicht gerecht wird“.[106] Die Neue Ordnungsökonomik ist jedoch nicht als Gegenspieler zur traditionellen Ökonomik zu
sehen, sondern soll, so die Autoren, „parallel zum aktuellen Diskurs gedacht
werden“.[107] So bietet sich die traditionelle Ökonomik an, wenn die Wirtschaft
keine strukturellen Veränderungen durchläuft und das Verhältnis von Wirtschaft
und Gesellschaft stabil ist. Umgekehrt soll den Ansätzen der Neuen Ordnungsökonomik dann mehr Bedeutung beigemessen werden, wenn dieses Verhältnis
instabil ist.[108] Damit diese jüngsten Veränderungen der Wirtschaftswirklichkeit

---

[102] Feld/Köhler, S. 81 f.

[103] Wobei auch verschiedene Bezüge zu internationalen Forschungsansätzen bestehen,
wie insbesondere zur erwähnten Verfassungsökonomik oder Institutionenökonomik.

[104] Grundlage bildet dabei der gleichnamige Sammelband, der von Zweynert/Kolev/Gold-
schmidt herausgegeben wurde: *Joachim Zweynert/Stefan Kolev/Nils Goldschmidt, Neue Ordnungsökonomik.*

[105] Zweynert/Kolev/Goldschmidt, S. 10.

[106] Zweynert/Kolev/Goldschmidt, S. 3; was diese jüngsten Veränderungen genau umfassen, thematisieren die Autoren indes nur am Rande. Konkret nennen sie das Beispiel des in
den 1990er Jahren teilweise gescheiterten Exports des marktwirtschaftlichen Systems nach
Osteuropa, da der dortige soziale und politische Kontext vernachlässigt wurde. Siehe hierzu:
Zweynert/Kolev/Goldschmidt, S. 3; ferner ist auch nicht hinreichend feststellbar, was Zwey-
nert/Kolev/Goldschmidt unter dem Begriff „traditionelle Ökonomik“ verstehen. Wahrscheinlich scheint jedoch, dass sie damit das neoklassische Paradigma adressieren bzw. ökonomische
Ansätze, wie etwa die „Chicago School“, die sich an diesem Paradigma orientieren.

[107] Zweynert/Kolev/Goldschmidt, S. 13.

[108] Zweynert/Kolev/Goldschmidt, S. 3.

von der ökonomischen Rationalität erfasst werden können, muss sich die Ordnungsökonomik jedoch gegenüber anderen Disziplinen öffnen:[109]

„[I]nterpretiert man Ordnungsökonomik nicht als eine lediglich wirtschaftspolitische, letztlich (neo-)liberale Position, sondern als einen Zugang zum sozialwissenschaftlichen, eben kontextuellen Verständnis unserer Wissenschaft, verändert sich die Blickrichtung und der (…) Mehrwert des ordnungsökonomischen Denkens wird offensichtlich: Die derzeitige wirtschaftswissenschaftliche Forschung – will sie denn Erklärungen für Prozesse in der realen Welt geben – muss sich denselben Fragen stellen, die auch der alte Ordoliberalismus umgetrieben hat. Dies sind (…) die Frage nach dem erkenntnistheoretischen Fundament der Wirtschaftswissenschaft, nach dem Verhältnis zwischen kontextualer und isolierenden Ökonomik und nach wirtschaftspolitischen Empfehlungen, die – im Sinne Euckens (…) – ‚funktionsfähig und menschenwürdig‘ zugleich sind.“[110]

Um die interdisziplinäre Anschlussfähigkeit zu gewährleisten, bedarf es jedoch des verbalen Arguments und der Sprachfähigkeit der Ökonomen – in diesem Sinne wird eine zu ausgeprägte Mathematisierung der Ökonomik abgelehnt, die mehr oder weniger zum Selbstzweck erhoben wird.[111]

Wohlgemuth und Kolev setzen bei ihrem Aufsatz in erster Linie bei der Legitimationsgrundlage der traditionellen Ordnungsökonomik an.[112] Ihr Fokus liegt dabei auf der ökonomischen Analyse politischer Prozesse. Die Autoren bedienen sich jedoch nicht der traditionellen neoklassischen Analysemethoden, sondern ziehen eine sog. „Evolutorische Public Choice“-Theorie bei.[113] Die Politik wird dabei nicht als Aggregation von oder Anpassung an gegebene Präferenzen zu gegebenen Themen bei gegebenem Wissen verstanden, sondern als ein dynamisches Phänomen, bei dem spontane Koordination, unternehmerisches Handeln oder evolutorische Lernprozesse von entscheidender Bedeutung sind.[114] Im Kern gründet die „Evolutorische Public Choice“-Theorie auf zwei Annahmen, die Schumpeters Wettbewerbsverständnis entnommen sind. So hebt die Theorie einerseits die Bedeutung des politischen Unternehmertums hervor und betont andererseits die Irrationalität in der Politik. Daraus leiten Wohlgemuth und Kolev ab, dass die „Politiker (in Demokratien wie in Autokratien) sich als Unternehmer versuchen müssen (und dabei auch scheitern können), die Meinungen ändern, Themen setzen, Probleme vorschlagen – und hierbei vom begrenzt rationalen (ja: ‚rational ignoranten‘), ‚gegebenen‘ Medianwähler auch keine konkreten Anweisungen bekommen können“.[115]

---

[109] In ähnlicher Weise konstatieren auch Feld/Köhler in ihrem Aufsatz ein zunehmendes Auseinanderdriften zwischen Ökonomik und Gesellschaft. Sie prognostizieren, dass es für Ökonomen zukünftig schwieriger sein wird, die gesellschaftliche Zustimmung für ihre Handlungsempfehlungen zu erhalten. Siehe hierzu: Feld/Köhler, S. 69 ff.

[110] Zweynert/Kolev/Goldschmidt, S. 10 f.

[111] Zweynert/Kolev/Goldschmidt, S. 11.

[112] Wohlgemuth/Kolev, S. 197.

[113] Wohlgemuth/Kolev, S. 199.

[114] Wohlgemuth/Kolev, S. 217.

[115] Wohlgemuth/Kolev, S. 204.

Neben Politiker kommen aber auch Parteien, Verbände oder Massenmedien als „politische Unternehmer" in Frage. Diese politischen Unternehmer können durch das Vorstossen auf neue Themengebiete oder Plattformen „Pioniergewinne" erzielen – insbesondere in Form von Wählerstimmen –, die jedoch in der Verfolgungsphase durch konkurrierende „politische Unternehmer" streitig gemacht werden.[116] Gemäss Wohlgemuth und Kolev ist diese Neue Ordnungsökonomik, „die sich undogmatisch weitet und öffnet, (…) hin zur Neuen Institutionenökonomik oder der Evolutorischen Marktprozesstheorie, aber auch hin zur Anwendung dieser Einsichten auf politische Wettbewerbs- und Meinungsbildungsprozesse"[117], nicht nur anschlussfähig für die moderne Ökonomik, sondern kann sogar zu deren Weiterentwicklung beitragen.

Die zwei Aufsätze zeigen ein relativ klares Bild auf: Zwar sind Bestrebungen im Gange, die Ordnungsökonomik zu modernisieren, jedoch stecken die Ansätze mehrheitlich noch in den Kinderschuhen. Sie bleiben weitestgehend auf einer abstrakt-theoretischen Ebene und sind nur bedingt kohärent. Folgerichtig sprechen Wohlgemuth und Kolev bei der Neuen Ordnungsökonomik „nicht von einem etablierten Paradigma, das als fertiger Baustein nur noch eine Lücke im fast fertigen Neubau der Ordnungsökonomik auszufüllen hätte. Vielmehr handelt es sich dabei um einen Steinbruch, der noch längst nicht abgearbeitet ist".[118]

Nach dieser allgemeinen Einführung in die Neue Ordnungsökonomik ist in einem zweiten Schritt auf das Verhältnis der Neue Ordnungsökonomik zum Wettbewerb und zur Wettbewerbspolitik einzugehen. Soweit überschaubar ist dieses Verhältnis zwar noch wenig ausgearbeitet, jedoch kann ein im Entstehen begriffener Wettbewerbsansatz zumindest indirekt mit der Neuen Ordnungsökonomik in Verbindung gebracht werden: der sog. evolutorische Wettbewerbsansatz.

2. Der evolutorische Wettbewerbsansatz

Beim evolutorischen Wettbewerbsansatz steht die dynamische Wettbewerbsdimension im Zentrum; die Wettbewerbsforschung und -politik stellen dabei langfristige Effekte wie Innovation und technischen Fortschritt in den Mittelpunkt ihrer Analysen. Die Anhänger des evolutorischen Wettbewerbsansatzes fordern jedoch nicht eine starre Rückkehr zu den traditionellen systemischen Wettbewerbskonzeptionen; vielmehr wollen sie diese für die moderne Ökonomik anschlussfähig machen. Oder bildhaft ausgedrückt: Der evolutori-

---

[116] Wohlgemuth/Kolev, S. 210; neben dem hier beschriebenen Neo-Schumpeterianischen Ansatz diskutieren die Autoren in ihrem Aufsatz aber auch einen Neo-Hayekianische Ansatz. Siehe dazu: Wohlgemuth/Kolev, S. 214 ff.
[117] Wohlgemuth/Kolev, S. 217.
[118] Wohlgemuth/Kolev, S. 199.

sche Wettbewerbsansatz geht einen Schritt zurück (indem er die systemisch-dynamische Wettbewerbsdimension wieder aufleben lässt) und zwei Schritte vorwärts (indem er moderne ökonomische Analysemethoden auf diese Wettbewerbsdimension ausrichtet).

Prominenter Befürworter eines solchen evolutorischen Wettbewerbsansatzes ist Kerber. In einem Aufsatz von 2009 konstatierte er, dass „in der Ökonomie eine Fülle von theoretischen und empirischen Erkenntnissen über Innovations- und Imitationsprozesse vorhanden ist, die zur Entwicklung eines besseren Verständnisses der dynamischen bzw. evolutions-ökonomischen Dimension von Wettbewerb verwendet werden und damit auch in die konkrete wettbewerbsrechtliche Anwendungspraxis einfliessen könnte".[119] Konkret verweist er dabei auf die Erkenntnisse der Industrieökonomik, der Innovationsökonomik, der Evolutorischen Ökonomik als auch auf Ansätze des Strategisches Managements.[120] Trotz der Öffnungen gegenüber modernen Forschungsansätzen bleibt Kerber bezüglich der staatlichen Eingriffe weitgehend auf dem Boden der systemischen Wettbewerbstradition: Auch im Rahmen seines evolutorischen Wettbewerbsansatzes ist es grundsätzlich untersagt, direkt in den Marktprozess einzugreifen. Vielmehr ist danach zu fragen, wie der institutionelle Rahmen ausgestaltet werden soll, „der mit seiner Setzung positiver und negativer Anreize den Wissensschaffungsprozess sowohl bzgl. seiner Geschwindigkeit als auch seiner Richtung beeinflusst und kanalisiert".[121]

Um das Potenzial eines evolutorischen Wettbewerbsansatzes für die praktische Wettbewerbspolitik aufzuzeigen, macht Kerber ein kurzes Beispiel. Ausgangspunkt bilden dabei verschiedene Pharmaunternehmen, die mittels parallelen Forschungsbemühungen versuchen, neue wirksame Medikamente für bestimmte Krankheiten zu finden. In diesem Zusammenhang stellt sich nun die Frage, ob dieser Prozess des parallelen Experimentierens von einem innovationstechnischen Standpunkt aus sinnvoll ist oder ob sich die Unternehmen doch besser zusammenschliessen sollten, um allfällige Grössenvorteile („economies of scale") ausnutzen zu können.[122] Kerber greift zur Beantwortung dieser Frage auf das Wettbewerbsverständnis von Schumpeter und Hayek zurück. Wettbewerb ist dementsprechend als „trial-and-error"-Prozess von Unternehmen zu verstehen, die parallel zueinander neue Produkte und Produktionstechnologien ausprobieren und dabei innovative Verstösse – im Sinne von Problemlösungshypothesen – tätigen, die im Markt ausprobiert und getestet werden. Die durch den Markttest aufgedeckten besseren Problemlösungen können anschliessend

---

[119] Kerber, Dynamischer Wettbewerb, S. 185 f.
[120] Kerber, Dynamischer Wettbewerb, S. 185.
[121] Kerber, Dynamischer Wettbewerb, S. 187; dabei kann es nützlich sein, auf Erkenntnisse der Institutionenökonomik zurückzugreifen.
[122] Siehe dazu: Kerber, Dynamischer Wettbewerb, S. 187 f.

von anderen Wettbewerbern imitiert werden.[123] Gemäss diesem Verständnis sollen parallele Forschungsbemühungen nicht nur erlaubt sein, sondern durch die Wettbewerbspolitik aktiv geschützt und gefördert werden. Der institutionelle Rahmen ist dementsprechend so auszugestalten, dass Fusionen verhindert, Entwicklungskooperationen mit Forschungsinstitutionen jedoch gefördert werden.[124]

Auch wenn dieses Beispiel die Möglichkeiten eines evolutorischen Wettbewerbsansatzes andeutet, besteht immer noch erheblicher Forschungsbedarf. So bilanziert Kerber selbst, dass „im Rahmen der Innovationsmarktanalyse keine theoretisch gut fundierten Argumentationen entwickelt worden [sind, M.M], warum paralleles Experimentieren zu positiven Effekten führt".[125] Und er führt weiter aus, dass weitere Forschung notwendig ist, „um erstens die Funktionsweise von Wettbewerb als parallelen Experimentierungsprozess und damit die Wirkung von Diversität genauer zu untersuchen und zweitens operationale Kriterien zu finden, die diesbezüglich in der praktischen Wettbewerbspolitik für die Beurteilung von (…) Kooperationen und Fusionen Verwendung finden können".[126]

Ähnlich wie Kerber hat auch Heidrich einen Wettbewerbsansatz ausgearbeitet, der die dynamische Wettbewerbsdimension in den Mittelpunkt stellt. Mit seinem sog. „evolutorisch-systemtheoretischen Paradigma der Wettbewerbstheorie"[127] führt Heidrich einen systemischen Wettbewerbsansatz ein, der als Alternative zum „More Economic Approach" gedacht werden kann.[128] Dieses neue Paradigma soll, so der Autor, auf den Stärken der traditionellen systemischen Wettbewerbsansätze aufbauen, ohne aber deren etwaigen Schwächen zu übernehmen. Vor diesem Hintergrund zieht Heidrich eine umfassende Palette dynamisch-systemischer Markt- und Wettbewerbsansätze bei, wobei das Programm der Österreicher Schule das theoretische Fundament stellt.[129] Folglich sieht auch er den Wettbewerb in erster Linie als hypothesentestender, wissensschaffender Prozess.[130] Darüber hinaus geht Heidrich von einer unendlich komplexen Welt aus, in der die Marktakteure über eine beschränkte Rationalität verfügen und dementsprechend nur Mustervoraussagen über Marktergebnisse

---

[123] Kerber, Dynamischer Wettbewerb, S. 186.
[124] Kerber, Dynamischer Wettbewerb, S. 187.
[125] Kerber, Dynamischer Wettbewerb, S. 187.
[126] Kerber, Dynamischer Wettbewerb, S. 188.
[127] Heidrich, S. 20.
[128] Heidrich, S. 20; zum „More Economic Approach" siehe oben: § 5.B.II. „More Economic Approach".
[129] Neben dem Programm der Österreicher Schule integriert Heidrich in sein evolutorisch-systemtheoretische Paradigma auch Schumpeters Ansatz vom Wettbewerb als „Innovations- und Imitationsverfahren", den Altinstitutionalismus, den Subjektivismus sowie die Evolutionsökonomik. Siehe dazu: Heidrich, S. 320.
[130] Heidrich, S. 320.

möglich sind. Darüber hinaus ist allgemeine Zurückhaltung gegenüber einer aktiven, interventionistischen Politik angebracht.[131]

Trotz der Gemeinsamkeiten bewegt sich das „evolutorisch-systemtheoretische Paradigma" nicht ausschliesslich im Fahrwasser der traditionellen systemischen Wettbewerbskonzeptionen. So stützt Heidrich beispielsweise die von
Hayek vertretene Vorstellung der konstitutionellen Ungewissheit der Marktakteure mit neuro- und verhaltensökonomischen Argumenten: Individuen sind
gemäss empirischer Untersuchungen kognitiv beschränkt und damit nicht in
der Lage, alle denkbaren Alternativen wahrzunehmen, alle Konsequenzen der
denkbaren Alternativen abzuschätzen und eine vollständige und konsistente Bewertung der möglichen Ergebnisse vorzunehmen.[132] Ferner greift Heidrich auf
das sog. „Populationskonzept" zurück. Dieses Konzept ist der Evolutionsbio-
logie entnommen und wird von der Evolutionsökonomik in den ökonomischen
Kontext übertragen. Ganz allgemein steht im Rahmen des Populationskonzepts
nicht das repräsentative Individuum im Zentrum, sondern Gruppen heterogener
Individuen – die sog. Populationen. Von diesem Verständnis ausgehend versucht die Evolutionsökonomik zu erklären, inwiefern einzelne Populationen im
wettbewerblichen Selektionsprozess evolvieren und sich am Markt durchsetzen.[133] Schliesslich führt Heidrich auch den evolutionsökonomischen Begriff
der sog. „Pfadabhängigkeiten" ein. Pfadabhängigkeiten beschreiben den gewichtigen Einfluss der Vergangenheit auf Gegenwart und Zukunft und implizie-
ren, dass es nicht möglich ist, den Zustand der Welt ohne Analyse des Prozesses
zu erklären, der zu diesem Zustand führte. Ausgehend von diesem Phänomen
relativiert Heidrich eine allzu positive Bewertung der im marktwirtschaftlichen
Evolutionsprozess durchgesetzten Institutionen und Akteure.[134] Durch die Einführung der Pfadabhängigkeit öffnet Heidrich seinen Wettbewerbsansatz aber
auch gleichzeitig für institutionenökonomische Argumente. So spricht er explizit davon, dass „Transaktionskosten auf dem unvollkommenen ‚politischen
Markt'"[135] dafür sorgen, dass gesellschaftlich ineffiziente Institutionen weiterhin Bestand haben.[136]

---

[131] Siehe dazu eingehend: Heidrich, S. 320 ff.

[132] Heidrich, S. 324 (Fn. 1370); siehe dazu eingehend unten: § 6.A. Verhaltensmodelle und
Verhaltensökonomik.

[133] „Der Markt- und Wettbewerbsprozess wird nun dadurch erklärt, dass die Zusammen-
setzung der einzelnen Populationen im Hinblick auf die verschiedenen Varianten festgestellt
und darüber hinaus beschrieben wird, wie eine Umschichtung veranlasst wird.", siehe dazu:
Heidrich, S. 352 (m. w. V.).

[134] Heidrich, S. 335 ff.

[135] Heidrich, S. 338.

[136] Neben dem Brückenschlag zur modernen ökonomischen Forschung ist ein zusätzlicher
Mehrwert von Heidrichs evolutorisch-systemtheoretischem Paradigma darin zu sehen, dass es
für die teils sehr heterogenen dynamischen Wettbewerbsansätze eine kohärente, theoretische
Basis schafft.

3. Einordnung

Insgesamt ist festzuhalten, dass die theoretischen Grundannahmen und die wettbewerbspolitischen Handlungsempfehlungen des evolutorischen Wettbewerbsansatzes mehrheitlich mit jenen der traditionellen systemischen Wettbewerbskonzeptionen übereinstimmen. So hat sich beispielsweise bereits Hoppmann im Rahmen seiner freiheitlichen Wettbewerbskonzeption für ein Zusammenschlussverbot eingesetzt, wie dies von Kerber thematisiert wird. Weiter sind Heidrichs Grundannahmen, wie etwa jene von der unendlichen Komplexität des marktwirtschaftlichen Systems und der damit einhergehenden Beschränkung auf Mustervoraussagen über mögliche Marktergebnisse, Hayek und der Österreicher Schule zuzuordnen. Schliesslich wurde eine interventionistische Wirtschaftspolitik bereits von Eucken und der Freiburger Schule abgelehnt.

Im Rahmen der normativen Grundlage lässt sich jedoch eine etwas andere Gewichtung feststellen: Während die traditionellen systemischen Wettbewerbskonzeptionen der individuellen Handlungsfreiheit der Marktteilnehmer eine alles überragende Stellung einräumen, scheint der evolutorische Wettbewerbsansatz in erster Linie Innovationsaspekte zu betonen. Dies ist jedoch nicht als grundsätzliche Neuausrichtung zu verstehen, sondern lediglich als Perspektivenwechsel; denn zumindest im Rahmen der Österreicher Schule nimmt Innovation (Wettbewerb als Entdeckungsverfahren) ebenfalls eine sehr wichtige Rolle ein. Oder pointierter formuliert: Während im Rahmen des systemischen Wettbewerbsverständnisses die traditionellen Konzeptionen den ordnungstheoretischen Aspekt betonen, ist es beim evolutorischen Wettbewerbsansatz der dynamische Aspekt.[137]

Vor diesem Hintergrund ist zu bilanzieren: Hinsichtlich der theoretischen Grundannahmen als auch der wettbewerbspolitischen Handlungsempfehlungen weicht der evolutorische Wettbewerbsansatz kaum von den traditionellen Wettbewerbskonzeptionen ab. Der zusätzliche Wert des evolutorischen Wettbewerbsansatzes ist daher in seiner theoretischen Begründung zu sehen: Durch die Einarbeitung von innovations-, verhaltens-, neuro-, evolutions- als auch institutionenökonomischer Erkenntnisse ist der Ansatz breiter abgestützt und anschlussfähiger für die moderne ökonomische Forschung.

Wie die Neue Ordnungsökonomik steckt aber auch der evolutorische Wettbewerbsansatz noch in seinen Kinderschuhen. Die oben skizzierten Ansätze von Kerber und Heidrich sind als erste Versuche zu sehen, eine moderne Wettbewerbskonzeption auszuarbeiten, welche die dynamische Wettbewerbsdimen-

---

[137] Die Verbindung des evolutorischen Wettbewerbsansatzes mit den systemischen Aspekten bleibt aber fraglos bestehen. So weist etwa Heidrich im Rahmen seines evolutorisch-systemtheoretischen Paradigma darauf hin, dass die „dynamische Kompetenz der Wirtschaftspolitik" und die „Gewährleistung von Freiheitsbereichen" in einem engen Zusammenhang stehen. Siehe hierzu: Heidrich, S. 342.

sion in den Mittelpunkt rückt. Analog zu Kerber kommt daher auch Heidrich zum wenig erstaunlichen Schluss, dass sich hinsichtlich des evolutorischen Wettbewerbs „ein einheitliches, umfassendes wettbewerbspolitisches Konzept bisher nicht herausgebildet"[138] hat.

D. Stand der Weiterentwicklungen

Im Rahmen der wettbewerbspolitischen Weiterentwicklungen lassen sich folgende Schlussfolgerungen ziehen.

Einerseits ist festzuhalten, dass sowohl im Rahmen des effektbasierten als auch des systemischen Wettbewerbsverständnisses Weiterentwicklungen zu beobachten sind. Bezüglich des Entwicklungsstands sind jedoch Unterschiede auszumachen: Die effektbasierten Weiterentwicklungen sind insgesamt weiter gediehen als die systemischen Weiterentwicklungen. So hat beispielsweise die „Post-Chicago"-Strömung über den „More Economic Approach" – zumindest teilweise – bereits Niederschlag in der praktischen Wettbewerbspolitik gefunden, wohingegen die Neue Ordnungsökonomik sowie der evolutorische Wettbewerbsansatz heute lediglich auf einer abstrakt-theoretischen Ebene diskutiert werden.

Andererseits wurde ersichtlich, dass die wettbewerbspolitischen Weiterentwicklungen innerhalb der zwei Wettbewerbsverständnisse weder homogen sind noch ein kohärentes Gesamtbild ergeben; vielmehr sind sie heterogen, amorph und teilweise gar widersprüchlich. Es bedarf daher weiterer Forschung, bis sich ein konsolidiertes Programm der „Post-Chicago"-Strömung oder der Neuen Ordnungsökonomik herausbilden wird.

Darüber hinaus ist festzuhalten, dass die Differenzen zwischen systemischem und effektbasiertem Wettbewerbsverständnis zusehends kleiner werden. So gibt es vermehrt moderne ökonomische Forschungsansätze, die sowohl vom effektbasierten als auch vom systemischen Wettbewerbsverständnis aufgegriffen werden. Paradebeispiel diesbezüglich ist die Neue Institutionenökonomik: Sowohl die „Post-Chicago"-Strömung als auch die Neue Ordnungsökonomik greifen zumindest stellenweise auf Erkenntnisse der Neuen Institutionenökonomik zurück. Daraus lässt sich implizit folgender Schluss ziehen: Die Wettbewerbsforschung scheint der Institutionenanalyse bzw. der konkreten Ausgestaltung der Institutionen zunehmend mehr Bedeutung beizumessen, da sie die Wichtigkeit des institutionellen Rahmens für einen reibungslosen Ablauf der Wettbewerbsprozesse erkannt hat. Diese zunehmende Angleichung der beiden Wettbewerbsverständnisse über die Neue Institutionenökonomik ist jedoch insofern

---

[138] Heidrich, S. 346.

zu relativieren, als dass dieser Ansatz methodisch und materiell sehr dehnbar ist. Zugespitzt formuliert können sich die Anhänger der unterschiedlichen Wettbewerbsverständnisse mit der Neuen Institutionenökonomik arrangieren, weil sie den Institutionenbegriff im Sinne ihres Programms auslegen und dabei ausschliesslich auf die von ihnen favorisierten Analysemethoden zurückgreifen können.[139]

Schliesslich wurde ersichtlich, dass die effektbasierten und systemischen Weiterentwicklungen keine eigenständigen Konzeptionen darstellen, sondern primär als Erweiterungen und Modifikationen bestehender Wettbewerbskonzeptionen zu verstehen sind. So werden etwa im Rahmen des evolutorischen Wettbewerbsansatzes zwar neue ökonomische Forschungsansätze miteinbezogen, jedoch entsprechen die wettbewerbspolitischen Handlungsempfehlungen weitgehend jenen der Österreicher Schule und Freiburger Schule. Oder pointiert gesagt: Das gleiche Resultat wird einfach anders begründet. Ferner blieb im Rahmen der wettbewerbspolitischen Weiterentwicklungen auch die normative Grundlage weitgehend unangetastet. Ganz deutlich kommt dies bei der „Post-Chicago"-Strömung zum Ausdruck: So will die „Post-Chicago"-Strömung dem Gesetzgeber und -anwender aufzeigen, wie mittels realitätsnäheren ökonomischen Analysemethoden die statische Effizienz erhöht werden kann. Anderen Wettbewerbszielen wird keine oder nur marginale Beachtung geschenkt.

Mit diesem Rückblick ist die vertiefte Auseinandersetzung mit den traditionellen Wettbewerbskonzeptionen und ihren Weiterentwicklungen abgeschlossen. Nach diesem ausführlichen Blick in die Vergangenheit und die Gegenwart der Wettbewerbspolitik ist im nachfolgenden 2. Teil der Blick in die Zukunft zu richten. Wie einleitend dargelegt, sind in diesem 2. Teil die normative und positive Grundlage des Wettbewerbsrechts einer verhaltensökonomischen Analyse zu unterziehen. Diese verhaltensökonomische Analyse stellt gewissermassen die konsequente Weiterführung der wettbewerbspolitischen Weiterentwicklungen dar. So ist nämlich basierend auf neuen verhaltensökonomischen Erkenntnissen eine positive und normative Grundlage zu schaffen, die letztlich zu realistischeren wettbewerbsrechtlichen Analysen führt.

E. Fazit

Die Ausführungen in *§ 5 Aktuelle wettbewerbspolitische Weiterentwicklungen* lassen sich wie folgt zusammenfassen:

---

[139] So auch bereits Vanberg: „In some sense, all economics can be said to be about the ‚economic order' just as all economic policy is, in some sense, concerned with the ‚economic order.", Vanberg, Constitutional Economics, S. 21.

– *Erstens* wurde dargelegt, dass im Rahmen des effektbasierten Wettbewerbsverständnisses um die Jahrtausendwende verschiedene neue Ansätze aufgebracht und diskutiert wurden. Diese Entwicklung wird heute unter dem
Sammelbegriff „Post-Chicago"-Strömung zusammengefasst. Der Begriff
macht deutlich, dass der traditionelle Ansatz der „Chicago School" sowohl
Ausgangs-, Referenz- sowie Abgrenzungspunkt darstellt. In diesem Sinne
stellen die Ansätze innerhalb dieses Sammelbegriffs einerseits die zentralen
ökonomischen Weiterentwicklungen der „Chicago School" dar, andererseits
ist mit ihnen aber auch eine grundlegende Kritik an einigen Schlussfolgerungen des Ansatzes der „Chicago School" verbunden. Allen voran verabschiedet man sich im Rahmen der „Post-Chicago"-Strömung von einer „laissez
faire"-Politik und geht stattdessen über zu einer moderat interventionistischen Wettbewerbspolitik.

– *Zweitens* wurde ersichtlich, dass die „Post-Chicago"-Strömung die wettbewerbsrechtlichen Analysemethoden insbesondere um drei Forschungsfelder erweitert: *(1)* die Spieltheorie, *(2)* die Neue Industrieökonomik sowie
(3) die Neue Institutionenökonomik. Gegenstand der Spieltheorie ist die
Analyse strategischer Entscheidungssituationen – vor allem bei Interessenkonflikten oder Koordinationsproblemen. Mit der Spieltheorie wird ganz
allgemein das menschliche Verhalten als rationale Reaktion auf die Veränderung gegebener Umweltbedingungen modelliert und dabei berücksichtigt,
dass die Reaktion ihrerseits Reaktionen anderer Akteure provozieren kann.
Bei der Neuen Industrieökonomik handelt es sich um einen Sammelbegriff
verschiedener volkswirtschaftlicher Ansätze, die zur Erklärung von Marktergebnissen auf oligopolistischen Märkten herangezogen werden. Grundlage bildet dabei das neoklassische Paradigma, das jedoch stellenweise modifiziert und erweitert wird. Für die Analyse oligopolistischer Märkte stützt
sich die Neue Industrieökonomik auf unterschiedliche Oligopolmodelle,
wie insbesondere das Cournot-, das Stackelberg- und das Bertrand-Modell.
Die Neue Institutionenökonomik hebt schliesslich die Bedeutung von institutionellen Rahmenbedingungen für den Wirtschaftsprozess hervor und
macht diese einer ökonomischen Analyse zugänglich. Der Mehrwert dieser institutionenökonomischen Analyse liegt insbesondere darin, dass effi-
zienzmindernde Einflüsse wie Transaktionskosten, unvollständige Verträge,
Zuteilung von Verfügungsrechten, Behördenstrukturen sowie Informationsasymmetrien angemessener berücksichtigt werden.

– *Drittens* ergab die Analyse, dass sich die „Post-Chicago"-Strömung insgesamt als eine heterogene Forschungsrichtung beschreiben lässt, welche
die effizienorientierte Wettbewerbskonzeption der „Chicago School" sowie
die ihr zugrunde liegenden neoklassischen Modellannahmen als Ausgangspunkt nimmt. Mit Blick auf die positive Grundlage werden jedoch gewisse

realitätsnähere Erweiterungen vorgenommen: Insbesondere wird das neoklassische Grundmodell um strategische Verhaltensweisen (Spieltheorie), oligopolistische Marktstrukturen (Industrieökonomik) sowie institutionelle Rahmenbedingungen und das Bestehen von Transaktionskosten (Institutionenökonomik) erweitert. Die normative Grundlage bleibt dahingegen unverändert: Das primäre Wettbewerbsziel ist die Erhöhung der statischen Effizienz. Oder noch pointierter formuliert: Die „Post-Chicago"-Strömung zeigt den rechtssetzenden und -anwendenden Behörden auf, wie mittels realitätsnäheren ökonomischen Analysemethoden die statische Effizienz erhöht werden kann

- *Viertens* wurde dargelegt, dass die Ansätze der „Post-Chicago"-Strömung nicht nur theoretisch diskutiert werden, sondern zumindest teilweise Eingang in die praktische Wettbewerbspolitik finden. Einer der wohl prominentesten Ansätze der zumindest stellenweise von der „Post-Chicago"-Strömung beeinflusst wurde, ist der „More Economic Approach" der europäischen Wettbewerbspolitik. Der „More Economic Approach" stellt die Antwort auf die zunehmende Kritik an der europäischen Wettbewerbspolitik der 1990er Jahre dar und fordert im Kern eine ökonomischere Betrachtungsweise wettbewerbsrelevanter Sachverhalte. Dabei ist eine ökonomischere Betrachtungsweise in dem Sinne zu verstehen, dass sich die europäische Wettbewerbspolitik von ihrem traditionellen systemischen Wettbewerbsverständnis löst und sich dem Programm der „Chicago School" sowie den Ansätzen der „Post-Chicago"-Strömung öffnet. Materiell lassen sich die Forderungen des „More Economic Approach" auf drei Aspekte kondensieren: *(1)* Der Wettbewerb soll nicht mehr als Ziel an sich, sondern als instrumentell-mechanisches Mittel zur Erreichung konkreter vordefinierter Ziele verstanden werden. *(2)* Ferner sollen wettbewerbsrelevante Sachverhalte nicht mehr mittels gebundener Tatbestände, sondern im Rahmen eines „Rule of Reason"-Ansatzes und damit mittels ungebundener Tatbestände bewertet werden. *(3)* Schliesslich soll der Erhöhung der statischen Effizienz – meist verstanden als Konsumentenwohlfahrt – als Wettbewerbsziel deutlich mehr Bedeutung beigemessen werden.

Damit wird deutlich, dass die „Chicago School" das theoretische Fundament des „More Economic Approach" bildet. Jedoch ist diese Aussage gleich in zweifacher Hinsicht zu relativieren: Einerseits übernimmt der „More Economic Approach" das Programm der „Chicago School" nicht telquel. So werden im Rahmen des „More Economic Approach" systemische und effektbasierte Elemente teilweise vermengt. Andererseits bezieht der „More Economic Approach" auch die aktuelleren Ansätze der „Post-Chicago"-Strömung mit ein. In diesem Sinne steht der „More Economic Approach" sowohl zwischen der „Chicago School" und der systemischen

Wettbewerbstradition als auch zwischen der „Chicago School" und der „Post-Chicago"-Strömung.

– *Fünftens* wurde festgestellt, dass die Weiterentwicklungen im Rahmen des systemischen Wettbewerbsverständnisses, Stand heute, weniger weit gediehen sind als jene im Rahmen des effektbasierten Wettbewerbsverständnisses. So wird von verschiedenen Autoren die Kritik vorgebracht, dass die systemischen Wettbewerbskonzeptionen unter anderem methodisch unsauber, ideologisch voreingenommen, undemokratisch und politisch naiv seien. Dabei unterscheiden die Kritiker in der Regel nicht zwischen den einzelnen systemischen Wettbewerbsansätzen, sondern fassen diese unter dem Oberbegriff „Ordnungsökonomik" zusammen. Nichtsdestotrotz wäre es unsachgemäss zu behaupten, dass im Rahmen der Ordnungsökonomik keine Weiterentwicklungen stattgefunden haben: In den letzten 20 Jahren hat sich eine neue Generation von Ökonomen hervorgetan, die sich um die Modernisierung der Ordnungsökonomik bemüht. Die unterschiedlichen Ansätze zur Modernisierung werden heute unter dem Sammelbegriff „Neue Ordnungsökonomik" zusammengefasst. Den Grundstein dieser Neuen Ordnungsökonomik wurde durch Vanberg bereits in den 1980er Jahren gelegt, als er die traditionelle Ordnungsökonomik mit verfassungsökonomischen Ansätzen kombiniert hat.

– *Sechstens* wurde ersichtlich, dass die Neue Ordnungsökonomik – analog zur „Post-Chicago"-Strömung – eine heterogene und breit angelegte Forschungsbewegung darstellt, die jedoch in ihrer Grundausrichtung geeint ist. So will die Neue Ordnungsökonomik einen alternativen Blickwinkel auf die Wirtschaftswirklichkeit eröffnen, indem sich der Ansatz dogmatisch weitet und gegenüber anderen Disziplinen öffnet. Konkret geht es den Anhängern der Neuen Ordnungsökonomik darum, die traditionelle Ordnungsökonomik mit ausgewählten interdisziplinär ausgerichteten Forschungsansätzen der Ökonomik zu verbinden; im Vordergrund stehen dabei die Verfassungs-, Institutionen-, Verhaltens-, Industrie- und Evolutionsökonomik. Ganz im Sinne der traditionellen Ordnungsökonomik geht es der Neuen Ordnungsökonomik aber primär um die Planung der Formen und die Ausgestaltung des institutionellen Rahmens; direkte staatliche Eingriffe in den Wirtschaftsprozess sind abzulehnen und damit auch nicht Forschungsgegenstand. Schliesslich soll die Neue Ordnungsökonomik die traditionelle, neoklassische Betrachtungsweise nicht ersetzen; vielmehr ist dieser neue ordoliberale Ansatz parallel zum aktuellen Diskurs zu denken.

– *Siebtens* wurde dargelegt, dass das Verhältnis der Neuen Ordnungsökonomik zum Wettbewerb und zur Wettbewerbspolitik noch wenig ausgearbeitet ist. Dennoch kann ein im Entstehen begriffener Wettbewerbsansatz zumindest indirekt mit der Neuen Ordnungsökonomik in Verbindung gebracht werden: der sog. evolutorische Wettbewerbsansatz.

Kernanliegen dieses Wettbewerbsansatzes ist die Stärkung der dynamischen Wettbewerbsdimension; namentlich soll die Wettbewerbspolitik langfristige Effekte wie Innovation und technischen Fortschritt in den Mittelpunkt ihrer Analysen stellen. Die Anhänger des evolutorischen Wettbewerbsansatzes fordern jedoch nicht eine starre Rückkehr zu den traditionellen systemischen Wettbewerbskonzeptionen; vielmehr wollen sie diese für die moderne Ökonomik anschlussfähig machen. Dabei versuchen sie unter anderem evolutions-, industrie-, innovations-, institutionen-, verhaltens- und teilweise sogar neuroökonomische Erkenntnisse im Rahmen der ökonomischen Analyse des Wettbewerbs miteinzubeziehen. Neben Kerber, als einer der prominentesten Vertreter eines solchen evolutorischen Wettbewerbsansatzes, hat auch Heidrich mit seinem evolutorisch-systemtheoretischen Paradigma der Wettbewerbstheorie einen Wettbewerbsansatz ausgearbeitet, der die dynamische Wettbewerbsdimension in den Mittelpunkt stellt. So verbindet Heidrich das Konzept der konstitutionellen Ungewissheit mit Erkenntnissen der Neuro- und Verhaltensökonomik, die von einem beschränkt rationalen Marktakteur ausgehen. Weiter greift er aber auch auf Konzepte der Evolutionsökonomik zurück, wie das „Populationskonzept" und das Konzept der „Pfadabhängigkeit". Diese evolutionsökonomischen Konzepte versucht Heidrich sodann mit Hayeks Wettbewerbsvorstellung vom hypothesentestenden, wissensschaffenden Prozess zu verbinden.

Es wurde jedoch ersichtlich, dass der evolutorische Wettbewerbsansatz hinsichtlich der theoretischen Grundannahmen als auch der wettbewerbspolitischen Handlungsempfehlungen kaum von den traditionellen Wettbewerbskonzeptionen abweicht. In diesem Sinne ist der zusätzliche Wert des evolutorischen Wettbewerbsansatzes primär in seiner theoretischen Begründung zu sehen: Durch die Einarbeitung von innovations-, verhaltens-, neuro-, evolutions- sowie institutionenökonomischen Erkenntnissen ist der Ansatz breiter abgestützt und anschlussfähiger für die moderne ökonomische Forschung. Damit sind die skizzierten Ansätze von Kerber und Heidrich als erste Versuche zu sehen, eine moderne Wettbewerbskonzeption auszuarbeiten, welche die dynamische Wettbewerbsdimension in den Mittelpunkt rückt.

2. Teil

Die verhaltensökonomische Analyse
des Wettbewerbsrechts

§ 6 Positive Grundlage: „Behavioral Antitrust"

A. Verhaltensmodelle und Verhaltensökonomik

Bevor auf die Grundlagen der Verhaltensökonomik eingegangen wird, sind in einem ersten Schritt das Verhaltensmodell des systemischen und des effektbasierten Wettbewerbsverständnisses in gebotener Kürze zu rekapitulieren.

I. Ausgangspunkt: Wettbewerbsverständnisse und Verhaltensmodelle

1. Effektbasiertes Wettbewerbsverständnis

Alle effektbasierten Wettbewerbskonzeptionen greifen einerseits auf den gleichen methodologischen Ansatz zurück, um das gesamtgesellschaftliche Verhalten zu beschreiben, und stützen sich andererseits auf das gleiche Verhaltensmodell. Namentlich handelt es sich dabei um den methodologischen Individualismus und das „homo oeconomicus"-Modell.

Bevor jedoch das Verhältnis der einzelnen Wettbewerbskonzeptionen zum methodologischen Individualismus und zum „homo oeconomicus"-Modell erläutert wird, sind die beiden Begriffe zunächst allgemein zu umschreiben.

Vereinfacht gesagt sind mit dem methodologischen Individualismus soziale und damit auch ökonomische Phänomene aus dem Blickwinkel des Handelns einzelner Individuen zu betrachten. Um das Verhalten einer grösseren Gruppe, aber auch der Gesamtgesellschaft, zu beschreiben werden die individuellen Verhaltensweisen generalisiert und aggregiert.[1]

In engem Zusammenhang mit dem methodologischen Individualismus steht das „homo oeconomicus"-Modell; es beschreibt das individuelle Verhalten der Marktakteure.[2] Während es in anderen Sozialwissenschaften das Ziel ist, individuelles Verhalten möglichst realistisch zu beschreiben, stellt das „homo oeconomicus"-Modell eine heuristische Fiktion dar – die primäre Aufgabe des Modells besteht nicht darin, das konkrete Verhalten eines einzelnen Individu-

---

[1] Heidrich, S. 162.
[2] Konkret besteht ein einseitig zwingender Zusammenhang: Das „homo oeconomicus"-Modell setzt aus methodischer Sicht den methodologischen Individualismus zwingend voraus. Umgekehrt besteht aber kein zwingender Konnex: So ist der methodologische Individualismus auch durchaus mit anderen individualistischen Verhaltensmodellen vereinbar.

ums, sondern gesellschaftliche Makrophänomene zu erklären.[3] In Anlehnung an Jolls, Sunstein und Thaler lässt sich das „homo oeconomicus"-Modell materiell auf folgende drei Grundannahmen kondensieren:

– *Rationalitätsannahme*
Gemäss dem „homo oeconomicus"-Modell handeln die individuellen Marktakteure rational. In der Ökonomik ist jedoch umstritten, was genau unter Rationalität zu verstehen ist. Während in der traditionellen neoklassischen Ökonomik von vollständig rationalen Marktakteuren ausgegangen wird, begreifen neuere ökonomische Forschungsansätze die Akteure als beschränkt rational.[4] Vereinfacht gesagt, wird bei vollständiger Rationalität angenommen, dass ein Individuum „in jedem Augenblick optimal handelt, dass es also gleichsam wie ein wandelnder Computer durch die Welt schreitet, der immer die beste aller vorhandenen Möglichkeiten blitzschnell ermittelt".[5] Dieses auch noch heute vielfach vertretene artifizielle „Zerrbild des homo oeconomicus"[6] wird von Anhängern der beschränkten Rationalität kritisiert. Diese verstehen unter Rationalität, dass das Individuum, wenn es seinen Intentionen folgt, in der Lage ist, seinen Handlungsraum abzuschätzen und zu bewerten, um dann entsprechend zu handeln.[7] Dieses Konzept der beschränkten Rationalität wurde massgeblich von Herbert A. Simon geprägt, der damit auch den Weg für die Verhaltensökonomik ebnete.[8]

– *Annahme der unbeschränkten Willenskraft*
Das „homo oeconomicus"-Modell nimmt stillschweigend an, dass die Marktakteure über unbegrenzte Willenskraft verfügen. Das Verhalten wird dabei als einfacher Entscheidungsvorgang betrachtet, bei dem zwischen verschiedenen Alternativen ausgewählt wird.[9] Zudem verläuft die Umsetzung einer einmal getroffenen Entscheidung mühelos: Das Verhalten eines Marktakteurs ist stets im Einklang mit seinen langfristigen Interessen.[10]

– *Annahme des unbeschränkten Eigeninteresses*
Im Rahmen des „homo oeconomicus"-Modells maximiert das Individuum seinen eigenen Nutzen; es ist grundsätzlich egoistisch und nur auf seinen eigenen Vorteil bedacht.[11] Obwohl negativ konnotiert, ist diese Annahme

---

[3] Siehe dazu umfassend: Kirchgässner, Homo Oeconomicus, S. 12 ff.

[4] Mathis, Effizienz, S. 25 f.

[5] Kirchgässner, Homo Oeconomicus, S. 17.

[6] Kirchgässner, Homo Oeconomicus, S. 17.

[7] Letztlich bildet die Rationalitätsannahme die Grundlage für das Verhaltensmodell: Individuelles Verhalten wird erklärt, indem unterstellt wird, dass die Individuen rational handeln – vollständig oder beschränkt; Kirchgässner, Homo Oeconomicus, S. 18.

[8] Siehe hierzu unten: *§6.A. I.4.i) Vollständige vs. beschränkte Rationalität.*

[9] Mathis, Effizienz, S. 47.

[10] Mathis, Effizienz, S. 47.

[11] Kirchgässner, Homo Oeconomicus, S. 47; Mathis, Effizienz, S. 25.

vom Eigennutzen der Individuen nicht moralisch aufgeladen, sondern neutral: Sie sagt lediglich, dass die Akteure gemäss ihren Präferenzen handeln – wobei grundsätzlich unterstellt wird, dass jeder selbst am besten weiss, was für ihn gut ist.[12] Weiter stellt die Annahme des Eigennutzens der Individuen einen „Durchschnittswert" menschlichen Verhaltens dar, da sowohl moralisch positives (wie Altruismus) als auch negatives Verhalten (wie Neid) nicht berücksichtigt wird.[13]

Vereinfacht gesagt, ist das „homo oeconomicus"-Modell ein ökonomisches Verhaltensmodell, das bei seiner Analyse ein Individuum in den Mittelpunkt stellt, das „nicht alle seine Bedürfnisse befriedigen kann und deshalb unter verschiedenen Möglichkeiten die optimale Entscheidung trifft".[14] Menschliches Handeln wird in diesem Sinne als rationale Auswahl („rational choice") aus Alternativen verstanden.[15] Weitgehend gleichbedeutend mit dem „homo oeconomicus"-Modell ist die sog. REMM-Hypothese: „Resourceful Evaluative Maximizing Man".

Wie einleitend erwähnt, greifen alle effektbasierten Wettbewerbskonzeptionen auf das „homo oeconomicus"-Modell – und damit auch auf den methodologischen Individualismus – zurück, um das individuelle bzw. das gesamtgesellschaftliche Verhalten zu beschreiben. Das besagte Verhaltensmodell stellt dementsprechend ein roter Faden dar, der sich durch das gesamte effektbasierte Wettbewerbsverständnis zieht.

So nimmt das „homo oeconomicus"-Modell erstmals im Rahmen der neoklassischen Wettbewerbskonzeption eine zentrale Funktion ein; es stellt eine der Grundprämissen dar. Es wird von einem vollständig rationalen Verhalten der Marktakteure ausgegangen, die über eine unendlich hohe Anpassungsgeschwindigkeit verfügen. Ferner kann aus den Prämissen abgeleitet werden, dass die Marktakteure mit unbeschränkter Willenskraft und unbeschränktem Eigeninteresse ausgestattet sind.[16]

Die nachfolgenden Konzeptionen des effektbasierten Wettbewerbsverständnisses haben die neoklassische Wettbewerbskonzeption zwar in verschiedener Hinsicht modifiziert, das Verhaltensmodell blieb im Kern aber stets unangetastet. Dies trifft auch auf die „Harvard School" zu: Zwar hat sich die Schule materiell immer weiter von der neoklassischen Wettbewerbskonzeption entfernt, dennoch stützen sich auch die Wettbewerbsansätze der späten „Harvard

---

[12] Mathis, Effizienz, S. 25.
[13] Kirchgässner, Homo Oeconomicus, S. 65.
[14] Mathis, Effizienz, S. 22.
[15] Kirchgässner, Homo Oeconomicus, S. 12; Mathis, Effizienz, S. 22.
[16] Siehe hierzu oben: *§ 4.B.II.1.ii) Grundprämissen.*

School" implizit immer noch auf das „homo oeconomicus"-Modell.[17] Ein Umstand, auf den auch van den Bergh hinweist, wenn er schlussfolgert, dass die Wettbewerbskonzeptionen der „Harvard School" „are based upon the rationality assumption".[18]

Während sich die Harvard School primär mit den Marktstrukturen und -ergebnissen beschäftigt, wendet sich die „Chicago School" wieder dem ökonomischen Verhaltensmodell zu – was mit einer Rückbesinnung auf die neoklassische Doktrin verbunden ist. Das „homo oeconomicus"-Modell wurde im Rahmen der effizienzorientierten Wettbewerbskonzeption wieder explizit als Verhaltensmodell ausgewiesen. Im Unterschied zur Neoklassik haben die Anhänger der „Chicago School" jedoch ausdrücklich darauf hingewiesen, dass der Wert des besagten Verhaltensmodells nicht in einer möglichst akkuraten Beschreibung der ökonomischen Realität liegt, sondern darin, Marktergebnisse relativ zuverlässig vorhersagen zu können. Dies verdeutlicht die von den Anhängern der „Chicago School" verwendete „as if"-Formulierung; Unternehmer würden sich so verhalten, als ob sie profitmaximierend unter Kenntnis aller relevanten Tatsachen handeln.[19]

Schliesslich hat auch die „Post-Chicago"-Strömung das „homo oeconomicus"-Modell weitgehend übernommen. Es ist zwar zutreffend, dass mit den Erkenntnissen der „Post-Chicago"-Strömung das neoklassische Grundmodell um strategische Verhaltensweisen, oligopolistische Marktstrukturen sowie institutionelle Rahmenbedingungen und das Bestehen von Transaktionskosten erweitert wurden. Dennoch: Es kann nicht gesagt werden, dass sich das Verhaltensmodell an sich verändert hat. Durch diese Ergänzungen werden lediglich komplexere Entscheidungssituationen geschaffen, die mit dem bestehenden Verhaltensmodell analysiert werden.[20]

Damit ist zu bilanzieren: Das „homo oeconomicus"-Modell sowie der damit verbundene methodologische Individualismus bilden die Grundlage aller effektbasierten Wettbewerbskonzeptionen. Ein Ergebnis das auch Reeves und Stucke teilen, wenn sie sagen, dass „antitrust's economic theories, whether derived from the Chicago, post-Chicago, or Harvard Schools, continue to assume rational self-interested market participants operate in the market with perfect willpower".[21]

---

[17] Zur Entwicklung der „Harvard School" siehe oben: § 4.B.II.2. „Harvard School": vom funktionsfähigen zum wirksamen Wettbewerb.

[18] Van den Bergh, S. 205.

[19] Siehe hierzu oben: § 4.B.II.3. „Chicago School": effizienzorientierter Wettbewerb.

[20] Siehe hierzu oben: § 5.B.I.4.Einordnung; Stucke, at the Gate, S. 541; Stucke, Realism, S. 2 f.

[21] Reeves/Stucke, S. 1528; so auch: van den Bergh, S. 205.

2. Systemisches Wettbewerbsverständnis

Im Kern greifen beide systemischen Wettbewerbskonzeptionen einerseits auf den gleichen methodologischen Ansatz zurück, um das gesamtgesellschaftliche Verhalten zu beschreiben und stützen sich andererseits auf das gleiche Verhaltensmodell. Es handelt sich dabei um den institutionellen Individualismus und um ein Verhaltensmodell, das von einem fehlbaren, iterativ vorgehenden und gesellschaftlich eingebetteten Marktakteur ausgeht.

Wie an anderer Stelle bereits erwähnt,[22] orientiert sich die freiheitliche Wettbewerbskonzeption der Österreicher Schule nicht am engen methodologischen Individualismus, sondern an einem weiteren sog. institutionellen Individualismus. Analog zum engen methodologischen Individualismus versucht auch der institutionelle Individualismus, ökonomische Phänomene anhand der einzelnen Marktakteure zu erklären. Jedoch greift der institutionelle Individualismus nicht auf eine Aggregatsanalyse zurück, sondern wählt einen Mittelweg zwischen dem methodologischen Individualismus und methodologischen Kollektivismus.[23] Dementsprechend wird es beim institutionellen Individualismus abgelehnt, Individuen auf Gesamtheiten sowie umgekehrt Gesamtheiten auf Individuen zu reduzieren. Vielmehr postulieren die Anhänger des institutionellen Individualismus, dass sich Einzelteile und Gesamtheit, Individuen und Institution gegenseitig begründen und bedingen.[24] Ganz deutlich kommt dieses Verständnis bei Hayek zum Ausdruck; er lehnt den methodologischen Individualismus gerade wegen seiner artifiziellen, gesellschaftsabstrahierenden Sichtweise ab:

„Der Individualismus ist in erster Linie eine Theorie der Gesellschaft, das Bemühen, die Kräfte zu verstehen, die das soziale Leben der Menschen bestimmen (...). Das sollte alleine schon genügen, um den albernsten der verbreiteten Irrtümer zu widerlegen: den Glauben, dass der Individualismus die Voraussetzung macht (oder seine Argumente auf Annahmen stützt), dass isolierte oder für sich abgeschlossene Individuen existieren, anstatt von Menschen auszugehen, deren ganze Natur und ganzes Wesen durch ihr Leben in der Gesellschaft bestimmt ist.“[25]

Gemäss Heidrich geht Hayek davon aus, dass es keinen anderen Weg zum Verständnis sozialer Phänomene gibt als über das Verständnis des individuellen Handelns, das sich aber nach den Mitmenschen richtet und von deren zu erwartendem Verhalten bestimmt wird.[26]

---

[22] Siehe hierzu oben: *§ 4.B.III.1.i) Hayeks Ordnungs- und Regelverständnis.*

[23] Heidrich, S. 164 und S. 176.

[24] Oder einfacher formuliert: Die Gesellschaft kann nicht ohne die Individuen und die Individuen nicht ohne die Gesellschaft existieren. Siehe hierzu: Heidrich, S. 164.

[25] Hayek, wahrer und falscher Individualismus, S. 15.

[26] Siehe hierzu: Heidrich, S. 204.

Während bei Hayek der institutionelle Individualismus klar hervortritt, ist die Frage nach der methodologischen Grundlage im Rahmen der Freiburger Schule nicht eindeutig geklärt. Dies ist nicht zuletzt dem Umstand geschuldet, dass ihr Begründer Eucken nicht an einer Mikrofundierung seiner Ordnungstheorie interessiert war.[27] Nichtdestotrotz: Auch wenn Eucken sich nie direkt zur methodologischen Grundlage geäussert hat, wird bei der Analyse seiner Schriften deutlich, dass auch er sich implizit zum konstitutionellen Individualismus bekennt. So teilt Eucken die Vorstellung der Österreicher Schule, dass die Individuen in einer wechselseitigen Beziehung mit der Gesellschaft bzw. dem institutionellen Ordnungsrahmen stehen. Konkret stellt er fest, dass sich die individuellen Freiheiten und die Wirtschaftsordnung nicht gegenseitig ausschliessen, sondern sich gegenseitig bedingen. Für ihn bedeutet ordnen, in Freiheit ordnen; „[w]enn man einen Prozess ordnet, so bedeutet das, dass man die Faktoren, die ihn bestimmen, so gestaltet, dass er sich von selbst in der gewünschten Richtung vollzieht."[28]

Während die methodologische Grundlage der systemischen Wettbewerbskonzeptionen zumindest implizit erkennbar ist, ist die Beschreibung des Verhaltensmodells mit Schwierigkeiten verbunden. Sowohl in Euckens als auch Hayeks Schriften sind konkrete Äusserungen zum Verhalten der Marktakteure nur spärlich gesät – und die wenigen bestehenden Anhaltspunkte sind überwiegend von abstrakter Natur.

So geht Hayek, wie an anderer Stelle bereits dargelegt,[29] von Individuen aus, die der konstitutionellen Ungewissheit unterliegen: Sie haben insbesondere keine Kenntnisse hinsichtlich der Pläne, Zwecke und Handlungen anderer Individuen, der Gesamtheit der Auswirkungen eigener Handlungen auf Dritte, der Gesamtordnung oder der Aussenwelt. Dementsprechend besteht nur ein individuelles, aufgesplittertes Wissen für die Erklärungen der Abläufe in einer Gesellschaft. Damit ein reibungsloses und gedeihliches Zusammenleben der Individuen dennoch möglich ist, muss diese konstitutionelle Ungewissheit gesamtgesellschaftlich reduziert werden. Dies setzt insbesondere eine funktionierende Gesellschaftsordnung voraus, die das verstreute Individualwissen sammeln und verwerten kann.[30]

Obwohl sich Eucken nicht mit der Mikrofundierung seiner Ordnungstheorie auseinandergesetzt hat, macht er in seinen Schriften dennoch deutlich, dass er

---

[27] Schmid, S. 225: So kommt auch Tietzel zum Schluss, dass bei Eucken die makroökonomische Frage im Vordergrund steht, „zu welchen gesamtwirtschaftlichen Ergebnissen alternative makroökonomische Ordnung über ihre Anreizwirkung auf das nicht weiter systematisch untersuchte Verhalten der Wirtschaftssubjekte führt"., Tietzel, S. 11.

[28] Eucken, Wirtschaftspolitik, S. 179.

[29] Siehe hierzu oben: § 4.B.III.1.i) Hayeks Ordnungs- und Regelverständnis.

[30] Siehe dazu erneut: Heidrich, S. 204 ff.

das „homo oeconomicus"-Modell als zu artifiziell und unrealistisch ablehnt. Von ihm als sog. „homunculus"[31] verschmäht, hielt Eucken insbesondere die Annahme, dass sich jeder Akteur ausschliesslich eigennützig verhalte, für unplausibel.[32] Vielmehr teilt er das Verhaltensmodell der Österreicher Schule: Marktakteure können sowohl kurzsichtig handeln als auch schlecht informiert sein.[33]

Schliesslich orientieren sich, soweit ersichtlich, auch die Neue Ordnungsökonomik und der evolutorische Wettbewerbsansatz am institutionellen Individualismus und dem damit verbundenen Verhaltensmodell. So geht es den wettbewerbspolitischen Weiterentwicklungen im Rahmen des systemischen Wettbewerbsverständnisses in erster Linie darum, die von Hayek formulierten Verhaltensannahmen mittels moderner ökonomischer Forschungsansätze zu untermauern. So versucht beispielsweise Heidrich, die von Hayek vertretene Vorstellung der konstitutionellen Ungewissheit der Marktakteure mit neuro- und verhaltensökonomischen Argumenten zu stützen.[34]

Wenn man in Anlehnung an die Grundannahmen des „homo oeconomicus"-Modells auch das ökonomische Verhaltensmodell des systemischen Wettbewerbsverständnisses mit drei vergleichbaren Attributen beschreiben will, so ist der individuelle Marktakteur *(1)* fehlbar, *(2)* iterativ vorgehend und *(3)* gesellschaftlich eingebettet.

Es ist zu bilanzieren: Der institutionelle Individualismus und das damit verbundene Verhaltensmodell bilden die Grundlage aller systemischen Wettbewerbskonzeptionen.

3. Effektbasiertes vs. systemisches Verhaltensmodell

Die vorhergehenden Ausführungen machen deutlich, dass die zwei methodologischen Grundlagen und die damit verbundenen Verhaltensmodelle nicht kompatibel sind und in Konflikt zueinander stehen.

So kritisieren die Anhänger des institutionellen Individualismus die verengte und artifizielle Sichtweise des methodologischen Individualismus als auch des „homo oeconomicus"-Modells. In diesem Sinne sind beispielsweise Diekmann und Voss zu verstehen: Sie kritisieren das „homo oeconomicus"-Modell dafür, dass es „nicht-materielle Interessen, altruistische Handlungen" und den „Einfluss sozialer Strukturen (Institutionen, sozialer Kontext, Netzwerke, Sozialkapital)" vernachlässigt.[35]

---

[31] Eucken, die nationalökonomische Theorie, S. 23.
[32] Schmid, S. 226 ff.
[33] Siehe dazu: Schmid, S. 226 (Fn. 15).
[34] Siehe hierzu oben: *§ 5.C.II.2. Der evolutorische Wettbewerbsansatz.*
[35] Diekmann/Voss, S. 13.

Die Kritik ist zwar zutreffend, jedoch wenden die Anhänger des methodologischen Individualismus diesbezüglich ein, dass die vorgeschlagene Alternative ebenfalls mit Problemen behaftet ist. So macht die Einbindung institutioneller Aspekte das Verhaltensmodell zwar realistischer, aber auch komplexer und weniger fassbar. Es bleibt weitgehend unklar, was es im Endeffekt konkret bedeutet, dass das Individuum, wie Hayek es formuliert, als „ganzes Wesen (...) in der Gesellschaft"[36] aufgefasst werden soll. Ferner fehlt es an der analytischen Durchdringung von Grundbegriffen wie „Institutionen" oder „sozialer Kontext"; in der Regel wird die Frage nur unzureichend beantwortet, was unter solchen Phänomenen genau zu verstehen ist und wann diese wie wirken. So berechtigt die Kritik am methodologischen Individualismus und am „homo oeconomicus" damit auch sein mag, im ökonomischen Kontext scheinen die vorgeschlagenen Alternativen kaum operational zu sein.

Vor diesem Hintergrund ist es damit vielversprechender, einen alternativen dritten Weg zu beschreiten, der die Stärken der jeweiligen methodologischen Grundlagen aufgreift, ohne jedoch ihre Schwächen zu übernehmen. Bei diesem dritten Weg wird zunächst vom methodologischen Individualismus ausgegangen: Marktakteure sind damit grundsätzlich rational, willensstark und eigennützig. Jedoch werden diese drei Verhaltensannahmen durch empirische Erkenntnisse der Wahrnehmungs-, Entscheidungs- und Gedächtnispsychologie erweitert bzw. korrigiert. Im Gegensatz zum relativ vagen ökonomischen Verhaltensmodell der Österreicher Schule liefern die psychologischen Erkenntnisse empirisch überprüfbare Fakten hinsichtlich des realen Verhaltens der Marktakteure. Ferner zwingt die Empirie zu einer analytischeren Herangehensweise an soziale Phänomene wie „nicht-materielle Interessen" oder „sozialer Kontext". Mit diesem Vorgehen wird beiden methodologischen Ansätzen bzw. Verhaltensmodellen Rechnung getragen.

Vordenker dieses dritten Weges ist der Ökonom und Psychologe Herbert A. Simon. Der von ihm ausgearbeitete Verhaltensansatz wurde ein einem vorhergehenden Abschnitt bereits gestreift: das Konzept der beschränkten Rationalität.[37] Das Konzept hat zwei gewichtige Funktionen: Einerseits öffnet es die Ökonomik für empirische Erkenntnisse der Wahrnehmungs-, Entscheidungs- und Gedächtnispsychologie und vermittelt andererseits zwischen einem unrealistischen effektbasierten Verhaltensmodell und einem nicht operationalen systemischen Verhaltensmodell.

---

[36] Hayek, wahrer und falscher Individualismus, S. 15.
[37] Siehe hierzu oben: *§ 6.A. I.1. Effektbasiertes Wettbewerbsverständnis.*

4. Konzept der beschränkten Rationalität als Bindeglied

i) Vollständige vs. beschränkte Rationalität

Bereits Ende der 1950er Jahre stellt Simon die neoklassische Verhaltensannahme der vollständigen Rationalität aufgrund empirisch-psychologischer Erkenntnisse in Frage. So kritisiert er beispielsweise in einem 1959 veröffentlichten Aufsatz die neoklassische Doktrin als „deductive theory that requires almost no contact with empirical data once its assumptions are accepted" und führt weiter aus, dass die Neoklassik „fails to include some of the central problems of conflict and dynamics with which economics has become more and more concerned".[38] Rund 20 Jahre später bewertet er die ökonomischen Verhaltensannahmen noch kritischer:

> „There can no longer be any doubt that the micro assumptions of the theory – the assumptions of perfect rationality – are contrary to fact. It is not a question of approximation; they do not even remotely describe the process that human beings use for making decisions in complex situations. (…) If the classical and neoclassical theories were, as is sometimes argued, simply powerful tools for deriving aggregative consequences that held alike for both perfect and bounded rationality, we would have every reason to retain them for this purpose. But we have seen, on the contrary, that neoclassical theory does not always lead to the same conclusions at the level of aggregate phenomena and policy as are implied by the postulate of bounded rationality, in any of its variations."[39]

Der „kontrafaktischen" Annahme der vollständigen Rationalität stellt Simon das von ihm mitentwickelte Verhaltensmodell der beschränkten Rationalität („bounded rationality") entgegen. Im Rahmen dieses Verhaltensmodells verhält sich das Individuum nicht als „Maximizer" im neoklassischen Sinne, sondern als sog. „Satisficier"[40]. Der Hauptunterschied lässt sich wie folgt erklären: Während beim neoklassischen Maximizer die Informationssuchkosten keine Rolle spielen und dieser folglich seine Suche nach Alternativen solange fortsetzt, bis die bestmögliche Lösung gefunden wurde, sucht der Satisficier unter den ihm zugänglichen Alternativen nur so lange, bis er auf eine hinreichend akzeptable stösst. Findet der Satisficier nach längerem Suchen keine solche Alternative, senkt er sein Anspruchsniveau und sucht nach einer akzeptablen Alternative im Hinblick auf dieses tiefere Niveau.[41] Oder wie Simon selbst diesen Suchvorgang umschreibt:

> „Models of satisficing behavior are richer than models of maximizing behavior, because they treat not only of equilibrium but of the method of reaching it as well. Psychological studies of the formation and change of aspiration levels support propositions of the fol-

---

[38] Simon, Theories of Decision-Making, S. 254 f.

[39] Simon, Rational Decision Making, S. 510.

[40] „Satisficier" ist eine Wortschöpfung von Simons und setzt sich aus den beiden englischen Begriffen „satisfying" und „suffice" zusammen.

[41] Kirchgässner, Homo Oeconomicus, S. 32.

lowing kinds. (a) When performance falls short of the level of aspiration, search behavior (particularly search for new alternatives of action) is induced. (b) At the same time, the level of aspiration begins to adjust itself downward until goals reach levels that are practically attainable."[42]

In diesem Zusammenhang ist auch die zugespitzte Aussage von Mathis zu verstehen, dass wenn man mit Rationalität vollständiges informiert sein verbinden würde, es nicht rational wäre, rational zu sein.[43]

Gemäss Kirchgässner ist Simons Konzept der beschränkten Rationalität vor allem dann bedeutsam, wenn in einer Entscheidungssituation weitgehende Unkenntnis über die Handlungsmöglichkeiten und vor allem über deren Konsequenzen bestehen.[44] In solchen Situationen geht es insbesondere darum, vereinfachte, aber bewährte Suchverfahren zu entwickeln und anzuwenden. Zu denken ist dabei an Faustregeln oder mentale Abkürzungen.[45]

ii) Beschränkte Rationalität und systemisches Verhaltensmodell

Simons Konzept der beschränkten Rationalität lässt sich, wie dargelegt, nicht nur in das „homo oeconomicus"-Modell integrieren, sondern scheint aufgrund seines verstärkten Realitätsfokus auch weitgehend mit dem systemischen Verhaltensmodell zu korrespondieren. Holl weist in diesem Zusammenhang aber darauf hin, dass der Kompatibilitätsgrad entscheidend davon abhängt, wie Simons Ansatz interpretiert wird.[46]

Wird das Konzept der beschränkten Rationalität so verstanden, dass das neoklassische Maximierungskalkül lediglich um die Kosten der Informationsbeschaffung erweitert wird, ist Simons Theorie mit der evolutorischen Sichtweise des systemischen Wettbewerbsverständnisses nur bedingt kompatibel.[47] Für Holl stellt diese Sichtweise jedoch eine unzulässige Verkürzung von Simons Ansatz dar. Seiner Ansicht nach ist das Konzept der beschränkten Rationalität vielmehr als eine „Theorie des Lernens"[48] zu verstehen.[49] Ausgangspunkt bildet

---

[42] Simon, Theories of Decision-Making, S. 263; Simon weist jedoch weiter daraufhin, dass „(c) If the two mechanisms just listed operate too slowly to adapt aspirations to performance, emotional behavior – apathy or aggression, for example – will replace rational adaptive behavior.", Simon, Theories of Decision-Making, S. 263.

[43] Mathis, Effizienz, S. 26.

[44] Kirchgässner, Homo Oeconomicus, S. 33.

[45] Mit Simons Konzept der beschränkten Rationalität wandelte sich die Rationalitätsfrage endgültig von einer deskriptiven zu einer normativen Frage: Da Simon empirisch widerlegt hat, dass sich Marktakteure stets rational verhalten, stellt sich nur noch die Frage, ob es dennoch sinnvoll ist, wenn die Ökonomik an der Rationalitätsannahme festhält, da mit ihr im Endeffekt bessere Resultate erzielt werden.

[46] Holl, S. 76; Haucap, S. 217.

[47] Holl, S. 76; für dieses Verständnis siehe: Mathis, Effizienz, S. 25 f.

[48] Holl, S. 74.

[49] Vanberg, Rationale Wahlhandlung, S. 391 ff.

die Annahme, dass die kognitiven Fähigkeiten der Individuen beschränkt sind, wodurch diese nur gefilterte und vereinfachende Abbildungen der Realität konstruieren können. Die Marktakteure handeln damit auf der Grundlage objektiv unvollständiger oder unrichtiger Informationen und verfügen nur über subjektives sowie fehlbares Wissen.[50] Basierend auf dieser Annahme ist der Marktakteur vielmehr mit Hilfe „von Experimentieren und Lernen auf der Basis seiner Erfahrungen und Fehler"[51] als mit Hilfe eines Optimierungskalküls in der Lage, in einer Entscheidungssituation einen bestimmten Problemlösungspfad auszuwählen. Das Wahlverhalten der Marktakteure basiert damit letztlich auf einem Repertoire von Verhaltensmustern und Routinen, das die Erfahrungen des Akteurs reflektiert und durch Versuch und Irrtum kontinuierlich angepasst wird.[52] Wird das Konzept der beschränkten Rationalität in diesem Sinne aufgefasst, ist es mit dem systemischen Verhaltensmodell weitgehend kompatibel – jedoch nicht kongruent.[53]

Mit seiner Arbeit zur beschränkten Rationalität entwickelte Simon nicht nur ein Bindeglied zwischen dem effektbasierten und dem systemischen Verhaltensmodell, sondern er ebnete auch den Weg für eine neue empirisch-psychologisch orientierte Forschungsströmung innerhalb der Ökonomik: die Verhaltensökonomik.

II. Grundlagen der Verhaltensökonomik

1. Entwicklung

Zu Beginn der 1970er Jahre griffen die beiden Psychologen Amos Tversky und Daniel Kahneman Simons Konzept der beschränkten Rationalität auf und bauten es im Rahmen zweier wegweisender Aufsätze weiter aus.

Erstmals erfuhr das Konzept der beschränkten Rationalität mit dem 1974 publizierten Aufsatz *„Judgment under Uncertainty: Heuristics and Biases"*[54] eine substanzielle Erweiterung. Die Veröffentlichung des Aufsatzes markiert den Startpunkt der modernen verhaltensökonomischen Forschung – was die

---

[50] Holl, S. 74; Heidrich, S. 176; oder wie es Vanberg formuliert: „Eine grundsätzliche Quelle der Diskrepanz zwischen objektiver und subjektiver Umwelt ist nach Simons Überlegung die (…) Komplexitätsreduktion, die dem Entscheidungsträger hilft, sein ‚Modell der Welt' an seine ‚Verarbeitungskapazität' anzunähern.", Vanberg, Rationale Wahlhandlung, S. 393.

[51] Simon zitiert nach: Vanberg, Rationale Wahlhandlung, S. 393.

[52] Holl, S. 76; gemäss Heidrich werden sich damit jene Such- und Entscheidungsverfahren durchsetzen, „die trotz aller Beschränkungen eine solche Art und Weise der Informationsverarbeitung ermöglichen, die ein Überleben in der jeweiligen Umwelt möglichst gut sichert", Heidrich, S. 323 f.; Vanberg, Rationale Wahlhandlung, S. 394 f.

[53] Siehe hierzu unten: *§ 6.B.III.3. Unzureichende Vermittlerfunktion.*

[54] *Amos Tversky/Daniel Kahneman, Judgment under Uncertainty: Heuristics and Biases.*

beiden Psychologen zu den eigentlichen Begründern der Verhaltensökonomik macht.[55] Darauffolgend, 1979, publizierten Kahneman und Tversky den Aufsatz „Prospect Theory: An Analysis of Decision Under Risk"[56], in dem sie ihre sog. neue Erwartungstheorie („prospect theory") als Gegenmodell zur traditionellen neoklassischen Erwartungsnutzentheorie einführten. Die neue Erwartungstheorie zeichnet im Kern ein empirisch-fundiertes, alternatives Risikoverhalten der Marktakteuren auf, das sich wie folgt zusammenfassen lässt: Wenn hohe Wahrscheinlichkeiten bestehen, verhalten sich Marktakteure bei möglichen Gewinnen risikoavers und risikoaffin bei möglichen Verlusten. Wenn aber tiefe Wahrscheinlichkeiten bestehen, verhalten sich die Marktakteure risikoaffin bei möglichen Gewinnen und risikoavers bei möglichen Verlusten – es sei denn, es geht um sehr grosse absolute Gewinne oder Verlustwerte.[57]

Gemeinsam legten die beiden Aufsätze das Fundament der Verhaltensökonomik und werden auch heute noch – über 40 Jahre nach deren Veröffentlichung – rege zitiert. Jedoch dauerte es, bis diese Erkenntnisse auch von der traditionellen ökonomischen Forschung rezipiert wurden: In den 1980er Jahren wurde die Verhaltensökonomik noch als eine Randdisziplin innerhalb der Ökonomik wahrgenommen. Dies änderte sich erst ab Ende der 1990er Jahre: Seit da an hat die Verhaltensökonomik eine bemerkenswerte Entwicklung genommen und sich nachhaltig als Forschungsdisziplin in der modernen Ökonomik etabliert.[58] Heute kann die Verhaltensökonomik zum ökonomischen „Mainstream" gezählt werden. Dies lässt sich einerseits mit der rasant ansteigenden Zahl verhaltensökonomischer Publikationen begründen,[59] andererseits damit, dass die verhaltensökonomischen Erkenntnisse bereits Niederschlag in der praktischen Wirtschaftspolitik gefunden haben. Prominent zu erwähnen ist das sog. „Behavioural Insights Team" in Grossbritannien. Diese Behörde versucht seit 2010 mittels psychologischer und verhaltensökonomischer Erkenntnisse, staatliche Entscheidungen und Dienstleistungen zu verbessern.[60] Ähnliche Bestrebungen zur Integration verhaltensökonomischer Erkenntnisse finden sich aber auch in

---

[55] Wobei verschiedene Autoren darauf hinweisen, dass die Wurzeln der Verhaltensökonomik deutlich tiefer reichen: Teilweise wird der Startpunkt der (alten) Verhaltensökonomik bei Fermat und Pascal (1654), bei Adam Smith (1759) oder eben bei Herbert A. Simon (1955) gesetzt. Siehe dazu: Hacker, Verhaltensökonomik, S. 46 ff.; Cartwright, S. 4 ff.; Sent, S. 740 ff.

[56] Daniel Kahneman/Amos Tversky, Prospect Theory: An Analysis of Decision Under Risk.

[57] Hacker, Verhaltensökonomik, S. 71; nach verschiedentlicher Kritik entwickelten Tversky und Kahneman ihre Theorie zur sog. „cumulative prospect theory" weiter. Siehe dazu: Hacker, Verhaltensökonomik, S. 68 f.

[58] So konstatieren auch Wright/Stone: „the scholarly output has been impressive in its sheer magnitude, with ‚behavioral economics' mentioned in just under 1,000 articles from 2005–9 as compared to 489 from 2000–04 and only 103 from 1995–99.", Wright/Stone, S. 1520; Sent, S. 735 ff.; Zamir/Teichman, S. 1 f.

[59] Siehe dazu etwa: Zamir/Teichman, S. 141 ff.; Schubert, S. 84.

[60] Stucke, Competition Agencies, S. 696 f.

den USA oder Singapur sowie bei internationalen Organisationen wie der Weltbank oder der EU-Kommission.[61] Ferner macht auch die Vergabe des Wirtschaftsnobelpreises an zwei Verhaltensökonomen – Daniel Kahneman 2002 und Richard H. Thaler 2017 – deutlich, dass sich die Verhaltensökonomik mittlerweile auf höchstem internationalen Forschungsniveau etabliert hat.[62]

Schliesslich ist zu bemerken, dass innerhalb der Verhaltensökonomik bereits ein erster Generationenwechsel stattgefunden hat. Da von den drei Pionieren (Simon, Kahneman, Tversky) nur noch Kahneman lebt und er seine Forschungstätigkeit weitgehend eingestellt hat, ist es heute eine zweite Generation von Verhaltensökonomen, welche die Forschung weiter vorantreibt. Zu den wichtigsten Persönlichkeiten gehören Richard H. Thaler, Ernst Fehr, George Loewenstein, Matthew Rabin, Dan Ariely und David Laibson.[63]

2. Kernelemente

i) Grundbegriffe

Vereinfacht gesagt, ist die Verhaltensökonomik eine interdisziplinär ausgerichtete Subdisziplin der Ökonomik, die versucht, das tatsächliche menschliche Verhalten im ökonomischen Kontext mittels empirischer Erkenntnisse der Wahrnehmungs-, Entscheidungs- und Gedächtnispsychologie adäquater zu beschreiben. Die zentrale Erkenntnis der Verhaltensökonomik lässt sich dabei wie folgt zusammenfassen: Marktakteure weichen in bestimmten Situationen mittels sog. verzerrender „heuristics" bzw. „biases" systematisch vom erwarteten rationalen Verhalten ab.[64]

Als Heuristiken werden ganz allgemein mentale Strategien, Faustregeln oder Abkürzungen bezeichnet, die den Marktakteuren helfen, in komplexen Situationen mit begrenztem Wissen und begrenzter Zeit Entscheidungen zu treffen und Urteile zu fällen. Diese laufen in der Regel unbewusst und automatisch ab. Obwohl in vielen Situationen effizient und treffsicher,[65] können heuristi-

---

[61] Zamir/Teichman, S. 178 f.

[62] Während Thaler und Kahneman explizit für ihre Forschung im Bereich der Verhaltensökonomik geehrt wurden, beschäftigten sich aber auch andere Nobelpreisgewinner zumindest indirekt mit verhaltensökonomischer Forschung. So insbesondere Herbert A. Simon, der den Wirtschaftsnobelpreis 1978 gewann, und ferner auch Reinhard Selten (1994), George Akerlof (2001) und Vernon Smith (2002).

[63] Siehe dazu: Sent, S. 735 ff.

[64] Heinemann, More Realistic Approach, S. 213; Cartwright, S. 3 f.; Zamir/Teichman, S. 1.

[65] Diese positive Konnotation von Heuristiken firmiert teilweise unter dem Begriff „fast-and-frugal decision making". Hacker macht in diesem Zusammenhang zwei Strömungen innerhalb der Verhaltensökonomik aus: „Die beiden Strömungen innerhalb der Verhaltensökonomik, die mit Daniel Kahneman und Reinhard Selten jeweils einen Nobelpreisträger für sich reklamieren können, unterscheiden sich vor allem in ihrer Bewertung der beschränkten Ra-

sche Urteile kognitiven Verzerrungen unterliegen. Diese verzerrenden Heuristiken haben zur Folge, dass vom Resultat abgewichen wird, dass einen nicht verzerrten Entscheidungsprozess hervorgebracht hätte.[66] Die durchschnittliche Abweichung vom erwarteten rationalen Resultat wird schliesslich als „bias" bezeichnet.[67] Oder einfacher formuliert: Während sich eine verzerrende Heuristik auf das nicht rationale Entscheidungsverfahren bezieht, beschreibt ein „bias" das abweichende Resultat aufgrund dieses verzerrten Verfahrens.

ii) Zwei Denkmodi

Die Anfälligkeit der Individuen für kognitive Verzerrungen geht gemäss den sog. „dual-process theories"[68] auf zwei unterschiedliche, fiktive Denkmodi zurück, wie Akteure Informationen wahrnehmen, verarbeiten und Entscheidungen treffen: dem sog. System 1 und System 2.[69] Die beiden Systeme wurden durch Kahneman popularisiert und lassen sich wie folgt umschreiben:

– *System 1* (teilweise auch „Typ-1-Prozesse" genannt): Dieses System arbeitet automatisch, schnell, weitgehend mühelos und ohne willentliche Steuerung. Dieser Denkmodus erzeugt unter anderem *(1)* Eindrücke, Gefühle und Neigungen, *(2)* vernachlässigt Ambiguität und unterdrückt Zweifel, *(3)* hat die Tendenz, Informationen zu glauben und zu bestätigen, *(4)* konzentriert sich ausschliesslich auf die verfügbaren Informationen und *(5)* erzeugt ein kohärentes Muster aktivierter Vorstellungen im assoziativen Gedächtnis.[70]
– *System 2* („Typ-2-Prozesse"): Dieses System lenkt dahingegen die Aufmerksamkeit auf die anstrengenden mentalen Aktivitäten und kann insgesamt als bewusst, deliberativ und analytisch charakterisiert werden. Im Vergleich zum System 1 sind die Operationen von System 2 langsam und mit mentaler Anstrengung verbunden und gehen grundsätzlich mit dem subjektiven Erleben von Handlungsmacht, Entscheidungsfreiheit und Konzentration einher.[71]

Dieser Beschreibung folgend kann nur System-2-Regeln achten, Objekte in Bezug auf mehrere Merkmale vergleichen oder eine reflektierte Wahl zwischen

---

tionalität: Während die Schule um Kahneman und Tversky diese tendenziell als Fehler oder Schwäche artikuliert, betont die Gegenseite gerade den Wert beschränkter Rationalität bei der Erreichung bestimmter Ziele und der Anpassung an verschiedene Umwelten.", Hacker, Verhaltensökonomik, S. 60.

[66] Zamir/Teichman, S. 23 ff.
[67] Zamir/Teichman, S. 23 ff.
[68] Zamir/Teichman, S. 21.
[69] Es ist aber zu betonen: „System 1 and 2 are not systems in the standard sense of entities with interacting aspects or parts. And there is no one part of the brain that either of the systems would call home.", Kahneman, S. 29.
[70] Zamir/Teichman, S. 21; Kahneman, S. 21 und S. 105.
[71] Zamir/Teichman, S. 21; Kahneman, S. 22.

Optionen treffen. System 1 besitzt diese Fähigkeiten nicht; insbesondere ist es nicht fähig, mehrere Aufgaben gleichzeitig zu bewältigen oder statistische Informationen adäquat zu verarbeiten. System 1 kann lediglich Beziehungen erkennen und Informationen über einen Gegenstand zusammenführen.[72]

Beide Denkmodi sind stets aktiv, wobei System 1 automatisch läuft und System 2 sich normalerweise in einem Modus geringer Anstrengung befindet, in dem nur ein Teil seiner Kapazität in Anspruch genommen wird. System 1 generiert dabei in Form von Eindrücken, Intuitionen, Absichten und Gefühlen fortwährend Vorschläge für System 2. Wenn System 2 diese unterstützt, werden sie zu Überzeugungen und Impulse werden zu willentlich gesteuerten Handlungen. In den meisten Fällen macht sich System 2 die Vorschläge von System 1 ohne grössere Modifikationen zu eigen.[73] System 2 erhöht seine Leistung erst dann, wenn System 1 mit der konfrontierten Aufgabe überfordert ist und sich folglich komplexe, ungewohnte Fragen stellen.[74]

iii) Verzerrende Heuristiken

Um die vielen Stimuli schnell und effizient zu bewältigen und um eine mentale Überbelastung von System 2 zu vermeiden, bedient sich das Individuum vielfach mentaler Faustregeln, die dem System-1-Denkmodus entspringen; den beschriebenen Heuristiken.[75] Diese können jedoch, wie gesagt, kognitiven Verzerrungen unterliegen. Das nachfolgende Beispiel von Tversky und Kahneman soll das Zusammenspiel von System 1, System 2 und verzerrenden Heuristiken illustrieren.

Ausgangspunkt bildet ein manipuliertes Glücksrad, das von 0 bis 100 markiert wurde, jedoch nur auf der Zahl 10 oder 65 stehen bleibt. In einem ersten Schritt drehte der Versuchsleiter das Glücksrad und forderte die studentischen Versuchsteilnehmer auf, die Zahl aufzuschreiben, bei der das Rad stehen blieb – was 10 oder 65 war. In einem zweiten Schritt wurden den Teilnehmern folgende Fragen gestellt: (1) Ist der Prozentsatz afrikanischer Staaten unter den Mitgliedstaaten der UN grösser oder kleiner als die Zahl, die Sie gerade aufgeschrieben haben? (2) Wie hoch ist ihrer Einschätzung nach der Prozentsatz afrikanischer Staaten in der UN? Obwohl die Zahl des Glücksrads keine nützliche Information liefert und von den Teilnehmern ignoriert werden sollte, fand sie Eingang in die Entscheidungsfindung: Bei der zweiten Frage beliefen sich die mittleren Schätzwerte für die Versuchsgruppe mit der Zahl 10 auf 25 Prozent; bei der Gruppe mit der Zahl 65 auf 45 Prozent. Der von den Versuchsteilnehmern be-

---

[72] Kahneman, S. 36.
[73] Kahneman, S. 24 f.
[74] Kahneman, S. 24 f.
[75] Zamir/Teichman, S. 22.

wusst geschätzte Zahlenwert wurde damit in die Richtung der aktuell vorhandenen Umgebungsinformation systematisch verzerrt.[76]

Das Ergebnis lässt sich wie folgt erklären: System 2 arbeitet mit Daten, die im Rahmen einer automatischen Operation von System 1 aus dem Gedächtnis abgerufen werden. Daher ist System 2 anfällig für den verzerrenden Einfluss von sog. „Ankern", die bestimmte Informationen leichter abrufbar machen – was im obigen Experiment die Zahl 10 bzw. 65 ist.[77] Besonders brisant ist in diesem Zusammenhang, dass es sich um eine offensichtlich wertlose Information handelt, die aber dennoch Eingang in den Entscheidungsprozess fand.

Dieser sog. „Ankereffekt" ist eine äusserst robuste und relativ gut messbare kognitive Verzerrung der Verhaltensforschung.[78] Der Ankereffekt zeigt deutlich auf, dass Individuen nicht immer rational entscheiden, sondern sich von irrelevanten Stimuli systematisch beeinflussen lassen.

3. Arten der kognitiven Verzerrungen

Neben dem Ankereffekt hat die verhaltensökonomische Forschung heute eine Vielzahl anderer kognitiver Verzerrungen entdeckt und beschrieben, die aufzeigen, inwiefern Individuen systematisch vom erwarteten rationalen Verhalten abweichen. Zu den prominentesten können dabei folgende gezählt werden:

– *Verlustaversion*
  Die Verlustaversion beschreibt den psychologischen Effekt, dass wenn Menschen Verluste und Gewinne direkt miteinander vergleichen oder gegeneinander abwägen, die Verluste stärker gewichtet werden als die Gewinne. Die Verlustaversionsrate liegt dabei in der Regel zwischen 1,5 und 2,5. Dies hat unter anderem folgende Konsequenz: Individuen sind stärker motiviert, Verluste zu vermeiden, als Gewinne zu erzielen, wodurch sie einerseits zu risikofreudig agieren, wenn all ihre Optionen negativ sind, andererseits zu risikoavers handeln, wenn all ihre Optionen positiv sind.[79]

  Ein Marktakteur wird dementsprechend einen sicheren Gewinn von 900 Dollars einer 90-prozentigen Chance, 1000 Dollars zu gewinnen, vorziehen. Andererseits wird er aber eine 90-prozentige Chance, 1000 Dollars zu verlieren, einem sicheren Verlust von 900 Dollars vorziehen.[80]

– *„Framing"-Effekt*
  Dieser Effekt beschreibt den Einfluss von Formulierungen und Darstellungen auf die Wahrnehmung eines Individuums. Dementsprechend kann eine

---

[76] Siehe zum Ganzen: Tversky/Kahneman, S. 1128; Kahneman, S. 119 f.
[77] Kahneman, S. 127.
[78] Siehe zum Ankereffekt eingehend: Kahneman, S. 119 ff.
[79] Kahneman, S. 279 f.; Zamir/Teichman, S. 44 f.
[80] Kahneman, S. 279 f.

veränderte Problemdarbietung, so Kuhn, „systematically affect judgments and decisions, even though the underlying structure remains invariant".[81]

Der „Framing"-Effekt kann insbesondere im Zusammenspiel mit der Verlustaversion eine wirkmächtige kognitive Verzerrung sein – wie eine empirische Studie von McNeil et al. von 1982 eindrücklich belegt. Im Rahmen der Studie wurden die teilnehmenden Ärzte gebeten, basierend auf den präsentierten statistischen Daten zwischen zwei Behandlungsmethoden für Lungenkrebs zu wählen: Operation oder Bestrahlung. Bei der einen Hälfte der Ärzte wurden die kurzfristigen statistischen Ergebnisse einer Operation jedoch positiv formuliert („Ein-Monats-Überlebensrate von 90 Prozent") und bei der anderen Hälfte negativ („Im ersten Monat beträgt die Sterblichkeitsrate 10 Prozent"). Die unterschiedliche Formulierung der exakt gleichen Information hatte einen signifikanten Einfluss auf die Entscheidungen: Bei der positiven Formulierung war die Operation deutlich beliebter (84 Prozent der Ärzte entschieden sich dafür) als bei der negativen Formulierung (nur 50 Prozent der Ärzte entschieden sich für eine Operation). Die abweichenden Ergebnisse lassen sich wie folgt erklären: Die Konfrontation mit der Sterberate ruft bei den Ärzten eine Verlustaversion hervor, die unbemerkt in die Entscheidungsfindung miteinfliesst.[82]

– *„Endowment"-Effekt*

Dieser auf Richard H. Thaler zurückgehende sog. „Besitztumseffekt" beschreibt das Phänomen, dass Individuen einen Gegenstand automatisch höher bewerten, sobald sie ihn besitzen.[83] Diese erhöhte Wertzuschreibung ist insbesondere bei Gütern zu beobachten, die üblicherweise nicht gehandelt werden – wie beispielsweise Konzertkarten, Wein oder Immobilien. Als Folge werden solche Güter teilweise weit über dem erwarteten Marktpreis angeboten. Wie der „Framing"-Effekt hängt auch der „Endowment"-Effekt letztlich mit der Verlustaversion zusammen: Bei einem Verkauf wird der Verlust des aktuellen Besitzes gegenüber dem möglichen Gewinn übergewichtet.[84]

– *Egozentrische Verzerrung*

Im Rahmen dieser kognitiven Verzerrungen werden zwei miteinander zusammenhängende Effekte diskutiert: der unrealistische Optimismus („overoptimism") und die Selbstüberschätzung („overconfidence").[85]

Mit dem unrealistischen Optimismus wird der empirische Befund beschrieben, dass Individuen die Wahrscheinlichkeit positiver Ereignisse über-

---

[81] Kuhn, S. 58.
[82] Zum Ganzen: McNeil/Pauker/Sox/Tversky, S. 1259 ff.; Kahneman, S. 367.
[83] Zamir/Teichman, S. 50.
[84] Kahneman, S. 292 f.
[85] Mathis, Effiziente Haftung, S. 31.

und negativer Ereignisse unterschätzen. Konkret denken sie sich Erfolgsszenarien aus und übersehen dabei mögliche Fehler- oder Problemquellen – was letztlich dazu führt, dass die Individuen äusserst risikoreiche oder aussichtslose Projekte in Angriff nehmen.[86] Die Selbstüberschätzung beschreibt dahingegen den empirischen Befund, dass die Individuen ihre eigenen Fähigkeiten nicht realistisch, sondern systematisch zu hoch bewerten. So ergab beispielsweise eine Richterbefragung in der Schweiz, dass sich 92 Prozent der Befragten als „überdurchschnittliche Richter“ einschätzen würden.[87] Vergleichbare Studien wurden auch mit Autofahrern durchgeführt; auch hier schätzten sich weit über 50 Prozent der Befragten als überdurchschnittliche Autofahrer ein.[88] Auch die Selbstüberschätzung hat zur Folge, dass Individuen zu risikoreiche oder aussichtslose Projekte verfolgen – wenn auch aus einem anderen Grund. Anders als beim unrealistischen Optimismus werden bei der Selbstüberschätzung nämlich nicht die äusseren Umstände, sondern die eigenen Fähigkeiten insgesamt zu positiv bewertet.

– *Status-Quo-Verzerrung*
Diese kognitive Verzerrung geht auf den empirischen Befund zurück, dass Individuen den bestehenden Zustand („Status Quo“) gegenüber möglichen Veränderungen systematisch bevorzugen. Gemäss Zamir und Teichman halten Individuen damit an dem Zustand fest, den sie als Status Quo auffassen, anstatt sich für eine Alternative zu entscheiden.[89] Problematisch ist diese Status-Quo-Verzerrung insbesondere dann, wenn objektive Gründe für eine Veränderung sprechen würden. Diese Verzerrung hin zum Status Quo lässt sich unterschiedlich begründen. So kann etwa die Verlustaversion eine Rolle spielen: Bei der Bewertung der Veränderung werden die Verluste, die durch die Abweichung vom bestehenden Zustand entstehen, höher gewichtet als die veränderungsbedingten Gewinne. Andererseits kann die Präferenz zum Status Quo auch damit begründet werden, dass keine aktive Handlung notwendig ist. Empirische Studien deuten darauf hin, dass Individuen eine grössere moralische Verantwortung für negative Ereignisse empfinden, wenn sie diese aktiv herbeigeführt haben. Passivität wird dahingegen mit weniger Verantwortung verbunden.[90]

Ein klassisches Beispiel für eine Status-Quo-Verzerrung findet sich bei postmortalen Organspenden. Obwohl in fast allen Ländern die Bevölkerungsmehrheit postmortale Organspenden befürwortet, hängt der Prozentsatz eingetragener Organspender in erster Linie vom rechtlichen Status Quo ab. In Ländern,

---

[86] Kahneman, S. 252 f.; Zamir/Teichman, S. 61 ff.; siehe hierzu unten: § 6.B.II.2. „Resale Price Maintenance“.

[87] Schweizer, Nr. 803 ff.; Mathis, Effiziente Haftung, S. 31 f.

[88] Siehe m. w. V.: Mathis, Effiziente Haftung, S. 31.

[89] Zamir/Teichman, S. 48.

[90] Zamir/Teichman, S. 48 ff.

in denen sich die Bevölkerung aktiv für eine postmortale Organspende entscheiden muss (sog. Zustimmungslösung), liegt die Spenderrate in der Regel zwischen 4 und 27 Prozent. In Ländern, in denen sich die Bevölkerung aktiv gegen eine postmortale Organspende aussprechen muss (sog. Widerspruchslösung), liegt die Spenderrate dahingegen bei knapp unter 100 Prozent.[91]

– *Rückschaufehler*
Als Rückschaufehler wird der empirische Befund bezeichnet, dass Individuen die Wahrscheinlichkeit für den Eintritt eines bestimmten Ereignisses in der Ex-post-Betrachtung systematisch überschätzen und zwar einzig aus dem Grund, weil das Ereignis tatsächlich eingetroffen ist.[92] Die Wahrscheinlichkeit möglicher alternativer Geschehensabläufe wird dementsprechend unbewusst vernachlässigt. Mit dem Rückschaufehler ist aber auch der gegenteilige Effekt verbunden: Wenn ein Ereignis nicht eingetreten ist, wird die Wahrscheinlichkeit für dessen Eintritt in der Ex-post-Betrachtung systematisch unterschätzt. Die Individuen nehmen fälschlicherweise an, dass sie den Eintritt des Ereignisses schon immer für unwahrscheinlich hielten.[93]

Besonders weitreichende Konsequenzen kann der Rückschaufehler bei der gerichtlichen Beurteilung von Fahrlässigkeit haben. Da der Richter während der Urteilsfindung bereits weiss, dass ein schädigendes Ereignis eingetreten ist, überschätzt er in seiner Ex-post-Betrachtung die Wahrscheinlichkeit für dessen Eintritt und legt dementsprechend einen zu hohen Sorgfaltsmassstab an das Verhalten des Schädigers an. Ein unter Umständen wahrscheinlicherer Alternativverlauf der Geschehnisse wird vom Richter vernachlässigt. Die faktische Konsequenz: Eine vom Gesetzgeber ursprünglich als Verschuldenshaftung mit Exkulpationsmöglichkeit konzipierte Haftungsnorm nähert sich aufgrund des Rückschaufehlers einer strengen Kausalhaftung an.[94]

– *Verfügbarkeitsverzerrung*
Die Verfügbarkeitsverzerrung beschreibt die empirische Erkenntnis, dass Individuen bei der Bewertung von Informationen weniger auf qualitative oder quantitative Kriterien abstellen, sondern in erster Linie die Kohärenz der präsentierten Information würdigen. Damit besteht die Gefahr, dass Individuen voreilige Schlussfolgerungen ziehen, die auf einer ungenügenden Datenbasis beruhen. Kahneman benutzt in diesem Zusammenhang das Akronym WYSIATI („What you see is all there is").[95]

---

[91] Zamir/Teichman, S. 49; siehe dazu eingehender unten: *§ 6.A.II.5.ii) „Nudging"*.
[92] Teilweise wird der Rückschaufehler daher auch als „I knew it all along"-Effekt bezeichnet.
[93] Siehe dazu: Mathis, Effiziente Haftung, S. 26 ff.
[94] Mathis, Effiziente Haftung, S. 29.
[95] Das Akronym beschreibt gerade diese auf das Denksystem 1 zurückgehende Tendenz, sprunghafte Schlüsse auf der Grundlage von kognitiv leicht oder schnell verfügbaren Informationen zu ziehen.; Zamir/Teichman, S. 24; Kahneman, S. 86.

Mit der Verfügbarkeitsverzerrung ist die sog. Repräsentativitätsheuristik eng verknüpft. Diese kognitive Verzerrung beschreibt die Tendenz, die statistische Basisrate bei der Beantwortung einer Wahrscheinlichkeitsfrage systematisch zu vernachlässigen – und durch eine Frage der Repräsentativität zu ersetzen. Kahneman hat hierzu folgendes Experiment durchgeführt: Studentischen Versuchsteilnehmern wurde eine fiktive Persönlichkeitsskizze des Studenten Tom W. vorgelegt. Die Skizze beschrieb im Wesentlichen den Stereotyp eines Informatikstudenten. So wurde Tom W. unter anderem als kontaktscheu, strukturiert, mechanisch, übersichtlich und hochintelligent beschrieben. Nach dem Lesen der Persönlichkeitsskizze wurden die Versuchsteilnehmer gebeten, auf einem Papier Tom W. neun unterschiedlichen Studienrichtungen nummerisch zuzuordnen (unter anderem Betriebswirtschaft, Informatik, Ingenieurwissenschaft, Rechtswissenschaft, Pädagogik und Sozialarbeit). An erster Stelle ist jene Fachrichtung zu nennen, die Tom W. am wahrscheinlichsten studiert, und an neunter Stelle jene Fachrichtung, die am unwahrscheinlichsten ist. Anstelle jedoch die eigentliche Frage nach der statistischen Wahrscheinlichkeit zu beantworten, ersetzten die Versuchsteilnehmer diese durch eine deutlich einfachere Frage, nämlich: Inwieweit repräsentiert die Persönlichkeit von Tom W. den Stereotyp eines bestimmten Studiengangs? Dies hatte folgende Konsequenz: Obwohl es statistisch viel wahrscheinlicher ist, dass Tom W. einen häufig besetzten Studiengang wie Pädagogik oder Rechtswissenschaft belegt, war die Mehrheit der Versuchsteilnehmer der Ansicht, dass Tom W. – da er dem Stereotyp eines Informatikers entspricht – mit grosser Wahrscheinlichkeit Informatik oder einen damit verwandten Studiengang wie Ingenieurwissenschaften studiert. Die Frage der statistischen Wahrscheinlichkeit wurde damit durch die Beurteilung der Repräsentativität ersetzt.[96]

Es sollte ersichtlich geworden sein, dass die hier beschriebenen Verzerrungen nicht trennscharf voneinander abgegrenzt werden können. Vielfach greifen die einzelnen Effekte ineinander und verstärken sich gegenseitig. Zudem lassen sich die einzelnen kognitiven Verzerrungen in weitere „Subverzerrungen" unterteilen – was beispielsweise für den „Framing"-Effekt[97], die Status-Quo-Verzerrung[98] oder auf die Verfügbarkeitsverzerrung[99] zutrifft.

---

[96] Siehe zu diesem Experiment: Kahneman, S. 146 ff.

[97] So unterscheidet beispielsweise Kahneman zwischen einem sog. „narrow framing" und einem sog. „broad framing". Siehe dazu: Kahneman, S. 336; Zamir/Teichman unterscheiden zwischen einem sog. „risky choice framing", „goal framing" und „attribute framing". Siehe dazu: Zamir/Teichman, S. 47 f.

[98] Diese kognitive Verzerrung hängt eng mit dem sog. „Omission-Bias" bzw. „Default-Bias" zusammen. Siehe dazu: Zamir/Teichman, S. 48.

[99] Die Verfügbarkeitsverzerrung hängt unter anderem mit der sog. „focusing illusion" sowie der sog. „conjunction fallacy" zusammen. Siehe dazu: Kahneman, S. 402 und S. 158.

4. Revidierte Verhaltensannahmen

i) Drei revidierte Grundannahmen

Werden die empirischen Befunde der Verhaltensökonomik mit dem „homo oeconomicus"-Modell abgeglichen, wird ersichtlich, dass alle drei Modellannahmen zu revidieren sind. In Anlehnung an Jolls, Sunstein und Thaler ist von folgenden drei revidierten Grundannahmen auszugehen:

– *Beschränkte Rationalität*
  Die Verhaltensökonomik knüpft bei ihrem Verständnis von Rationalität an Herbert A. Simons Arbeit an und baut diese weiter aus. Während Simon das Konzept der beschränkten Rationalität zwar systematisch beschrieb, fehlte es ihm noch an formal empirischen Befunden, die seinen theoretischen Ansatz belegten. Erst die moderne Verhaltensökonomik hat empirisch aufgezeigt, unter welchen Bedingungen und in welchen Formen das reale menschliche Verhalten vom rational erwarteten Verhalten abweicht.[100] Insbesondere wurde der Prozess der Entscheidungsfindung bei Simon noch weitgehend rudimentär beschrieben, während die moderne verhaltensökonomische Forschung klar aufzeigt, welche kognitiv verzerrende Heuristik wann und in welchem Umfang Wirkung zeitigt. Durch die Verhaltensökonomik erhielt das Konzept der beschränkten Rationalität dementsprechend in mehrfacher Hinsicht ein schärferes Profil.

– *Beschränkte Willenskraft*
  Empirische Erkenntnisse haben aufgezeigt, dass Marktakteure im Widerspruch zu den eigenen langfristigen Interessen handeln können. Sie verfügen dementsprechend nicht über unbegrenzte Willenskraft, sondern müssen sich motivieren und mentale Kräfte mobilisieren. Insbesondere hat das Individuum gegen sog. viszerale Beweggründe anzukämpfen; triebhafte und impulsive Verhaltensweisen wie Hunger, Angst oder Schmerz.[101] Mit der beschränkten Willenskraft lassen sich verschiedene reale Verhaltensweisen erklären, die im „homo oeconomicus"-Modell nicht erklärt und damit als irrational angesehen werden. In diesem Sinne sind auch Jolls, Sunstein und Thaler zu verstehen, wenn sie darauf hinweisen, dass ein Grossteil der Bevölkerung freiwillig (zusätzliche) Rentensparverträge abschliesst oder während einer Diät keine Süssigkeiten im Hause aufbewahrt.[102]

---

[100] In diesem Sinne auch Cartwright: „One thing notably lacking in much of what Simon wrote was proof that Homo economicus is not a good approximation of how people behave. He may have thought this was obvious (many do), but lack of any formal proof made it easy for economists to ignore his work. The same could not be said of the second element I want to talk about. I will call this ‚your assumptions are wrong' attack, and give the main credit to Daniel Kahneman and Amos Tversky.", Cartwright, S. 17.

[101] Mathis; Effizienz, S. 47; Jolls/Sunstein/Thaler, S. 1479.

[102] „[M]any people recognize that they have bounded willpower and take steps to mitigate

Die beschränkte Willenskraft stellt aber auch die Annahmen von zeitkonsistenten Präferenzen in Frage.[103] So haben empirische Befunde ergeben, dass Individuen die sofortige Auszahlung von 10 Dollars, gegenüber einer Auszahlung von 12 Dollars in 2 Wochen vorziehen. Andererseits ziehen sie jedoch die Auszahlung von 12 Dollars in 54 Wochen einer Auszahlung von 10 Dollars in 52 Wochen in der Regel vor. Das hier zu beobachtende Verhalten, dass bei zeitnahen Entscheidungen (innerhalb von 2 Wochen) andere Präferenzen bestehen als bei langfristigen Entscheidungen (innerhalb von mehr als einem Jahr), geht auf den sog. „hyperbolic discount effect" zurück. Dieser Effekt beschreibt ganz allgemein die Tendenz, dass Marktakteure kurzfristige, kleinere Gewinne höher gewichten als langfristige, grössere Gewinne.[104] Die Verzerrung wirkt aber umso schwächer, je später der Gewinn realisiert werden kann. Der „hyperbolic discount effect" hängt mit der beschränkten Willenskraft der Akteure zusammen: Kurzfristige Impulse (Erhalt von 10 Dollars jetzt) sind in der Regel stärker als längerfristige Pläne (Erhalt von 12 Dollars in zwei Wochen). Ist das Individuum jedoch keinen unmittelbaren Impulsen ausgesetzt, entscheidet es sich für die rationale Variante (12 Dollars in 54 Wochen und nicht 10 Dollars in 52 Wochen).[105]

– *Beschränktes Eigeninteresse*
Empirische Befunde der Verhaltensökonomik belegen, dass Individuen nicht ausschliesslich eigennützig handeln. Vielmehr empfinden sie Empathie für andere – zuweilen auch für völlig Fremde. Eine Form der Empathie wurde in der verhaltensökonomischen Forschung mittlerweile eingehend behandelt: Fairness. Die Verhaltensökonomik zeigt insbesondere auf, wo und in welchem Umfang Fairnessüberlegungen im ökonomischen Kontext eine entscheidende Rolle spielen können. Oder wie es Jolls, Sunstein und Thaler formulieren; „[i]n many market and bargaining settings (…), people care about being treated fairly and want to treat others fairly if those others are themselves behaving fairly".[106] Ferner können Fairnessüberlegungen vermeint-

---

its effects. They join a pension plan (…) to prevent undersaving, and they don't keep tempting desserts around the house when trying to diet. In some cases they may vote for or support governmental policies, such as social security, to eliminate any temptation to succumb to the desire for immediate rewards.", Jolls/Sunstein/Thaler, S. 1479.

[103] Die Annahme von zeitkonsistenten Präferenzen besagt, dass die Differenz zwischen der Attraktivität einer sofortigen Belohnung und einer die erst in 24 Stunden eintritt, gleich gross ist, wie die Differenz zwischen der Attraktivität einer Belohnung, die erst in 365 Tagen eintritt und einer die erst in 366 Tagen eintritt. Siehe hierzu: Mathis, Effizienz, S. 119.

[104] Oder umgekehrt formuliert: Kurzfristige Kosten werden höher gewichtet als mittel- oder langfristige Kosten.

[105] Zamir/Teichman, S. 89; van den Bergh, S. 225 f.

[106] Jolls/Sunstein/Thaler, S. 1479; in diesem Sinne können auch Fairnessüberlegungen als Einschränkungen bei der Profitmaximierung aufgefasst werden. Siehe dazu: Zamir/Teichman, S. 102.

lich irrationales Verhalten erklären: So wurde beispielsweise aufgezeigt, dass Individuen hohe Kosten für die Bestrafung von unfairem Verhalten anderer aufwenden oder als Reaktion auf eine unfaire Behandlung die eigenen Arbeitsleistungen reduzieren.[107]

Eines der wohl eindrücklichsten Experimente, das aufzeigt, wie Fairnessüberlegungen das reale Verhalten tatsächlich beeinflussen können, ist das sog. Diktatorenspiel. Bei diesem Experiment ist es die Aufgabe eines Spielers A, eine bestimmte ihm zur Verfügung stehende Geldmenge zwischen ihm und einem Mitspieler B aufzuteilen. Bei dieser extremen Spielvariante hat Spieler B kein Mitspracherecht bei der Aufteilung der Geldmenge; er muss jeden Betrag akzeptieren, der ihm A zuweist. Gemäss dem „homo oeconomicus"-Modell müsste Spieler A ausschliesslich eigennützig handeln und den Gesamtbetrag für sich behalten. Zahlreiche Experimente kommen jedoch zu einem anderen Befund: Der mit diktatorischen Vollmachten ausgestattete Spieler A gibt im Durchschnitt 28 Prozent der Geldsumme an Spieler B ab.[108]

Neben Fairnessüberlegungen werden in der verhaltensökonomischen Forschung aber auch andere Formen des beschränkten Eigeninteresses diskutiert, die sich teilweise jedoch mit dem Fairnesskonzept überschneiden. Namentlich zu nennen sind etwa das Konzept der Verfahrensgerechtigkeit, der Kooperation oder des Altruismus.[109]

Die Erkenntnis der Verhaltensökonomik, dass Marktakteure nicht vollständig rational, willensstark und eigennützig sind, ist indes nicht neu. So weisen auch Jolls, Sunstein und Thaler in ihrem Aufsatz einleitend darauf hin, dass „[o]bjections to the rational actor model in (…) economics are almost as old as the field itself".[110] Der nachhaltige Erfolg der Verhaltensökonomik ist damit weniger diesen allgemeinen Erkenntnissen geschuldet, sondern in erster Linie zweier Eigenschaften der verhaltensökonomischen Befunde: diese sind nämlich empirisch und systematisch.

Das empirische Vorgehen bringt verschiedene Vorteile mit sich: Die Erkenntnisse sind realitätsnah, überprüfbar, kaum ideologisch motiviert und können von der ökonomischen Rationalität rezipiert werden. Von gleicher Bedeutung ist aber auch, dass die Befunde systematisch sind. So kommt die Verhaltensökonomik nicht zum Schluss, „that behavior is random or impossible to predict; rather it suggests, with economics, that behavior is systematic and can be modeled".[111] Das menschliche Verhalten ist nicht völlig unvorhersehbar, komplett

---

[107] Zamir/Teichman, S. 102.
[108] Mathis, Effizienz, S. 45 f.
[109] Siehe dazu: Zamir/Teichman, S. 104 ff.
[110] Jolls/Sunstein/Thaler, S. 1473.
[111] Jolls/Sunstein/Thaler, S. 1475.

irrational oder gar zufällig; vielmehr sind die Abweichungen vom rationalen Verhalten systematisch und damit vorherseh- und modellierbar.[112]

ii) Variabilität und Heterogenität

Es ist jedoch entscheidend, dass im Kontext der revidierten Verhaltensannahmen – Stand heute – nicht von einem umfassenden verhaltensökonomischen Verhaltensmodell gesprochen wird, das ein eigenständiges Gegenkonzept zum „homo oeconomicus"-Modell darstellt.[113]

Während die Verhaltensökonomik, so Tor, nämlich konkrete empirische Verhaltensphänomene beschreibt, beruht das „homo oeconomicus"-Modell auf allgemeinen, hypothetischen Verhaltensannahmen und stellt eine heuristische Fiktion dar.[114] Vor diesem Hintergrund kann das menschliche Verhalten im neoklassischen Verhaltensmodell als konstant und homogen dargestellt werden: Alle Marktakteure verhalten sich stets rational, willensstark und eigennützig.

Die empirischen Befunde der Verhaltensökonomik zeichnen dahingegen ein anderes Bild. Ihre Erkenntnisse machen deutlich, dass das reale menschliche Verhalten variabel und heterogen ist. Konkret ist das menschliche Verhalten in dem Sinne variabel, als beispielsweise ein bestimmter Konsument nicht für alle kognitiven Verzerrungen gleichermassen anfällig ist. So kann er zwar einem starken Rückschaufehler unterliegen, aber nur marginal von der Verfügbarkeitsverzerrung betroffen sein.[115] Ferner ist das menschliche Verhalten in dem Sinne heterogen, als dass sich die Anfälligkeit für kognitive Verzerrungen nicht auf einzelne (Markt-)Gruppen reduzieren lässt. So ist es beispielsweise unsachgemäss anzunehmen, dass nur Konsumenten der Verfügbarkeitsverzerrung unterliegen. Vielmehr ist davon auszugehen, dass alle Marktgruppen – Konsumenten, Unternehmen als auch staatliche Akteure – für kognitive Verzerrungen grundsätzlich gleichermassen anfällig sind.[116] Ausgehend von der Heterogenität und Variabilität ist bei der Verallgemeinerung verhaltensökonomischer Erkenntnisse Vorsicht angebracht. Es bedarf einer Vielzahl empirischer Untersuchungen, bis allgemeine Aussagen möglich sind.

5. „Behavioral Law and Economics"

i) Allgemeines

In den letzten 20 Jahren hatte die Verhaltensökonomik nicht nur massgeblichen Einfluss auf den innerökonomischen Diskurs, sondern schlug auch auf den „Law and Economics"-Ansatz durch. Vereinfacht gesagt, ist dieser sog.

---

[112] Mathis, Effizienz, S. 45.
[113] Siehe hierzu: Tor, Understanding Behavioral Antitrust, S. 579.
[114] Tor, Understanding Behavioral Antitrust, S. 579.
[115] Tor, Understanding Behavioral Antitrust, S. 608 ff.
[116] Tor, Understanding Behavioral Antitrust, S. 612 ff.

„Behavioral Law and Economics"-Ansatz als verhaltensökonomische Erweiterung des traditionellen Ansatzes zu verstehen. Die empirischen Erkenntnisse der Verhaltensökonomik sollen zu einem realitätsnäheren und damit besseren Verständnis der Rechtssubjekte beitragen.[117] Oder wie es Tor in einem Aufsatz von 2013 formuliert:

„The behavioral analysis of law has been popular among scholars for more than fifteen years, providing an explicit account of legally relevant behavior based on empirical behavioral evidence instead of either everyday intuition – like traditional legal scholarship – or the theoretical rational-actor construct of traditional law and economics."[118]

Ganz allgemein können im Rahmen von „Behavioral Law and Economics" zwei Arten der Erkenntnisgewinnung unterschieden werden. Einerseits greift der Ansatz bestehende empirische Erkenntnisse über das reale Verhalten der Rechtssubjekte auf und arbeitet gestützt darauf Regulierungsvorschläge aus. Andererseits werden die der Verhaltensökonomik zugrunde liegenden empirischen Analysemethoden auch unmittelbar auf rechtliche Problemstellungen angewandt. Damit stützt sich „Behavioral Law and Economics" nicht nur auf bestehende empirische Erkenntnisse, sondern generiert sie im Rahmen empirischer Rechtsforschung selbst.[119] Beide Arten der Erkenntnisgewinnung sind je anhand eines Beispiels zu illustrieren.

– *Anwendung bestehender empirischer Erkenntnisse*[120]
   Im Rahmen des „Behavioral Law and Economics"-Ansatzes wird die Frage diskutiert, inwieweit Konsumenten standardisierte Verträge oder allgemeine Geschäftsbedingungen (AGB) tatsächlich lesen.
   Der traditionelle „Law and Economics"-Ansatz geht hinsichtlich dieser Frage von der Annahme aus, dass zwar nicht alle Konsumenten standardisierte Verträge lesen würden, jedoch eine Minderheit. Dabei handelt es sich um solche Konsumenten, die nach einer Kosten-Nutzen-Analyse zum Schluss kommen, dass die anfallenden Informationssuchkosten durch den möglichen Nutzen zumindest aufgewogen werden.[121] Die sich informieren-

---

[117] Zamir/Teichman, S. 1.
[118] Tor, Understanding Behavioral Antitrust, S. 581.
[119] Die verhaltensökonomischen Erkenntnisse sowie die ihr zugrunde liegenden empirischen Analysemethoden finden bereits heute auf ganz unterschiedliche Rechtsgebiete Anwendung: Privat- und Wirtschaftsrecht, öffentliches Recht, Strafrecht oder auch Völkerrecht. Für einen guten Überblick diesbezüglich siehe: Zamir/Teichman, S. 201 ff.
[120] Ein anderes Beispiel für die Anwendung bestehender verhaltensökonomischer Erkenntnisse auf das Recht wurde bereits im vorangegangenen Kapitel dargelegt: Aufgrund des Rückschaufehlers legen Richter bei der Ex-post-Beurteilung von Haftpflichtfällen einen zu hohen Sorgfaltsmassstab an – und zwar nur aus dem Grund, weil das schädigende Ereignis dann auch tatsächlich eingetreten ist. Als Folge davon nähert sich eine ursprünglich als verschuldensbasierte Haftung einer Kausalhaftung an. Siehe hierzu oben: *§ 6.A.II.3. Arten der kognitiven Verzerrungen.*
[121] Namentlich geht es darum, eine ungünstige Vertragsklausel zu finden, die den Vertragsentscheid massgeblich beeinflussen würde.

de Minderheit verursacht dann positive Externalitäten: Da es einem Unternehmen im Voraus nicht möglich ist, lesende von nichtlesenden Konsumenten zu unterscheiden, müssen sie ihre standardisierten Verträge unter der Annahme ausgestalten, dass alle Konsumenten die Verträge studieren würden. Das Bestehen einer lesenden Minderheit führt also dazu, dass es keiner zusätzlichen Regulierungen bedarf, welche die unternehmerische Vertragsfreiheit über das normale Mass hinaus einschränken.[122]

Aktuelle verhaltensökonomische Untersuchungen zeigen demgegenüber klar auf, dass die Annahme vom Bestehen einer informierten Minderheit nicht der Realität entspricht:

„However, in line with most people's anecdotal impression, several recent empirical studies have demonstrated (...) that virtually no one reads standard-form contracts, even when it is particularly easy to do so (that is, when making a purchase online, in the comfort of one's home or office)."[123]

Es ist also nicht eine kleine Minderheit, die diese Verträge liest, sondern praktisch niemand. Im Gegensatz zur traditionellen neoklassischen Analyse liefert die Verhaltensökonomik eine Vielzahl von Erklärungsmöglichkeiten, warum auch die besagte Minderheit die standardisierten Verträge nicht liest. So kann beispielsweise die egozentrische Verzerrung[124] dazu führen, dass die Häufigkeit solcher ungünstiger Vertragsklauseln, aber auch deren negativen Auswirkungen systematisch unterschätzt werden. Ferner können auch die Verfügbarkeitsverzerrung, die Verlustaversion oder aber die beschränkte Willenskraft der Konsumenten eine Rolle spielen.[125]

Diese verhaltensökonomischen Erkenntnisse können einen entscheidenden Einfluss auf die rechtliche Bewertung standardisierter Verträge haben: Sofern man dem Konsumentenschutz Rechnung tragen will, muss die Vertragsfreiheit der Unternehmen im Hinblick auf solche Verträge beschnitten werden – und zwar über das normale Mass hinaus. Insbesondere machen die Erkenntnisse deutlich, dass es nicht ausreicht, wenn man den Unternehmen lediglich vorschreibt, kritische Vertragsklauseln optisch hervorzuheben oder entsprechende Warnhinweise im standardisierten Vertrag anzubringen. Solche Massnahmen könnten nur dann eine Wirkung entfalten, wenn die Konsumenten die Verträge auch tatsächlich lesen würden. Vielmehr bedarf es inhaltlicher Auflagen – beispielsweise, dass wichtige Vertragsinhalte nicht Bestandteil von AGB sein dürfen.[126]

---

[122] Siehe hierzu: Zamir/Teichman, S. 301 f.
[123] Zamir/Teichman, S. 302 (m. w. V. auf die entsprechenden empirischen Studien).
[124] Oder genauer gesagt der unrealistische Optimismus.
[125] Siehe dazu: Zamir/Teichman, S. 303 f.
[126] Siehe zum Ganzen: Zamir/Teichman, S. 313 ff.

– *Generierung neuer empirischer Erkenntnisse*

In ihrer Studie machten es sich Danziger, Levav und Avnaim-Pesso zur Aufgabe, den Wahrheitsgehalt des Sprichworts „justice is what the judge ate for breakfast" empirisch zu prüfen. Die Studienleiter untersuchten im Zeitraum von zehn Monaten 1112 Gerichtsurteile von acht Richtern eines israelischen Bewährungsausschusses, die über Haftentlassungen oder Verbesserungen der Haftbedingungen zu entscheiden hatten. Die Studienleiter konnten aufzeigen, dass sich die Richter bei ihrer Urteilsfindung nicht nur von den Fakten und dem anzuwendenden Recht leiten liessen, sondern auch von externen, nicht entscheidungsrelevanten Faktoren. Namentlich hatten die Essenspausen einen signifikanten Einfluss auf die Urteilsfindung: Während nach den jeweiligen Essenspausen (Frühstück, Vormittagssandwich und Mittagessen) über 60 Prozent der Gesuche gutgeheissen wurden, nahm die Gutheissungsquote im Laufe der Zeit sukzessiv ab, bis sie unmittelbar vor der Vormittags- bzw. Mittagspause bei 5 Prozent lag. Nach den jeweiligen Essenpausen stieg die Gutheissungsquote dann wieder auf über 60 Prozent.[127] Danziger, Levav und Avnaim-Pesso erklären die empirischen Befunde mit der Status-Quo-Verzerrung:

„We have presented evidence suggesting that when judges make repeated rulings, they show an increased tendency to rule in favor of the status quo. This tendency can be overcome by taking a break to eat a meal, consistent with previous research demonstrating the effects of a short rest, positive mood, and glucose on mental resource replenishment."[128]

Um eine Entscheidung gegen den Status Quo zu fällen, brauche es mentale Anstrengung – diese kann jedoch nur aufgebracht werden, wenn die Energiespeicher der Entscheidungsträger nicht aufgebraucht sind.[129]

ii) „Nudging"

„Behavioral Law and Economics" trägt aber nicht nur zu einem besseren Verhaltensverständnis der Rechtssubjekte bei, sondern bildet auch die theoretische Basis eines neuartigen Regulierungskonzepts; des sog. „Nudging".[130]

Ganz allgemein ist unter einem „Nudge" – zu deutsch: Stupser – ein verhaltensökonomisches Regulierungsinstrument zu verstehen, das vorwiegend die

---

[127] Siehe zum Ganzen: Danziger/Levav/Avnaim-Pesso, S. 6889 ff.

[128] Danziger/Levav/Avnaim-Pesso, S. 6892.

[129] In diesem Zusammenhang hat auch Kahneman darauf hingewiesen, dass die Operationen von System 2 mit Anstrengung verbunden sind: „The often-used phrase ‚pay attention' is apt: you dispose of a limited budget of attention that you can allocate to activities, and if you try to go beyond your budget, you will fail.", Kahneman, S. 23.

[130] Siehe hierzu grundlegend: *Richard H. Thaler/Cass R. Sunstein, Nudge – Improving Decisions about Health, Wealth, and Happiness.*

Wirkungen verzerrender Heuristiken ausnützt, um das Verhalten der Rechtsadressaten in eine gewünschte Richtung zu lenken. Charakteristisches Merkmal
eines „Nudges" ist, dass keine Optionen ausgeschlossen oder wirtschaftliche
Anreize zu stark verändert werden – wodurch insbesondere Preisänderungen
ausgeschlossen sind.[131] Vielmehr ist die Entscheidungsarchitektur (sog. „choice architecture") so auszugestalten, dass sich die Individuen aufgrund ihrer verzerrten Wahrnehmungsfähigkeit, Trägheit oder Emotionen für die staatlich präferierte Option entscheiden.[132]

Der Vorteil gegenüber staatlichen Verboten oder Geboten ist darin zu sehen,
dass bei einem „Nudge" kein unmittelbarer Zwang zur staatlichen Zielerreichung angewendet wird. Das Individuum kann sich grundsätzlich gegen die
vom „Nudge" intendierte Option entscheiden. Diesem Regulierungsverständnis
liegt die Idee des sog. „libertarian paternalism"[133] zugrunde. Namentlich besteht der paternalistische Aspekt darin, dass die Entscheidungen von Individuen
zu ihrem eigenen Wohl beeinflusst werden. Der libertäre Aspekt ist demgegenüber darin zu sehen, dass es den einzelnen Akteuren prinzipiell freisteht, eine
andere als die staatliche intendierte Option zu wählen.[134] Analog zu anderen
Regulierungsinstrumenten ist auch das Konzept vom „Nudging" grundsätzlich
neutral konzipiert; es kann zur Erreichung ganz unterschiedlicher gesellschaftlicher Ziele verwendet werden – sei es nun die Erhöhung der Effizienz, die
Verbesserung des Gesundheitssystems oder die Stärkung der schwächeren Ver-
tragspartei. Anhand zweier Beispiele ist nachfolgend die konkrete Funktionsweise von „Nudging" zu illustrieren:

– *Organspende*
  Das wohl prominenteste Beispiel für einen „Nudge" wurde bereits weiter
  oben aufgegriffen: die Registereintragung für postmortale Organspenden.[135]
  Je nachdem, wie die Entscheidungsarchitektur ausgestaltet ist – als Zustim-
  mungs- oder Widerspruchslösung –, verändert sich die Zahl der möglichen
  Organspender signifikant. So kommt beispielsweise eine Studie von Johnson
  und Goldstein in den USA zum Ergebnis, dass sich bei der Zustimmungslösung nur 42 Prozent der Versuchsteilnehmer als Organspender eintragen
  lassen, wohingegen es bei der Widerspruchslösung 82 Prozent sind.[136] Dieser Hang zur Standardeinstellung ist neben der Status-Quo-Verzerrung insbesondere der individuellen Trägheit geschuldet.

---

[131] Thaler/Sunstein, S. 6.
[132] Thaler/Sunstein, S. 83 ff.
[133] Thaler/Sunstein, S. 5.
[134] Sunstein/Thaler, S. 1161 f.
[135] Siehe hierzu oben: § 6.A.II.3. *Arten der kognitiven Verzerrungen.*
[136] Siehe dazu: Johnson/Goldstein, S. 1338 f.; Thaler/Sunstein, S. 177 ff.

Ein Gesetzgeber, der sich am libertären Paternalismus orientiert, kann diese Trägheit nutzen, um Personen in eine gesellschaftlich wünschenswerte Richtung zu stupsen: nämlich, dass sie sich als postmortale Organspender eintragen lassen. In diesem Sinne ist die Standardeinstellung als Widerspruchslösung zu konzipieren. Im Gegensatz zu einem staatlichen Verbot hat dieser „Nudge" den entscheidenden Vorteil, dass Individuen, die sich aus religiösen, moralischen oder medizinischen Gründen gegen eine postmortale Organspende aussprechen, nicht verpflichtet werden, sich als Spender einzutragen. Sie können von der Standardeinstellung abweichen – sofern sie ihre Trägheit überwinden und sich aus dem Spendenregister austragen.[137] Dabei ist jedoch entscheidend, dass die Registeraustragung nicht mit übermässigen Entscheidungs- oder Suchkosten verbunden ist. Andernfalls wird dem libertären Gedanken nicht angemessen Rechnung getragen. Im Idealfall sollte man sich beispielsweise auf einer entsprechenden Internetseite mit nur einem Mausklick aus einem elektronischen Spendenregister austragen können (sog. „one-click technology").[138]

– *Dispositives Vertragsrecht*
Ein weiteres mögliches Anwendungsfeld von „Nudging" ist das dispositive Vertragsrecht.[139] Gemäss der traditionellen ökonomischen Analyse werden rationale und nutzenmaximierende Vertragsparteien dann vom dispositiven Vertragsrecht abweichen, wenn für die Parteien der erwartete Nutzen aus der betreffenden Vereinbarung grösser ist als die durch die zusätzlich notwendigen Vertragsverhandlungen anfallenden Transaktionskosten.[140] Im Gegensatz zur traditionellen Analyse zeigen verhaltensökonomische Befunde auf, dass die Vertragsparteien vielfach auch dann auf das dispositive Vertragsrecht zurückgreifen, wenn der mögliche Verhandlungsnutzen die anfallenden Verhandlungskosten deutlich übersteigt. Als Konsequenz wird insgesamt häufiger auf das dispositive Vertragsrecht abgestellt, als es die traditionelle Analyse prognostiziert.[141]

---

[137] Da die Widerspruchlösung politisch jedoch nicht leicht zu verkaufen sei, präferieren die Autoren selbst einen modifizierten Ansatz: Konkret müsse man von staatlicher Seite zumindest eine Pflichtentscheidung abverlangen. Bei diesem Ansatz gibt es keine Standardeinstellung: Die Menschen müssen sich vielmehr *aktiv* für oder gegen die Eintragung in das Organspendenregister entscheiden. Auch diese Pflichtentscheidung scheint ein effizientes Regulierungsinstrument zu sein. Studien haben belegt, dass sich im Rahmen dieses modifizierten Ansatzes fast ebenso viele Versuchsteilnehmer als Organspender eintragen lassen (79 Prozent), wie bei der Widerspruchslösung (82 Prozent). Siehe hierzu: Thaler/Sunstein, S. 180 ff.
[138] Thaler/Sunstein, S. 180.
[139] Siehe hierzu: Mathis/Burri, S. 121 ff.
[140] Andernfalls werden die Parteien den entsprechenden Vertragspunkt nicht explizit regeln, sondern sich implizit auf das dispositive Vertragsrecht stützen. Siehe dazu: Mathis/Burri, S. 131.
[141] M. w. V.: Mathis/Burri, S. 135.

Dieses nicht rationale Festhalten am dispositiven Vertragsrecht – Sunstein und Thaler sprechen in diesem Zusammenhang von der sog. „stickiness"[142] – lässt sich mit ganz unterschiedlichen kognitiven Verzerrungen erklären. So kann beispielsweise der unrealistische Optimismus eine Rolle spielen: Basierend auf dieser kognitiven Verzerrung tendieren die Parteien bei Vertragsschluss dazu, die explizite Regelung von Risiken zu vernachlässigen, die sich im Laufe der Vertragsdauer verwirklichen können, da sie von einer zu tiefen Eintrittswahrscheinlichkeit ausgehen.[143] Ferner können aber auch die Verlustaversion und der „Endowment"-Effekt das irrationale Verhalten begünstigen: So teilt der Gesetzgeber durch die Ausgestaltung des dispositiven Vertragsrechts subjektive Rechte an die Parteien zu, die analog zum materiellen Besitz diesen zwei kognitiven Verzerrungen unterliegen können. Als Folge ist derjenige, dem das dispositive Recht ein subjektives Recht zuteilt, nur gegen eine relativ hohe, nicht rationale Gegenleistung bereit, dieses Recht im Rahmen der Vertragsverhandlung aufzugeben.[144]

Diesem irrationalen Verhalten kann von der staatlichen Seite her mit zwei unterschiedlichen Strategien begegnet werden. Einerseits können die Vertragsparteien über rechtliche Verbote bestimmter Handlungsalternativen oder sog. „Debiasing"-Massnahmen zu einem rationalen Verhalten gezwungen bzw. bewegt werden. Andererseits aber kann das irrationale Verhalten auch genutzt werden, um gesellschaftlich wünschenswerte Ziele zu erreichen – womit das dispositive Vertragsrecht als „Nudging"-Instrument fungiert.

Wie ein solcher „Nudge" konkret ausgestaltet werden kann, haben Mathis und Burri am Beispiel des schweizerischen Arbeitsrechts dargelegt.[145] Gemäss Art. 321c Abs. 1 OR ist ein Arbeitnehmer in der Schweiz grundsätzlich verpflichtet, allfällige Überstunden zu leisten. Ist der Arbeitnehmer einverstanden, so können diese durch zusätzliche Ferientage kompensiert werden. Andernfalls ist die Mehrarbeit gemäss Art. 321c Abs. 3 OR mit einem Zuschlag von 25 Prozent zu vergüten. Diese letztgenannte Norm ist jedoch von dispositiver Natur – und kann nach oben als auch nach unten abgeändert

---

[142] Sunstein/Thaler, S. 1175.

[143] Ganz allgemein zum unrealistischen Optimismus siehe oben: *§ 6.A.II.3. Arten der kognitiven Verzerrungen*; Mathis/Burri, S. 135.

[144] Ganz allgemein zur Verlustaversion und zum „Endowment"-Effekt siehe oben: *§ 6.A.II.3. Arten der kognitiven Verzerrungen*; Mathis/Burri, S. 137 f.; dass auch nichtdingliche Rechte dem Besitztumseffekt unterliegen hat eine Studie von DiMatteo eindrücklich belegt: Im Rahmen seiner Untersuchung wurden Probanden zwei verschiedene Vertragsentwürfe vorgelegt. Im einen Entwurf wurde eine Konventionalstrafe formuliert und im anderen Entwurf nicht. Die Probanden waren durchschnittlich nur gegen eine sehr hohe Gegenleistung bereit, auf eine bereits im Vertragsentwurf vorhandene Konventionalstrafe zu verzichten. War die Konventionalstrafe dahingegen nicht Bestandteil des Vertragsentwurfs, bestand nur ein geringes Interesse daran, eine solche in den Vertrag aufzunehmen. Siehe dazu: DiMatteo, S. 883 ff.

[145] Mathis/Burri, S. 142 f.

werden. Die Bestimmung kann als gesetzgeberischer „Nudge" zu Gunsten
des Arbeitnehmers aufgefasst werden: Der im Normtext erwähnte Zuschlag
verleiht dem Arbeitnehmer nämlich ein subjektives Recht, auf das er in den
Vertragsverhandlungen, aufgrund der Verlustaversion und des „Endowment"-Effekts, nur verzichtet, wenn ihm der Arbeitgeber hohe Gegenleistun-
gen anbietet. Darüber hinaus wirkt der Zuschlag von 25 Prozent als mentalen
Anker, der auch den Arbeitgeber beeinflusst und damit die Verhandlungs-
position des Arbeitnehmers zusätzlich stärkt.[146] Letztlich werden diese kognitiven Verzerrungen die Parteien – mehrheitlich unbewusst – dahingehend
beeinflussen, dass sie eine Vergütung von über 100 Prozent vereinbaren.[147]

Neben den zwei genannten Beispielen lässt sich „Nudging" als verhaltensökonomisches Regulierungsinstrument aber auch in anderen Gesellschaftsberei-
chen fruchtbar machen; so etwa im Sozialversicherungs-, Investment-, oder
Umweltbereich.[148]

Insgesamt ist zu bilanzieren: Mit dem „Behavioral Law and Economics"-An-
satz haben verhaltensökonomische Erkenntnisse und Analysemethoden bereits
Eingang in ganz unterschiedliche Rechtsbereiche gefunden. Umso erstaunlicher ist es daher, dass ein mit der Ökonomik eng verbandeltes Rechtsgebiet erst
vor wenigen Jahren mit der Verhaltensökonomik in Kontakt gekommen ist: das
Wettbewerbsrecht.

B. „Behavioral Antitrust"

I. Allgemeines

1. Begriff

Für die Übertragung verhaltensökonomischer Erkenntnisse und Analysemethoden auf das Wettbewerbsrecht hat sich heute der englische Begriff „Behavioral
Antitrust" etabliert. Tor umschreibt den Begriff wie folgt:

„In sum, behavioral antitrust can be defined as the application of empirical behavioral
findings to antitrust law. This approach draws upon the extensive evidence generated by

---

[146] Ganz allgemein zum Ankereffekt siehe oben: *§ 6.A.II.3. Arten der kognitiven Verzerrungen*; Mathis/Burri, S. 142; so scheint auch die Prognose von Mathis/Burri naheliegend,
dass wenn der Gesetzgeber den Zuschlag auf 50 Prozent heraufsetzt, Arbeitnehmer im Durchschnitt höhere Vergütungen für geleistete Überstunden erhalten würden.

[147] Mathis/Burri weisen aber auch auf die Grenzen des Nudging im Arbeitsrecht hin: „If
contracts are no longer negotiated in detail, the behavioural economic effects of non-mandatory statutory law obviously lose their impact. Instead, collective labour agreements for employees and general terms and conditions of business for consumers now take the place of non-
mandatory law as the status quo (…).", Mathis/Burri, S. 143.

[148] Thaler/Sunstein, S. 105 ff. und S. 185 ff.; zu den Grenzen und Gefahren von Nudging
siehe unter auch anderem: Frey/Gallus, S. 11 ff.; sowie: White, S. 21 ff.

researchers focusing on the processes that shape human judgment and decision making, paying particular attention to those systematic, predictable deviations of real, boundedly rational behavior from the assumptions of strict rationality."[149]

Dementsprechend stellt „Behavioral Antitrust" eine spezifischere, auf das Wettbewerbsrecht zugeschnittene Anwendung des „Behavioral Law and Economics"-Ansatzes dar.[150] Vergleichbar ist daher auch die Kernaussage: Die systematische Abweichung vom erwarteten rationalen Verhalten der Marktakteure ist bei der wettbewerbsrelevanten Rechtsetzung und -anwendung mitzuberücksichtigen. Erklärtes Ziel ist es, eine robustere und realitätsnähere theoretische Grundlage für das Wettbewerbsrecht zu schaffen.[151]

Bevor auf ausgewählte Anwendungsfelder eingegangen wird, ist in einem ersten Schritt aufzuzeigen, wie sich „Behavioral Antitrust" entwickelt hat.

2. Entwicklung in den USA

Die Anfänge der „Behavioral Antitrust"-Bewegung liegen in den USA. Im Vergleich zu anderen Rechtsgebieten, die sich bereits Ende der 1990er Jahre für Erkenntnisse der Verhaltensökonomik geöffnet haben, stellt die verhaltensökonomische Analyse des Wettbewerbsrechts ein relativ junges Forschungsfeld dar.[152] So konstatiert beispielsweise Stucke 2007, dass sich verhaltensökonomische Forschung in der Regel nicht mit wettbewerbsrechtlichen Fragestellungen auseinandersetzen würden – und dies obwohl sich „Behavioral Law and Economics" in den USA zur „hottest area of legal scholarship"[153] entwickelt hat. Ähnlich kommt auch Tor 2014 zum Schluss, dass „until a few years ago, antitrust discourse largely neglected those behaviorally informed analyses".[154]

Dass verhaltensökonomische Erkenntnisse erst spät Eingang in das Wettbewerbsrecht gefunden haben, lässt sich unter anderem mit dem übermächtigen Einfluss der „Chicago School" erklären: Wie oben bereits dargelegt, stellt sowohl die Wettbewerbskonzeption der „Chicago School" als auch deren Nachfolger, die „Post-Chicago"-Strömung, mehr oder weniger explizit auf das

---

[149] Tor, Understanding Behavioral Antitrust, S. 594.

[150] So auch: Heinemann, More Realistic Approach, S. 214; Huffman, A Look at Behavioral Antitrust, S. 3.

[151] Heinemann, Realität, S. 35; zu erwähnen ist jedoch, dass „Behavioral Antitrust" im Kern auf den Forschungsergebnissen der sog. „Behavioral Finance" basiert. In diesem Sinne auch Zamir/Teichman: „Based on the findings of behavioral finance, this body of work suggests that decisions made by businesses with regard to competition policy can at times deviate from rationality.", Zamir/Teichman, S. 380.

[152] Van den Bergh, S. 204; 2019 konstatierten Zamir/Teichman noch, dass „the literature on behavioral antitrust is undoubtedly at an early stage – as indeed many of its contributors have openly acknowledge.", Zamir/Teichman, S. 388.

[153] Stucke, at the Gate, S. 515.

[154] Tor, Understanding Behavioral Antitrust, S. 575.

„homo oeconomicus"-Modell ab.[155] Folglich fielen verhaltensökonomische Befunde, die gerade diese Grundannahme kritisch hinterfragten, nicht auf sonderlich fruchtbaren Boden. In diesem Sinne sind auch Zamir und Teichman zu verstehen, wenn sie sagen, dass „traditional economic analysis – with its assumption of rationality – has dominated the legal discourse on antitrust and the courts jurisprudence on that matter."[156]

Vor diesem Hintergrund ist es bemerkenswert, dass sich zwei Rechtsprofessoren bereits Mitte der 2000er Jahre mit der verhaltensökonomischen Analyse des Wettbewerbsrechts beschäftigt haben. Mit ihren Arbeiten legten sie den Grundstein für „Behavioral Antitrust" und macht die beiden Akademiker zu den eigentlichen Begründern von „Behavioral Antitrust".

Zum einen ist das Avishalom Tor, der mit seinem 2002 erschienenen Aufsatz *„The Fable of Entry: Bounded Rationality, Market Discipline, and Legal Policy"*[157] als wohl erster Forscher verhaltensökonomische Erkenntnisse systematisch auf wettbewerbsrechtliche Fragestellungen angewandt hat. Konkret legt Tor im Aufsatz dar, wie verhaltensökonomische Erkenntnisse die wettbewerbsrechtliche Bewertung von Marktzutrittsschranken beeinflussen können. Unter anderem zeigt er auf, dass Unternehmer vielfach einer egozentrischen Verzerrung unterliegen, wenn sie die Chancen und Risiken von Markteintritten evaluieren und ihre Ausgangslage dementsprechend allzu positiv bewerten. Schliesslich bilanziert der Autor, dass es nicht ausreicht, wenn die Wettbewerbsbehörden die Wettbewerbsintensität auf einem Markt lediglich anhand des potenziellen Wettbewerbs bestimmen, der sich aus der Höhe der Marktzutrittsschranke und der damit verbundenen Zahl der Markteintritte ergibt. Vielmehr haben die Behörden auf den tatsächlichen Wettbewerb abzustellen, womit die Fragen ins Zentrum rücken, ob die Markteintritte auch tatsächlich erfolgreich waren und die Eintretenden eine echte Konkurrenz für die arrivierten Unternehmen darstellen.[158]

Neben Tor hat auch Maurice E. Stucke mit seinem 2007 erschienenen Aufsatz *„Behavioral Economists at the Gate: Antitrust in the Twenty-First Cen-*

---

[155] Im Zuge der „Post-Chicago"-Strömung wurden lediglich realistischere Entscheidungssituationen im Rahmen des „homo oeconomicus"-Modells simuliert. Siehe hierzu: Stucke, Realism, S. 2 f.; Stucke, at the Gate, S. 541; van den Bergh, S. 207 f.

[156] Zamir/Teichman, S. 380.

[157] *Avishalom Tor, The Fable of Entry: Bounded Rationality, Market Discipline, and Legal Policy.*

[158] Tor, Fable of Entry, S. 504 ff. und S. 553 ff.; Mathis, Effizienz, S. 116; Heinemann, More Realistic Approach, S. 228; in diesem Sinne auch Reeves/Stucke: „These insights from the behavioral literature suggest that hypothetical entry barriers are only part of understanding market entry. (…) Accurately predicting an entrant's success, however, requires a more complete understanding of the biases that skew the entrant's wealth maximization calculus.", Reeves/Stucke, S. 1559 f.

tury"[159] massgeblich zur Entwicklung von „Behavioral Antitrust" beigetragen. Im Aufsatz setzt sich Stucke für die Anwendung verhaltensökonomischer
Analysemethoden und Erkenntnisse auf die wettbewerbsrechtliche Bewertung
von Unternehmenszusammenschlüssen ein. Dies soll dazu führen, dass bei der
Fusionsbewertung weniger auf unrealistische Modelle und mehr auf empirische Tatsachen abgestellt wird. Gemäss dem Autor ist es dafür in einem ersten
Schritt notwendig, dass sich der Betrachtungsschwerpunkt verlagert: Während
die Behörden in der Regel viel Zeit investieren, um ex-ante die Zulässigkeit
von Fusionen zu prüfen, wird nur selten analysiert, wie sich der Wettbewerb
auf dem entsprechenden Markt ex-post tatsächlich entwickelt hat.[160] Dies sei
jedoch dringend angezeigt, denn eine Ex-post-Betrachtung würde in vielen Fällen deutlich machen, dass die wettbewerbsbehördlichen Prognosen, die auf den
neoklassischen Modellannahmen beruhen, letztlich nicht zutreffend sind. In diesem Zusammenhang spielen verhaltensökonomische Erkenntnisse eine wesentliche Rolle: So ist es unter anderem kognitiven Verzerrungen geschuldet, dass
Marktakteure zusammenschlussinduzierte Effizienzgewinne und Marktzutrittsschranken nicht angemessen bewerten. Mittels solcher Ex-post-Betrachtungen
können diese kognitiven Verzerrungen aber nicht nur aufgedeckt werden, sondern letztlich auch in die Prognosemodelle einfliessen und so zu akkurateren
Ex-ante-Bewertungen beitragen.[161]

Obwohl mit diesen beiden Aufsätzen der Grundstein bereits Mitte der 2000er
Jahre gelegt worden ist, fristet „Behavioral Antitrust" bis Ende der 2000er Jahre
mehrheitlich ein Schattendasein. Erst zu Beginn der 2010er Jahre lässt sich ein
zunehmendes Interesse in Form steigender Publikationszahlen beobachten.
Dabei haben einerseits Tor und Stucke ihre Forschungsarbeit weiter vertieft und
verbreitert[162], andererseits befassten sich aber auch andere Forscher wie Leslie[163], Huffman[164], Reeves[165] oder Kovacic[166] mit der verhaltensökonomischen
Analyse des Wettbewerbsrechts. So konstatiert Tor 2014 mit Verweis auf eine
umfangreiche Literaturangabe:

„[N]ow behavioral antitrust clearly is in vogue: Numerous recent articles by lawyers and
economists debate the merits and demerits of behavioral antitrust generally and its spe-

---

[159] *Maurice E. Stucke, Behavioral Economists at the Gate: Antitrust in the Twenty-First
Century.*
[160] Stucke, at the Gate, S. 591.
[161] Siehe hierzu eingehend unten: *§ 6.B.II.4. Horizontale Fusionen.*
[162] Tor, Understanding Behavioral Antitrust, S. 573 ff.; Tor, Justifying Competition Law,
S. 3 ff.; Tor, Antitrust Survive, S. 1 ff.; Stucke, Realism, S. 1 ff.; Stucke, Reconsidering Competition, S. 107 ff.; Stucke, Gambit, S. 155 ff.; Stucke, Money, S. 893 ff.
[163] Leslie, Rationality Analysis, S. 261 ff.; Leslie, Hindsight Bias, S. 1527 ff.; Leslie, Response, S. 53 ff.
[164] Huffman, Neo-Chicago, S. 105 ff.; Huffman, A Look at Behavioral Antitrust, S. 1 ff.
[165] Reeves, S. 1 ff.; Stucke/Reeves, S. 1527 ff.
[166] Cooper/Kovacic, S. 779 ff.

cific application to issues spanning horizontal and vertical restraints, monopolization, mergers, and more."[167]

Damit kann „Behavioral Antitrust" in den USA heute nicht nur als eine etablierte Strömung innerhalb der „Behavioral Law and Economics"-Bewegung betrachtet werden, sondern auch als ein an Kraft gewinnender Ansatz innerhalb der theoretischen Wettbewerbspolitik.[168]

3. Entwicklung in Europa

Im Vergleich zu den USA ist die verhaltensökonomische Analyse des Wettbewerbsrechts in der kontinentaleuropäischen Forschung heute noch weniger weit gediehen. So wurde der Ansatz zwar vereinzelt aufgegriffen, fand aber weder in der ökonomischen noch der rechtlichen Wettbewerbsforschung nachhaltig Niederschlag. Der aktuelle Forschungsstand in Europa ist vergleichbar mit jenem in den USA zu Beginn der 2010er Jahre: Zwar gibt es vereinzelt Juristen und Ökonomen, die sich mit dem Thema „Behavioral Antitrust" befassen, deren Erkenntnisse werden in der Wettbewerbsforschung aber nur selten rezipiert. Zu nennen sind dabei etwa Engel[169], Heinemann[170], Haucap[171], Hacker[172], Rose[173] oder van den Bergh[174]. Symptomatisch für diese „Aussenseiterrolle" der verhaltensökonomischen Analyse des Wettbewerbsrechts ist Heinemanns Aussage von 2015, dass „Behavioral Antitrust cannot yet be qualified as an established sub-discipline, let alone a recognized tool of analysis in legal practice".[175] In ähnlicher Weise konstatiert auch Hacker 2016, dass die Gerichte und Behörden in den USA die Segel in Richtung eines „more behavioral approach" bereits gesetzt hätten, während die europäischen Gerichte und Behörden mit dem „more economic approach" immer noch am neoklassischen Verhaltensmodell festhalten würden.[176]

Diese zaghaftere Rezeption von „Behavioral Antitrust" in Europa lässt sich unterschiedlich begründen.[177] Einerseits könnte es sich lediglich um eine zeitver-

---

[167] Tor, Understanding Behavioral Antitrust, S. 576.

[168] So weist etwa Huffman darauf hin, dass sich in den USA heute nicht nur Akademiker, sondern auch Richter, Anwälte und Behördenmitglieder mit „Behavioral Antitrust" auseinandersetzen. Siehe hierzu m. w. V.: Huffman, Neo-Chicago, S. 121 f.

[169] Engel, Kartellrecht, S. 100 ff.

[170] Heinemann, Realität, S. 21 ff.; Heinemann, More Realistic Approach, S. 211 ff.; Heinemann, Facts over Theory, S. 1 ff.

[171] Haucap, S. 217 ff.

[172] Hacker, More Behavioral Approach, S. 355 ff.

[173] Rose, S. 103 ff.

[174] Van den Bergh, S. 203 ff.

[175] Heinemann, More Realistic Approach, S. 212.

[176] Hacker, More Behavioral Approach, S. 355.

[177] Für einen alternativen Erklärungsansatz siehe: Hacker, More Behavioral Approach, S. 355 ff.

zögerte Entwicklung handeln. So hat es ebenfalls über zehn Jahre gebraucht, bis die Grundideen der „Chicago School" und der „Post-Chicago"-Strömung in Form des „More Economic Approach" in Europa Verbreitung fanden.[178] Eine analoge Entwicklung scheint auch mit Blick auf „Behavioral Antitrust" möglich. Andererseits kann die zaghaftere Rezeption aber auch auf die empirisch-kritische Rechts- und Wettbewerbstradition in Kontinentaleuropa zurückgeführt werden. Wie bereits dargelegt, ist sowohl die traditionelle Rechtswissenschaft als auch das systemische Wettbewerbsverständnis durchaus skeptisch gegenüber empirischer Tatsachenforschung eingestellt.[179] Stand heute ist es dementsprechend schwierig abzuschätzen, welche Rolle „Behavioral Antitrust" in der europäischen Wettbewerbspolitik zukünftig spielen wird.[180]

II. Ausgewählte Anwendungsfelder

Die praktische Relevanz von „Behavioral Antitrust" ist nachfolgend anhand ausgewählter Beispiele zu illustrieren.[181] Dabei werden verhaltensökonomische Erkenntnisse auf aktuelle wettbewerbsrechtliche Problemfelder angewandt und aufgezeigt, inwiefern sie den wettbewerbsrechtlichen Diskurs bereichern können.

1. Marktabgrenzung

i) Relevanter Markt

Der Marktbegriff ist für das Wettbewerbsrecht zentral, da er den Bezugsrahmen für die wettbewerbsrechtliche Analyse setzt. Zur Abgrenzung unterschiedlicher Märkte wird in erster Linie auf das Kriterium der Substituierbarkeit aus der Sicht der Marktgegenseite abgestellt. Dabei entscheiden nicht objektive Eigenschaften über den Ausdehnungsbereich eines bestimmten Markts, sondern die subjektiven Präferenzen der Marktteilnehmer.[182] Oder zugespitzt formuliert: Es ist das Konsumentenverhalten, das den relevanten Markt definiert.

Genau in diesem Zusammenhang können verhaltensökonomische Erkenntnisse eine entscheidende Rolle spielen. So ist im Rahmen der Verhaltensökonomik nicht danach zu fragen, welche Kaufentscheidung ein Konsument theoretisch trifft, wenn er vollständig rational, willensstark und eigeninteressiert handeln

---

[178] Siehe hierzu oben: § 5.B.II. „More Economic Approach".
[179] Siehe hierzu oben: § 2.B.II.2.ii) Empirie im Recht und § 4.B.I.2. Systemisches und effektbasiertes Wettbewerbsverständnis.
[180] Siehe hierzu unten: § 6.B.IV.Würdigung.
[181] Weitere Anwendungsbeispiele finden sich unter anderem bei: van den Bergh, S. 216 ff.; Leslie, Hindsight Bias, S. 1527 ff.; Mathis, Effizienz, S. 114 ff.; Heinemann, More Realistic Approach, S. 218 ff.; Tor, Understanding Behavioral Antitrust, S. 594 ff.
[182] Heinemann, More Realistic Approach, S. 218; Heinemann, Facts over Theory, S. 3.

würde; es ist vielmehr auf das empirisch fundierte, tatsächliche Konsumentenverhalten abzustellen.[183] Dieses Vorgehen bringt den entscheidenden Vorteil mit sich, dass auch kognitive Verzerrungen bei der Marktabgrenzung berücksichtigt werden. Von besonderer Bedeutung ist in diesem Zusammenhang eine spezifische Ausprägung der Status-Quo-Verzerrung; die sog. „brand loyality".[184] Dabei bewerten Marktakteure eine bestimmte Marke besonders positiv und beziehen Produkte oder Dienstleistungen immer wieder von dieser Marke – unabhängig vom Angebot der Mitbewerber.[185] Folglich bleiben Konsumenten auch dann bei ihrem ursprünglichen Produkt, wenn aus objektiver Sicht ein ideales Substitut besteht, auf das bei einer kleinen, aber signifikanten nicht transitorischen Preiserhöhung ausgewichen werden könnte (sog. SSNIP-Test: „small but significant non-transitory increase in price").[186] Vor diesem Hintergrund ist entscheidend, dass bei der Marktabgrenzung nicht auf ein allgemeines, an das „homo oeconomicus"-Modell angelegte Konsumentenverhalten abgestellt wird, sondern auf das tatsächliche Verhalten, das auf der Grundlage eines real durchgeführten SSNIP-Tests ermittelt wird.

ii) Sekundärmarkt

Die verhaltensökomische Forschung kann ferner bei der wettbewerbsrechtlichen Bewertung von sog. Sekundärmärkten wertvolle Erkenntnisse liefern. Ganz allgemein gesagt, versteht man unter einem Sekundärmarkt einen Markt für Ersatzteile, Zubehör oder Dienstleistungen von Produkten, die auf dem Haupt- bzw. Primärmarkt gekauft wurden.[187] Zu denken ist dabei etwa an Rasierklingen oder Kaffeepads.

In der Wettbewerbsforschung ist umstritten, ob Sekundärmärkte als eigenständige Märkte betrachtet werden sollen oder nicht.[188] Die vorherrschende Lehre, geprägt von der „Chicago School", stellt auf eine wettbewerbsbehördliche Gesamtbetrachtung ab und vertritt den Standpunkt, dass Wettbewerbsbeschränkungen auf dem Sekundärmarkt unproblematisch sind, wenn genügend Wettbewerb auf dem Primärmarkt herrscht.[189] Dieser Erklärungsansatz geht im Kern auf die Rationalitätsannahme zurück: So berücksichtigt ein rationaler Konsument bei seiner Kaufentscheidung nicht nur die Kosten auf dem

---

[183] Heinemann, Facts over Theory, S. 3; Heinemann, More Realistic Approach, S. 218 f.

[184] Heinemann, Facts over Theory, S. 3.

[185] Heinemann, Facts over Theory, S. 2.

[186] Heinemann, Facts over Theory, S. 3; Heinemann, More Realistic Approach, S. 219.

[187] Heinemann, More Realistic Approach, S. 222; Mathis, Effizienz, S. 116 f.

[188] Van den Bergh spricht in diesem Zusammenhang die Gefahr von sog. „leveraging monopoly power" an: „by using tying arrangements, a monopolist in the market for product A would be able to achieve two monopoly profits by forcing its customer to buy complementary goods in an adjacent market B.", van den Bergh, S. 224.

[189] Heinemann, More Realistic Approach, S. 222; Zamir/Teichman, S. 381; Mathis, Effizienz, S. 117.

Primärmarkt, sondern bezieht auch die zukünftig anfallenden Kosten auf dem Sekundärmarkt mit ein. Ist der Konsument sodann mit den Konditionen auf dem Sekundärmarkt unzufrieden, wird er auf dem Primärmarkt auf ein Konkurrenzprodukt ausweichen.[190]

Wird jedoch nicht vom rationalen, sondern vom realen Konsumentenverhalten ausgegangen, so scheint eine separate wettbewerbsbehördliche Betrachtung von Primär- und Sekundärmarkt sachgerechter. Insbesondere eine bereits oben beschriebene kognitive Verzerrung legt diese Schlussfolgerung nahe: der „hyperbolic discount effect".[191] Diese kognitive Verzerrung beschreibt den empirischen Befund, dass Konsumenten die kurzfristigen Preisvorteile überbewerten, dafür aber die zukünftig anfallenden Kosten nur unzureichend berücksichtigen. Vor dem Hintergrund dieser kognitiven Verzerrung drängt sich eine separate Betrachtung auf; dies insbesondere dann, wenn die Kosten auf dem Sekundärmarkt hoch sind oder wenn ein Wechsel zu einem Konkurrenzprodukt auf dem Primärmarkt mit signifikanten Kosten verbunden ist (sog. „lock in"-Effekt).[192]

Um die problematische Frage bezüglich der Marktabgrenzung bei Sekundärmärkten zu illustrieren, wird in der „Behavioral Antitrust"-Literatur vielfach auf einen etwas älteren Entscheid des US-amerikanischen Supreme Courts zurückgegriffen: den 1992 abgeurteilten Fall *Eastman Kodak Co. vs. Image Technical Servs., Inc., 504 U.S. 451 (1992)*.[193] Dem Unternehmen Kodak wurde dabei vorgeworfen, seinen Service- und Ersatzteilmarkt für Kodak-Kopiergeräte in widerrechtlicher Weise monopolisiert zu haben. Namentlich soll Kodak seine Konkurrenten aus dem Sekundärmarkt gedrängt haben, indem das Unternehmen seine Kunden durch Exklusivverträge für Reparatur und Unterhalt der Kopiergeräte dazu zwang, ausschliesslich sein Angebot zu nutzen. Die Monopolisierungstätigkeit wurde von der Mehrheit der Richter letztlich als widerrechtlich beurteilt und der Fall wurde zulasten von Kodak entschieden.[194] Während der Ansatz der „Chicago School" – gemeinsame Betrachtung von Primär- und Sekundärmarkt – in der „Dissenting Opinion" von Richter Scalia explizit adressiert wurde, fanden verhaltensökonomische Argumente weder in der „Opinion of the Court" noch in der „Dissenting Opinion" Niederschlag. Im Urteil wurde stattdessen auf die extrem hohen Informationssuchkosten für die Konsumenten hingewiesen.[195] Folglich hatten die verhaltensökonomischen

---

[190] Mathis, Effizienz, S. 118.

[191] Siehe hierzu oben: *§ 6.A.II.3. Arten der kognitiven Verzerrungen*.

[192] Mathis, Effizienz, S. 119 f.

[193] Eastman Kodak Co. vs. Image Technical Services, Inc., 504 U.S. 451 (1992).

[194] Siehe ausführlicher zum Fall: Mathis, Effizienz, S. 117 ff.

[195] „In order to arrive at an accurate price, a consumer must acquire a substantial amount of raw data and undertake sophisticated analysis. The necessary information would include data on price, quality, and availability of products needed to operate, upgrade, or enhance the initial equipment, as well as service and repair costs, including estimates of breakdown frequency, nature of repairs, price of service and parts, length of ‚downtime', and losses incurred

Erkenntnisse keinen direkten Einfluss auf das Urteil, jedoch aber können sie die Richtigkeit des Urteils im Nachgang wissenschaftlich untermauern. So legt etwa van den Bergh dar, dass neben dem „hyperbolic discount effect" auch noch andere kognitive Verzerrungen die interventionistische Haltung des Supreme Courts stützen:

> „Buyers may not include medium- and long-run consequences of their decision in acquiring durable and/or expensive goods (hyperbolic discounting). The framing effect may make it possible for sellers to add surcharges by articulating smaller costs in relation to a much larger cost. Lock-in effects may materialize since purchasers value goods they possess more highly than what they do not have (ownership bias). Lastly, the optimism bias undervalues the likelihood of aftermarket costs."[196]

In dem Sinne legen die Erkenntnisse von „Behavioral Antitrust" eine separate wettbewerbsbehördliche Betrachtungsweise von Primär- und Sekundärmärkten nahe.

2. „Resale Price Maintenance"

Die wettbewerbsrechtliche Bewertung vertikaler Abreden hat sich in den letzten Jahrzehnten stark gewandelt. Unter dem zunehmenden Einfluss der „Chicago School" wurden solche Abreden weniger als kartellfördernd (sog. „collusion theory"), sondern in erster Linie als effizienzsteigernd angesehen (sog. „efficiency theory").[197] In den USA lässt sich dieser Perspektivenwechsel deutlich im Rahmen der Rechtsprechung nachzeichnen: Während zu Beginn der 1970er Jahre alle Formen vertikaler Abreden per se verboten waren, haben zwei höchstrichterliche Urteile von 1977[198] und 1997[199] zu einer weitgehenden Lockerung beigetragen. Seit einem Urteil von 2007 sind nun sogar vertikale Mindestpreisbindungen erlaubt, sofern die Wettbewerbsbehörde unter Anwendung des „Rule of Reason"-Ansatzes zum Schluss kommt, dass bei der fraglichen Abrede die Effizienz gefördert wird.[200] In der Literatur firmieren solche vertikalen Mindestpreisbindungen unter dem Begriff „Resale Price Maintenance" (RPM).[201]

RPM-Strategien gehen in der Regel mit einer Beschränkung des Intrabrand-Wettbewerbs einher. Gemäss der Doktrin der „Chicago School" sind solche

---

from downtime. Much of this information is difficult – some of it impossible – to acquire at the time of purchase.", Eastman Kodak Co. vs. Image Technical Services., Inc., 504 U.S. 451 (1992), S. 473; so auch: van den Bergh, S. 225.

[196] Van den Bergh, S. 225 f.

[197] Van den Bergh, S. 217 f.; siehe dazu auch: Tor/Rinner, S. 811 ff.

[198] Siehe dazu: Continental T. V., Inc. vs. GTE Sylvania Incorporated, 433 U.S. 36 (1977).

[199] Siehe dazu: State Oil Co. vs. Khan, 522 U.S. 3 (1997).

[200] Siehe dazu: Leegin Creative Leather Products, Inc. vs. PSKS, Inc., 551 U.S. 877 (2007).

[201] Heinemann, More Realistic Approach, S. 219; Tor/Rinner, S. 807 ff.

Beschränkung jedoch unproblematisch; bei genügend Interbrand-Wettbewerb können sie sogar eine effizienzsteigernde Wirkung haben.[202] So ist es beispielsweise unproblematisch, wenn der Hersteller eines Produkts der Marke A mit seinen Händlern Mindestpreisabsprachen trifft, sofern es den Konsumenten möglich ist, auf ein alternatives Produkt der Marke B eines konkurrierenden Händlers auszuweichen. Die effizienzsteigernde Wirkung wird in der Regel damit begründet, dass die RPM-Strategie den Preiswettbewerb für das Produkt ausschaltet und sich der Wettbewerb damit mehr auf Service- und Dienstleistungsaspekte verschiebt. Dieser produktspezifische Service, der etwa Produktvorführungen oder umfassende Kaufberatungen umfasst, soll die Nachfrage stimulieren.[203] Darüber hinaus schützt eine RPM-Strategie vor schädlichen Trittbrettfahrern. Ohne vertikale Mindestpreisbindungen besteht nämlich die Gefahr, dass sich einzelne Händler nicht an der kostenintensiven „Markenpflege" beteiligen. Vielmehr würden sie aufgrund der eingesparten Kosten das entsprechende Markenprodukt zu einem tieferen Preis anbieten. In diesem Sinne stimuliert der markenpflegende Händler die Nachfrage, während sie der trittbrettfahrende Händler befriedigt. Oder anders formuliert: Die RPM-Strategie verhindert, dass sich ein Konsument für ein bestimmtes Produkt beim Spezialisten von Händler A umfassend beraten lässt, nur um das Produkt dann preisgünstiger bei Händler B zu kaufen, der keinen Beratungsservice anbietet. Als Folge würden die markenpflegenden Händler mittelfristig aus dem Markt gedrängt werden und der Service- und Dienstleistungswettbewerb würde zusammenbrechen.

Diese insgesamt äusserst positive Betrachtungsweise der „Chicago School" wird in jüngerer Zeit zunehmend in Frage gestellt, was unter anderem dem Einfluss der Verhaltensökonomik geschuldet ist.[204] Hervorzuheben ist in diesem Zusammenhang ein Aufsatz von Tor und Rinner, in dem sie dezidiert darlegen, dass Hersteller aufgrund kognitiver Verzerrungen vielfach auch dann auf vertikale Mindestpreisbindungen zurückgreifen, wenn damit keine Effizienzsteigerungen erreicht werden.[205] Da die Hersteller für diese Strategien in der Regel erst langfristig vom Markt diszipliniert werden, können solche irrationalen Mindestpreisbindungen sowohl auf Produzenten- als auch Konsumentenseite zu erheblichen Effizienzverlusten führen. Oder wie es die Autoren selbst formulieren:

„[A] behavioral analysis of RPM reveals that real-world, boundedly rational manufacturers are prone to overestimating the dangers of retail price-cutting, are excessively averse to such practices, and exhibit a systematic bias in favor of RPM over alternative

---

[202] Heinemann, More Realistic Approach, S. 219.
[203] Siehe dazu: Tor/Rinner, S. 812 ff.
[204] Van den Bergh, S. 218 ff.
[205] Tor/Rinner, S. 805 ff.

distribution arrangements. Hence, manufacturers who are free to employ RPM will over-use it, often harming both themselves and their retailers."[206]

Gemäss Tor und Rinner wird die übermässige Anwendung vertikaler Mindest-preisbindungen durch verschiedene kognitive Verzerrungen begünstigt, die sich in zwei Gruppen einteilen lassen. Die erste Effektgruppe führt zu einer allzu positiven Nutzenbewertung vertikaler Mindestpreisbindungen. Die zweite Ef-fektgruppe leistet dahingegen einer allzu negativen Bewertung möglicher al-ternativer Distributionsstrategien Vorschub – wobei Preissenkungsstrategien im Vordergrund stehen.[207] Auf diese zweite Effektgruppe ist nachfolgend anhand dreier Beispiele vertiefter einzugehen.

– *Verfügbarkeitsverzerrung*
Preissenkungsstrategien – als Alternative zu RPM-Strategien – können ent-gegen der Betrachtungsweise der „Chicago School" nicht nur effizienzhem-mende, sondern auch effizienzfördernde Wirkungen entfalten. Zu denken ist namentlich an befristete Rabatte oder Räumungsverkäufe, die einen effi-zienzsteigernden Preiswettbewerb induzieren. Um nun tatsächlich bewerten zu können, ob Preissenkungen im eigenen Distributionssystem schädliche Wirkungen zeitigen, muss der Hersteller über entscheidungsrelevante Infor-mationen hinsichtlich der Häufigkeit und der Folgen solcher Preissenkungs-strategien verfügen.[208] Da eine eigene Marktanalyse jedoch mit hohen Infor-mationssuchkosten verbunden ist, weichen die Hersteller in der Regel auf leichter verfügbare, alternative Informationsquellen aus. Dabei handelt es sich primär um Händlerbeschwerden und Medienberichte.[209] Genau in die-sem Kontext entfaltet die Verfügbarkeitsverzerrung ihre Wirkung: Gemäss Tor und Rinner informieren die betroffenen Händler und Medienschaffen-den vorwiegend dann, wenn sie mit negativen Folgen von Preissenkungs-strategien konfrontiert sind.[210] Über positive effizienzfördernde Preissen-kungsstrategien wird der Hersteller dahingegen nur sehr selten oder gar nie unterrichtet. Damit sind Hersteller, die sich vorwiegend auf die genannten Informationsquellen stützen, nur einseitig über die Häufigkeit und Folgen von Preissenkungsstrategien informiert, was letztlich zu einer negativen Ver-zerrung bezüglich der Bewertung solcher Strategien führt.[211]

---

[206] Tor/Rinner, S. 808.

[207] Oder wie es Tor/Rinner formulieren: „More specifically, the empirical evidence amassed by behavioral decision researchers suggests that a confluence of psychological pro-cesses biases manufacturers toward unduly negative judgments of the expected harms of, and an aversion to, retail price cutting on the one hand and an excessive preference for RPM as the means for addressing price-cutting on the other. (...) to lead some manufacturers to employ RPM excessively and inefficiently.", Tor/Rinner, S. 820.

[208] Tor/Rinner, S. 822 f.

[209] Tor/Rinner, S. 822 f.

[210] Tor/Rinner, S. 825 f.

[211] Oder wie es Tor/Rinner formulieren: „Insofar as their information provides a biased

– *Verlustaversion*

Unabhängig von der Informationslage des Herstellers führt eine andere kognitive Verzerrung dazu, dass Preissenkungsstrategien systematisch zu negativ bewertet werden: Aufgrund der Verlustaversion überschätzen Hersteller die negativen Auswirkungen eines trittbrettfahrenden Händlers gegenüber den positiven Auswirkungen, die mit einem effizienzfördernden Preiswettbewerb einhergehen.[212] Verlustaverse Hersteller, so Tor und Rinner, ergreifen folglich „costly preventive efforts, expending resources well beyond the expected financial harm they believe price-cutting will inflict upon them, to (…) prevent the painful prospect of a potential loss from materializing".[213] Bei diesen kostenintensiven Präventionsmassnahmen handelt es sich namentlich um vertikale Mindestpreisbindungen.

– *Fairnessüberlegungen*

Schliesslich können Hersteller auch aus Fairnessüberlegungen übermässig oft auf vertikale Mindestpreisbindungen zurückzugreifen. So belegen empirische Untersuchungen, dass Marktakteure sehr hohe Kosten aufwenden, um unfaire Verhaltensweisen und Geschäftspraktiken anderer Marktteilnehmer zu bestrafen.[214] Diese Erkenntnis lässt sich auch auf fairnessaffine Hersteller übertragen, die Preissenkungsstrategien der Händler bzw. das damit einhergehende Trittbrettfahren als unfaire oder unethische Geschäftspraktiken auffassen. Solche Hersteller wollen Verletzungen fairer Geschäftspraktiken bereits im Vorfeld vermeiden und wenden dementsprechend übermässig hohe Kosten für die Einhaltung ihres Fairnessstandards auf.[215] Auf die Problematik der vertikalen Mindestpreisbindungen umgemünzt bedeutet dies, dass fairnessaffine Hersteller RPM-Strategien auch dann implementieren werden, wenn Preissenkungen der Händler sehr unwahrscheinlich oder mit effizienzsteigernden Wirkungen verbunden sind.[216]

Darüber hinaus kann auch der Anker-[217] oder der „Framing"-Effekt[218] dazu führen, dass Hersteller übermässig oft auf vertikale Mindestpreisbindungen zurückgreifen.

---

sample of price-cutting events and their vivid and salient negative effects, manufacturers are likely to excessively recall these events and thus overestimate both the probability of price-cutting and the frequency of its harmful manifestations.", Tor/Rinner, S. 825 f.

[212] Van den Bergh, S. 128; Tor/Rinner, S. 829 f.
[213] Tor/Rinner, S. 830.
[214] Siehe: Fehr/Gächter, Cooperation, S. 980 ff.
[215] Tor/Rinner, S. 831.
[216] Tor/Rinner, S. 833.
[217] Tor/Rinner, S. 822 ff.
[218] Van den Bergh, S. 219.

3. Produktkopplung

Mit einer Produktkopplung werden Konsumenten verpflichtet, beim Kauf eines Produkts (Kopplungsprodukt) zusätzlich ein anderes Produkt (gekoppeltes Produkt) desselben Anbieters zu kaufen.[219] Solche Kopplungspraktiken sind wettbewerbsrechtlich nur dann problematisch, wenn sie von marktmächtigen Unternehmen ausgehen. Im Rahmen solcher Produktkopplungen können zwei Betrachtungsweisen unterschieden werden.

Gemäss der traditionellen Betrachtungsweise sind Produktkopplungen problematisch, weil sie einem marktbeherrschenden Unternehmen ermöglichen, seine monopolistische Stellung auf einen zweiten Markt auszuweiten – namentlich jenen des gekoppelten Produkts (sog. „leverage theory").[220] Neben dieser Problematik der Marktabschottung geht mit der Produktkopplung ferner auch eine Ausbeutung des Konsumenten einher: Wenn ein Konsument ausschliesslich das Kopplungsprodukt kaufen möchte, wird er benachteiligt, da er gleichzeitig auch das gekoppelte Produkt erwerben muss. Dementsprechend gilt: Sofern ein Unternehmen im Markt des Kopplungsprodukts eine marktbeherrschende Stellung aufweist, sind entsprechende Produktkopplungen wettbewerbsrechtlich zu verbieten.[221]

Die zweite Betrachtungsweise wurde massgeblich von der „Chicago School" geprägt und geht im Kern auf die sog. „single monopoly profit theory"[222] zurück. Im Gegensatz zur traditionellen Betrachtungsweise wird die Ansicht vertreten, dass marktbeherrschende Unternehmen durch Produktkopplungen keine zweite Monopolrente erzielen können und diese damit als zulässig zu erachten sind.[223] Diese Auffassung kann gemäss Mathis wie folgt begründet werden: Bietet das marktbeherrschende Unternehmen das gekoppelte Produkt über dem Wettbewerbspreis an, muss es den Preis für das Kopplungsprodukt entsprechend senken. Andernfalls steigt unter dem Strich der Preis für die Gesamtleistung und die Nachfrage für das Produktbündel geht zurück.[224] Eine analoge Begründung findet sich auch bei Heinemann:

---

[219] Posner, Antitrust Law, S. 197; Mathis, Effizienz, S. 120.

[220] Posner, Antitrust Law, S. 197 f.; Mathis, Effizienz, S. 120; Heinemann, More Realistic Approach, S. 223.

[221] Siehe hierzu: Heinemann, More Realistic Approach, S. 224 (mit entsprechendem Verweis auf die Rechtslage in der EU).

[222] Heinemann, Facts over Theory, S. 5.

[223] Mathis, Effizienz, S. 120; Heinemann, Facts over Theory, S. 5.

[224] Posner, Antitrust Law, S. 198 f.; Mathis, Effizienz, S. 120 f.; in diesem Sinne auch van den Bergh: „According to rational choice theory, consumers will switch suppliers if the benefits of using a competing secondary product (better performance) outweigh its costs (time and effort to acquire the product).", van den Bergh, S. 227; analog zu der wettbewerbsrechtlichen Bewertung von Sekundärmärkten, wird damit auch bei Produktkopplungen eine Gesamtmarktbetrachtung der separaten Marktbetrachtung vorgezogen. Siehe hierzu oben: *§ 6.B.II.1.ii) Sekundärmarkt.*

„There is only one monopoly profit to be earned. Higher payments for the tied product actually are part of the price of the tying product. If the monopoly is lawful, nothing can be said against the distribution of the monopoly rent to both products. If, by contrast, the monopoly is anticompetitive, antitrust law should directly attack this monopoly, but not ban tying since tying often enhances efficiency or, at least, does not cause any damage."[225]

Folglich interessiert im Rahmen dieser zweiten Betrachtungsweise ausschliesslich die Frage, ob die marktbeherrschende Stellung auf dem Markt für das Kopplungsprodukt wettbewerbswidrig erlangt worden ist – das Vorliegen einer Produktkopplung ist dabei nicht von Bedeutung.[226]

Auch bei der wettbewerbsrechtlichen Beurteilung von Produktkopplungen wird die relativ positive Sichtweise der „Chicago School" durch verhaltensökonomische Erkenntnisse zunehmend in Frage gestellt. Dabei spielt insbesondere die Status-Quo-Verzerrung eine gewichtige Rolle.[227] Wie diese kognitive Verzerrung die wettbewerbsrechtliche Bewertung von Produktkopplungen konkret beeinflussen kann, ist nachfolgend anhand zweier Fälle zu illustrieren:

– *Microsoft-Fall*[228]
   Im Rahmen des europäischen *Microsoft-Falls* von 2007 warf die EU-Kommission dem Unternehmen Microsoft vor, seine marktbeherrschende Stellung missbraucht zu haben, indem es das Windows-Betriebssystem nur zusammen mit dem Wiedergabeprogramm „Windows Media Player" vertrieb. Diese Produktkopplung habe eine Marktabschottung zur Folge; konkurrierende Anbieter von Wiedergabeprogrammen werden am Markteintritt behindert bzw. aus dem Markt gedrängt.
   Microsoft bestritt weder seine marktbeherrschende Stellung noch die Kopplungstätigkeit, wehrte sich aber gegen den Missbrauchsvorwurf: Für die Nutzer des Windows-Betriebssystems sei es jederzeit problemlos möglich gewesen, einen alternativen Mediaplayer von Drittanbietern herunterzuladen. Weiter ist ein möglicher Programmwechsel mit keinen Nachteilen

---

[225] Heinemann, More Realistic Approach, S. 223.

[226] Mathis, Effizienz, S. 121; Heinemann, Facts over Theory, S. 5.

[227] Siehe hierzu oben: *§ 6.A.II.3. Arten der kognitiven Verzerrungen.*

[228] Siehe zum Ganzen: Urteil des EuG vom 17. September 2007, Rs. T-201/04, Microsoft Corporation, Slg. 2007 II-3619, Rz. 1 ff.; Mathis, Effizienz, S. 121 ff.; Heinemann, More Realistic Approach, S. 224 f.; Heinemann, Realität, S. 37; Heinemann, Facts over Theory, S. 5; van den Bergh, S. 226 f.; der europäische Microsoft-Fall von 2007 ist indes nicht mit dem US-amerikanischen Microsoft-Fall von 2001 zu verwechseln: Auch in den USA hatte sich ein Gericht mit einer Produktkopplung des Unternehmen Microsofts auseinanderzusetzen. Konkret wurde Microsoft für die Kopplung seines Betriebssystems „Windows" mit dem Browser „Internet Explorer" sowie anderen Softwareprogrammen wie „Java" verurteilt. Von besonderer Bedeutung war dieses Urteil, weil das Gericht dabei das per se Verbot für Produktkopplungen aufhob und stattdessen auch bei technologischen Produktkopplungen einen „Rule of Reason"-Ansatz anwandte. Siehe dazu: United States vs. Microsoft Corporation, 253 F.3d 34, US Court of Appeals for the District of Columbia Circuit, 2001.

verbunden und es stehe den Nutzern sogar offen, den heruntergeladenen Mediaplayer als Standardwiedergabeprogramm festzulegen. Mit seiner Argumentation versuchte Microsoft darzulegen, dass die Hürden für den Wechsel des Wiedergabeprogramms nur marginal sind und die Produktkopplung damit nicht zu einer Behinderung des Wettbewerbs führe. Diese Argumentation ist jedoch nur insoweit stichhaltig, als von rationalen und willensstarken Konsumenten ausgegangen wird.

Der Europäische Gerichtshof stützte Microsofts Argumentation nicht. In seinem Urteil folgt er vielmehr den vorinstanzlichen Ausführungen der EU-Kommission. Im Gegensatz zu Microsoft stellte die Kommission dabei nicht auf ein rationales, sondern auf das reale Konsumentenverhalten ab – und öffnete damit implizit die Tür für verhaltensökonomische Erkenntnisse. Insbesondere wurde in diesem Zusammenhang auf die Trägheit der Nutzer verwiesen: So argumentierte die EU-Kommission, dass die Nutzer in der Regel bei der vorinstallierten Standardsoftware bleiben und nur selten ein alternatives Wiedergabeprogramm herunterladen würden. Dieses Argument wurde dann auch vom Europäischen Gerichtshof aufgegriffen:

„As the Commission asserts (...) to the contested decision, while downloading is in itself a technically inexpensive way of distributing media players, vendors must deploy major resources to ‚overcome end-users‘ inertia and persuade them to ignore the pre-installation of [Windows Media Player]."[229]

Dieses tatsächliche Konsumentenverhalten steht im Einklang mit den verhaltensökonomischen Erkenntnissen zur Status-Quo-Verzerrung: Selbst wenn die Kosten für die Beschaffung eines alternativen Wiedergabeprogramms marginal sind, hat diese kognitive Verzerrung zur Folge, dass ein übermässiger Hang zur Voreinstellung besteht. Folglich spielt der Wettbewerb nicht so intensiv, wie es Microsofts Argumentation suggeriert.

Auch wenn die Richter des Europäische Gerichtshof in ihrem Urteil nicht explizit auf die Status-Quo-Verzerrung eingegangen sind, kamen sie letztlich zum gleichen Ergebnis: Mit der entsprechenden Produktkopplung geht eine Behinderung des Wettbewerbs einher, womit Microsoft seine marktbeherrschende Stellung missbraucht hat. Das Unternehmen wurde schliesslich zur Zahlung von rund 497 Millionen Euro verurteilt.

– *Google-Android-Fall*[230]
Im Rahmen einer 2018 abgeschlossenen Untersuchung hatte die EU-Kommission dem Unternehmen Google unter anderem vorgeworfen, seine

---

[229] Urteil des EuG vom 17. September 2007, Rs. T-201/04, Microsoft Corporation, Slg. 2007 II-3619, Rz. 1052.

[230] Siehe zum Ganzen: Beschluss der EU-Kommission vom 18. Juli 2018, AT.40099, Google Android, Rz. 1 ff.; Heinemann, Facts over Theory, S. 5; gemäss den Ausführungen der Kommission hat das Unternehmen Google eine marktbeherrschende Stellung, weil das iOS-

marktbeherrschende Stellung missbraucht zu haben, indem es den Herstellern von Mobilgeräten die Verwendungen seines lizenzierten Betriebssystems „Android" nur erlaubte, wenn sich diese ihrerseits verpflichteten, ein App-Bündel von Google auf all ihren Mobilgeräten vorzuinstallieren. Namentlich handelte es sich dabei um den Android-App-Store „Google Play Store", die App „Google-Suche" und den Browser „Google Chrome". Die EU-Kommission sah diese Produktkopplung im Sinne einer Vorinstallationsverpflichtung als wettbewerbsrechtswidrig an. Während die Kommission im Microsoft-Fall die Status-Quo-Verzerrung nur indirekt adressierte, fand sie in diesem Fall explizit Erwähnung:

> „Users are unlikely to look for, download, and use alternative apps, at least when the app that is pre-installed, premium placed and/or set as default already delivers the required functionality to a satisfactory level. (…) In order to overcome the status quo bias and see users looking for alternatives, service providers need to convince users that their service is significantly better than the alternative that is already pre-installed, premium placed or set as default."[231]

Die Kommission kam zum Schluss, dass Google durch ihre Kopplungspraktiken den Nutzern das Herunterladen konkurrierender Apps erschwert hat und damit die Möglichkeit der Wettbewerber beeinträchtigte, ernsthaft mit Google zu konkurrieren. Google wurde schliesslich zur Zahlung von rund 4,34 Milliarden Euro verurteilt.

4. Horizontale Fusionen

Ganz allgemein versteht man unter horizontalen Fusionen Übernahmen oder Zusammenschlüsse von Unternehmen, die in der gleichen Branche und auf der gleichen Produktionsstufe tätig sind. Aus wettbewerbsrechtlicher Sicht ist umstritten, inwieweit solche Fusionen zulässig sind bzw. sogar gefördert werden sollen.[232] Vereinfacht gesagt, stehen sich dabei eine zusammenschlussskeptische und eine zusammenschlussfreundliche Grundposition gegenüber.

Gemäss der zusammenschlussskeptischen Grundposition werden horizontale Fusionen primär als wettbewerbsbeschränkend aufgefasst: Die fusionierten Unternehmen missbrauchen ihre neu gewonnene Marktmacht, um den Wettbewerb auf dem relevanten Markt auszuschalten, was im Endeffekt zu höheren Preisen, schlechteren Dienstleistungen und weniger Innovationen führt.[233]

Betriebssystem von Apple nicht demselben Markt angehört. Konkret unterscheidet sich Android als lizenzpflichtiges Betriebssystem von Betriebssystemen wie iOS insofern, als Letzteres ausschliesslich von vertikal integrierten Entwicklern genutzt wird.

[231] Beschluss der EU-Kommission vom 18. Juli 2018, AT.40099, Google Android, Rz. 782.
[232] Insbesondere befeuert durch den Ansatz der „Chicago School". Siehe dazu: Posner, Antitrust Law, S. 120 ff.; Bork, S. 217 ff.; Zamir/Teichman, S. 385.
[233] Zamir/Teichman, S. 385.

Diesem Verständnis steht eine zusammenschlussfreundliche Grundpositi-on gegenüber, die unter anderem auf zwei Grundannahmen beruht.[234] Einer-seits wird davon ausgegangen, dass horizontale Fusionen insbesondere dann unbedenklich sind, wenn tiefe Marktzutrittsschranken bestehen und neue Kon-kurrenten damit leicht auf den Markt drängen können.[235] Andererseits werden horizontale Fusionen primär als Massnahmen zur Erhöhung der produktiven Effizienz gesehen, namentlich weil das fusionierte Unternehmen seine Grenz-kosten durch das Ausnützen von Grössenvorteilen senken kann („economies of scale").[236] Von der Erhöhung der produktiven Effizienz profitieren letzt-lich auch die Konsumenten; sie erhalten günstigere und innovativere Produkte sowie bessere Dienstleistungen.[237]

Die zusammenschlussfreundliche Grundposition ist massgeblich von der „Chi-cago School" geprägt und stellt heute die vorherrschende wettbewerbsrecht-liche Sichtweise dar.[238] Diese Grundposition wird in jüngerer Zeit aufgrund verhaltensökonomischer Erkenntnisse jedoch in Frage gestellt, wobei die Kritik insbesondere bei den zwei Grundannahmen ansetzt.

– *Marktzutrittsschranken*
Wie bereits dargelegt,[239] taugt die Höhe der Marktzutrittsschranken nur be-dingt als Kriterium, um die Wettbewerbsintensität auf einem Markt zu be-stimmen. Dies ist unter anderem der egozentrischen Verzerrung geschuldet: Da die Manager von neu eintretenden Unternehmen ihre eigenen Fähigkei-ten (Selbstüberschätzung) sowie den Erfolg ihres Unternehmens auf dem Markt (unrealistischer Optimismus) systematisch überschätzen, üben die neu eintretenden Unternehmen im Endeffekt keinen nachhaltigen Wettbewerbs-druck auf die arrivierten Unternehmen aus. Aus traditionell ökonomischer Sicht sind solche Markteintritte dementsprechend irrational. Gemäss Ree-ves und Stucke kann darüber hinaus aber auch eine andere kognitive Verzer-rung irrationale Markteintritte begünstigen, die im Kern auf die Verfügbar-keitsverzerrung zurückgeht: die sog. „Fokussierungsillusion".[240] Gemeint ist damit, dass sich neu eintretende Unternehmer vorwiegend mit ihren ei-genen personellen Fähigkeiten beschäftigen und externe Faktoren wie den

---

[234] So implizit: Zamir/Teichman, S. 385 ff.; Stucke beschreibt dahingegen fünf Grund-annahmen. Siehe dazu: Stucke, Competition Agencies, S. 708 f.

[235] Reeves/Stucke, S. 1553 f.; in diesem Sinne auch Heinemann: „Barriers to entry are highly relevant in merger control. When market access is easy, the threat to competition is low.", Heinemann, More Realistic Approach, S. 228.

[236] Siehe hierzu oben: *§ 4.B.II.3.iii) Normative Grundlage: Gesamt- vs. Konsumenten-wohlfahrt.*

[237] Reeves/Stucke, S. 1560; Zamir/Teichman, S. 385.

[238] Stucke, Competition Agencies, S. 710 f.; Zamir/Teichman, S. 385.

[239] Siehe hierzu oben: *§ 6.B.I.2. Entwicklung in den USA.*

[240] Siehe dazu: Kahneman, S. 402 ff.

Marktsättigungsgrad oder die Marktstellung der Konkurrenten systematisch vernachlässigen.[241]

Kognitive Verzerrungen können aber nicht nur irrationale Markteintritte begünstigen, sondern gerade auch den gegenteiligen Effekt zur Folge haben: Markteintritte erfolgen zuweilen nicht, obwohl sie unternehmerisch als auch gesamtmarktlich angezeigt wären. Dieser Effekt wurde im Rahmen der egozentrischen Verzerrung identifiziert. Empirische Untersuchungen förderten zu Tage, dass sich die Selbstüberschätzung ins Gegenteil verkehren kann, wenn Individuen mit sehr anspruchsvollen Aufgaben konfrontiert sind; sie unterschätzen ihre eigenen Fähigkeiten und verhalten sich insgesamt risiko-avers.[242] Da ein Markteintritt eine unternehmerische Herausforderung darstellen kann, ist es wahrscheinlich, dass sich gewisse Unternehmer risiko-avers verhalten und keinen Markteintritt wagen.

Insgesamt machen die Erkenntnisse der Verhaltensökonomik deutlich, dass die erste Grundannahme der zusammenschlussfreundlichen Grundposition nur bedingt mit der Realität korrespondiert: Es gibt gleichzeitig mehr irrationale sowie weniger rationale Markteintritte. Oder wie es Reeves und Stucke pointiert zusammenfassen:

„The behavioral literature identifies two market-entry error types: (i) excess entry (i.e., entry that fails because it is economically irrational) and (ii) sparse entry (i.e. entry that should but does not occur because a firm exhibits irrationality in failing to pursue entry). Both categories of market entry-error can cast light on ways in which antitrust law's assumptions about entry are imperfect."[243]

Wettbewerbsbehörden, die im Rahmen ihrer Fusionskontrollen auf diese Grundannahme abstellen, laufen daher Gefahr, horizontale Fusionen zuzulassen, die den Wettbewerb nachhaltig einschränken.

– *Effizienzgewinne*
Aber auch die zweite Grundannahme – dass horizontale Fusionen in der Regel zu signifikanten Effizienzgewinnen führen – wird durch verhaltensökonomische Erkenntnisse in Frage gestellt. Gemäss Zamir und Teichman gibt es unzählige Beispiele von zugelassenen Fusionen, die nicht zu den erwarteten Effizienzgewinnen führten und „went terribly wrong".[244] Wei-

---

[241] Reeves/Stucke, S. 1558.

[242] „So rates of entry, in one behavioral experiment, differed dramatically for difficult and simple tasks. In the experiment, participants over-entered when the quiz was simple (sixty-nine percent of the time), but entered less often on rounds when the quiz was difficult (thirty-nine percent of the time), even though they stood to profit in entering the difficult rounds. There was no evidence that the university students learned to avoid these mistakes over twelve rounds. In basing entry largely on their myopic judgment, the participants failed to see profitable opportunities where less competition existed.", Reeves/Stucke, S. 1559 (m. w. V.).

[243] Reeves/Stucke, S. 1556 f.

[244] Zamir/Teichman, S. 386; die Autoren nennen namentlich den Zusammenschluss der

ter führen die Autoren aus, dass „the bulk of the evidencencs suggests that mergers fail to live up to expectations, and do not create value".[245] Eine Erklärung für solche effizienzvermindernden Unternehmenszusammenschlüsse kann wiederum die egozentrische Verzerrung liefern. So legen empirische Befunde nahe, dass eine enge Korrelation zwischen der Selbstüberschätzung der Unternehmer und den wertvernichtenden Fusionen besteht. Konkret können Manager, die eine Übernahme eines anderen Unternehmens anstreben, in dem Sinne der Selbstüberschätzung unterliegen, als dass sie das effizienzerhöhende Potenzial des Zusammenschlusses systematisch zu hoch einschätzen.[246] In ähnlicher Weise erklären auch Reeves und Stucke effizienzvermindernde Unternehmenszusammenschlüsse:

> „One explanation is that in competitive settings – such as auctions and bidding wars – passion may trump reason. Rational choice theory assumes that in an auction, each profit-maximizing bidder assumes that the other bidders are also rational. In bidding wars (whether for antique furniture or a multi-million-dollar firm), passion and optimism may prevail, leading participants to overvalue the purchased assets."[247]

Vor diesem Hintergrund sollen sich die Wettbewerbsbehörden nicht vorbehaltslos auf die zweite Grundannahme stützen, da sonst die Gefahr besteht, dass Fusionen zugelassen werden, die wettbewerbsbeschränkende bzw. effizienzvermindernde Wirkungen zeitigen.

Insgesamt ist zu bilanzieren, dass die verhaltensökonomischen Erkenntnisse die theoretischen Grundannahmen der zusammenschlussfreundlichen Grundposition nicht stützen. Sie machen stattdessen deutlich, dass eine differenziertere Betrachtungsweise angebracht ist. Dies setzt jedoch voraus, dass die Wettbewerbsbehörden über umfangreiche empirische Daten verfügen, wie sich Fusionen tatsächlich auf den Wettbewerb und die Effizienz auswirken. Stucke setzt sich aus diesem Grund für die standardmässige Anwendung von sog. „post merger reviews"[248] ein. Diese nachgelagerten Fusionsanalysen zielen darauf ab, die Grundannahmen der wettbewerbsbehördlichen Fusionskontrollen empirisch zu überprüfen.[249] Um die Analysekosten in einem überschaubaren Rahmen zu halten, schlägt Stucke ein zweistufiges Prüfprogramm vor: In einem ersten Schritt hat die Wettbewerbsbehörde zwei bis fünf Jahre nach dem Zusammenschluss

---

Unterhaltungsunternehmen „AOL" und „Time Warner", der angeblich 200 Millionen an Eigenkapitalwert zerstört hat. Reeves/Stucke nennen zudem noch den Zusammenschluss von „Sony" und „Columbia Picture", bei dem die Parteien „poorly predicted the mergers' likely efficiencies"., Reeves/Stucke, S. 1561.

[245] Zamir/Teichman, S. 386.

[246] Heinemann, More Realistic Approach, S. 228; Zamir/Teichman, S. 386.

[247] Reeves/Stucke, S. 1562.

[248] Siehe hierzu oben: *§ 6.B. I.2. Entwicklung in den USA*; Stucke, Competition Agencies, S. 711.

[249] Stucke, Competition Agencies, S. 711; Reeves/Stucke, S. 1571 ff.

verschiedene Wettbewerbsparameter auf dem entsprechenden Markt summarisch zu analysieren. Im Rahmen quantitativer und qualitativer Datenerhebun-
gen sind neben der Preisentwicklung auch Faktoren wie Innovation, Produktivität, angebotener Service und Qualität zu überprüfen – soweit sich diese ohne
übermässige Kosten ermitteln lassen.[250] Wird bei dieser Analyse festgestellt,
dass der Wettbewerb oder die produktive Effizienz erheblich beeinträchtigt
wurde, hat die Wettbewerbsbehörde in einem zweiten Schritt eine vertiefte Untersuchung vorzunehmen. Bei dieser kostenintensiveren Überprüfung steht dann
die Frage im Vordergrund, ob sich die negative Entwicklung der Wettbewerbsparameter durch zusammenschlussfremde Faktoren erklären lässt – wie etwa
das Verhalten der Konkurrenz oder die gesamtwirtschaftliche Entwicklung.[251]

Die empirischen Daten, die aus nachgelagerten Fusionsanalysen gewonnen werden, können dafür genutzt werden, um für spätere Fälle realitätsnähere
Grundannahmen und Prognosemodelle erstellen zu können.[252]

III. Kritik und Kritikanalyse

„Behavioral Antitrust" erfreute sich in den letzten zehn Jahren nicht nur zuneh-
mender Beliebtheit, sondern war auch vermehrter Kritik ausgesetzt. Diese rich-
tete sich einerseits gegen die Verhaltensökonomik im Allgemeinen, andererseits
gegen „Behavioral Antitrust" im Besonderen. Nachfolgend werden ausgewählte Kritikpunkte erläutert und im Rahmen einer Kritikanalyse sogleich auch auf
ihre Begründetheit hin geprüft.

1. Fehlender theoretischer Überbau

i) Kritik

Kritiker bemängeln, dass es der verhaltensökonomischen Analyse des Wettbewerbsrechts an einem theoretischen Überbau fehle. Die Analyse gründe lediglich auf einer Ansammlung kontextbezogener Erkenntnisse der empirischen
Verhaltensforschung.[253] Ein Problem auf das mit Reeves auch eine Befürwor-

---

[250] Stucke, Competition Agencies, S. 713; Reeves/Stucke, S. 1574; Stucke, Realism,
S. 13 f.
[251] Stucke, Competition Agencies, S. 713; Reeves/Stucke, S. 1574 f.; Stucke, Realism,
S. 13 f.
[252] Oder wie es Reeves/Stucke selber formulieren: „Such empirical work promotes effective learning by creating feedback about the relation between the situational conditions and
the appropriate response. By instituting a regular and systematic review of close-call mergers,
the agencies (…) promote more effective antitrust enforcement, increase transparency of the
merger review process, and make themselves more accountable for their decisions. An empiri-
cally driven competition policy may also temper the claims, which have also increased over the
past quarter century, of partisanship in antitrust enforcement.", Reeves/Stucke, S. 1575; siehe
hierzu ferner auch: Budzinski, Ex-Post Evaluation, S. 45 ff.
[253] „As applied to antitrust law, however, behavioralists have thus far failed to articulate a

terin von „Behavioral Antitrust" hingewiesen hat. Sie konstatiert, dass es dem „Behavioral Antitrust" insbesondere im Vergleich zum neoklassischen Ansatz an einem sog. „organizing principle"[254] fehle, welches das Verhalten der Marktakteure ganzheitlich umschreibt. Insbesondere im Hinblick auf die richterliche Entscheidungsfindung kann dies durchaus problematisch sein:

„[O]bservations that humans behave ‚predictably irrationally' in certain discrete circumstances do not offer a clear tool for deciding cases that must establish broad rules across sectors of the economy, such as whether conduct qualifies as exclusionary or an agreement is anticompetitive."[255]

Die Neoklassik biete im Gegensatz dazu ein praxistaugliches Verhaltensmodell an, das auch von den Gerichten verwendet werden kann, ohne dass das Wettbewerbsrecht an Rechtssicherheit einbüsst.[256]

Im Vergleich zu Reeves wird das Fehlen eines theoretischen Überbaus von zwei anderen Autoren deutlich schärfer kritisiert: Gemäss Devlin und Jacobs hat die verhaltensökonomische Analyse des Wettbewerbsrechts lediglich eine beschreibende Funktion und „embodies no theory, develops no predictive models, and therefore lacks pratical value".[257] An anderer Stelle gehen die Autoren noch einen Schritt weiter und bewerten die Verhaltensökonomik insgesamt als antitheoretisch.[258] Zwar räumen sie ein, dass das „rational choice"-Modell durchaus realistischer ausgestaltet werden kann, die Verhaltensökonomik diesbezüglich aber keinen Beitrag leisten kann:

„Of course, there is room for improving the precision of rational choice theory's predictions. But better predictions require a better theory, and the behavioral school has no theory to provide, let alone a superior one. ‚[H]av[ing] a better grasp of reality, and dealing with its hazards' offers little to the antitrust policymaker charged with resolving a complex problem."[259]

Vielmehr sind die Autoren der Auffassung, dass die Lösung innerhalb der neoklassischen Ökonomik selbst gefunden werden kann; so sei diese nämlich ebenfalls „deeply empirical"[260] und könne zu einem realistischeren Wettbewerbs-

---

logically coherent policy proposal arising from a behavioral economics observation.", Wright/Stone, S. 1529.

[254] Reeves, S. 4.

[255] Reeves, S. 4.

[256] Reeves, S. 4.

[257] Devlin/Jacobs, S. 1057 und S. 1060 f.

[258] Devlin/Jacobs, S. 1050.

[259] Devlin/Jacobs, S. 1051.

[260] Devlin/Jacobs, S. 1046; die Autoren räumen zwar ein, dass der Verhaltensökonomik eine andere empirische Herangehensweise zugrunde liegt, nämlich eine empirisch-induktive. Diese Herangehensweise sei jedoch problematisch: „Because it is only nominally inductive, however, behavioral antitrust ends where it starts, at empirical observation. It induces no general principles nor postulates from what it observes."; zur Unterscheidung zwischen empi-

recht beitragen. Ein realistischeres Wettbewerbsrecht kann demzufolge bereits mit dem tradierten neoklassischen Ansatz verwirklicht werden, was „Behavioral Antitrust" obsolet mache.[261]

Vor diesem Hintergrund lässt sich die Kritik wie folgt zusammenfassen: Da die Entwicklung eines kohärenten verhaltensökonomischen Verhaltensmodells auf theoretischer Ebene gescheitert ist, hat das darauf basierende „Behavioral Antitrust" nur eingeschränkten theoretischen und praktischen Wert.[262]

ii) Kritikanalyse

Im Kern ist die Kritik zutreffend, dennoch sind zwei Relativierungen angebracht. Einerseits ist die Kritik dahingehend zu relativieren, als es sich bei der Verhaltensökonomik und insbesondere bei „Behavioral Antitrust" um relativ junge Forschungsansätze handelt.[263] Es ist nicht auszuschliessen, dass sich ein kohärenter theoretischer Überbau im Laufe der Zeit noch herausbilden wird. Um die diesbezüglichen Möglichkeiten und Grenzen auszuloten, bedarf es aber zusätzlicher Forschung. Forschungsbedarf besteht aber nicht nur im empirischen, sondern auch im theoretischen Bereich.[264] Denn nur theoretische Forschung kann die einzelnen verhaltensökonomischen Erkenntnisse in einem kohärenten Rahmen zusammenfügen und aufzeigen, wo weitere empirische Forschung nötig ist, um allfällige Lücken zu schliessen. Insofern ist auch Devlin und Jacbos beizupflichten, wenn sie die Verhaltensökonomik für ihre rein empirisch-induktive Herangehensweise kritisieren; sofern kein theoretischer Rahmen entwickelt wird, kommt „Behavioral Antitrust" tatsächlich nie über eine beschreibende Funktion hinaus.[265]

Andererseits ist es nicht sachgerecht, „Behavioral Antitrust" jeden theoretischen und praktischen Nutzen abzusprechen, nur weil es ihm an einem kohärenten theoretischen Überbau fehlt. Vielmehr bedarf es vor diesem Hintergrund

---

risch-induktiver und empirisch-deduktiver Herangehensweise siehe oben: § 2.B.II.2. Umgang mit Empirie.

[261] Devlin/Jacobs, S. 1046 f.

[262] Wenn auch die Mehrheit der Autoren die Schlussfolgerungen von Devlin/Jacobs nicht teilen, ist man sich heute dennoch weitgehend einig, dass „Behavioral Antitrust" nicht zu einem Paradigmenwechsel im Wettbewerbsrecht führen wird. Siehe hierzu unten: § 6.B.III.1.ii) Kritikanalyse.

[263] Siehe hierzu oben: § 6.A.II.1. Entwicklung und § 6.B.I.2. Entwicklung in den USA.

[264] So betont auch Reeves mit Verweis auf Sunstein, „that ‚an enormous amount remains to be done' in the development of behavioral economics, including determining whether ‚behavioral economics [can, M. M.] generate a unitary theory of behavior' or whether behavioral economics is ‚too ad hoc and unruly to generate predictions in the legal context'.", Reeves, S. 4 (Fn. 22).

[265] Siehe dazu: Devlin/Jacobs, S. 1046; damit ist jedoch nicht zwangsläufig die Schlussfolgerung verbunden, dass „Behavioral Antitrust" keinen theoretischen oder praktischen Nutzen aufweist.

einer Neudefinierung des Aufgabenbereichs: „Behavioral Antitrust" soll nicht einen Paradigmenwechsel im Wettbewerbsrecht einleiten, sondern die traditionelle ökonomische Analyse des Wettbewerbsrechts punktuell verbessern. Nicht ersetzen, sondern ergänzen – diese Ansicht teilen heute verschiedene renommierte Wettbewerbsforscher. So kommt beispielsweise Tor zum Schluss, dass „the behavioral approach is poised to advance antitrust law and policy in myriad ways but can and should only supplement, not substitute for, the apparatus of standard antitrust law and economics".[266] Oder Reeves:

> „Nevertheless, while the absence of an organizing principle (at least for now) may limit the ability of behavioral economics to effect across-the-board doctrinal changes in antitrust, this does not mean that there will not be any role for behavioral antitrust going forward. Doctrinally, it may still be possible for behavioral economics to play a role in certain fact-specific contexts."[267]

Auch in Europa scheint sich diese Ansicht durchzusetzen: So betont beispielsweise Heinemann, dass die verhaltensökonomischen Erkenntnisse nicht zu einer „behavioural revolution", wohl aber zu einem „behavioural turn" im Wettbewerbsrecht führen können.[268] In diesem Sinne verändert die Verhaltensökonomik das Wettbewerbsrecht nicht grundlegend, sondern schafft „nur" die Voraussetzungen für eine realistischere und damit robustere theoretische Grundlage.[269]

2. Punktuelle und minimale Erkenntnisgewinne

i) Kritik

Diese Kritik ist eng mit der vorhergehenden verknüpft: Da es „Behavioral Antitrust" an einem theoretischen Überbau fehlt, hat der Ansatz lediglich ein punktuelles Anwendungsfeld, innerhalb dessen nur minimale Erkenntnisse generiert werden. Diese zwei Kritikpunkte – punktuelles Anwendungsfeld und minimale Erkenntnisgewinne – lassen sich wie folgt begründen.

Da die Verhaltensökonomik kein allgemeines und kohärentes Verhaltensmodell offeriert, lässt sich das Verhalten der Marktakteure nicht deduktiv aus einem

---

[266] Tor, Understanding Behavioral Antitrust, S. 666 f.

[267] Reeves, S. 4; oder wie Reeves es an anderer Stelle formuliert: „Rather than thinking of behavioral economics as a stark alternative to neoclassical economics, it may be the case that a more complete antitrust analysis might eventually accommodate both approaches. Neoclassical economics does not actually assume that humans always behave in perfectly rational ways – only that perfectly rational conduct cancels out irrational conduct. What behavioral economics may ultimately best provide is an important layer of nuance to antitrust analysis by exposing the occasional instances where this assumption does not hold up.", Reeves, S. 11.

[268] Heinemann, More Realistic Approach, S. 211.

[269] Heinemann, Facts over Theory, S. 6; Devlin/Jacbos bezweifeln sogar, dass „Behavioral Antitrust" diesem bescheideneren Anspruch gerecht werden kann – jedoch mit einer wenig überzeugenden Begründung. Siehe dazu: Devlin/Jacobs, S. 1056 f.

bestehenden Theoriemodell ableiten, sondern muss empirisch einzeln nachgewiesen werden. Zudem sind Verallgemeinerungen der empirischen Erkenntnisse aufgrund der Variabilität und Heterogenität der kognitiven Verzerrungen nur beschränkt möglich.[270] Da das Wettbewerbsrecht darüber hinaus ein relativ junges Anwendungsfeld der Verhaltensökonomik darstellt, ist nur ein begrenzter empirischer Datenkranz vorhanden – insbesondere im Vergleich zu anderen Rechtsgebieten.[271] In diesem Sinne: Solange es an einem verhaltensökonomischen Verhaltensmodell fehlt und die empirische Datenbasis nicht erweitert wird, bleibt das Anwendungsfeld von „Behavioral Antitrust" beschränkt.

Ein punktuelles Anwendungsfeld sagt zwar etwas über die Breite, jedoch nichts über die Tiefe bzw. den Wert der generierten Erkenntnisse aus. Betrachtet man jedoch die oben skizzierten Anwendungsbeispiele von „Behavioral Antitrust",[272] ist tendenziell von einem beschränkten Erkenntnisgewinn auszugehen. Relativ deutlich tritt dies bei der Marktabgrenzung zu Tage.[273] Die Forderung, dass bei der Abgrenzung des relevanten Markts nicht auf ein rationales, sondern auf das reale Verhalten abzustellen sei, wurde nicht erst mit der Verhaltensökonomik in den wettbewerbsrechtlichen Diskurs eingebracht. Der SSNIP-Test wurde bereits Mitte der 1990er Jahre von der EU-Kommission offiziell eingeführt – ohne Bezugnahme auf etwaige verhaltensökonomische Forschung.[274] Die verhaltensökonomische Analyse des Wettbewerbsrechts hat damit lediglich die bereits bestehende Praxis im Nachhinein wissenschaftlich untermauert.[275] Vergleichbares gilt auch für den oben beschriebenen Kodak-Fall:[276] Hier wurde die separate Betrachtungsweise von Primär- und Sekundärmarkt nicht mit verhaltensökonomischen Argumenten begründet, sondern mit einem Argument der „Post-Chicago"-Strömung. Konkret begründete das Gericht eine separate Betrachtungsweise mit den extrem hohen Informationssuchkosten. Der „hyperbolic discount effect" wurde erst rund 20 Jahre später von der verhaltensökonomischen Forschung ergänzt. Einen entscheidungsrelevanten Mehrwert hat „Behavioral Antitrust" damit auch hier nicht geschaffen. Die beiden Beispiele machen deutlich, dass „Behavioral Antitrust" vorwiegend nur zusätzliche Begründungsmöglichkeiten für bereits vorhandene Problemlösungen liefert.

---

[270] Siehe dazu erneut: Tor, Understanding Behavioral Antitrust, S. 608 ff.

[271] Dies wird unter anderem auch dadurch ersichtlich, dass viele empirische Erkenntnisse von „Behavioral Antitrust" gar nicht im wettbewerbsrechtlichen Kontext generiert wurden, sondern in verwandten Gebieten wie Finanzmarkt- oder Konsumentenrecht.

[272] Siehe hierzu oben: § 6.B.II. Ausgewählte Anwendungsfelder.

[273] Siehe hierzu oben: § 6.B.II.1.i) Relevanter Markt.

[274] Siehe hierzu: EU-Kommission, Definition, Nr. 1 ff.

[275] Siehe dazu auch: Rose, S. 107; Heinemann, More Realistic Approach, S. 219.

[276] Siehe hierzu oben: § 6.B.II.1.ii) Sekundärmarkt.

Dass die Verhaltensökonomik nur einen beschränkten Einfluss auf die wettbewerbspolitische Praxis ausübt, ist für sich allein genommen nicht zu beanstanden: So können auch nur schon kleine Erkenntnisgewinne oder die Verteidigung einer bestehenden Praxis wertvoll sein.[277] Problematisch ist dies
indes, wenn man dem beschränkten Einfluss die Kosten gegenüberstellt, die
bei der Generierung der entsprechenden empirischen Erkenntnissen anfallen.
Insbesondere im Vergleich mit der theoretischen Forschung der Neoklassik ist
die empirische Forschung der Verhaltensökonomik mit einem hohen finanziellen Aufwand verbunden: Die Ausarbeitung entsprechender Fall-Vignetten, die
Organisation und Durchführung der Untersuchungen (teilweise unter Einbezug
medizinischer Geräte), aber auch die statische Auswertung der generierten
Daten sind in der Regel sehr kostenintensiv. Die Kostensituation wird zusätzlich verschärft, wenn die Robustheit der generierten empirischen Erkenntnisse garantiert werden soll; die Untersuchungen müssten dann nämlich in unterschiedlichen Konstellationen wiederholt werden.

Pointiert lässt sich dieser Kritikpunkt wie folgt zusammenfassen: Da nur minimale Erkenntnisgewinne generiert werden bzw. die bestehende Praxis lediglich
untermauert wird, stehen Aufwand und Ertrag im Rahmen von „Behavioral Antitrust" in einem Missverhältnis.

ii) Kritikanalyse

Die vorgebrachte Kritik ist aus unterschiedlichen Gründen nur bedingt stichhaltig. Erstens ist in der Gesamtbetrachtung der aktuelle Einfluss von „Behavioral
Antitrust" nicht so limitiert, wie es die vorangegangene Kritik suggeriert. Es
ist zwar zutreffend, dass „Behavioral Antitrust" im Unterschied zur „Chicago
School" zu keinem Paradigmenwechsel in der Wettbewerbspolitik geführt hat;
dennoch kann daraus nicht automatisch geschlossen werden, dass der Einfluss
nur minimal sei. Vielmehr gilt es, das Vergleichsobjekt zu wechseln: „Behavioral Antitrust" ist nicht mit der „Chicago School" zu vergleichen, sondern mit
den aktuelleren Ansätzen der „Post-Chicago"-Strömung und der Neuen Ordnungsökonomik. In diesem Vergleich ist der Einfluss von „Behavioral Antitrust" auf die Wettbewerbspolitik durchaus beachtlich. Während beispielsweise
der evolutorische Wettbewerbsansatz bisher nur auf einer theoretischen Ebene
diskutiert wird,[278] trägt die verhaltensökonomische Analyse des Wettbewerbsrechts bereits heute zur Lösung praxisrelevanter Problemstellungen bei. Mus-
tergültiges Beispiel diesbezüglich ist der Google-Android-Fall:[279] Die EU-
Kommission begründete ihr Urteil mit Verweis auf die Status-Quo-Verzerrung.
Insofern ist auch die Kritik zu relativieren, dass die verhaltensökonomische

---

[277] Siehe hierzu unten: *§ 6.B.III.2.ii) Kritikanalyse.*
[278] Siehe hierzu oben: *§ 5.C.II. Neue Ordnungsökonomik.*
[279] Siehe hierzu oben: *§ 6.B.II.3. Produktkopplung.*

Analyse nur dazu dient, bestehende Urteile im Nachgang wissenschaftlich zu untermauern.[280]

Zweitens ist die Kritik zu relativieren, wenn man nicht auf den aktuellen, sondern auf den zukünftig möglichen Einfluss von „Behavioral Antitrust" abstellt. Insbesondere scheint die verhaltensökonomische Analyse des Wettbewerbsrechts adäquate Analysemethoden und Lösungsansätze für die ökonomischen Herausforderungen des 21. Jahrhunderts bereitzustellen. So weisen Ezrachi und Stucke in ihrem Werk *„ Virtual Competition – The Promise and Perils of the Algorithm-Driven Economy "*[281] einleitend darauf hin, dass die tradierten wettbewerbspolitischen Ansätze keine probaten Lösungen für wettbewerbsrelevante Probleme offerieren, die mit neuen Technologien wie Künstlicher Intelligenz, Algorithmen, „Machine Learning" oder „Big Data" zusammenhängen.[282] Gerade marktmächtige Technologieunternehmen wie Google, Facebook oder Apple wissen solche Technologien äusserst wirksam einzusetzen – zugunsten, aber auch zulasten der Konsumenten.[283] Letzteres ist der Fall, wenn beispielsweise mit Hilfe von „Big Data" kognitive Verzerrungen systematisch ausgenützt werden, um die Marktgegenseite auszubeuten. Konkret verweisen Ezrachi und Stucke in diesem Zusammenhang auf Preisdiskriminierungsstrategien marktmächtiger Technologieunternehmen:

„In the online world where Big Data meets behavioral economics, we are witnessing an emerging category of price discrimination – behavioral discrimination. Here firms harvest our personal data to identify which emotion (or bias) will prompt us to buy a product, and what's the most we are willing to pay. Sellers, in tracking us and collecting data about us, can tailor their advertising and marketing to target us at critical moments with the right price and emotional pitch. So behavioral discrimination increases profits by increasing overall consumption (…) and reducing consumer surplus."[284]

Gerade im Zusammenhang mit solchen „behavioral discrimination"- bzw. „behavioral exploitation"-Strategien kann „Behavioral Antitrust" einen signifikanten Mehrwert bieten. Der Ansatz kann nämlich solche schädlichen Strategien aufdecken, erklären und im wettbewerbsrechtlichen Kontext angemessen bewerten.[285]

---

[280] Ferner ist zu bedenken, dass auch die vergleichbaren Ansätze der „Post-Chicago"-Strömung oder der Neuen Ordnungsökonomik nicht grössere Erkenntnisgewinne generiert haben. Wenn überhaupt, tragen die Ansätze in der Regel auch nur dazu bei, die bestehende Praxis im Nachgang wissenschaftlich zu untermauern. So ist beispielsweise die spieltheoretische Erkenntnis, dass kartellistische Vereinbarungen strikt zu verbieten sind, nicht sonderlich innovativ. Siehe hierzu oben: *§ 5.B. I.1. Spieltheorie.*

[281] *Ariel Ezrachi/Maurice E. Stucke, Virtual Competition – The Promise and Perils of the Algorithm-Driven Economy.*

[282] Ezrachi/Stucke, Virtual Competition, S. viii.

[283] Ezrachi/Stucke, Virtual Competition, S. 233 ff.

[284] Ezrachi/Stucke, Virtual Competition, S. 101.

[285] Huffman, Neo-Chicago, S. 127 ff.: Huffman, A Look at Behavioral Antitrust, S. 5; siehe

Drittens ist die Kritik zu relativieren, wenn man den Wert der verhaltensökonomischen Analyse des Wettbewerbsrechts nicht von einem ökonomischen, sondern von einem rechtlichen Standpunkt aus beurteilt. Während sich die ökonomische Rationalität durch ein formalistisches und theoriegeleitetes Modelldenken auszeichnet, hat die rechtliche Rationalität einen pragmatischen sowie argumentativen Problemlösungszugang.[286] So sehen sich auch die Gerichte bei der Beurteilung wettbewerbsrelevanter Sachverhalte nicht an eine bestimmte ökonomische Doktrin gebunden, sondern wenden das Recht in der Regel unter Berücksichtigung der realen ökonomischen Lebensumstände an. Folglich schmälert das Fehlen eines kohärenten verhaltensökonomischen Theoriengebäudes das Anwendungsfeld im rechtlichen Kontext grundsätzlich nicht.[287] Ein Umstand, auf den auch Leslie hinweist:

„Policy-making and fact-finding are different processes. The purpose of litigation is to determine what this particular defendant did and whether the defendant's conduct caused a legally cognizable injury. (…) they merely need to show that this defendant – whether rational, boundedly rational, or irrational – in fact engaged in anticompetitive conduct, regardless of whether that behavior conforms to a particular school of academic thought. The Judiciary's function is not to fit the defendant's conduct into a larger theoretical construct. When evaluating the plausibility of antitrust claims, defendants are neither data points nor opportunities to reject some researcher's null hypothesis. Policy requires a theory; fact-finding does not."[288]

Zugespitzt formuliert, verteidigt damit die verhaltensökonomische Analyse des Wettbewerbsrechts die faktenorientierte gerichtliche Vorgehensweise gegenüber dem formalistischen und theoriegeleiteten Modelldenken der ökonomischen Rationalität.[289] Aber nicht nur das: Die verhaltensökonomische Analyse des Wettbewerbsrechts professionalisiert darüber hinaus auch die behördliche Sachverhaltsbewertung. „Behavioral Antitrust" fordert nämlich nicht nur eine Abkehr von den unrealistischen Modellannahmen, sondern lehnt gleichzeitig eine Tatsachenwürdigung ab, die auf dem laienhaften Verhaltensverständnis der rechtsanwendenden Behörden beruht.[290] Vielmehr sollen die Behörden gegebenenfalls auch auf empirisch belegte kognitive Verzerrungen zurückgreifen, um das Marktverhalten realitätsnah zu umschreiben.[291]

---

hierzu ferner auch unten: *§ 8.C. I.2. Grundlage für eine aktive und starke Wettbewerbspolitik des 21. Jahrhunderts.*

[286] Siehe hierzu oben: *§ 2.B. I. Rechtliche und ökonomische Rationalität.*

[287] Siehe dazu etwa: Huffman, A Look at Behavioral Antitrust, S. 7.

[288] Leslie, Response, S. 63 f.

[289] Hierzu erneut Leslie: „Behavioral Economics explains why courts should look at facts and empirical evidences in a given case instead of relying on microeconomic assumptions.", Leslie, Response, S. 64.

[290] Siehe dazu erneut auch: Tor, Understanding Behavioral Antitrust, S. 581.

[291] Beispielsweise soll das Gericht bei der Bestimmung des relevanten Marktes im Rahmen des SSNIP-Tests weder auf das rationale Verhalten der Marktakteure noch auf die persönlichen Erfahrungen betreffend der Substituierbarkeit abstellen. Vielmehr ist auf das tat

Schliesslich ist die Kritik betreffend den punktuellen und minimalen Erkenntnisgewinn zu relativieren, weil sie lediglich den verhaltensökonomischen Einfluss auf die positive Grundlage des Wettbewerbsrechts bewertet. Eine andere Frage ist es, inwiefern die verhaltensökonomischen Erkenntnisse die normative Grundlage des Wettbewerbsrechts beeinflussen können.[292]

3. Unzureichende Vermittlerfunktion

i) Kritik

Wie einleitend dargelegt, korrespondiert Simons Konzept der beschränkten Rationalität weitgehend mit dem Verhaltensmodell des systemischen sowie des effektbasierten Wettbewerbsverständnisses.[293] In diesem Sinne baut das Konzept der beschränkten Rationalität bestehende Spannungen ab und fungiert als Brückenbauer zwischen den beiden Wettbewerbstraditionen. Dementsprechend liegt die Schlussfolgerung nahe, dass auch die Verhaltensökonomik und „Behavioral Antitrust" – gewissermassen als Weiterentwicklungen von Simons Konzept – Vermittlerrollen zwischen den beiden Wettbewerbsverständnissen einnehmen können.

Während die verhaltensökonomischen Erkenntnisse fraglos mit dem „homo oeconomicus"-Modell kompatibel sind und diese damit in das effektbasierte Verhaltensmodell integriert werden können,[294] kann kritisiert werden, dass die verhaltensökonomischen Erkenntnisse nicht mit dem systemischen Verhaltensmodell vereinbar sind. Dabei sprechen insbesondere zwei Aspekte für eine Inkompatibilität.

– *Theorie des Lernens*
 Die Kompatibilität von systemischem Verhaltensmodell und Verhaltensökonomik geht im Kern auf Holls Interpretation der beschränkten Rationalität zurück.[295] Gemäss dem Autor ist es entscheidend, dass Simons Ansatz richtig interpretiert werde; nämlich als eine eigenständige „Theorie des Lernens" und nicht als eine zusätzliche Restriktion im Rahmen des „homo oeconomicus"-Modells. In diesem Sinne ist der Marktakteur mit Hilfe von Experimentieren und Lernen auf der Basis seiner Erfahrungen und Fehler in der Lage,

---

sächliche Verhalten der Marktakteure abzustellen, sofern entsprechende empirische Daten vorhanden sind oder generiert werden können.

[292] Siehe hierzu: § 7.B. „Normative Behavioral Antitrust".

[293] Siehe hierzu oben: § 6.A. I.4. Konzept der beschränkten Rationalität als Bindeglied.

[294] Wie bereits dargelegt, stellt die Verhaltensökonomik – über das Konzept der beschränkten Rationalität – eine direkte Weiterentwicklung des „homo oeconomicus"-Modells dar, womit die Kompatibilität gegeben ist. Die Frage nach der Kompatibilität ist aber nicht zu verwechseln mit der Frage nach der inhaltlichen Kongruenz zwischen den verhaltensökonomischen Erkenntnissen und dem „homo oeconomicus"-Modell.

[295] Siehe hierzu: Holl, S. 74 ff.

in einer Entscheidungssituation einen bestimmten Problemlösungspfad auszuwählen. Das Wahlverhalten geht dabei auf ein Repertoire von Verhaltensmustern, Routinen und Programmen zurück, das zu jedem Zeitpunkt die ver-
gangene Erfahrung des Akteurs reflektiert und durch Versuche und Irrtum
kontinuierlich angepasst wird.[296] Während diese „Theorie des Lernens" auf
einer mikroökonomischen Ebene zu einer Verhaltensänderung der Marktakteure und einer wechselseitigen Anpassung individueller Pläne sich einander unbekannter Personen führt, begründet sie auf einer makroökonomischen
Ebene eine gesamtgesellschaftliche Ordnung – die spontane Ordnung.[297]

Ob Holls Auslegung von Simons Konzept auch im Lichte der verhaltensökonomischen Erkenntnisse vertretbar ist, scheint indes fraglich. Die Befunde
deuten vielmehr in eine andere Richtung: Während bei Holl die individuelle Lernfähigkeit eine zentrale Rolle spielt, vermitteln verhaltensökonomische Erkenntnisse gerade das Bild eines lernschwachen bzw. lernresistenten
Marktakteurs. Exemplarisch hierfür sind nachfolgende Ausführungen von
Tor:

> „For profit motivation to improve the performance of boundedly rational producers
> they must learn to correct their deviations from rationality. (...) However, in the typ-
> ical antitrust settings, such learning can be exceedingly difficult. Most judgments and
> decisions in product markets are made under uncertainty: outcomes are multiply de-
> termined and delayed; feedback is limited and noisy; and there is no reliable infor-
> mation about the counterfactual outcomes that would have occurred had a different
> choice been made."[298]

Die Lernfähigkeit der Marktakteure kann aber auch anderweitig beeinträchtigt sein. So haben empirische Untersuchungen aufgezeigt, dass kognitive
Verzerrungen verschiedentlich auch dann auftreten, wenn die Akteure um
die verzerrenden Wirkungen wissen.[299] Diese verhaltensökonomischen Erkenntnisse beeinflussen nicht nur die mikro-, sondern auch die makroökonomische Ebene: Bleiben Lernprozesse aus, finden keine Verhaltensver-
änderungen und damit keine Anpassung individueller Pläne statt, was im
Endeffekt die Funktionsweise der spontanen Ordnung beeinträchtigt.

– *Rolle von Institutionen*
Auch hinsichtlich der Funktion und des Stellenwerts von Institutionen scheinen die verhaltensökonomischen Erkenntnisse und das systemische Verhal-

---

[296] Holl, S. 76.
[297] Siehe hierzu oben: *§ 4.B.III.1.i) Hayeks Ordnungs- und Regelverständnis.*
[298] Tor, Understanding Behavioral Antitrust, S. 628.
[299] So etwa Mathis: „Bekannt ist auch, dass Aufklärung über den Ankereffekt wenig bis
keine Wirkung zeitigt. Selbst wenn Menschen die Invalidität eines willkürlichen Ankers erkennen, dient er ihnen trotzdem als Ausgangspunkt für das anschliessende Urteil." Und damit
schützen „Aufklärung und Warnung nicht unbedingt vor Urteilsverzerrungen.", Mathis, Effiziente Haftung, S. 32.

tensmodell nicht kompatibel zu sein. Für Hayek nehmen Institutionen eine zentrale Rolle ein: Sie verkörpern spontane Ordnungen, die allen Mitgliedern einer Ordnung dienlich sein können, indem sie erweiterte Handlungsmöglichkeiten schaffen und das verteilte subjektive Wissen koordinieren. Sie erleichtern und ermöglichen daher Koordinations-, Neuerungs- und Kommunikationsprozesse. Ferner erklärt Hayek mit Hilfe der spontanen Ordnungen das Entstehen unterschiedlicher Institutionen wie etwa des Markts, der Gesetze oder des Gelds.[300] Der Einfluss von Institutionen auf das individuelle Verhalten der Marktakteure ist damit überwiegend positiv.[301]

Im Rahmen der Verhaltensökonomik kommt den Institutionen eine weniger wichtige und ambivalentere Rolle zu. Namentlich können die institutionellen Rahmenbedingungen rationales, aber auch irrationales Verhalten begünstigen:

> „Markets are perhaps the most significant antitrust institution given the primary concern of the field with protecting the competitive process – that is, the competition among producers to supply consumer demand. From a behavioral perspective, markets play an additional, complex role, however, sometimes aligning consumer and producer behavior with the normative standards of rationality while at other times failing to do so or even facilitating deviations from these standards. (...)
> The rationality-inducing effects of aggregation and resource constraints, of profit seeking and learning, and of competitive discipline and arbitrage are more limited than many analysts recognize, particularly in those market settings that antitrust law and policy are most concerned with."[302]

Der Kritikpunkt lässt sich wie folgt zusammenfassen: Da das systemische Verhaltensmodell, aufgrund abweichender Vorstellungen bezüglich der individuellen Lernfähigkeit und der Rolle von Institutionen, mit den verhaltensökonomischen Erkenntnissen nicht kompatibel ist, kann die Verhaltensökonomik und damit auch „Behavioral Antitrust" keine Vermittlerrolle zwischen dem systemischen und effektbasierten Wettbewerbsverständnis einnehmen.

ii) Kritikanalyse

Die vorgebrachte Kritik ist zu relativieren, wenn man nicht ausschliesslich auf die Unterschiede zwischen systemischem Verhaltensmodell und Verhaltensökonomik abstellt, sondern auch die Gemeinsamkeiten einbezieht. Werden Letztere in den Vordergrund gerückt, akzentuiert sich der Konflikt in einem deutlich kleineren Rahmen.

---

[300] Hochloff, S. 69; ferner nehmen Institutionen auch im Rahmen des Ordoliberalismus eine wichtige Funktion ein. Siehe hierzu oben: *§ 4.B.III. Entwicklung der systemischen Wettbewerbskonzeptionen.*
[301] Siehe hierzu ferner auch: Vanberg, Rationale Wahlhandlung, S. 403 ff.
[302] Tor, Understanding Behavioral Antitrust, S. 619 und S. 631.

Hinsichtlich des ersten Kritikpunkts (Theorie des Lernens) ist festzuhalten, dass die Grundausrichtung der beiden Ansätze mehr oder weniger identisch ist: sowohl die Verhaltensökonomik als auch das systemische Verhaltensmodell lehnen die Annahme von vollständig rationalen Marktakteuren und das „homo oeconomicus"-Modell ab. Ferner haben beide Ansätze den Anspruch, die realen ökonomischen Lebensumstände adäquater wiederzugeben – sei es nun durch die Berücksichtigung von institutionellen, sozialen oder immateriellen Faktoren. Von ihrer Grundausrichtung sind die Ansätze damit durchaus kompatibel. Die dargelegte Kritik bezüglich der „Theorie des Lernens" betrifft vielmehr eine nachgelagerte spezifischere Frage. Nämlich ob bzw. in welchem Umfang die Marktakteure über Erfahrung sowie Reflexions- und Lernprozesse ihr nicht rationales Verhalten selbständig korrigieren können.

Darüber hinaus ist die Kritik zu relativieren, wenn verhaltensökonomische Befunde berücksichtigt werden, die aufzeigen, dass Heuristiken nicht nur problematische Verzerrungen verursachen, sondern auch positiv wirken können. Diese Erkenntnisse werden meist unter dem Begriff „fast-and-frugal decision making" zusammengefasst. Ganz allgemein werden damit die positiven Effekte alltäglicher mentaler Abkürzungen oder Expertenintuitionen beschrieben.[303] In diesem Sinne gibt es innerhalb der Verhaltensökonomik einen Forschungsstrang, der die Vorteile von Heuristiken explizit hervorhebt. Prominente Vertreter dieser Bewegung sind unter anderem Vernon Smith, Reinhard Selten, Gerd Gigerenzer und Gary Klein. Dieser verhaltensökonomische Forschungsstrang ist deutlich kompatibler mit dem Verhaltensmodell der systemischen Wettbewerbstradition.

Die Kernaussage des zweiten Kritikpunkts (Rolle von Institutionen) ist an sich nicht zu beanstanden. Dennoch geht dabei ein entscheidender Aspekt vergessen: Im Vergleich zum „homo oeconomicus"-Modell werden institutionelle Faktoren in der Verhaltensökonomik immerhin miteinbezogen. So weist beispielsweise Tor explizit darauf hin, dass die Marktakteure sowie die rechtsanwendenden Behörden in der Realität nicht in einer abstrakten, kontextfreien Umwelt operieren. Vielmehr operieren alle Wettbewerbsakteure innerhalb des institutionellen Rahmenwerks und werden dementsprechend von diesem beeinflusst und eingeschränkt.[304]

---

[303] Siehe dazu: Cartwright, S. 8 f.; Kahneman, S. 234 ff.; Hacker, Verhaltensökonomik, S. 60 ff.

[304] Tor, Understanding Behavioral Antitrust, S. 618; vergleichbare Aussagen bezüglich der institutionellen Einbindung der Wettbewerbsakteure finden sich auch bei Hayek oder Eucken. Siehe hierzu oben: § 6.A. I.2. Systemisches Wettbewerbsverständnis; der Konflikt zwischen den beiden Ansätzen ist damit nicht von grundsätzlicher sondern von gradueller Natur: Während das systemische Verhaltensmodell mehrheitlich die positiven Aspekte der Institutionen hervorhebt, adressiert die Verhaltensökonomik auch problematische Aspekte.

Insgesamt ist zu bilanzieren: Auch wenn die Erkenntnisse der Verhaltensökonomik mit dem Verhaltensmodell der systemischen Wettbewerbstradition in
Konflikt stehen können, ist es dennoch übertrieben, von Inkompatibilität zu
sprechen. Analog zum Verhältnis der Verhaltensökonomik zum effektbasierten Verhaltensmodell gibt es auch im Verhältnis zwischen der Verhaltensökonomik und dem systemischen Verhaltensmodell inhaltliche Überschneidungen
als auch Differenzen. Letztere müssen jedoch nicht per se negativ gesehen werden, da sie Raum für eine gegenseitige, konstruktive Beeinflussung lassen. In
diesem Sinne kann der Verhaltensökonomik und „Behavioral Antitrust" sehr
wohl eine Vermittlerrolle zwischen dem effektbasierten und dem systemischen
Wettbewerbsverständnis attestiert werden.

4. Mangelnde Vorhersagefähigkeit

i) Kritik

Kritiker bemängeln, dass „Behavioral Antitrust" das Verhalten der Marktakteure auf bestimmten Märkten nur unzureichend vorhersagen kann.[305] Dies ist einerseits auf die mangelnde Robustheit der einzelnen kognitiven Verzerrungen
zurückzuführen, andererseits dem Umstand geschuldet, dass sich verschiedene gleichzeitig auftretende Verzerrungen widersprechen oder aufheben können.

– *Mangelnde Robustheit*
  Konkret wird kritisiert, dass die kognitiven Verzerrungen empirisch nicht
  ausreichend belegt sind.[306] So lassen sich bestimmte verhaltensökonomische
  Phänomene nur unter ganz spezifischen (Labor-)Bedingungen nachweisen,
  wodurch die externe Validität der beobachteten Verzerrungen fraglich ist.[307]
  Wie dargelegt, sind die einzelnen Probanden des Versuchssettings nur bedingt repräsentativ für eine gesamte Gruppe: So kann beispielsweise ein
  Konsument A für eine bestimmte Verzerrung besonders anfällig sein, wohingegen Konsument B von der gleichen Verzerrung nur marginal betroffen
  ist – dafür aber unter Umständen für eine ganz andere Verzerrung anfällig
  ist. Versucht man dieses Problem durch zusätzliche empirische Forschung
  abzumildern, kann ein Folgeproblem entstehen: Die neuen empirischen Befunde können aufzeigen, dass die kognitiven Verzerrungen in der Realität
  deutlich komplexer und diffiziler sind, als ursprünglich vermutet wurde. So
  wurde beispielsweise bei Untersuchungen zum „Endowment"-Effekt eine

---

[305] Exemplarisch hierzu: Wright/Stone, S. 1548; Devlin/Jacobs, S. 1017 f.

[306] Hacker, Verhaltensökonomik, S. 143 ff.

[307] Mathis, Effizienz, S. 123; Hacker, Verhaltensökonomik, S. 146 f.; in diesem Zusammenhang wird ebenfalls häufig die Frage aufgeworfen, ob empirische Erkenntnisse, die im
Rahmen von Konsumenten- oder Kundenexperimenten durchgeführt wurden, auch telquel
auf das Verhalten von Unternehmern übertragen werden können. Siehe zu dieser Problematik
etwa: van den Bergh, S. 210 ff.; Wright/Stone, S. 1524; Reeves, S. 7 f.

gewisse Immunisierung festgestellt: Personen, die Produkte berufsmässig kaufen und verkaufen, sind für diese Verzerrung kaum anfällig.[308] Ferner haben empirische Untersuchungen aufgezeigt, dass sich die Selbstüberschätzung bei Änderung der Versuchsanordnung ins Gegenteil verkehren kann: Wenn Probanden mit besonders schwierigen Aufgaben konfrontiert sind, schlägt die Selbstüberschätzung in eine Selbstunterschätzung um – sie handeln damit nicht mehr risikoaffin, sondern risikoavers.[309] Aber auch bei diesen empirisch belegten Effekten stellt sich wiederum die Frage nach deren Robustheit. Letztlich hat die fehlende Robustheit zur Folge, dass sich die Marktakteure nicht so verhalten, wie es die kognitiven Verzerrungen ursprünglich prognostiziert haben.

– *Sich widersprechende und aufhebende Verzerrungen*
Neben der mangelnden Robustheit wird die Vorhersagefähigkeit auch dadurch geschmälert, dass sich die kognitiven Verzerrungen teilweise widersprechen oder aufheben. Diesen Kritikpunkt illustrieren Devlin und Jacobs anhand der Status-Quo-Verzerrung und der Verlustaversion wie folgt:[310] Ein Konsument, der für die Status-Quo-Verzerrung besonders anfällig ist, wird auch dann sein angestammtes Konsumgut kaufen, wenn das anbietende Unternehmen seine Preise erhöht und ein günstigeres Substitut eines konkurrierenden Unternehmens verfügbar wäre. Gleichzeitig wird der Konsument als Folge der Verlustaversion aber auch zum gegenteiligen Verhalten neigen: Da ein günstigeres Substitut auf dem Markt ist, würde er den Mehrbetrag, den er für den Kauf des teureren, ursprünglichen Guts aufwendet, als Verlust auffassen. Folglich würde der Konsument hohe Such- und Anpassungskosten auf sich nehmen, um diese finanziellen Verluste zu vermeiden – und letztlich auf das günstigere Substitut ausweichen.

Kombiniert man diese beiden problematischen Aspekte, sind akkurate Vorhersagen kaum möglich. Oder zugespitzter formuliert: Wie sollen Vorhersagen möglich sein, wenn empirisch leidglich nachgewiesen ist, dass Konsument A sehr anfällig für die Status-Quo-Verzerrung ist, ein Produzent B kaum der egozentrischen Verzerrung unterliegt und die Einschätzungen eines Behördenmitglieds C durch den Rückschaufehler stark verzerrt wird? So ist nämlich unklar, ob die einzelnen Akteure repräsentativ für die gesamte Gruppe sind. Zudem ist davon auszugehen, dass die kognitiven Effekte deutlich komplexer wirken als angenommen. Und schliesslich ist weitgehend offen, wie die einzelnen kognitiven Verzerrungen im Zusammenspiel genau wirken. In ähnlicher

---

[308] Siehe dazu: Kahneman, S. 297 ff.
[309] Siehe hierzu oben: *§ 6.B.II.4. Horizontale Fusionen.*
[310] Die Autoren führen in diesem Zusammenhang noch weitere kognitive Verzerrungen auf, die sich widersprechen oder aufheben können. Siehe zum Ganzen: Devlin/Jacobs S. 1027 ff.; ferner auch: Huffman, A Look at Behavioral Antitrust, S. 6 f.

Weise wird die Problematik auch von van den Bergh im Kontext wettbewerbs-
behindernder Absprachen zusammengefasst:

„In sum, the problem with the irrationality assumption is that types of behavior may
differ across competitors and across markets. It is unclear which market outcome will be
reached when cognitive biases are asymmetrically distributed and point in different di-
rections. This ambiguity problem limits the applicability of behavioral economics in un-
covering collusion."[311]

Auch Devlin und Jacobs kommen letztlich zum Schluss, dass es sich bei der
verhaltensökonomischen Analyse des Wettbewerbsrechts insgesamt um ein dif-
fuses Flickwerk kontextabhängiger Verzerrungen handelt, die in unterschiedliche Richtungen und in unterschiedlichem Masse wirken.[312]

ii) Kritikanalyse

Der Vorwurf der mangelnden Vorhersagefähigkeit ist durchaus begründet.[313]
Dennoch lassen sich in diesem Zusammenhang verschiedene Relativierungen
machen. Die Kritik betreffend die mangelnde Robustheit lässt sich in zweifacher Weise relativieren. Einerseits ist zu beachten, dass nicht alle kognitiven
Verzerrungen an einer mangelnden Robustheit leiden. Gewisse verzerrende
Heuristiken, wie etwa der Rückschaufehler, können heute als gesichertes Tatsachenwissen betrachtet werden. Die empirischen Befunde zeigen deutlich auf,
dass alle Personengruppen (Konsumenten, Unternehmer, Behördenmitglieder)
in fast gleicher Weise dem Rückschaufehler unterliegen.[314] Andererseits ist die
Kritik an der mangelnden Robustheit dahingehend zu relativieren, als dass „Behavioral Antitrust" ein noch relativ junges Forschungsfeld darstellt.[315] Mit zusätzlicher empirischer Forschungstätigkeit in diesem Rechtsgebiet, die die generierten Erkenntnisse bestätigt oder widerlegt, ist es durchaus plausibel, dass
in Zukunft dieser Kritikpunkt an Bedeutung verliert.[316]

Der zweite Kritikpunkt betreffend die sich widersprechenden oder aufhebenden
Verzerrungen ist ebenfalls zu relativieren. So weisen insbesondere Zamir und
Teichman darauf hin, dass diese Problematik von Kritikern übermässig auf-

---

[311] Van den Bergh, S. 215.

[312] Devlin/Jacobs, S. 1041 und S. 1063; siehe hierzu auch oben: *§ 6.B.III.1. Fehlender
theoretischer Überbau.*

[313] Der Vorwurf wird teilweise auch von Befürwortern von „Behavioral Antitrust" als berechtigt angesehen. Siehe dazu etwa: Zamir/Teichman, S. 387.

[314] So sieht etwa auch Kahneman den Rückschaufehler als eine „robust cognitive illusion", Kahneman, S. 203; Mathis, Effiziente Haftung, S. 32; zur Anwendung des Rückschaufehlers auf wettbewerbsrechtliche Sachverhalte siehe ferner: Leslie, Hindsight Bias, S. 1527 ff.

[315] Siehe hierzu oben: *§ 6.B. I.2. Entwicklung in den USA.*

[316] In diesem Sinne auch Hacker: „Erstens kann die externe Validität empirischer Untersuchungen durch die Kombination von Laborexperimenten und Feldstudien sowie durch andere moderne experimentelle Techniken erhöht werden.", Hacker, Verhaltensökonomik, S. 15.

gebauscht wird.[317] Konkret werden in der Literatur teilweise artifizielle Kon-fliktsituationen besprochen, die in der Realität so kaum vorkommen oder auf einem verklärten Verständnis der einzelnen kognitiven Verzerrungen basieren. Letzteres ist gemäss Zamir und Teichman auch bei der oben skizzierten Kon-fliktsituation von Devlin und Jacob der Fall:

„Loss aversion and status quo bias are not mutually countervailing phenomena. One cannot view current consumption choices as the status quo, and at the same time view forgone benefits associated with changings such choices as a loss (rather, they are com-monly viewed as unattained gains). Thus, loss aversion is highly unlikely to counteract the tendency of consumers to stick with their existing habits."[318]

Gemäss den Autoren gehen Devlin und Jacobs von der falschen Annahme aus, dass die verzerrenden Effekte der Verlustaversion nicht nur bei tatsächlichen Verlusten, sondern auch bei nicht realisierten Gewinnen wirken. So ist es näm-lich nicht das Gleiche, wenn man es beispielsweise unterlassen hat, eine unter-bewertete Aktie zu kaufen die später im Wert steigt (nicht realisierten Gewin-nen) oder aber wenn der Kurs einer eigens gehaltenen Aktie fällt (tatsächlicher Verlust). Wenn man die beiden Aspekte sauber trennt, entschärft sich der be-schriebene Konflikt.

Schliesslich kann auch das Kriterium der Vorhersagefähigkeit an sich in Frage gestellt werden – was gleichzeitig die diesbezügliche Kritik relativiert. Kon-kret ist danach zu fragen, warum „Behavioral Antitrust" ausschliesslich an sei-ner Fähigkeit gemessen werden soll, Marktergebnisse vorherzusagen. Verschie-dentlich wird der Nutzen von „Behavioral Antitrust" vielmehr darin gesehen, Marktverhalten ex-post zu erklären.[319] Diese Auffassung wird beispielsweise von Leslie vertreten.[320] Gemessen am Kriterium der Erklärungskraft, so der Autor, sei „Behavioral Antitrust" dem tradierten neoklassischen Ansatz deut-lich überlegen: Wo das neoklassische Verhaltensmodell an seine Grenzen stösst, bietet die verhaltensökonomische Analyse des Wettbewerbsrechts vielfach noch schlüssige Erklärungsmöglichkeiten an.[321]

---

[317] Zamir/Teichman, S. 388.
[318] Zamir/Teichman, S. 388.
[319] Siehe hierzu unter anderem: Reeves, S. 4; Leslie, Response, S. 60.
[320] Leslie, Response, S. 60 f.
[321] Leslie geht sogar noch einen Schritt weiter, wenn er ausführt, dass wenn das Kriterium der Vorhersagefähigkeit tatsächlich ernst genommen wird, der simple neoklassische Ansatz nicht zwingend bessere Prognosen liefert als die verhaltensökonomische Analyse des Wett-bewerbsrechts. Siehe hierzu: Leslie, Response, S. 61.

5. Übertriebener Interventionismus und Paternalismus

i) Kritik

Kritiker werfen den Anhängern der Verhaltensökonomik und von „Behavioral Antitrust" vor, dass sie eine interventionistische (Wettbewerbs-)Politik mit mehr und tieferen Eingriffen befürworten würden.[322] Im Kontext von „Behavioral Antitrust" wurde diese Kritik besonders pointiert von Wright und Stone vertreten.[323] Die Autoren streichen explizit heraus, dass „behavioral antitrust advocates (…) uniformly favor greater interventions".[324] Eine ähnliche Aussage findet sich auch bei Devlin und Jacobs:

> „Entranced by the larger ‚behavioral law and economics' movement, certain academics have questioned (…) the foundation of rational-choice theory. (…) Current antitrust laws, they argue, fail to account for those departures from rationality. Because these rules and standards produce what they regard as unduly permissive treatment, behavioral antitrust scholars urge more interventionist policy."[325]

Mit der Kritik an einer interventionistischen Wettbewerbspolitik geht gleichzeitig auch der Vorwurf einer paternalistischen Wettbewerbspolitik einher. Namentlich sollen sich die Marktakteure nicht auf effizienzvernichtende Fusionen, unbegründete Markenloyalität oder aussichtslose Markteintritte einlassen, sondern sich im Sinne der Staatsräson rational verhalten. Gemäss den Kritikern würde damit die Konsumenten- und Unternehmerfreiheit übermässig beschnitten werden.[326] Der Paternalismusvorwurf wurde allen voran im Rahmen des „Nudging"-Konzepts intensiv thematisiert; durch Ausnützung der verzerrenden Heuristiken soll die Bevölkerung in Richtung eines gesünderen, sparsameren und sichereren Lebens geschupst werden.[327]

ii) Kritikanalyse

Bei genauerer Betrachtung sind beide Kritikpunkte, übertriebener Interventionismus und Paternalismus, nur bedingt stichhaltig. Der erste Kritikpunkt wird von Huffman wie folgt entschärft: Die verhaltensökonomische Analyse des Wettbewerbsrechts ist mehr als eine faktenorientierte Analysemethode und weniger als ein wettbewerbspolitischer Forderungskatalog zu verstehen.[328] In die-

---

[322] Huffman, A Look at Behavioral Antitrust, S. 6; Heinemann, More Realistic Approach, S. 237 f.

[323] Siehe dazu: Wright/Stone, S. 1517 ff.

[324] Wright/Stone, S. 1526.

[325] Devlin/Jacobs, S. 1009.

[326] Huffman, A Look at Behavioral Antitrust, S. 6; Heinemann, More Realistic Approach, S. 237.

[327] Siehe hierzu oben: § 6.A.II.5.ii) „Nudigng"; Huffman, A Look at Behavioral Antitrust, S. 6; Heinemann, More Realistic Approach, S. 237.

[328] Huffman, A Look at Behavioral Antitrust, S. 6.

sem Sinne versteht auch Heinemann die verhaltensökonomische Analyse des Wettbewerbsrechts „as a methodological tool (…) [which, M. M.] is neutral with respect to the outcome" und dementsprechend: „Behavioural Antitrust works in either direction".[329] Den Befürwortern von „Behavioral Antitrust" kann damit nicht per se eine interventionistische Haltung attestiert werden.

Dennoch hat der Kritikpunkt einen wahren Kern: Wie die dargelegten Anwendungsbeispiele deutlich machen,[330] stützen oder begründen die verhaltensökonomischen Befunde jeweils die interventionistischere Position. Gleichwohl gilt zu beachten, dass sich die „Chicago School" an einem ausgesprochen liberalen Wettbewerbsverständnis orientiert.[331] Eine Wettbewerbspolitik, die eine Abweichung von dieser wettbewerbspolitischen Extremposition fordert, als „interventionistisch" zu diffamieren, scheint nicht sachgerecht zu sein.[332] Ferner leitet sich der erhöhte Regulierungsbedarf nicht aus einer normativen Neuausrichtung ab, sondern geht auf empirische Tatsachen zurück. In diesem Sinne kann argumentiert werden, dass die zusätzlichen wettbewerbspolitischen Eingriffe lediglich helfen, den bestehenden Wettbewerbszielen angemessener Rechnung zu tragen.[333]

Schliesslich ist auch der zweite Kritikpunkt zu relativieren: So konstatiert Huffman, dass es im Wettbewerbsrecht – anders als etwa im Gesundheits- oder Sozialversicherungsrecht – nicht darum geht, verzerrende Heuristiken auszunutzen, um die Marktakteure in eine staatlich präferierte Richtung zu stupsen.[334] Im Gegensatz zum „Nudging"-Konzept soll „Behavioral Antitrust" nur zu einer realistischeren wettbewerbsrechtlichen Analyse beitragen.[335]

---

[329] Heinemann, More Realistic Approach, S. 237; so auch Bailey: „Predicting competitive effects is not easy and no economic model predicts the future with certainty. When facts matter, as they do in antitrust investigations, one-size-fits-all approaches are inadequate. A more expansive toolkit is neither aligned with an aggressive pro-enforcement agenda nor with a more lenient antitrust enforcement agenda. Rather, a more expansive toolkit provides additional tools to get it right.", Bailey, Behavioral Firms, S. 5.

[330] Siehe hierzu oben: *§ 6.B.II. Ausgewählte Anwendungsfelder.*

[331] Siehe hierzu oben: *§ 4.B.II.3.iv) Aufgabe der Wettbewerbspolitik.*

[332] So fordern die Befürworter von „Behavioral Antitrust" nicht weniger staatliche Markteingriffe als beispielsweise die Anhänger der „Harvard School" oder der „Post-Chicago"-Strömung. Siehe hierzu oben: *§ 4.B.II.2.v) Aufgabe der Wettbewerbspolitik* und *§ 5.B.4. Einordnung.*

[333] „The application of competition law in these cases is not due to tightening of the substantive rules but instead to a more exhaustive appreciation of the facts.", Heinemann, More Realistic Approach, S. 238.

[334] Huffman, A Look at Behavioral Antitrust, S. 6.

[335] Huffman, A Look at Behavioral Antitrust, S. 6; Heinemann, More Realistic Approach, S. 237.

IV. Würdigung

Insgesamt wird ersichtlich, dass noch kein abschliessendes Urteil zu den Möglichkeiten und Grenzen von „Behavioral Antitrust" gefällt werden kann. Vielmehr wird in Theorie und Praxis immer noch um den finalen Einfluss der verhaltensökonomischen Analyse des Wettbewerbsrechts gerungen. Dennoch: Gewisse Tendenzen zeichnen sich bereits heute ab.

Ganz allgemein hat „Behavioral Antitrust" das Potenzial, die wettbewerbsrechtliche Analyse entscheidend zu beeinflussen. Namentlich kann „Behavioral Antitrust" dem Wettbewerbsrecht ein realistischeres Verhaltensmodell zugrunde legen, eine Vermittlerrolle zwischen den beiden tradierten Wettbewerbsverständnissen einnehmen, adäquate Lösungsansätze für die ökonomischen Herausforderungen des 21. Jahrhunderts bereitstellen sowie die Entscheidungsqualität der rechtsanwendenden Behörden verbessern.

Unbesehen dieser Vorteile wird „Behavioral Antitrust" zunehmend kritischer betrachtet; selbst Befürworter bringen vermehrt Relativierungen oder Vorbehalte an.[336] Beispielsweise mahnte Tor bereits 2013 vor einer allzu euphorischen Bewertung der Möglichkeiten von „Behavioral Antitrust". Insbesondere sei es verfehlt, so Tor, sich gänzlich von der traditionellen ökonomischen Analyse des Wettbewerbsrechts zu lösen und diese durch die verhaltensökonomische Analyse des Wettbewerbsrechts zu substituieren.[337] Noch kritischer fällt Tors Urteil in zwei Aufsätzen von 2019 aus.[338] In einem der Aufsätze relativiert er ganz allgemein die negativen Auswirkungen kognitiver Verzerrungen und damit auch die Notwendigkeit staatlicher Eingriffe:

„Hence, a closer inspection suggests that the challenges posed by consumer bias and the malleability of consumer preferences are significant, but perhaps not as detrimental as they initially appear to be. In many market settings, competition is still likely substantially to promote efficiency and consumer welfare even if it cannot generate the precise outcomes anticipated by the traditional microeconomic model."[339]

In diesem Kontext ist auch der – zugegebenermassen kokettierende – Titel seines zweiten Aufsatzes von 2019 zu lesen: *„Should Antitrust Survive Behavioral Economics?"*[340] Neben Tor ziehen aber auch andere Autoren den Wirkungsbereich von „Behavioral Antitrust" zunehmend enger. Wie gesagt, betont beispielsweise Heinemann, dass mit der verhaltensökonomischen Analyse des Wettbewerbsrechts keine „behavioural revolution", sondern lediglich ein

---

[336] Siehe hierzu oben: *§6.B.III. Kritik und Kritikanalyse.*
[337] Tor, Understanding Behavioral Antitrust, S. 578; mit diesem richtungweisenden Aufsatz scheint die „Behavioral Antitrust"-Bewegung einen Dämpfer erhalten zu haben.
[338] Siehe hierzu: Tor, Justifying Competition Law, S. 3 ff.; Tor, Antitrust Survive, S. 1 ff.
[339] Tor, Justifying Competition Law, S. 20.
[340] Tor, Antitrust Survive, S. 1.

„behavioural turn" einhergeht.[341] „Behavioral Antitrust" führe nicht zu einem Paradigmenwechsel; vielmehr wird die wettbewerbsrechtliche Analyse nur punktuell erweitert. Entgegen den ursprünglichen Erwartungen verschiedener Wettbewerbsforscher ist der Einfluss von „Behavioral Antitrust" damit weniger mit jenem der „Chicago School" zu vergleichen, sondern mehr mit jenem der „Post-Chicago"-Strömung – auch Letztere hat die wettbewerbsrechtliche Analyse nur punktuell erweitert.

Vor diesem Hintergrund drängt sich jedoch die Frage auf, welche Erwartungen ursprünglich an „Behavioral Antitrust" herangetragen wurden. Oder allgemeiner formuliert: Was ist gemeint, wenn im Zusammenhang mit der Verhaltensökonomik von einer „behavioral revolution" gesprochen wird? Ursprünglich wurde von einem Teil der Literatur die Verhaltensökonomik als Ansatz aufgefasst, der zu einem grundsätzlichen Umdenken in der Wirtschafts- bzw. Wettbewerbspolitik führen würde. Über die punktuelle Anpassung des Verhaltensmodells hinaus sollte basierend auf den verhaltensökonomischen Erkenntnissen den tatsächlichen Bedürfnissen der Marktteilnehmer in der ökonomischen Analyse deutlich mehr Rechnung getragen werden. Letztlich sollte dies – um es in den Worten von Walter Eucken zu sagen – zu einer „menschenwürdigen", aber gleichzeitig auch „funktionsfähigen" Wirtschaftsordnung führen.[342] Gewisse solcher Bedürfnisse, wie beispielsweise Fairness, werden zwar im „Dunstkreis" der Verhaltensökonomik thematisiert, dennoch setzen die Erwartungen an eine „behavioral revolution" weniger bei der positiven, sondern bei der normativen Grundlage an. Dementsprechend ist im nachfolgenden Paragraphen aufzuzeigen, wie verhaltensökonomische Erkenntnisse die normative Grundlage des Wettbewerbsrechts beeinflussen können.

C. Fazit

Die Ausführungen in *§ 6 Positive Grundlage: „Behavioral Antitrust"* lassen sich wie folgt zusammenfassen:

– *Erstens* ist festzuhalten, dass alle effektbasierten Wettbewerbskonzeptionen einerseits auf den gleichen methodologischen Ansatz zurückgreifen, um das gesamtgesellschaftliche Verhalten zu beschreiben und sich andererseits auf das gleiche Verhaltensmodell stützen. Namentlich handelt es sich dabei um den methodologischen Individualismus und das „homo oeconomicus"-Modell. Dabei werden gesamtgesellschaftliche Verhaltensweisen ausschliesslich auf der Grundlage des Handelns einzelner Individuen erklärt. Das Indi-

---

[341] Heinemann, More Realistic Approach, S. 211.
[342] Siehe hierzu oben: *§ 4.B.III.2.ii) Kernelemente des Ordoliberalismus.*

viduum wird dabei als *(1)* rational, *(2)* willensstark und *(3)* eigeninteressiert aufgefasst.

Analog dazu greifen auch die beiden systemischen Wettbewerbskonzeptionen einerseits auf den gleichen methodologischen Ansatz zurück, um das gesamtgesellschaftliche Verhalten zu beschreiben und stützen sich andererseits auf das gleiche Verhaltensmodell. Beim methodologischen Ansatz handelt es sich um den institutionellen Individualismus. Ganz allgemein gesagt geht der institutionelle Individualismus davon aus, dass sich Einzelteile und Gesamtheit, Individuen und Institutionen gegenseitig begründen und bedingen. Damit nimmt diese methodologische Grundlage eine Mittelposition zwischen dem methodologischen Individualismus und dem methodologischen Kollektivismus ein. Das individuelle Handeln lässt sich im Rahmen des systemischen Wettbewerbsverständnisses sodann mit folgenden drei Attributen umschreiben: *(1)* fehlbar, *(2)* iterativ vorgehend sowie *(3)* gesellschaftlich eingebettet.

Vor diesem Hintergrund wurde deutlich, dass die beiden methodologischen Grundlagen bzw. die beiden Verhaltensmodelle in Konflikt stehen.

– *Zweitens* wurde aufgezeigt, dass der Konflikt reduziert werden kann, indem ein alternativer dritter Weg beschritten wird, der die Stärken der jeweiligen methodologischen Grundlagen aufgreift, ohne aber ihre Schwächen zu übernehmen. Das Fundament dieses dritten Wegs bilden die Konzepte und Analysemethoden der Verhaltensökonomik. Massgeblich von den Arbeiten von Herbert A. Simon beeinflusst und durch Daniel Kahneman popularisiert, stellt die Verhaltensökonomik eine interdisziplinär ausgerichtete Subdisziplin der Ökonomik dar, die versucht, das tatsächliche menschliche Verhalten im ökonomischen Kontext mittels empirischer Befunde der Wahrnehmungs-, Entscheidungs- und Gedächtnispsychologie adäquater zu beschreiben. Die zentrale Erkenntnis der Verhaltensökonomik lässt sich dabei wie folgt zusammenfassen: Marktakteure weichen in bestimmen Situationen aufgrund sog. verzerrender „heuristics" bzw. „biases" systematisch vom erwarteten rationalen Verhalten ab.

Die Anfälligkeit der Marktakteure für kognitive Verzerrungen geht gemäss den sog. „dual process theories" auf zwei unterschiedliche fiktive Denkmodi zurück, wie Individuen Informationen wahrnehmen, verarbeiten und Entscheidungen treffen; das sog. System 1 und System 2. Während System 1 automatisch, schnell, weitgehend mühelos und ohne willentliche Steuerung arbeitet, lenkt System 2 die Aufmerksamkeit auf die anstrengenden mentalen Aktivitäten und kann damit als bewusst, deliberativ und analytisch charakterisiert werden. Um schliesslich die vielen Stimuli und Entscheidungen schnell und effizient bewältigen zu können und gleichzeitig eine mentale Überlastung von System 2 zu vermeiden, bedient sich das Individuum vielfach mentaler Faustregeln – den erwähnten Heuristiken –, die dem System 1 Denkmodus entspringen.

- *Drittens* wurde festgestellt, dass Individuen verschiedenen kognitiven Verzerrungen unterliegen können. Die verhaltensökonomische Forschung hat heute verschiedene Arten von kognitiven Verzerrungen entdeckt und beschrieben, die aufzeigen, inwiefern Individuen systematisch vom erwarteten rationalen Verhalten abweichen. Unter anderem handelt es sich dabei um folgende Verzerrungen: *(1)* Verlustaversion, *(2)* „Framing"-Effekt, *(3)* „Endowment"-Effekt, *(4)* egozentrische Verzerrungen, *(5)* Status-Quo-Verzerrungen, *(6)* Rückschaufehler und *(7)* Verfügbarkeitsverzerrung. Vor dem Hintergrund der empirischen Befunde der Verhaltensökonomik sind alle drei Annahmen des „homo oeconomicus"-Modells zu revidieren: Es ist von einem beschränkt rationalen, beschränkt willenskräftigen und beschränkt eigeninteressierten Individuum auszugehen. Diese Erkenntnis an sich ist keineswegs neu, jedoch aber, dass die Abweichungen vom rationalen Verhalten systematisch und damit vorherseh- und modellierbar sind. Schliesslich ist aufgrund der Heterogenität und Variabilität des menschlichen Verhaltens bei der Verallgemeinerung verhaltensökonomischer Erkenntnisse Vorsicht angebracht. Es bedarf einer Vielzahl empirischer Untersuchungen, bis allgemeine Aussagen möglich sind.

- *Viertens* wurde erläutert, dass die Verhaltensökonomik nicht nur den innerökonomischen Diskurs beeinflusst hat, sondern auch den „Law and Economics"-Ansatz. Dieser sog. „Behavioral Law and Economics"-Ansatz ist ganz allgemein als verhaltensökonomische Weiterentwicklung des traditionellen „Law and Economics"-Ansatzes zu sehen. Die empirischen Erkenntnisse der Verhaltensökonomik sollen dabei zu einem realitätsnäheren und damit besseren Verständnis der Rechtssubjekte beitragen. Im Rahmen von „Behavioral Law and Economics" können zwei Arten der Erkenntnisgewinnung unterschieden werden. Einerseits greift der Ansatz bestehende empirische Erkenntnisse über das reale Verhalten der Rechtssubjekte auf und arbeitet gestützt darauf Regulierungsvorschläge aus. Andererseits werden die empirischen Analysemethoden, die der Verhaltensökonomik zugrunde liegen, aber auch unmittelbar auf rechtliche Problemstellungen angewandt.

„Behavioral Law and Economics" bildet darüber hinaus die theoretische Basis eines neuartigen Regulierungskonzepts; des sog. „Nudging". Ganz allgemein ist unter einem „Nudge" – zu deutsch: Stupser – ein verhaltensökonomisches Regulierungsinstrument zu verstehen, das die Wirkungen verzerrender Heuristiken ausnützt, um das Verhalten der Rechtsadressaten in eine gewünschte Richtung zu lenken. Entscheidendes Merkmal ist dabei, dass keine Optionen ausgeschlossen oder wirtschaftliche Anreize zu stark verändert werden. Vielmehr ist die Entscheidungsarchitektur im Rahmen eines

„Nudges" so auszugestalten, dass sich die Individuen aufgrund ihrer verzerrten Wahrnehmungsfähigkeit, Trägheit oder Emotion für die staatlich präferierte Option entscheiden.

– *Fünftens* wurde aufgezeigt, dass sich heute für die Übertragung verhaltensökonomischer Erkenntnisse und Analysemethoden auf das Wettbewerbsrecht der englische Begriff „Behavioral Antitrust" etabliert hat. „Behavioral Antitrust" stellt, vereinfacht gesagt, eine spezifischere, auf das Wettbewerbsrecht zugeschnittene Anwendung des „Behavioral Law and Economics"-Ansatzes dar. Vergleichbar ist daher auch die Kernaussage: Die systematische Abweichung vom erwarteten rationalen Verhalten der Marktakteure ist bei wettbewerbsrelevanten Rechtsetzung und -anwendung mitzuberücksichtigen.

Die Anfänge von „Behavioral Antitrust" liegen in den USA: Bereits Mitte der 2000er Jahre haben zwei Rechtsprofessoren – Avishalom Tor und Maurice E. Stucke – verhaltensökonomische Methoden und Erkenntnisse systematisch auf wettbewerbsrechtliche Problemstellungen angewandt. Seit Beginn der 2010er Jahre stellt „Behavioral Antitrust" nicht nur als eine etablierte Strömung innerhalb der „Behavioral Law and Economics"-Bewegung dar, sondern auch ein stärker werdender Ansatz innerhalb der theoretischen Wettbewerbspolitik. In Europa ist dahingegen eine zaghaftere Rezeption der verhaltensökonomischen Analyse des Wettbewerbsrechts zu beobachten. Zwar gibt es vereinzelt Juristen und Ökonomen, die sich mit dem Thema „Behavioral Antitrust" beschäftigen, deren Erkenntnisse werden in der Wettbewerbsforschung aber seltener rezipiert.

– *Sechstens* wurde anhand ausgewählter Beispiele die praktische Relevanz von „Behavioral Antitrust" illustriert. Konkret machen sie deutlich, wie „Behavioral Antitrust" die wettbewerbsrechtliche Bewertung von Sekundärmärkten, „Resale Price Maintenance"-Strategien, horizontale Fusionen, Marktabgrenzungen sowie Produktkopplungen bereichern kann. Die beiden letzten Beispiele sind nachfolgend in gebotener Kürze zu rekapitulieren.

Verhaltensökonomische Erkenntnisse können bei der Marktabgrenzung insofern eine Rolle spielen, als der relevante Markt letztlich durch das Konsumentenverhalten bestimmt wird. Dabei ist jedoch entscheidend, dass nicht von einem vollständig rationalen, willensstarken und eigeninteressiert handelnden Konsumenten ausgegangen wird. Vielmehr ist auf das empirisch-fundierte, tatsächliche Konsumentenverhalten abzustellen. So kann beispielsweise die sog. „brand loyalty" – eine Ausprägung der Status-Quo-Verzerrung – dafür sorgen, dass Konsumenten auch dann ein angestammtes Produkt kaufen, wenn aus objektiver Sicht ein ideales Substitut besteht, auf das bei einer kleinen, aber signifikanten nicht transitorischen Preiserhöhung (sog. SSNIP-Test) ausgewichen werden kann. Vor diesem Hintergrund ist entscheidend, dass bei der Marktabgrenzung nicht auf ein allgemeines, an das „homo oeconomicus"-Modell angelegtes Konsumentenverhalten abgestellt wird, sondern auf das tatsächliche Verhalten, das auf der Grundlage eines real durchgeführten SSNIP-Tests ermittelt wird.

Ferner können verhaltensökonomische Erkenntnisse die wettbewerbsrechtliche Analyse hinsichtlich sog. Produktkopplungen bereichern. Dabei steht die Frage im Zentrum, ob ein Unternehmen, das auf dem Markt des Kopplungsprodukts eine marktbeherrschende Stellung besitzt und damit eine Monopolrente erzielt, durch eine Produktkopplung zusätzlich eine zweite Monopolrente auf dem Markt des gekoppelten Produkts abschöpfen kann (sog „leverage theory"). Gemäss der Doktrin der „Chicago School" ist dies zu verneinen. Mit einer Produktkopplung kann keine zweite Monopolrente generiert werden, da der Konsument eine Gesamtbetrachtung vornimmt: Steigt der gesamthafte Preis für das Kopplungsprodukt und das gekoppelte Produkt über den Marktpreis, würde sich der rational handelnde Konsument für eine günstigere Alternative entscheiden. Die empirischen Erkenntnisse der Verhaltensökonomik stellen diese Auffassung der „Chicago School" jedoch in Frage: Aufgrund der Status-Quo-Verzerrung und der Trägheit der Konsumenten besteht eine übermässig starke Präferenz zum gekoppelten Produkt. Diese verhaltensökonomischen Erkenntnisse wurden aber nicht nur theoretisch beschrieben, sondern auch von der Praxis (zumindest implizit) aufgegriffen; namentlich von der EU-Kommission im Rahmen des sog. „Microsoft"- und „Google-Android"-Falls. In beiden Fällen hatte das marktbeherrschende Unternehmen (Microsoft bzw. Google) eigene Softwareprogramme auf seinem Betriebssystem (Windows bzw. Android) bereits vorinstalliert. Diese Produktkopplungen wurden von der EU-Kommission unter anderem aus dem Grund als wettbewerbswidrig gewertet, da die Konsumenten im Sinne der Status-Quo-Verzerrung eine übermässig starke Präferenz zu den vorinstallierten Programmen aufwiesen. Dabei spielte es auch keine Rolle, dass ein Wechsel zu anderen Softwareprogrammen kostenlos und ohne grösseren Aufwand möglich gewesen wäre.

– *Siebtens* wurden verschiedene Kritikpunkte von „Behavioral Antitrust" dargelegt und einer kritischen Analyse unterzogen. Dabei handelte es sich namentlich um folgende Kritikpunkte: *(1)* fehlender theoretischer Überbau, *(2)* punktuelle und minimale Erkenntnisgewinne, *(3)* unzureichende Vermittlerfunktion, *(4)* mangelnde Vorhersagefähigkeit sowie *(5)* übertriebener Interventionismus und Paternalismus. Die Analyse machte insgesamt deutlich, dass nicht jede Kritik stichhaltig ist oder zumindest relativiert werden kann.

Dies trifft beispielsweise auch auf die Kritik bezüglich eines fehlenden theoretischen Überbaus zu. Konkret wird „Behavioral Antitrust" kritisiert, weil er lediglich eine Ansammlung kontextbezogener Erkenntnisse der empirischen Verhaltensforschung darstellt und von keinem kohärenten oder praxistauglichen Theorierahmen umschlossen ist. Folglich habe „Behavioral Antitrust" nur einen sehr eingeschränkten theoretischen und praktischen Wert. Diese Kritik lässt sich in zweifacher Hinsicht relativieren. Einerseits stellen die Verhaltensökonomik und insbesondere die verhaltensökonomische Analyse des Wettbewerbsrechts einen noch relativ jungen Forschungsansatz dar. Es ist folglich nicht auszuschliessen, dass sich ein kohärenter theoretischer Überbau im Laufe der Zeit – und mit zusätzlicher empirischer und theoretischer Forschung – noch herausbilden wird. Andererseits ist es ganz allgemein fraglich, inwiefern „Behavioral Antitrust" überhaupt eines theoretischen Überbaus bedarf. Diese Frage drängt sich insbesondere dann auf, wenn die verhaltensökonomische Analyse des Wettbewerbsrechts nicht im Sinne einer „behavioral revolution", sondern eines „behavioral turn" verstanden wird: „Behavioral Antitrust" soll die traditionelle ökonomische Analyse des Wettbewerbsrechts – und den damit verbundenen theoretischen Überbau – nicht ersetzen, sondern lediglich punktuell ergänzen.

Ferner kann auch die Kritik relativiert werden, dass „Behavioral Antitrust" einer interventionistischen und paternalistischen Wettbewerbspolitik Vorschub leistet. Zwar ist es zutreffend, dass im Vergleich zur herkömmlichen Analyse – die meist von der liberalen Doktrin der „Chicago School" geprägt ist – die verhaltensökonomische Analyse insgesamt mehr staatliche Eingriffe in den freien Wirtschaftsprozess nahelegt. Jedoch gründet dies in der Regel nicht auf einer normativen Neuausrichtung der Wettbewerbspolitik, wie gewisse Kritiker fälschlicherweise annehmen, sondern auf einer durch die verhaltensökonomischen Erkenntnisse geänderten Faktenlage. In diesem Sinne ist „Behavioral Antitrust" als methodisches Werkzeug zu verstehen, das von seiner Grundausrichtung her neutral ist. Schliesslich kann auch nicht von einer paternalistischen Wettbewerbspolitik gesprochen werden. Im Vergleich zu anderen Rechtsgebieten, wie etwa dem Gesundheits- oder Sozialversicherungsrecht, geht es bei der verhaltensökonomischen Analyse des Wettbewerbsrechts nämlich nicht darum, verzerrende Heuristiken auszunützen, um die Individuen in eine staatliche präferierte Richtung zu stupsen. Vielmehr soll „Behavioral Antitrust" zu einer realistischeren wettbewerbsrechtlichen Analyse beitragen.

§ 7 Normative Grundlage: „Normative Behavioral Antitrust"

A. Theoretisches Fundament

Bevor auf das theoretische Fundament von „Normative Behavioral Antitrust" eingegangen wird, sind in einem ersten Schritt die Zielmodelle des systemischen und effektbasierten Wettbewerbsverständnisses in gebotener Kürze zu rekapitulieren.

I. Ausgangspunkt: Zielmodelle und Verhaltensökonomik

1. Effektbasiertes Wettbewerbsverständnis

Die normative Grundlage des effektbasierten Wettbewerbsverständnisses ist massgeblich von der neoklassischen Ökonomik und der traditionellen Wohlfahrtsökonomik geprägt. Der Wettbewerb hat dabei direkt zum Ziel die statische Effizienz zu erhöhen.

Den Grundstein dieser Betrachtungsweise legte die neoklassische Wettbewerbskonzeption des vollkommenen Wettbewerbs. Bei dieser Konzeption wird der Wettbewerb ausschliesslich als Mittel zur Erhöhung der statischen Effizienz verstanden. Andere ökonomische oder ausserökonomische Ziele werden nicht berücksichtigt.[1] Dabei bedarf es zur Zielverwirklichung einerseits einer Wirtschaftspolitik, die Marktversagen durch ein wirtschaftspolitisches Eingreifen soweit wie möglich verhindert, andererseits einer Wettbewerbspolitik, die das aus den Wettbewerbsbeschränkungen folgende Marktversagen bekämpft.[2]

Auch die Wettbewerbskonzeption der frühen „Harvard School" orientiert sich ausschliesslich am statischen Effizienzkriterium. Die Grundthese der frühen

---

[1] Neben der statischen Effizienz können auch die dynamische Effizienz, die wirtschaftliche Handlungsfreiheit, die Beschäftigungsquote, die wirtschaftliche Entwicklung oder die Konsumentensouveränität zu den ökonomischen Wettbewerbszielen gezählt werden. Als ausserökonomische Ziele kommen dahingegen Fairness, Rechtsstaatlichkeit, demokratische Partizipation, menschliche Zufriedenheit sowie sozial-, struktur- oder umweltpolitische Interessen in Frage.

[2] Für eine eingehendere Auseinandersetzung mit der normativen Grundlage der neoklassischen Wettbewerbskonzeption siehe oben: *§ 4.B.II.1.iii) Vollkommener Wettbewerb vs. Angebotsmonopol.*

„Harvard School" lässt sich dabei wie folgt zusammenfassen: Wenn auf einem Markt bereits Unvollkommenheiten vorliegen, so kann in bestimmten Konstellationen das Hinzutreten eines weiteren Unvollkommenheitsfaktors den Wettbewerb funktionsfähiger machen und damit zur Erhöhung der statischen Effizienz beitragen. Andere ökonomische oder ausserökonomische Ziele werden auch hier nicht adressiert.[3]

Im Gegensatz dazu wendet sich die späte „Harvard School" vom neoklassischen Zielmodell ab: Anstelle einer ausschliesslichen Erhöhung der statischen Effizienz kann der Wettbewerb hier verschiedenen Zielen Rechnung tragen. Während sich beispielsweise Kantzenbach für ein ökonomisch fokussiertes Zielbündel ausspricht, das primär über die dynamische Effizienz verwirklicht wird, tritt Clark in seinen Spätwerken für ein breiteres Zielbündel ein, das sich aus dem gesellschaftlichen Konsens ableiten lässt. In diesem Sinne bricht die späte „Harvard School" gleich zweifach mit dem neoklassischen Zielmodell: Der Wettbewerb kann mehreren Zielen Rechnung tragen, wobei die statische Effizienz nicht zwingend eines dieser Ziele sein muss.[4] Die Ausgestaltung der Wettbewerbspolitik richtet sich schliesslich nach den jeweiligen Zielvorgaben.

Mit der effizienzorientierten Wettbewerbskonzeption der „Chicago School" findet eine Rückbesinnung auf die neoklassische Wettbewerbskonzeption statt. Konkret wurde das von der späten „Harvard School" postulierte Zielbündel aufgrund theoretischer Mängel verworfen und durch die neoklassische Zielvorstellung ersetzt: Der Wettbewerb ist erneut ausschliesslich als Mittel zur Erhöhung der statischen Effizienz zu verstehen. Im Gegensatz zur Neoklassik wird im Rahmen der „Chicago School" das Effizienzkriterium jedoch differenzierter aufgefasst: Statische Effizienz kann sowohl im Sinne von Konsumenten- als auch Gesamtrente verstanden werden. Entscheidender Unterschied ist dabei, dass im Rahmen der Gesamtrente auch die produktive Effizienz berücksichtigt wird. Diese Differenzierung ändert jedoch nichts an der allgemeinen normativen Stossrichtung; statische Effizienz bleibt das ausschliessliche Wettbewerbsziel. Zur Zielerreichung vertrauten die Anhänger der „Chicago School" in erster Linie auf die Selbstheilungskräfte des Markts. Staatliche Eingriffe sind daher äusserst selten angezeigt – namentlich nur dann, wenn horizontale Zusammenschlüsse oder Kollusionen einzig zur Generierung einer Monopolrente eingegangen werden.[5]

---

[3] Für eine eingehendere Auseinandersetzung mit der normativen Grundlage der Wettbewerbskonzeption der frühen „Harvard School" siehe oben: *§ 4.B.II.2.ii) Normative Grundlagen.*

[4] Für eine eingehendere Auseinandersetzung mit der normativen Grundlage der Wettbewerbskonzeption der späten „Harvard School" siehe oben: *§ 4.B.II.2.ii) Normative Grundlagen.*

[5] Für eine eingehendere Auseinandersetzung mit der normativen Grundlage der Wett-

Schliesslich wird auch im Rahmen der „Post-Chicago"-Strömung Wettbewerb ausschliesslich als Mittel zur Erhöhung der statischen Effizienz verstanden: Während die positive Grundlage im Vergleich zur „Chicago School" unter anderem durch die Berücksichtigung strategischer Verhaltensweisen oder institutioneller Rahmenbedingungen realistischer ausgestaltet wird, bleibt das Zielmodell unangetastet. Vereinfacht gesagt zeigt die „Post-Chicago"-Strömung den rechtssetzenden und -anwendenden Behörden auf, wie die statische Effizienz mittels realitätsnäheren ökonomischen Analysemethoden noch effektiver erhöht werden kann.[6]

Insgesamt ist zu bilanzieren: Mit Ausnahme jener der späten „Harvard School" verfolgen alle effektbasierten Wettbewerbskonzeptionen das gleiche Ziel: die Erhöhung der statischen Effizienz.

2. Systemisches Wettbewerbsverständnis

Die normative Grundlage der systemischen Wettbewerbstradition ist entscheidend von der Österreicher Schule geprägt. Dabei hat der Wettbewerb in erster Linie zum Ziel, die wirtschaftliche Handlungsfreiheit der Marktakteure gegenüber staatlichen und privaten Einschränkungen zu schützen.

Den Grundstein dafür legte Hayek; vereinfacht gesagt unterliegen im Rahmen seines Ordnungsverständnisses die einzelnen Individuen einer konstitutionellen Ungewissheit, wodurch eine erstrebenswerte Gesellschaftsordnung nicht auf dem Reissbrett entworfen werden kann, sondern sich im Rahmen einer zweckunabhängigen spontanen Ordnung entwickelt. Damit eine leistungsfähige spontane Ordnung entsteht, müssen insbesondere zwei Voraussetzungen erfüllt sein: Einerseits bedarf es eines Wettbewerbs, der als Entdeckungsverfahren bestehende Tatsachen aufdeckt und neue Tatsachen schafft. Andererseits muss die wirtschaftliche Handlungsfreiheit der Marktakteure gesichert sein. Nur so kann jeder Einzelne seine besonderen Kenntnisse und Fähigkeiten am besten nutzen. Beide Voraussetzungen sind mittels einer staatlichen Wirtschafts- und Wettbewerbspolitik zu erfüllen.

Hoppmann hat mit der freiheitlichen Wettbewerbskonzeption sodann einen praktikablen wettbewerbspolitischen Ansatz ausgearbeitet, der auf Hayeks Grundverständnis aufbaut. Wettbewerbsfreiheit ist dabei zu verstehen als Freiheit der Wettbewerber zum Einsatz ihrer Aktionsparameter, zum Vorstoss sowie zur Nachfolge in technisches, organisatorisches und ökonomisches Neuland sowie als Freiheit der potenziellen Wettbewerber zum Markteintritt, aber auch

---

bewerbskonzeption der „Chicago School" siehe oben: *§4.B.II.3.iii) Normative Grundlage: Gesamt- vs. Konsumentenwohlfahrt.*

[6] Für eine eingehendere Auseinandersetzung mit der normativen Grundlage der Wettbewerbsansätze der „Post-Chicago"-Strömung siehe oben: *§5.B.I.4. Einordnung.*

als Freiheit der Marktkontrahenten zur Auswahl zwischen mehreren Alternativen. Sofern die Wettbewerbsfreiheit gewährleistet ist, so Hoppmann, stellen sich alle anderen ökonomisch vorteilhaften Ergebnisse von selbst ein. Darunter können – zumindest in seinen Spätwerken – Effizienz, Wachstum, technischer Fortschritt oder Leistungssteigerung subsumiert werden. In diesem Sinne hat die Wettbewerbsbehörde im Rahmen der Österreicher Schule nur die Aufgabe, die Wettbewerbsfreiheit zu sichern – alle anderen ökonomischen Ziele ergeben sich indirekt aus deren Sicherung. Aber auch ausserökonomischen Zielen wird über die Sicherung der Wettbewerbsfreiheit indirekt Rechnung getragen. So gehen etwa mit der ökonomischen Handlungsfreiheit auch politische Freiheiten einher, was die Wettbewerbsordnung gewissermassen zur Grundlage eines liberalen und demokratischen Staats macht. Darüber hinaus fördert die Wettbewerbsordnung eine faire Gesellschaftsordnung, da die Marktakteure weder eine Ausnahmenbehandlung noch privilegierende Sonderreglungen verlangen können.[7]

Analog zur Österreicher Schule setzt sich auch die Freiburger Schule mit dem Verhältnis von staatlicher, wirtschaftlicher und gesellschaftlicher Ordnung auseinander und stellt die Freiheit des Individuums ins Zentrum. Das theoretische Fundament der Freiburger Schule beruht dabei massgeblich auf den Arbeiten von Eucken: Nach seinem Verständnis können die individuellen Freiheitsräume nur gewahrt werden, wenn alle Marktakteure den Marktpreis nicht verändern können und ihn dementsprechend als Datum betrachten. Dafür bedarf es einer Wettbewerbsordnung, in der die Marktform der vollständigen Konkurrenz überwiegt. Im Kern bedingt die Marktform der vollständigen Konkurrenz, dass wirtschaftliche Machtakkumulation systematisch unterbunden wird. Sind die individuellen Freiheitsräume über die entsprechenden institutionellen Vorkehrungen gesichert, wird indirekt auch anderen ökonomischen und ausserökonomischen Zielen Rechnung getragen. Eucken spricht in diesem Zusammenhang von einer leistungsfähigen (ökonomische Ziele) und menschenwürdigen Ordnung (ausserökonomischen Zielen). Eucken ist aber nicht darauf eingegangen, welche ökonomischen und ausserökonomischen Ziele die Wettbewerbsordnung konkret zu sichern hat.[8]

---

[7] Siehe hierzu dezidiert: Vanberg, Soziale Gerechtigkeit, S. 1 ff.; für eine eingehendere Auseinandersetzung mit der normativen Grundlage der Wettbewerbskonzeption der Österreicher Schule siehe oben: *§ 4.B.III.1.iii) Konzeption der Wettbewerbsfreiheit.*

[8] Für eine eingehendere Auseinandersetzung mit der normativen Grundlage der Wettbewerbskonzeption der Freiburger Schule siehe oben: *§ 4.B.III.2.ii) Kernelemente des Ordoliberalismus*; trotz verschiedener Gemeinsamkeiten sind die normativen Grundlagen der Österreicher Schule und der Freiburger Schule nicht kongruent: Während das Wettbewerbsziel – Sicherung der individuellen Freiheit – zwar mehr oder weniger identisch ist, gehen die beiden Ansätze bei der Frage der Zielerreichung auseinander. Für die Freiburger Schule sind die individuellen Freiheitsräume gesichert, wenn die Marktakteure den Preis als Datum betrachten. In diesem Sinne ist die Freiburger Schule ergebnisorientiert. Dahingegen verfolgt die

Schliesslich orientiert sich auch die Neue Ordnungsökonomik bzw. der evolutorische Wettbewerbsansatz an der normativen Grundlage der systemischen Wettbewerbskonzeptionen. Dennoch lässt sich eine leicht andere Akzentuierung feststellen: Im Rahmen des evolutorischen Wettbewerbsansatzes werden nämlich die dynamischen Aspekte höher gewichtet als die systemischen Aspekte. Konkret bedeutet dies, dass der evolutorische Wettbewerbsansatz der Erhöhung der dynamischen Effizienz einen höheren Stellenwert einräumt als der Sicherung der wirtschaftlichen Freiheitsräume. Dabei wird jedoch stets betont, dass die beiden Aspekte ineinander verzahnt sind. Aus diesem Grund kann der evolutorische Wettbewerbsansatz letztlich mehr der Österreicher als der Freiburger Schule zugeordnet werden. Der Neuen Ordnungsökonomik geht es nicht um eine Umgestaltung der normativen Grundlage, sondern in erster Linie um die wissenschaftliche Fundierung des wettbewerbspolitischen Programms der tradierten Ordnungsökonomik. Namentlich soll die Neue Ordnungsökonomik bzw. der evolutorische Wettbewerbsansatz durch den Rückgriff auf innovations-, verhaltens-, neuro-, evolutions- und institutionenökonomische Erkenntnisse breiter abgestützt und anschlussfähiger für die moderne ökonomische Forschung sein.[9]

Insgesamt ist zu bilanzieren: Alle systemischen Wettbewerbskonzeptionen gehen im Kern vom gleichen Wettbewerbsziel aus; die wirtschaftliche Handlungsfreiheit der Marktakteure zu schützen.

3. Kompatibilität oder Inkompatibilität?

Die Ausführungen machen deutlich, dass die beiden Wettbewerbsverständnisse auf unterschiedlichen normativen Grundlagen beruhen. Damit drängt sich die Frage nach der Kompatibilität der beiden Zielmodelle auf.

Diese Frage hat sich insbesondere im Rahmen des „More Economic Approach" akzentuiert, da hier die beiden Zielmodelle – Sicherung der Wettbewerbsfreiheit und Förderung der statischen Effizienz – unmittelbar aufeinander trafen.[10] Verschiedene Autoren nahmen dies zum Anlass, sich ganz grundsätzlich mit dem Verhältnis der beiden Zielmodelle auseinanderzusetzen.[11]

Österreicher Schule einen verfahrensorientierten Ansatz: Es geht nicht darum ein bestimmtes Ergebnis zu erreichen, sondern darum, die Spielregeln des Wettbewerbs so auszugestalten, dass die individuellen Freiheitsräume vor Zwang geschützt sind.

[9] Für eine eingehendere Auseinandersetzung mit den normativen Grundlagen der Neuen Ordnungsökonomik und dem evolutorischen Wettbewerbsansatz siehe oben: *§ 5.C.II.3. Einordnung.*

[10] Siehe hierzu oben: *§ 5.B.II. „More Economic Approach".*

[11] Eine übersichtliche Zusammenstellung und Auseinandersetzung mit den unterschiedlichen Positionen findet sich bei Budzinski: Budzinski, Europäische Wettbewerbspolitik, S. 30 ff.; siehe ferner auch: Künzler, S. 182 ff.; Kerber, Efficiency, S. 93 ff.; Schmidtchen, Recht und Ökonomie, S. 144 ff.

Eine optimistische Position wird dabei von Hellwig vertreten: Er geht nicht nur von Kompatibilität, sondern sogar von vollständiger Zielharmonie aus. Dafür müsse Effizienz jedoch richtig interpretiert werden; namentlich im Sinne von „Verbraucherinteressen" bzw. Konsumentenwohlfahrt. Orientiere sich nun die Wettbewerbspolitik ausschliesslich an diesem Kriterium, werde indirekt auch der Wettbewerbsfreiheit Rechnung getragen. Zugespitzt formuliert stellt Hellwig das systemische Wettbewerbsverständnis damit auf den Kopf: Eine effizienz- bzw. konsumentenwohlfahrtsorientierte Wettbewerbspolitik sichert indirekt die Wettbewerbsfreiheit.[12]

Eine neutrale Position wird dahingegen von Budzinski eingenommen. Er sieht das Verhältnis von Wettbewerbsfreiheit und Effizienz als eine „noch offene Forschungsfrage".[13] Dennoch lässt er durchblicken, dass „einerseits Harmonieelemente (…), andererseits aber auch Konflikte"[14] bestehen können, wobei er aber im Konfliktfall die Wettbewerbsfreiheit über das Effizienzziel zu stellen scheint.

Eine kritische Position wird schliesslich von Vanberg vertreten. Seiner Ansicht nach sind Wettbewerbsfreiheit und Effizienz nicht vereinbar und „man muss sich für das eine oder andere entscheiden".[15] Die von der Rechtsordnung gewährten ökonomischen Handlungsfreiheiten haben nämlich Anspruch auf unbedingten Schutz. Ihre Geltung von ökonomischen Zweckmässigkeitserwägungen abhängig zu machen, würde den Verpflichtungen widersprechen, die Individuen dadurch eingehen, dass sie sich einer gemeinsamen Regelordnung unterwerfen.[16] Oder pointierter formuliert: Wenn man sich einmal auf die Spielregeln des Wettbewerbs geeinigt hat, sind die daraus resultierenden Ergebnisse zu akzeptieren. Einzelfallbasierte Ausnahmen sind nicht zulässig.

Zum gleichen Schluss kommt auch Schmidt; für ihn ist eine effizienzorientierte Wettbewerbspolitik, die universale Regeln zu Gunsten einer stärker wirkungsbasierten Einzelfallanalyse aufgibt, nicht mit der Wettbewerbsfreiheit vereinbar.[17]

In diesem Sinne lebt mit dem „More Economic Approach" ein fundamentaler Konflikt wieder auf: Namentlich die im Rahmen der Hoppmann-Kantzenbach-Kontroverse diskutierte Frage, ob Wettbewerb mehr Ziel- oder Mittelcharakter aufweist.[18] Während das effektbasierte Wettbewerbsverständnis den Wettbewerb primär als Mittel zur Erreichung ökonomischer Ziele versteht, wird im

---

[12] Hellwig, S. 264 ff.; Budzinski, Europäische Wettbewerbspolitik, S. 30 f.; siehe hierzu kritisch: Vanberg, Wettbewerbsfreiheit, S. 117 ff.

[13] Budzinski, Europäische Wettbewerbspolitik, S. 32.

[14] Budzinski, Europäische Wettbewerbspolitik, S. 32.

[15] Vanberg, Wettbewerbsfreiheit, S. 124.

[16] Vanberg, Wettbewerbsfreiheit, S. 115 f.

[17] Siehe hierzu: Budzinski, Europäische Wettbewerbspolitik, S. 31.

[18] Siehe hierzu oben: *§ 4.B.III.1.v) Exkurs: Hoppmann-Kantzenbach-Kontroverse.*

Rahmen des systemischen Wettbewerbsverständnisses der Wettbewerb in erster Linie als Ziel aufgefasst. In diesem Sinne prallen nicht nur zwei Zielmodelle aufeinander, sondern auch zwei fundamental unterschiedliche Vorstellungen von Wettbewerb.[19]

Es gilt damit festzuhalten: Auch wenn sich die Autoren nicht einig sind, ist grundsätzlich von einem hohen Konfliktpotenzial auszugehen. Dieses erstreckt sich aber nicht nur auf die beiden Zielmodelle, sondern auch auf die den Zielmodellen zugrunde liegenden methodischen und konzeptionellen Unterschiede.

4. Weiterer Gang der Untersuchung

In Anbetracht des festgefahrenen Konflikts scheint es auch im Rahmen der normativen Grundlage – analog zur Vorgehensweise bei der positiven Grundlage[20] – vielsprechender zu sein, einen alternativen dritten Weg zu beschreiten.

Nachfolgend werden die Grundzüge einer solchen alternativen normativen Grundlage dargelegt. Ausgangspunkt bildet dabei das traditionelle Zielmodell des effektbasierten Wettbewerbsverständnisses; namentlich das wohlfahrtsökonomische Effizienz- bzw. Konsumentenrentenkriterium. Dieses Zielmodell wird sodann auf der Grundlage eines neuen verhaltensökonomischen Ansatzes, der sog. Normativen Verhaltensökonomik, umfassend revidiert. Da die Erkenntnisse der Normativen Verhaltensökonomik, soweit überschaubar, bisher kaum auf wettbewerbsrechtliche Problemfelder übertragen wurde, wird zusätzlich ein neuer wettbewerbspolitischer Ansatz der sog. „New Brandeis Movement of Antitrust" beigezogen, der die Forderungen der Normativen Verhaltensökonomik weitgehend teilt. So machen beide Ansätze, wenn auch von unterschiedlichen Richtungen kommend, deutlich, dass es vielsprechender ist, das statische Effizienzkriterium durch ein breiteres Zielmodell zu substituieren.

In diesem Sinne bilden die Normative Verhaltensökonomik sowie ferner auch die „New Brandeis Movement of Antitrust" das theoretische Fundament, auf dem die eigentliche alternative normative Grundlage steht. In Anlehnung an den „Behavioral Antitrust"-Ansatz wird diese alternative normative Grundlage nachfolgend als sog. „Normative Behavioral Antitrust" bezeichnet. Der Begriff

---

[19] Der Konflikt ist jedoch nicht nur von theoretischer Natur, sondern wirkt sich auch auf die praktische Wettbewerbspolitik aus. So etwa bei der Bewertung von Unternehmenszusammenschlüssen: Vor dem Hintergrund der Wettbewerbsfreiheit werden vertikale und horizontale Fusionen überwiegend kritisch betrachtet. Sowohl die Österreicher Schule als auch die Freiburger Schule gehen de facto von einem Zusammenschlussverbot aus. Werden Fusionen dahingegen vor dem Hintergrund des statischen Effizienzziels betrachtet, ergibt sich ein anderes Bild: Im Rahmen des Effizienzziels wird mehrheitlich die effizienzsteigernde Wirkung von Unternehmenszusammenschlüsse hervorgehoben.

[20] Siehe hierzu oben: *§ 6.A. I.4. Konzept der beschränkten Rationalität als Bindeglied.*

soll deutlich machen, dass die Erkenntnisse und Analysemethoden der Verhaltensökonomik auch hier eine massgebliche Rolle spielen. Das Ziel von „Normative Behavioral Antitrust" ist es schliesslich, eine realistischere normative Grundlage für die Wettbewerbspolitik zu schaffen. Durch die Orientierung am Realitätskriterium soll die alternative normative Grundlage nicht nur konsensfähiger sein, sondern gleichzeitig auch die Spannungen zwischen den beiden tradierten normativen Grundlagen des Wettbewerbsrechts abbauen.

II. Normative Verhaltensökonomik

1. Grundlagen

In den letzten zwei Jahrzehnten wurde intensiv erforscht, welchen Einfluss verhaltensökonomische Erkenntnisse auf die positive Grundlage der Ökonomik entfalten können. Die Frage nach dem verhaltensökonomischen Einfluss auf die normative Grundlage wurde dahingegen kaum adressiert. Als einer der ersten hat Berg 2003 auf diesen Umstand hingewiesen:

„Still, it is puzzling (…) why the recent ascent of leading behavioralists into the limelight has not been accompanied by a new normative framework for analyzing policy."[21]

Über 15 Jahre später scheint die Frage immer noch weitgehend ungeklärt: So haben Dold und Schubert erst kürzlich hervorgehoben, dass die Verhaltensökonomik zwar einen massgeblichen Einfluss auf die positive Grundlage der Ökonomik entfalten konnte, es aber unklar sei, „what exactly those new insights about deviations from rational choice mean in terms of policy implications".[22] In diesem Sinne ist auch Hacker zu verstehen, wenn er festhält, dass die Verhaltensökonomik zwar eine Reihe von administrativen Innovationen und legislativen Reformprojekten hervorgebracht hat, „jedoch die systematische normative Durchdringung der in rapider Folge veröffentlichter Vorschläge allzu häufig unterlassen"[23] wurde. Hinter diesen Äusserungen steht letztlich die Kritik, dass sich die Mehrheit der Verhaltensökonomen immer noch an der traditionellen Wohlfahrtsökonomik orientiert.[24]

Ganz allgemein basiert das Bewertungsverfahren der Wohlfahrtsökonomik auf der Annahme, dass die Wohlfahrt der Individuen ausschliesslich durch die Befriedigung ihrer Präferenzen konstituiert wird, die kohärent, gegeben, konsistent und kontextunabhängig sind. Gemäss Schubert hat der Nutzenbegriff in der

---

[21]   Berg, S. 412; in ähnlicher Weise konstatierte 2008 auch Diamond: „Behavioral research is showing us very interesting things about human behavior. In addition to continuing to look for interesting insights, we need to learn more about how to use what we are learning.", Diamond, S. 1862.

[22]   Dold/Schubert, Behavioral Foundation, S. 221; so auch: McQuillin/Sugden, S. 554.

[23]   Hacker, Verhaltensökonomik, S. 2.

[24]   Siehe hierzu: Dold/Schubert, Libertärer Paternalismus, S. 31.

traditionellen Wohlfahrtsökonomik folglich keine „sensorische Konnotation"[25] und die Präferenzen werden mit den beobachtbaren Wahlhandlungen faktisch gleichgesetzt. Auf der aggregierten Ebene hat dies zur Folge, dass die Wohlfahrtsökonomik die Erhöhung der statischen Effizienz bzw. der Konsumentenwohlfahrt zum präferierten Zielmodell erhebt.[26]

Durch das Festhalten an der traditionellen Wohlfahrtsökonomik ist ein zunehmendes Auseinanderdriften von positiver und normativer Ökonomik zu konstatieren: Während sich die positive Ökonomik durch den verhaltensökonomischen Einfluss gewandelt hat, fand im Rahmen der normativen Ökonomik keine Entwicklung statt. Aus diesem Grund haben es sich verschiedene Forscher zum Ziel gesetzt, die normative Grundlage vor dem Hintergrund verhaltensökonomischer Erkenntnisse anzupassen und dem Auseinanderdriften entgegenzuwirken.[27]

Diese zunehmend grösser werdende Forschungsströmung innerhalb der Verhaltensökonomik firmiert heute unter dem englischen Namen „Behavioral Welfare Economics" bzw. „Behavioral Normative Economics".[28] Eine allgemeine Umschreibung dieser neuen Forschungsströmung findet sich bei Dold und Schubert:

„In general, BNE [Behavioral Normative Economics, M.M.] can be conceptualized as the set of all attempts to modify standard normative economics so that it is better aligned – or ‚reconciled' (…) – with insights from behavioral economics and can be coherently applied in a behavioral world."[29]

Die Ursprünge dieser Normativen Verhaltensökonomik – so der deutsche Begriff[30] – liegen im Dunstkreis des „Behavioral Law and Economics"-Ansatzes; so treffen nämlich bei der verhaltensökonomischen Analyse des Rechts verhaltensökonomische und normative Elemente unweigerlich aufeinander – was den Ansatz ganz allgemein zu einem Bindeglied zwischen Verhaltensökonomik und Normativität macht.[31]

Die Normative Verhaltensökonomik ist jedoch nicht als eine homogene Forschungsströmung aufzufassen. Vielmehr ist sie ein Sammelbecken unterschiedlicher Vorschläge und Ansätze, die sich mit dem Verhältnis von Verhaltensöko-

---

[25] Schubert, S. 84.
[26] Dold/Schubert, Behavioral Foundation, S. 224.
[27] Schubert, S. 85.
[28] Zuweilen wird auch von „Normative Behavioral Economics" gesprochen. Siehe dazu: Berg, S. 411; Dold/Schubert, Libertärer Paternalismus, S. 33; Dold/Schubert, Behavioral Foundation, S. 222.
[29] Dold/Schubert, Behavioral Foundation, S. 222.
[30] Dold/Schubert, Libertärer Paternalismus, S. 33.
[31] Siehe hierzu oben: § 6.A.II.5. „Behavioral Law and Economics"; Hacker, Verhaltensökonomik, S. 11.

nomik und normativer Ökonomik auseinandersetzen.[32] Die meisten Vorschläge und Ansätze lassen sich jedoch einer der drei folgenden Kategorien zuordnen:[33]

– *Einfache verhaltensökonomische Regulierungsvorschläge*
Im Rahmen solcher einfacher verhaltensökonomischer Regulierungsvorschläge geht es lediglich darum, bestimmte Folgerungen aus dem durch die Verhaltensökonomik revidierten Verhaltensmodell abzuleiten. Die normative Grundlage selbst bleibt dabei unangetastet. Dieses Normativitätsverständnis geht vollständig in der traditionellen Lehrbuchunterscheidung von positiver und normativer Ökonomik auf.[34] Dementsprechend sind im Verständnis der vorliegenden Studie – und damit verschiedenen Vertretern der Normativen Verhaltensökonomik folgend[35] – solche einfachen verhaltensökonomischen Regulierungsvorschläge nicht der Normativen Verhaltensökonomik zuzuordnen.[36]

– *„Nudging" und libertärer Paternalismus*
Im Gegensatz zu den einfachen verhaltensökonomischen Regulierungsvorschlägen kann im Rahmen des „Nudging" die Verhaltensökonomik einen Einfluss auf die normative Grundlage entfalten. Dies hängt jedoch stark von der inhaltlichen Ausgestaltung ab; so kann nämlich zwischen rationalisierenden und nicht rationalisierenden „Nudges" unterschieden werden.

Rationalisierende „Nudges" gehen von einem sog. „dualistic approach" aus.[37] Das Individuum wird dabei in zwei Persönlichkeiten unterteilt: Einen inneren rationalen Agenten (sog. „econ within") und einen äusseren irrationalen Akteur (sog. „human"), wobei der „econ within" in der psychologischen Hülle des „human" gefangen ist. Ein rationalisierender „Nudge" hat

---

[32] Die einzelnen Ansätze sind durch eine gemeinsame Grundausrichtung geeint: Sie alle wollen die häufig versteckten, unterschwellig operierenden Implikationen sowie die vielfältigen normativen Möglichkeiten der Verhaltensökonomik herausarbeiten und für die normative Ökonomik fruchtbar machen. Siehe hierzu: Hacker, Verhaltensökonomik, S. 2.

[33] In ähnlicher Weise unterscheidet auch Schubert im Rahmen der Verhaltensökonomik drei Ebenen: eine positive Ebene, eine instrumentelle Ebene und eine normative Ebene. Siehe hierzu: Schubert, S. 84.

[34] Auch in diesem Zusammenhang werden die normativen Grundlagen selbst nicht reflektiert.

[35] In diesem Sinne ist bereits Berg zu verstehen: „In this anti-normative appraisal, behavioral economics, although it accepts a broader vision of how firms and consumers actually behave, does not actually challenge homo economicus as the proper ideal for assessing how legal and cultural institutions should be designed.", Berg, S. 415; ferner sprechen beispielsweise auch Dold/Schubert in diesem Zusammenhang von einem pragmatischen Mittelweg, bei dem die verhaltensökonomischen Erkenntnisse die normativen Prämissen unberührt lassen. Siehe hierzu: Dold/Schubert, Behavioral Foundation, S. 222 f.

[36] So wurde bereits im vorangegangenen Paragraphen behandelt, welche (wettbewerbs-) rechtlichen Folgerungen aus dem revidierten Verhaltensmodell gezogen werden können. Siehe hierzu oben: *§ 6.B.II. Ausgewählte Anwendungsfelder.*

[37] Siehe hierzu oben: *§ 6.A.II.2.ii) Zwei Denkmodi*; siehe ferner m. w. V.: Dold/Schubert, Behavioral Foundation, S. 228.

nun zum Ziel, im Rahmen der Entscheidungsfindung den rationalen Agenten durch entsprechende Stupser herauszukehren. Teilweise wird in diesem Zusammenhang auch von bereinigten Präferenzen („laundered preferences") gesprochen.[38] Gemäss Dold und Schubert drängen Befürworter solcher rationalisierenden „Nudges" verhaltensökonomische Erkenntnisse letztlich aber wieder aus der normativen Grundlage hinaus:

> „[I]ts advocates follow the general strategy (…) to ‚lander' people's preferences before letting them enter the individual (or social) welfare calculus. (…) The underlying idea is (…) to take homo economicus as the ideal decision maker that guides the public policy agenda. Thus, the libertarian paternalists presume that choosing a specific outcome (e. g., healthy food, non-smoking, or regular contributions to one's retirement savings account) is welfare-increasing if it corresponds to what homo economicus, ‚the Econ' within, would have done."[39]

Die traditionelle Wohlfahrtsökonomik bildet bei solchen rationalisierenden „Nudges" damit weiterhin die normative Grundlage.

Im Vergleich dazu haben nicht rationalisierende „Nudges" eine andere Zielausrichtung: Bei ihnen sollen Abweichungen von der Eigennutzoptimierung zugunsten unterschiedlicher gesellschaftlicher Ziele ausgenützt werden. Konkret zu denken ist an Ziele wie Umweltschutz („green nudges"[40]) oder Fairness („fairness nudging"[41]), in deren Richtungen die Individuen mittels spezifischen Informationskampagnen, Produktdesigns oder Labels gestupst werden. Gemäss den Anhängern der Normativen Verhaltensökonomik liegt gerade in diesen alternativen Zielausrichtungen das normative Potenzial des libertären Paternalismus sowie von „Behavioral Law and Economics" insgesamt begründet.[42] Dennoch: Auch bei solchen nicht rationalisierenden „Nudges" findet in der Regel keine vertiefte Auseinandersetzung mit der normativen Grundlage statt. Die Ziele werden meist nur implizit gesetzt und punktuell angewendet.[43]

Obwohl das Potenzial nicht vollumfänglich ausgeschöpft wird, öffnet der libertäre Paternalismus in der Gestalt nicht rationalisierender „Nudges" dennoch die Tür für eine vertiefte Auseinandersetzung mit der normativen Grundlage der Ökonomik.

---

[38] Dold/Schubert, Libertärer Paternalismus, S. 33; McQuillin/Sugden, S. 559 ff.

[39] Dold/Schubert, Behavioral Foundation, S. 227; in einem anderen Aufsatz kritisieren die Autoren den libertären Paternalismus, da dieser sowohl in pragmatischer als auch in empirischer Hinsicht fragwürdig sei. Siehe hierzu: Dold/Schubert, Libertärer Paternalismus, S. 33.

[40] Siehe hierzu: Mathis, Nachhaltige Entwicklung, S. 439 f.

[41] Siehe hierzu: Hacker, Verhaltensökonomik, S. 376 ff.

[42] So etwa: Hacker, Verhaltensökonomik, S. 362.

[43] In diesem Sinne ist auch Schubert zu verstehen: „Der Mangel an einer kohärenten normativen Fundierung birgt also die Gefahr, dass willkürliche Politikempfehlungen entwickelt werden – ‚Kosten' und ‚Nutzen' von Massnahmen bleiben undefiniert –, bzw. dass der politische Instrumenteneinsatz unerwünschte Nebenwirkungen nach sich zieht.", Schubert, S. 86.

– Alternativer Wohlfahrtsmassstab

Schliesslich werden im Rahmen der Normativen Verhaltensökonomik auch alternative Wohlfahrtsmassstäbe ausgearbeitet, die auf verhaltensökonomischen Erkenntnissen beruhen. Gemäss Hacker biete es sich geradezu an, einen alternativen Wohlfahrtsmassstab zu entwickeln, der in Einklang mit den empirischen und theoretischen Erkenntnissen der Verhaltensökonomik steht.[44] Das übergeordnete Ziel ist dabei, einen kohärenten verhaltensökonomischen Theorierahmen zu schaffen, der weitgehend mit der Realität korrespondiert – sowohl hinsichtlich der positiven als auch der normativen Grundlage.

Da die ersten zwei Kategorien im Verlauf der Studie bereits thematisiert wurden,[45] beschränken sich die nachfolgenden Ausführungen auf die dritte Kategorie; die alternativen Wohlfahrtsmassstäbe.

2. Alternative Wohlfahrtsmassstäbe

Zunächst ist festzuhalten, dass sich bis anhin kein konsolidierter alternativer Wohlfahrtsmassstab herausgebildet hat. Vielmehr ist eine wachsende Zahl unterschiedlicher Wohlfahrtsmassstäbe zu beobachten, die sich inhaltlich ergänzen, aber auch widersprechen können. Nachfolgend werden in Anlehnung an Schubert zwei alternative Wohlfahrtsmassstäbe in gebotener Kürze vorgestellt.[46] Diese sollen die mögliche Bandbreite, aber auch die gemeinsame Stossrichtung illustrieren.[47]

i) „Happiness"

Der Ansatz, das menschliche Glücks- bzw. Wohlbefinden – und nicht die statische Effizienz – in den Mittelpunkt der Wohlfahrtsanalyse zu stellen, ist keineswegs neu. Bereits Aristoteles hat sich eingehend mit dem Glück als Ziel des menschlichen Handelns auseinandergesetzt. Dabei sind zwei Begriff von besonderer Bedeutung: „Eudaimonia" und „Entelechie". Um ein glückliches Leben („Eudaimonia") zu führen, müsse der Mensch sein Potenzial entspre-

---

[44] Hacker, Verhaltensökonomik, S. 10 und S. 18; insbesondere, wenn man bedenkt, dass es letztlich eine noch offene Frage ist, welche normative Entscheidungsmatrix der Verhaltensökonomik zugrunde gelegt werden soll. Siehe hierzu: McQuillin/Sugden, S. 555.

[45] Siehe hierzu oben: *§ 6.B.II. Ausgewählte Anwendungsfelder* und *§ 6.A.II.5.ii) „Nudging"*.

[46] Siehe hierzu: Schubert, S. 85 ff.; Ausgangspunkt bildet dabei die Erkenntnisse, dass der libertäre Paternalismus keine kohärente normative Fundierung aufweist und damit als alternativer Wohlfahrtsmassstab nicht tauglich ist. Vielmehr bedarf es eines alternativen Wohlfahrtsmassstab, der sowohl kohärent ist als auch mit den verhaltensökonomischen Erkenntnissen korrespondiert.

[47] Für einen guten Überblick hinsichtlich alternativer Wohlfahrtsmassstäbe siehe: McCain, S. 212 ff.

chend seiner natürlichen, vorbestimmten Veranlagungen mittels eines tugendhaften Verhaltens vollumfänglich ausschöpfen („Entelechie"). Oder pointierter formuliert: Gemäss Aristoteles stellt die tugendhafte Selbstverwirklichung die Grundvoraussetzung für ein glückliches Leben dar.[48] Eine weitere ebenfalls sehr prominente Glückstheorie wurde von Jeremy Bentham im Rahmen seiner utilitaristischen Ethik entwickelt. Gemäss Bentham sind alle Handlungen an dem Ziel „greatest happiness of the greatest number" auszurichten. Damit bedient er sich einem hedonistischen Glücksverständnis: Es geht um die Maximierung von Freude („pleasure") und die Minimierung von Leid („pain").[49]

Die Normative Verhaltensökonomik stützt sich weniger auf diese philosophischen Grundlagen, sondern greift in erster Linie die empirischen Erkenntnisse der psychologischen Glücksforschung auf und überführt diese in den ökonomischen Kontext. Die Glücksforschung stellt eine relativ junge wissenschaftliche Strömung dar, die sich eingehend mit der Frage beschäftigt, welche Faktoren das menschliche Wohlbefinden beeinflussen. Ganz allgemein versucht sie damit dem Glücksbegriff schärfere Konturen zu geben und für die Sozialwissenschaften fruchtbar zu machen.[50] Es würde den Rahmen der vorliegenden Studie jedoch sprengen, auf die verschiedenen methodischen und materiellen Ansätze innerhalb der Glücksforschung einzugehen. Dafür ist auf die einschlägige Literatur verwiesen.[51] Die nachfolgenden Ausführungen beschränken sich auf jene Erkenntnisse der Glücksforschung, die von der Normativen Verhaltensökonomik aufgegriffen werden und für den weiteren Gang der Untersuchung von Relevanz sind.

Einerseits machen die empirischen Erkenntnisse der Glücksforschung deutlich, dass das menschliche Wohlbefinden multidimensional ist. Dabei spielen neben ökonomischen auch ausserökonomische Faktoren eine wesentliche Rolle.[52] In diesem Zusammenhang ist auch Barrotta zu verstehen, wenn er festhält, dass Glück „an intrinsically pluralistic concept"[53] sei. Dieser Multidimensionalität ist es geschuldet, dass heute unterschiedliche Ansätze hinsichtlich des menschlichen Wohlbefindens existieren.[54] Eines der wohl populärsten Glücks-

---

[48] Zu Aristoteles' Verständnis des guten Lebens siehe instruktiv: Höffe, S. 215 ff.

[49] Zu Benthams utilitaristischer Ethik siehe instruktiv: Mathis, Effizienz, S. 142 ff.

[50] Siehe hierzu: Frey, Happiness, S. 4 ff.

[51] Siehe m. w. V.: Hirata, S. 1 ff.; Frey, Happiness, S. 1 ff.; Frey/Stutzer, Happiness and Economics, S. 1 ff.

[52] Ökonomische Faktoren sind unter anderem Einkommen, Vermögen, Wohn- und Arbeitssituation. Dahingegen sind Gesundheit, persönliche Freiheit, Bildung, soziale Kontakte, Umwelt und Sicherheit ausserökonomische Faktoren. Siehe hierzu m. w. V.: Stucke, Happiness, S. 2586 f.

[53] Barrotta, S. 152.

[54] Jedoch sind die Unterschiede nicht von grundsätzlicher sondern von gradueller Natur: Trotz unterschiedlicher Kriterien fasst die Mehrheit der Autoren Glück als etwas multidimensionales auf.

konzepte wurde von Richard G. Layard ausgearbeitet. Gemäss dem Autor zählen zu den wichtigsten Faktoren für das menschliche Wohlbefinden: *(1)* die familiären Beziehungen, *(2)* die finanzielle Lage, *(3)* die Arbeit, *(4)* das soziale Umfeld, *(5)* die Gesundheit, *(6)* die persönliche Freiheit und *(7)* die Lebensphilosophie.[55] Ein damit vergleichbares Glückskonzept präsentierten die Stiglitz-Sen-Fitoussi-Kommission[56] sowie Frey und Stutzer.[57]

Andererseits legen Erkenntnisse der Glücksforschung nahe, dass insbesondere die finanzielle Lage einen weitaus kleineren Einfluss auf das menschliche Wohlbefinden hat, als gemeinhin angenommen wurde. Nach seinem Begründer firmiert dieser Befund heute unter dem Namen „Easterlin Paradox". Richard Easterlin hat ab Mitte der 1970er Jahre in mehreren Studien nachgewiesen, dass wenn die Grundbedürfnisse gedeckt sind, die Erhöhung des Einkommens nur noch schwach mit der Erhöhung des menschlichen Glücksempfindens korreliert. Gemäss dem Autor steht dies im Kontrast zur allgemeinen Wahrnehmung, dass die finanzielle Lage fast immer ein sehr wichtiger Glücksfaktor sei.[58] Während man den Befunden von Easterlin zunächst kaum Beachtung schenkte, bestehen heute im Rahmen der Glücksforschung verschiedene Begründungsansätze für das Paradox.

So weist beispielsweise Schubert unter Rückgriff auf Kahneman, Wakker und Sarin darauf hin, dass dem „Easterlin Paradox" eine kognitive Verzerrung zugrunde liegt. In ihrem Aufsatz *„Back to Bentham? – Explorations of Experienced Utility"*[59] legten Kahneman, Wakker und Sarin dar, dass der Nutzen, der im unmittelbaren Moment des Erlebens gespürt wird („erlebendes Selbst"), systematisch vom ex-post erinnerten Nutzen („erinnerndes Selbst") abweicht, der wiederum in den vorausgesagten Nutzen zukünftiger Wahlhandlungen einfliesst.[60] Individuen neigen folglich dazu, so Schubert, den Glücksnutzen zukünftiger Handlungen falsch einzuschätzen. Insbesondere wird der Glücksgewinn aus extrinsisch motivierten Handlungen (etwa durch Geld oder sozialen Status) systematisch überschätzt, während der Gewinn aus intrinsisch motivierten Handlungen (wie etwa Partizipation oder Geselligkeit) vernachlässigt wird.[61]

---

[55] Layard, S. 77 f.

[56] Neben dem materiellen Lebensstandard (Einkommen, Konsum und Vermögen) nennt die Kommission unter anderem die Faktoren Gesundheit, Ausbildung, demokratische Teilhabe, soziale Beziehungen sowie Umweltbedingungen. Siehe hierzu: Stiglitz/Sen/Fitoussi, S. 14 f.

[57] Frey/Stutzer, Happiness and Economics, S. 10 f.

[58] Easterlin, S. 89 ff.; siehe hierzu ferner: McCain, S. 205 f.

[59] *Daniel Kahneman/Peter Wakker/Rakesh Sarin, Back to Bentham? – Explorations of Experienced Utility.*

[60] Kahneman/Wakker/Sarin, S. 375 ff.; Kahneman, S. 386 ff.; McQuillin/Sugden, S. 556 f.; Schubert, S. 86.

[61] Schubert, S. 86; so auch: Frey/Stutzer, Mispredicting Utility, S. 113 ff.

Bei einem anderen Erklärungsansatz wird auf die Vernachlässigung des Vergleichseffekts hingewiesen: So zeigen Studien der Glücksforschung auf, dass ökonomische Faktoren – und damit auch die finanzielle Lage – einem relativ starken Vergleichseffekt unterliegen.[62] Besonders deutlich wird dies bei Statusgütern wie Schmuck oder Fahrzeugen: Der Besitzer gewöhnt sich rasch an die neu erworbenen Güter und dessen Zufriedenheit hängt letztlich nur davon ab, ob sich das eigene Statusgut in qualitativer oder quantitativer Hinsicht abhebt.[63] In diesem Zusammenhang wird auch von der sog. „hedonic treadmill" bzw. „hedonic adaption" gesprochen:[64] Materielle Verbesserungen des Lebensstandards wirken sich langfristig weniger auf das menschliche Wohlbefinden aus, als ursprünglich erwartet, da Menschen ihre Referenzmassstäbe an die veränderten Bedingungen anpassen.[65]

Vor dem Hintergrund dieses multidimensionalen und kontextabhängigen Wohlfahrtsmassstabs lassen sich unter anderem folgende Erkenntnisse für die Wirtschaftspolitik ziehen: Die Förderung der statischen Effizienz hat in modernen Industrieländern einen kleineren Einfluss auf das menschliche Wohlbefinden als beispielsweise die Sicherung individueller Freiheitsräume oder die Verhinderung von Machtmissbrauch. Umgekehrt besitzt die Förderung der statischen Effizienz in Entwicklungsländern – wo die Grundbedürfnisse nur unzureichend gedeckt sind – einen deutlich höheren Stellenwert. Konkret lässt sich dies am Preis für Basisgüter wie Milch oder Brot illustrieren: Während in Industrieländern eine Preisreduktion dieser Produkte um 10 Prozent kaum einen Einfluss auf das menschliche Wohlbefinden hat, kann eine entsprechende Reduktion in Entwicklungsländern zu einer signifikanten Verbesserung des Wohlbefindens führen.[66]

ii) „Opportunity"

Bei diesem vom englischen Ökonom Robert Sugden entwickelten Wohlfahrtsmassstab steht nicht das Glück des Einzelnen, sondern dessen Freiheit im Zentrum der Analyse. Gemäss Sugden würden Individuen nicht alleine die Befriedigung ihrer Präferenzen wertschätzen, sondern etwas essentielleres: die Chance („opportunity"), jede Präferenz befriedigen zu können, solange Dritte

---

[62] Siehe hierzu grundlegend: Frederick/Loewenstein, S. 302 ff.

[63] Siehe hierzu m. w. V.: Schmitt, S. 95 ff.; Frank, S. 23 ff.; Stucke, Happiness, S. 2599.

[64] Frederick/Loewenstein, S. 302 ff.

[65] In diesem Kontext ist auch Frank zu verstehen, wenn er festhält, dass „no economic model can hope to capture how markets actually function unless it begins with the assumption that context shapes evaluation in significant ways"., Frank, S. 27; Franks Aussage deckt sich weitgehend mit dem, was Zweynert/Kolev/Goldschmidt im Rahmen der Neuen Ordnungsökonomik fordern. Siehe hierzu oben: *§ 5.C.II.1. Grundausrichtung.*

[66] Stucke, Happiness, S. 2626.

nicht geschädigt werden und man sich die Befriedigung leisten kann.[67] Folglich hält dieser Wohlfahrtsmassstab dazu an, jede Präferenz zu respektieren – egal wie exzentrisch, selbstdestruktiv oder verrückt sie aus Beobachtersicht sein mag.[68] Damit versucht Sugden in seinem Ansatz das Prinzip der Konsumentensouveränität soweit wie möglich zu respektieren.[69] Oder wie er es selbst formuliert hat:

„[A] person is well-off by being able to choose whatever she might desire and be willing to pay for. (…) We can postulate any desire, whether hers or not, whether reasonable or unreasonable, whether normal or abnormal, and ask whether, were she to have that desire, she would have the power to satisfy it. The clause ‚and be willing to pay for' signifies that each individual's opportunities are defined relative to some prior assignment of entitlements. The idea is that each individual has the opportunity to do whatever he might desire to do with those things to which he has entitlements."[70]

Diese starke Gewichtung der Konsumentensouveränität hat sodann zwei Folgen: Einerseits hat das Individuum die Entscheidungen seines „human within" ohne Weiteres zu akzeptieren und alle Konsequenzen selbst zu tragen.[71] Andererseits aber muss sich das Individuum für seine Entscheidungen vor keiner staatlichen Instanz rechtfertigen. In diesem Zusammenhang bestreitet Sugden auch, dass es Aufgabe der normativen Ökonomik sei, die Güte eines gesellschaftlichen Zustands aus einer vermeintlich neutralen Perspektive zu beurteilen.[72]

iii) Gemeinsamkeiten der beiden alternativen Wohlfahrtsmassstäbe

Die beiden alternativen Wohlfahrtsmassstäbe führen vor Augen, wie unterschiedlich die normative Grundlage im Rahmen der Normativen Verhaltensökonomik ausgestaltet sein kann – selbst mit Blick auf grundlegende Aspekte wie die „Wohlfahrtswährung".[73]

---

[67] Siehe hierzu grundlegend: Sugden, Opportunity Criterion, S. 1014 ff.; ferner: McQuillin/Sugden, S. 563; Dold/Schubert, Libertärer Paternalismus, S. 34.

[68] Indem die Entscheidungen des „Econ within" und des „human" als gleichwertig angesehen werden und die Wahlhandlungen damit stets zu respektieren sind, versucht Sugdens den Konflikt aufzulösen der mit dem „dualistic approach" der Verhaltensökonomik einher geht. Zum „dualistic approach" siehe oben: § 6.A.II.2.ii) Zwei Denkmodi.

[69] Sugden, Opportunity Criterion, S. 1014; McQuillin/Sugden, S. 562 f.; Schubert, S. 87; oder wie es Dold/Schubert pointiert ausdrücken: „By pointing to opportunities instead of laundered or nudged preference sets, Sugden admits the possibility of incoherent preferences while retaining the normative substance of liberal welfare economics (i. e., the principle of consumer sovereignty).", Dold/Schubert, Behavioral Foundation, S. 229.

[70] Sugden, Mutual Advantage, S. 55 f.

[71] Schubert, S. 87 f.; Dold/Schubert, Libertärer Paternalismus, S. 34.

[72] Die Aufgabe des Staates besteht lediglich darin, den Bürgern möglichst viele Opportunitäten zu sichern.; Schubert, S. 88 f.; Dold/Schubert, Libertärer Paternalismus, S. 34.

[73] Schubert, S. 88.

Dennoch lässt sich nicht sagen, dass die beiden Massstäbe keine Gemeinsamkeiten aufweisen. So lehnen beide revidierten Wohlfahrtsmassstäbe die traditionelle Wohlfahrtsökonomik ab – sowohl auf der individuellen als auch auf der aggregierten Ebene.[74] Auf der individuellen Ebene wird die Annahme verworfen, dass die Wohlfahrt der Individuen ausschliesslich durch die Befriedigung ihrer kohärenten, gegebenen, konsistenten und kontextunabhängigen Präferenzen konstituiert wird. Die den Wahlhandlungen zugrunde liegenden menschlichen Präferenzen werden stattdessen komplexer und realistischer gesehen. Auf der aggregierten Ebene wird die Ausrichtung am Effizienz- bzw. Konsumentenrentenkriterium kritisiert. Damit öffnen die alternativen Wohlfahrtsmassstäbe den zuvor sehr eng ausgestalteten Nutzenbegriff – entweder objektiv im Sinne von „Happiness" oder subjektiv im Sinne grösstmöglicher „Opportunities".[75]

Ferner bedienen sich beide revidierten Wohlfahrtsmassstäbe empirischer Befunde um den Nutzenbegriff zu weiten. So trägt die Empirie beispielsweise im Rahmen des „Happiness"-Wohlfahrtsmassstabs massgeblich zur Konkretisierung und Schärfung des Glücksbegriffs bei.[76] Aber auch beim „Opportunity"-Wohlfahrtsmassstab spielen empirische Erkenntnisse eine Rolle; so nimmt Sugden explizit auf empirische Befunde Bezug, die aufzeigen, dass Abweichungen vom rational erwarteten Verhalten – ganz im Sinne von „fast-and-frugal decision making" – keine negativen Folgen für die Individuen nach sich ziehen. Vor diesem Hintergrund schlussfolgert er, dass in Hinblick auf den „dualistic approach" kein Unterschied gemacht werden soll, ob der rationale oder der nicht rationale Akteur die Entscheidung trifft.[77]

Schliesslich adressieren beide Wohlfahrtsmassstäbe ausserökonomische Aspekte, womit diesen eine wesentlich prominentere Stellung eingeräumt wird, als bei der traditionellen Wohlfahrtsökonomik.[78] Besonders deutlich wird dies beim „Happiness"-Kriterium ersichtlich: Das menschliche Glücksempfinden öffnet die normative Grundlage der Ökonomik für eine Vielzahl ausserökonomischer Aspekte. Aber auch im Rahmen des „Opportunity"-Kriteriums spielen ausserökonomische Aspekte eine Rolle. So erschöpft sich Sugdens Ansatz nicht bereits in der Sicherung der Konsumentensouveränität, sondern lässt sich auch auf persönliche oder gesellschaftliche Freiheiten ausdehnen.[79]

---

[74] Dold/Schubert, Behavioral Foundation, S. 224.

[75] Dold/Schubert, Behavioral Foundation, S. 224.

[76] Siehe hierzu ferner: Stucke, Happiness, S. 2588 ff.

[77] Siehe m. w. V.: McQuillin/Sugden, S. 558 f.

[78] Sofern ausserökonomische Ziele in der Wohlfahrtsökonomik überhaupt adressiert werden, werden sie in erster Linie als wünschenswerte Nebeneffekte aus der Erhöhung ökonomischer Zielfunktionen aufgefasst.

[79] Deutlich wird dies bereits aus Sugdens breit angelegter Umschreibung des „opportunity"-Begriffs: Eine „opportunity" für ein Individuum definiert er als „something that he has the power to bring about, if he so chooses"., Sugden, Mutual Advantage, S. 49.

Zusammengefasst lässt sich sagen, dass die Normative Verhaltensökonomik komplexe, empirisch fundierte und interdisziplinär ausgerichtete Wohlfahrts-massstäbe bereitstellt, die ein Auseinanderdriften der positiven und normativen Grundlage unter dem wachsenden Einfluss der Verhaltensökonomik verhindern können.

Ganz allgemein geben die beiden alternativen Wohlfahrtsmassstäbe eine Vor-stellung davon, wie in Abgrenzung zur traditionellen Wohlfahrtsökonomik eine von der Verhaltensökonomik beeinflusste normative Grundlage ausgestaltet werden kann. Auf eine detaillierte Auseinandersetzung mit den Vor- und Nach-teilen der beiden Leitbilder wird an dieser Stelle verzichtet.[80] Vielmehr sollen die vorangegangenen Ausführungen eine Grundtendenz verdeutlichen; nämlich die durch die Verhaltensökonomik induzierte Substitution eines engen, isolier-ten Wohlfahrtsmassstabes durch einen breiten, interdisziplinär ausgerichteten Wohlfahrtsmassstab. Diese Tendenz hin zu einer breiteren normativen Grund-lage lässt sich aber nicht nur in der Ökonomik ganz allgemein beobachten, sondern auch in der theoretischen Wettbewerbspolitik. Bevor jedoch auf diese Entwicklung eingegangen wird, ist vorweg eine methodische Klarstellung an-gebracht.

3. Frage nach dem naturalistischen Fehlschluss

Vereinfacht gesagt, versteht man unter einem naturalistischen Fehlschluss den Versuch, alleine von faktischen Gegebenheiten (deskriptiven Aussagen) auf wünschenswerte Zustände (normative Aussagen) zu schliessen. Eine solche Ableitung vom Sein auf das Sollen hatte bereits David Hume im 18. Jahrhun-derts verworfen (Hume'sches Gesetz: „there is no ought from an is"). Hume wies insbesondere darauf hin, dass faktische Gegebenheiten – wie etwa die be-obachtbare Natur – moralisch indifferent und damit nicht werthaltig sind; nor-mative Schlussfolgerungen können daraus nicht abgeleitet werden.[81] Zu Beginn des 20. Jahrhunderts führte George Edward Moore in diesem Zusammenhang den Begriff der „naturalistic fallacy" ein.[82]

Vor diesem Hintergrund drängt sich die Frage auf, ob nicht auch die Anhänger der Normativen Verhaltensökonomik einem naturalistischen Fehlschluss unter-liegen, wenn sie empirische Erkenntnisse – im Sinne faktischer Gegebenhei-ten – direkt auf die normative Grundlage der Ökonomik übertragen. Die Ver-mutung liegt nahe, dass unzulässige Schlussfolgerungen von einem Sein auf ein Sollen gemacht werden.

---

[80] Siehe hierzu: Schubert, S. 86 ff.; Dold/Schubert, Libertärer Paternalismus, S. 34 f.; Dold/Schubert, Behavioral Foundation, S. 229 ff.

[81] Hume, S. 302; Alexis, S. 21 ff.

[82] Moore, I.10 ff.; Mathis, Nachhaltige Entwicklung, S. 12.

Diese Vermutung ist nicht begründet: Im Rahmen der Normativen Verhaltens-ökonomik wird kein naturalistischer Fehlschluss begangen. Einerseits ist die Trennung von Sein und Sollen nämlich nicht in dem Sinne zu verstehen, dass sich normative Aussagen niemals auf faktische Gegebenheiten stützen sol-len. Wie an anderer Stelle bereits dargelegt,[83] stellt Tatsachenwissen sogar die Grundvoraussetzung dar, um normative Aussagen tätigen zu können. Sollens-Zustände, die gänzlich losgelöst von der Realität formuliert werden, sind weder verwirklichbar noch wünschenswert. Eine gegenseitige Beeinflussung von Sein und Sollen ist damit durchaus zulässig.

Andererseits verlangt ein naturalistischer Fehlschluss, dass alleine aus einem Sein ein Sollen abgeleitet wird. Solche Ableitungen werden im Rahmen der Normativen Verhaltensökonomik gerade nicht gemacht: Die alternativen Wohl-fahrtsmassstäbe sind letzlich nicht aus dem Grund zu übernehmen, weil sie besser mit der Realität korrespondieren, sondern weil sie konsensfähiger sind. Damit stellt die Normative Verhaltensökonomik auf das Kriterium der (hypo-thetischen) Zustimmungsfähigkeit ab. In diesem Zusammenhang greifen ver-schiedene Autoren auf prozedurale Theorien zurück. So weist beispielsweise Hacker darauf hin, dass die im Rahmen der Normativen Verhaltensökonomik vorgeschlagenen Ziele die „Kriterien der prozeduralen Gerechtigkeit bzw. Le-gitimität erfüllen bzw. danach zustande kommen"[84] müssen. Jeder Diskurs-vorschlag, der die normative Grundlage betrifft, muss sich „am Kriterium der Kommunizierbarkeit messen lassen"[85] – wobei Hacker auf die prozeduralen Gerechtigkeitstheorien von Habermas und Rawls verweist.[86] Eine vergleich-bare Aussage findet sich auch bei Schubert: Er betont, dass Ökonomen nicht über Werturteile entscheiden können, „aber sie können durchaus die Fragen dis-kutieren, welche Wohlfahrtskriterien bzw. Politikziele im Lichte neuer positiver Erkenntnisse, z. B. über die Determinanten menschlichen Verhaltens (noch) an-gewendet werden können".[87]

Die alternativen Wohlfahrtsmassstäbe sind damit nicht als normative Dikta zu verstehen, sondern als Diskursbeiträge, deren Implementierung letzlich immer von der gesellschaftlichen Zustimmung abhängt.[88] Dementsprechend kann im

---

[83] Siehe hierzu oben: *§ 2.B.II.2.ii) Empirie im Recht.*
[84] Hacker, Verhaltensökonomik, S. 367.
[85] Hacker, Verhaltensökonomik, S. 367.
[86] Hacker, Verhaltensökonomik, S. 367 und S. 337 ff.
[87] Schubert, S. 85.
[88] Dabei ist der idealen Sprechsituation nach Habermas soweit wie möglich Rechnung zu tragen. Dieses diskursive Verständnis wird treffend auch von Hacker im Kontext von „Behav-ioral Law and Economics" umschrieben: „Letzlich sind diese Erwägung jedoch nicht als apo-diktisches Urteil, sondern als Diskursbeitrag zu einer breiten Debatte über die normative Aus-richtung von behavioral law and economics zu verstehen. Damit soll die bisher dem Bereich implizit einbeschriebene Normativität begrifflich geschärft und explizit gemacht werden, um

Rahmen der Normativen Verhaltensökonomik von einem naturalistischen Fehlschluss nicht die Rede sein.

III. „New Brandeis Movement of Antitrust"

Wie einleitend erwähnt, basiert „Normative Behavioral Antitrust" nicht ausschliesslich auf den Erkenntnissen der Normativen Verhaltensökonomik, sondern greift subsidiär auch auf Elemente der sog. „New Brandeis Movement of Antitrust" zurück.

1. Entwicklung

Die „New Brandeis Movement of Antitrust" ist eine wettbewerbspolitische Bewegung, die in den USA in den letzten drei Jahren entstanden ist und eine grundsätzliche Debatte hinsichtlich der normativen Grundlage des Wettbewerbsrechts angestossen hat. Die Bewegung beschränkt sich nicht auf den akademischen Bereich, sondern wird auch von der Politik mitgetragen.[89] Diesem Umstand ist es unter anderem geschuldet, dass die Debatte nicht nur auf einer Sachebene geführt wird, sondern teilweise tendenziöse, rhetorische oder gar populistische Züge aufweist.[90] Daher ist es nicht leicht, das materielle Programm der „New Brandeis Movement of Antitrust" adäquat zu fassen.

Erschwerend kommt hinzu, dass es sich um eine junge und heterogene Bewegung handelt – bis heute hat sich kein kohärentes wettbewerbspolitisches Programm herausgebildet. In diesem Sinne ist auch Medvedovsky zu verstehen, wenn er konstatiert, dass die Anhänger dieser Bewegung „do not all agree on what changes they would like to see in antitrust policy".[91] Will man dennoch die Grundausrichtung und bestimmte Kernelemente der Bewegung herausfiltern, bietet es sich an, in einem ersten Schritt die Entwicklung der „New Brandeis Movement of Antitrust" nachzuzeichnen.

---

sie einer diskursiven Reflexion mehr als bisher zugänglich zu machen.", Hacker, Verhaltensökonomik, S. 19.

[89] Zu den prominenten Befürwortern und Sympathisanten der „New Brandeis Movement of Antitrust" können mit unter die US-Senatoren Cory Booker und Elizabeth Warren sowie der Journalist Barry Lynn gezählt werden.

[90] Exemplarisch hierfür steht der Begriff „Hipster Antitrust": Von einigen Kritikern wird die „New Brandeis Movement of Antitrust" in Analogie zur Hipster-Bewegung als anachronistisch, verklärend oder naiv bezeichnet. In diesem Zusammenhang ist auch der Vergleich des ehemaligen US-Senator Orrin Hatch betreffend Avocado Toast („New Brandeis Movement of Antitrust") und Fleisch mit Kartoffeln („Chicago School") zu verstehen: „I'll gladly sample the avocado toast. I really will. But nobody should get the idea we've moved on from the meat and potatoes."; zum Begriff „Hipster Antitrust" siehe eingehender unten: § 7.B.IV.1. Gefahr eines sog. „Hipster Antitrust".

[91] Medvedovsky, S. 44; Es scheint daher sachgerechter zu sein, von einer Bewegung und nicht von einer einheitlichen Wettbewerbskonzeption oder Schule zu sprechen.

i) Brandeis und die „Curse of Bigness"-Doktrin

Wie es der Name bereits suggeriert, hat die „New Brandeis Movement of Antitrust" ihre intellektuellen Wurzeln bei Louis Brandeis. Brandeis amtete von 1916 bis 1939 als Richter am US Supreme Court und hat sich in der Wettbewerbspolitik insbesondere durch seine „Curse of Bigness"-Doktrin[92] prominent hervorgetan.

Massgeblich geprägt von der Idee der staatlichen Gewaltentrennung[93] wollte Brandeis sinngemäss eine ökonomische Gewaltentrennung implementieren: Ökonomische Macht soll auf möglichst viele Marktakteure verteilt werden, damit ein System von „checks and balances" entsteht, das eine allgemeine Macht- und Chancenverteilung sicherstellt. Ausgehend von diesem Grundsatz sind marktbeherrschende Unternehmen äusserst kritisch zu sehen: Auf den Märkten, die von diesen Unternehmen dominierten werden, mangelt es nämlich an hemmenden ökonomischen Gegenkräften. Darüber hinaus besteht die Gefahr, dass solche Unternehmen von ihren Machtpositionen aus, auf demokratische und rechtsstaatliche Prozesse Einfluss nehmen. Im Extremfall führt dies zu aristokratischen oder neufeudalen Strukturen, in denen einige wenige Unternehmen umfassende ökonomische und politische Macht besitzen. Damit, so Brandeis, wird durch Marktmacht das Freiheitsgefühl empfindlich eingeschränkt.[94]

Brandeis' Doktrin von der „Curse of Bigness" beeinflusst die US-amerikanische Wettbewerbspolitik über seine Amtszeit als Supreme-Court-Richter hinaus. Wie verschiedene Autoren darlegen, sahen sich die Wettbewerbsbehörden bis Mitte der 1970er Jahre dem Grundgedanken von Brandeis verpflichtet, wobei das Wettbewerbsrecht gewissermassen eine ökonomische Magna Charta repräsentierte, die sowohl die ökonomischen als auch die persönlichen Freiheiten der Marktakteure schützte.[95] Dies änderte sich jedoch mit dem zunehmenden Einfluss der „Chicago School" Ende der 1970er Jahre. Analog zu den Wettbewerbskonzeptionen der späten „Harvard School", mit denen das wettbewerbspolitische Programm von Brandeis verschiedenste Überschneidungspunkte aufweist[96], wurde auch die Doktrin von Brandeis aufgrund ihrer unzurei-

---

[92] Siehe hierzu: Brandeis, S. 162 ff.

[93] „We shall also escape from that inefficiency which is attendant upon excessive size. But what is far more important, we shall, by such legislation, remove a potent factor in financial concentration. Decentralization will begin. The liberated smaller units will find no difficulty in financing their needs without bowing the knee to money lords. And a long step will have been taken toward attainment of the New Freedom.", Brandeis, S. 188; das Konzept der staatlichen Gewaltentrennung firmiert in den USA auch unter dem Begriff „Madisonian Model". Siehe hierzu: Khan, New Brandeis Movement, S. 131.

[94] Siehe zum Ganzen: Khan, New Brandeis Movement, S. 131; Wu, Curse of Bigness, S. 127 ff.

[95] Steinbaum/Stucke, S. 4; Khan, New Brandeis Movement, S. 131 f.

[96] So vertreten die späte „Harvard School" als auch der Ansatz von Brandeis im Kern ein

chenden theoretischen Fundierung abgelehnt und durch die effizienzorientierte Wettbewerbskonzeption ersetzt.[97]

Damit verschwand Brandeis' „Curse of Bigness"-Doktrin weitgehend aus der praktischen Wettbewerbspolitik. Die verbliebenen Anhänger von Brandeis' Doktrin treten daraufhin als Kritiker der neuen effizienzorientierten Wettbewerbspolitik in Erscheinung. So kritisierte beispielsweise Pitofsky bereits 1979 eine zu ökonomisierte Wettbewerbspolitik:

„There probably has never been a period comparable to the last decade, however, when antitrust economists and lawyers have had such success in persuading the courts to adopt an *exclusively* economic approach to antitrust questions. In this paper, I will urge a different view. It is bad history, bad policy, and bad law to exclude certain political values in interpreting the antitrust laws."[98]

In seinen Ausführung nahm Pitofsky explizit auf Brandeis und seinen „Curse of Bigness"-Ansatz Bezug.[99] In ähnlicher Weise kritisierte auch Lande zu Beginn der 1980er Jahre die US-Wettbewerbspolitik: Das Wettbewerbsrecht soll nicht primär die statische Effizienz fördern, sondern „a distributive goal, the goal of preventing unfair acquisitions of consumers' wealth by firms with market power".[100]

Bis Ende der 1990er Jahre fand jedoch kein grundsätzliches Umdenken statt. Die Dominanz der „Chicago School" blieb weitgehend bestehen. Erst nach der Jahrtausendwende rückten Fragen hinsichtlich der normativen Grundlage des Wettbewerbsrechts wieder in den Fokus der Forschung. Diese Entwicklung wurde insbesondere durch die zunehmende Digitalisierung der Wirtschaft sowie die Weltwirtschaftskrise von 2008 befeuert. Konkret forderten Juristen und Ökonomen vermehrt eine Abkehr von der statischen Effizienz bzw. der Konsumentenwohlfahrt als ausschliessliches Wettbewerbsziel; an deren Stelle solle ein breiteres, interdisziplinär ausgerichtetes Zielmodell treten. In diesem Zusammenhang wurde vielfach – direkt oder indirekt – auf die Doktrin von Brandeis Bezug genommen. So forderte beispielsweise Nobelpreisträger Stiglitz „that rather than narrowing the remit of competition policy, we should be broadening it".[101] Vergleichbare Aussagen finden sich auch bei Orbach oder Fox.[102]

---

breites Wettbewerbsverständnis und setzen bei den wettbewerbspolitischen Eingriffen in erster Linie bei den Marktstrukturen an.

[97] Siehe hierzu oben: *§ 4.B.II.3.ii) Kernelemente.*

[98] Pitofsky, S. 1051 (hervorgehoben im Original).

[99] Pitofsky, S. 1074 f.; Pitofskys Ausführungen wurden noch 1979 von einem anderen einflussreichen Akademiker aufgegriffen: In seinem Aufsatz *„Justice and Other Non-Economic Goals of Antitrust"* nahm Louis Schwartz auf Pitofskys Ausführungen direkt Bezug und baute seine Ideen weiter aus. Siehe hierzu: Schwartz, S. 1076 ff.

[100] Lande, S. 70.

[101] Stiglitz, S. 13.

[102] Orbach, S. 2253 ff.; Fox, S. 77 ff.

ii) „Neo-Brandeisians"

Keiner der genannten Autoren verstand sich jedoch als Teil der „New Brandeis Movement of Antitrust"; wie einleitend erwähnt, hat sich die Bewegung erst in den letzten Jahren herausgebildet. Eine ihrer ersten offiziellen Anhängerinnen – wenn nicht gar ihre Begründerin – ist die Juristin Lina M. Khan. Mit zwei Publikationen trug sie massgeblich zur Etablierung und Popularisierung der „New Brandeis Movement of Antitrust" bei.

In einem 2016 veröffentlichten Aufsatz *„Amazon's Antitrust Paradox "*[103] kritisiert Khan das enge, ökonomisch fokussierte Konsumentenwohlfahrtsziel, an dem sich die US-amerikanische Wettbewerbsbehörde orientiert:

„Focusing antitrust exclusively on consumer welfare is a mistake. For one, it betrays legislative intent, which makes clear that Congress passed antitrust laws to safeguard against excessive concentrations of economic power. This vision promotes a variety of aims, including the preservation of open markets, the protection of producers and consumers from monopoly abuse, and the dispersion of political and economic control. Secondly, focusing on consumer welfare disregards the host of other ways that excessive concentration can harm us – enabling firms to squeeze suppliers and producers, endangering system stability (for instance, by allowing companies to become too big to fail), or undermining media diversity."[104]

In diesem Kontext verweist Khan explizit auf Brandeis und seine „Curse of Bigness"-Doktrin.[105] Sie behandelt das Problem jedoch nicht nur auf einer theoretischen Ebene, sondern illustriert es am Beispiel des Technologieunternehmens Amazon. So missbrauche und vergrössere Amazon seine marktbeherrschende Stellung in problematischer Weise, was von der Wettbewerbsbehörde in den USA jedoch nicht registriert werde. Gemäss Khan liegt dies am Konsumentenwohlfahrtskriterium, das typischerweise anhand kurzfristiger Preisvorteile gemessen wird und dementsprechend „the architecture of market power in the twenty-first century marketplace"[106] nicht angemessen fassen kann. Amazon könne als Technologieunternehmen auf modernste digitale Strategien zurückgreifen, um seine marktbeherrschende Stellung zu missbrauchen: Zu denken ist dabei an algorithmische Preisdiskriminierung oder das Ausnützen von Netzwerk- und „Lock-in"-Effekten auf ihren digitalen Plattformen. Das Problem, so die Autorin, akzentuiere sich allen voran beim E-Book-Vertrieb von Amazon.[107] Vor diesem Hintergrund fordert Khan abschliessend, dass sich der Gesetzgeber und die Behörden folgende ganz grundsätzliche Frage stellen: „[W]hat forms and degrees of power should the law identify as a threat to competition?"[108]

---

[103] *Lina Khan, Amazon's Antitrust Paradox.*
[104] Khan, Amazon's Antitrust Paradox, S. 743 f.
[105] Khan, Amazon's Antitrust Paradox, S. 742.
[106] Khan, Amazon's Antitrust Paradox, S. 716.
[107] Siehe hierzu dezidiert: Khan, Amazon's Antitrust Paradox, S. 755 ff.
[108] Khan, Amazon's Antitrust Paradox, S. 805.

Während Khan im Aufsatz „Amazon's Antitrust Paradox" das Programm der Bewegung bereits umreisst, spielt Brandeis' „Curse of Bigness"-Doktrin noch keine zentrale Rolle; so verweist sie im sehr umfangreichen Aufsatz nur einmal auf Brandeis. Dies ändert sich jedoch mit dem 2018 erschienenen Aufsatz „*The New Brandeis Movement: America's Antimonopoly Debate*".[109] Darin weist die Autorin Brandeis als intellektuellen Vordenker ihres wettbewerbspolitischen Programms explizit aus. Darüber hinaus legt sie im Aufsatz fünf charakteristische Merkmale der „New Brandeis Movement of Antitrust" dar: Namentlich ist eine Antimonopolpolitik zu verfolgen, die *(1)* auch ausserökonomische (Macht-)Aspekte berücksichtigt, *(2)* zwingend von anderen staatlichen Antimonopolstrategien flankiert wird, *(3)* keinem pauschalisierten „big is bad"-Credo folgt, *(4)* primär auf Marktstrukturen und nicht auf Marktergebnisse abstellt sowie *(5)* durch den Marktprozess entstandene Marktmacht kritisch betrachtet.[110]

Neben Khan, die heute gewissermassen Kopf und Aushängeschlid der „New Brandeis Movement of Antitrust" ist, hat die Bewegung aus dem akademischen Umfeld aber auch andere Anhänger und Sympathisanten. Diese sog. „Neo-Brandeisians" sind jedoch, wie einleitend erwähnt, nicht als homogene Gruppe zu verstehen: Obwohl sie in ihrer Grundausrichtung geeint sind, vertreten unterschiedliche Anhänger unterschiedliche Thesen und haben unterschiedliche Forschungsschwerpunkte.[111] Zu diesen „Neo-Brandeisians" können heute neben bereits genannten Autoren wie Fox oder Lande auch Wu[112], Vaheesan[113], Marco[114], First[115] oder Glick[116] gezählt werden.

Schliesslich ist darauf hinzuweisen, dass sich die ursprüngliche Doktrin von Brandeis und das Programm der „New Brandeis Movement of Antitrust" vielfach überschneiden, jedoch nicht deckungsgleich sind.[117] So besteht beispielsweise ein Unterschied hinsichtlich der Antwort auf die Frage, ob sich die „Curse

---

[109] *Lina Khan*, The New Brandeis Movement: America's Antimonopoly Debate.

[110] Khan, New Brandeis Movement, S. 131 f.

[111] Allen voran das vierte Element – dass im Rahmen der Antimonopolpolitik primär auf die Marktstrukturen und nicht auf die Marktergebnisse abzustellen sei – wird nicht von allen „Neo-Brandeisians" geteilt. Siehe hierzu etwa: Glick, S. 1 ff.; Marco, S. 1 ff.

[112] Wu, After Consumer Welfare, S. 12 ff.; Wu, Curse of Bigness, S. 127 ff.

[113] Vaheesan, S. 980 ff.

[114] Marco, S. 1 ff.

[115] First, S. 57 ff.

[116] Glick, S. 1 ff.

[117] In diesem Sinne sind sie als zwei selbständige Ansätze aufzufassen. Insofern wird auch nicht von „Brandeisians" sondern von „Neo-Brandeisians" gesprochen: „By styling themselves as neo-Brandeisians rather than simple Brandeisians, the neo-Brandeisians have left themselves the wiggle room to take those aspects of Brandeis that they find congenial and to dismiss those superseded by the passage of time or their own finer sensibilities.", Crane, How Much Brandeis, S. 532. .

of Bigness"-Doktrin lediglich auf „big business" oder aber auch auf „big government" bezieht. Im Gegensatz zu Brandeis sehen die „Neo-Brandeisian" Letzteres nämlich als relativ unproblematisch an.[118]

2. Charakteristiken

Vor diesem Hintergrund lässt sich die „New Brandeis Movement of Antitrust" wie folgt charakterisieren:

– *Neue wettbewerbspolitische Bewegung:* Die „New Brandeis Movement of Antitrust" stellt eine junge, progressive und heterogene wettbewerbspolitische Bewegung dar, deren Anhänger in den USA sowohl auf wissenschaftlicher als auch auf politischer Ebene aktiv sind. Dabei werden in erster Linie Grundsatzfragen betreffend die normative Grundlage des Wettbewerbsrechts diskutiert.

– *Ablehnung der Konsumentenwohlfahrt:* Materiell ist die Bewegung dahingehend geeint, dass sie eine Wettbewerbspolitik ablehnt, die sich ausschliesslich an der statischen Effizienz bzw. der Konsumentenwohlfahrt orientiert. Dieser normative Massstab sei ungeeignet, um die wettbewerbsrechtlichen Probleme des 21. Jahrhunderts adäquat fassen und bewerten zu können.

– *Interdisziplinäre normative Grundlage:* Im Kern fordern die Anhänger der „New Brandeis Movement of Antitrust" eine Substituierung der Konsumentenwohlfahrt durch ein breiteres, interdisziplinär ausgerichtetes Zielmodell. Hinsichtlich der konkreten Ausgestaltung des Zielmodells werden innerhalb der Bewegung jedoch ganz unterschiedliche Ansätze vertreten: Neben alternativen ökonomischen Zielen – wie etwa Bekämpfung von Unternehmenskonzentration, Schutz von kleineren und mittleren Unternehmen oder Sicherung der Konsumentenfreiheit – werden auch ausserökonomische Ziele diskutiert – wie etwa Datenschutz, Gewährleistung von Fairness, Förderung der Verteilungsgerechtigkeit, Verhinderung von Machtakkumulation oder Sicherung von Vollbeschäftigung. Darüber hinaus ist umstritten, ob die Wettbewerbspolitik nur einem oder mehrerer dieser alternativen Ziele Rechnung tragen soll.

– *Rückgriff auf Brandeis und späte „Harvard School":* Die Forderung nach einem breiten, interdisziplinär ausgerichteten Zielmodell wird von der „New Brandeis Movement of Antitrust" in der Regel unter Verweis auf Brandeis' „Curse of Bigness"-Doktrin formuliert. Bei der konkreten Ausgestaltung der Wettbewerbsansätze wird dann jedoch unterschiedlich stark auf Brandeis Bezug genommen: Während gewisse Autoren mit dem Verweis auf Brandeis lediglich verdeutlichen wollen, dass die Wettbewerbsziele nicht zu eng zu formulieren sind, greifen andere Autoren das inhaltliche Programm sei-

---

[118] Siehe hierzu: Crane, How Much Brandeis, S. 532 ff.

ner Antimonopolpolitik auf. Aufgrund der verschiedenen Überschneidungspunkte, wird aber nicht nur auf Brandeis' Ansatz Rückgriff genommen, sondern teilweise auch auf das Programm der späten „Harvard School".

– *Digitalisierung:* Trotz der besagten Heterogenität spielt im Rahmen der „New Brandeis Movement of Antitrust" ein Thema fast durchgehend eine zentrale Rolle: die Digitalisierung der Wirtschaft. Sie wird mehrheitlich als grösste wettbewerbspolitische Herausforderung des 21. Jahrhunderts verstanden. Gemäss den Anhängern der „New Brandeis Movement of Antitrust" ist die heutige Wettbewerbspolitik gerade nicht in der Lage, digitale Monopolisierungs- und Missbrauchsstrategien angemessen fassen und bewerten zu können.

Insgesamt lässt sich damit festhalten: Die „New Brandeis Movement of Antitrust" fordert unter Rückgriff auf Brandeis' „Curse of Bigness"-Doktrin die Abkehr von einer Wettbewerbspolitik, die sich ausschliesslich am statischen Effizienz- bzw. am Konsumentenwohlfahrtskriterium orientiert. Stattdessen soll sich die Wettbewerbspolitik auf ein breites, interdisziplinär ausgerichtetes Zielmodell stützen, das den wettbewerbsrechtlichen Problemen des 21. Jahrhunderts, die insbesondere mit der Digitalisierung zusammenhängen, angemessen Rechnung trägt.

3. Vergleichbare Forderungen in Europa

Im Vergleich zu den USA wurde der „New Brandeis Movement of Antitrust" in Europa bis jetzt deutlich weniger Beachtung geschenkt. Dies hat unter anderem zwei Gründe. Einerseits ist in Europa die Debatte um die „richtige" normative Grundlage niemals abgeklungen: Während in den USA, unter dem Einfluss der „Chicago School", Wettbewerb in den letzten rund 50 Jahren mehrheitlich als Mittel zur Erhöhung der statischen Effizienz verstanden wurde, stand die europäische Wettbewerbspolitik stets im Spannungsverhältnis zwischen mehreren konkurrierenden normativen Leitbildern – begonnen mit dem Konflikt zwischen der neoklassischen und der ordoliberalen Wettbewerbskonzeption[119] über die Hoppmann-Kantzenbach-Kontroverse[120] bis hin zur Kritik am „More Economic Approach".[121]

Andererseits sind auch die inhaltlichen Forderungen der „Neo-Brandeisians" im Kontext der europäischen Wettbewerbspolitik nicht sonderlich neu oder originell. So weist die auf Brandeis zurückgehende „Curse of Bigness"-Doktrin verschiedenste Überschneidungspunkte mit dem Programm der Freiburger Schule oder der Neuen Ordnungsökonomik auf.

---

[119] Siehe hierzu oben: *§ 4.B.III.2.ii) Kernelemente des Ordoliberalismus.*
[120] Siehe hierzu oben: *§ 4.B.III.1.v) Exkurs: Hoppmann-Kantzenbach-Kontroverse.*
[121] Siehe hierzu oben: *§ 5.B.II. „More Economic Approach".*

Unbesehen dieser Gründe ist dennoch festzuhalten, dass auch in Europa (wieder) vermehrt Stimmen laut werden, die ein breiteres, interdisziplinär ausgerichtetes Zielmodell fordern. So konstatiert beispielsweise Kerber bereits 2008, „that we need a much broader and deeper interdisciplinary discussion and research about the normative foundations of competition law".[122] Konkret kritisiert Kerber, dass mit der Ausrichtung des Wettbewerbsrechts auf die Konsumenten- oder Gesamtrente, die normativen Probleme der Wettbewerbsordnung nicht richtig gefasst werden können.[123]

Im Kontext des schweizerischen Wettbewerbsrechts hat sich in ähnlicher Weise Wohlmann geäussert. Für ihn erschöpft sich das Ziel des Wettbewerbsrechts nicht bereits in der Beseitigung von Wettbewerbsbehinderungen, sondern geht „weit darüber hinaus".[124] Die Beeinflussung und Förderung des Wettbewerbs sei nicht Selbstzweck, „sondern soll die Strukturen so beeinflussen, dass in ihnen auch wettbewerbsmächtige Teilnehmer (…) sich in einem harten Wettbewerb bewähren müssen".[125] Darüber hinaus greift Wohlmann gesellschaftspolitische Aspekte auf; so soll der Wettbewerb „ein freies und selbstständiges Unternehmertum und sogar eine arbeitnehmerfreundliche Sozialpolitik"[126] fördern. Diesen Ansprüchen, so der Autor weiter, wird das Wettbewerbsrecht aber nicht gerecht: In der Schweiz, aber auch in Europa, haben eine zunehmend auf Effizienz fokussierte Wettbewerbspolitik sowie die Digitalisierung der Wirtschaft dazu geführt, dass „die grossen Unternehmen bevorzugt und die kleineren und mittleren Unternehmer benachteiligt"[127] werden.

In ähnlicher Weise ist schliesslich auch Ezrachi zu verstehen, wenn er sich für ein offenes, heterogenes und kontextuelles Wettbewerbsverständnis einsetzt. Das Wettbewerbsrecht, so der Autor, hat sich nicht nur an einer einzigen ökonomischen Doktrin auszurichten, sondern müsse die nationalen Besonderheiten in ökonomischer, gesellschaftlicher und sozialer Hinsicht berücksichtigen. Wie ein Schwamm könne das Wettbewerbsrecht nämlich ganz unterschiedliche Ziele und Wertvorstellungen aufsaugen:

„The thesis put forward in this article is more nuanced. It concerns the inherent characteristics of the law and the effect that these have on its susceptibility to a multitude of considerations. It argues that the sponge-like characteristics of competition law make it inherently pre-disposed to a wide range of values and considerations. Its true scope and nature are not ‚pure' nor a ‚given' of a consistent objective reality, but rather a complex and, at times, inconsistent expression of many values."[128]

---

[122] Kerber, Efficiency, S. 120.
[123] Kerber, Efficiency, S. 114.
[124] Wohlmann, Nr. 1.
[125] Wohlmann, Nr. 1.
[126] Wohlmann, Nr. 1.
[127] Wohlmann, Nr. 2.
[128] Ezrachi, Sponge, S. 50.

In diesem Sinne ist das Wettbewerbsrecht interdisziplinär auszurichten, wobei die Ökonomik eine wichtige Filterfunktion übernimmt:

„In a quest to limit the sponge-like characteristics of competition law, one naturally looks for a constant benchmark which may provide a stabilizing effect and a focal point for antitrust enforcement. That benchmark, not surprisingly, has been shaped by economic thinking which provides insights as to welfare effects and the adequate level of intervention. With the ‚sponge' analysis in mind, one may view the economic discipline as a ‚membrane' which surrounds the ‚sponge' and limits its absorption properties. As such, it prevents it from ‚over absorbing' values and goals which are inconsistent with economic thinking. In doing so it helps stabilize the ‚sponge' by limiting and slowing its absorbency rate."[129]

Dementsprechend sind ökonomische Überlegungen keineswegs aus dem Wettbewerbsrecht zu verdrängen; vielmehr geht es ihm um ein Austarieren zwischen ökonomischen und ausserökonomischen Aspekten innerhalb des Wettbewerbsrechts.

IV. Synthese

Mit dieser Darstellung der Normativen Verhaltensökonomik und der „New Brandeis Movement of Antitrust" ist das theoretische Fundament von „Normative Behavioral Antitrust" erarbeitet. Es drängt sich nun die Frage auf, in welchem Verhältnis die beiden Ansätze stehen.

Plakativ gesagt, stellt „Normative Behavioral Antitrust" das synthetisierte Produkt der Normativen Verhaltensökonomik und der „New Brandeis Movement of Antitrust" dar. So kann „Normative Behavioral Antitrust" einerseits als ein auf das Wettbewerbsrecht zugeschnittener Ansatz der Normativen Verhaltensökonomik verstanden werden. Dabei steht die Frage im Zentrum, welchen Einfluss verhaltensökonomische Erkenntnisse auf die normative Grundlage des Wettbewerbsrechts entfalten. Andererseits kann „Normative Behavioral Antitrust" als ein spezifischer, auf die verhaltensökonomischen Erkenntnisse zugeschnittener Ansatz der „New Brandeis Movement of Antitrust" verstanden werden. Dabei steht die Frage im Zentrum, welche Forderungen der „New Brandeis Movement of Antitrust" sich aus verhaltensökonomischer Sicht begründen lassen.

Oder pointierter formuliert: Im Rahmen von „Normative Behavioral Antitrust" wird das materielle Programm der „New Brandeis Movement of Antitrust" durch die Analysemethoden und Erkenntnisse der Normativen Verhaltensökonomik reduziert und konkretisiert.

Nachfolgend ist aufzuzeigen, wie die normative Grundlage des Wettbewerbsrechts unter dem Einfluss von „Normative Behavioral Antitrust" ausgestaltet

---

[129] Ezrachi, Sponge, S. 59.

werden kann. Neben den zwei behandelten Ansätzen wird dabei auch auf Arbeiten von Maurice E. Stucke zurückgegriffen: In verschiedenen Aufsätzen stellt er nämlich – meist implizit – eine Verbindung zwischen Normativer Verhaltensökonomik und „New Brandeis Movement of Antitrust" her.[130]

Vor diesem Hintergrund wird insgesamt ersichtlich: „Normative Behavioral Antitrust" stellt kein genuin eigenständiges Konzept dar; vielmehr werden darin bestehende Ansätze zu einem kohärenten Ganzen zusammengefügt. Ausgangspunkt bilden dabei die Erkenntnisse der Normativen Verhaltensökonomik.

B. „Normative Behavioral Antitrust"

I. Grundprämisse: Förderung des menschlichen Wohlbefindens

Wie dargelegt, wurden im Rahmen der Normativen Verhaltensökonomik verschiedene Wohlfahrtsmassstäbe entwickelt, die als Alternative zur traditionellen Wohlfahrtsökonomik gedacht werden können.[131] Nachfolgend ist ein wettbewerbspolitisches Zielmodell zu skizzieren, das sich auf das „Happiness"-Kriterium stützt.

Dies bietet sich aus verschiedenen Gründen an. Aus normativer Sicht drängt sich das „Happiness"-Kriterium auf, da es wohl kein weniger unumstritteneres Lebensziel gibt. Dies wird ersichtlich, wenn die Frage umgedreht wird: Wer strebt tatsächlich nach einem unglücklichen Leben?[132] Aus materieller Sicht hat das Kriterium den Vorteil, dass verschiedene Faktoren des menschlichen Wohlbefindens im Rahmen der Glücksforschung bereits dezidiert herausgearbeitet wurden. Schliesslich bietet es sich auch aus methodischer Sicht an, da die Glücksforschung ihre Erkenntnisse nicht nur theoretisch formuliert, sondern auch empirisch belegt.

Die Förderung des menschlichen Wohlbefindens ist jedoch nicht als ein direktes Ziel der Wirtschafts- bzw. Wettbewerbspolitik zu verstehen, sondern als Grundprämisse, von der aus sich das eigentliche Zielmodell ableiten lässt.[133] Es wäre sogar kontraproduktiv, die Förderung des menschlichen Wohlbefindens als direktes Ziel auszugeben. So ist das menschliche Wohlbefinden ein sehr offener Begriff und damit als Wettbewerbsziel untauglich:

„[T]he happiness literature does not provide an analytical framework for addressing specific antitrust issues, such as the legality of a merger or a monopolist's conduct. Nor

---

[130] Siehe hierzu insbesondere: Stucke, Antitrust Goals, S. 551 ff.; Stucke, Happiness, S. 2575 ff.; Stucke, Competition Agencies, S. 695 ff.; Stucke/Steinbaum, S. 1 ff.

[131] Siehe hierzu oben: *§ 7.A.II.2. Alternative Wohlfahrtsmassstäbe.*

[132] Frey, Happiness, S. 5.

[133] Siehe hierzu: Stucke, Happiness, S. 2595 f.; diese Grundprämisse hat jedoch nicht axiomatischen Charakter und ist damit der empirischen Überprüfbarkeit zugänglich.

does the happiness literature provide sufficient guidance to reorient current antitrust legal standards toward the goal of promoting total well-being."[134]

Bei einer direkten Adressierung würden den Wettbewerbsbehörden ferner weitgehende Ermessensspielräume zugebilligt, was letztlich dazu führt, dass der Begriff je nach Fall anders ausgelegt wird. Dies fördert eine intransparente und inkohärente Rechtsprechung und kann ferner rechtsstaatliche Prozesse unterwandern.[135] Weiter verleiht eine direkte Zielverfolgung den staatlichen Behörden die Kompetenz, in individuelle Freiheitsbereiche einzugreifen, um das menschliche Wohlbefinden zu fördern. In diesem Sinne können glücksfördernde Handlungen vorgeschrieben und glücksvermindernde Handlungen verboten werden. Problematisch ist dies insofern, als gerade die Sicherung der individuellen Wahlfreiheit und Autonomie massgeblich zur Förderung des menschlichen Wohlbefindens beiträgt. Das Verbot einer glücksvermindernden Handlung – beispielsweise ein allgemeines Rauchverbot – kann paradoxerweise dazu führen, dass das menschliche Wohlbefinden letztlich vermindert wird.[136] Insofern ist es letztlich sinnvoller, das menschliche Wohlbefinden nur indirekt zu adressieren.[137]

Ferner ist zu betonen, dass die Wettbewerbspolitik offenkundig nicht alleine zur Förderung des menschlichen Wohlbefindens beitragen kann. Um diese Aufgabe vernünftig bewältigen zu können, sind verschiedene staatliche – und auch private – Akteure miteinzubeziehen. Es ist daher nicht zielführend, die normative Grundlage des Wettbewerbsrechts ausufernd breit auszugestalten; insbesondere eine Überfrachtung mit unterschiedlichen gesellschaftspolitischen Aufgaben schadet der Leistungsfähigkeit des Wettbewerbs empfindlich.[138] In diesem Sinne ist auch Stucke zu verstehen, wenn er festhält, dass die Wettbewerbspolitik „cannot cure all societal ills".[139] Dennoch wäre es zu kurz gegriffen, aus Angst vor einer Überfrachtung, die Wettbewerbspolitik komplett losgelöst vom Kriterium des menschlichen Wohlbefindens zu betrachten. Denn auch diese Politik muss mit den übergeordneten Gesellschaftszielen in Einklang stehen. So ist auch Goldschmidt zu verstehen, wenn er ausführt, dass der Verweis auf die langfristige Effizienz von Wettbewerbsprozessen „mit Blick auf eine tragfähige, am Lebensglück der einzelnen Menschen orientierte Vorstellung von Gesellschaft sozial unterkomplex und gerechtigkeitstheoretisch unzureichend"[140] ist.

---

[134] Stucke, Happiness, S. 2601.

[135] Stucke, Happiness, S. 2598.

[136] Stucke, Happiness, S. 2597 f.

[137] Wie beispielsweise durch die Sicherung rechtsstaatlicher Prozesse oder individueller Freiheitsräume. Siehe hierzu: Stucke, Happiness, S. 2601.

[138] In diesem Sinne auch Heinemann: „Die historische Erfahrung zeigt, dass die Anreicherung wettbewerbsbezogener Tatbestände durch ausserwettbewerbliche Ziele eine ernsthafte Gefahr für die Wirksamkeit des Wettbewerbsschutzes darstellt.", Heinemann, Fairness, S. 389; siehe hierzu ferner auch: Vanberg, Soziale Gerechtigkeit, S. 24.

[139] Stucke, Competition Agencies, S. 29.

[140] Goldschmidt, S. 160.

Insgesamt wird ersichtlich: Die Wettbewerbspolitik bewegt sich in einem Spannungsverhältnis und muss eine Balance zwischen einem leistungsfähigen und einem auf das Wohlbefinden fokussierten Wettbewerb finden. Letztlich sind die beiden Seiten aber nicht gegeneinander auszuspielen, sondern im Rahmen des Wettbewerbsrechts vernünftig auszutarieren.

Ausgehend von den hier und weiter oben angestellten[141] Überlegungen zum „Happiness"-Kriterium lassen sich die Grundzüge eines neuen Zielmodells skizzieren; des sog. „Multiple Goal Approach".[142]

II. „Multiple Goal Approach"

Bevor auf das eigentliche Zielmodell eingegangen wird, bedarf es einer klarstellenden Bemerkung: Der hier präsentierte „Multiple Goal Approach" stellt nur ein mögliches Zielmodell dar, das sich auf der Basis von „Normative Behavioral Antitrust" entwickeln lässt. Daher rührt auch die begriffliche Unterscheidung zwischen „Normative Behavioral Antitrust" und „Multiple Goal Approach": Während Ersterer die allgemeine theoretische Grundlage darstellt, ist Letzterer ein daraus abgeleitetes konkreteres Zielmodell.

Diese Differenzierung geht letztlich auf die Kontextabhängigkeit des menschlichen Wohlbefindens zurück: Je nach ökonomischem, politischem oder sozialem Kontext lässt sich im Rahmen von „Normative Behavioral Antitrust" ein anderes Zielmodell entwickeln. Dennoch ist nicht von einer vollkommenen Beliebigkeit auszugehen; insbesondere lassen sich gewisse Verallgemeinerungen vornehmen. So ist beispielsweise der Kontext in westlichen Industrieländern zwar nicht deckungsgleich, aber durchaus vergleichbar. Der hier präsentierte „Multiple Goal Approach" versucht gerade für Industrieländer eine alternative normative Grundlage zu skizzieren. Da der „Multiple Goal Approach" lediglich allgemeine Tendenzen und punktuelle Implikationsmöglichkeiten aufzeigt, ist auch er letztlich nur als Richtschnur zu verstehen, an der sich die Wettbewerbspolitik der westlichen Industrieländer ausrichten kann.

In Anlehnung an Ezrachi[143] sowie Steinbaum und Stucke[144] lässt sich der „Multiple Goal Approach" wie folgt formulieren:

Das Wettbewerbsrecht hat zum Ziel, (1) eine effektive Wettbewerbsstruktur zu erhalten, (2) dynamische und statische Effizienz zu fördern, (3) ökonomische und politische Freiheit sicherzustellen sowie (4) einen fairen Wettbewerb zu gewährleisten

---

[141] Siehe hierzu: § 7.A.II.2.i) „Happiness".
[142] Für eine kurze, explorative Studie zum „Multiple Goal Approach" siehe: Meier, S. 61 ff.
[143] Ezrachi, Goals, S. 4 ff.
[144] Steinbaum/Stucke, S. 29.

Im Gegensatz zu den tradierten normativen Grundlagen des Wettbewerbsrechts lässt dieser Ansatz verschiedene Ziele zu und steht damit im Einklang mit der Grundausrichtung der Normativen Verhaltensökonomik und der „New Brandeis Movement of Antitrust". Bereits mit dieser abstrakten Definition wird ersichtlich, dass der „Multiple Goal Approach" breiter abgestützt ist. Die nachfolgenden Ausführungen konkretisieren die einzelnen Wettbewerbsziele sodann in ihrer Tiefe.

1. Erhalt einer effektiven Wettbewerbsstruktur

Gemäss diesem Wettbewerbsziel sind Marktstrukturen aufrechtzuerhalten, die den Wettbewerbsprozess allgemein schützen. Dabei drängt sich jedoch die Frage auf, wie eine solche wettbewerbsorientierte Marktstruktur genau auszugestalten ist. Verschiedene Autoren knüpfen zur Beantwortung dieser Frage an die Wettbewerbskonzeption der späten „Harvard School" an.[145] So beispielsweise auch Wohlmann oder Oesch: Für beide Autoren bedingt eine effektive Wettbewerbsstruktur, dass kleinen und mittleren Unternehmen (KMU) erlaubt wird, in ein breites Oligopol aufzusteigen, oder sie soweit geschützt sind, dass sie in der atomistischen Marktstruktur unterhalb des Oligopols ihr Auskommen finden.[146] Beide Vorgehensweisen setzen voraus, dass KMU gegenüber Grossunternehmen institutionell gestärkt werden. Neben Massnahmen, wie etwa steuerliche Vorteile, kommt auch dem Wettbewerbsrecht eine wichtige Rolle zu. Auf zwei konkrete wettbewerbsrechtliche Aspekte ist nachfolgend vertieft einzugehen.[147]

Einerseits lassen sich KMU durch eine Ausweitung des sog. „Bagatellkartells" bzw. der sog. „de minimis"-Regel stärken.[148] Unter einem Bagatellkartell werden vereinfacht gesagt vertikale und horizontale Absprachen zwischen Unternehmen verstanden, die Marktanteile im tiefen einstelligen Prozentbereich aufweisen.[149] Für solche Absprachen soll das Wettbewerbsrecht nicht zur Anwendung gelangen, da sie keine Gefahr für den Wettbewerbsprozess darstellen. Im Gegenteil: Gemäss Wohlmann können KMU auf einem Markt, der von Grosskonzernen mit zweistelligen Marktanteilen beherrscht wird, insbesondere

---

[145] Siehe hierzu oben: § 4.B.II.2.ii) Späte „Harvard School": wirksamer Wettbewerb.

[146] Wohlmann, Nr. 23; Oesch, S. 335 ff.

[147] Siehe hierzu ferner auch: Oesch, S. 329 ff.

[148] Gesetzgeberische Versuche in diese Richtung lassen sich in der Schweiz beobachten: Mit der Kartellgesetzrevision von 2003 wurde Art. 6 KG (gerechtfertigte Arten von Wettbewerbsabreden) mit einem lit. e ergänzt. Gemäss Art. 6 lit. e KG können aus Gründen der wirtschaftlichen Effizienz Abreden mit dem Zweck, die Wettbewerbsfähigkeit kleiner und mittlerer Unternehmen zu verbessern gerechtfertigt sein, sofern sie nur eine beschränkte Marktwirkung aufweisen. Aufgrund verschiedener sprachlicher und konzeptioneller Mängel leitet die herrschende Lehre aus Art. 6 Abs. 1 lit. e KG bis heute jedoch kein Sonderrecht für KMU ab. Siehe hierzu m. w. V.: Neff, KG-BaKomm, N 6 ff. zu Art. 6 Abs. 1 lit. e KG.

[149] Für die aktuelle Rechtslage in der Schweiz siehe: Diebold/Schäke, S. 107 ff.

dann effektiv konkurrieren, wenn sie nicht auf ihre atomistische Struktur beschränkt werden, sondern intensiv kooperieren können. Ohne Kooperation ent-
stehe dahingegen keine echte Konkurrenz.[150] Dies lässt sich am Beispiel vertikaler Absprachen illustrieren: Grosse Konzerngesellschaften profitieren heute
vom sog. „Konzernprivileg", womit das Wettbewerbsrecht innerhalb eines
Konzerns nicht zur Anwendung kommt. Damit sind Preis-, Mengen- oder Gebietsabsprachen zwischen einer produzierenden Muttergesellschaft und den
vertreibenden Tochtergesellschaften zulässig. KMU profitieren dagegen nicht
vom Konzernprivileg. Eine Wettbewerbspolitik, die kein Bagatellkartell kennt
oder restriktiv auslegt und vertikale Absprachen nicht oder nur unter hohen Auflagen als zulässig erachtet, benachteiligt damit faktisch KMU gegenüber Grosskonzernen.[151]

Andererseits kann die Stellung der KMU auch über eine Neuausrichtung der
Zusammenschlusskontrolle gestärkt werden. Gemäss Wohlmann wurde bei
der ursprünglichen Konzipierung der Zusammenschlusskontrolle nämlich vernachlässigt, dass Grossunternehmen ihre Marktstellung sichern, indem sie auf-
strebende KMU mit lockenden Übernahmeofferten ausschalten. Insbesondere
Start-up-Unternehmen erreichen somit nie das Stadium, in dem sie kommerziell
erfolgreich sind und eine ernsthafte Konkurrenz für die marktbeherrschenden
Grossunternehmen darstellen.[152] Die Zusammenschlusskontrolle sei nun genau
auf diese Problematik auszurichten: Die Wettbewerbsbehörden sollen den
Fokus nicht nur auf Kombinationsfusionen, sondern vermehrt auch auf Übernahmen aufstrebender KMU durch Grossunternehmen legen.[153]

Der Erhalt einer effektiven Wettbewerbsstruktur ist nicht nur für KMU selbst
wünschenswert, sondern auch gesamtgesellschaftlich. Allen voran wird damit
nämlich die ökonomische, politische oder soziale Abhängigkeit gegenüber anonymen Grosskonzernen vermindert. Gleichzeitig kann argumentiert werden,
dass durch atomistische oder weite oligopolistische Marktstrukturen verschiedene Glücksfaktoren – wie etwa die persönliche Freiheit oder die Arbeit – gefördert werden.[154] Wohlmann geht sogar noch einen Schritt weiter und warnt
vor einer gesellschaftlichen Entwurzelung durch internationale Grosskonzerne
sowie den damit verbundenen Folgen:

---

[150] Wohlmann, Nr. 8; Oesch, S. 335.

[151] Wohlmann, Nr. 11 ff.; ähnlich so auch: Oesch, S. 354 f.

[152] Wohlmann, Nr. 17 f.

[153] Wohlmann, Nr. 19.

[154] „Extensive research demonstrates that self-employed persons typically in small business environments are more satisfied with their jobs than employees of large corporations. (…)
Many explanations have been advanced to explain the greater welfare from self-employment
including job autonomy, control of work processes, and greater work challenges, in spite of
lower pay.", Glick, S. 20 f.

„Die Folgen für die Gesellschaft sind langfristig verheerend. Der selbstständige Unternehmer ist leise und graduell am Aussterben. Nur noch der unselbstständige – auch in hohen Kaderpositionen – Manager einer anonymen Firma überlebt. Dies hat sich auch als eine Bedrohung der Demokratie herausgestellt. Eine direkte Folge dieser ‚Heimatlosigkeit' des Mittelstandes sind die Wahlerfolge der totalitären Randparteien links und rechts. (…) Das Gefühl der Heimatlosigkeit grosser Teile der Bevölkerung durch eine auch wettbewerblich angetriebene falsche Strukturpolitik führt zur Abhängigkeit von grossen anonymen Unternehmungen und schliesslich einer Bedrohung von Freiheit und Demokratie."[155]

Damit besteht eine enge Verknüpfung zwischen dem Erhalt einer effektiven Wettbewerbsstruktur und der Sicherung ökonomischer und politischer Freiheit.[156]

2. Förderung dynamischer und statischer Effizienz

Neben dem Erhalt einer effektiven Wettbewerbsstruktur hat der Wettbewerb auch die Effizienzerhöhung zum Ziel. Der Effizienzbegriff ist dabei in seiner Gesamtheit zu verstehen; als statische und dynamische Effizienz.[157] Es stellt sich jedoch die Frage, welchen Stellenwert dieses Wettbewerbsziel im Rahmen des „Multiple Goal Approach" besitzt und in welchem Verhältnis die beiden Effizienzarten stehen. Antworten finden sich wiederum, wenn man das Effizienzziel vor der Grundprämisse betrachtet, dass der Wettbewerb letztlich dem menschlichen Wohlbefinden Rechnung tragen soll.

Ausgehend von der Erkenntnis, dass materielle Faktoren und insbesondere die finanzielle Lage in den westlichen Industrieländern einen kleineren Einfluss auf das menschliche Wohlbefinden haben als immaterielle Faktoren, wird dem Effizienzziel im „Multiple Goal Approach" keine hervorgehobene Stellung attestiert.[158] Es bildet nur ein Wettbewerbsziel unter mehreren. Dies trifft insbesondere für die statische Effizienz zu, die ausschliesslich auf den Preis bzw. die finanzielle Lage abstellt.[159] Wird im Rahmen dieser alternativen normativen Grundlage dennoch auf die statische Effizienz abgestellt, so hat sich die Wettbewerbsbehörde nicht an der Total-, sondern an der Konsumentenrente zu orientieren. Gemäss Heinemann trage diese dem menschlichen Wohlbefinden nämlich mehr Rechnung:

„A deeper reason for preferring the consumer welfare standard is that the ultimate goal of the social market economy is the well-being and the autonomy of consumers. In this

---

[155] Wohlmann, Nr. 24 f.

[156] Siehe hierzu unten: § 7.B.II.3. Sicherung ökonomischer und politischer Freiheit.

[157] Siehe hierzu oben: § 3.C.II. Allokationsfunktion und § 3.C.III. Innovationsfunktion.

[158] Stucke, Happiness, S. 2637.

[159] Wie bereits dargelegt, hat die finanzielle Lage in den modernen Industrieländern einen kleineren Einfluss auf die Förderung des menschlichen Wohlbefindens. Siehe hierzu oben: § 7.A.II.2.i) „Happiness".

perspective, consumer sovereignty is the most fundamental expression of the social content of competition law."[160]

Die dynamische Effizienz kann dahingegen eine wichtige Rolle bei der Förderung des menschlichen Wohlbefindens spielen und besitzt dementsprechend einen höheren Stellenwert. So können technologische Innovationen, wie etwa neue Medikamente oder Behandlungsmethoden, massgeblich zur Förderung der Gesundheit beitragen. Ferner können Innovationen den Klimawandel eindämmen und damit die ökologische Lebensgrundlage erhalten – ebenfalls ein wichtiger Faktor für das menschliche Wohlbefinden.[161]

3. Sicherung ökonomischer und politischer Freiheit

Dieses Wettbewerbsziel ist eng mit den anderen Zielen verknüpft; namentlich mit dem Erhalt einer effektiven Wettbewerbsstruktur und der Gewährleistung eines fairen Wettbewerbs.[162] Zudem ist dieses Ziel an das systemische Wettbewerbsverständnis im Allgemeinen und an die Freiburger Schule im Besonderen angelegt.[163]

Die Sicherung ökonomischer Freiheit und die Sicherung politischer Freiheit sind nicht als zwei getrennte Ziele zu betrachten. Vielmehr sind sie ineinander verzahnt: Wie an verschiedenen Stellen bereits dargelegt, gehen mit ökonomischen Freiheiten in der Regel auch politische Freiheiten einher. Im Kern bedingen nämlich beide Freiheitsaspekte, dass ökonomische Machtakkumulation verhindert und bereits bestehende Machtstellungen eingeschränkt werden.[164]

Um diesem Wettbewerbsziel effektiv Rechnung zu tragen, bedarf es einer Wettbewerbspolitik, die nicht nur den Missbrauch von Marktmacht untersagt, sondern Marktmacht ab einer gewissen Schwelle ganz allgemein eindämmt. Denn Marktmacht – unabhängig davon, wie erworben – kann mit systemrelevanten Risiken einhergehen.[165] Deutlich zeigte sich dies etwa bei der „too big to fail"-Problematik im Banken- oder Versicherungssektor. Ferner gefährden marktmächtige Unternehmen politische Freiheiten: Sie können direkt (über Lob-

---

[160] Heinemann, Social Considerations, S. 128 f.

[161] Siehe hierzu etwa: Goldschmidt, S. 150 ff.; beispielsweise können durch den Wettbewerb induzierte Neuerungen wie etwa der Wasserstoff- oder Elektromotor, entscheiden zur Senkung des CO_2-Ausstosses und damit zum Erhalt der natürlichen Lebensgrundlage beitragen.

[162] Fikentscher/Hacker/Podszun, S. 72.

[163] Siehe hierzu oben: *§ 4.B.III.2. Freiburger Schule: vollständiger Wettbewerb.*

[164] Siehe hierzu oben: *§ 3.C. V. Freiheitsfunktion.*

[165] Fikentscher/Hacker/Podszun, S. 58 f.; dies gilt insbesondere für absolute Marktmacht. Dahingegen stellen relativ marktmächtige Unternehmen in der Regel keine Gefahr für die politische Freiheit dar.

bying) oder indirekt (Androhungen im Vorfeld von politischen Wahlen oder Abstimmungen) Einfluss auf demokratische Prozesse nehmen.[166]

Darüber hinaus haben sich mit der zunehmenden Digitalisierung der Wirtschaft aber auch die Gefahren gewandelt, die von marktmächtigen Unternehmen ausgehen. In diesem Sinne sind Ezrachi und Stucke zu verstehen:

„While monopolies of the past might subject us to higher prices and poorer quality products, abuses by today's super-platforms will affect not only our wallets. They can affect the news and entertainment we receive and ultimately, our privacy, well-being, and democracy."[167]

Diese systembedingten Risiken lassen sich nur schwerlich im Rahmen des Missbrauchstatbestands fassen.

Vor diesem Hintergrund gilt es, das Wettbewerbsrecht so auszugestalten, dass Grossunternehmen mit signifikanter Marktmacht eingeschränkt werden – unabhängig davon, ob sie beispielsweise eine hohe dynamische oder produktive Effizienz aufweisen. Um die Marktmacht solcher Unternehmen einzudämmen, bieten sich unterschiedliche Ansätze an. Der wohl radikalste Ansatz sieht Entflechtungen vor, wenn ein Grossunternehmen vordefinierte Schwellenwerte überschreitet.[168] Weniger einschneidende Lösungsansätze setzen nicht bei der Reduktion bestehender Marktmacht an, sondern bei der Verhinderung zusätzlicher Machtakkumulation. Dies geschieht einerseits, indem bestehenden Grossunternehmen ein absolutes Zusammenschlussverbot auferlegt wird, das sowohl Fusionen als auch Übernahmen umfasst. Andererseits wird verhindert, dass zusätzliche Grossunternehmen entstehen, indem Fusionen, die einen gewissen Schwellenwert überschreiten, untersagt werden. In beiden Fällen wird ausschliesslich auf einen zu definierenden Schwellenwert abgestellt – ob die Unternehmen den Wettbewerb anderweitig fördern, spielt dabei nur eine marginale oder keine Rolle. Wo die Schwellenwerte genau gesetzt werden, richtet sich jeweils nach dem nationalen oder regionalen Kontext.[169]

Eine solche freiheitsfördernde Wettbewerbspolitik trägt schliesslich dem menschlichen Wohlbefinden besonders Rechnung. Denn wie bereits an ver-

---

[166] Ezrachi, Goals, S. 15; Stucke, Goals, S. 594 f.; Steinbaum/Stucke, S. 31.

[167] Ezrachi/Stucke, Antitrust's Soul, S. 1.

[168] Siehe hierzu: Fikentscher/Hacker/Podszun, S. 66 f.

[169] In diesem Zusammenhang ist eine positive Entwicklung in der Schweiz zu beobachten: So wird im Rahmen einer aktuellen Kartellrechtsrevision diskutiert, bei der Fusionskontrolle vom heutigen sog. „qualifizierten Marktbeherrschungstest" zum sog. „SIEC-Test" („Significant Impediment to Effective Competition"-Test) zu wechseln. Der Unterschied zwischen den beiden Test liegt in der Höhe der Eingriffshürde: Mit dem SIEC-Test können Fusionen untersagt werden, wenn sie zu einer erheblichen Behinderung des Wettbewerbs führen. Unter dem aktuellen Marktbeherrschungstest ist dies erst möglich, wenn durch eine Fusion der wirksame Wettbewerb vollständig beseitigt wird. Siehe hierzu: Künzler, S. 479 ff.

schiedenen Stellen dargelegt, stellt die persönliche Freiheit – die sowohl die ökonomische als auch die politische Freiheit umfasst – einen essentiellen Glücks- bzw. Zufriedenheitsfaktor dar.[170] In diesem Sinne resümiert auch Stucke:

„Thus, a competitive marketplace, in dispersing economic and political power, can foster activities, which are correlated generally with healthier and happier people."[171]

Konkret verweist er dabei auf Faktoren wie Konsumentensouveränität oder Arbeitswahlfreiheit.[172] Dass die Sicherung ökonomischer und politischer Freiheit dem menschlichen Wohlbefinden Rechnung trägt, lässt sich ferner auch anhand des alternativen Wohlfahrtsmassstabs von Sugden verdeutlichen: Gemäss dem von ihm ausgearbeiteten „Opportunity"-Kriterium schätzen Individuen weniger die tatsächliche Befriedigung ihrer Präferenzen sondern in erster Linie die Freiheit bzw. Chance („Opportunity"), über ihre Präferenzbefriedigung selbst entscheiden zu können. Folglich sei es die Aufgabe des Staats, eine grösstmögliche Konsumentensouveränität sicherzustellen.[173] Schliesslich hat auch Frey die Sicherung politischer Freiheit als wichtigen Faktor für die Förderung des menschlichen Wohlbefindens identifiziert. Dabei streicht er die Bedeutung einer unverfälschten und möglichst unmittelbaren demokratischen Teilhabe explizit heraus.[174]

4. Gewährleistung eines fairen Wettbewerbs

Dieses Wettbewerbsziel bezieht sich in erster Linie auf die moralischen und sozialen Aspekte des Wettbewerbs.[175] Es fragt sich jedoch, was genau unter einem fairen Wettbewerb bzw. Fairness ganz allgemein zu verstehen ist. Auf diese Frage lässt sich weder eine eindeutige noch abschliessende Antwort geben: Die diesbezüglichen theoretischen Debatten reichen zurück bis Aristoteles und sind heute aufgrund der Fülle an Beiträgen nicht mehr überschaubar. In diesem Sinne entzieht sich der Begriff einer einfachen Definition.[176] Nach-

---

[170] Siehe hierzu oben: § 7.A.II.2. Alternative Wohlfahrtsmassstäbe; auch hier lässt sich wiederum eine Unterscheidung machen: Während das menschliche Wohlbefinden in Entwicklungsländern stärker mit der ökonomischen Freiheit korreliert, wird das menschlichen Wohlbefinden in Industrieländern stärker durch die Sicherung politischer Freiheiten gefördert. Siehe hierzu: Stucke, Happiness, S. 2640 f.

[171] Stucke, Happiness, S. 2642.

[172] „Citizens can choose to purchase from (and work for) firms that align with their (…) values. When a firm engages in exploitative, unfair behavior, a competitive market provides alternatives.", Stucke, Happiness, S. 2642.

[173] Siehe hierzu oben: § 7.A.II.2.ii) „Opportunity".

[174] Frey, Happiness, S. 64; in diesem Sinne hält auch Glick fest, dass gut funktionierende demokratische Institutionen einen entscheidenden Einfluss auf das menschliche Wohlbefinden haben. Siehe hierzu: Glick, S. 22.

[175] Ezrachi, Goals, S. 12.

[176] Hacker, Verhaltensökonomik, S. 377.

folgend wird daher nur ein sehr enges auf das Wettbewerbsrecht zugeschnittene Fairnessverständnis thematisiert.[177]

Gemäss Fikentscher, Hacker und Podszun kann zwischen einer prozeduralen und einer substanziellen Fairnesskomponente unterschieden werden. So kann Fairness einerseits durch rein prozedurale Prinzipien umgesetzt werden – wie etwa Gleichbehandlung, Chancengleichheit oder Diskriminierungsverbot. Andererseits kann aber auch darauf abgestellt werden, ob das Ergebnis eines Prozesses inhaltlich fair ist.[178]

Diese Unterscheidung lässt sich auf das Wettbewerbsrecht übertragen. So differenziert beispielsweise Heinemann zwischen „Fairness durch Kartellrecht" und „Fairness im Kartellrecht".[179] Mit Ersterem ist die ordnungspolitische Grundentscheidung gemeint, nach der ein marktwirtschaftliches System zwingend einer Gesetzgebung zum Schutz eines effektiven Wettbewerbs bedarf.[180] Hier wird folglich primär auf prozedurale Prinzipien abgestellt. Bei „Fairness im Kartellrecht" geht es dahingegen um eine direkte Ausrichtung wettbewerbsrechtlicher Tatbestände am Fairnessideal. So hängt beispielsweise die Freistellung wettbewerbsbeschränkender Vereinbarungen nach Art. 101 Abs. 3 AEUV unter anderem davon ab, dass die Verbraucher eine angemessene Beteiligung („fair share") am entstandenen Gewinn erhalten.[181]

Ferner kann das Fairnessideal auch als allgemeines Grundprinzip für das gesamte Wettbewerbsrecht herangezogen werden. Dieses Vorgehen ist jedoch nicht ratsam, da es die Leistungsfähigkeit des Wettbewerbs stark einschränkt. Insbesondere ist von der Implementierung einer allgemeinen Fairnessrechtfertigung abzusehen. Diese stellt ein problematisches Einfallstor für ausserökonomische Argumente dar, die ungefiltert ins Wettbewerbsrecht Eingang finden. Vielmehr bedarf es einer Konkretisierung im Rahmen einzelner wettbewerbsrechtlicher Tatbestände.[182] Oder wie es Gerard formulierte:

---

[177] Zweifellos würde es den Rahmen der vorliegenden Studie sprengen, sich vertieft mit den einzelnen Theorien von Fairness auseinanderzusetzen. Für einen umfassenden Überblick über Fairness im „Law and Economics"-Ansatz siehe: *Lee Anne Fennell/Richard H. McAdams (Hrsg.), Fairness in Law and Economics*; siehe ferner auch: *Lance Taylor/Armon Rezai/ Thomas Michl (Hrsg.), Social Fairness and Economics – Economic Essays in the Spirit of Duncan Foley.*

[178] Fikentscher/Hacker/Podszun, S. 72 f.; Hacker, Verhaltensökonomik, S. 377.

[179] Diese Unterscheidung findet sich sinngemäss auch bei Ezrachi: „[F]airness also serves an abstract normative value which is promoted by the competitive process, as well as ensuring a fair result of market outcomes.", Ezrachi, Goals, S. 12.

[180] Heinemann, Fairness, S. 389.

[181] Ezrachi, Goals, S. 12; Heinemann, Fairness, S. 389.

[182] Siehe hierzu: Ezrachi, Goals, S. 13; Marco, S. 4 f.; Heinemann warnt in diesem Zusammenhang davor, Fairness als allgemeine „bilan économique et social" in die wettbewerbsrechtliche Anwendung einzubauen. Siehe hierzu: Heinemann, Fairness, S. 389.

„[F]airness is not an operational concept: it needs to be translated into more specific rules, standards and tests underpinned by the law, the jurisprudence, economic analysis and the painstaking establishment of the facts of each case."[183]

Gemäss Budzinski bieten sich insbesondere Verdrängungs- oder Ausbeutungs- tatbestände an, um substanzielle Fairnessüberlegungen in den wettbewerbs- rechtlichen Kontext einfliessen zu lassen.[184]

Ein alternatives Vorgehen ist es, gewisse Bereiche, in denen eine Anwen- dung wettbewerbsrechtlicher Normen dem gesellschaftlichen Fairnessverständ- nis zuwiderlaufen, vom wettbewerbsrechtlichen Geltungsbereich auszunehm- men.[185] Vielfach ist dies im Bereich Arbeit und Sozialversicherungen der Fall; so ist beispielsweise allgemein anerkannt, dass arbeitsrechtliche Tarifverträge keiner wettbewerbsrechtlichen Beurteilung unterzogen werden.[186]

Über die genaue inhaltliche Ausgestaltung der einzelnen Fairnessnormen oder Abgrenzung des wettbewerbsrechtlichen Geltungsbereichs lassen sich indes keine allgemeinen Aussagen machen: Diese richten sich nach den jeweiligen gesellschaftlichen Werten und Zielen. Die Palette an Möglichkeiten ist sehr breit: Sie reicht vom Verbot „unfairer" Handlungen marktbeherrschender Un- ternehmen über die Förderungen von Kooperation bis hin zu einer fairen Ver- teilung von gesellschaftlichem Überschuss.[187]

Schliesslich trägt die Gewährleistung eines fairen Wettbewerbs zum mensch- lichen Wohlbefinden bei. So hält beispielsweise Hacker unter Rückgriff auf verschiedene empirische Studien fest, dass „Fairness selbst" das menschliche Wohlbefinden erhöht.[188] Eine vergleichbare Aussage findet sich auch bei Bud- zinski; er weist darauf hin, „dass Fairness den Marktakteuren selbst als wich- tiges Element gilt".[189] Dies insbesondere auch, weil Fairness Vertrauen för- dert – in die Marktkräfte, aber auch in die anderen Marktteilnehmer.[190] Dieses

---

[183] Gerard, S. 211.

[184] Budzinski, Europäische Wettbewerbspolitik, S. 27 f.; so auch Stucke: „Thus, the fair- ness concerns that animate competition policy (…) is about protecting consumers from the ex- ploitation of increased market power, which is often seen as a departure from moral or social norms or other established reference points.", Stucke, Happiness, S. 2634; vor diesem Hinter- grund wäre beispielsweise eine Verschärfung des Missbrauchstatbestands denkbar. Siehe hier- zu unten: § 7.B.IV.2. Gefahr eines sog. „Antitrust Imperialism".

[185] Heinemann, Fairness, S. 389.

[186] Heinemann, Social Considerations, S. 131 ff.; Heinemann, Fairness, S. 389.

[187] Marco, S. 5 f.; Hacker, Verhaltensökonomik, S. 378; Ezrachi, Goals, S. 14; Parret, S. 74; diese starke Kontextabhängigkeit lässt sich auch aus der abstrakten Fairnessdefinition von Fikentscher/Hacker/Podszun herauslesen: „Fairness means the respect for the communal standard that ensure competition on the merits." Die Autoren führen sogleich selbst aus: „This definition points to the community aspect of fairness and its value for keeping the business community together.", Fikentscher/Hacker/Podszun, S. 74.

[188] Hacker, Verhaltensökonomik, S. 383.

[189] Budzinski, Europäische Wettbewerbspolitik, S. 28.

[190] Stucke, Antitrust Goals, S. 595 und S. 608 f.

fairnessbasierte Vertrauen fördert sodann Sicherheit und reduziert Komplexität.[191] Vertrauen ist schliesslich auch ein Schlüsselbegriff in der Glücksforschung: Gemäss Layard sind Menschen, die ihren Mitmenschen vertrauen können, nachweislich glücklicher.[192]

5. Ergänzende Bemerkungen und Anforderungen

i) Umgang mit Zielkonflikten

Der „Multiple Goal Approach" lässt sich nicht ohne Weiteres einer Wettbewerbskonzeption oder einem Wettbewerbsverständnis zuordnen. Es ist jedoch augenfällig, dass der Ansatz inhaltlich verschiedene Überschneidungen mit den Wettbewerbsansätzen der späten „Harvard School" aufweist.[193] Bei beiden Ansätzen ist der Wettbewerb weniger als Ziel und mehr als Mittel zu verstehen, der verschiedenen ökonomischen und ausserökonomischen Zielen Rechnung tragen kann. Dennoch: Der „Multiple Goal Approach" erschöpft sich nicht im materiellen Programm der späten „Harvard School", sondern geht darüber hinaus. So finden sich darin Elemente fast aller tradierten Wettbewerbskonzeptionen wieder; begonnen von Adam Smiths Ansatz, der Wettbewerb im Grossen vorschreibt, Kooperationen im Kleinen aber zulässt,[194] über Walter Euckens ablehnende Haltung gegenüber Machtakkumulation[195] bis hin zu Robert Borks effizienzorientiertem Wettbewerb.[196]

Vor diesem Hintergrund drängt sich die Frage auf, ob sich eine Wettbewerbspolitik nicht in unlösbaren Widersprüchen verfängt, wenn sie diese unterschiedlichen Ziele unter einem kohärenten Ganzen zusammenfassen will. Diese Frage ist zu verneinen: Die Behörden sollten in der Lage sein, ein solch breites und interdisziplinär ausgerichtetes Zielmodell effektiv anzuwenden.

So sind Zielkonflikte nicht die Regel, sondern die Ausnahme. Der „Multiple Goal Approach" hat nämlich folgende Grundausrichtung: die Verhinderung bzw. Eindämmung von Marktmacht zugunsten von KMU, die nur über geringe Marktanteile verfügen. Dies führt letztlich zu einer Dichotomie des Wettbewerbsrechts, da bei KMU ein anderer rechtlicher Standard zur Anwendung gelangt als bei marktmächtigen Grossunternehmen. Diese Zweiteilung soll jedoch nicht in einer stumpfen „Big is Bad"-Doktrin münden, sondern lediglich dem Umstand Rechnung tragen, dass sich die Gefahr von Marktmacht nicht in

---

[191] Fikentscher/Hacker/Podszun, S. 76.
[192] Layard, S. 83.
[193] Siehe hierzu oben: § 4.B.II.2.ii) Späte „Harvard School": wirksamer Wettbewerb; so nimmt beispielsweise Wohlmann in seinen Ausführungen explizit auf Kantzenbach Bezug. Siehe hierzu: Wohlmann, Nr. 23.
[194] Siehe hierzu oben: § 4.A.II. Klassischer Wettbewerb.
[195] Siehe hierzu oben: § 4.B.III.2.iv) Aufgabe der Wettbewerbspolitik.
[196] Siehe hierzu oben: § 4.B.II.3.i) Allgemeines.

hohen Preisen oder schlechter Qualität erschöpft, sondern sich auch auf andere ökonomische sowie ausserökonomische Aspekte erstrecken kann.

Das Wettbewerbsziel, das sich am wenigsten mit dieser Grundausrichtung in Einklang bringen lässt, ist das Effizienzziel. Aber selbst da akzentuieren sich Konflikte nur in einem begrenzten Rahmen. So wird beispielsweise mit der Förderung von KMU einer atomistisch orientierten Marktstruktur Rechnung getragen, die gemäss neoklassischer Auffassung die allokative Effizienz erhöht. Ferner können Kooperationsvereinbarungen zwischen KMU die produktive Effizienz verbessern.[197] Schliesslich bilden Fairness und Vertrauen auch wichtige Faktoren für die Erhöhung der dynamischen oder statischen Effizienz.[198] In diesem Sinne sind Konflikte hinsichtlich des Effizienzziels nicht die Regel.

Darüber hinaus geht der „Multiple Goal Approach" transparent und konstruktiv mit allfälligen Zielkonflikten um. Die Möglichkeit, dass sich im Einzelfall Konflikte zwischen den Wettbewerbszielen ergeben können, wird offen anerkannt und nicht als eine theoretische Unzulänglichkeit verstanden. Die Konflikte sind im Rahmen rechtlicher Abwägungsvorgänge aufzulösen. Konkret werden die konfligierenden Ziele einzeln gewichtet, bewertet und schliesslich in Beziehung zueinander gesetzt. Mit diesem Vorgehen löst sich die Wettbewerbspolitik vom formalistischen Modelldenken der ökonomischen Rationalität und wendet sich stärker der rechtlichen Rationalität zu. Letztere zeichnet sich gerade dadurch aus, dass sie für eine Vielzahl von Werten und Schutzgütern offen ist und sich intensiv mit den damit einhergehenden Konflikten auseinandersetzt.[199]

Überspitzt formuliert führt der „Multiple Goal Approach" damit gleichzeitig zu einer Schwächung der theoretischen und Stärkung der praktischen Wettbewerbspolitik. Auf der einen Seite verliert die theoretische Wettbewerbspolitik nämlich an der konzeptionellen Klarheit und Eleganz einer effizienzorientierten Wettbewerbskonzeption. Auf der anderen Seite trägt diese breitere und komplexere normative Grundlage der ökonomischen Realität besser Rechnung.[200] Dieser transparente und offene Umgang mit den einzelnen Wettbewerbszielen und den damit verbundenen Zielkonflikten ist ganz allgemein als einer der grössten Stärken des „Multiple Goal Approach" zu sehen.[201]

---

[197] In diesem Sinne auch: Stucke, Antitrust Goals, S. 613.

[198] So hat Vertrauen etwa eine transaktionskostenvermindernde Wirkung, wenn es um das Aushandeln von Verträgen geht – was eine Erhöhung der statischen Effizienz zu Folge hat. Andererseits bedarf es auch für langfristige Investitionen, die massgeblich zur Erhöhung der dynamischen Effizienz beitragen, einer robusten Vertrauensgrundlage zwischen Investor und Entwickler.

[199] Siehe hierzu oben: *§ 2.B. I.1. Rechtliche Rationalität.*

[200] Stucke, Antitrust Goals, S. 611.

[201] Meier, S. 62.

ii) Ausgestaltung der wettbewerbsrechtlichen Tatbestände

Vor dem Hintergrund einer breiten, interdisziplinär ausgerichteten normativen Grundlage stellt sich die Frage, welche Ermessensspielräume den rechtsanwendenden Behörden zu gewähren sind. Verschiedene Autoren warnen davor, diese weit auszugestalten:[202] Denn die Kombination von breitem Zielmodell und weiten Ermessensspielräumen macht die Wettbewerbspolitik besonders anfällig für schädliche „rent seeking"-Strategien. Oder wie Ezrachi die Problematik umschreibt:

„After all, the more flexible the structure, the easier it may be for one to subject it to manipulation and mould it to serve one's interests. (…) When successful, these efforts can lead to intellectual and regulatory capture – shaping competition policy to echo the will of interest groups and propagating it as its sole objective reality."[203]

Demnach sind im Rahmen des „Multiple Goal Approach" die wettbewerbsrechtlichen Tatbestände nicht im Sinne der „Rule of Reason" auszugestalten, die den Behörden ein weites Ermessen einräumen.[204] Stattdessen bedarf es robusterer, eng umschriebener Tatbestände, die nur ein kleines behördliches Ermessen zugestehen. In diesem Sinne Stucke:

„Accordingly, if courts and antitrust enforcers acknowledge antitrust's traditional political, social, and moral goals, then the rule of reason cannot be antitrust's prevailing legal standard. Instead, they must blend such goals into clearer rules and legal presumptions. (…)

This does not mean a return to per se illegal standards or the death of the rule of reason, which courts and agencies could continue to employ in novel cases. Instead for most run-of-the-mill restraints (such as resale price maintenance, or ‚RPM'), the demand for, and supply of, more administrable standards, such as presumptions of illegality, with well-defined exceptions or defenses, will increase."[205]

Mit der Forderung nach Vermutungs-, Ausnahme- und Rechtfertigungstatbeständen geht Stucke einen Mittelweg zwischen einem starren „Per se Rule"-Ansatz und einem weiten „Rule of Reason"-Ansatz.[206] Dieser Mittelweg hat sich in der wettbewerbsrechtlichen Praxis bereits teilweise etabliert: So arbeitet beispielsweise die schweizerische Wettbewerbsbehörde bei der Bewertung von Wettbewerbsabreden mit Vermutungs- und Rechtfertigungstatbeständen. Konkret statuiert Art. 5 Abs. 3 und Abs. 4 KG die gesetzliche Vermutung, dass der

---

[202] Steinbaum/Stucke, S. 43; Ezrachi, Sponge, S. 70 f.; Stucke, Antitrust Goals, S. 611 ff.

[203] Ezrachi, Sponge, S. 70 f.

[204] Siehe hierzu oben: § 4.B.II.3.v) Normausgestaltung: „Rule of Reason" vs. „Per se Rule".

[205] Stucke, Antitrust Goals, S. 620 ff.; siehe ferner: Steinbaum/Stucke, S. 44 ff.

[206] Stuckes Ansatz ist insofern mit den Vorschlägen von Christiansen/Kerber und Schmidt vergleichbar. Siehe dazu: Christiansen/Kerber, S. 240; Schmidt, More Economic Approach, S. 22; so auch bereits oben: § 5.B.II.4.i) Zwischen „Chicago School" und systemischer Wettbewerbstradition.

B. „Normative Behavioral Antitrust"

wirksame Wettbewerb beseitigt wird, wenn bestimmte Arten von Abreden getroffen worden sind – wie etwa Preis- oder Gebietsabreden. Diese Vermutung
lässt sich mit dem Nachweis umstossen, dass genügend Interbrand- bzw. Intra-
brand-Wettbewerb auf dem fraglichen Markt herrscht. Ferner können gemäss
Art. 5 Abs. 2 KG Wettbewerbsabreden, die zwar den wirksamen Wettbewerb
nicht beseitigen, aber dennoch eine erhebliche Wettbewerbsbeschränkung darstellen, aus Gründen der „wirtschaftlichen Effizienz" gerechtfertigt werden.
Dabei stehen die Erhöhung der dynamischen („Produkte oder Produktionsverfahren zu verbessern") und der produktiven Effizienz („Herstellungs- oder Vertriebskosten zu senken") im Vordergrund.[207] Dieser im schweizerischen Kartellrecht eingeschlagene Weg ist jedoch nur einer unter mehreren. So werden in
den USA intermediäre Ansätze wie beispielsweise „truncated rule of reason",
„sliding scale analysis" oder „quick look analysis" diskutiert und teilweise auch
angewandt.[208]

Schliesslich sind solche engen, gebundenen Tatbestände deutlich prakti-
kabler, um ausserökonomische Aspekte in die wettbewerbsrechtliche Analyse
einfliessen zu lassen, als die zumeist zahnlosen Ausnahmeregelungen, wie sie
das schweizerische Kartellgesetz (Art. 8 KG und Art. 11 KG) oder das deutsche Gesetz gegen Wettbewerbsbeschränkungen (§ 42 GWB) kennen. Sowohl
in der Schweiz als auch in Deutschland kann die Exekutive wettbewerbswidrige Handlungen aufgrund überwiegender öffentlicher Interessen für zulässig
erklären. Während sich in Deutschland diese sog. „Ministererlaubnis" auf Unternehmenszusammenschlüsse beschränkt, kann der Bundesrat in der Schweiz
Zusammenschlüsse, Wettbewerbsabreden als auch Missbrauchshandlungen
aufgrund öffentlicher Interessen zulassen. Die Bedeutung dieser Ausnahmeregelungen kann aber fast nicht unterschätzt werden: So haben insbesondere in
der Schweiz Art. 8 KG und Art. 11 KG keine praktische Relevanz.[209]

Insgesamt ist festzuhalten: Je breiter das Zielmodell ausgestaltet ist, desto enger
sind die wettbewerbsrechtlichen Tatbestände zu formulieren.[210] Folglich ist ein
„Rule of Reason"-Ansatz, der den rechtsanwendenden Behörden weite Ermessensspielräume gewährt, nicht mit dem breiten „Multiple Goal Approach" vereinbar.

---

[207] Zur allgemeinen Funktionsweise von Art. 5 KG siehe: Krauskopf/Schaller, KG-Ba-
Komm, N 54 ff. zu Art. 5 KG.

[208] Siehe hierzu: Hovenkamp, Rule of Reason, S. 122 ff.

[209] Siehe hierzu: Meinhardt/Prümmer, KG-BaKomm, N 7 f. zu Art. 8 KG; Meinhardt/
Prümmer, KG-BaKomm, N 6 zu Art. 11 KG.

[210] In diesem Sinne auch Stucke: „A trade-off exists between antitrust goals and legal
standards. With a narrowly defined antitrust objective, one can use an open-ended, fact-specific
weighing standard, such as the rule of reason. The specific goal limits the enforcers' and courts'
discretion when weighing the facts, as the goal permits only one outcome. Alternatively, one
can have multiple (and conflicting) policy objectives, if they are synthesized into clear rules
that market participants can internalize and follow.", Stucke, Antitrust Goals, S. 618 f.

III. Ausgewählte Anwendungsfelder

Im Unterschied zu „Behavioral Antitrust" lässt sich „Normative Behavioral Antitrust" nur bedingt anhand ausgewählter Beispiele illustrieren. Denn wie bereits erwähnt, handelt es sich auch beim „Multiple Goal Approach" – der auf der Grundlage von „Normative Behavioral Antitrust" erarbeitet wurde – nicht um einen praxisfertigen Ansatz. Mit dem „Multiple Goal Approach" wurden lediglich die Grundzüge eines alternativen Zielmodells für westliche Industrieländer skizziert.

Unbesehen dieser Tatsache sind nachfolgend zwei Beispiele zu präsentieren, die eine Vorstellung davon geben, wie ein breites und interdisziplinär ausgerichtetes Zielmodell die wettbewerbsrechtliche Analyse bereichern kann.

1. Unternehmenszusammenschlüsse in der Medienindustrie

i) Doppelnatur der Medien

Unternehmenszusammenschlüsse in der Medienindustrie sind von Brisanz, da sich hier das Spannungsverhältnis zwischen verschiedenen ökonomischen und ausserökonomischen Aspekten in besonderer Weise akzentuiert. In erster Linie ist dies auf die „Doppelnatur der Medien"[211] zurückzuführen. Auf der einen Seite sind private Medienunternehmen nämlich normale Wirtschaftsakteure, die sich auf nationalen und internationalen Märkten behaupten müssen. Sie sind damit gezwungen, nach unternehmerischen Gesichtspunkten zu denken und zu handeln, um im Wettbewerb bestehen zu können. Auf der anderen Seite haben Medienunternehmen eine gesellschaftspolitische Bedeutung: Sie verkörpern die „vierte Gewalt" im Staat und nehmen die Funktion des „public watchdog" wahr. Darüber hinaus stellen sie den Zugang zum freien Marktplatz der Ideen sicher – der einen Grundpfeiler einer lebendigen Demokratie darstellt.[212] Ein freier Marktplatz der Ideen bedingt jedoch eine pluralistische Medienlandschaft; ein monopolistisches Medienunternehmen – staatlich oder privat – kann dies nicht gewährleisten.[213] In diesem Sinne ist neben dem „ökonomischen Wettbewerb" auch der „publizistische Wettbewerb" von entscheidender Bedeutung.[214]

Die beiden Begriffe sind jedoch nicht unproblematisch: Analog zum „ökonomischen Wettbewerb" ist nämlich auch der „publizistische Wettbewerb" mehrdeutig. Ferner ist das Verhältnis zwischen den beiden Wettbewerbsformen in der Lehre und Praxis umstritten. Insbesondere lässt sich nicht allgemein sagen, ob bzw. wie der ökonomische den publizistischen Wettbewerb beeinflusst. Auf

---

[211] Nobel/Weber, S. 494.
[212] Zur Funktion und Bedeutung der Medien siehe ganz allgemein: Nobel/Weber, S. 15 ff.
[213] Siehe hierzu eingehender: Grunes/Stucke, S. 573 ff.
[214] Hager, Nr. 31 ff.; Beater, Nr. 782 f.

diese medienrechtsspezifischen Fragen ist indes nicht vertieft einzugehen.[215] Nachfolgend wird in Anlehnung an die – nicht unumstrittene[216] – sog. „Vielfaltsthese"[217] davon ausgegangen, dass sich eine Vielzahl unabhängiger Medienanbieter positiv auf die publizistische Vielfalt auswirkt. Im Umkehrschluss bedeutet dies, dass Medienkonzentrationen, insbesondere in bereits konzentrierten Märkten, der publizistischen Vielfalt in der Regel schaden.[218]

Der Begriff „Medien" ist weit zu verstehen und umfasst unter anderem Zeitung, Radio, Film und Fernsehen sowie alle digitalen Medien.[219] Letztere haben in den vergangenen 20 Jahren zu einer umfassenden Transformation der Medienlandschaft geführt. Insbesondere im Zeitungsbereich lässt sich eine Zuschauerverlagerung von gedruckten hin zu frei zugänglichen digitalen Zeitungen beobachten.[220] Da mit sinkenden Zuschauerzahlen sinkende Werbeeinnahmen verbunden sind, nahm der finanzielle Druck auf traditionelle Zeitungsunternehmen weltweit zu. Um diese finanziellen Ausfälle kompensieren und weiterhin im Markt bestehen zu können, lassen sich in verschiedenen Ländern horizontale Konzentrationsbestrebungen beobachten.[221] Ausfälle auf der Einnahmenseite werden dabei durch Ausgabensenkungen kompensiert: Das fusionierte Unternehmen kann Grösseneffekte („economies of scale") ausnützen, womit Produktions- und Vertriebskosten gesenkt werden.[222]

Dies lässt sich beispielsweise eindrücklich anhand der schweizerischen Presselandschaft illustrieren: Wurden 1939 noch 406 Zeitungstitel ausgewiesen, waren es 2007 nur noch rund die Hälfte. Gemäss einer Studie des Bundesamts für Statistik konnte zwischen 1980 und 2000 ein Titelrückgang von einem Viertel beobachtet werden.[223] Aber auch nach der Jahrtausendwende scheint sich der Konzentrationsprozess weiter fortzusetzen. In diesem Sinne ist auch Kellermüller zu verstehen, wenn er festhält, dass der Pressemarkt in der Schweiz „in Bezug auf die Eigentumsverhältnisse auf horizontaler Ebene eine Ballungstendenz"[224] aufweist.[225]

---

[215] Siehe m. w. V.: Hager, Nr. 345 ff., Kellermüller, S. 25 ff.

[216] So weist etwa Hager darauf hin, dass es sich bei der Vielfaltsvermutung um eine zu simple Vermutung handelt, da ausschliesslich auf den direkten Zusammenhang von Marktstruktur und Marktergebnis abgestellt wird. Das Verhalten der einzelnen Marktakteure bleibt dahingegen unberücksichtigt. Siehe hierzu: Hager, Nr. 346.

[217] Kellermüller, S. 107.

[218] Siehe in diesem Sinne auch: Hager, Nr. 374.

[219] Zum Medienbegriff siehe ferner: Nobel/Weber, S. 11 ff.

[220] Stucke/Grunes, S. 1399.

[221] Stucke/Grunes, S. 1399; Nobel/Weber, S. 507; so namentlich auch in der Schweiz, wo 2018 zwei grosse Medienfusionen stattfanden: Die Tamedia-Gruppe übernahm die Basler Zeitung AG und die NZZ-Mediengruppe bildete zusammen mit den AZ-Medien ein Joint Venture.

[222] Grunes/Stucke, S. 575; Stucke/Grunes, S. 1415; Kellermüller, S. 22 f.; Hager, Nr. 24 ff.

[223] Siehe hierzu: Kellermüller, S. 10.

[224] Kellermüller, S. 11.

[225] Relativierend hält der Autor aber gleichzeitig auch fest, dass die Schweiz bezüglich

ii) Bewertung horizontaler Zusammenschlüsse von Presseunternehmen

Vor diesem Hintergrund stellt sich die Frage, wie weitere Konzentrationsprozesse von Presseunternehmen aus wettbewerbsrechtlicher Sicht zu beurteilen sind.[226] Je nach herangezogenem Zielmodell kann die wettbewerbsrechtliche Bewertung variieren; so beispielsweise auch, wenn auf die Erhöhung der statischen Effizienz oder aber auf die Gewährleistung der Wettbewerbsfreiheit abgestellt wird.

– *Erhöhung der statischen Effizienz*
Werden Unternehmenszusammenschlüsse von Presseunternehmen ausschliesslich anhand der statischen Effizienz bewertet, so gilt es im Einzelfall abzuwägen, ob bei einem Zusammenschluss der Gewinn an produktiver Effizienz den Verlust an allokativer Effizienz per Saldo übersteigt (sog. „Williamson-trade-off"-Modell).[227] In der Regel ist dies zu bejahen: Wie die oben beschriebene Entwicklung deutlich macht, geht es den fusionierenden Unternehmen in erster Linie um die Erhöhung der produktiven Effizienz und nicht darum, eine Monopolrente zu erwirtschaften. Im Rahmen des Effizienzziels werden Unternehmenszusammenschlüsse in der Medienindustrie damit gleich bewertet wie Zusammenschlüsse auf anderen Märkten.

Problematisch ist diese Betrachtungsweise, weil sie ausschliesslich auf die ökonomischen Folgen der Zusammenschlüsse abstellt. Mögliche gesellschaftspolitische Konsequenzen werden dahingegen ausgeblendet. Allen voran wird nicht berücksichtigt, dass Medienkonzentrationen der publizistischen Vielfalt in der Regel schaden.[228]

– *Gewährleistung der Wettbewerbsfreiheit*
Während im Rahmen der statischen Effizienz die publizistische Vielfalt von der wettbewerbsrechtlichen Analyse ausgeklammert wird, kann diese bei der Wettbewerbsfreiheit – abhängig von deren Interpretation – adressiert werden. So etwa, wenn in Anlehnung an die Freiburger Schule die individuelle Freiheit ins Zentrum der Analyse gerückt wird.[229] Dabei ist insbesondere von Bedeutung, dass wirtschaftliche Machtakkumulation auch zum Schutz der politischen Freiheit einzudämmen ist. Nur so kann gleichzeitig eine leistungsfähige und menschenwürdige Ordnung entstehen. Konkret sollen

---

Zeitungstitel sowohl in absoluten Zahlen als auch im Pro-Kopf-Verhältnis im internationalen Vergleich über dem Durchschnitt liegt. Siehe hierzu: Kellermüller, S. 15.

[226] Vorausgesetzt, dass dieser Bereich nicht vom wettbewerbsrechtlichen Geltungsbereich ausgeschlossen ist und vordefinierte Schwellenwerte überschritten sind.

[227] Siehe hierzu oben: *§ 4.B.II.3.iii) Normative Grundlage: Gesamt- vs. Konsumentenwohlfahrt.*

[228] Das Hauptproblem ist aber weniger darin zu sehen, dass die oben in Anlehnung an die Vielfaltsthese formulierten Annahmen nicht geteilt werden, sondern, dass der Aspekt der publizistischen Vielfalt gar nicht adressiert wird.

[229] Siehe hierzu oben: *§ 4.B.III.2.i) Ausgangspunkt.*

Marktakteure dabei nicht so mächtig werden, dass sie auf politische Prozesse Einfluss nehmen können. Diese Problematik akzentuiert sich im Presse- bzw. Medienbereich in besonderer Weise: Presseunternehmen können politische Prozesse nicht nur indirekt über schädliche „rent seeking"-Strategien beeinflussen, sondern viel unmittelbarer als „vierte Gewalt" im Staat. In diesem Sinne ist auch Hager zu verstehen, wenn sie festhält, dass grosse wirtschaftliche Macht im Medienbereich immer auch mit einer grossen publizistischen Macht verbunden ist und deshalb das Risiko einer nicht wünschenswerten Ballung von Meinungsmacht birgt.[230] Dies gilt auch für die schweizerische Presselandschaft, wo heute bereits Ballungstendenzen zu beobachten sind. Schliesslich ist in diesem Zusammenhang auch auf einen verhaltensökonomischen Effekt hinzuweisen, der das Problem noch akzentuiert: Aufgrund der Verfügbarkeitsverzerrung nehmen Individuen Probleme, die von grossen Presseunternehmen regelmässig aufgegriffen werden, als akuter wahr, als sie tatsächlich sind.[231]

Vor diesem Hintergrund ist Marktmacht im Medienbereich soweit wie möglich einzudämmen – und volks- bzw. betriebswirtschaftliche Überlegungen sind nur von zweitrangiger Bedeutung.[232]

Jedoch ist auch diese Bewertung problematisch; denn sie vernachlässigt, dass Presseunternehmen in der Regel private Marktakteure sind, die sich im Wettbewerb behaupten müssen und damit effizienter Betriebsstrukturen bedürfen. Im schlimmsten Fall kann eine ausschliessliche Orientierung am Freiheitsziel auf lange Sicht sogar freiheitsvermindernde Konsequenzen haben: Werden effizienzerhöhende Unternehmenszusammenschlüsse untersagt, scheiden traditionelle Zeitungstitel aus dem Markt und konkurrierende Unternehmen übernehmen deren Marktanteile. Dementsprechend können effizienz- bzw. marktmachterhöhende Zusammenschlüsse zwar nicht die ideale, jedoch die optimale Strategie sein, um die Medienvielfalt und damit auch die individuelle Freiheit zu gewährleisten.[233]

---

[230] Hager, Nr. 49; so auch: Nobel/Weber, S. 510.

[231] Siehe hierzu allgemein oben: *§ 6.A.II.3. Arten der kognitiven Verzerrungen.*

[232] In diesem Zusammenhang ist beispielsweise ein Fall des neuseeländischen Berufungsgerichts („Court of Appeal") zu sehen, in dem es die Fusion zweier Medienunternehmen (NZME/Stuff Limited [ehemals: Fairfax]) zu überprüfen hatte. Das Gericht folgte dem Entscheid der neuseeländischen Wettbewerbsbehörde und untersagte den Zusammenschluss. Dabei nahm das Gericht explizit auf die Medienvielfalt Bezug: „The Commission accepted that the transaction would deliver substantial and quantifiable public benefits in the form of productive efficiency gains for the merged firm, but it found that these were outweighed by losses in quality and of media ‚plurality', by which is meant, broadly speaking, the number and diversity of views offered to the public. Media plurality contributes to the quality of public discourse and the health of a democracy, and so benefits the entire community.", Siehe hierzu: NZME Limited/Fairfax Media Limited/Stuff Limited vs. Commerce Commission, CA 92/2018, NZCA 389, Rz. 2.

[233] In diesem Sinne sind auch Stucke/Grunes zu verstehen: „Newspapers, however, have

Werden die beiden Zielmodelle im oben beschriebenen Sinne ausgelegt und angewandt, wird die Wettbewerbspolitik jeweils nur einer der beiden Wettbewerbsformen gerecht: So trägt die Erhöhung der statischen Effizienz dem ökonomischen Wettbewerb Rechnung, vernachlässigt aber den publizistischen Wettbewerb. Im Rahmen der Wettbewerbsfreiheit ist es dahingegen gerade umgekehrt.

Vor diesem Hintergrund werden die Vorzüge eines breiten Zielmodells besonders deutlich: Es können beide Wettbewerbsziele verfolgt und der Zielkonflikt pragmatisch aufgelöst werden. Wie dargelegt, ist dabei jedoch entscheidend, dass den rechtsanwendenden Behörden keine weiten Ermessensspielräume zugebilligt werden.[234] Der Konflikt ist durch eng umschriebene Vermutungs-, Ausnahme- oder Rechtfertigungstatbestände aufzulösen. Anhaltspunkte, wie ein solcher wettbewerbsrechtlicher Tatbestand genau ausgestaltet werden kann, finden sich in verschiedenen Rechtsordnungen.

So enthält beispielsweise das deutsche GWB Sonderbestimmungen für Fusionen von Unternehmen, die Zeitungen oder Zeitschriften verlegen, herstellen oder vertreiben. Gemäss § 38 Abs. 3 GWB ist bei der Berechnung der Umsatzerlöse bei Presseunternehmen das Achtfache der Umsatzerlöse in Ansatz zu bringen. Dies hat zur Folge, dass bei einer Fusion von Presseunternehmen bereits Zusammenschlüsse kontrolliert werden, die bei vergleichbaren Fusionen von Unternehmen anderer Branchen als ökonomisch unbedeutend angesehen und daher nicht überprüft würden.[235] Dieses Vorgehen trägt der Medienvielfalt aber nur sehr begrenzt Rechnung, da nachfolgend im Rahmen der effektiven behördlichen Prüfung ausschliesslich auf die Folgen für den ökonomischen Wettbewerb abgestellt wird – das Kriterium der publizistischen Vielfalt wird nicht berücksichtigt.[236] Einen ähnlichen Ansatz kannte bis 2004 auch das schweizerische Wettbewerbsrecht: Gemäss dem damaligen Art. 9 Abs. 2 KG unterlagen Medienunternehmen einer verschärften Meldepflicht: Die Umsätze dieser Unternehmen waren bei der Abklärung, ob ein Zusammenschluss nach Art. 9 Abs. 1 KG meldepflichtig ist, um das Zwanzigfache zu multiplizieren. Aber auch hier wurde bei der eigentlichen Kontrolle ausschliesslich auf den ökonomischen Wettbewerb abgestellt.[237] In diesem Sinne sind bzw. waren sowohl § 38 Abs. 3 GWB als auch Art. 9 Abs. 2 KG relativ zahnlos.

Es ist daher vielversprechender, Art. 21 FKVO als Vorbild heranzuziehen. Gemäss Art. 21 (3) FKVO wenden die EU-Mitgliedstaaten ihr innerstaatliches

---

other options for survival (…). The federal antitrust laws leave open procompetitive alternatives, such as joint ventures for newspaper production and circulation.", Stucke/Grunes, S. 1415.

[234] Siehe hierzu oben: *§ 7.B.II.5.ii) Ausgestaltung der wettbewerbsrechtlichen Tatbestände.*

[235] Beater, Nr. 908 f.

[236] Beater, Nr. 911.

[237] Kellermüller, S. 118 f.

Wettbewerbsrecht grundsätzlich nicht auf Zusammenschlüsse von gemeinschaftsweiter Bedeutung an. Eine Ausnahme von diesem Grundsatz ist in Art 21 (4) FKVO statuiert: Die Mitgliedstaaten können geeignete Massnahmen zum Schutz anderer berechtigter Interessen als derjenigen treffen, welche in der FKVO berücksichtigt werden, sofern diese Interessen mit den allgemeinen Grundsätzen und den übrigen Bestimmungen des Gemeinschaftsrechts vereinbar sind. Als berechtigtes Interesse wird unter anderem die Medienvielfalt genannt. Eine solche Ausnahmebestimmung lässt sich nun sinngemäss übertragen: Unternehmenszusammenschlüsse von Presseunternehmen können untersagt werden, wenn sie die Medienvielfalt gefährden. Der unbestimmte Begriff „Medienvielfalt" ist dabei zu konkretisieren – andernfalls werden den Behörden diskretionäre Ermessensspielräume zugebilligt. In Anlehnung an die Regulierungsmodelle im Rundfunkbereich könnte der Begriff negativ definiert werden: Medienvielfalt besteht, wenn vorherrschende Meinungsmacht abwesend ist.[238] Von vorherrschender Meinungsmacht ist dann auszugehen, wenn die dem Presseunternehmen zurechenbaren Inhalte auf dem Lesermarkt einen Leseranteil von 30 Prozent im Jahresdurchschnitt erreichen (sog. „Reichweitenmodell"[239]). Im Hinblick auf die Eindämmung von Meinungsmacht ist darüber hinaus entscheidend, dass der Lesermarkt nicht zu eng gefasst wird. Meinungsbildende Presseerzeugnisse können sowohl Tages-, Sonntags- und Sonderzeitungen als auch gewisse Fachzeitschriften sein.[240]

Das letztere Vorgehen geht mit verschiedenen Vorteilen einher. Einerseits können beide tradierten Wettbewerbsziele verfolgt werden. Andererseits können Zielkonflikte offen ausgewiesen und aufgelöst werden. Schliesslich werden behördliche Ermessensspielräume durch die relativ enge Umschreibung des Ausnahmetatbestands weitgehend eingeschränkt. Oder allgemeiner formuliert: Es wird der Doppelnatur der Medien angemessen Rechnung getragen, ohne dabei die Leistungsfähigkeit des Wettbewerbs stark einzuschränken.

2. Digitale Missbrauchshandlungen marktbeherrschender Unternehmen

i) Marktbeherrschende Stellung von Google

Die digitale Revolution hat nicht nur die Medienindustrie umgestaltet, sondern in der gesamten Wirtschaft eine Transformation eingeleitet und dementsprechend neue Chancen sowie Risiken für den Wettbewerb geschaffen. So wurden beispielsweise mit dem Internethandel auf verschiedenen Märkten die Transparenz erhöht und die Transaktionskosten gesenkt.[241] Ferner stieg durch das

---

[238] Kellermüller, S. 77 ff.
[239] Siehe hierzu: Körber, EU-Wettbewerbsrechtskommentar, N 29 ff. zu Art. 21 FKVO; Kellermüller, S. 79.
[240] Siehe hierzu kritisch: Beater, Nr. 913.
[241] Heinemann, Big Data, S. 311.

Ausnutzen von Grössenvorteilen und Netzwerkeffekten auf digitalen Plattformen die produktive Effizienz verschiedener Unternehmen. Darüber hinaus wurden Märkte durch die digitale Vernetzung geografisch ausgedehnt, wodurch sich der Wettbewerb intensivierte. Als Konsequenz dieser Entwicklungen profitierten Konsumenten von neuen, besseren, preiswerteren und leichter verfügbaren Produkten.[242]

Zugleich schafft die digitale Wirtschaft aber auch neue Risiken. Wie an anderer Stelle dargelegt, können beispielsweise „behavioral discrimination"-Strategien durch Algorithmen und „Big Data" systematisch angewendet und optimiert werden.[243] Ferner schöpft eine algorithmenbasierte, dynamische Preisgestaltung die effektive Zahlungsbereitschaft der Konsumenten deutlich besser ab, was zu einer Reduktion der Konsumentenrente führt.[244] Zudem erhöhen Grössenvorteile und Netzwerkeffekte nicht nur die produktive Effizienz, sondern schaffen darüber hinaus eine Tendenz zu natürlichen Monopolen, womit der Wettbewerb nur noch beschränkt spielt.[245]

Vor dem Hintergrund der genannten Risiken ist es wenig erstaunlich, dass die Wettbewerbsbehörden den digitalen Märkten und darauf agierenden Unternehmen zunehmend mehr Beachtung schenken. Dies trifft auch auf das Technologieunternehmen Google zu.[246] Google ist seit über 15 Jahren die marktbeherrschende horizontale Suchmaschine; in Europa laufen darüber 90 Prozent aller Suchanfragen.[247] Die Marktbeherrschung erstreckt sich dabei auf folgende drei Märkte: *(1)* den digitalen Suchmarkt, *(2)* den Online-Werbemarkt sowie *(3)* den Markt für die Aufnahme von Webseiten in den Index einer Suchmaschine.[248] Obwohl es sich um drei getrennte Märkte handelt, sind sie eng miteinander verbunden. So sind beispielsweise die verschiedenen Webseiten von Google nur dann für werbende Unternehmen interessant, wenn Google viele Nutzer bzw. Suchanfragen aufweist. Analog zu nicht di-

---

[242] Heinemann, Big Data, S. 311; Heinemann, Algorithmen, S. 18 f.

[243] Siehe hierzu oben: *§ 6.B.III.2.ii) Kritikanalyse*; Ezrachi/Stucke, Virtual Competition, S. 83 ff.

[244] Ezrachi/Stucke, Virtual Competition, S. 101; Heinemann, Big Data, S. 319.

[245] Heinemann, Big Data, S. 311.

[246] So hat die EU-Kommission Google bisher dreimal wegen Missbrauchs seiner marktbeherrschenden Stellung zu Bussgeldern verurteilt: 2017 aufgrund unzulässiger Vorzugsbehandlung des eigenen Preisvergleichsdiensts (Bussgeld: 2.42 Milliarden Euro), 2018 aufgrund illegaler Praktiken bei Android-Mobilgeräten (Bussgeld: 4,34 Milliarden Euro) und 2019 aufgrund wettbewerbswidriger Ausschliesslichkeitsvereinbarungen mit anderen Betreibern von Websites (Bussgeld: 1,49 Milliarden Euro).

[247] Horizontale Suchmaschinen sind von vertikalen Suchmaschinen abzugrenzen: Während horizontale Suchmaschinen Treffer für beliebige Anfragen liefern, sind vertikale Suchmaschinen auf besondere Themen spezialisiert – wie etwa Hotel, Restaurants oder eben Preisvergleiche. Siehe hierzu: Heinemann, Google, S. 19.

[248] Instruktive Erläuterungen zu den drei Märkten finden sich bei: Heinemann, Google, S. 19 ff.

gitalen Marktbeherrschern ist es Google sodann untersagt, seine Stellung zu missbrauchen.

Nachfolgend ist auf eine missbrauchsrelevante Unternehmensstrategie von Google einzugehen, mit der sich die EU-Kommission bis 2017 beschäftigt hat.[249] Anhand dieses Beispiels ist aufzuzeigen, warum es sich auch auf digitalen Märkten anbietet, der wettbewerbsrechtlichen Analyse ein breites, interdisziplinär ausgerichtetes Zielmodell zugrunde zu legen.

ii) Privilegierung der eigenen Suchdienste durch Google

Bestimmte Webseitenbetreiber wie Yahoo oder Idealo bieten Online-Preisvergleichsdienste für unterschiedliche Produkte an. Auch Google führt einen solchen Preisvergleichsdienst, der heute unter dem Namen „Google Shopping" firmiert. Im Gegensatz zu Händlerplattformen wie Amazon und eBay bieten Preisvergleichsdienste nicht die Möglichkeit, Produkte direkt über ihre Webseite zu kaufen, sondern lediglich Preise online zu vergleichen.[250]

Um sich gegenüber seinen Konkurrenten im Preisvergleichsdienst abzuheben, wendete Google folgende Strategie an: Im Rahmen der Google-Suche wurde der eigene Dienst „Google Shopping" systematisch am besten platziert – insbesondere auch dann, wenn der Dienst gemäss seiner generischen Suchalgorithmen nicht das relevanteste Suchergebnis darstellte. Oder anders formuliert: Google wendete den generischen Suchalgorithmus zwar auf die Preisvergleichsdienste der Konkurrenz, jedoch nicht auf „Google Shopping" an. Diese Privilegierung des eigenen Preisvergleichsdiensts führt de facto zu einer Herabstufung konkurrierender Dienste; diese wurden auf der Trefferliste erst weiter unten angezeigt. Darüber hinaus wurde „Google Shopping" nicht als einfacher Link dargestellt, sondern durch ein ansprechendes Format an gut sichtbarer Stelle optisch hervorgehoben: Das gesuchte Produkt wurde unter Angabe des Preises und mit einem Bild illustriert in einem Rechteck vor der eigentlichen Trefferliste aufgeführt.[251]

Was auf den ersten Blick wie eine marginale Bevorzugung des eigenen Preisdiensts anmutet, hatte in der Realität eine signifikante Schlechterstellung konkurrierender Dienste zur Folge. Es gilt nämlich den extremen Einfluss zu be-

---

[249] Die nachfolgenden Ausführungen geben den Fall nur in seinen Grundzügen wieder. Für eine detaillierte Auseinandersetzung ist der Beschluss der EU-Kommission zu konsultieren: Beschluss der EU-Kommission vom 27. Juni 2017, AT. 39740, Google Search (Shopping), Rz. 1 ff.

[250] Siehe hierzu: Beschluss der EU-Kommission vom 27. Juni 2017, AT. 39740, Google Search (Shopping), Rz. 216 ff.

[251] Siehe zum Ganzen: Beschluss der EU-Kommission vom 27. Juni 2017, AT. 39740, Google Search (Shopping), Rz. 26 ff.; Factsheet der EU-Kommission vom 27. Juni 2017, Kartellrecht, S. 2.

achten, den die Trefferlistenplatzierung auf die Klickrate hat: Gemäss den Ausführungen der EU-Kommission zeigen das tatsächliche Verbraucherverhalten, empirische Erhebungen und Blickerfassungsanalysen auf, dass auf das erste Suchergebnis im Schnitt 35 Prozent aller Klicks entfallen. Auf die zehn höchstplatzierten Suchergebnisse auf Seite 1 entfallen sodann weitere 60 Prozent aller Klicks. Beim ersten Trefferergebnis auf Seite 2 der Google-Suche sind es dahingegen nur noch rund 1 Prozent. Dieser Befund könnte so gedeutet werden, dass die höchstplatziertesten Suchergebnisse tatsächlich relevanter sind und darum häufiger angeklickt werden. Eine Änderung im Rahmen der Versuchsanordnung entkräftete diesen Erklärungsansatz jedoch weitgehend: Wurde das erste Suchergebnis von Seite 1 auf die dritte Stelle gesetzt, verringerte sich die Klickanzahl um rund 50 Prozent.[252]

Ausgehend von dieser Sachlage stellt sich die Frage, ob Google seine marktbeherrschende Stellung missbraucht hat. Je nach herangezogenem Zielmodell kann die wettbewerbsrechtliche Bewertung stark variieren; so etwa, wenn auf die Gewährleistung eines fairen Wettbewerbs oder aber auf die Erhöhung der dynamischen Effizienz abgestellt wird.

– *Gewährleistung eines fairen Wettbewerbs*
  Wird Googles Strategie ausschliesslich auf der Grundlage des Fairnesskriteriums bewertet, ist ein Missbrauch der marktbeherrschenden Stellung tendenziell zu bejahen. Aus dem Fairnesskriterium lässt sich nämlich eine allgemeine Pflicht des marktbeherrschenden Unternehmens ableiten, knappe Leistungen in einem nachvollziehbaren Verfahren abzugeben.[253] Damit wird auf die prozeduralen Aspekte des Fairnessprinzips abgestellt.[254] Google verhält sich im vorliegenden Fall unfair, da es seinen Suchmaschinenalgorithmus weder offenlegt noch auf seine eigenen Dienste anwendet. Erschwerend kommt die visuelle Hervorhebung des eigenen Preisvergleichsdiensts hinzu. Auch diese Strategie von Google widerspricht dem Grundsatz eines gleichberechtigten Auswahlverfahrens. Für die Gewährleistung eines fairen Wettbewerbs reicht es aber nicht aus, wenn Google die Privilegierung seiner eigenen Dienste untersagt wird; vielmehr muss das Unternehmen ganz allgemein dem Prinzip der sog. Suchneutralität verpflichtet werden.[255] Dabei hat Google seinen Suchmaschinenalgorithmus offenzulegen und die ihm zu-

---

[252] Siehe zum Ganzen: Beschluss der EU-Kommission vom 27. Juni 2017, AT. 39740, Google Search (Shopping), Rz. 444 ff.; diese Befunde decken sich mit den Erkenntnissen der Verhaltensökonomik, die belegen, dass Individuen nur über beschränkte Willenskraft verfügen und sich von „Framing"-Effekten beeinflussen lassen. Siehe hierzu oben: *§ 6.A.II. Grundlagen der Verhaltensökonomik.*

[253] Heinemann, Reduktion von Komplexität, S. 25; siehe hierzu ferner: Ezrachi, Goals, S. 15.

[254] Siehe hierzu oben: *§ 7.B.II.4. Gewährleistung eines fairen Wettbewerbs.*

[255] Siehe hierzu: Crane, Search Neutrality, S. 459 ff.

grunde liegenden Kriterien transparent auszuweisen. Weiter muss der Algorithmus gewisse Mindestanforderungen erfüllen, die vor einer subjektiven oder diskriminierenden Verfälschung der Trefferliste schützen.[256]

Eine ausschliessliche Orientierung am Fairnesskriterium bzw. am damit einhergehenden Gebot zur Suchneutralität ist jedoch problematisch. Neben verschiedenen konzeptionellen Hürden[257] steht das Gebot insbesondere mit dem dynamischen Effizienzziel in Konflikt.

– *Erhöhung der dynamischen Effizienz*
Wird Googles Strategie ausschliesslich auf der Grundlage des dynamischen Effizienzkriteriums bewertet, ist ein Missbrauch der marktbeherrschenden Stellung tendenziell zu verneinen. Das Verbot der Privilegierung und die Verpflichtung zur Suchneutralität würden nämlich Googles Innovationsanreize entscheidend schmälern – und damit die dynamische Effizienz auf allen Märkten einschränken, auf denen das Unternehmen auftritt.[258] Vielmehr soll Google in der Gestaltung seiner Dienste frei sein und dementsprechend seine eigenen vertikalen Dienste der horizontalen Suchmaschine ohne Auflagen hinzufügen können. In diesem Sinne sind auch nachfolgende Ausführungen von Crane zu verstehen:

„Search engine companies must have the freedom to make strategic choices about the design of their services, including the decision to embed proprietary functions traditionally performed by websites in the engine's search properties. Such freedom is inconsistent with an expansive principle of search neutrality, but it is indispensible to Internet search innovation."[259]

Im Hinblick auf die Erhöhung der dynamischen Effizienz ist allen voran die Pflicht zur Offenlegung des Algorithmus problematisch. Dabei wird nämlich die Gefahr der sog. „Suchmaschinenoptimierung" vernachlässigt: Wird Googles Algorithmus öffentlich gemacht, werden sich konkurrierende horizontale Suchdienste als Trittbrettfahrer verhalten und ihre eigenen Suchalgorithmen mit jenem des Marktbeherrschers vergleichen und entsprechende Optimierungen vornehmen.[260] Die Konsequenz davon: Für Google selbst würde es sich nicht lohnen, in die Weiterentwicklung seines Suchalgorithmus zu investieren, da Neuerungen sogleich von der Konkurrenz übernommen werden.[261] Die Offenlegungspflicht würde damit zwar einen fairen Wettbewerb auf dem vertikalen Suchmaschinenmarkt sicherstellen, jedoch

---

[256] Heinemann, Google, S. 30 f.
[257] Insbesondere ist fraglich, ob es überhaupt eine objektiv richtige oder optimale Methode zur Reihung der Suchergebnisse gibt. Siehe hierzu m. w. V.: Heinemann, Google, S. 30.
[258] Heinemann, Google, S. 31.
[259] Crane, Search Neutrality, S. 467.
[260] Heinemann, Reduktion von Komplexität, S. 17.
[261] Heinemann, Google, S. 30 f.

die dynamische Effizienz auf dem horizontalen Suchmaschinenmarkt entscheidend schwächen.[262]

Es ist zu bilanzieren: Werden die beiden Wettbewerbsziele im oben beschriebenen Sinne ausgelegt und angewandt, trägt die Wettbewerbspolitik der Realität nur bedingt Rechnung. Während ein ausschliesslich auf Fairness ausgerichteter Wettbewerb die dynamische Effizienz vermindert, kann umgekehrt ein ausschliesslich auf dynamische Effizienz ausgerichteter Wettbewerb den Fairnessgedanken untergraben.

Anstelle nun aber eines der beiden Ziele aus der wettbewerbsrechtlichen Analyse auszuschliessen, drängt es sich vielmehr auf, beide Ziele zu verfolgen und den beschriebenen Zielkonflikt pragmatisch aufzulösen. Dabei muss man sich von folgender Frage leiten lassen: Wie wird der Suchneutralität Rechnung getragen, ohne dass dabei die Innovationsanreize entscheidend geschmälert werden?

Denkbar wäre folgender Lösungsansatz: Grundsätzlich haben die Wettbewerbsbehörden der Erhöhung der dynamischen Effizienz mehr Gewicht beizumessen als der Sicherung eines fairen Wettbewerbs. Von diesem Grundsatz ist ausnahmsweise abzuweichen, wenn eine Unternehmenshandlung offensichtlich und in stossender Weise dem Fairnessgedanken zuwiderläuft. Auf den vorliegenden Fall angewandt bedeutet dies zweierlei: Einerseits muss Google seinen Suchmaschinenalgorithmus nicht offenlegen. Eine Veröffentlichung würde aus den genannten Gründen die dynamische Effizienz auf dem horizontalen Suchmaschinenmarkt zu stark einschränken. Andererseits ist es Google jedoch zu untersagen, eine willkürliche Aufstellung der Trefferergebnisse vorzunehmen. Willkürlich ist die Trefferliste insbesondere dann, wenn die Dienste konkurrierender Anbieter grundlos herabgestuft werden.[263] In diesem Sinne bildet Willkür die Grenze, bei welcher der Fairnessgedanke höher gewichtet wird als die dynamische Effizienz.[264]

Damit ein solcher Lösungsansatz auch tatsächlich umgesetzt werden kann, bedarf es einer effektiven Missbrauchskontrolle. Insbesondere muss Google damit einem interessierten Unternehmen auf Anfrage verständlich darlegen, aus wel-

---

[262] In diesem Zusammenhang lässt sich einwenden, dass die dynamische Effizienz vorliegend nur aus der Sicht von Google bewertet wird. Eine Gesamtmarktbetrachtung findet nicht statt. Dieses Argument lässt sich jedoch dahingehend entkräften, als Google mit weitem Abstand das beherrschende Unternehmen auf dem Markt darstellt. Überspitzt kann also gesagt werden, dass Google quasi den gesamten Markt repräsentiert.

[263] Siehe hierzu: Crane, Search Neutrality, S. 460; Heinemann, Google, S. 31.

[264] Vor dem Hintergrund des Fairnesskriteriums kann man sich sogar fragen, ob willkürliche Privilegierungen eigener Onlinedienste nicht auch unterhalb der Schwelle der Marktbeherrschung zu verbieten sind – insbesondere wenn man bedenkt, welche zentrale Funktion Suchmaschinen heute im Kontext der digitalen Wirtschaft wahrnehmen. Siehe hierzu: Heinemann, Big Data, S. 320 f.

chen Gründen es nicht weiter oben auf der Trefferliste erscheint bzw. nicht in den Suchindex aufgenommen wurde. Ein Anspruch auf eine höhere Platzierung lässt sich aus dem Missbrauchsverbot dahingegen nicht ableiten.[265] Verweigert Google die Auskunft oder erhärtet sich der Verdacht einer willkürlichen Benachteiligung anderweitig, ist eine Offenlegungspflicht gegenüber den Wettbewerbsbehörden denkbar. Die Behörden, die dem Berufsgeheimnis unterstehen, überprüfen sodann, ob die Unternehmenshandlung tatsächlich missbräuchlich war.[266]

Schliesslich stellt sich die Frage, wie dieser Grundsatz-Ausnahme-Ansatz konkret ins Wettbewerbsrecht implementiert werden soll.

Einerseits ist eine Implementierung über die Rechtsetzung denkbar. Im Rahmen des schweizerischen Kartellrechts könnte beispielsweise der Missbrauchskatalogtatbestand von Art. 7 Abs. 2 KG um eine zusätzliche Fallkategorie ergänzt werden, die gegen bestimmte Wettbewerber gerichtete, willkürliche Privilegierung eigener Onlinedienste als missbräuchliche Verhaltensweise explizit normiert. Wird eine solche Norm auf den oben beschriebenen Sachverhalt angewandt, so ist davon auszugehen, dass Google seine marktbeherrschende Stellung missbraucht. Insbesondere wird nicht ersichtlich, inwiefern die Privilegierung des eigenen Diensts „Google Shopping" auf sachlich vertretbaren Gründen beruht.

Obwohl die Implementierung über die Rechtsetzung aus den bereits dargelegten Gründen zu bevorzugen ist,[267] ist auch eine Implementierung über die Rechtsprechung denkbar. Auf diesem Weg hat auch die EU-Kommission den Fall 2017 abgeschlossen: Sie kam zum Schluss, dass Google durch die Privilegierung des Preisvergleichsdiensts „Google Shopping" seine marktbeherrschende Stellung gemäss Art. 102 AEUV missbraucht hat. Eine Offenlegungspflicht wurde von der Kommission dahingegen nicht vorgeschrieben: Google muss aber den generischen Suchalgorithmus auch auf seine eigenen Preisvergleichsdienste anwenden.[268] Wie die Kommission festhielt, handelte es sich bei ihrem Beschluss um einen Präzedenzfall, der den Rahmen für die Beurteilung der Rechtmässigkeit solcher Verhaltensweisen von Technologieunternehmen absteckt.[269]

---

[265] Heinemann, Reduktion von Komplexität, S. 25 f.; Heinemann, Google, S. 31.

[266] Heinemann, Reduktion von Komplexität, S. 26.

[267] Siehe hierzu oben: *§ 7.B.II.5.ii) Ausgestaltung der wettbewerbsrechtlichen Tatbestände.*

[268] Beschluss der EU-Kommission vom 27. Juni 2017, AT. 39740, Google Search (Shopping), Rz. 700.

[269] Siehe hierzu: Factsheet der EU-Kommission vom 27. Juni 2017, Kartellrecht, S. 4; dass die EU-Kommission den Missbrauchscharakter solcher Verhaltensweisen angemessen fassen und bewerten kann, liegt nicht zuletzt am relativ breiten Zielmodell, auf das die EU-Wettbewerbspolitik zurückgreift. In den USA können solche Missbrauchshandlungen nur schwerlich gefasst werden, da man dort auf eine deutlich engere, effizienzorientierte Wett-

IV. Kritik und Kritikanalyse

„Normative Behavioral Antitrust" sowie die ihm zugrunde liegende Normative Verhaltensökonomik und die „New Brandeis Movement of Antitrust" lassen sich aus ganz unterschiedlichen Gründen kritisieren. Nachfolgend werden drei ausgewählte Kritikpunkte dargelegt und im Rahmen einer Kritikanalyse sogleich auch auf ihre Begründetheit hin geprüft.

1. Gefahr eines sog. „Hipster Antitrust"

i) Kritik

Wie dargelegt, weist „Normative Behavioral Antitrust" enge Bezüge zur Wettbewerbskonzeption der späten „Harvard School" auf.[270] In diesem Zusammenhang manifestiert sich ein Kritikpunkt: „Normative Behavioral Antitrust" ist anachronistisch und vernachlässigt die wettbewerbstheoretischen Erkenntnisse der letzten 50 Jahre. Besonders akzentuiert hat sich diese Kritik in den USA: So wird den Anhängern der „New Brandeis Movement of Antitrust" vorgeworfen, dass sie eine nostalgische und verklärte Sicht auf die Wettbewerbspolitik der 1960er und 1970er Jahre haben. Von gewissen Kritikern wird die Bewegung daher als sog. „Hipster Antitrust" diffamiert:

> „Hipster Antitrust seeks, through nostalgic reflex, for antitrust law to become a central tool for carrying out a new wave of government intervention (…). In doing so, Hipster Antitrust purports to offer a progressive vision, but one that ironically completely ignores the significant progress made in industrial organization economics over the past century and threatens to send antitrust policy careening back to the field's equivalent of the Stone Age."[271]

Weniger polemisch, aber inhaltlich vergleichbar ist die Kritik von Hovenkamp. Seiner Auffassung nach sind Forderungen nach einem breiten, interdisziplinär ausgerichteten Zielmodell weitgehend überholt.[272] Die Wettbewerbspolitik sei

---

bewerbskonzeption zurückgreift. Symptomatisch dafür: Während Google in der EU bereits dreimal wegen Missbrauchs seiner marktbeherrschenden Stellung verurteilt wurde, kam es in den USA bis jetzt noch zu keiner wettbewerbsrechtlichen Verurteilung.

[270] Siehe hierzu oben: *§7.B.II.5.i) Umgang mit Zielkonflikten.*

[271] Dorsey/Rybnicek/Wright, S. 28.

[272] In diesem Zusammenhang unterscheidet Hovenkamp zwischen dem sog. „technical antitrust" und den sog. „antitrust movements". Forderungen nach einem breiten, interdisziplinär ausgerichteten Zielmodell werden insbesondere von den „movements" erhoben. Sowohl das „technical antitrust" als auch die „antitrust movements" sind wettbewerbspolitische Faktoren, wobei die „movements" jedoch mehr eine Gefahr für die Wettbewerbspolitik darstellen. In diesem Sinne Hovenkamp: „On the one side is its ‚movement' quality, reflected by politicians and popular media as an appeal for a stronger and broader set of antitrust rules that are better able to serve the American economy's various constituencies. Often movement participants lack a serious understanding of economics and have wildly unrealistic expectations about what competition policy can accomplish, as well as inconsistent and even incoherent

„erwachsen" geworden und habe sich von einer politischen Bewegung zu einer
seriösen technischen Disziplin entwickelt, bei der nicht länger politischer Ak-
tivismus und Rhetorik im Vordergrund stehen, sondern die Anwendung erprob-
ter rechtlicher und ökonomischer Methoden auf Probleme innerhalb eines klar
gefassten Kompetenzbereichs.[273] Ferner hebt Hovenkamp hervor, dass Forderungen nach Fairness, Verteilungsgerechtigkeit oder dem Schutz von kleineren und mittleren Unternehmen im wettbewerbspolitischen Kontext keineswegs
neu sind; vielmehr wurden diese Ziele in der wettbewerbspolitischen Geschichte immer wieder diskutiert.[274] Letztlich haben sich diese Forderungen aber aufgrund mangelnder Praktikabilität und fehlender empirischer Überprüfbarkeit
als Wettbewerbsziele nie durchsetzen können.[275] Schliesslich schlägt Hovenkamp vor, dass sich die Wettbewerbspolitik an „vernünftigen" Zielen ausrichten soll:

> „If antitrust's agenda is limited to practices that threaten low prices, increased output and
> product or service quality, then antitrust has fairly clear path."[276]

In diesem Sinne kann die Kritik wie folgt zusammengefasst werden: Die aktuellen Forderungen nach einem breiten, interdisziplinär ausgerichteten Zielmodell
sind nicht mehr zeitgemäss. So wird nämlich verkannt, dass diese Grundsatzdebatte bereits mehrfach geführt worden ist und sich ein solches Zielmodell in
der wettbewerbspolitischen Praxis nie nachhaltig durchsetzen konnte. Bildlich
gesprochen handelt es sich bei den aktuellen Forderungen nach einem breiten
Zielmodell um „alten Wein in neuen Schläuchen".[277]

Doch was sind konkret die wettbewerbstheoretischen Erkenntnisse, die im
Rahmen der „New Brandeis Movement of Antitrust" bzw. von „Normative Behavioral Antitrust" vernachlässigt werden? Allen voran sind es zwei Aspekte.

– *Verklärte Sichtweise betreffend späte „Harvard School" und „Big is Bad"-
Doktrin*
Einerseits werden die Ursachen und Gründe ausgeblendet, die Mitte der
1970er Jahre zu einer Abkehr von einem durch die „Harvard School" und
die Brandeis-Doktrin geprägten Zielmodell führte. Wissenschaftler und Be-

---

goals. Often accompanying this is considerable distrust and paranoia, much of it leveled at
big business. On the other side are antitrust's much duller technical rules, driven by concerns
for due process, economic efficiency, administrability, and testability.", Hovenkamp, Antitrust
Movement, S. 585.

[273] Hovenkamp, Antitrust Movement, S. 636.
[274] Hovenkamp, Antitrust Movement, S. 583.
[275] Siehe hierzu unten: *§ 7.B.IV.3. Gefahr eines nicht praktikablen Wettbewerbsrechts.*
[276] Hovenkamp, Antitrust Movement, S. 619.
[277] In diesem Sinne auch Yoo: „In short, to experienced observers of antitrust, the current
uproar about hipster antitrust has the familiar ring of a debate that (…) had been long settled.
The new bottles do not hide the fact that the wine is the same, and the same vinegary flavor that
led to its rejection a generation ago remains.", Yoo, S. 56.

hördenmitglieder kamen damals zur Einsicht, dass es einer Wettbewerbspolitik an analytischer sowie methodischer Klarheit fehlt und diese nicht
praktikabel ist, wenn in loser Zusammenstellung verschiedene ökonomische
und ausserökonomische Ziele verfolgt werden.[278] In diesem Sinne lässt sich
auch der nachhaltige Erfolg der „Chicago School" erklären: Die schlanke
auf statische Effizienz ausgerichtete Wettbewerbspolitik ist deutlich praxis-
tauglicher als die damals vorherrschende Wettbewerbspolitik.

Darüber hinaus werden die Anhänger der „New Brandeis Movement of
Antitrust" dafür kritisiert, dass sie Erkenntnisse der „Post-Chicago"-Strö-
mung nicht berücksichtigen. So insbesondere von der Neuen Institutionenökonomik thematisierte Gefahr des Regulierungsopportunismus.[279] In diesem Sinne sind auch Dorsey, Rybnicek und Wright zu verstehen, wenn sie
das breite Zielmodell der „New Brandeis Movement of Antitrust" – die Autoren verwenden dabei den Begriff „public interest standard"[280] – kritisieren:

„Because the public interest standard consists of a test with multiple vague and poten-
tially conflicting factors, enforcers (and private plaintiffs) would have little difficulty
justifying nearly any antitrust challenge, including those advocated by firms seeking
to gain a regulatory advantage against a competitor. (…) The public interest standard
thus would undermine the rule of law and grant new power to corporations seeking to
sway enforcers in an effort to gain regulatory rents."[281]

Gemäss den Autoren werde missbräuchliches Verhalten durch ein breites
Zielmodell nicht eingeschränkt, sondern sogar gefördert.[282]

– *Verklärte Sichtweise betreffend KMU*

Andererseits kann kritisiert werden, dass die „New Brandeis Movement of
Antitrust" bzw. „Normative Behavioral Antitrust" eine verklärte Sichtweise
auf die von diesen Ansätzen favorisierte Unternehmensform aufweist; die
KMU.[283] Eine wettbewerbsrechtliche KMU-Förderung kann aus verschiedenen Gründen problematisch sein. Zunächst ist festzuhalten, dass solche
Unternehmen nur sehr begrenzt zur Erhöhung der dynamischen Effizienz
beitragen. Da Forschung und Entwicklung in der Regel mit hohem finanziellen und personellen Aufwand verbunden sind, erhöhen in erster Linie
Grosskonzerne die dynamische Effizienz.[284] Ferner ist eine institutionelle

---

[278] Siehe hierzu oben: *§ 4.B.II.3.i) Allgemeines.*
[279] Siehe hierzu oben: *§ 5.B. I.3. Neue Institutionenökonomik.*
[280] Dorsey/Rybnicek/Wright, S. 29.
[281] Dorsey/Rybnicek/Wright, S. 30.
[282] Dorsey/Rybnicek/Wright, S. 33.
[283] Anhaltspunkte für eine verklärte Sichtweise finden sich beispielsweise bei Wohlmann:
„Die früher grosse Mittelschicht der Unternehmen stirbt weg. Dies gilt nicht nur für den Verkauf von Lebensmitteln, sondern auch für kleinere Vertreiber von Fernsehgeräten und Com-
putern, von Möbeln und anderen Produkten des täglichen Lebens. Das ‚Lädelisterben' ist auch
eine Folge des Kartellrechts.", Wohlmann, Nr. 22.
[284] Siehe hierzu oben: *§ 3.C.III. Innovationsfunktion*; siehe hierzu kritisch: Oesch, S. 351 f.

Stärkung der KMU durch die Ausweitung der Bagatellkartellausnahme kritisch zu sehen. Denn auch KMU können Marktmacht besitzen und durch wettbewerbswidrige Absprachen oder Verhaltensweisen hohen volkswirtschaftlichen Schaden anrichten.[285] In diesem Zusammenhang lässt sich ganz allgemein fragen, inwieweit eine Differenzierung anhand der Unternehmensgrösse überhaupt sinnvoll ist.[286]

Aber selbst wenn letztlich kein volkswirtschaftlicher Schaden entsteht, ist zu berücksichtigen, dass auch gesellschaftspolitische Gründe gegen eine Ausweitung der Bagatellkartellausnahme sprechen. Allen voran die ausnahmsweise Zulässigkeit harter Kartelle ist nicht unproblematisch. Gemäss Heinemann würde dies nämlich einer „kartellfreundlichen Atmosphäre"[287] Vorschub leisten und insgesamt zur Reduktion der Wettbewerbsintensität führen.[288] Im Extremfall kann eine Ausweitung der Bagatellkartellausnahme sogar neufeudale Strukturen begünstigen: Analog zum mittelalterlichen Zunftzwang würden Unternehmer auf kleinräumigen Märkten ausserhalb von Kartellen oder kartellähnlichen Verbindungen keine wirtschaftlich lohnenswerten Betätigungsfelder mehr finden. Das oben beschriebene freiheitsfördernde Potenzial der KMU würde sich damit ins Gegenteil verkehren.[289]

Insgesamt entsteht damit der Eindruck, dass die KMU-Förderung nur vordergründig auf wettbewerbspolitischen Argumenten basiert. Vielmehr handelt es sich um eine verdeckte KMU- bzw. Mittelstandspolitik. Wie hier dargelegt, ist jedoch fraglich, inwieweit diese tatsächlich wünschenswert ist und über das Wettbewerbsrecht gefördert werden soll.

ii) Kritikanalyse

Die dargelegte Kritik ist nur bedingt stichhaltig. Zunächst ist festzuhalten, dass „Normative Behavioral Antitrust" nicht mit der „New Brandeis Movement of Antitrust" gleichzusetzen ist. Wie erwähnt, wird im Rahmen von „Normative Behavioral Antitrust" das materielle Programm der „New Brandeis Movement of Antitrust" durch die Analysemethoden und Erkenntnisse der Normativen Verhaltensökonomik reduziert und konkretisiert.[290] Insofern lässt sich auch die

---

[285] Vor diesem Hintergrund kommt auch Neff zum Schluss, dass KMU keine Sonderrechte bei Wettbewerbsabreden einzuräumen sind: „Bei Abreden mit Wirkung auf KMU (...) ist derselbe Prüfungsmechanismus wie für andere Abreden zur Anwendung zu bringen. (...) Für sie gilt weder besseres noch schlechteres Recht als für andere Abreden.", Neff, KG-BaKomm, N 11 zu Art. 6 Abs. 1 lit. e KG.

[286] Siehe hierzu: Crane, Four Questions, S. 66; ferner kommt erschwerend hinzu, dass der Begriff KMU keine scharfen Konturen aufweist. Siehe hierzu: Oesch, S. 10.

[287] Heinemann, Erheblichkeit, S. 24.

[288] Heinemann, Erheblichkeit, S. 24; Heinemann, Marktwirtschaft und Wettbewerbsordnung, S. 452.

[289] Siehe hierzu oben: *§ 7.B.II.1. Erhalt einer effektiven Wettbewerbsstruktur.*

[290] Siehe hierzu oben: *§ 7.A.IV. Synthese.*

Kritik an der „New Brandeis Movement of Antitrust" nicht telquel übertragen. Allen voran trifft dies auf die Ausführungen von Dorsey, Rybnicek und Wright betreffend schädliche „rent seeking"-Strategien zu. Diese Problematik wird im Rahmen von „Normative Behavioral Antitrust" bereits antizipiert: Durch die Formulierung enger gebundener Tatbestände ist die Gefahr von wohlfahrtsschädlichen „rent seeking"-Strategien weitgehend gebannt.[291]

Ferner ist die Kritik zu relativieren, dass ein breites, interdisziplinär ausgerichtetes Zielmodell nicht mehr zeitgemäss sei. In diesem Zusammenhang wird verkannt, dass sich aufgrund des wachsenden Einflusses der Verhaltensökonomik die ökonomischen Analysemethoden und -modelle in den letzten 20 Jahren massgeblich weiterentwickelt haben. Dieser sog. „empirical revolution" ist es auch zu verdanken, dass traditionell ausserökonomische Ziele heute für den ökonomischen Kontext fruchtbar gemacht werden können.[292] Insofern kann nur bedingt von „altem Wein in neuen Schläuchen" gesprochen werden; obwohl die wettbewerbspolitischen Forderungen nicht genuin neu sind, liegen ihnen jedoch die neuesten Erkenntnisse der Verhaltensökonomik zugrunde.[293] In diesem Sinne ist nicht die Forderung nach einem breiten Zielmodell überholt, sondern die diesbezügliche Kritik – sie vernachlässigt nämlich, dass sich die Ökonomik selbst weiterentwickelt hat.

Auf einer abstrakteren Ebene lässt sich sodann ganz allgemein fragen, inwiefern ein Zielmodell nicht mehr zeitgemäss bzw. anachronistisch sein kann. Denn die Begriffe suggerieren, dass in der Wettbewerbspolitik eine eindeutige Fortschrittsvorstellung besteht; namentlich von einer kontextuellen hin zu einer zunehmend isolierten normativen Grundlage. Dieses Narrativ ist kritisch zu hinterfragen.[294] Vielmehr bietet es sich an, die wettbewerbspolitische Entwicklung als spiralförmig aufzufassen: Während sich die Analysemethoden und -modelle konstant weiterentwickeln, oszilliert die Wettbewerbspolitik zwischen breiteren und engeren Zielmodellen hin und her. Diese spiralförmige Entwicklung lässt sich insbesondere in der US-amerikanischen Wettbewerbspolitik nachzeichnen.[295] Insofern sind die aufkommenden Forderungen nach einem breiten Zielmodell nicht als überholt oder anachronistisch zu diffamieren, sondern als Indizien zu werten, dass sich die Wettbewerbspolitik erneut von einem engen auf ein breites Zielmodell zubewegt.

---

[291] Siehe hierzu oben: *§ 7.B.II.5.ii) Ausgestaltung der wettbewerbsrechtlichen Tatbestände.*

[292] Siehe hierzu oben: *§ 7.A.II.2. Alternative Wohlfahrtsmassstäbe.*

[293] Siehe hierzu ferner auch: Steinbaum/Stucke, S. 52.

[294] Ganz allgemein impliziert Fortschritt eine grundlegende Zustandsverbesserung. Was aber als Verbesserung angesehen wird, ist letztlich eine normative Frage und hängt von der jeweiligen Betrachtungsweise ab.

[295] Siehe hierzu: Stucke, Antitrust Goals, S. 555 f.; Ezrachi/Stucke sprechen in diesem Zusammenhang vom „fight over antitrust's soul". Siehe hierzu: Ezrachi/Stucke, Antitrust's Soul, S. 1.

Schliesslich ist die Kritik an einem breiteren Zielmodell zu relativieren, wenn man sich von der US-amerikanischen Wettbewerbspolitik abwendet und stattdessen Richtung Europa blickt. Während heute in den USA ein breites Zielmodell mehrheitlich abgelehnt wird, ist in der EU ein solches Modell bereits seit Jahren Bestandteil der praktischen Wettbewerbspolitik. So haben die rechtsanwendenden Behörden mehrfach betont, dass der Wettbewerbspolitik der EU nicht nur ein bestimmtes Wettbewerbsziel zugrunde liegt. Erwähnenswert sind in diesem Zusammenhang die Ausführungen des Europäischen Gerichtshofs im Fall *GlaxoSmithKline Service Unlimited* von 2009. Vor dem Hintergrund des wachsenden Einflusses des „More Economic Approach" hielt das Gericht fest, dass das europäische Wettbewerbsrecht „protect[s] not only the interests of competitors or of consumers, but also the structure of the market and, in so doing, competition as such".[296] Damit hat das Gericht eine ausschliessliche Orientierung am Konsumentenrenten- bzw. Effizienzstandard explizit abgelehnt. Darüber hinaus wird in der Literatur immer wieder hervorgehoben, dass die Wettbewerbspolitik der EU auf einem breiten Zielmodell basiert. So spricht beispielsweise Parret von den „multiple personalities of EU competition law".[297] Dabei hat sie folgende sechs Wettbewerbsziele identifiziert: *(1)* Förderung des gemeinsamen Markts, *(2)* Sicherung ökonomischer Freiheiten, *(3)* Erhöhung der Effizienz, *(4)* Förderung einer innovativen und wachstumsorientierten Industrie, *(5)* Schutz von kleinen und mittleren Unternehmen sowie *(6)* Förderung von Gerechtigkeit, Fairness und Chancengleichheit.[298] Vergleichbare Aufzählungen finden sich auch bei Ezrachi[299] oder Lianos[300]. Diesem breit ausgerichteten Zielmodell und dem damit einhergehenden kontextuellen Wettbewerbsverständnis ist es unter anderem zu verdanken, dass die EU eine Vorreiterrolle bei der wettbewerbsrechtlichen Sanktionierung marktmächtiger Technologieunternehmen einnimmt.[301]

2. Gefahr eines sog. „Antitrust Imperialism"

i) Kritik

An „Normative Behavioral Antitrust" ist weiter zu kritisieren, dass es durch sein breites, interdisziplinär ausgerichtetes Zielmodell einer Wettbewerbspolitik Vorschub leistet, die sich auf immer neue Sektoren und Unternehmenshandlungen ausweitet, ohne dass dabei die bereits bestehenden, spezifischeren Regu-

---

[296] Urteil des EuGH vom 6. Oktober 2009, Rs. C-472/08, GlaxoSmithKline Service Unlimited/European Commission, Slg. 2009 I-9374, Rz. 63.
[297] Parret, S. 61.
[298] Parret, S. 64ff.
[299] Ezrachi, Goals, S. 4ff.
[300] Lianos, S. 3ff.
[301] Siehe hierzu oben: *§ 7.B.III.2.ii) Privilegierung der eigenen Suchdienste durch Google.*

lierungen angemessen berücksichtigt werden.[302] Diese Tendenz hin zu einem immer umfassenderen wettbewerbsrechtlichen Anwendungsbereich wird zuweilen in Analogie zum ökonomischen Imperialismus[303] als sog. „Antitrust Imperialism"[304] bezeichnet.[305] Bailey umschreibt diesen wettbewerbsrechtlichen Imperialismus vor dem Hintergrund einer immer ausgedehnteren Anwendung von Art. 102 AEUV wie folgt:

> „Whether one agrees with it or not, it is undeniable that Article 102 TFEU has been applied to a wide range of business practices and sectors. (…) Article 102 is being applied to more and more practices with less and less regard for the rules, procedures, and remedies provided by other fields of law that also apply to those practices. Some commentators take the view that EU competition law and policy should not trespass on turf that is properly subject to other areas of law."[306]

Werden diesem „Antitrust Imperialism" nicht Grenzen gesetzt, wandelt sich die Wettbewerbsbehörde im Extremfall in eine universelle Kontrollbehörde, die verschiedenste Unternehmenshandlungen bewerten kann, sofern sie auch nur im entferntesten Sinne eine wettbewerbsbeschränkende Wirkung zeitigen.[307] Wie Bailey richtigerweise festhält, ist es insbesondere der Missbrauchstatbestand, über den sich die Gefahr eines solchen „Antitrust Imperialism" manifestiert. So lässt sich beispielsweise auf der Grundlage des Fairnessziels eine extensive Ausweitung des Missbrauchstatbestands vornehmen: Ein Unternehmen agiert unfair bzw. missbraucht seine marktbeherrschende Stellung bereits dann, wenn seine Handlungen nicht mit dem Leistungswettbewerb vereinbar sind. Ob der Marktbeherrscher seine Marktmacht auch effektiv ausnützt, ist dahingegen nicht von Bedeutung.[308]

In diesem Sinne, wie Bailey anhand eines Extrembeispiels aufzeigt, könnte ein marktbeherrschendes Unternehmen seine Stellung bereits missbrauchen, wenn es die Produktionsanlagen seines Hauptkonkurrenten zerstören lässt. Da sich der Marktbeherrscher nicht über den Leistungswettbewerb einen Wettbewerbsvorteil verschafft hat, ist eine solche Unternehmenshandlung nicht nur straf- oder haftungsrechtlich relevant, sondern muss auch wettbewerbsrechtlich sanktioniert werden.[309] Aus dem gleichen Grund würde ein Unternehmen seine marktbeherrschende Stellung missbrauchen, wenn es im Rahmen seiner Pro-

---

[302] Bailey, Antitrust Imperialism, S. 25 f.
[303] Siehe hierzu oben: *§ 2.B.III.2.iii) Ausschliesslichkeitsanspruch der Ökonomik.*
[304] Bailey, Antitrust Imperialism, S. 25; Ezrachi, Sponge, S. 73.
[305] Teilweise wird der Begriff nicht in einem materiellen, sondern in einem geographischen Sinne verwendet: So haben nach dem Zusammenbruch der Sowjetunion verschiedene ehemals kommunistische Länder eine nationale Wettbewerbsbehörde nach westlichem Vorbild geschaffen.
[306] Bailey, Antitrust Imperialism, S. 26.
[307] Siehe hierzu auch: Crane, How Much Brandeis, S. 532 ff.
[308] Bailey, Antitrust Imperialism, S. 27.
[309] Siehe hierzu: Bailey, Antitrust Imperialism, S. 27 f.

duktion bewusst Umweltstandards verletzt; denn auch in diesem Fall stehen die Vorteile des Unternehmens nicht im Einklang mit dem Prinzip des Leistungswettbewerbs. Wird der Missbrauchstatbestand wie vorliegend interpretiert und angewandt, würde dies einem fast grenzenlosen Wettbewerbsrecht Vorschub leisten. In diesem Sinne fragt auch Bailey kritisch, ob man wirklich so weit gehen will, Art. 102 AEUV auf alle Unternehmenshandlungen anzuwenden, die im Widerspruch zu „proper standards of business morality"[310] stehen.

Verwischen die Grenzen zwischen dem wettbewerbsrelevanten und dem nicht wettbewerbsrelevanten Bereich, besteht darüber hinaus die Gefahr, dass sich die Wettbewerbsbehörden in ihrem ursprünglichen Kernbereich zunehmend von systemfremden Überlegungen leiten lassen. Zu denken ist beispielsweise, dass sich die Behörden bei der Beurteilung einer Abrede vermehrt mit umwelt-, datenschutz-, struktur- oder sozialpolitischen Aspekten auseinandersetzen. Dies ist unter anderem problematisch, weil es den Wettbewerbsbehörden an Fachexpertise fehlen kann oder weil sie Vorgaben formulieren, die mit Auflagen und Bedingungen anderer Behörden in Konflikt stehen.[311]

In diesem Zusammenhang ist ferner auf die sog. Saldomethode hinzuweisen, die von der schweizerischen Wettbewerbsbehörde bis 1995 angewandt wurde: Gemäss Art. 29 des Kartellgesetzes von 1985 (aKG) waren Wettbewerbsbehinderungen nur dann schädlich, wenn eine Abwägung aller Vor- und Nachteile, einschliesslich ausserökonomischer Aspekte, einen negativen Saldo ergab.[312] Neben verschiedenen konzeptionellen Schwächen war die Saldomethode insbesondere problematisch, weil das Wettbewerbsrecht durch diesen Ansatz mit gesellschaftspolitischen Wertungen überfrachtet wurde. In diesem Sinne sind auch die Ausführungen zur Streichung der Saldomethode in der Botschaft zu einem Bundesgesetz über Kartelle und andere Wettbewerbsbeschränkungen (Kartellgesetz, KG) vom 23. November 1994 (nachfolgend: „Botschaft 1994") zu sehen.[313] Konkret sei die Saldomethode „ausgeprägt instrumentalistisch, das heisst weit weniger dem Schutz der Marktprozesse als vielmehr der Verwirklichung von im Grunde gewillkürten gesamtwirtschaftlichen Zielen verpflich-

---

[310] Bailey, Antitrust Imperialism, S. 43.

[311] Zur fehlenden Fachexpertise siehe auch: *§ 7.B.IV.3. Gefahr eines nicht praktikablen Wettbewerbsrechts.*

[312] Siehe hierzu m. w. V.: Lehne, KG-BaKomm N 13 ff. zu Art. 1 KG.

[313] Mit der Streichung der Saldomethode wurde der Einfluss ausserökonomischer Überlegungen im schweizerischen Wettbewerbsrecht stark eingeschränkt. Im aktuellen Kartellgesetz finden diese nur noch über Art. 8 KG und Art. 11 KG Eingang: Wettbewerbsabreden, Verhaltensweisen marktbeherrschender Unternehmen und Unternehmenszusammenschlüsse, die für unzulässig erklärt wurden, können vom Bundesrat auf Antrag der Beteiligten zugelassen werden, wenn sie in Ausnahmefällen notwendig sind, um überwiegende öffentliche Interessen zu verwirklichen. In der Praxis haben Art. 8 und 11 KG jedoch keine Bedeutung. Siehe hierzu oben: *§ 7.B.II.5.ii) Ausgestaltung der wettbewerbsrechtlichen Tatbestände.*

tet".[314] Und weiter schaffe die Methode keine „rechtsstaatlich befriedigende und gleichzeitig effiziente Ordnung zur Beurteilung von unternehmerischem Verhalten unter wettbewerbsrechtlichen Gesichtspunkten".[315]

Skeptiker eines breiten, interdisziplinär ausgerichteten Zielmodells fordern dementsprechend eine eng gefasste Wettbewerbspolitik, die sich ausschliesslich auf wettbewerbsrelevante Aspekte fokussieren und gesellschaftspolitische Aspekte nicht (direkt) adressieren soll. Allfällige negative Auswirkungen einer eng gefassten Wettbewerbspolitik sind durch sektorspezifische Regulierungen abzumildern.[316] In diesem Sinne kann auch die nachfolgende Äusserung von Mundt aufgefasst werden:

> „[O]f course, competition is not everything. There are other legitimate aims in a society: social justice, environmental protection, good access to education and much more. Not all these issues can be solved by competition law. These are objectives which can be achieved by the state, for example, via taxes, legislation and other measures."[317]

Mit einer sektorspezifischen Regulierung wird beispielsweise in der Schweiz die Medienvielfalt im Bereich von Radio und Fernsehen sichergestellt: Während die Medienvielfalt bei der wettbewerbsrechtlichen Analyse als Kriterium explizit ausgeklammert wird, ermächtigt Art. 75 RTVG das Eidgenössische Departement für Umwelt, Verkehr, Energie und Kommunikation (UVEK) Massnahmen zu ergreifen, wenn die Vielfalt der Medien gefährdet ist.[318] Im Bereich der Presse besteht dahingegen keine vergleichbare sektorspezifische Regulierung. Dennoch scheinen verschiedene Autoren eine solche pressespezifische Regulierung gegenüber einer Förderung über das Wettbewerbsrecht zu präferieren. So hält beispielsweise Hager fest, dass „sich die Fusionskontrolle nur bedingt zur Vielfaltssicherung eignet".[319]

ii) Kritikanalyse

Im Kern ist diese Kritik berechtigt: Ein breites, interdisziplinär ausgerichtetes Zielmodell kann einerseits einer universellen Kontrollbehörde Vorschub leisten, andererseits zu einer normativen Überfrachtung wettbewerbsrechtlicher

---

[314] Botschaft zu einem Bundesgesetz über Kartelle und andere Wettbewerbsbeschränkungen (Kartellgesetz, KG) vom 23. November 1994, BBl 1995 I 468 ff., S. 478.

[315] Botschaft zu einem Bundesgesetz über Kartelle und andere Wettbewerbsbeschränkungen (Kartellgesetz, KG) vom 23. November 1994, BBl 1995 I 468 ff., S. 486.

[316] In diesem Sinne auch Hovenkamp: „Attaining wealth equality, combatting structure for its own sake, or strengthening the power of employees is far more effectively done legislatively, but only if Congress is minded to act.", Hovenkamp, Antitrust Movement, S. 598.

[317] Mundt, S. 10.

[318] Siehe hierzu: Kellermüller, S. 118 ff.

[319] Hager, Nr. 98; ferner sprach sich auch die Wettbewerbsbehörde selbst für die Abschaffung der besonderen Schwellenwerte aus. Siehe hierzu: Kellermüller, S. 118 f.

Analysen führen. Dennoch sind drei Bemerkungen angebracht, welche die Kritik zumindest teilweise entschärfen.

Einerseits suggerieren die vorangegangenen Ausführungen, dass eine klare Unterscheidung zwischen einem wettbewerbsrelevanten und einem nicht wettbewerbsrelevanten Bereich besteht. Dies ist jedoch nicht der Fall: Wie die vorliegende Studie an mehreren Stellen aufgezeigt hat, gibt es keine klare, natürliche oder unbestrittene Grenze.[320] Letztlich ist es eine normative Frage, was als wettbewerbsrelevant aufgefasst wird – wobei sich die Auffassung je nach nationalem oder regionalem Kontext unterscheiden kann. Eine zwingend einzuhaltende systeminterne Logik besteht nicht. Ferner ist in diesem Zusammenhang darauf hinzuweisen, dass sektorspezifische Regulierungen – als Alternativen zu wettbewerbspolitischen Eingriffen – in vielen Fällen durchaus zielführender sind, aber auch mit Problemen einhergehen. So kann dieses Vorgehen zu unerwünschter Mehrspurigkeit, problematischen Abgrenzungsfragen oder isolierten Betrachtungsweisen führen.

Andererseits sind die Ausführungen zur Saldomethode zu präzisieren und in den richtigen Kontext zu stellen. So macht die „Botschaft 1994" deutlich, dass der grösste Schwachpunkt der Saldomethode nicht in deren materieller, sondern konzeptioneller Ausgestaltung lag.[321] Die Saldomethode war nämlich als weite „Rule of Reason" konzipiert. Die Wettbewerbsbehörde konnte gemäss Art. 29 Abs. 2 aKG die nützlichen und schädlichen Auswirkungen einer Wettbewerbsbeeinträchtigung frei bestimmen und gegeneinander abwägen. Folglich gibt die Methode keine klaren und eindeutigen Kriterien vor, um das Verhalten der an einer Absprache oder an einer anderen Wettbewerbsbeschränkung beteiligten Unternehmen transparent beurteilen zu können.[322] Letztlich führte diese Fehlkonzeption zu einer ineffizienten, rechtsungleichen und stellenweise sogar willkürlichen Rechtsanwendung. Dieser problematische Aspekt wurde

---

[320] Siehe hierzu oben: *§ 3.A. Begriffsdefinition und Unterscheidungen* und *§ 7.A.III.3. Vergleichbare Forderungen in Europa.*

[321] So ganz deutlich an folgender Stelle: „Bei der Anwendung der Bestimmungen über die Saldomethode werden lediglich unstrukturierte Beurteilungskriterien aufgezählt, die der Behörde einen stringenten Nachweis schädlicher Kartellwirkungen fast unmöglich machen und die betroffenen Unternehmen im Ungewissen darüber lassen, wie ihr Verhalten von den Wettbewerbsbehörden im Rahmen eines Untersuchungsverfahrens beurteilt werden wird. Der vielschichtige Begriff des Gesamtinteresses lässt sich nicht im Sinne der Herausbildung von praktikablen und damit relativ einfach handhabbaren Verhaltensrichtlinien für die Unternehmen konkretisieren. Die direkte Verwendung des Massstabes des Gesamtinteresses ergibt m. a. W. keine rechtsstaatlich befriedigende und gleichzeitig effiziente Ordnung zur Beurteilung von unternehmerischem Verhalten unter wettbewerbsrechtlichen Gesichtspunkten.", Botschaft zu einem Bundesgesetz über Kartelle und andere Wettbewerbsbeschränkungen (Kartellgesetz, KG) vom 23. November 1994, BBl 1995 I 468 ff., S. 485 f.

[322] Botschaft zu einem Bundesgesetz über Kartelle und andere Wettbewerbsbeschränkungen (Kartellgesetz, KG) vom 23. November 1994, BBl 1995 I 468 ff., S. 477.

von „Normative Behavioral Antitrust" bereits antizipiert. So gilt der Grundsatz: Je breiter das Zielmodell ausgestaltet ist, umso enger sind die wettbewerbsrechtlichen Tatbestände zu fassen.[323] Wie die zwei dargelegten Anwendungsbeispiele aufzeigen, lassen sich ausserökonomische Gesichtspunkte sehr wohl in die wettbewerbsrechtliche Analyse einbringen, sofern die Tatbestände genügend eng umschrieben werden.[324] Insofern lässt sich die Kritik an der Saldomethode nicht telquel auf die wettbewerbsrechtlichen Tatbestände im Rahmen von „Normative Behavioral Antitrust" übertragen.

Schliesslich ist es zwar angemessen vor einer normativen Überfrachtung des Wettbewerbsrechts zu warnen – jedoch ist die Forderung nicht sachgerecht, dass gesellschaftspolitische Komponenten gänzlich ausgeklammert werden sollen.[325] Eine Wettbewerbspolitik, die gesellschaftspolitischen Aspekten keine Rechnung trägt, so Stucke, läuft Gefahr, zunehmend an Relevanz zu verlieren:

„Consequently, antitrust officials who warn about social, moral, and political values polluting antitrust analysis are not arguing for sound competition analysis. They argue for an antitrust analysis divorced from reality, a world occupied by self-interested profit-maximizers, unconcerned about fairness and trust (…). In short, they render antitrust irrelevant."[326]

Insbesondere warnt der Autor davor, dass ein zu eng ausgerichtetes Wettbewerbsrecht den ökonomischen Herausforderungen des 21. Jahrhunderts nicht angemessen Rechnung trägt.[327] Stuckes Aussagen decken sich damit weitgehend mit den Erkenntnissen der Neuen Ordnungsökonomik: Befindet sich die Wirtschaft in einer strukturellen Transformationsphase, wird eine isolierende Ökonomik der Realität nicht gerecht. Vielmehr bedarf es einer breiten, kontextuellen Ökonomik, um die entsprechenden Veränderungen angemessen fassen und bewerten zu können.[328] Zweifellos handelt es sich aber um eine schwierige Gratwanderung, einen wettbewerbspolitischen Ansatz auszuarbeiten, der weder zu eng noch zu breit ausgestaltet ist.

---

[323] Siehe hierzu oben: *§ 7.B.II.5.ii) Ausgestaltung der wettbewerbsrechtlichen Tatbestände.*

[324] Siehe hierzu oben: *§ 7.B.III. Ausgewählte Anwendungsfelder.*

[325] So weist beispielsweise Heinemann auf die symbiotische Verbindung zwischen dem Wettbewerbsrecht und sozialpolitischen Aspekten hin. Siehe hierzu: Heinemann, Social Considerations, S. 139; in diesem Sinne können auch Meinhardt/Prümmer verstanden werden, wenn sie festhalten, dass wettbewerbsrechtliche Entscheidungen „zwangsläufig ein Politikum" sind. Siehe hierzu: Meinhardt/Prümmer, KG-BaKomm, N 40 zu Art. 8 KG; siehe hierzu ferner auch: Katz, S. 413 ff.

[326] Stucke, Goals, S. 611.

[327] Um beispielsweise die wettbewerbsrelevanten Chancen und Risiken digitaler Plattformen, dynamischer Preisdifferenzierungsstrategien und algorithmenbasierter Absprachen angemessen fassen zu können, bedarf es eines breiten Wettbewerbsverständnisses, das insbesondere nicht nur auf das Effizienzkriterium abstellt. Siehe hierzu: Stucke, Goals, S. 551 ff.

[328] Siehe hierzu oben: *§ 5.C.II.1. Grundausrichtung.*

3. Gefahr eines nicht praktikablen Wettbewerbsrechts

i) Kritik

Dieser letzte Kritikpunkt ist eng mit dem vorhergehenden verknüpft: So ist an „Normative Behavioral Antitrust" zu kritisieren, dass es dem Praktikabilitätskriterium zu wenig Gewicht beimisst. Oder anders formuliert: Mit seinem ausgeprägten Fokus auf eine realistische normative Grundlage vernachlässigt „Normative Behavioral Antitrust", dass das Wettbewerbsrecht praktikabel sein muss. Die gesellschaftliche Zustimmungsfähigkeit hängt nämlich mindestens genauso sehr vom Praktikabilitäts- wie vom Realitätskriterium ab. Die Kritik lässt sich dabei wie folgt begründen.

Ein breites, interdisziplinär ausgerichtetes Zielmodell erhöht die Komplexität der wettbewerbsrechtlichen Analyse. Neben ökonomischen Faktoren müssen die rechtsanwendenden Behörden je nach Fallkonstellation auch sozial-, struktur- oder umweltpolitische Aspekte einbeziehen und bewerten. Um solche komplexen und vielschichtigen Bewertungen durchzuführen, kann es den Wettbewerbsbehörden jedoch an Ressourcen fehlen.[329] So ist beispielsweise fraglich, inwieweit Ökonomen und Juristen der Wettbewerbsbehörden das Kriterium der Medienvielfalt angemessen bewerten können. Sind die Behörden nicht in der Lage, solche gesellschaftspolitischen Analysen durchzuführen, geht mit der Implementierung einer breiten normativen Grundlage eine Erhöhung der Entscheidungskosten einher. Insbesondere sind sie vermehrt auf externe Expertisen angewiesen, um die fraglichen Handlungen angemessen bewerten zu können. Damit werden die wettbewerbsrechtlichen Analysen nicht nur kosten-, sondern auch zeitintensiver. Neben den Entscheidungskosten steigt schliesslich auch das Risiko für Fehlurteile: Sind die Behörden trotz zusätzlicher Expertise mit den komplexen Analysen überfordert, können traditionell nicht wettbewerbsrelevante Faktoren unzureichend oder falsch gewürdigt werden. Zugespitzt kann also gesagt werden: Ein breiteres Zielmodell hat zur Folge, dass die rechtsanwendenden Behörden länger brauchen, um teurere und schlechtere Entscheidungen zu fällen. Im Gegensatz dazu ist eine enge, auf ökonomische Faktoren ausgerichtete Wettbewerbspolitik deutlich effizienter und weniger fehleranfällig.[330]

Ein breiteres Zielmodell kann aber auch auf Unternehmensseite zu erheblichen Kosten führen. Werden nämlich vermehrt gesellschaftspolitische Aspekte in die wettbewerbsrechtliche Analyse miteinbezogen, ist es für Unternehmen schwieriger zu eruieren, inwieweit sie sich wettbewerbsrechtskonform verhalten. Diese Rechts- bzw. Planungsunsicherheit ist mit verschiedenen direkten

---

[329] Siehe hierzu ferner auch: Steinbaum/Stucke, S. 49 f.
[330] Steinbaum/Stucke, S. 49.

und indirekten Mehrkosten verbunden. Direkte Mehrkosten fallen insbesondere in Form von „Compliance"-Kosten an; damit sind jene finanziellen Nachteile gemeint, die sich unmittelbar im Zusammenhang mit der Normeneinhaltung ergeben. Die indirekten Mehrkosten sind dahingegen jene finanziellen Nachteile, die sich mittelfristig aufgrund der Rechtsunsicherheit ergeben – wie etwa die Erhöhung von Rückstellungen oder das Ausbleiben von Investitionen.

Damit ist festzuhalten: Mit einem breiten Zielmodell erwachsen nicht nur der Verwaltung, sondern auch den Unternehmen erhebliche Nachteile.[331] In diesem Sinne geht mit „Normative Behavioral Antitrust" die Gefahr eines nicht praktikablen Wettbewerbsrechts einher.

ii) Kritikanalyse

Auch dieser Kritikpunkt ist nur bedingt stichhaltig und es sind relativierende Bemerkungen angebracht.

Auf der einen Seite ist festzuhalten, dass sich Realität und Praktikabilität im Rahmen des Wettbewerbsrechts nicht zwingend ausschliessen müssen. Insofern ist es auch nicht zielführend, die zwei Kriterien gegeneinander auszuspielen; vielmehr sollen sie soweit wie möglich in Einklang gebracht werden. Auch in diesem Zusammenhang scheint der Weg über enge, gebundene Tatbestände am vielversprechendsten: Sofern die Vermutungs-, Ausnahme- und Rechtfertigungstatbestände genügend ausdifferenziert und klar formuliert sind, können sie sowohl zu einem realistischen als auch zu einem praktikablen Wettbewerbsrecht beitragen. Damit gelingt gewissermassen die Quadratur des Kreises: Basierend auf einem realistischen und komplexen Zielmodell werden praktikable Tatbestände formuliert. Dies bedingt in erster Linie, dass komplexe oder stark wertungsbedürftige Abwägungsfragen nicht an die rechtsanwendenden Behörden delegiert, sondern soweit wie möglich bereits durch den Gesetzgeber adressiert werden. Beispielsweise sollen nicht, wie oben dargelegt, die Wettbewerbsbehörden im Einzelfall selbst entscheiden, wie der Begriff „Medienvielfalt" bei der Fusionskontrolle auszulegen ist. Vielmehr hat der Gesetzgeber den Begriff in ein klares und für die Behörden praktikables Kriterium zu überführen: So

---

[331] Von diesen beiden Argumenten liess sich auch der schweizerische Gesetzgeber leiten, als er sich 1995 von der Saldomethode und damit von einem breiten Zielmodell verabschiedet hat: „Die im Rahmen der Saldomethode vorzunehmende breit angelegte Prüfung unternehmerischen Verhaltens ist nicht nur für die Rechtsanwendungsbehörde mit einem erheblichen Aufwand verbunden, sondern hat auch für die betroffenen Unternehmen eine grosse Rechtsunsicherheit zur Folge; die Unternehmen sind wegen der Vielzahl der möglichen Aspekte nicht in der Lage, eine wettbewerbsrechtliche Beurteilung bestimmter Praktiken unter dem Kartellgesetz vorauszusehen und ihr Verhalten entsprechend auszurichten. Damit verbinden sich die Effizienzmängel des heutigen Systems mit rechtsstaatlichen Defiziten.", Botschaft zu einem Bundesgesetz über Kartelle und andere Wettbewerbsbeschränkungen (Kartellgesetz, KG) vom 23. November 1994, BBl 1995 I 468 ff., S. 478.

kann beispielweise von einer Gefährdung der Medienvielfalt ausgegangen werden, wenn die dem Medienunternehmen zurechenbare Inhalte einen Zuschauer- bzw. Leseranteil von 30 Prozent im Jahresdurchschnitt erreichen.[332]

Auf der anderen Seite ist die Kritik betreffend höhere Unternehmenskosten zu relativieren. So fallen direkte Mehrkosten nicht bei allen Unternehmen im gleichen Umfang an. Beispielsweise haben KMU in der Regel keine erhöhten „Compliance"-Kosten, weil die rechtsanwendenden Behörden wettbewerbs- widrige Handlungen solcher Unternehmen aufgrund der Ausweitung der Ba- gatellkartellausnahme nicht überprüfen bzw. sanktionieren. In diesem Sinne ist auch Wohlmann zu verstehen, wenn er von einer „klugen Anwendung des Kartellrechtes"[333] spricht. Aber auch bei Grossunternehmen sind keine Kosten- explosionen zu erwarten, da diese in der Regel bereits über ausgebaute „Com- pliance"-Abteilungen verfügen.

Schliesslich scheint „Normative Behavioral Antitrust" ganz allgemein keine grossen Rechts- und Planungsunsicherheiten zu verursachen – womit auch die indirekten Mehrkosten tief bleiben. Der Ansatz führt nämlich nicht zu einem wettbewerbsrechtlichen Paradigmenwechsel: Die wettbewerbsrecht- liche Grundstruktur mit dem Drei-Säulen-Modell bleibt unangetastet. Die zu- sätzlichen Vermutungs-, Ausnahme- und Rechtfertigungstatbestände erweitern das bestehende Wettbewerbsrecht lediglich punktuell. Aber auch wenn letztlich verschiedene solcher Tatbestände eingeführt werden, scheint die Rechtssicher- heit für Unternehmen nicht über die Massen gefährdet zu sein. Denn ein einzel- nes Unternehmen wird in der Regel nicht von allen zusätzlichen Tatbeständen gleichzeitig betroffen. So ist beispielsweise die oben diskutierte Ausweitung des Missbrauchstatbestands nur für bestimmte Technologieunternehmen von Bedeutung.[334]

V. Würdigung

Die obigen Ausführungen zeigen auf, welche Chancen und Risiken mit „Nor- mative Behavioral Antitrust" einhergehen.

Vereinfacht gesagt, schafft „Normative Behavioral Antitrust" eine realistische, transparente und verbindende normative Grundlage für das Wettbewerbsrecht. Realistisch ist die Grundlage, da sie auf empirischen Erkenntnissen der Nor- mativen Verhaltensökonomik basiert. Diese Erkenntnisse sollen sicherstellen,

---

[332] Siehe hierzu oben: *§ 7.B.III.1.ii) Bewertung horizontaler Zusammenschlüsse von Pres- seunternehmen.*

[333] „Die in vielen Gebieten, und dazu gehört auch das Kartellrecht, spürbare Regulierung schwächt die Stellung der KMU. Compliance-Stäbe können sich oft nur Grossunternehmen leisten (…). Eine kluge Anwendung des Kartellrechtes könnte eine Entlastung der für den Wettbewerb wenig gefährlichen KMU bringen.", Wohlmann, Nr. 21.

[334] Siehe hierzu oben: *§ 7.B.III.2.ii) Privilegierung der eigenen Suchdienste durch Google.*

dass den tatsächlichen Bedürfnissen der Marktteilnehmern im Rahmen der Wettbewerbspolitik angemessen Rechnung getragen wird. Transparenz wird dadurch geschaffen, dass die einzelnen Wettbewerbsziele sowie die damit einhergehenden Zielkonflikte offen ausgewiesen werden. Die Konflikte werden sodann im Rahmen rechtlicher Abwägungsvorgänge aufgelöst. Verbindend ist die normative Grundlage in dem Sinne, als sie sowohl Elemente des effektbasierten als auch des systemischen Wettbewerbsverständnisses aufgreift.[335]

Unbesehen dieser Vorzüge gehen mit „Normative Behavioral Antitrust" auch verschiedene Risiken einher. Allen voran ist zu beachten, dass ein zu breit ausgestaltetes Zielmodell einer aufgeblähten und nicht praktikablen Wettbewerbspolitik Vorschub leisten kann. Im Extremfall wandelt sich die Wettbewerbsbehörde dabei zu einer allgemeinen Kontrollbehörde, die sektorspezifische Regulierungen vernachlässigt sowie teure und fehleranfällige Analysen durchführt.[336] Wie dargelegt, können diese Risiken mittels enger gebundener Vermutungs-, Ausnahme- oder Rechtfertigungstatbestände minimiert werden. Dennoch stellen auch solche Tatbestände kein Allheilmittel dar: So erschweren sie nämlich eine flexible, pragmatische und einzelfallorientierte Regelanwendung. So frägt es sich mit Blick auf eines der obigen Beispiele, ob die Privilegierung eigener Onlinedienste stets – und damit unabhängig vom konkreten Einzelfall – einen Missbrauch einer marktbeherrschenden Stellung darstellt.[337]

In diesem Sinne ist ganz allgemein vor einem übertriebenen gesetzgeberischen Aktionismus zu warnen: Von der Implementierung neuer Tatbestände ist abzusehen, wenn sich das der Regelung zugrunde liegende Problem nur unternehmensspezifisch oder kurzzeitig akzentuiert. Dies ist allen voran in einer sich rasch wandelnden digitalen Wirtschaft zu beachten: Die spezifische von einem bestimmten marktbeherrschenden Unternehmen ausgehende Gefahr für den Wettbewerb ist in der Regel relativ kurzlebig. Zu denken ist dabei etwa an den finnischen Technologiekonzern Nokia: Während das Unternehmen 2007 auf dem Mobiltelefonmarkt einen Marktanteil von über 50 Prozent aufwies, waren es sechs Jahre später nur noch rund 5 Prozent. Ein explizit auf Nokia zugeschnittener wettbewerbsrechtlicher Tatbestand wäre innerhalb von sechs Jahren obsolet geworden. Vor diesem Hintergrund ist auch die Aussage von Podszun und Kreifels zu verstehen:

„In the relatively short history of the digital age, competition lawyers have seen giants coming and going, the rise and fall of AltaVista, Yahoo, My-Space, Nokia or other players

---

[335] Siehe hierzu oben: § 7.B.II. „Multiple Goal Approach".

[336] Siehe hierzu oben: § 7.B.IV. Kritik und Kritikanalyse.

[337] Siehe hierzu oben: § 7.B.III.2. Digitale Missbrauchshandlungen marktbeherrschender Unternehmen; mit dieser Frage lebt zugleich wieder die Grundsatzdebatte „Rule of Reason" vs. „Per se Rule" auf. Siehe hierzu oben: § 4.B.II.3.v) Normausgestaltung: „Rule of Reason" vs. „Per se Rule".

may suffice as examples for exaggerated fears of monopolisation. Once the performance of a company had gone down or there had been a disruptive innovation, companies had difficulties to stay in the market at all. This applies even to such companies like Google, Facebook or Amazon (…)."[338]

Die Implementierung eines engen gebundenen Tatbestands ist damit nur ange-zeigt, wenn sich ein wettbewerbsrelevantes Problem grundsätzlich und nach-haltig akzentuiert. Schliesslich kann „Normative Behavioral Antitrust" aber auch einem „Zwei-Klassen-Wettbewerbsrecht" Vorschub leisten: Während sich nämlich KMU durch die Ausweitung des Bagatellkartells weitgehend der wettbewerbsrechtlichen Kontrolle entziehen können, sehen sich grössere Un-ternehmen mit zusätzlichen Einschränkungen und Anforderungen konfrontiert. Letztlich ist aber umstritten, ob ein solches „Zwei-Klassen-Wettbewerbsrecht" tatsächlich konsensfähig ist.

Ausgehend von den Chancen und Risiken von „Normative Behavioral Anti-trust" stellt sich die Frage, welchen Einfluss der Ansatz auf die Wettbewerbs-politik entfalten kann.

Aus der Sicht der theoretischen Wettbewerbspolitik scheinen die Risiken von „Normative Behavioral Antitrust" zu überwiegen: Die Forderung nach einem breiten, interdisziplinär ausgerichteten Zielmodell ist zu kontrovers und unkon-ventionell sowie letztlich nicht mit der systeminternen Logik der beiden tra-dierten Zielmodelle vereinbar. Mit dem effektbasierten Zielmodell steht „Nor-mative Behavioral Antitrust" in Konflikt, weil Wettbewerbsziele wie Fairness, Freiheit oder Innovation im Preis-Mengen-Diagramm analytisch nicht erfasst werden können. Mit dem systemischen Zielmodell ist „Normative Behavioral Antitrust" unter anderem nicht vereinbar, weil klar definierte Ziele und Markt-ergebnisse direkt vorgeschrieben werden.

Ein anderes Bild ergibt sich aber, wenn man „Normative Behavioral An-titrust" vor dem Hintergrund der praktischen Wettbewerbspolitik betrachtet: Im Gegensatz zur theoretischen Wettbewerbspolitik scheint die Forderung nach einem breiten, interdisziplinär ausgerichteten Zielmodell hier auf frucht-baren Boden zu fallen. Dies trifft allen voran auf die Wettbewerbspolitik der EU zu.[339] So orientiert sich diese Wettbewerbspolitik, wie bereits erwähnt, nicht strikt an einem der beiden tradierten Zielmodelle, sondern trägt ganz un-terschiedlichen Zielen Rechnung.[340] Dieses breite Ziel- bzw. Wettbewerbsver-ständnis ist, so Parret, nicht nur realistischer, sondern auch wünschenswerter:

---

[338] Podszun/Kreifels, S. 39.

[339] In ähnlicher Weise wird auch hervorgehoben, dass sich die Wettbewerbsbehörde in der Schweiz bei der wettbewerbsrechtlichen Analyse nicht ausschliesslich an einer bestimmten theoretischen Schule orientiert. Siehe hierzu: Lehne, KG-Bakomm, N 29 zu Art. 1 KG; Borer, KG-Kommentar, N 16 zu Art. 1 KG.

[340] Siehe hierzu oben: § 7.B.IV.3.ii) Kritikanalyse.

„The system of European competition law has always had and still has different objectives. A unitary goal is not desirable and not realistic. The issue at stake in the EU is rather the co-existence of different objectives."[341]

Während also gewisse Forderungen von „Normative Behavioral Antitrust" aus Sicht der theoretischen Wettbewerbspolitik äusserst kritisch betrachtet werden, haben diese in der praktischen Wettbewerbspolitik teilweise bereits Niederschlag gefunden. Oder pointiert formuliert: Mit „Normative Behavioral Antitrust" geht eine theoretische Stärkung der praktischen Wettbewerbspolitik einher.

C. Fazit

Die Ausführungen in *§ 7 Normative Grundlage: „Normative Behavioral Antitrust"* lassen sich wie folgt zusammenfassen:

– *Erstens* wurde rekapituliert, dass die beiden traditionellen Wettbewerbsverständnisse jeweils auf einer anderen normativen Grundlage beruhen. Auf der einen Seite verfolgen alle effektbasierten Wettbewerbskonzeptionen – mit Ausnahme der späten „Harvard School" – das gleiche Ziel: die Erhöhung der statischen Effizienz. Gemäss der späten „Harvard School" kann der Wettbewerb dahingegen verschiedenen Zielen Rechnung tragen. Auf der anderen Seite gehen alle systemischen Wettbewerbskonzeptionen im Kern vom gleichen Ziel aus: die wirtschaftliche Handlungsfreiheit gegenüber staatlichen und privaten Einschränkungen zu schützen.

 Die Frage, inwiefern die beiden Zielmodelle kompatibel sind, akzentuiert sich insbesondere im Rahmen des „More Economic Approach", da hier beide normativen Grundlagen unmittelbar aufeinandertreffen. Obwohl verschiedene Positionen vertreten werden und die Frage nach der Kompatibilität noch nicht abschliessend geklärt ist, kann insgesamt von einem hohen Konfliktpotenzial ausgegangen werden. Dieses erstreckt sich aber nicht nur auf die beiden Zielmodelle, sondern auch auf die den Zielmodellen zugrunde liegenden methodischen und konzeptionellen Unterscheidungen – beispielsweise ob der Wettbewerb mehr Ziel- oder Mittelcharakter aufweist.

– *Zweitens* wurde dargelegt, dass es in Anbetracht des Konfliktpotenzials auch im Rahmen der normativen Grundlage – analog zur Vorgehensweise bei der positiven Grundlage – vielsprechender ist, einen alternativen dritten Weg zu beschreiten. Ausgangspunkt bildet dabei das traditionelle Zielmodell des effektbasierten Wettbewerbsverständnisses; das im Rahmen der traditionellen Wohlfahrtsökonomik vertretene statische Effizienz- bzw. Kon-

---

[341] Parret, S. 82.

sumentenrentenkriterium. Dieses Zielmodell wird auf der Grundlage eines neuen verhaltensökonomischen Ansatzes, der sog. Normativen Verhaltensökonomik, umfassend revidiert. Da die Erkenntnisse der Normativen Verhaltensökonomik bisher kaum auf wettbewerbsrechtliche Problemfelder übertragen wurde, wird zusätzlich ein neuer wettbewerbspolitischer Ansatz der sog. „New Brandeis Movement of Antitrust" beigezogen, der die Forderungen der Normativen Verhaltensökonomik weitgehend teilt. So machen beide Ansätze, wenn auch von unterschiedlichen Richtungen kommend, deutlich, dass es vielsprechender ist, das statische Effizienzkriterium durch ein breiteres Zielmodell zu substituieren. In diesem Sinne bilden die Normative Verhaltensökonomik sowie ferner die „New Brandeis Movement of Antitrust" das theoretische Fundament, auf dem die eigentliche alternative normative Grundlage steht. In Anlehnung an den „Behavioral Antitrust"-Ansatz wird diese alternative normative Grundlage als sog. „Normative Behavioral Antitrust" bezeichnet. Ziel von „Normative Behavioral Antitrust" ist es, eine realistischere normative Grundlage für die Wettbewerbspolitik zu schaffen. Durch die Orientierung am Realitätskriterium soll die alternative normative Grundlage nicht nur wünschenswerter sein, sondern gleichzeitig auch die Spannungen zwischen den beiden tradierten normativen Grundlagen des Wettbewerbsrechts abbauen.

– *Drittens* wurden die Grundlagen der Normativen Verhaltensökonomik dargelegt. Die Normative Verhaltensökonomik fordert im Kern, dass nicht nur die positive Grundlage der Ökonomik basierend auf den verhaltensökonomischen Erkenntnissen revidiert wird, sondern auch eine entsprechende Anpassung der normativen Grundlage erfolgt. Damit soll einem Auseinanderdriften von positiver und normativer Grundlage entgegengewirkt werden. Im Rahmen der Normativen Verhaltensökonomik wurden unterschiedliche alternative Wohlfahrtsmassstäbe entwickelt, die auf verhaltensökonomischen Erkenntnissen basieren. In der vorliegenden Studie wurden zwei alternative Wohlfahrtsmassstäbe vorgestellt: *(1)* das „Happiness"-Kriterium und *(2)* das „Opportunity"-Kriterium.

Im Rahmen des „Happiness"-Kriteriums wird das statische Effizienzkriterium durch das menschliche Glücks- bzw. Wohlbefinden substituiert. Dabei greift die Normative Verhaltensökonomik in erster Linie auf die empirischen Erkenntnisse der psychologischen Glücksforschung zurück und überführt diese in den ökonomischen Kontext. So hat die Glücksforschung einerseits aufgezeigt, dass das menschliche Wohlbefinden etwas Multidimensionales ist, bei dem neben ökonomischen auch ausserökonomische Faktoren eine wesentliche Rolle spielen. Andererseits legen die Erkenntnisse der Glücksforschung nahe, dass die finanzielle Lage einen weitaus kleineren Einfluss auf das menschliche Wohlbefinden hat, als gemeinhin angenommen wird;

sofern die menschlichen Grundbedürfnisse gedeckt sind, korreliert die finanzielle Lage nur noch schwach mit dem menschlichen Wohlbefinden. Im Rahmen des „Opportunity"-Kriteriums wurde dahingegen die Freiheit des Einzelnen ins Zentrum der Analyse gestellt. So macht insbesondere Sugden deutlich, dass die Individuen nicht alleine die Befriedigung ihrer Präferenzen wertschätzen, sondern etwas Essentielleres: die Chance („Opportunity"), jede Präferenz befriedigen zu können, solange Dritte nicht geschädigt werden und man sich die Befriedigung leisten kann. Obwohl sich die beiden alternativen Wohlfahrtsmassstäbe zuweilen deutlich voneinander unterscheiden, sind dennoch auch deren Gemeinsamkeiten hervorzuheben: So stellen beide komplexe, empirische fundierte und interdisziplinär ausgerichtete Kriterien bereit, die ein Auseinanderdriften der positiven und normativen Grundlage der Ökonomik unter dem wachsenden Einfluss der Verhaltensökonomik verhindern können.

Schliesslich wurde darauf hingewiesen, dass im Rahmen der Normativen Verhaltensökonomik kein naturalistischer Fehlschluss begangen wird. Die alternativen Wohlfahrtsmassstäbe sind nämlich nicht als normative Dikta zu verstehen, sondern als Diskursbeiträge, deren Implementierung letztlich immer von der gesellschaftlichen Zustimmung abhängt.

– *Viertens* wurde dargelegt, dass die „New Brandeis Movement of Antitrust" eine wettbewerbspolitische Bewegung in den USA ist, die sich in letzten drei Jahren geformt und eine grundsätzliche Debatte betreffend die normative Grundlage des Wettbewerbsrechts angestossen hat. Wie es der Name bereits suggeriert, hat die Bewegung ihre intellektuellen Wurzeln bei Louis Brandeis, der sich als Supreme-Court-Richter durch seine wettbewerbspolitische „Curse of Bigness"-Doktrin prominent hervorgetan hat. Massgeblich von der Idee der staatlichen Gewaltentrennung geprägt wollte Brandeis sinngemäss eine ökonomische Gewaltentrennung implementieren: Ökonomische Macht sollte auf möglichst viele Marktakteure verteilt werden, damit ein System von „checks and balances" entsteht, das eine allgemeine Macht- und Chancenverteilung sicherstellt.

Die „New Brandeis Movement of Antitrust" griff diese Doktrin von Brandeis Ende der 2010er Jahre auf, nachdem sie Mitte der 1970er Jahre – unter dem erstarkenden Einfluss der „Chicago School" – aus der praktischen Wettbewerbspolitik verdrängt worden ist. Dabei hat insbesondere Khan mit zwei Aufsätzen („Amazon's Antitrust Paradox" und „The New Brandeis Movement: America's Antimonopoly Debate") entscheidend zur Etablierung und Popularisierung der „New Brandeis Movement of Antitrust" beigetragen. In letzterem Aufsatz legt sie dar, dass die Wettbewerbsbehörden eine Antimonopolpolitik zu verfolgen haben, die *(1)* auch ausserökonomische (Macht-)Aspekte berücksichtigt, *(2)* zwingend von anderen staatlichen Antimonopolstrategien flankiert wird, *(3)* keinem pauschalisierten „big is bad"-Credo folgt, *(4)* primär auf Marktstrukturen und nicht auf Marktergebnisse abstellt sowie *(5)* durch den Marktprozess entstandene Marktmacht kritisch betrachtet.

In diesem Sinne lässt sich die „New Brandeis Movement of Antitrust" wie folgt charakterisieren: Sie fordert unter Rückgriff auf Brandeis' „Curse of Bigness"-Doktrin die Abkehr von einer Wettbewerbspolitik, die sich ausschliesslich am statischen Effizienz- bzw. am Konsumentenwohlfahrtskriterium orientiert. Stattdessen soll sich die Wettbewerbspolitik auf ein breites, interdisziplinär ausgerichtetes Zielmodell stützen, das den wettbewerbsrechtlichen Problemen des 21. Jahrhunderts, die insbesondere mit der Digitalisierung zusammenhängen, angemessen Rechnung trägt.

Schliesslich wurde dargelegt, dass in der europäischen Wettbewerbspolitik der „New Brandeis Movement of Antitrust" bis anhin deutlich weniger Beachtung geschenkt wurde. Einerseits liegt dies daran, dass die Debatte um das „richtige" normative Leitbild in Europa niemals abgeklungen ist, andererseits, weil die inhaltlichen Forderungen der Bewegung im Kontext der europäischen Wettbewerbspolitik nicht sonderlich neu oder originell sind. Unbesehen dieser Gründe ist dennoch zu beobachten, dass auch in Europa vermehrt wieder Stimmen laut werden, die ein breiteres, interdisziplinär ausgerichtetes Zielmodell für das Wettbewerbsrecht fordern.

– *Fünftens* wurde im Rahmen von „Normative Behavioral Antitrust" ein alternatives wettbewerbspolitisches Zielmodell skizziert, das auf den Erkenntnissen der Normativen Verhaltensökonomik basiert. Dabei wurde aus normativen, materiellen als auch methodischen Gründen auf das „Happiness"-Kriterium zurückgegriffen.

Die Förderung des menschlichen Wohlbefindens ist jedoch nicht als ein direktes Ziel der Wirtschafts- und Wettbewerbspolitik zu verstehen, sondern als Grundprämisse, von der aus sich das eigentliche Zielmodell ableiten lässt. Ferner gilt es zu beachten, dass die Wettbewerbspolitik offenkundig nicht alleine zur Förderung des menschlichen Wohlbefindens beitragen kann. Um diese Aufgabe vernünftig bewältigen zu können, sind verschiedene staatliche und auch private Akteure miteinzubeziehen. In diesem Sinne ist es nicht zielführend, die normative Grundlage des Wettbewerbsrechts im Rahmen von „Normative Behavioral Antitrust" ausufernd breit auszugestalten; insbesondere eine Überfrachtung mit unterschiedlichen gesellschaftspolitischen Aufgaben schadet der Leistungsfähigkeit des Wettbewerbs empfindlich. Die Wettbewerbspolitik bewegt sich damit in einem Spannungsverhältnis und muss eine Balance zwischen einem leistungsfähigen und einem auf das Wohlbefinden fokussierten Wettbewerb finden.

– *Sechstens* wurden auf der Basis von „Normative Behavioral Antitrust" die Grundzüge eines neuen Zielmodells skizziert. Dieser sog. „Multiple Goal Approach" ist als normative Richtschnur zu verstehen, an der sich die Wettbewerbspolitiken der westlichen Industrieländer ausrichten können. Der „Multiple Goal Approach" lässt sich konkret wie folgt formulieren: Das Wettbewerbsrecht hat zum Ziel, *(1)* eine effektive Wettbewerbsstruktur zu erhalten, *(2)* dynamische und statische Effizienz zu fördern, *(3)* ökonomische und politische Freiheit sicherzustellen sowie *(4)* einen fairen Wettbewerb zu gewährleisten.

Gemäss dem ersten Ziel sind Marktstrukturen aufrechtzuerhalten, die den Wettbewerbsprozess allgemein schützen. Dies bedingt, dass KMU erlaubt wird, in ein weites Oligopol aufzusteigen, oder aber soweit geschützt sind, dass sie in der atomistischen Marktstruktur unterhalb des Oligopols ihr Auskommen finden. Beide Vorgehensweisen setzen voraus, dass KMU gegenüber Grossunternehmen institutionell gestärkt werden. Neben Massnahmen, wie etwa steuerliche Vorteile, kommt aber auch dem Wettbewerbsrecht eine wichtige Rolle zu. So lassen sich KMU wettbewerbsrechtlich durch eine Ausweitung der sog. „Bagatellkartellausnahme" stärken. Damit würden sie hinsichtlich vertikaler Absprachen nicht mehr gegenüber Grossunternehmen benachteiligt werden, die vom „Konzernprivileg" profitieren. Ferner kann die Stellung der KMU über eine Neuausrichtung der Zusammenschlusskontrolle gestärkt werden: So sollen die Wettbewerbsbehörden den Fokus nicht nur auf Kombinationsfusionen, sondern vermehrt auch auf Übernahmen aufstrebender KMU durch Grossunternehmen legen.

Die Förderung der statischen und dynamischen Effizienz ist ebenfalls ein Ziel der Wettbewerbspolitik. Dabei gilt jedoch zu beachten, dass ausgehend von der Grundprämisse – Förderung des menschlichen Wohlbefindens – der Erhöhung der Effizienz keine hervorgehobene Stellung einzuräumen ist. Das Effizienzziel bildet nur ein Wettbewerbsziel unter mehreren. Darüber hinaus lässt sich innerhalb des Effizienzkriteriums eine Abstufung vornehmen: Während die dynamische Effizienz eine durchaus wichtige Rolle bei der Förderung des menschlichen Wohlbefindens spielen kann, kommt der statischen Effizienz nur eine untergeordnete Rolle zu. Und schliesslich ist innerhalb des statischen Effizienzkriteriums die Konsumentenrente gegenüber der Totalrente zu präferieren.

Um der Sicherung der ökonomischen und politischen Freiheit effektiv Rechnung zu tragen, bedarf es einer Wettbewerbspolitik, die nicht nur den Missbrauch von Marktmacht untersagt, sondern Marktmacht ab einer gewissen Schwelle ganz allgemein eindämmt. Denn Marktmacht – unabhängig davon, wie erworben – kann mit systemrelevanten Risiken für die Wirtschaft aber auch die Gesellschaft einhergehen. Um die Marktmacht einzudämmen, sind unter anderem Entflechtungsmassnahmen, absolute Zusammenschlussverbote für Grossunternehmen sowie Zusammenschlussverbote für kleine und mittlere Unternehmen, die einen gewissen Schwellenwert überschreiten, denkbar.

Zudem hat die Wettbewerbspolitik auch einen fairen Wettbewerb zu gewährleisten. Um substanzielle Fairnessüberlegungen in den wettbewerbsrechtlichen Kontext einfliessen zu lassen, bieten sich insbesondere die Verdrängungs- und Ausbeutungstatbestände an. Von der Implementierung einer allgemeinen Fairnessrechtfertigung ist dahingegen abzusehen: Diese stellt ein problematisches Einfallstor für ausserökonomische Argumente dar, die ungefiltert ins Wettbewerbsrecht Eingang finden. Alternativ können Fairnessüberlegungen auch dann Rechnung getragen werden, wenn gewisse Bereiche, in denen eine Anwendung wettbewerbsrechtlicher Normen dem gesellschaftlichen Fairnessverständnis zuwiderlaufen, vom wettbewerbsrechtlichen Geltungsbereich ausgenommen werden. So ist beispielsweise in vielen Rechtsordnungen anerkannt, dass arbeitsrechtliche Tarifverträge keiner wettbewerbsrechtlichen Beurteilung unterzogen werden.

Im Rahmen aller vier Wettbewerbsziele wurde schliesslich aufgezeigt, dass sie – wenn sie wie vorliegend interpretiert und angewandt werden – dem menschlichen Wohlbefinden, als Grundprämisse, Rechnung tragen.

– *Siebtens* wurde dargelegt, dass sich die Wettbewerbspolitik nicht in unlösbare Widersprüche verfängt, wenn sie im Zuge des „Multiple Goal Approach" ganz unterschiedliche Wettbewerbsziele unter einem kohärenten Ganzen zusammenfassen will. Einerseits sind Zielkonflikte nicht die Regel, sondern die Ausnahme. Im Kern teilen die Wettbewerbsziele nämlich die gleiche Grundausrichtung: Verhinderung oder Eindämmung von Marktmacht zugunsten kleiner und mittlerer Unternehmen, die nur über geringe Marktanteile verfügen. Andererseits geht der „Multiple Goal Approach" transparent und konstruktiv mit allfälligen Zielkonflikten um. Dabei wird die Möglichkeit, dass sich im Einzelfall Konflikte zwischen den einzelnen Zielen ergeben können, offen anerkannt und Zielkonflikte werden im Rahmen rechtlicher Abwägungsvorgänge aufgelöst. Mit diesem Vorgehen entfernt sich die Wettbewerbspolitik vom formalistischen Modelldenken der ökonomischen Rationalität und wendet sich stärker der rechtlichen Rationalität zu.

Vor dem Hintergrund einer breiten, interdisziplinär ausgerichteten normativen Grundlage stellt sich schliesslich die Frage, in welchem Umfang den rechtsanwendenden Behörden Ermessensspielräumen zu gewähren sind. Ganz allgemein gilt: Um schädliche „rent seeking"-Strategien einzudämmen, sind die wettbewerbsrechtlichen Tatbestände im „Multiple Goal Approach" nicht im Sinne der „Rule of Reason" auszugestalten. Stattdessen bedarf es robusterer, eng umschriebener Tatbestände, die nur ein kleines behördliches Ermessen einräumen. Jedoch bedeutet dies nicht eine Rückkehr zum starren „Per se Rule"-Ansatz; vielmehr bieten sich Vermutungs-, Ausnahme- und Rechtfertigungstatbestände an, die zwischen den starren „Per se Rules" und den weiten „Rules of Reason" stehen. Der Gesetzgeber soll sich dabei von folgendem Grundsatz leiten lassen: Je breiter das Zielmodell ausgestaltet ist, desto enger sind die wettbewerbsrechtlichen Tatbestände zu formulieren.

– *Achtens* wurde anhand zweier Beispiele aufgezeigt, wie ein breites, interdisziplinär ausgerichtetes Zielmodell die wettbewerbsrechtliche Analyse bereichern kann. Während das erste Beispiel von Unternehmenszusammenschlüssen in der Medienindustrie handelt, hat das zweite Beispiel digitale Missbrauchshandlungen marktbeherrschender Unternehmen zum Gegenstand.

Dieses zweite Beispiel ist in gebotener Kürze zu rekapitulieren: Die EU-Kommission untersuchte bis 2017, ob Google seine marktbeherrschende Stellung auf dem digitalen Suchmarkt missbraucht hat, indem es seinen eigenen Preisvergleichsdienst „Google Shopping" im Rahmen der Google-Suche nicht dem generischen Suchalgorithmus unterstellt hat, sondern systematisch am besten platzierte. Zudem hat das Unternehmen seinen eigenen Preisvergleichsdienst nicht nur als einfachen Link angezeigt, sondern optisch hervorgehoben. Diese Privilegierung des eigenen Onlinediensts führte de facto zu einer Herabstufung konkurrierender Preisvergleichsdienste, die erst weiter unten und ohne optische Hervorhebung angezeigt wurden. Ob vor diesem Hintergrund ein Missbrauch einer marktbeherrschenden Stellung bejaht wird, hängt nun stark vom herangezogenen Zielmodell ab. Besonders deutlich wird der Unterschied, wenn man die Privilegierung eigener Onlinedienste durch Google entweder vor dem Wettbewerbsziel „Gewährleistung eines fairen Wettbewerbs" oder „Erhöhung der dynamischen Effizienz" bewertet. Im Rahmen des ersten Wettbewerbsziels ist Google nicht nur die Privilegierung seiner eigenen Onlinedienste zu untersagen, sondern das Unternehmen muss ganz allgemein dem Gebot der „Suchneutralität" verpflichtet werden. Abgeleitet aus dem Fairnessgedanken hat Google damit seinen Suchmaschinenalgorithmus offenzulegen und die ihm zugrunde liegenden Suchkriterien transparent auszuweisen. Zudem muss der Algorithmus gewisse Mindestanforderungen erfüllen, welche die Trefferliste vor einer subjektiven oder diskriminierenden Verfälschung schützen.

Im Rahmen der ausschliesslichen Orientierung am dynamischen Effizienzkriterium wird dahingegen der Missbrauch einer marktbeherrschenden Stellung tendenziell verneint. Um seine Innovationsanreize nicht zu schmälern, soll Google in der Gestaltung seiner Dienste frei sein und seine eigenen vertikalen Dienste der horizontalen Suchmaschine ohne Auflagen hinzufügen können. Ausgehend von diesem Grundsatz ist allen voran die Pflicht zur Offenlegung des Algorithmus problematisch: Ist dieser offenzulegen, werden sich konkurrierende horizontale Suchdienste nämlich als Trittbrettfahrer verhalten und ihre eigenen Suchalgorithmen mit jenem von Google vergleichen und entsprechende Optimierungen vornehmen. Für Google selbst lohnt es sich damit nicht mehr, in die Weiterentwicklung seines eigenen Suchalgorithmus zu investieren.

Damit wird ersichtlich: Während ein ausschliesslich auf die Gewährleistung von Fairness ausgerichteter Wettbewerb die dynamische Effizienz senkt, kann umgekehrt ein ausschliesslich auf die Förderung der dynamischen Effizienz ausgerichteter Wettbewerb den Fairnessgedanken untergraben. Anstelle jedoch eines der beiden Ziele aus der wettbewerbsrechtlichen Analyse auszuschliessen, sind nun beide Ziele zu verfolgen und der Zielkonflikt pragmatisch aufzulösen. Konkret wäre dabei folgender Lösungsansatz denkbar: Grundsätzlich haben die Wettbewerbsbehörden der Erhöhung der dynamischen Effizienz mehr Gewicht beizumessen als der Sicherung eines fairen Wettbewerbs. Von diesem Grundsatz ist ausnahmsweise abzuweichen, wenn eine Unternehmenshandlung offensichtlich und in stossender Weise dem Fairnessgedanken zuwiderläuft. Auf den vorliegenden Fall angewandt bedeutet dies zweierlei: Einerseits muss Google seinen Suchmaschinenalgorithmus nicht öffentlich machen. Andererseits jedoch ist es Google zu untersagen, eine willkürliche Aufstellung der Trefferergebnisse vorzunehmen. Willkürlich ist die Trefferliste insbesondere dann, wenn die Dienste konkurrierender Anbieter grundlos herabgestuft werden.

Obwohl die Implementierung eines solchen Grundsatz-Ausnahme-Ansatzes über die Rechtsetzung zu bevorzugen ist, ist auch eine Implementierung über die Rechtsprechung denkbar. Auf letzterem Weg hat die EU-Kommission den Fall 2017 abgeschlossen: Sie kam zum Schluss, dass Google durch die Privilegierung des Preisvergleichsdiensts „Google Shopping" seine marktbeherrschende Stellung gemäss Art. 102 AEUV missbraucht hat.

— *Neuntes* wurden verschiedene Kritikpunkte von „Normative Behavioral Antitrust" dargelegt und einer kritischen Analyse unterzogen. Dabei handelte es sich um folgende Kritikpunkte: *(1)* Gefahr eines sog. „Hipster Antitrust", *(2)* Gefahr eines sog. „Antitrust Imperialism", *(3)* Gefahr eines nicht praktikablen Wettbewerbsrechts. Die Analyse machte insgesamt deutlich, dass nicht jeder Kritikpunkt stichhaltig ist bzw. relativiert werden kann.

Dies trifft beispielsweise auch auf die Kritik betreffend einen „Antitrust Imperialism" zu: So wird von Kritikern hervorgehoben, dass ein breites, interdisziplinär ausgerichtetes Zielmodell einer Wettbewerbspolitik Vorschub leistet, die nicht nur wettbewerbswidrige Verhaltensweisen untersucht und sanktioniert. Im Extremfall wandelt sich die Wettbewerbsbehörde in eine universelle Kontrollbehörde, die jede Handlung bewerten kann, sofern sie auch nur im entferntesten Sinne wettbewerbsrelevant ist. Dabei ist es insbesondere der Missbrauchstatbestand, über den sich die Gefahr eines solchen „Antitrust Imperialism" manifestiert. So lässt sich beispielsweise auf der Grundlage des Fairnessziels eine extensive Ausweitung des Missbrauchstatbestands vornehmen: Ein Unternehmen agiert unfair bzw. missbraucht seine marktbeherrschende Stellung bereits dann, wenn seine Handlungen nicht mit dem Leistungswettbewerb vereinbar sind. Ob der Marktbeherrscher seine Marktmacht auch effektiv ausnützt, ist dahingegen nicht von Bedeutung.

Darüber hinaus hat dieser „Antitrust Imperialism" auch eine problematische Kehrseite: Durch die fortschreitende Ausweitung auf ursprünglich nicht wettbewerbsrelevante Bereiche besteht die Gefahr, dass sich die Wettbewerbsbehörden in ihrem Kernbereich vermehrt von systemfremden Überlegungen leiten lassen. Konkret werden die Wettbewerbsbehörden bei der Beurteilung von Abreden, Missbrauchshandlungen und Fusionskontrollen vermehrt auf umwelt-, datenschutz-, struktur- oder sozialpolitische Aspekte zurückgreifen. Da durch diese Ausweitung eine Überforderung der Behörden droht, setzen sich Kritiker für eine eng gefasste Wettbewerbspolitik ein, die sich ausschliesslich auf wettbewerbsrelevante Aspekte fokussiert und gesellschaftspolitische Aspekte nicht (direkt) adressiert. Allfällige negative Auswirkungen einer eng gefassten Wettbewerbspolitik sind durch sektorspezifische Regulierungen abzumildern.

Dieser Kritikpunkt ist im Kern zwar berechtigt, lässt sich aber relativieren. Einerseits suggerieren die vorangegangenen Ausführungen nämlich, dass eine klare Unterscheidung zwischen einem wettbewerbsrelevanten und einem nicht wettbewerbsrelevanten Bereich besteht. Dies ist jedoch nicht der Fall: Letztlich ist es eine normative Frage, was innerhalb des Wettbewerbsrechts als wettbewerbsrelevant aufgefasst wird. Eine zwingend einzuhaltende systeminterne Logik besteht nicht. Ferner ist in diesem Zusammenhang darauf hinzuweisen, dass sektorspezifische Regulierungen – als Alternativen zu wettbewerbspolitischen Eingriffen – in vielen Fällen durchaus zielführender sind, aber auch mit Problemen einhergehen. So kann dieses Vorgehen zu unerwünschter Mehrspurigkeit, problematischen Abgrenzungsfragen oder isolierten Betrachtungsweisen führen. Und andererseits ist es zwar richtig, vor einer normativen Überfrachtung des Wettbewerbsrechts zu warnen. Jedoch ist es nicht sachgemäss, gesellschaftspolitische Komponenten gänzlich auszuklammern. Insbesondere wenn man bedenkt, dass eine zu eng ausgerichtete Wettbewerbspolitik den ökonomischen Herausforderungen des 21. Jahrhunderts nicht angemessen Rechnung trägt. Um beispielsweise die wettbewerbsrelevanten Chancen und Risiken digitaler Plattformen, dynamischer Preisdifferenzierungsstrategien und algorithmenbasierter Absprachen angemessen fassen zu können, bedarf es eines breiten Wettbewerbsverständnisses, das nicht nur auf das Effizienzkriterium abstellt. Zweifellos handelt es sich aber um eine schwierige Gratwanderung, einen wettbewerbspolitischen Ansatz auszuarbeiten, der weder zu eng noch zu breit ausgestaltet ist.

§ 8 „More Realistic Approach"

A. „Behavioral Antitrust" und „Normative Behavioral Antitrust"

I. Überblick

Werden „Behavioral Antitrust" und „Normative Behavioral Antitrust" zusammengefügt, ergibt sich der „More Realistic Approach". Diese Verbindung lässt sich schematisch wie folgt darstellen:

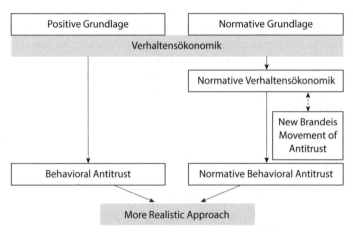

Abbildung 4: Aufbau des „More Realistic Approach"

Augenfällig wird hierbei, dass sowohl die positive als auch die normative Grundlage massgeblich von der Verhaltensökonomik geprägt sind. Jedoch sind Unterschiede auszumachen: Während verhaltensökonomische Erkenntnisse das Verhaltensmodell direkt beeinflussen, regen sie mehr indirekt zur Revidierung des Zielmodells an. Nachfolgend sind in gebotener Kürze die Kernelemente der positiven und normativen Grundlage des „More Realistic Approach" zu rekapitulieren.

II. Positive und normative Grundlage

1. Positive Grundlage

Ausgangspunkt bildet das traditionelle Verhaltensmodell der effektbasierten Wettbewerbstradition: das „homo oeconomicus"-Modell. Das Modell wird basierend auf den empirischen Erkenntnissen der Verhaltensökonomik revidiert und erweitert. Im Kern machen die verhaltensökonomischen Erkenntnisse deutlich, dass Marktakteure aufgrund kognitiver Verzerrungen systematisch vom erwarteten rationalen Verhalten abweichen. Vor diesem Hintergrund gilt es die drei traditionellen Grundannahmen des „homo oeconomicus"-Modells zu revidieren; neu ist von *(1)* beschränkt rationalen, *(2)* beschränkt willensstarken und *(3)* beschränkt eigeninteressierten Marktakteuren auszugehen. Über den „Law and Economics"-Ansatz fanden diese verhaltensökonomischen Erkenntnisse Eingang ins Wettbewerbsrecht.[1] Dieser unter dem Namen „Behavioral Antitrust" firmierende Ansatz legt dar, wie die systematische Abweichung vom erwarteten rationalen Verhalten der Marktakteure im Rahmen der wettbewerbsbezogenen Rechtsetzung und -anwendung mitzuberücksichtigen ist. Dabei ist es das erklärte Ziel, eine robustere und realitätsnähere theoretische Grundlage für das Wettbewerbsrecht zu schaffen.[2] Die empirischen Erkenntnisse der Verhaltensökonomik sollen das traditionelle Verhaltensmodell jedoch nicht substituieren, sondern lediglich ergänzen. Dies ist insbesondere der Heterogenität und Variabilität des tatsächlichen menschlichen Verhaltens geschuldet: Diese Tatsache vor Augen haltend lassen sich nur begrenzt Verallgemeinerungen vornehmen.[3] Schliesslich kann „Behavioral Antitrust" die wettbewerbsrechtliche Analyse verschiedentlich bereichern:[4]

– *SSNIP-Test*
   Allen voran aufgrund der sog. „brand loyality" der Marktakteure ist es entscheidend, dass bei der Marktabgrenzung nicht auf ein objektives, an das „homo oeconomicus"-Modell angelegte Konsumentenverhalten abgestellt wird, sondern auf das tatsächliche Verhalten, das sich auf der Grundlage eines real durchgeführten SSNIP-Tests ermitteln lässt.

– *Sekundärmärkte*
   Verhaltensökonomische Erkenntnisse legen nahe, dass Primär- und Sekundärmärkte aus wettbewerbsbehördlicher Sicht nicht als Gesamtmarkt, sondern als zwei getrennte Märkte zu betrachten sind. Aufgrund des sog. „hyperbolic discount effect" bewerten die Konsumenten die zukünftig anfal-

---

[1] Siehe hierzu oben: *§6.A.II. Grundlagen der Verhaltensökonomik.*
[2] Siehe hierzu oben: *§6.B. I. Allgemeines.*
[3] Siehe hierzu oben: *§6.A.II.4.ii) Variabilität und Heterogenität.*
[4] Zu den nachfolgenden Anwendungsfeldern siehe eingehend oben: *§6.B.II. Ausgewählte Anwendungsfelder.*

lenden Kosten auf dem Sekundärmarkt nämlich nur unzureichend und überbewerten dahingegen die kurzfristigen Preisvorteile auf dem Primärmarkt.
Mit einer getrennten Marktbetrachtung kann dieser kognitiven Verzerrung
der Marktakteure angemessen Rechnung getragen werden.

- *„Resale Price Maintenance"-Strategien*
  Verhaltensökonomische Erkenntnisse zeigen auf, dass „Resale Price Maintenance"-Strategien kritischer zu betrachten sind, als dies gemäss der vorherrschenden Doktrin der „Chicago School" der Fall ist. Konkret bedienen sich
  Hersteller aufgrund der Verfügbarkeitsverzerrungen und der Verlustaversion
  irrational oft vertikaler Mindestpreisbindungen. Da sie für diese Strategien
  in der Regel erst langfristig oder gar nicht vom Markt diszipliniert werden,
  können solche Mindestpreisbindungen zu erheblichen Effizienzverlusten
  führen.

- *Produktkopplungen*
  Auch bei der wettbewerbsrechtlichen Beurteilung von Produktkopplungen
  wird die relativ positive Sichtweise der „Chicago School" aufgrund verhaltensökonomischer Erkenntnisse in Frage gestellt. Dabei spielt insbesondere
  die Status-Quo-Verzerrung eine massgebliche Rolle: Aufgrund der Trägheit
  und dem damit einhergehenden Hang zu den bestehenden Voreinstellungen,
  werden Konsumenten auf dem Markt des gekoppelten Produkts auch dann
  nicht auf eine bessere Alternative der Konkurrenz ausweichen, wenn die
  Hürden für einen Wechsel minimal sind. Damit sind Kopplungspraktiken
  insgesamt kritisch zu sehen.

- *Horizontale Fusionen*
  Schliesslich legen verhaltensökonomische Erkenntnisse eine kritischere
  Haltung gegenüber horizontalen Fusionen nahe. Konkret zeigt „Behavioral Antitrust" auf, dass das Bestehen von tiefen Marktzutrittsschranken und
  die Geltendmachung produktiver Effizienzgewinne nur bedingt zuverlässige
  Faktoren sind, anhand derer sich horizontale Zusammenschlüsse bewerten
  lassen. Bei beiden Faktoren ist nämlich der Einfluss der egozentrischen Verzerrung zu berücksichtigen. Diese Verzerrung führt einerseits zu mehr irrationalen und weniger rationalen Markteintritten, als auf der Grundlage des
  traditionellen Verhaltensmodells angenommen wird. Andererseits führt die
  egozentrische Verzerrung dazu, dass Unternehmer das effizienzerhöhende
  Potenzial eines Zusammenschlusses systematisch überschätzen und dieser
  im Extremfall sogar eine effizienzvernichtende Wirkung hat.

Insgesamt lässt sich festhalten, dass im Rahmen von „Behavioral Antitrust" die
vorherrschende wettbewerbsrechtliche Sichtweise, die häufig von der eingriffs-
skeptischen Doktrin der „Chicago School" geprägt ist, mehrheitlich kritisch
betrachtet wird. Darüber hinaus machen die Anwendungsfelder deutlich, dass

„Behavioral Antitrust" in erster Linie über die Rechtsanwendung implementiert
wird.

2. Normative Grundlage

Ausgangspunkt bildet das Zielmodell der effektbasierten Wettbewerbstradition: Geprägt von der Wohlfahrtsökonomik hat der Wettbewerb ausschliesslich
die Erhöhung der statischen Effizienz zum Ziel. Dieses Zielmodell wird sodann
basierend auf den empirischen Erkenntnissen der psychologischen Glücksforschung, die im Rahmen der Normativen Verhaltensökonomik in den ökonomischen Kontext überführt wurden, revidiert. In diesem Sinne ist Wohlfahrt nicht
mehr mit der Erhöhung der statischen Effizienz gleichzusetzen, sondern es wird
von einem breiteren, interdisziplinär ausgerichteten Wohlfahrtsverständnis ausgegangen. Oder konkreter formuliert: Im Rahmen des Wohlfahrtsmassstabs
wird das Effizienzkriterium (Förderung der Wohlfahrt) durch das „Happiness"-
Kriterium (Förderung des menschlichen Wohlbefindens) substituiert. Zwei Erkenntnisse der psychologischen Glücksforschung sind für die Ausgestaltung
der normativen Grundlage des Wettbewerbsrechts von besonderer Bedeutung:
Einerseits machen empirische Erkenntnisse deutlich, dass das menschliche
Wohlbefinden multidimensional ist. Dabei spielen neben ökonomischen auch
ausserökonomische Faktoren eine wesentliche Rolle.[5] Andererseits hat die
Glücksforschung aufgezeigt, dass die finanzielle Lage einen weitaus kleineren
Einfluss auf das menschliche Wohlbefinden hat, als gemeinhin angenommen
wird.

Es ist jedoch zu beachten, dass die Förderung des menschlichen Wohlbefindens
nicht als direktes Ziel der Wirtschafts- und Wettbewerbspolitik zu verstehen
ist, sondern als Grundprämisse, von der aus sich das eigentliche Zielmodell ab-
leitet.[6] Für die westlichen Industrieländer wurde ausgehend von dieser Grundprämisse ein Zielmodell ausgearbeitet; der sog. „Multiple Goal Approach".
Dabei handelt es sich aber noch nicht um ein praxisfertiges Zielmodell, das auf
eine spezifische nationale Wettbewerbspolitik zugeschnitten ist. Vielmehr ist
der „Multiple Goal Approach" als normative Richtschnur zu verstehen, an der
sich die westlichen Industrieländer ausrichten können. Der „Multiple Goal Approach" beinhaltet dabei folgende vier Wettbewerbsziele:[7]

---

[5] Es kann zwar argumentiert werden, dass auch der traditionelle Wohlfahrtsbegriff implizit
multidimensional ist. Im Gegensatz zu diesem traditionellen Wohlfahrtsbegriff hat das Konzept des menschlichen Wohlbefindens jedoch den Vorteil, dass die verschiedenen (Sub-)Fak-
toren explizit ausgewiesen werden. Damit lassen sich von einem analytischen Standpunkt aus
differenziertere Aussagen tätigen.

[6] Siehe hierzu oben: *§ 7.B. I. Grundprämisse: Förderung des menschlichen Wohlbefindens.*

[7] Zu den nachfolgenden Wettbewerbszielen siehe eingehend oben: *§ 7.B.II. „Multiple
Goal Approach".*

– *Erhaltung einer effektiven Wettbewerbsstruktur*
Die Erhaltung einer effektiven Wettbewerbsstruktur bedingt allen voran, dass KMU erlaubt wird, in ein breites Oligopol aufzusteigen, oder aber soweit geschützt sind, dass sie in der atomistischen Marktstruktur unterhalb des Oligopols ihr Auskommen finden. Konkret lassen sich KMU stärken, indem die Bagatellkartellausnahme erweitert wird oder aber indem die Zusammenschlusskontrolle auf die Übernahmen aufstrebender KMU durch Grossunternehmen ausgerichtet wird.

– *Förderung der dynamischen und statischen Effizienz*
Auch die Förderung der Effizienz ist ein Ziel der Wettbewerbspolitik, wobei diesem – vor dem Hintergrund der Förderungen des menschlichen Wohlbefindens – aber keine hervorgehobene Stellung zukommt. Zudem lässt sich innerhalb des Effizienzkriteriums eine Abstufung vornehmen: Während die dynamische Effizienz bei der Förderung des menschlichen Wohlbefindens eine durchaus wichtige Rolle spielen kann, kommt der statischen Effizienz eine weniger wichtige Rolle zu. Und innerhalb des statischen Effizienzkriteriums ist schliesslich die Konsumentenrente höher zu gewichten als die Totalrente.

– *Sicherung ökonomischer und politischer Freiheit*
Um der ökonomischen und politischen Freiheit effektiv Rechnung zu tragen, bedarf es einer Wettbewerbspolitik, die nicht nur den Missbrauch von Marktmacht untersagt, sondern Marktmacht ab einer gewissen Schwelle ganz allgemein eindämmt. Denn Marktmacht, unabhängig davon, wie erworben, kann mit systemrelevanten Risiken für Wirtschaft und Gesellschaft einhergehen. Konkret sind unterschiedlich einschneidende Massnahmen denkbar: Von Unternehmensentflechtungen über absolutes Zusammenschlussverbot für Grossunternehmen bis hin zur Senkung der Schwellenwerte im Rahmen der Fusionskontrolle.

– *Gewährleistung eines fairen Wettbewerbs*
Um substanzielle Fairnessüberlegungen in den wettbewerbsrechtlichen Kontext einfliessen zu lassen, bieten sich insbesondere die Verdrängungs- und Ausbeutungstatbestände an. Von der Implementierung eines allgemeinen Fairnessrechtfertigungstatbestands ist dahingegen abzusehen: Diese stellt ein problematisches Einfallstor für ausserökonomische Argumente dar, die ungefiltert ins Wettbewerbsrecht Eingang finden. Alternativ können Fairnessüberlegungen auch Rechnung getragen werden, wenn gewisse Bereiche, in denen eine Anwendung wettbewerbsrechtlicher Normen dem gesellschaftlichen Fairnessverständnis zuwiderlaufen, vom wettbewerbsrechtlichen Geltungsbereich ausgenommen werden.

„Normative Behavioral Antitrust" basiert aber nicht nur auf den Erkenntnissen der Normativen Verhaltensökonomik und der damit verbundenen Glücksforschung; der Ansatz greift darüber hinaus auch Elemente der „New Brandeis Movement of Antitrust" auf. Diese neue wettbewerbspolitische Bewegung setzt sich ebenfalls für eine Abkehr von der traditionellen Wohlfahrtsökonomik ein. Konkret schlagen deren Anhänger vor, dass das Konsumentenwohlfahrtskriterium durch ein breiteres, interdisziplinär ausgerichtetes Zielmodell substituiert wird. Dabei soll das Wettbewerbsrecht unter anderem auch folgende Ziele einbeziehen: Bekämpfung von Unternehmenskonzentration, Sicherung der Konsumentensouveränität, Eindämmung des Datenmissbrauchs, Gewährleistung von Fairness oder Verhinderung von politischer Machtakkumulation.

In diesem Sinne stellt „Behavioral Normative Antitrust" ein synthetisiertes Produkt der Normativen Verhaltensökonomik und der „New Brandeis Movement of Antitrust" dar.[8]

Hinsichtlich „Normative Behavioral Antitrust" sind drei ergänzende Bemerkungen angebracht: Einerseits wird im Ansatz offen und transparent mit allfälligen Zielkonflikten umgegangen. Die Tatsache, dass sich im Einzelfall Widersprüche zwischen den Wettbewerbszielen ergeben können, ist offen anzuerkennen und nicht als theoretische Unzulänglichkeit von „Normative Behavioral Antitrust" zu verstehen. Die Konflikte sind im Rahmen rechtlicher Abwägungsvorgänge aufzulösen. Andererseits gilt bezüglich der Ermessensspielräume der rechtsanwendenden Behörden folgender Grundsatz: Je breiter das Zielmodell, desto enger sind die Tatbestände zu formulieren. So bietet es sich im Rahmen des „Multiple Goal Approach" an, mit eng umschriebenen Vermutungs-, Ausnahme- und Rechtfertigungstatbeständen zu arbeiten. Solche Tatbestände grenzen die Ermessensspielräume der Behörden ein und erschweren schädliche „rent seeking"-Strategien.[9] Schliesslich ist zu erwähnen, dass „Normative Behavioral Antitrust" in erster Linie über die Rechtsetzung implementiert wird.

3. Vereinbarkeit?

Betrachtet man die positive und normative Grundlage des „More Realistic Approach", so stellt sich die Frage, inwieweit diese miteinander vereinbar sind. So werden die wettbewerbspolitischen Forderungen im Rahmen von „Behavioral Antitrust" fast ausschliesslich vor dem Hintergrund des statischen Effizienzziels formuliert, während die Erhöhung der statischen Effizienz im Rahmen von „Normative Behavioral Antitrust" – so zumindest in seiner Ausprägung für die westlichen Industrieländer – nur eines unter mehreren Wettbewerbszielen darstellt. Folglich besteht die Gefahr, dass sich die wettbewerbspolitischen Forde-

---

[8] Zur „New Brandeis Movement of Antitrust" siehe oben: *§ 7.A.III. „New Brandeis Movement of Antitrust".*
[9] Siehe hierzu oben: *§ 7.B.II.5. Ergänzende Bemerkungen und Anforderungen.*

rungen von „Behavioral Antitrust" und „Normative Behavioral Antitrust" widersprechen bzw. die positive und normative Grundlage des „More Realistic Approach" nicht kompatibel sind. Wie die nachfolgenden Ausführungen deutlich machen, ist diese Gefahr jedoch weitgehend unbegründet.

Einerseits ist „Behavioral Antitrust" nämlich mehr als faktenorientierte Analysemethode und weniger als wettbewerbspolitischer Forderungskatalog zu verstehen. Es geht also nicht primär darum, Regulierungsvorschläge auszuarbeiten, sondern mit Hilfe der empirischen Erkenntnisse der Verhaltensökonomik eine fundierte Faktenbasis zu schaffen.[10] Folglich ist „Behavioral Antitrust" auch nicht an ein bestimmtes normatives Leitbild geknüpft. Ganz deutlich kommt dies beim oben dargestellten Anwendungsbeispiel betreffend Marktabgrenzung zum Ausdruck: Wird akzeptiert, dass das reale Konsumentenverhalten den relevanten Markt definiert, so erweitern verhaltensökonomische Erkenntnisse lediglich die Faktenlage und nehmen keine Bewertung vor dem Hintergrund eines bestimmten Zielmodells vor.[11]

Andererseits ist es grundsätzlich nicht problematisch, wenn im Rahmen von „Behavioral Antitrust" wettbewerbspolitische Forderungen formuliert werden, die an das Effizienzziel anknüpfen. Denn wie bereits dargelegt, sind Zielkonflikte zwischen den einzelnen Wettbewerbszielen nicht die Regel, sondern die Ausnahme.[12] Dementsprechend erstaunt es auch nicht, dass keine grossen Differenzen auszumachen sind, wenn man die wettbewerbspolitischen Forderungen von „Behavioral Antitrust" und „Normative Behavioral Antitrust" vergleicht. Oft greifen sie sogar ineinander und geben damit die gleiche wettbewerbspolitische Richtung vor. So beispielsweise bei der Bewertung von horizontalen Fusionen: Beide Ansätze kommen letztlich zum Schluss, dass gegenüber horizontalen Fusionen grundsätzlich eine kritische Haltung einzunehmen ist. Sei dies nun, weil erwartete Effizienzgewinne aufgrund kognitiver Verzerrungen überschätzt werden („Behavioral Antitrust") oder weil Machtakkumulation aufgrund ihrer negativen Auswirkungen für die ökonomische und politische Freiheit grundsätzlich eingeschränkt werden sollte („Normative Behavioral Antitrust").[13]

Ferner ist nicht von einer Unvereinbarkeit auszugehen, nur weil die wettbewerbspolitischen Forderungen gegebenenfalls in Konflikt stehen können. In der Regel lassen sich die konfligierenden Forderungen kombinieren und damit entschärfen. So etwa im Bereich von „Resale Price Maintenance"-Strategien: Die Analyse im Rahmen von „Behavioral Antitrust" ergab, dass solche Strategien aufgrund kognitiver Verzerrungen oder Fairnessüberlegungen irrational

---

[10] Siehe hierzu oben: § 6.B.III.5. *Übertriebener Interventionismus und Paternalismus.*
[11] Siehe hierzu oben: § 6.B.II.1.i) *Relevanter Markt.*
[12] Siehe hierzu oben: § 7.B.II.5.i) *Umgang mit Zielkonflikten.*
[13] Siehe hierzu oben: § 6.B.II.4. *Horizontale Fusionen* und § 7.B.II.3. *Sicherung ökonomischer und politischer Freiheit.*

oft eingesetzt werden und von den Wettbewerbsbehörden insgesamt kritisch zu bewerten sind. Im Gegensatz dazu wurde im Rahmen von „Normative Behavioral Antitrust" dargelegt, dass Einschränkungen im Bereich von vertikalen Mindestpreisbindungen insbesondere KMU treffen, da diese auf kein unternehmensinternes Vertriebssystem zurückgreifen können. Um KMU institutionell zu stärken, ist daher von einem Verbot von „Resale Price Maintenance"-Strategien abzusehen.

Die beiden unterschiedlichen Positionen lassen sich nun wie folgt in Einklang bringen: Bei Unternehmen mit geringen Marktanteilen sind vertikale Mindestpreisbindungen grundsätzlich als zulässig zu erachten, bei marktbeherrschenden Unternehmen sollen diese dahingegen verboten werden. Damit wird eine „Resale Price Maintenance"-Strategie weniger als zweiseitige Wettbewerbsabreden aufgefasst, sondern mehr als Missbrauch einer marktbeherrschenden Stellung.[14]

Schliesslich würden sich allfällige Konflikte zwischen der positiven und normativen Grundlage auch entschärfen, wenn sich „Behavioral Antitrust" zukünftig von der Erhöhung der statischen Effizienz als ausschliesslichem Wettbewerbsziel löst und sich stattdessen – unter Rückgriff auf „Normative Behavioral Antitrust" – an einem Zielmodell orientiert, das mit den verhaltensökonomischen Erkenntnissen in Einklang steht. So würde dann etwa bei der Bewertung von Produktkopplungen nicht nur auf das reale Konsumentenverhalten abgestellt werden, sondern solche Strategien auch hinsichtlich des Ziels bewertet, einen fairen Wettbewerb zu gewährleisten. Damit würde sich um den „More Realistic Approach" ein eigenständiges Forschungsprogramm herausbilden.

Unter anderem aus diesen Gründen ist die Befürchtung, dass die positive und normative Grundlage des „More Realistic Approach" nicht kompatibel sind, weitgehend unbegründet. Aber auch wenn man diese Ansicht nicht teilt und die Vereinbarkeit kritisch sieht, heisst das nicht, dass der „More Realistic Approach" insgesamt gescheitert ist. Letztlich ist auch eine pragmatische Umsetzung denkbar: Anstatt die beiden Ansätze „Behavioral Antitrust" und „Normative Behavioral Antitrust" zu vereinen und gemeinsam anzuwenden, kann auch nur einer der beiden Ansätze im Zuge eines „More Realistic Approach" implementiert werden. Schliesslich ist es auch denkbar, dass nur ausgewählte Aspekte aus den beiden Ansätzen herausgegriffen und in die praktische Wettbewerbspolitik überführt werden.

---

[14] Siehe hierzu oben: *§ 6.B.II.2. „Resale Price Maintenance"* und *§ 7.B.II.1. Erhalt einer effektiven Wettbewerbsstruktur.*

B. Einordnung des „More Realistic Approach"

I. Überblick

Der „More Realistic Approach" lässt sich im Vergleich mit den traditionellen Wettbewerbskonzeptionen und den wettbewerbspolitischen Weiterentwicklungen wie folgt einordnen:

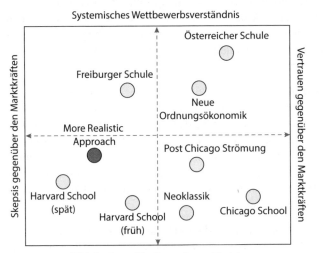

Abbildung 5: Einordnung des „More Realistic Approach"

Es gilt zu beachten, dass die Abbildung lediglich von schematischer Natur ist: Sie stellt keine exakte Positionierung der – teilweise sehr heterogenen – wettbewerbspolitischen Ansätze dar, sondern verdeutlicht nur gewisse Grundtendenzen. Ferner lässt sich die Einordnung ohne Weiteres auf der Grundlage anderer Kriterien vornehmen. Die hier gewählten Achsen „Wettbewerbsverständnis" und „Haltung gegenüber den Marktkräften" scheinen jedoch insofern sinnvoll, als sie zwei grundlegende und aussagekräftige Themen adressieren.

Das Kriterium „Wettbewerbsverständnis" gibt Antwort auf die Frage, ob Wettbewerb mehr als Ziel oder Mittel zu verstehen ist und ob bei der Beschreibung des Verhaltens der Marktakteure mehr auf den methodologischen Individualismus oder auf den institutionellen Individualismus abgestellt wird. Die „Haltung gegenüber den Marktkräften" leitet sich demgegenüber davon ab, wie der wettbewerbspolitische Ansatz die Regulierungsbedürftigkeit der freien Markt- bzw. Wettbewerbsprozesse insgesamt bewertet. Dies hängt einerseits von der Bewertung der Ergebnisse ab, die sich im freien Marktprozess ergeben, anderer-

seits von der Bewertung, inwieweit staatliche Institutionen zur Korrektur unerwünschter Ergebnisse beitragen.

II. Vertikalachse: „Wettbewerbsverständnis"

Die Frage, welchem Wettbewerbsverständnis der „More Realistic Approach"
zuzuordnen ist, lässt sich anhand der positiven und normativen Grundlage bewerten: Während die positive Grundlage eine Antwort auf die Frage gibt, ob bei
der Verhaltensanalyse mehr von einem methodologischen Individualismus oder
von einem institutionellen Individualismus ausgegangen wird, lässt sich aus der
normativen Grundlage ableiten, ob der Wettbewerb mehr Ziel- oder Mittelcharakter aufweist.

Ganz grundsätzlich ist festzuhalten, dass sowohl die positive als auch die normative Grundlage des „More Realistic Approach" am effektbasierten Wettbewerbsverständnis anknüpfen; das auf dem methodologischen Individualismus basierende „homo oeconomicus"-Modell und das statische Effizienzziel
bilden jeweils den Ausgangspunkt. Durch die Einbindung verhaltensökonomischer Erkenntnisse im Rahmen von „Behavioral Antitrust" und „Normative Behavioral Antitrust" nähern sich die Grundlagen jedoch dem systemischen Wettbewerbsverständnis an.

So wurde bereits dargelegt, dass eine auf der Grundlage der Verhaltensökonomik revidierte positive Grundlage durchaus mit dem systemischen Verhaltensmodell vereinbar ist. Insbesondere sind sie durch die gleiche Zielausrichtung
geeint: Sowohl die Verhaltensökonomik als auch das systemische Verhaltensmodell sehen die Annahmen von vollständig rationalen Marktakteuren sowie
das „homo oeconomicus"-Modell insgesamt kritisch. Ferner haben beide Ansätze den Anspruch, die realen ökonomischen Lebensumstände adäquat wiederzugeben. Vor diesem Hintergrund wird auch der methodologische Individualismus abgeschwächt: Obschon den institutionellen Faktoren keine zentrale
Stellung zukommt, wie dies beim institutionellen Individualismus der Fall ist,
so ist dennoch festzuhalten, dass diese im Rahmen von „Behavioral Antitrust"
immerhin thematisiert werden. So weist beispielsweise Tor darauf hin, dass
die Marktakteure nicht in einer abstrakten und kontextfreien Umgebung operieren, sondern vom institutionellen Rahmenwerk beeinflusst werden. Darüber
hinaus nähert sich „Behavioral Antitrust" dem systemischen Verhaltensmodell
an, wenn verhaltensökonomische Befunde berücksichtigt werden, welche die
positiven Aspekte von Heuristiken darlegen (sog. „fast-and-frugal decision making"). Diese Erkenntnisse decken sich weitgehend mit der ordnungsökonomischen Vorstellung eines fehlbaren und iterativ vorgehenden Marktakteurs, der
über Reflexions- und Lernprozesse sein irrationales Verhalten selbständig korrigieren kann. Insgesamt lässt sich die positive Grundlage des „More Realistic

Approach" damit immer noch dem effektbasierten Wettbewerbsverständnis zu-ordnen, nähert sich jedoch dem systemischen Wettbewerbsverständnis an.[15]

Auch mit Blick auf die normative Grundlage lässt sich eine Öffnung hin zum systemischen Wettbewerbsverständnis beobachten. Zwar wird im „More Rea-listic Approach" dem Wettbewerb immer noch mehr Mittel- als Zielcharakter attestiert, dennoch können – je nach konkreter Ausgestaltung der normativen Grundlage – auch systemische Zielelemente Eingang finden. So etwa beim oben skizzierten „Multiple Goal Approach", wo unter anderem die Erhöhung der dy-namischen Effizienz sowie die Sicherung ökonomischer und politischer Frei-heit als Wettbewerbsziele ausgegeben werden. Diese beiden Zielkomplexe sind traditionell dem systemischen Wettbewerbsverständnis zuzuordnen. Jedoch hat die Annäherung an das systemische Wettbewerbsverständnis ihre Grenzen: Der „Multiple Goal Approach" schützt die ökonomische Handlungsfreiheit nicht absolut, da diese basierend auf Zweckmässigkeitsüberlegungen – wie Effizienz oder Fairness – eingeschränkt werden kann. Besonders problematisch ist dabei, dass diese Zweckmässigkeitsüberlegungen in Form von Vermutungs-, Ausnah-me- und Rechtfertigungstatbeständen einfliessen. Diese stehen nämlich mit der internen Logik des systemischen Wettbewerbsverständnisses in Konflikt.[16]

Insgesamt ist festzuhalten: Der „More Realistic Approach" beruht in erster Linie auf einem effektbasierten Wettbewerbsverständnis, greift aber sowohl bei der positiven als auch bei der normativen Grundlage punktuell auf Elemente des systemischen Wettbewerbsverständnisses zurück.

III. Horizontalachse: „Haltung gegenüber den Marktkräften"

Wie dargelegt, knüpft die Haltung gegenüber den Marktkräften vorliegend an zwei Kriterien an: Einerseits an die Bewertung der nicht regulierten, markt-induzierten Ergebnisse und andererseits an die Bewertung der wettbewerbspoli-tischen Korrektive. Die beiden Kriterien lassen sich nicht direkt auf der Basis der positiven und normativen Grundlage evaluieren. Vielmehr sind sie vor dem Hintergrund des gesamten „More Realistic Approach" zu betrachten.

1. Bewertung der nicht regulierten, marktinduzierten Ergebnisse

Im „More Realistic Approach" werden die aus den freien Marktprozessen re-sultierenden Ergebnisse vergleichsweise kritisch betrachtet. Besonders deutlich wird dies, wenn man das Programm des „More Realistic Approach" mit jenem der „Chicago School" oder der Österreicher Schule vergleicht. Beide letzt-genannten Ansätze bewerten die Ergebnisse eines freien Marktprozesses sehr

---

[15] Siehe hierzu oben: *§ 6.B.III.3. Unzureichende Vermittlerfunktion.*
[16] Siehe hierzu oben: *§ 7.B.II. „Multiple Goal Approach".*

positiv. Exemplarisch dafür ist die Haltung der „Chicago School" hinsichtlich Marktmacht: Diese sei in erster Linie Ausdruck effizienter Unternehmensführung und daher überwiegend unproblematisch. Darüber hinaus sorge der Wettbewerb im Sinne eines Ausleseverfahrens dafür, dass marktmächtige Unternehmen, die nicht zum Gleichgewichtspreis anbieten können, über lange Sicht aus dem Markt ausscheiden. Damit reguliert sich der Markt über die Wettbewerbsprozesse selbst.[17] Ähnlich positiv werden die nicht regulierten, marktinduzierten Ergebnisse auch von der Österreicher Schule bewertet. Im Vergleich zur „Chicago School" ist jedoch eine Einschränkung zu machen: Die Ergebnisse sind nur dann wünschenswert, wenn sich die Wettbewerbsprozesse innerhalb der spontanen Ordnung abspielen. Oder zugespitzt formuliert: Die Österreicher Schule weist nur innerhalb der spontanen Ordnung ein sehr ausgeprägtes Marktvertrauen auf.[18]

Der „More Realistic Approach" sieht im Gegensatz dazu deutlich mehr Handlungsbedarf. So betrachtet dieser Wettbewerbsansatz Marktmacht sowohl aus ökonomischen als auch ausserökonomischen Gründen kritischer. Namentlich weist der „More Realistic Approach" im Gegensatz zur „Chicago School" auf die von marktmächtigen Unternehmen ausgehende Gefahr für die demokratischen Prozesse hin: Auch wenn Marktmacht ausschliesslich Ausdruck effizienter Unternehmensstrukturen und damit „gerechtfertigt" ist, kann ein marktmächtiges Unternehmen dennoch seine ökonomische Machtstellung missbrauchen, um auf demokratische und rechtsstaatliche Prozesse Einfluss zu nehmen. Darüber hinaus teilt der „More Realistic Approach" auch nicht das Marktvertrauen der Österreicher Schule: So werden die Ergebnisse, die sich im Rahmen der spontanen Ordnung ergeben, nicht immer als wünschenswert betrachtet. Diese Haltung des „More Realistic Approach" kommt indirekt mit der Forderung nach effizienz- oder fairnessbedingten Vermutungs-, Ausnahmeoder Rechtfertigungstatbeständen zum Ausdruck. Auf einer abstrakteren Ebene kann folglich gesagt werden, dass der „More Realistic Approach" die Harmonie-These der Österreicher Schule nicht teilt.

2. Bewertung der wettbewerbspolitischen Korrektive

Bezüglich der Bewertung, inwieweit staatliche Institutionen unerwünschte Ergebnisse korrigieren können, nimmt der „More Realistic Approach" eine vergleichsweise optimistische Position ein: Eine ausgebaute und starke Wettbewerbspolitik wird vielfach als Korrektiv für die nicht wünschenswerten Marktergebnisse betrachtet. Denn im Ergebnis gehen sowohl „Behavioral Antitrust" als auch „Normative Behavioral Antitrust" von einer relativ aktiven Wettbewerbspolitik aus – sei dies nun, weil die Faktenlage erweitert wird oder aber

---

[17] Siehe hierzu oben: *§ 4.B.II.3.iv) Aufgabe der Wettbewerbspolitik.*
[18] Siehe hierzu oben: *§ 4.B.III.1.i) Hayeks Ordnungs- und Regelverständnis.*

weil der wettbewerbsrechtlichen Analyse ein breiteres Zielmodell zugrunde gelegt wird.

Dennoch ist zu betonen, dass der „More Realistic Approach" vor dem Hintergrund des sog. „Staatsversagens" wettbewerbspolitische Eingriffe nicht pauschal und vorbehaltslos befürwortet. Vereinfacht gesagt, führen beim Staatsversagen Fehlanreize für die staatlichen Entscheidungsträger dazu, dass unerwünschte Marktergebnisse nicht korrigiert werden. Im Rahmen der Wettbewerbspolitik ist unter anderem in folgenden Fällen von einem Staatsversagen auszugehen: *(1)* Beeinflussungen wettbewerbsrechtlicher Entscheidungen durch private Interessenvertreter, *(2)* Beeinflussungen des Gesetzgebungsprozesses durch private Interessenvertreter sowie *(3)* Ineffizienzen bei der behördlichen Umsetzung der Wettbewerbspolitik.[19]

Die Problematik des Staatsversagens wurde dabei an verschiedenen Stellen aufgegriffen und versucht durch eine entsprechende Ausgestaltung der positiven und normativen Grundlage abzumildern versucht. So soll etwa die Einflussnahme privater Interessenvertreter auf die wettbewerbsrechtlichen Entscheidungsträger mittels enger gebundener Tatbestände erschwert werden. Da es den Behörden damit an Ermessensspielräumen fehlt, können private Interessenvertreter nur sehr begrenzt mittels schädlichen „rent seeking"-Strategien Einfluss nehmen.[20] Ferner wird aber auch die Beeinflussung des Gesetzgebungsprozesses durch private Interessenvertreter eingedämmt: Aufgrund der kritischen Betrachtung von Marktmacht wird es für Unternehmen zunehmend schwieriger, eine ökonomische Machtstellung aufzubauen, auf deren Grundlage sie auf den Gesetzgebungsprozess Einfluss nehmen können.[21] Zwar besteht dann immer noch die Möglichkeit, dass sich kleine Unternehmen zu einem Interessenverband zusammenschliessen und auf diese Weise politisch Einfluss nehmen. Solche Verbände sind in der Regel jedoch weniger problematisch, da die Verbandsbildung sowie die Durchsetzung der teilweise sehr heterogenen Interessen mit deutlich höheren Transaktionskosten verbunden sind. Schliesslich wurde auch das Problem einer ineffizienten behördlichen Umsetzung der Wettbewerbspolitik thematisiert. Insbesondere wird davor gewarnt, dass bei einem zu breiten und offenen Zielmodell die rechtsanwendenden Behörden länger brauchen, um teurere und schlechtere Entscheidungen zu fällen. Folglich gilt es, das Zielmodell nicht ausufernd breit auszugestalten und unter Umständen auf sektorspezifische Regulierungen zurückzugreifen, wenn eine Überforderung der Wettbewerbsbehörden droht.[22]

---

[19] Siehe hierzu: Brunetti, S. 187 ff.; Mankiw/Taylor, S. 357 ff.; das Staatsversagens bildet auch einen Forschungsschwerpunkt innerhalb der bereits dargestellten Neue Institutionenökonomik. Siehe hierzu oben: *§ 5.B. I.3. Neue Institutionenökonomik.*

[20] Siehe hierzu oben: *§ 7.B.II.5.ii) Ausgestaltung der wettbewerbsrechtlichen Tatbestände.*

[21] Siehe hierzu oben: *§ 7.B.II.3. Sicherung ökonomischer und politischer Freiheit.*

[22] Siehe hierzu oben: *§ 7.B.IV.3. Gefahr eines nicht praktikablen Wettbewerbsrechts.*

Die Ausführungen machen deutlich, dass auch im „More Realistic Approach" staatliche Institutionen durchaus kritisch betrachtet werden. Letztlich ist es jedoch nicht zielführend, staatliche Massnahmen und marktwirtschaftliche Prozesse gegeneinander auszuspielen. In der Realität bedingen sich Staat und Markt gegenseitig und sind vielfältig ineinander verzahnt. In diesem Sinne ist auch Schott zu verstehen, wenn er festhält, dass in einer modernen Wettbewerbswirtschaft „Staatsverantwortung und unternehmerische Marktgestaltung (…) in äusserst differenzierter Weise"[23] ineinandergreifen. Von oberflächlichen Kategorisierungen – wie eine Gegenüberstellung des „guten" Markts und des „schlechten" Staats – ist abzusehen.

Insgesamt ist zu bilanzieren: Dem „More Realistic Approach" ist, insbesondere im Vergleich zu den traditionellen wettbewerbspolitischen Ansätzen, eine durchaus kritische Haltung gegenüber den Marktkräften zu attestieren. Dennoch ist zu betonen, dass die Unterschiede nicht von grundsätzlicher, sondern gradueller Natur sind: So wird die Leistungsfähigkeit der Markt- bzw. Wettbewerbsprozesse nicht grundsätzlich in Frage gestellt. Vielmehr geht es im „More Realistic Approach" darum, die verschiedentlich auftretenden negativen Auswirkungen der Marktprozesse über eine starke und aktive Wettbewerbspolitik in wünschenswerte Bahnen zu lenken.

IV. Zwischen später „Harvard School" und Freiburger Schule

Auch wenn der „More Realistic Approach" einen eigenständigen Wettbewerbsansatz darstellt, weist er mit zwei traditionellen Wettbewerbskonzeptionen dennoch verschiedene Überschneidungspunkte auf; namentlich sind das die späte „Harvard School" und die Freiburger Schule. Der Ansatz lässt sich insofern zwischen den beiden Wettbewerbskonzeptionen ansiedeln. Nachfolgend ist auf drei Gemeinsamkeiten des „More Realistic Approach", der späten „Harvard School" und der Freiburger Schule vertiefter einzugehen.[24]

– *Wettbewerbspolitische Hybriden*
  Einerseits können alle drei Ansätze als wettbewerbspolitische Hybriden aufgefasst werden. Der „More Realistic Approach", die späte „Harvard School" als auch die Freiburger Schule lassen sich nicht ohne Weiteres einem der beiden traditionellen Wettbewerbsverständnissen zuordnen. Wie der „More Realistic Approach" orientieren sich auch die anderen beiden Wettbewerbskonzeptionen nicht nur an einem Wettbewerbsverständnis, sondern greifen systemische und effektbasierte Elemente auf. So hat der Wettbewerb der spä-

---

[23] Schott, Nr. 1.
[24] Zum Wettbewerbsverständnis der späten „Harvard School" und der Freiburger Schule siehe eingehend oben: *§ 4.B.II.2.ii) Späte „Harvard School": wirksamer Wettbewerb* und *§ 4.B.III.2.ii) Kernelemente des Ordoliberalismus.*

ten „Harvard School" – zumindest nach Clark – nicht nur die Aufgabe, die produktive Effizienz zu fördern sowie ineffiziente Verfahren und Akteure zu eliminieren, sondern auch die dynamische Allokation zu erhöhen und die wirtschaftliche Handlungsfreiheit zu sichern.[25] Demgegenüber verbindet die Freiburger Schule den formalen preistheoretischen Wettbewerbsansatz der Neoklassik mit dem Konzept der Wettbewerbsfreiheit der Österreicher Schule: Die Wettbewerbsfreiheit ist dabei gesichert, wenn die Marktakteure den Preis als Datum betrachten.[26]

– *Breites Wettbewerbsverständnis*
Andererseits gehen sowohl der „More Realistic Approach", die späte „Harvard School" als auch die Freiburger Schule von einem breiten Wettbewerbsverständnis aus, was insbesondere an den Zielmodellen ersichtlich wird. So werden bei allen drei Wettbewerbsansätzen nicht nur ökonomische, sondern auch ausserökonomische Ziele verfolgt. Während die Freiburger Schule eine leistungsfähige und menschenwürdige (Wettbewerbs-)Ordnung postuliert,[27] leitet sich das Zielmodell der späten „Harvard School" gemäss Clark vom gesellschaftlichen Grundkonsens ab. Dabei werden unter anderem die Sozialisierung der Fortschrittsgewinne, eine stabile Beschäftigung, die Konsumentensouveränität oder die Verhinderung von Machtmissbrauch als Ziele ausgegeben.[28] Wie dargelegt, orientiert sich auch der „More Realistic Approach" analog zu den zwei Wettbewerbskonzeptionen an einem breiten Zielmodell.[29]

– *Unzureichende methodische und theoretische Fundierung*
Schliesslich sind die drei wettbewerbspolitischen Ansätze einer ähnlich gelagerten Kritik ausgesetzt: So würden alle drei Ansätze auf eine relativ schwach ausgebaute Methodik zurückgreifen und theoretisch nur unzureichend fundiert sein. Besonders deutlich wird diese Kritik im Zusammenhang mit der späten „Harvard School" formuliert. So sind die Vertreter der „Chicago School" der Auffassung, dass es den effektbasierten Wettbewerbskonzeptionen der späten „Harvard School" an analytischer und methodischer Klarheit fehlt, was im Endeffekt zu einer unklaren, widersprüchlichen oder zumindest nicht praktikablen Wettbewerbspolitik führt.[30] Weniger deutlich, aber in die gleiche Richtung gehend wird auch die Wettbewerbskonzeption der Freiburger Schule kritisiert. Namentlich wird vorgebracht, dass das Konzept vom vollständigen Wettbewerb theoretisch verstaubt und metho-

---

[25] Siehe hierzu oben: *§ 4.B.II.2.iv) Normative Grundlagen.*
[26] Siehe hierzu oben: *§ 4.B.III.2.iii) Konzept des vollständigen Wettbewerbs.*
[27] Siehe hierzu oben: *§ 4.B.III.2.ii) Kerngedanken des Ordoliberalismus.*
[28] Siehe hierzu oben: *§ 4.B.II.2.iv) Normative Grundlagen.*
[29] Siehe hierzu oben: *§ 7.B.II. „Multiple Goal Approach".*
[30] Siehe hierzu oben: *§ 4.B.II.3.ii) Kernelemente.*

disch unsauber sei.[31] Im Rahmen des „More Realistic Approach" lässt sich diese Kritik sowohl vor dem Hintergrund der positiven wie auch normativen Grundlage formulieren. So sind gewisse Kritiker der Auffassung, dass „Behavioral Antitrust" theoretisch nicht ausreichend fundiert sei und es ihm darüber hinaus an einem kohärenten theoretischen Überbau fehle.[32] Im Kontext von „Normative Behavioral Antitrust" wurde dahingegen kritisiert, dass nur eine lose Zusammenstellung sich widersprechender Ziele bestehe, die analytisch teilweise nur unzureichend gefasst werden können.[33]

Die Kritik betreffend eine unzureichende methodische und theoretische Fundierung lässt sich jedoch relativieren; ihr liegt nämlich eine stark ökonomisch geprägte Sichtweise zugrunde. Wie dargelegt, hat die rechtliche Rationalität, im Vergleich zur ökonomischen Rationalität, kein solch ausgeprägtes formalistisches Modelldenken. Stattdessen zeichnet sich die rechtliche Rationalität durch pragmatische, induktive und qualitativ orientierte Herangehensweisen sowie Problemlösemechanismen aus.[34] Dementsprechend akzentuiert sich der Konflikt im Rahmen der rechtlichen Rationalität in deutlich kleinerem Rahmen.

Unbesehen der Gemeinsamkeiten der drei Wettbewerbsansätze ist zu betonen, dass der „More Realistic Approach" nicht anachronistisch oder rückwärtsgewandt ist. Zwar trifft es zu, dass die wettbewerbspolitischen Forderungen der drei Ansätze im Ergebnis vergleichbar sind, jedoch unterscheiden sie sich zuweilen deutlich in ihrer theoretischen Begründung. Während beispielsweise die Freiburger Schule die leistungsfähige und menschenwürdige Ordnung auf der methodischen Grundlage des Rationalismus herleitet, bedient sich der „More Realistic Approach" zur Begründung eines leistungsfähigen und am menschlichen Wohlbefinden orientierten Wettbewerbs der empirischen Erkenntnisse der Verhaltensökonomik. Darüber hinaus greift der „More Realistic Approach" – im Unterschied zur späten „Harvard School" – auf Erkenntnisse der Neuen Institutionenökonomik zurück, um verschiedenen Formen des Staatsversagens entgegenzuwirken. In diesem Sinne stellt der „More Realistic Approach" einen zukunftsorientierten und modernen Wettbewerbsansatz dar, der im Einklang mit den aktuellen Erkenntnissen der ökonomischen Forschung steht.

---

[31] Siehe hierzu oben: *§ 5.C. I. Überblick.*
[32] Siehe hierzu oben: *§ 6.B.III.1. Fehlender theoretischer Überbau.*
[33] Siehe hierzu oben: *§ 6.B.IV.3. Gefahr eines nicht praktikablen Wettbewerbsrechts.*
[34] Siehe hierzu oben: *§ 2.B. I.1. Rechtliche Rationalität.*

C. Möglichkeiten und Grenzen des „More Realistic Approach"

Die Möglichkeiten und Grenzen der verhaltensökonomischen Analyse des Wettbewerbsrechts wurden im Rahmen von „Behavioral Antitrust" und „Normative Behavioral Antitrust" bereits separat thematisiert.[35] Nachfolgend geht es nicht darum, diese telquel zu rekapitulieren. Vielmehr sind einzelne, sehr aussagekräftige Aspekte herauszugreifen, zu abstrahieren oder zu konkretisieren, und im Kontext des „More Realistic Approach" abschliessend zu würdigen.

I. Theoretische und praktische Möglichkeiten

1. Verständigung zwischen ökonomischer und rechtlicher Rationalität

Zu Beginn der Studie wurde dargelegt, inwiefern das Wettbewerbsprinzip im Spannungsverhältnis von Recht und Ökonomik steht. Nach eingehender Analyse wurde schliesslich resümiert, dass sich die Spannungen mittels eines erweiterten „Law and Economics"-Ansatzes abmildern lassen. Vereinfacht gesagt, geht dieser erweiterte Ansatz vom traditionellen „Law and Economics"-Ansatz aus und ergänzt ihn mit drei korrektiven bzw. flankierenden Massnahmen. Namentlich handelt es sich dabei um folgende Massnahmen: *(1)* Anerkennung einer reziproken Beeinflussung zwischen ökonomischer und rechtlicher Rationalität, *(2)* Respektierung der Disziplinengrenzen und Ablehnung eines ökonomischen Überlegenheitsdenkens sowie *(3)* verstärkter Realitätsfokus.[36]

Es stellt sich nun die Frage, inwieweit diesen Massnahmen im Rahmen des „More Realistic Approach" tatsächlich Rechnung getragen wurde.[37] Oder zugespitzt formuliert: Hat der „More Realistic Approach" tatsächlich zu einem Spannungsabbau zwischen der ökonomischen und rechtlichen Rationalität im Rahmen des Wettbewerbsprinzips geführt? Diese Frage ist grundsätzlich zu bejahen: Wie nachfolgend zu zeigen ist, fördert der „More Realistic Approach" eine reziproke Beeinflussung, wehrt sich gegen ein ökonomisches Überlegenheitsdenken und hat einen verstärkten Realitätsfokus.

Den ersten zwei Massnahmen wird allen voran durch die Stärkung der rechtlichen Rationalität in der wettbewerbsrechtlichen Analyse Rechnung getragen. So stellt das Recht im „More Realistic Approach" nicht nur das Objekt dar, das

---

[35] Zu den Möglichkeiten und Grenzen von „Behavioral Antitrust" siehe oben: *§ 6.B.II. Ausgewählte Anwendungsfelder, § 6.B.III. Kritik und Kritikanalyse* sowie *§ 6.B.IV. Würdigung*; zu den Möglichkeiten und Grenzen von „Normative Behavioral Antitrust" siehe oben: *§ 7.B.III. Ausgewählte Anwendungsfelder, § 7.B.IV. Kritik und Kritikanalyse* sowie *§ 7.B.V. Würdigung*.

[36] Siehe hierzu oben: *§ 2.B.III. „Law and Economics" als Bindeglied?*.

[37] Siehe hierzu oben: *§ 2.B.IV.2. Erweiterter „Law and Economics"-Ansatz und das Wettbewerbsprinzip*.

sich nach der ökonomischen Rationalität zu formen hat. Vielmehr werden rechtliche Konzepte und Methoden bei der wettbewerbsrechtlichen Analyse explizit
berücksichtigt, womit dem Recht auch eine Subjektfunktion zukommt. Besonders deutlich kann dies anhand des Fairnesskriteriums aufgezeigt werden: Während Fairnessüberlegungen in den ökonomischen Wettbewerbsansätzen traditionell eine marginale Bedeutung zukommt, können diese im „More Realistic
Approach" eine höhere Stellung einnehmen. So kann der Fairnessgedanke einerseits im Rahmen der positiven Grundlage zur Erklärung einer übermässigen
Anwendung vertikaler Mindestpreisbindungen herangezogen werden. Andererseits kann die Gewährleistung eines fairen Wettbewerbs aber auch ein mögliches Wettbewerbsziel des „More Realistic Approach" sein.[38]

Die Ausgestaltung und Handhabung des Zielmodells im „More Realistic
Approach" macht aber auch ganz allgemein deutlich, dass die rechtliche Rationalität gestärkt wird: Während die traditionellen Wettbewerbskonzeptionen
vielfach nur ein Wettbewerbsziel ausgeben und mögliche Zielkonflikte mar-
ginalisieren oder gar nicht thematisieren, adressiert der „More Realistic Approach" verschiedene Wettbewerbsziele und geht transparent mit allfälligen
Zielkonflikten um. Ganz im Sinne der rechtlichen Rationalität wird anerkannt,
dass im Wettbewerbsrecht verschiedene Werte aufeinandertreffen können, die
im Rahmen rechtlicher Abwägungsprozesse gegenüberzustellen und zu bewerten sind. Damit wird von einem „reinen" oder in sich widerspruchsfreien Wettbewerbsverständnis Abschied genommen und durch ein realistischeres, prag-
matischeres Verständnis ersetzt.

Die Stärkung der rechtlichen Rationalität geht aber nicht soweit, dass der
traditionelle „Law and Economics"-Ansatz ins Gegenteil verkehrt wird und die
ökonomischen Konzepte und Methoden gänzlich aus der wettbewerbsrechtlichen Analyse gedrängt werden. Vielmehr sind im „More Realistic Approach"
sowohl die ökonomischen als auch die rechtlichen Konzepte und Methoden
angemessen zu berücksichtigen. Um das Verhältnis von rechtlicher und ökonomischer Rationalität zu beschreiben, bietet sich die von Ezrachi verwendete
„Schwamm-Membranen"-Analogie an. So kann das Wettbewerbsrecht, analog
zu einem Schwamm, ganz verschiedene Ziele und Werte aufsagen. Dies entspricht der offenen und pragmatischen Haltung der rechtlichen Rationalität. Die
ökonomische Rationalität fungiert in diesem Zusammenhang als Membrane,
welche die Absorptionsfähigkeit des Wettbewerbsrechts beschränkt: Ziele und
Werte sollen nicht ungefiltert ins Wettbewerbsrecht Eingang finden, sondern
basierend auf der ökonomischen Rationalität überprüft, angepasst und gegebenenfalls auch abgestossen werden. In diesem Sinne schützt die Membrane den
Schwamm vor einer Überabsorption.[39]

---

[38] Siehe hierzu oben: *§ 7.B.II.4. Gewährleistung eines fairen Wettbewerbs.*
[39] Siehe hierzu oben: *§ 7.A.III.3. Vergleichbare Forderungen in Europa.*

Ein verstärkter Realitätsfokus wird schliesslich durch einen umfassenden Einbezug verhaltensökonomischer Erkenntnisse erreicht. Namentlich geht es darum, bei der wettbewerbsrechtlichen Analyse soweit wie möglich auf das tatsächliche Verhalten („Behavioral Antitrust") als auch auf die tatsächlichen Ziele und Bedürfnisse („Normative Behavioral Antitrust") abzustellen. Dies soll jedoch nicht nur zu einem realistischeren, sondern letztlich auch zu einem konsensfähigeren Wettbewerbsrecht führen.

2. Grundlage für eine aktive und starke Wettbewerbspolitik des 21. Jahrhunderts

Mit der Digitalisierung der Wirtschaft müssen sich die Wettbewerbsbehörden vermehrt mit Wettbewerbsbehinderungen auseinandersetzen, die im Zusammenhang mit Künstlicher Intelligenz, Algorithmen, „Machine Learning" oder „Big Data" stehen. Eine sachgerechte Analyse ist diesbezüglich jedoch nur möglich, wenn die fraglichen Unternehmensstrategien richtig gefasst und ihre wettbewerbsbeschränkenden und -fördernden Wirkungen adäquat beschrieben werden können. Während verschiedene traditionelle Wettbewerbskonzeptionen und deren Weiterentwicklungen die wettbewerbsrechtlichen Probleme der digitalen Wirtschaft nicht oder nur unzureichend fassen können, stellt der „More Realistic Approach" Methoden und Konzepte bereit, um solche Unternehmensstrategien sachgerecht analysieren zu können.

Dies kann am Beispiel sog. „behavioral exploitation"-Strategien marktmächtiger Technologieunternehmen illustriert werden.[40] Dabei sammeln und bewerten marktbeherrschende Technologieunternehmen systematisch alle erfassbaren Konsumentendaten. Die Daten werden dann genutzt, um zu eruieren, welche emotionalen oder kognitiven Verzerrungen einen Konsumenten zum Kauf bestimmter Produkte verleiten. Zudem lässt sich anhand dieser Konsumentendaten auch die effektive Zahlungsbereitschaft der einzelnen Konsumenten bestimmen. Basierend auf diesen Erkenntnissen wird das Technologieunternehmen versuchen, den Konsumenten über personalisierte Werbung oder „Push"-Nachrichten zum Kauf bestimmter Produkte zu verleiten und über individualisierte Preise die gesamte Zahlungsbereitschaft abzuschöpfen.

Wird die wettbewerbsrechtliche Analyse solcher Unternehmensstrategien nun beispielsweise vor dem Hintergrund der effizienzorientierten Wettbewerbskonzeption der „Chicago School" vorgenommen, lassen sich keine signifikanten Wettbewerbsbehinderungen feststellen. Einerseits, weil von einem rationalen Konsumenten ausgegangen wird, der sich nicht von emotionalen oder kognitiven Verzerrungen beeinflussen lässt. Folglich kann er auch nicht zum Kauf „verleitet" werden. Andererseits wird auch die Individualisierung der

---

[40] Siehe hierzu bereits: *§ 6.B.III.2. Punktuelle und minimale Erkenntnisgewinne.*

Preise nicht zu beanstanden sein, da dies lediglich eine sehr effiziente Form der dynamischen Preisgestaltung darstellt.

Im Rahmen des „More Realistic Approach" werden solche „behavioral exploitation"-Strategien kritischer betrachtet. Einerseits, weil nicht von rationalen, sondern nur von beschränkt rationalen Konsumenten ausgegangen wird, die für emotionale und kognitive Verzerrungen anfällig sind. In diesem Sinne kann der Konsument zum Kauf „verleitet" werden. Erschwerend kommt hinzu, dass die verzerrenden Effekte systematisch und gezielt ausgenützt werden, was deren Effektivität erhöht. Andererseits lässt sich auch die dynamische Preisgestaltung kritisieren, wenn diese Strategie nicht am statischen Effizienzziel bewertet wird, sondern am Ziel, einen fairen Wettbewerb zu gewährleisten. Die dynamische Preisgestaltung kann nämlich dem Fairnessgedanken zuwiderlaufen, wobei sich der unfaire Wettbewerb sowohl auf Mitbewerber als auch auf Konsumenten erstreckt. So können Mitbewerber mit dem marktbeherrschenden Technologieunternehmen nicht effektiv konkurrieren, da sie nicht auf die digitalen Plattformen und die darauf generierten Konsumentendaten zugreifen können. In diesem Sinne schmälert der sog. „Netzwerkeffekt" die Chancengleichheit. Darüber hinaus können dynamische Preisgestaltungen aber auch von der Konsumentenseite als unfair betrachtet werden. Problematisch ist insbesondere, dass das Preisbildungsverfahren weitgehend intransparent ist und der einzelne Konsument somit nicht nachvollziehen kann, warum er den entsprechenden Preis zu zahlen hat. Im Extremfall ist es sogar möglich, dass die dynamische Preisgestaltung letztlich auf rassistischen oder sexistischen Kriterien beruht.[41]

Insgesamt zeigt das Beispiel schön auf, wie „Behavioral Antitrust" und „Normative Behavioral Antitrust" im „More Realistic Approach" ineinandergreifen können. Gleichzeitig wird aber auch ersichtlich, dass mit dem „More Realistic Approach" eine aktive und starke Wettbewerbspolitik einhergeht, die in der Lage ist, den ökonomischen Herausforderungen des 21. Jahrhunderts angemessen Rechnung zu tragen.

II. Theoretische und praktische Grenzen

1. „Behavioral turn" und keine „behavioral revolution"

Aus theoretischer Sicht gilt zu beachten, dass mit dem „More Realistic Approach" keine „behavioral revolution", sondern lediglich ein „behavioral turn" einhergeht.[42] Oder anders formuliert: Der „More Realistic Approach" führt ins-

---

[41] In diesem Zusammenhang sind auch Ezrachi/Stucke zu verstehen, wenn sie vor „behavioral discrimination"-Strategien marktmächtiger Technologieunternehmen warnen. Siehe hierzu: Ezrachi/Sucke, Virtual Competition, S. 83 ff.

[42] Siehe hierzu oben: § 6.B.IV. Würdigung.

gesamt zu keinem Paradigmenwechsel, sondern soll die wettbewerbsrechtliche Analyse lediglich punktuell erweitern.

Dieser punktuelle Einfluss wurde insbesondere im Rahmen der positiven Grundlage des „More Realistic Approach" ersichtlich: So geht es nicht darum, das traditionelle von der neoklassischen Ökonomik geprägte Verhaltensmodell durch ein verhaltensökonomisches Verhaltensmodell zu substituieren. Dies würde nämlich voraussetzen, dass ein solches verhaltensökonomisches Verhaltensmodell existiert – Stand heute ist dies jedoch nicht der Fall.[43] Ferner werden die verhaltensökonomischen Erkenntnisse keinen Paradigmenwechsel einleiten, weil das neoklassische Verhaltensmodell nicht so realitätsfremd ist, wie es von gewissen Kritikern dargestellt wird. Oder anders formuliert: Auch ein allfälliges verhaltensökonomisches Verhaltensmodell würde höchstwahrscheinlich nicht ein völlig anderes Menschenbild zeichnen. Namentlich ist nicht von einem völlig irrationalen, willensschwachen oder altruistischen Menschen auszugehen.

Gleiches gilt auch für die normative Grundlage: Der „More Realistic Approach" wird nicht zu einem Paradigmenwechsel führen. In Anlehnung an den „behavioral turn" ist auch hier vielmehr von einem „behaviorally informed normative turn" zu sprechen: Ausgehend von den Erkenntnissen der Verhaltensökonomik ist ein interdisziplinär und breit ausgerichtetes Zielmodell zu entwickeln, das den tatsächlichen Zielen und Bedürfnissen der Marktakteure besser Rechnung trägt. Obwohl mit einem solchen Anspruch durchaus ein wettbewerbspolitischer Paradigmenwechsel einhergehen kann, hat der „More Realistic Approach" in erster Linie eine punktuelle Erweiterung des bestehenden Zielmodells zum Ziel. Konkret soll den neu eingeführten Zielen über enge gebundene Tatbestände Rechnung getragen werden.[44] Solche Tatbestände sind aber nur dann angezeigt, wenn die neuen Ziele mit den traditionellen Wettbewerbszielen – wie Effizienz oder Wettbewerbsfreiheit – in Konflikt stehen. Und auch dann müssen die traditionellen Ziele nicht zwingend zurücktreten; vielmehr sind beide Ziele bei der Tatbestandsausgestaltung zu berücksichtigen.

Dieses Vorgehen lässt sich gut am Fairnessziel illustrieren: Grundsätzlich kann davon ausgegangen werden, dass ein auf Effizienz ausgerichtetes Wettbewerbsrecht auch einen fairen Wettbewerb fördert. Ist dies in gewissen Konstellationen nicht der Fall, kann gegebenenfalls der Missbrauchstatbestand um einen engen gebundenen Tatbestand erweitert werden, der den Zielkonflikt aufgreift. Dem Fairnessziel ist dabei aber nicht ein absoluter Vorrang zu gewähren, sondern es ist beiden Zielen, Effizienz und Fairness, bei der Tatbestandsausgestaltung soweit wie möglich Rechnung zu tragen.[45]

---

[43] Siehe hierzu oben: *§ 6.B.III.2. Punktuelle und minimale Erkenntnisgewinne.*
[44] Siehe hierzu oben: *§ 7.B.IV.3.ii) Kritikanalyse.*
[45] Siehe hierzu oben: *§ 7.B.III.2.ii) Privilegierung der eigenen Suchdienste durch Google.*

Der „More Realistic Approach" lässt sich damit am besten mit einem Baukastensystem vergleichen: Während das bestehende Wettbewerbsrecht das Fundament stellt, arbeitet der „More Realistic Approach" auf Grundlage der verhaltensökonomischen Erkenntnisse passförmige Bauteile aus, die bei Bedarf relativ reibungslos an das bestehende Fundament angesetzt werden können.

2. Gefahr eines überladenen und nicht praktikablen Wettbewerbsrechts

Schliesslich besteht die Gefahr, dass der Anspruch des „More Realistic Approach", eine möglichst realistische wettbewerbspolitische Grundlage zu schaffen, letztlich zu einem überladenen und nicht praktikablen Wettbewerbsrecht führt.

Einerseits ist die Praktikabilität gefährdet, da die kognitiven Verzerrungen zuweilen deutlich komplexer und diffiziler sind, als es die empirischen Befunde ursprünglich vermuten lassen. So können beispielsweise Immunisierungstendenzen auftreten oder die Effekte können sich bei Änderung der Versuchsanordnung ins Gegenteil verkehren.[46] Darüber hinaus gilt es zu beachten, dass das menschliche Verhalten variabel und heterogen ist. So sind nicht alle Gruppen von Marktakteuren – Konsumenten und Produzenten – für alle kognitiven Verzerrungen gleichermassen anfällig.[47] Die überzeichnete Kritik von Devlin und Jacobs, dass die verhaltensökonomische Analyse des Wettbewerbsrechts auf einem diffusen Flickwerk kontextabhängiger Verzerrungen basiert, hat damit durchaus einen wahren Kern.[48] Vor diesem Hintergrund gestaltet es sich schwierig, allgemeine und aussagekräftige Vorhersagen betreffend das reale Verhalten der Marktakteure zu formulieren, die schliesslich auch vom Gesetzgeber und den rechtsanwendenden Behörden aufgegriffen werden können.

Aus diesem Grund ist jedoch nicht gänzlich von der verhaltensökonomischen Analyse des Wettbewerbsrechts Abstand zu nehmen – vielmehr geht es um eine bedachte Anwendung der empirischen Erkenntnisse zu den kognitiven Verzerrungen.[49] Der Anwendungsbereich hängt letztlich von der externen Validität bzw. der Robustheit der kognitiven Verzerrungen ab: Weist eine bestimmte Verzerrung eine hohe externe Validität auf, ist eine allgemeine Anwendung relativ unproblematisch. So lässt sich beispielsweise der Rückschaufehler als robuste kognitive Verzerrung, durchaus mit den Annahmen des „homo oeconomicus"-Modell gleichsetzen und auf verschiedene wettbewerbsrechtliche Sachverhalte anwenden. Bei weniger robusten Verzerrungen muss der Anwendungsbereich dahingegen enger gefasst werden: Namentlich hängt es in solchen Fällen von der empirischen Datenlage ab, inwiefern Verallgemeinerungen zu-

---

[46] Siehe hierzu oben: *§ 6.B.III.3. Unzureichende Vermittlerfunktion.*
[47] Siehe hierzu oben: *§ 6.A.II.4.ii) Variabilität und Heterogenität.*
[48] Siehe hierzu oben: *§ 6.B.III.4. Mangelnde Vorhersagefähigkeit.*
[49] Siehe hierzu oben: *§ 6.A.II.4.ii) Variabilität und Heterogenität.*

lässig sind. Als Grundsatz lässt sich festhalten: Je grösser die Datenmenge und je vergleichbarer die beobachteten Wirkungen, desto eher lässt sich eine kognitive Verzerrung aus ihrem beobachteten Kontext lösen. Wie dargelegt, sollte sich das Problem der mangelnden Robustheit mittelfristig aber relativieren: Mit einer immer umfassenderen und weitreichenderen verhaltensökonomischen Forschung wird sich zunehmend ein gefestigteres Bild der kognitiven Verzerrungen ergeben.[50]

Andererseits kann aber auch das breite Zielmodell des „More Realistic Approach" einem überladenen und nicht praktikablen Wettbewerbsrecht Vorschub leisten. Insbesondere besteht die Gefahr, dass im Zuge eines sog. „Antitrust Imperialism" der Kompetenzbereich der Wettbewerbsbehörden ausfernd breit wird. Im Extremfall wandelt sich die Wettbewerbsbehörde in eine allgemeine Kontrollbehörde, die Bussen und Auflagen verfügen kann, wenn ein Lebenssachverhalt auch nur einen indirekten oder marginalen Wettbewerbsbezug aufweist. Die Gefahr akzentuiert sich insbesondere im Zusammenhang mit dem Missbrauchstatbestand, der am Fairnessziel ausgerichtet wird: Hat die Wettbewerbspolitik die Aufgabe, einen fairen Wettbewerb zu gewährleisten, kann dies einer sehr extensiven Auslegung des Missbrauchstatbestands Vorschub leisten. Ein Unternehmen würde nämlich bereits dann unfair handeln, und dementsprechend seine marktbeherrschende Stellung missbrauchen, wenn es gegen das Prinzip des Leistungswettbewerbs verstösst. Nicht von Bedeutung ist dabei, ob sich das Unternehmen bei der Missbrauchshandlung auf seine Marktmacht gestützt hat. So könnte beispielsweise ein Unternehmen für einen Missbrauch seiner marktbeherrschenden Stellung verurteilt werden, wenn es bei der Produktion bestimmte Umweltbestimmungen nicht eingehalten hat. Letztlich würde dies einem äusserst breiten und kaum praktikablen Wettbewerbsrecht Vorschub leisten.[51] Darüber hinaus besteht die Gefahr, dass sich die Wettbewerbsbehörden in ihrem ursprünglichen Kernbereich zunehmend von systemfremden Überlegungen leiten lassen, wenn die Grenzen zwischen dem wettbewerbsrelevanten und nicht wettbewerbsrelevanten Bereich verwischen. So könnte die Behörde bei der Beurteilung einer Wettbewerbsabrede beispielsweise auch umwelt-, medien-, datenschutz-, struktur- oder sozialpolitische Aspekte einbeziehen. Dies ist unter anderem problematisch, weil es den Wettbewerbsbehörden in der Regel an Ressourcen fehlt, um solche komplexen interdisziplinären Bewertungen durchzuführen. So stellt sich etwa die Frage, inwieweit die Behörden die Gefährdung der Medienvielfalt im Rahmen einer Fusionskontrolle sachgerecht beurteilen können.[52]

---

[50] Siehe hierzu oben: *§ 6.B.III.4.ii) Kritikanalyse.*
[51] Siehe hierzu oben: *§ 7.B.IV.2. Gefahr eines sog. „Antitrust Imperialism".*
[52] Siehe hierzu oben: *§ 7.B.IV.2. Gefahr eines sog. „Antitrust Imperialism" und § 7.B.IV.3. Gefahr eines nicht praktikablen Wettbewerbsrechts.*

Vor diesem Hintergrund gilt es folgendes zu beachten: Im Rahmen des „More Realistic Approach" muss ein vernünftiges Mass zwischen einem leistungsfähigen Wettbewerb und einem Wettbewerb gefunden werden, der den realen Bedürfnissen der Marktteilnehmer angemessen Rechnung trägt. Es geht also nicht darum, die Aspekte Praktikabilität und Realität gegeneinander auszuspielen; vielmehr sind sie im „More Realistic Approach" vernünftig auszutarieren. Für ein solches versöhnliches Vorgehen bieten sich wiederum enge gebundene Tatbestände an: Sofern Vermutungs-, Ausnahme- oder Rechtfertigungstatbestände genügend ausdifferenziert und klar formuliert sind, können sie sowohl zu einem realistischen als auch praktikablen Wettbewerbsrecht beitragen. In diesem Sinne gilt folgender Grundsatz: Je breiter das Zielmodell, desto enger die Tatbestände.[53]

---

[53] Siehe hierzu oben: *§ 7.B.IV.3.ii) Kritikanalyse.*

§ 9 Schlussbetrachtung

Vorliegend geht es nicht darum, die Erkenntnisse der Studie zusammenzufassen; dafür ist auf die Fazits am Ende der jeweiligen Paragraphen zu verweisen.[1] Vielmehr sind die gewonnenen Erkenntnisse hier abschliessend zu würdigen.

Ein „More Realistic Approach"? – bereits der Titel weist auf die ambivalente Bewertung der verhaltensökonomischen Analyse des Wettbewerbsrechts hin. Begrifflich wird einerseits nämlich auf den „More Economic Approach" angespielt und suggeriert, dass der „More Realistic Approach" anstelle des „More Economic Approach" einem wettbewerbspolitischen Paradigmenwechsel Vorschub leisten könne. Andererseits macht die fragende Formulierung deutlich, dass durchaus Vorbehalte angebracht sind, wenn im Zuge der verhaltensökonomischen Analyse des Wettbewerbsrechts von einem Paradigmenwechsel gesprochen wird.

Diese ambivalente Sichtweise zieht sich letztlich durch den gesamten „More Realistic Approach": Den Chancen und Möglichkeiten stehen verschiedene Einschränkungen und Relativierungen entgegen. So können die verhaltensökonomischen Erkenntnisse das traditionelle neoklassische Verhaltensmodell ergänzen, aber nicht vollständig ersetzen. Gleiches gilt auch für die normative Grundlage: Das Zielmodell des Wettbewerbsrechts kann basierend auf verhaltensökonomischen Erkenntnissen revidiert werden, wobei aber die normative Neuausrichtung letztlich nur punktuell über enge gebundene Tatbestände zur Geltung kommt.

Unbesehen dieser nüchterneren Betrachtungsweise kann der „More Realistic Approach" im Rahmen seiner punktuellen Anwendungsfelder die wettbewerbsrechtliche Analyse aber durchaus bereichern. So trägt er in seinem Wirkbereich nicht nur zu einer Verständigung zwischen dem systemischen und effektbasierten Wettbewerbsverständnis bei, sondern baut auch Spannungen zwischen der rechtlichen und ökonomischen Rationalität ab. Darüber hinaus fördert der „More Realistic Approach" eine Wettbewerbspolitik, die wettbewerbsbeschränkende Handlungen in der digitalen Wirtschaft angemessen fassen und bewerten kann. Schliesslich kann der Ansatz einer inklusiven Wettbewerbspolitik Vorschub leisten, die interdisziplinär ausgerichtet ist und damit die gesellschaftli-

---

[1] Siehe hierzu oben: *§2.C. Fazit, §3.D. Fazit, §4.C. Fazit, §5.E. Fazit, §6.C. Fazit* sowie *§7.C. Fazit.*

chen Probleme fassen kann, die sich im Zusammenhang mit der Wettbewerbsordnung ergeben.

Ferner ist es durchaus möglich, dass der „More Realistic Approach" in Zukunft noch weiter an Bedeutung gewinnt; dafür braucht es jedoch mehr verhaltensökonomische Forschung – insbesondere im empirischen Bereich. Denn wie im Rahmen der positiven und normativen Grundlage dargelegt, steht der „More Realistic Approach" heute teilweise auf einem relativ wackligen empirischen Fundament. So mangelt es beispielweise verschiedenen kognitiven Verzerrungen an der nötigen Robustheit. Aber auch im Rahmen der normativen Grundlage ist das empirische Fundament ausbaufähig: Dies trifft namentlich auf die empirischen Erkenntnisse der Glücksforschung zu, auf die im Rahmen der Normativen Verhaltensökonomik zurückgegriffen wird.

Fraglos ist es ein steiniger Weg, sich von den simplen theoretischen Modellannahmen zu lösen und differenzierte empirisch fundierte Modelle auszuarbeiten. In diesem Sinne hielt bereits Clark fest:

„It takes resolution to go forth from the ease and beautiful simplicity of a well-formed hypothesis and struggle with amorphous facts."[2]

Aber wie die Studie versucht hat aufzuzeigen, lohnt sich die Mühe durchaus.

Die vorangegangenen Erkenntnisse lassen sich aber auch in einen grösseren Kontext stellen: So setzt sich die vorliegende Studie dafür ein, dass in der rechtlichen Analyse vermehrt Methoden und Erkenntnisse anderer Disziplinen miteinbezogen werden. Denn wie einleitend dargelegt, sind gesellschaftliche Probleme adisziplinär und lassen sich nicht innerhalb einer bestimmten Wissenschaftsdisziplin vollständig fassen. In diesem Sinne hielten bereits Calabresi und Melamed fest, dass eine rein rechtliche Betrachtungsweise gesellschaftlicher Probleme – in Anlehnung an Montes Bilderserie der Kathedrale von Rouen – stets „only one view of the Cathedral"[3] eröffnet.

Dieses Postulat für mehr Interdisziplinarität richtet sich aber nicht nur an die Forschung und Praxis; bereits im Zuge der rechtswissenschaftlichen Ausbildung gilt es, Studierende für die Chancen und Risiken interdisziplinärer Betrachtungsweisen zu sensibilisieren. Dafür bieten sich in den oberen Semestern insbesondere Schnittstellenfächer wie „Law and Society" oder „Law and Economics" an. Diese Fächer stehen in der langen Tradition der Sozialwissenschaften und können den relativ weit ausziselierten Fächerkanon komplementieren. Darüber hinaus lassen sich im Rahmen solcher Fächer den Studierenden auch grundlegende Methoden und Konzepte der empirischen Sozialforschung vermitteln; zu denken ist dabei an Themenblöcke wie „Empirical Legal Studies" oder aber „Behavioral Law and Economics". Diese breit ausgebildeten Juristen

---

[2] Clark, Competitive Price, S. 748.
[3] Calabresi/Melamed, S. 1128.

stellen zweifellos eine Bereicherung für die gesamte Rechtspflege dar – einschliesslich der wettbewerbsrechtlichen Analyse.

Mit den Worten von Walter Eucken schliessend bleibt der fromme Wunsch, dass die hier gewonnenen Erkenntnisse „zu weiteren Überlegungen und zu neuer Untersuchung der Wirklichkeit anregen und (...) so im Lauf der Jahre und Jahrzehnte wirken".[4]

---

[4] Zitiert nach: Eucken, Vorwort, S. VI.

Literaturverzeichnis

Aberle, Gerd: Wettbewerbstheorie und Wettbewerbspolitik, 2. Aufl., Stuttgart/Berlin/ Köln 1992.

Adler, Matthew: Well-Being and Fair Distribution – Beyond Cost-Benefit Analysis, Oxford 2012.

Aghion, Philippe/Bloom, Nicholas/Blundell, Richard/Griffith, Rachel/Howitt, Peter: Competition and Innovation: An Inverted-U Relationship, in: Quarterly Journal of Economics, Bd. 120/2, 2005, S. 701 ff.

Alexis, Fritz: Der naturalistische Fehlschluss – Das Ende eines Knock-Out-Arguments, Freiburg i. Üe. 2009.

Altwicker, Tilmann: Von der Rechtsnorm zu Rechtdaten (und wieder zurück) – Warum Jusstudierende heute Statistikgrundkenntnisse brauchen, in: recht – Zeitschrift für juristische Weiterbildung und Praxis, Bd. 1, 2018, S. 62 ff.

Amstutz, Marc/Reinert, Mani (Hrsg.): Basler Kommentar, Kartellgesetz, Basel 2010 (zit. Bearbeiter, KG-BaKomm, N … zu Art. … KG).

Andriychuk, Oles: The Normative Foundations of European Competition Law – Assessing the Goals of Antitrust Through the Lens of Legal Philosophy, Cheltenham/Northampton 2017.

Aretz, Hans-Jürgen: Ökonomischer Imperialismus? – Homo Oeconomicus und soziologische Theorie, in: Zeitschrift für Soziologie, Bd. 26/2, 1997, S. 79 ff.

Arndt, Helmut: Irrwege der politischen Ökonomie – Die Notwendigkeit einer wirtschaftstheoretischen Revolution, München 1979.

Assenmacher, Walter: Einführung in die Ökonometrie, 6. Aufl., München/Wien 2002.

Aßländer, Michael: Adam Smith zur Einführung, Hamburg 2007.

Augsberg, Ino: Von einem neuerdings erhobenen empiristischen Ton in der Rechtswissenschaft, in: Der Staat – Zeitschrift für Staatslehre und Verfassungsgeschichte, deutsches und europäisches öffentliches Recht, Bd. 51/1, 2012, S. 117 ff. (zit. als: Augsberg, empiristischer Ton, S. …).

–: Rechtswirklichkeiten, in denen wir leben – New Legal Realism und die Notwendigkeit einer juristischen Epistemologie, in: RT, Bd. 46/1, 2015, S. 71 ff. (zit. als: Augsberg, Rechtswirklichkeiten, S. …).

Baer, Susanne: Rechtssoziologie – Eine Einführung in die interdisziplinäre Rechtsforschung, 3. Aufl., Baden-Baden 2017 (zit. als: Baer, N … zu § …).

Bailey, David: The New Frontiers of Article 102 TFEU – Antitrust Imperialism or Judicious Intervention?, in: Journal of Antitrust Enforcement, Bd. 6/1, 2018, S. 25 ff. (zit. als: Bailey, Antitrust Imperialism, S. …).

Bailey, Elizabeth M.: Behavioral Firms – Does Antitrust Economics Need a Theoretical Update?, in: Competition Policy International – Antitrust Chronicle, Bd. 1/19, 2019, S. 1 ff. (zit. als: Bailey, Behavioral Firms, S. …).

Balling, Stephan: Sozialphilosophie und Geldpolitik – Bei Friedrich August von Hayek, Walter Eucken, Joseph Alois Schumpeter, Milton Friedman und John Maynard Keynes, Diss., Stuttgart 2013.

Barrotta, Pierluigi: Why Economists Should be Unhappy with the Economics of Happiness, in: Economics & Philosophy, Bd. 24/2, 2008, S. 145 ff.

Bartling, Hartwig: Leitbilder der Wettbewerbspolitik, Habil., München 1980.

Beater, Axel: Medienrecht, 2. Aufl., Tübingen 2016.

Behrens, Peter: Abschied vom more economic approach?, in: Bechtold/Jickeli/Rohe (Hrsg.), Recht, Ordnung und Wettbewerb – Festschrift zum 70. Geburtstag von Wernhard Möschel, Baden-Baden 2011, S. 115 ff.

Berg, Nathan: Normative Behavioral Economics, in: Journal of Socio-Economics, Bd. 32/4, 2003, S. 411 ff.

Bester, Helmut: Theorie der Industrieökonomik, 7. Aufl., Berlin/Heidelberg 2017.

Biaggini, Giovanni: BV Kommentar – Bundesverfassung der Schweizerischen Eidgenossenschaft, 2. Aufl., Zürich 2017 (zit. als: Biaggini, OF-Kommentar, N … zu Art. … BV).

–: Die Wirtschaftsfreiheit und ihre Einschränkungen, in: ius.full – forum für juristische Bildung, Bd. 1, 2003, S. 1 ff. (zit. als: Biaggini, Wirtschaftsfreiheit, S. …).

Bickenbach, Frank/Kumkar, Lars/Soltwedel, Rüdiger: Wettbewerbspolitik und Regulierung – Die Sichtweise der Neuen Institutionenökonomik, in: Zimmermann (Hrsg.), Neue Entwicklungen in der Wirtschaftswissenschaft, Berlin/Heidelberg 2002, S. 217 ff.

Biedenkopf, Kurt: Rechtsfragen der Konzentration, in: Zeitschrift des Bernischen Juristenvereins, Bd. 108, 1972, S. 1 ff.

Böhm, Franz: Demokratie und ökonomische Macht, in: Institut für ausländisches und internationales Wirtschaftsrecht der Universität Frankfurt am Main in Verbindung mit Institute for International and Foreign Trade Law of the Georgetown University Law Center Washington, D. C. (Hrsg.), Kartelle und Monopole im modernen Recht, Bd. 1, Karlsruhe 1961, S. 1 ff.

Borchert, Jan/Goos, Philipp/Strahler, Bernd: Forschungsansätze, in: Schumann (Hrsg.), Arbeitsbericht Nr. 25/2004, Institut für Wirtschaftsinformatik, Göttingen 2004, S. 1 ff.

Borer, Jürg: Wettbewerbsrecht I Kommentar – Schweizerisches Kartellgesetz (KG) mit den Ausführungserlassen sowie einschlägigen Bekanntmachungen und Meldeformularen der WEKO, 3. Aufl., Zürich 2011 (zit. als: Borer, KG-Kommentar, N … zu Art. … KG).

Bork, Robert H.: The Antitrust Paradox – A Policy at War with Itself, 2. Aufl., New York 1993.

Brandeis, Louis D.: A Curse of Bigness, in: Brandeis (Hrsg.), Other People's Money and How the Bankers use it, New York 1913, S. 162 ff.

Brauer, Tabea/Homann, Reimund: Einführung eines Mindestlohnes in Deutschland – Eine Untersuchung unter besonderer Berücksichtigung der Hotelbranche, Hamburg 2016.

Braunberger, Gerald: Ordnungsökonomik ist nicht genug – Unsystematische Beobachtung eines Wirtschaftsjournalisten, in: Zweynert/Kolev/Goldschmidt (Hrsg.), Neue Ordnungsökonomik, Tübingen 2016, S. 225 ff.

Brunetti, Aymo: Volkswirtschaftslehre – Eine Einführung für die Schweiz, 4. Aufl., Bern 2017.

Brunner, Sibylle/Kehrle, Karl: Volkswirtschaftslehre, 3. Aufl., München 2014.

Budzinski, Oliver: Empirische Ex-Post Evaluation wettbewerbspolitischer Entscheidungen – Methodische Anmerkungen, in: Theurl (Hrsg.), Empirische Institutionenökonomik – Konzeptionelle Fragen und Anwendungen, Berlin 2012, S. 45 ff. (zit. als: Budzinski, Ex-Post Evaluation, S. ...).

–: „Wettbewerbsfreiheit" und „More-Economic Approach" – Wohin steuert die Europäische Wettbewerbspolitik?, in: Grusevaja/Wonke/Hösel/Dunn (Hrsg.), Quo vadis Wirtschaftspolitik?: Ausgewählte Aspekte der aktuellen Diskussion – Festschrift für Norbert Eickhof, Frankfurt am Main 2008, S. 15 ff. (zit. als: Budzinski, Europäische Wettbewerbspolitik, S. ...).

–: Pluralism of Competition Policy Paradigms and the Call for Regulatory Diversity, in: Marburger Volkswirtschaftliche Beiträge, Nr. 14/2003, S. 1 ff. (zit. als: Budzinski, Pluralism, S. ...).

Calabresi, Guido: The Future of Law & Economics – Essays in Reform and Recollection, New Haven/London 2016.

Calabresi, Guido/Melamed, Douglas A.: Property Rules, Liability Rules and Inalienability – One View of the Cathedral, in: Harvard Law Review, Bd. 85/6, 1972, S.1089 ff.

Cartwright, Edward: Behavioral Economics, 3. Aufl., London/New York 2018.

Christiansen, Arndt/Kerber, Wolfgang: Competition Policy with Optimally Differentiated Rules Instead of „Per Se vs. Rule of Reason", in: Journal of Competition Law & Economics, Bd. 2/2, 2006, S. 215 ff.

Clark, John M.: Competition as a Dynamic Process, Washington D. C. 1963 (zit. als: Clark, Dynamic Process, S. ...).

–: Toward a Concept of Workable Competition, in: The American Economic Review, Bd. 30/2, 1940, S. 241 ff. (zit. als: Clark, Workable Competition, S. ...).

–: A Contribution to the Theory of Competitive Price, in: The Quarterly Journal of Economics, Bd. 28/4, 1914, S. 747 ff. (zit. als: Clark, Competitive Price, S. ...).

Coase, Ronald H.: The Institutional Structure of Production, in: The American Economic Review, Bd. 82/4, 1992, S. 713 ff. (zit. als: Coase, Institutional Structure, S. ...).

–: The Nature of the Firm, in: Economica, Bd. 4/16, 1937, S. 386 ff. (zit. als: Coase, Nature of the Firm, S. ...).

Cooper, James C./Kovacic, William E.: Behavioral Economics and Its Meaning for Antitrust Agency Decision Making, in: Journal of Law, Economics & Policy, Bd. 8/4, 2012, S. 779 ff.

Crane, Daniel A.: How Much Brandeis Do the Neo-Brandeisians Want?, in: The Antitrust Bulletin, Bd. 64/4, 2019, S. 531 ff. (zit. als: Crane, How Much Brandeis, S. ...).

–: Four Questions for the Neo-Brandeisians, in: Competition Policy International – Antitrust Chronicle, Bd. 1/18, 2018, S. 63 ff. (zit. als: Crane, Four Questions, S. ...).

–: Search Neutrality and Referral Dominance, in: Journal of Competition Law & Economics, Bd. 8/3, 2012, S. 459 ff. (zit. als: Crane, Search Neutrality, S. ...).

Danziger, Shai/Levav, Jonathan/Avnaim-Pesso, Liora: Extraneous Factors in Judicial Decisions, in: Proceedings of the National Academy of Sciences, Bd. 108/17, 2011, S. 6889 ff.

Devlin, Alan/Jacobs, Michael: The Empty Promise of Behavioral Antitrust, in: Harvard Journal of Law & Policy, Bd. 37/3, 2014, S. 1009 ff.

Diamond, Peter: Behavioral Economics, in: Journal of Public Economics, Bd. 92/8–9, 2008, S. 1858 ff.

Diebold, Nicolas F./Schäke, Cyrill: De minimis Exceptions for Hard-Core Restrictions in Swiss Competition Law – Latest Developments in Light of the Elmex-Decision, in:

Mathis/Tor (Hrsg.), New Developments in Competition Law and Economics, Cham/ Heidelberg/New York/Dordrecht/London 2019, S. 107 ff.

Diekmann, Andreas/Voss, Thomas: Die Theorie rationalen Handelns – Stand und Perspektiven, in: Diekmann/Voss (Hrsg.), Rational-Choice-Theorie in den Sozialwissenschaften – Anwendungen und Probleme, München 2004, S. 13 ff.

DiMatteo, Larry A.: Penalties as Rational Response to Bargaining Irrationality, in: Michigan State Law Review, Bd. 2006/4, 2006, S. 883 ff.

Dold, Malte F./Schubert, Christian: Wohin nudgen? – Zum Menschenbild des Libertären Paternalismus, in: Vierteljahrshefte zur Wirtschaftsforschung, Bd. 87/1, 2018, S. 29 ff. (zit. als: Dold/Schubert, Libertärer Paternalismus, S. …).

–: Toward a Behavioral Foundation of Normative Economics, in: Review of Behavioral Economics, Bd. 5/3–4, 2018, S. 221 ff. (zit. als: Dold/Schubert, Behavioral Foundation, S. …).

Dölken, Clemens: Katholische Sozialtheorie und liberale Ökonomik – Das Verhältnis von Katholischer Soziallehre und Neoliberalismus im Lichte der modernen Institutionenökonomik, Diss., Tübingen 1992.

Dorsey, Elyse/Rybnicek, Jan M./Wright, Joshua D.: Hipster Antitrust Meets Public Choice Economics – The Consumer Welfare Standard, Rule Of Law, and Rent-Seeking, in: Competition Policy International – Antitrust Chronicle, Bd. 1/18, 2018, S. 21 ff.

Duden: Das Herkunftswörterbuch – Etymologie der deutschen Sprache, 4. Aufl., Mannheim 2007.

Easterlin, Richard A.: Does Economic Growth Improve the Human Lot? – Some Empirical Evidence, in: David/Reder (Hrsg.), Nations and Households in Economic Growth – Essays in Honor of Moses Abramovitz, New York/London 1974, S. 89 ff.

Eberhard, Kurt: Einführung in die Erkenntnis- und Wissenschaftstheorie – Geschichte und Praxis der konkurrierenden Erkenntniswege, 2. Aufl., Stuttgart et al. 1999.

Ehrenzeller, Bernhard/Schindler, Benjamin/Schweizer, Rainer J./Vallender, Klaus A. (Hrsg.): Die schweizerische Bundesverfassung – Kommentar, 3. Aufl., Zürich/St. Gallen 2014 (zit. Bearbeiter, St. Galler Komm, N … zu Art. … BV).

Eickhof, Norbert: Die Hoppmann-Kantzenbach-Kontroverse aus heutiger Sicht, in: Vanberg (Hrsg.), Evolution und freiheitlicher Wettbewerb – Erich Hoppmann und die aktuelle Diskussion, Tübingen 2009, S. 35 ff.

Eidenmüller, Horst: Effizienz als Rechtsprinzip – Möglichkeiten und Grenzen der ökonomischen Analyse des Rechts, 4. Aufl., Diss., Tübingen 2015.

Engel, Christoph: Die Bedeutung der Verhaltensökonomie für das Kartellrecht, in: Fleischer/Zimmer (Hrsg.), Beitrag der Verhaltensökonomie (Behavioral Economics) zum Handels- und Wirtschaftsrecht, Frankfurt 2011, S. 100 ff. (zit. als: Engel, Kartellrecht, S. …).

–: Verhaltenswissenschaftliche Analyse – eine Gebrauchsanweisung für Juristen, in: Engel/Englerth/Lüdemann/Spiecker gen. Döhmann (Hrsg.), Recht und Verhalten – Beiträge zu Behavorial Law and Economics, Tübingen 2007, S. 363 ff. (zit. als: Engel, verhaltenswissenschaftliche Analyse, S. …).

Erlei, Mathias: Experimentelle Wirtschaftsforschung und Institutionenökonomik – eine natürliche Symbiose, in: Theurl (Hrsg.), Empirische Institutionenökonomik – Konzeptionelle Fragen und Anwendungen, Berlin 2012, S. 221 ff.

Erlei, Mathias/Leschke, Martin/Sauerland, Dirk: Institutionenökonomik, 3. Aufl., Stuttgart 2016.

Estermann, Josef: Der Kampf ums Recht: Zum Verhältnis von Theorie und Empirie in der aktuellen Rechtssoziologie – Eine Einführung in den Tagungsband, in: Estermann (Hrsg.), Der Kampf ums Recht, Akteure und Interessen im Blick der interdisziplinären Rechtsforschung – Beiträge zum zweiten Kongress der deutschsprachigen Rechtssoziologischen Vereinigung, Wien 2011, S. 5 ff.

Eucken, Edith: Vorwort, in: Eucken/Hensel (Hrsg.), Grundsätze der Wirtschaftspolitik, 7. Aufl., Tübingen 2004 [1952], S. V ff. (zit. als: Eucken, Vorwort, S. ...).

Eucken, Walter: Grundsätze der Wirtschaftspolitik, in: Eucken/Hensel (Hrsg.), Grundsätze der Wirtschaftspolitik, 7. Aufl., Tübingen 2004 [1952], S. 1 ff. (zit. als: Eucken, Wirtschaftspolitik, S. ...).

–: Die Wettbewerbsordnung und ihre Verwirklichung – Erster Teil über die Wirtschaftspolitik der Vergangenheit, in: ORDO, Bd. 2, 1949, S. 1 ff. (zit. als: Eucken, Wettbewerbsordnung, S. ...).

–: Einleitung in die Sammlung: Was leistet die nationalökonomische Theorie?, in: Eucken (Hrsg.), Probleme der theoretischen Nationalökonomie – Kapitaltheoretische Untersuchungen, Bd. 1, Jena 1934, S. 1 ff. (zit. als: Eucken, die nationalökonomische Theorie, S. ...).

Europäische Kommission: Weissbuch über die Modernisierung der Vorschriften zur Anwendung der Art. 85 und 86 EG-Vertrag – Arbeitsprogramm der Kommission Nr. 99/027, ABl. C132/01 vom 12. Mai 1999 (zit. als: EU-Kommission, Weissbuch, Nr. ...).

–: Bekanntmachung der Kommission über die Definition des relevanten Marktes im Sinne des Wettbewerbsrechts der Gemeinschaft, ABl. C372/03 vom 9. Dezember 1997 (zit. als: EU-Kommission, Definition, Nr. ...).

Evers, Marc: Die institutionelle Ausgestaltung von Wirtschaftsordnungen – Eine dogmengeschichtliche Untersuchung im Lichte des Ordoliberalismus und der Neuen Institutionenökonomik, Diss., Berlin 2003.

Ezrachi, Ariel: The Goals of EU Competition Law and the Digital Economy, in: Oxford Legal Studies Research Paper, Nr. 17/2018, 2018, S. 1 ff. (zit. als: Ezrachi, Goals, S. ...).

–: Sponge, in: Journal of Antitrust Enforcement, Bd. 5/1, 2017, S. 49 ff. (zit. als: Ezrachi, Sponge, S. ...).

Ezrachi, Ariel/Stucke, Maurice E.: The Fight Over Antitrust's Soul, in: Journal of European Competition Law & Practice, Bd. 9/1, S. 1 f. (zit. als: Ezrachi/Stucke, Antitrust's Soul, S. ...).

–: Virtual Competition – The Promise and Perils of the Algorithm-Driven Economy, Cambridge/London 2019 (zit. als: Ezrachi/Stucke, Virtual Competition, S. ...).

Fehr, Ernst/Gächter, Simon: Cooperation and Punishment in Public Goods Experiments, in: The American Economic Review, Bd. 90/4, 2000, S. 980 ff. (zit. als: Fehr/Gächter, Cooperation, S. ...).

–: Fairness and Retaliation – The Economics of Reciprocity, in: Journal of Economic Perspectives, Bd. 14/3, 2000, S. 159 ff. (zit. als: Fehr/Gächter, Fairness, S. ...).

Feld, Lars P./Köhler, Ekkehard A.: Ist die Ordnungsökonomik zukunftsfähig?, in: Zweynert/Kolev/Goldschmidt (Hrsg.), Neue Ordnungsökonomik, Tübingen 2016, S. 69 ff.

Fellmann, Walter: Schweizerisches Haftpflichtrecht Band I bis III – eine Bilanz zum gesetzgeberischen Handlungsbedarf, in: Fellmann/Weber (Hrsg.), Haftpflichtprozess 2016 – Dokumentations- und Aufklärungspflicht im Arzthaftungsrecht, Beweiserleichterungen, Produkthaftung, Verjährung und gesetzgeberischer Handlungsbedarf im Haftpflichtrecht, Zürich 2016, S. 173 ff.

Fennell, Lee Anne/McAdams, Richard H. (Hrsg.): Fairness in Law and Economics, Cheltenham/Northampton 2013.

Fikentscher, Wolfgang/Hacker, Philipp/Podszun, Rupprecht: FairEconomy – Crises, Culture, Competition and the Role of Law, Berlin/Heidelberg 2013.

First, Harry: Woodstock Antitrust, in: Competition Policy International – Antitrust Chronicle, Bd. 1/18, 2018, S. 57 ff.

Fischbach, Rainer/Wollenberg, Klaus: Volkswirtschaftslehre I – Einführung und Grundlagen, 13. Aufl., München 2007.

Fischer, Thomas: Staat, Recht und Verfassung im Denken von Walter Eucken – Zu den staats- und rechtstheoretischen Grundlagen einer wirtschaftsordnungspolitischen Konzeption, Diss., Frankfurt am Main et al. 1993.

Flick, Uwe: Qualitative Sozialforschung – Eine Einführung, 7. Aufl., Hamburg 2016 (zit. als: Flick, Qualitative Sozialforschung, S. ...).

–: Sozialforschung – Methoden und Anwendungen, Hamburg 2014 (zit. als: Flick, Sozialforschung, S. ...).

Fox, Eleanor M.: The Efficiency Paradox, in: Pitofsky (Hrsg.), How the Chicago School Overshot the Mark – The Effect of Conservative Economic Analysis on U. S. Antitrust, Oxford 2008, S. 77 ff.

Frank, Robert H.: The Darwin Economy – Liberty, Competition, and the Common Good, Princeton 2011.

Frederick, Shane/Loewenstein, George: Hedonic Adaptation, in: Kahneman/Diener/Schwarz (Hrsg.), Well-Being – The Foundations of Hedonic Psychology, New York 1999, S. 302 ff.

Frei, Mirjam A.: Der rechtlich relevante Kausalzusammenhang im Strafrecht im Vergleich mit dem Zivilrecht – Adäquate Kausalität und Voraussehbarkeit, Gefahrschaffung, Risikoverringerung, erlaubtes Risiko, Vertrauensgrundsatz, rechtmässiges Alternativverhalten, Schutzzweck der Norm, eigenverantwortliche Selbstgefährdung/Handeln auf eigene Gefahr, allgemeines Lebensrisiko und Sozialadäquanz, Diss., Zürich 2010.

Frey, Bruno S.: Happiness – A Revolution in Economics, Cambridge/London 2008 (zit. als: Frey, Happiness, S. ...).

–: Was bewirkt die Volkswirtschaftslehre?, in: Perspektiven der Wirtschaftspolitik, Bd. 1/1, 2000, S. 5 ff. (zit. als: Frey, Volkswirtschaftslehre, S. ...).

–: Public Choice, in: Berthold (Hrsg.), Allgemeine Wirtschaftstheorie – Neuere Entwicklungen, München 1995, S. 343 ff. (zit. als: Frey, Public Choice, S. ...).

Frey, Bruno S./Gallus Jana: Beneficial and Exploitative Nudges, in: Mathis/Tor (Hrsg.), Nudging – Possibilities, Limitations and Applications in European Law and Economics, Cham/Heidelberg/New York/Dordrecht/London 2016, S. 11 ff.

Frey, Bruno S./Stutzer Alois: Mispredicting Utility and the Political Process, in: McCaffery/Slemrod (Hrsg.), Behavioral Public Finance – Toward a New Agenda, New York 2006, S. 113 ff. (zit. als: Frey/Stutzer, Mispredicting Utility, S. ...).

–: Happiness and Economics – How the Economy and Institutions Affects Well-Being, Princeton 2002 (zit. als: Frey/Stutzer, Happiness and Economics, S. ...).

Gauch, Peter: Zum Stand der Lehre und Rechtsprechung – Geschichten und Einsichten eines privaten Schuldrechtes, in: Zeitschrift für Schweizerisches Recht, Bd. 119 NF/I. Halbbd., 2000, S. 1 ff.

Gelter, Martin/Grechenig, Kristoffel R.: Juristischer Diskurs und Rechtsökonomie, in: Journal für Rechtspolitik, Bd. 15/1, 2007, S. 30 ff.

Genoni, Gaetano M. W.: Ökonomische Modelle, Konzepte und Analysemethoden im Kartellrecht – Eine Darstellung der ökonomischen Grundlagen des Wettbewerbsrechts und der Einbeziehung von Erkenntnissen der ökonomischen Wissenschaft in die rechtliche Beurteilung von horizontalen Unternehmenszusammenschlüssen im Kartellrecht, Diss., Zürich/Basel/Genf 2018.

Gerard, Damien: Fairness in EU Competition Policy – Significance and Implications, in: Journal of European Competition Law & Practice, Bd. 9/4, 2018, S. 211 f.

Glick, Mark: American Gothic – How Chicago Economics Distorts „Consumer Welfare" in Antitrust, in: Institute for New Economic Thinking Working Papers, Nr. 99, 2019, S. 1 ff.

Goldberg, Victor P.: Regulation and Administered Contracts, in: The Bell Journal of Economics, Bd. 7/2, 1976, S. 426 ff.

Goldschmidt, Nils: Vom Glück und von Gärten – Moderne Ordnungsökonomik und die normativen Grundlagen der Gesellschaft, in: Caspari/Schefold (Hrsg.), Wohin steuert die ökonomische Wissenschaft? – Ein Methodenstreit in der Volkswirtschaftslehre, Frankfurt/New York 2011, S. 145 ff.

Goldschmidt, Nils/Wohlgemuth, Michael: Entstehung und Vermächtnis der Freiburger Tradition der Ordnungsökonomik, in: Goldschmidt/Wohlgemuth (Hrsg.), Grundtexte zur Freiburger Tradition der Ordnungsökonomik, Tübingen 2008, S. 1 ff.

Grunes, Allen P./Stucke, Maurice E.: Plurality of Political Opinion and the Concentration of the Media, in: Brown/Snyder (Hrsg.), General Report of the XVIIIth Congress of the International Academy of Comparative Law – Rapports généraux du XVIIIème Congrès de l'Académie Internationale de Droit Comparé, Dordrecht 2012, S. 571 ff.

Hacker, Philipp: Verhaltensökonomik und Normativität – Die Grenzen des Informationsmodells im Privatrecht und seine Alternativen, Diss., Tübingen 2017 (zit. als: Hacker, Verhaltensökonomik, S. ...).

–: More Behavioral vs. More Economic Approach – Explaining the Behavioral Divide between the US and the EU, in: Hastings International and Comparative Law Review, Bd. 39/2, 2016, S. 355 ff. (zit. als: Hacker, More Behavioral Approach, S. ...).

Hacking, Ian: Verteidigung der Disziplin, in: Jungert/Romfeld/Sukopp/Voigt (Hrsg.), Interdisziplinarität – Theorie, Praxis, Probleme, 2. Aufl., Darmstadt 2013, S. 193 ff.

Hager, Patricia M.: Rundfunkvielfalt und Medienkonzentration – Rechtliche Mechanismen zur Sicherung der Diversität in Radio und Fernsehen, Diss., Zürich 2016.

Hamann, Hanjo: Müssen Richter mit allem rechnen? – Empirische Realitäten im Rechtssystem, Jahrbuch der Max-Planck-Gesellschaft 2016/2017, <https://www.mpg. de/10860912/rege_jb _2016> (besucht am: 23. Mai 2020).

Hammersley, Martyn: What is Qualitative Research?, London/New York 2013.

Hänni, Peter/Stöckli, Andreas: Schweizerisches Wirtschaftsverwaltungsrecht, Bern 2013.

Haselbach, Dieter: Autoritärer Liberalismus und Soziale Marktwirtschaft – Gesellschaft und Politik im Ordoliberalismus, Habil., Baden-Baden 1991.

Haucap, Justus: Bounded Rationality and Competition Policy, in: Drexl/Kerber/Podszun (Hrsg.), Competition Policy and the Economic Approach, Cheltenham/Northampton 2011, S. 217 ff.

Hawk, Barry E.: System Failure – Vertical Restraints and EC Competition Law, in: Common Market Law Review, Bd. 32/4, 1995, S. 973 ff.

Hayek, Friedrich A.: Recht, Gesetz und Freiheit – Eine Neufassung der liberalen Grund-sätze der Gerechtigkeit und der politischen Ökonomie, in: Vanberg (Hrsg.), Friedrich A. von Hayek – Gesammelte Schriften in deutscher Sprache (Abt. B Bd. 4), Tübingen 2003 [1980/81], S. 1 ff. (zit. als: Hayek, Freiheit, S. …).

–: Die Irrtümer des Konstruktivismus und die Grundlagen legitimer Kritik gesellschaft-licher Gebilde, in: Streit (Hrsg.), Friedrich A. von Hayek – Gesammelte Schriften in deutscher Sprache (Abt. A Bd. 7), Tübingen 2004 [1970], S. 16 ff. (zit. als: Hayek, Konstruktivismus, S. …).

–: Die Sprachverwirrung im politischen Denken, in: Hayek (Hrsg.), Freiburger Stu-dien – Gesammelte Aufsätze von F. A. von Hayek, Tübingen 1969 [1968], S. 206 ff. (zit. als: Hayek, Sprachverwirrung, S. …).

–: Der Wettbewerb als Entdeckungsverfahren, in: Hayek (Hrsg.), Freiburger Studien – Gesammelte Aufsätze von F. A. von Hayek, Tübingen 1969 [1968], S. 249 ff. (zit. als: Hayek, Wettbewerb als Entdeckungsverfahren, S. …).

–: Rechtsordnung und Handelnsordnung, in: Hayek (Hrsg.), Freiburger Studien – Ge-sammelte Aufsätze von F. A. von Hayek, Tübingen 1969 [1967], S. 161 ff. (zit. als: Hayek, Rechtsordnung und Handelnsordnung, S. …).

–: The Theory of Complex Phenomena, in: Martin/McIntyre (Hrsg.), Readings in the Philosophy of Social Science, Cambridge/London 1994 [1967], S. 55 ff. (zit. als: Hayek, Theory of Complex Phenomena, S. …).

–: Arten der Ordnungen, in: Hayek (Hrsg.), Freiburger Studien – Gesammelte Aufsätze von F. A. von Hayek, Tübingen 1969 [1963], S. 32 ff. (zit. als: Hayek, Arten der Ord-nungen, S. …).

–: Die Verfassung der Freiheit, in: Bosch/Streit/Vanberg/Veit (Hrsg.), Friedrich A. von Hayek – Gesammelte Schriften in deutscher Sprache (Abt. B Bd. 3), 4. Aufl., Tübin-gen 2005 [1960], S. 1 ff. (zit. als: Hayek, Verfassung der Freiheit, S. …).

–: Der Mensch in der Planwirtschaft, in: Streit (Hrsg.), Friedrich A. von Hayek – Ge-sammelte Schriften in deutscher Sprache (Abt. A Bd. 7), Tübingen 2004 [1948], S. 153 ff. (zit. als: Hayek, Planwirtschaft, S. …).

–: Die Verwertung des Wissens in der Gesellschaft, in: Hayek (Hrsg.), Individualismus und wirtschaftliche Ordnung, 2. Aufl., Erlenbach-Zürich 1952 [1946] (zit. als: Hayek, Verwertung des Wissens, S. …).

–: Wahrer und falscher Individualismus, in: Hayek (Hrsg.), Individualismus und wirt-schaftliche Ordnung, 2. Aufl., Erlenbach-Zürich 1952 [1946] (zit. als: Hayek, wahrer und falscher Individualismus, S. …).

Heckenhaus, Heinz: Discipline and Interdisciplinarity, in: Apostel/Berger/Briggs/Mi-chaud (Hrsg.), Centre for Educational Research and Innovation (CERI): Interdiscipli-narity – Problems of Teaching and Research in Universities, Paris 1972, S. 83 ff.

Heidrich, Thomas: Das evolutorisch-systemtheoretische Paradigma in der Wettbewerbs-theorie – Alternatives Denken zu dem More Economic Approach, Diss., Baden-Ba-den 2009.

Heinemann, Andreas: Social Considerations in EU Competition Law – The Protection of Competition as a Cornerstone of the Social Market Economy, in: Ferri/Cortese (Hrsg.), The EU Social Market Economy and the Law – Theoretical Perspectives and Practical Challenges for the EU, London/New York 2019, S. 123 ff. (zit. als: Heine-mann, Social Considerations, S. …).

–: Algorithmen als Anlass für einen neuen Absprachebegriff?, in: Schweizerische Zeitschrift für Wirtschafts- und Finanzmarktrecht, Bd. 1/2019, 2019, S. 18 ff. (zit. als: Heinemann, Algorithmen, S. ...).

–: Facts over Theory – The Contribution of Behavioral Economics to Competition Law, in: Competition Policy International – Antitrust Chronicle, Bd. 1/19, 2019, S. 1 ff. (zit. als: Heinemann, Facts over Theory, S. ...).

–: Big Data und Kartellrecht, in: Notter/Weber/Heinemann/Baumgartner (Hrsg.), Europäische Idee und Integration – mittendrin und nicht dabei? – liber amicorum für Andreas Kellerhals, Zürich/Basel/Genf 2018, S. 311 ff. (zit. als: Heinemann, Big Data, S. ...).

–: Fairness, in: Neue Zeitschrift für Kartellrecht, Bd. 6/9, 2018, S. 389 ff. (zit. als: Heinemann, Fairness, S. ...).

–: Marktwirtschaft und Wettbewerbsordnung – Der Zweck des Kartellrechts, in: Zeitschrift für Schweizerisches Recht, Bd. 135/5 NF, 2016, S. 431 ff. (zit. als: Heinemann, Marktwirtschaft und Wettbewerbsordnung, S. ...).

–: Die Erheblichkeit bezweckter und bewirkter Wettbewerbsbeschränkungen, in: Hochreutener/Stoffel/Amstutz (Hrsg.), Grundlegende Fragen zum Wettbewerbsrecht, Bern 2016, S. 7 ff. (zit. als: Heinemann, Erheblichkeit, S. ...).

–: Behavioural Antitrust – A „More Realistic Approach" to Competition Law, in: Mathis (Hrsg.), European Perspectives on Behavioural Law and Economics, Cham/Heidelberg/New York/Dordrecht/London 2015, S. 211 ff. (zit. als: Heinemann, More Realistic Approach, S. ...).

–: Google als kartellrechtliches Problem, in: sui-generis vom 31. März 2015, S. 17 ff. (zit. als: Heinemann, Google, S. ...).

–: Recht, Ökonomie und Realität, in: Waldburger/Sester/Peter/Baer (Hrsg.), Law & Economics – Festschrift für Peter Nobel zum 70. Geburtstag, Bern 2015, S. 21 ff. (zit. als: Heinemann, Realität, S. ...).

–: Reduktion von Komplexität durch Suchmaschinen – Ökonomische Grundlagen und kartellrechtliche Vorgaben, in: Brandi-Dohrn/Lejeune (Hrsg.), Recht 2.0 – Informationsrecht zwischen virtueller und realer Welt, Köln 2008, S. 13 ff. (zit. als: Heinemann, Reduktion von Komplexität, S. ...).

–: Die Freiburger Schule und ihre geistigen Wurzeln, München 1989 (zit. als: Heinemann, Freiburger Schule, S. ...).

Hellwig, Martin: Effizienz oder Wettbewerbsfreiheit? – Zur normativen Grundlegung der Wettbewerbspolitik, in: Engel/Möschel (Hrsg.), Recht und spontane Ordnung – Festschrift für Ernst-Joachim Mestmäcker zum achtzigsten Geburtstag, Baden-Baden 2006, S. 231 ff.

Herdzina, Klaus: Wettbewerbspolitik, 5. Aufl., Stuttgart 1999 (zit. als: Herdzina, Wettbewerbspolitik, S. ...).

–: Möglichkeiten und Grenzen einer wirtschaftstheoretischen Fundierung der Wettbewerbspolitik, Tübingen 1988 (zit. Herdzina, wirtschaftstheoretische Fundierung, S. ...).

Hettich, Peter: „Wirksamer Wettbewerb" – Theoretisches Konzept und Praxis, Diss., Bern 2003.

Hirata, Johannes: Happiness, Ethics and Economics, London/New York 2011.

Hochloff, Johanna: Regeln, Institutionen und Ordnungen – Die kulturelle Ökonomik von Friedrich A. von Hayek und Douglass C. North, Diss., Tübingen 2019.

Höffe, Otfried: Aristoteles, 4. Aufl., München 2014.

Holl, Christopher: Wahrnehmung, menschliches Handeln und Institutionen – Von Hayeks Institutionenökonomik und deren Weiterentwicklung, Diss., Tübingen 2004.

Holler, Manfred/Illing, Gerhard/Napel, Stefan: Einführung in die Spieltheorie, 8. Aufl., Berlin 2019.

Hoppmann, Erich: Kulturelle Evolution und ökonomische Effizienz, in: Immenga/Möschel/Reuter (Hrsg.), Festschrift für Ernst-Joachim Mestmäcker zum siebzigsten Geburtstag, Baden-Baden 1996, S. 177 ff. (zit. als: Hoppmann, Effizienz, S. ...).

–: Moral und Marktsystem, in: ORDO, Bd. 41, 1990, S. 3 ff. (zit. als: Hoppmann, Marktsystem, S. ...).

–: Marktmacht und Wettbewerb – Beurteilungskriterien und Lösungsmöglichkeiten – Vortrag gehalten am 25. Februar 1977 auf dem 10. FIW-Symposion in Innsbruck, Tübingen 1977 (zit. als: Hoppmann, Marktmacht, S. ...).

–: Volkswirtschaftliche und wirtschaftspolitische Bedeutung des Kartell- und Monopolrechts, in: Hoppmann/Mestmäcker (Hrsg.), Normenzwecke und Systemfunktionen im Recht der Wettbewerbsbeschränkungen, Tübingen 1974 (zit. als: Hoppmann, Systemtheorie, S....).

–: Fusionskontrolle, Tübingen 1972 (zit. als: Hoppmann, Fusionskontrolle, S. ...).

–: Zum Problem einer wirtschaftspolitisch praktikablen Definition des Wettbewerbs, in: Schneider (Hrsg.), Grundlagen der Wettbewerbspolitik – Schriften des Vereins für Socialpolitik, Bd. 58, Berlin 1968, S. 9 ff. (zit. als: Hoppmann, Definition, S. ...).

Hovenkamp, Herbert: What Ever Did Happen to the Antitrust Movement?, in: Notre Dame Law Review, Bd. 94/2, 2019, S. 583 ff. (zit. als: Hovenkamp, Antitrust Movement, S. ...).

–: Rule of Reason, in: Florida Law Review, Bd. 70/1, 2018, S. 81 ff. (zit. als: Hovenkamp, Rule of Reason, S. ...).

–: Post-Chicago Antitrust – A Review and Critique, in: Crane/Hovenkamp (Hrsg.), The Making of Competition Policy – Legal and Economic Sources, New York/Oxford 2013, S. 477 ff. (zit. als: Hovenkamp, Post-Chicago Antitrust, S. ...).

Huffman Max: A Look at Behavioral Antitrust from 2018, in: Competition Policy International – Antitrust Chronicle, Bd. 1/19, 2019, S. 1 ff. (zit. als: Huffman, A Look at Behavioral Antitrust, S. ...).

–: Marrying Neo-Chicago with Behavioral Antitrust, in: Antitrust Law Journal, Bd. 78/1, 2012, S. 105 ff. (zit. als: Huffman, Neo-Chicago, S. ...).

Hug, Theo/Poscheschnik, Gerald: Empirisch forschen – Die Planung und Umsetzung von Projekten im Studium, 3. Aufl., München 2020.

Hume, David: A Treatise of Human Nature, Bd. 1, hrsg. von Norten/Norten, Oxford 2011 [1739/1740].

Johnson, Eric/Goldstein, Daniel: Do Defaults Save Lives?, in: Science, Bd. 302/5649, 2003, S. 1338 f.

Jolls, Christine/Sunstein, Cass R./Thaler, Richard H.: A Behavioral Approach to Law and Economics, in: Stanford Law Review, Bd. 50/5, 1998, S. 1471 ff.

Jungert, Michael: Was zwischen wem und warum eigentlich? – Grundsätzliche Fragen der Interdisziplinarität, in: Jungert/Romfeld/Sukopp/Voigt (Hrsg.), Interdisziplinarität – Theorie, Praxis, Probleme, 2. Aufl., Darmstadt 2013, S. 1 ff.

Kahneman, Daniel: Thinking, Fast and Slow, London 2012.

Kahneman, Daniel/Tversky, Amos: Prospect Theory – An Analysis of Decision under Risk, in: Econometrica, Bd. 47/2, 1979, S. 263 ff.

Kahneman, Daniel/Wakker, Peter P./Sarin, Rakesh: Back to Bentham? – Explorations of Experienced Utility, in: The Quarterly Journal of Economics, Bd. 112/2, 1997, S. 375 ff.

Kantzenbach, Erhard: Die Funktionsfähigkeit des Wettbewerbs, Habil., 1. Aufl., Göttingen 1966.

Kaplow, Louis: On the Choice of Welfare Standards in Competition Law, in: Zimmer (Hrsg.), The Goals of Competition Law, Cheltenham/Northampton 2012, S. 3 ff.

Katz, Ariel: The Chicago School and the Forgotten Political Dimension of Antitrust Law, in: The University of Chicago Law Review, Bd. 87/2, 2020, S. 413 ff.

Kaufer, Erich: Das Konzept der optimalen Wettbewerbsintensität – Eine Replik, in: Jahrbücher für Nationalökonomie und Statistik, Bd. 181, 1967, S. 242 ff.

Kellermüller, Hanspeter: Staatliche Massnahmen gegen Medienkonzentration, Diss., Zürich/Basel/Genf 2007.

Kerber, Wolfgang: Dynamischer Wettbewerb und Evolution, in: Vanberg (Hrsg.), Evolution und freiheitlicher Wettbewerb – Erich Hoppmann und die aktuelle Diskussion, Tübingen 2009, S. 169 ff. (zit. als: Kerber, Dynamischer Wettbewerb, S. ...).

–: Should Competition Law Promote Efficiency? – Some Reflections of an Economist on the Normative Foundations of Competition Law, in: Drexl/Idot/Monéger (Hrsg.), Economic Theory and Competition Law, Cheltenham 2008, S. 93 ff. (zit. als: Kerber, Efficiency, S. ...).

–: Wettbewerbspolitik, in: Apolte et al. (Hrsg.), Vahlens Kompendium der Wirtschaftstheorie und Wirtschaftspolitik, Bd. 2, 9. Aufl., München 2007, S. 369 ff. (zit. als: Kerber, Wettbewerbspolitik, S. ...).

–: Competition, Knowledge, and Institutions, in: Journal of Economic Issues, Bd. 40/2, 2006, S. 457 ff. (zit. als: Kerber, Knowledge, S. ...).

Khan, Lina M.: The New Brandeis Movement – America's Antimonopoly Debate, in: Journal of European Competition Law & Practice, Bd. 9/3, 2018, S. 131 f. (zit. als: Khan, New Brandeis Movement, S. ...).

–: Amazon's Antitrust Paradox, in: Yale Law Journal, Bd. 126/3, 2016, S. 710 ff. (zit. als: Khan, Amazon's Antitrust Paradox, S. ...).

Kiener, Regina/Kälin, Walter/Wyttenbach, Judith: Grundrechte, 3. Aufl., Bern 2018 (zit. als: Kiener/Kälin/Wyttenbach, N ... zu § ...).

Kirchgässner, Gebhard: Homo Oeconomicus – Das ökonomische Modell individuellen Verhaltens und seine Anwendung in den Wirtschafts- und Sozialwissenschaften, 4. Aufl., Tübingen 2013 (zit. als: Kirchgässner, Homo Oeconomicus, S. ...).

–: Auf der Suche nach dem Gespenst des Ökonomismus – Einige Bemerkungen über Tausch, Märkte und die Ökonomisierung der Lebensverhältnisse, in: ak – analyse & kritik, Bd. 19/2, 1997, S. 127 ff. (zit. als: Kirchgässner, Gespenst des Ökonomismus, S. ...).

–: Wirtschaftspolitik und Politiksystem – Zur Kritik der traditionellen Ordnungstheorie aus der Sicht der Neuen Politischen Ökonomie, in: Cassel/Ramb/Thieme (Hrsg.), Ordnungspolitik, München 1988, S. 53 ff. (zit. als: Kirchgässner, Wirtschaftspolitik, S. ...).

Kirchner, Christian: Goals of Antitrust and Competition Law Revisited, in: Schmidtchen/Albert/Voigt (Hrsg.), The More Economic Approach to European Competition Law, Tübingen 2007, S. 7 ff.

Kirste, Stephan: Voraussetzungen von Interdisziplinarität der Rechtswissenschaften, in: Kirste (Hrsg.), Interdisziplinarität in den Rechtswissenschaften – Ein interdisziplinärer und internationaler Dialog, Berlin 2016, S. 35 ff.

Kirstein, Roland: „More" and „Even more Economic Approach", in: Schmidtchen/Albert/Voigt (Hrsg.), The More Economic Approach to European Competition Law, Tübingen 2007, S. 59 ff.

Knieps, Günter: Wettbewerbsökonomie – Regulierungstheorie, Industrieökonomie, Wettbewerbspolitik, 3. Aufl., Berlin/Heidelberg 2008.

Kockelmans, Joseph: Why Interdisciplinarity?, in: Kockelmans (Hrsg.), Interdisciplinarity in Higher Education, State College 1979, S. 123 ff.

Koller, Peter: Individualismus und Liberalismus bei Hayek und Nozick, in: Archiv für Rechts- und Sozialphilosophie – Beihefte, Bd. 81, 2001, S. 39 ff.

Körber, Torsten: Kommentierung der EU-Fusionskontrolle (VO Nr. 139/2004, FKVO), in: Immenga/Mestmäcker, Körber/Schweitzer/Zimmer (Hrsg.), Wettbewerbsrecht – Band 3 Fusionskontrolle Kommentar zum Europäischen und Deutschen Kartellrecht, München 2020 (zit. als: Körber, EU-Wettbewerbsrechtskommentar, N … zu Art. … FKVO).

Koziol, Helmut/Welser, Rudolf/Kletečka, Andreas: Grundriss des bürgerlichen Rechts, Band I – Allgemeiner Teil, Sachenrecht, Familienrecht, 14. Aufl., Wien 2014 (zit. als: Koziol/Welser/Kletečka, 14. Aufl., Nr. …).

–: Grundriss des bürgerlichen Rechts, Band I – Allgemeiner Teil, Sachenrecht, Familienrecht, 13. Aufl., Wien 2006 (zit. als: Koziol/Welser/Kletečka, 13. Aufl., S. …).

Kramer, Ernst: Juristische Methodenlehre, 5. Aufl., Bern 2016.

Kromrey, Helmut/Roose, Jochen/Strübing, Jörg: Empirische Sozialforschung – Modelle und Methoden der standardisierten Datenerhebung und Datenauswertung mit Annotationen aus qualitativ-interpretativer Perspektive, 13. Aufl., Konstanz/München 2016.

Kuhn, Kristine M.: Communicating Uncertainty – Framing Effects on Responses to Vague Probabilities, in: Organizational Behavior and Human Decision Processes, Bd. 71/1, 1997, S. 55 ff.

Künzler, Adrian: Effizienz oder Wettbewerbsfreiheit? – Zur Frage nach den Aufgaben des Rechts gegen private Wettbewerbsbeschränkungen, Diss., Tübingen 2008.

Lademann, Rainer P.: Zur Methodologie des more economic approach im Kartellrecht, in: Bechthold/Jickeli/Rohe (Hrsg.), Recht, Ordnung und Wettbewerb – Festschrift zum 70. Geburtstag von Wernhard Möschel, Baden-Baden, 2011 S. 381 ff.

Ladeur, Karl-Heinz: Das Umweltrecht der Wissensgesellschaft – Von der Gefahrenabwehr zum Risikomanagement, Berlin 1995.

Lager, Marc/Petsche, Alexander: Kommentierung der Art. 1, 2, 3, 83, 84 und 85 KartG, in: Petsche/Urlesberger/Vartian (Hrsg.), Kartellrecht 2005 (KartG 2005) – Inkl einer Kommentierung des WEttbG, NVG und der strafgesetzlichen Bestimmungen – Kurzkommentar, 2. Aufl., Wien 2016 (zit. als: Lager/Petsche, Manz'sche Komm, N … zu § …).

Lamnek, Siegfried/Krell, Claudia: Qualitative Sozialforschung, 6. Aufl., Weinheim 2016.

Lande, Robert H.: Wealth Transfers as the Original and Primary Concern of Antitrust – The Efficiency Interpretation Challenged, in: Hastings Law Journal, Bd. 34/1, 1982, S. 65 ff.

Layard, Richard G.: Die glückliche Gesellschaft – Was wir aus der Glücksforschung lernen können, 2. Aufl., Frankfurt am Main/New York 2009.

Lenger, Alexander/Kruse, Jan: Qualitative Forschungsmethoden in der deutschen Volks-wirtschaftslehre – Eine explorative Erhebung zugrunde liegender Repräsentations-muster, in: Maeße/Pahl/Sparsam (Hrsg.), Die Innenwelt der Ökonomie – Wissen, Macht und Performativität in der Wirtschaftswissenschaft, Wiesbaden 2017, S. 107 ff.

Leslie, Christopher: Hindsight Bias in Antitrust Law, in: Vanderbilt Law Review, Bd. 71/5, 2018, S. 1527 ff. (zit. als: Leslie, Hindsight Bias, S. …).

–: Response – Can Antitrust Law Incorporate Insights from Behavioral Economics?, in: Texas Law Review See Also, Bd. 92, 2014, S. 53 ff. (zit. als: Leslie, Response, S. …).

–: Antitrust Law as Public Interest Law, in: U. C. Irvine Law Review, Bd. 2/3, 2012, S. 885 ff. (zit. als: Leslie, Public Interest Law, S. …).

–: Rationality Analysis in Antitrust, in: University of Pennsylvania Law Review, Bd. 158/2, 2010, S. 261 ff. (zit. als: Leslie, Rationality Analysis, S. …).

Lianos, Ioannis: Some Reflections on the Question of the Goals of EU Competition Law, in: Lianos/Geradin (Hrsg.), Handbook on European Competition Law – Substantive Aspects, Cheltenham/Northampton 2013, S. 1 ff.

Löffler, Winfried: Vom Schlechten des Guten – Gibt es schlechte Interdisziplinarität?, in: Jungert/Romfeld/Sukopp/Voigt (Hrsg.), Interdisziplinarität – Theorie, Praxis, Proble-me, 2. Aufl., Darmstadt 2013, S. 157 ff.

Lutz, Friedrich A.: Bemerkungen zum Monopolproblem, in: ORDO, Bd. 8, 1956, S. 19 ff.

Maier-Rigaud, Frank: On the Normative Foundations of Competition Law – Efficiency, Political Freedom and the Freedom to Compete, in: Zimmer (Hrsg.), The Goals of Competition Law, Cheltenham/Northampton 2012, S. 132 ff.

Mankiw, Gregory N./Taylor, Mark P.: Grundzüge der Volkswirtschaftslehre, 6. Aufl., Stuttgart 2016.

Mantzavinos, Chrysostomos: Wettbewerbstheorie – Eine kritische Auseinandersetzung, Diss., Berlin 1994.

Marbach, Eugen/Ducrey, Patrik/Wild, Gregor: Immaterialgüter- und Wettbewerbsrecht, 4. Aufl., Bern 2017.

Marco, Colino Sandra: The Antitrust F Word: Fairness Considerations in Competition Law, in: The Chinese University of Hong Kong Faculty of Law Research Paper Nr. 2018–09, 2018, S. 1 ff.

Mastronardi, Philippe: Juristisches Denken – Eine Einführung, 2. Aufl., Stuttgart 2003.

Mathis, Klaus: Effizienz statt Gerechtigkeit? – Auf der Suche nach den philosophischen Grundlagen der ökonomischen Analyse des Rechts, 4. Aufl., Diss., Berlin 2019 (zit. als: Mathis, Effizienz, S. …).

–: Nachhaltige Entwicklung und Generationengerechtigkeit – Eine interdisziplinäre Studie aus rechtlicher, ökonomischer und philosophischer Sicht, Habil., Tübingen 2017 (zit. als: Mathis, Nachhaltige Entwicklung, S. …).

–: Effiziente Haftung – Heuristics and Biases, in: Fellmann/Weber (Hrsg.), Haftpflicht-prozess 2013 – Heuristics and Biases, Persönlichkeitsschutz, Regressprozess, Sub-stanziierung, Parteibefragung und Gutachten, Zürich/Basel/Genf 2013, S. 13 ff. (zit. als: Mathis, Effiziente Haftung, S. …).

Mathis, Klaus/Burri, Philipp Anton: Nudging in Swiss Contract Law? – An Analysis of Non-mandatory Default Rules from a Legal, Economic and Behavioural Perspec-tive, in: Mathis/Tor (Hrsg.), Nudging – Possibilities, Limitations and Applications in European Law and Economics, Cham/Heidelberg/New York/Dordrecht/London 2016, S. 121 ff.

McCain, Roger A.: Welfare Economics – An Interpretive History, London/New York 2019.

McNeil, Barbara/Pauker, Stephen G./Sox Jr., Harold C./Tversky, Amos: On the Elicitation of Preferences for Alternative Therapies, in: New England Journals of Medicine, Bd. 306/21, 1982, S. 1259 ff.

McQuillin, Ben/Sugden, Robert: Reconciling Normative and Behavioral Economics – the Problems to Be Solved, in: Social Choice and Welfare, Bd. 38/4, 2012, S. 553 ff.

Medvedovsky, Konstantin: Hipster Antitrust – A Brief Fling or Something More?, in: Competition Policy International – Antitrust Chronicle, Bd. 1/18, 2018, S. 41 ff.

Meier, Martin: Pleading for a „Multiple Goal Approach" in European Competition Law – Outline of a Conciliatory Path Between the „Freedom to Compete Approach" and the „More Economic Approach", in: Mathis/Tor (Hrsg.), New Developments in Competition Law and Economics, Cham/Heidelberg/New York/Dordrecht/London 2019, S. 51 ff.

Meier-Hayoz, Arthur: Zur Gesetzes- und Vertragsauslegung, in: Schweizerische Juristen-Zeitung, Bd. 54, 1956, S. 173 ff.

Mill, John Stuart: On Liberty, London 1859.

Mittelstraß, Jürgen: Der Flug der Eule – Von der Vernunft der Wissenschaft und der Aufgabe der Philosophie, 1. Aufl., Frankfurt am Main 1989.

Moeckli, Daniel: Kommentierung der Art. 1, 8 und 11 KG, in: Zäch et al. (Hrsg.), KG – Bundesgesetz über Kartelle und andere Wettbewerbsbeschränkungen Kommentar, Zürich/St. Gallen 2018 (zit. als: Moeckli, DIKE-KG, N … zu Art. … KG).

Moore, George E.: Principia Ethica, 2. Aufl., Cambridge 1993.

Müller, Friedrich/Christensen, Ralph: Juristische Methodik – Band I: Grundlegung für die Arbeitsmethoden der Rechtspraxis, 11. Aufl., Berlin 2013.

Mundt, Andreas: CPI talks … With Andreas Mundt, President of the German Bundeskartellamt (Federal Cartel Office), in: Competition Policy International – Antitrust Chronicle, Bd. 1/18, 2018, S. 8 ff.

Myrdal, Gunnar: Das politische Element in der nationalökonomischen Doktrinbildung, 2. Aufl., Bonn/Bad Godesberg 1976 [1932].

Nicolescu, Basarab: Methodology of Transdisciplinarity – Levels of Reality, Logic of the Included Middle and Complexity, in: Transdisciplinary Journal of Engineering & Science, Bd. 1, 2010, S. 17 ff.

Nobel, Peter/Weber, Rolf H.: Medienrecht, 3. Aufl., Bern 2007.

North, Douglass C.: The New Institutional Economics, in: Journal of Institutional and Theoretical Economics/Zeitschrift für die gesamte Staatswissenschaft, Bd. 142/1, 1986, S. 230 ff.

Oesch, Claudia: Kooperation zwischen KMU – unter besonderer Berücksichtigung ihrer kartellrechtlichen Zulässigkeit, Diss., Zürich/Basel/Genf 2008.

Olten, Rainer: Wettbewerbstheorie und Wettbewerbspolitik, 2. Aufl., München 2018.

Orbach, Barak: How Antitrust Lost its Goal, in: Fordham Law Review, Bd. 81/5, 2013, S. 2253 ff.

Parret, Laura: The Multiple Personalities of EU Competition Law – Time for a Comprehensive Debate on its Objectives, in: Zimmer (Hrsg.), The Goals of Competition Law, Cheltenham/Northampton 2010, S. 61 ff.

Peters, Hans-Rudolf: Wirtschaftspolitik, 3. Aufl., München/Wien 2000.

Petersen, Niels: Braucht die Rechtswissenschaft eine empirische Wende?, in: Der Staat – Zeitschrift für Staatslehre und Verfassungsgeschichte, deutsches und europäisches öffentliches Recht, Bd. 49/3, 2010, S. 435 ff. (zit. als: Petersen, empirische Wende, S. ...).

Petersen, Thieß: Adverse Selektion, in: Wirtschaftswissenschaftliches Studium, Bd. 36/6, 2007, S. 309 ff. (zit. als: Petersen, Adverse Selektion, S. ...).

Piekenbrock, Dirk/Hennig, Alexander: Einführung in die Volkswirtschaftslehre und Mikroökonomie, 2. Aufl., Berlin/Heidelberg 2012.

Pies, Ingo: Eucken und von Hayek im Vergleich – Zur Aktualisierung der ordnungspolitischen Konzeption, Tübingen 2001.

Pitofsky, Robert: Political Content of Antitrust, in: University of Pennsylvania Law Review, Bd. 127/4, 1979, S. 1051 ff.

Podszun, Rupprecht/Kreifels, Stephan: Digital Platforms and Competition Law, in: Journal of European Consumer and Market Law, Bd. 5/1, 2016, S. 33 ff.

Posner, Richard A.: Economic Analysis of Law, 9. Aufl., New York 2014, (zit. als: Posner, Economic Analysis of Law, S. ...).

–: Antitrust Law, 2. Aufl., Chicago/London 2001 (zit. als: Posner, Antitrust Law, S. ...).

–: The Problems of Jurisprudence, Cambridge 1990 (zit. als: Posner, Jurisprudence, S. ...).

–: The Chicago School of Antitrust Analysis, in: University of Pennsylvania Law Review, Bd. 127/4, 1979, S. 925 ff. (zit. als: Posner, Chicago School, S. ...).

Raithel, Jürgen: Quantitative Forschung – ein Praxiskurs, 2. Aufl., Wiesbaden 2008.

Recktenwald, Horst C.: Adam Smith (1723–1790), in: Starbatty (Hrsg.), Klassiker des ökonomischen Denkens – Teil 1 und 2 in einer Gesamtausgabe, Hamburg 2008, S. 134 ff. (zit. als: Recktenwald, Klassiker des ökonomischen Denkens, S. ...).

–: Über Adam Smiths „The Theory of Moral Sentiments" – Vademecum zu einem frühen Klassiker, Düsseldorf 1986 (zit. als: Recktenwald, Vademecum, S. ...).

Reeves, Amanda P.: Behavioral Antitrust – Unanswered Questions on the Horizon, in: The Antitrust Source, Bd. 9/5, 2010, S. 1 ff.

Reeves, Amanda P./Stucke, Maurice E.: Behavioral Antitrust, in: Indiana Law Journal, Bd. 86/4, 2011, S. 1527 ff.

Rheinberger, Hans-Jörg: Iterationen, Berlin 2005.

Rhinow, René A./Schmid, Gerhard/Biaggini, Giovanni/Uhlmann, Felix: Öffentliches Wirtschaftsrecht, 2. Aufl., Basel 2011 (zit. als: Rhinow/Schmid/Biaggini/Uhlmann, N ... zu § ...).

Richli, Paul: Grundriss des schweizerischen Wirtschaftsverfassungsrechts – Vollständige Umarbeitung der zweiten Auflage des Buchs Wirtschaftsverfassungsrecht von Fritz Gygi und Paul Richli, Bern 2007.

Richter, Rudolf/Furubotn, Eirik G.: Neue Institutionenökonomik – Eine Einführung und kritische Würdigung, 4. Aufl., Tübingen 2010.

Rose, Vivien: The Role of Behavioral Economics in Competition Law – A Judicial Perspective, in: Competition Policy International, Bd. 6/1, 2010, S. 103 ff.

Sandelowski, Margarete: „Qualitative Research", in: Lewis-Beck/Bryman/Liao (Hrsg.), The Sage Encyclopedia of Social Science Research Methods (Vol. 1), Thousand Oaks 2004.

Schäfer, Andreas: Die ökonomische Analyse des Rechts – Historie, Grundlagen und Methodik, Berlin 2017.

Schluep, Walter: Schweizerische Wettbewerbspolitik zwischen gestern und morgen, in: Tuchtfeldt (Hrsg.), Schweizerische Wirtschaftspolitik zwischen gestern und morgen – Festgabe zum 65. Geburtstag von Hugo Sieber, Bern/Stuttgart 1976, S. 95 ff.

Schmid, Michael: Walter Euckens Philosophie der Wissenschaft, in: Pies/Leschke (Hrsg.), Walter Euckens Ordnungspolitik, Tübingen 2002, S. 222 ff.

Schmidt, André: Europäische Wettbewerbspolitik – Per se Rule vs. Rule of Reason, in: Wirtschaftswissenschaftliches Studium, Bd. 36/3, 2007, S. 369 ff. (zit. als: Schmidt, Rule of Reason, S. …).

–: Wie ökonomisch ist der „more economic approach"? – Einige kritische Anmerkungen aus ordnungsökonomischer Sicht, in: Freiburger Diskussionspapiere zur Ordnungsökonomik, Nr. 06/10, 2006, S. 1 ff. (zit. als: Schmidt, More Economic Approach, S. …).

–: Wettbewerbspolitik im Zeitalter der Globalisierung, in: Walter/Hegner/Schechler (Hrsg.), Wachstum, Strukturwandel und Wettbewerb – Festschrift für Klaus Herdzina, Stuttgart 2000, S. 377 ff. (zit. als: Schmidt, Globalisierung, S. …).

Schmidt, Ingo/Haucap, Justus: Wettbewerbspolitik und Kartellrecht – Eine interdisziplinäre Einführung, 10. Aufl., München 2013.

Schmidtchen, Dieter: Wettbewerbsfreiheit oder Effizienz? – Zur Zweisamkeit von Recht und Ökonomie im Bereich der Wettbewerbspolitik, in: ORDO, Bd. 59, 2008, S. 144 ff. (zit. als: Schmidtchen, Recht und Ökonomie, S. …).

–: Introduction, in: Schmidtchen/Albert/Voigt (Hrsg.), The More Economic Approach to European Competition Law, Tübingen 2007, S. 1 ff. (zit. als: Schmidtchen, Introduction, S. …).

–: Der „more economic approach" in der Wettbewerbspolitik, in: Wirtschaft und Wettbewerb, Bd. 1, 2006, S. 6 ff. (zit. als: Schmidtchen, More Economic Approach, S. …).

–: Effizienz als Leitbild der Wettbewerbspolitik – Für einen „more economic approach", in: German Working Papers in Law and Economics, Bd. 5/3, 2005, S. 1 ff. (zit. als: Schmidtchen, Leitbild, S. …).

–: Methodologische und systemtheoretische Grundsätze der Wettbewerbspolitik, in: Wirtschaftsdienst – Zeitschrift für Wirtschaftspolitik, Bd. 58/9, 1978, S. 467 ff. (zit. als: Schmidtchen, Grundsätze der Wettbewerbspolitik, S. …).

–: Wettbewerbspolitik als Aufgabe – Methodologische und systemtheoretische Grundlagen für eine Neuorientierung, Habil., Baden-Baden 1978 (zit. Schmidtchen, Aufgabe, S. …).

Schmitt, Bernd: Experience Marketing – Concepts, Frameworks and Consumer Insights, in: Foundations and Trends® in Marketing, Bd. 5/2, 2010, S. 55 ff.

Schnell, Rainer/Hill, Paul B./Esser, Elke: Methoden der empirischen Sozialforschung, 11. Aufl., Berlin 2018.

Schott, Markus: Staat und Wettbewerb – Der Schutz des institutionellen und des wirtschaftlichen Wettbewerbs vor staatlichen Beeinträchtigungen in der Schweiz und in der Europäischen Union, Habil., Zürich/St. Gallen 2010.

Schubert, Christian: Politische Implikationen der Verhaltensökonomik, in: Wirtschaftswissenschaftliches Studium, Bd. 42/2, 2013, S. 84 ff.

Schuhmacher, Florian: Effizienz und Wettbewerb – Ein Modell zur Einbeziehung ökonomischer Ansätze in das Kartellrecht, Habil., Baden-Baden 2011.

Schumpeter, Joseph A.: Kapitalismus, Sozialismus und Demokratie – Einführung von Eberhard K. Seifert, 8. Aufl., Tübingen/Basel 2005 [1942].

Schwalbe, Ulrich/Zimmer, Daniel: Kartellrecht und Ökonomie – Moderne ökonomische Ansätze in der europäischen und deutschen Zusammenschlusskontrolle, 2. Aufl., Frankfurt am Main 2011.

Schwartz, Louis B.: Justice and Other Non-Economic Goals of Antitrust – Comments on Pitofsky, The Political Content of Antitrust, in: University of Pennsylvania Law Review, Bd. 127/4, 1979, S. 1076 ff.

Schweizer, Mark D.: Kognitive Täuschungen vor Gericht – Eine empirische Studie, Diss., Zürich 2005.

Sent, Esther-Mirjam: Behavioral Economics – How Psychology Made Its (Limited) Way Back Into Economics, in: History of Political Economy, Bd. 36/4, 2004, S. 735 ff.

Simon, Herbert A.: Rational Decision Making in Business Organizations, in: The American Economic Review, Bd. 69/4, 1979, S. 493 ff. (zit. als: Simon, Rational Decision Making, S. …).

–: Theories of Decision-Making in Economics and Behavioral Science, in: The American Economic Review, Bd. 49/3, 1959, S. 253 ff. (zit. als: Simon, Theories of Decision-Making, S. …).

Smith, Adam: An Inquiry into the Nature and Causes of the Wealth of Nations, 2 Bd., hrsg. von Campbell et al., Oxford 1979 [1776] (zit. als: Smith, Wealth of Nations, Buch.Kapitel.[Teil/Abschnitt].Absatz).

–: The Theory of Moral Sentiments, hrsg. von Haakonssen, Cambridge 2002 [1759] (zit. als: Smith, Theory of Moral Sentiments, Teil.[Abschnitt]. Kapitel.Absatz).

Steinbaum, Marshall/Stucke, Maurice E.: The Effective Competition Standard – A New Standard for Antitrust, in: Roosevelt Institute, New York 2018, S. 1 ff., <http://rooseveltinstitute.org/wp-content/uploads/2018/09/ The-Effective-Competition-Standard-FINAL.pdf> (besucht am: 23. Mai 2020).

Stigler, George J.: Competition, in: Durlauf/Blume (Hrsg.), The New Palgrave: Dictionary of Economics (Volume 2): Command Economy – Epistemic Game Theory, 2. Aufl., 2008, New York, S. 51 ff. (zit. als: Stigler, Competition, S. …).

–: The Organization of Industry, Chicago/London 1983 [1968] (zit. als: Stigler, Organization of Industry, S. …).

–: Economies of Scale, in: The Journal of Law & Economics, Bd. 1/1, 1958, S. 54 ff. (zit. als: Stigler, Economies of Scale, S. …).

Stiglitz, Joseph: Towards a Broader View of Competition Policy, in: Bonakele/Fox/Mncube (Hrsg.), Competition Policy for a New Era – Insight from the BRICS Countries, Oxford 2017, S. 4 ff.

Stiglitz, Joseph/Sen, Amartya/Fitoussi, Jean-Paul: Report by the Commission on the Measurement of Economic Performance and Social Progress, 2009, <https://www.economie.gouv.fr/files/finances/presse/dossiers_de_presse/090914mesure_perf_eco_progres_social/synthese_ang.pdf> (besucht am: 23. Mai 2020).

Stones, Ryan R.: The Chicago School and the Formal Rule of Law, in: Journal of Competition Law & Economics, Bd. 14/4, 2018, S. 527 ff.

Streit, Manfred: Theorie der Wirtschaftspolitik, 6. Aufl., Stuttgart 2005.

Stucke, Maurice E.: How Can Competition Agencies Use Behavioral Economics?, in: The Antitrust Bulletin, Bd. 59/4, 2014, S. 695 ff. (zit. als: Stucke, Competition Agencies, S. …).

–: Should Competition Policy Promote Happiness?, in: Fordham Law Review, Bd. 81/5, 2013, S. 2575 ff. (zit. als: Stucke, Happiness, S. …).

–: Greater International Convergence and the Behavioural Antitrust Gambit, in: Ezrachi (Hrsg.), Research Handbook on International Competition Law, Cheltenham/Northampton 2012, S. 155 ff. (zit. als: Stucke, Gambit, S. …).

–: Reconsidering Antitrust's Goals, in: Boston College Law Review, Bd. 35/2, 2012, S. 551 ff. (zit. als: Stucke, Antitrust Goals, S. …).

–: Reconsidering Competition, in: Mississippi Law Journal, Bd. 81/2, 2011, S. 107 ff. (zit. Stucke, Reconsidering Competition, S. …).

–: Money, Is That What I Want? – Competition Policy and the Role of Behavioral Economics, in: Santa Clara Law Review, Bd. 50/3, 2010, S. 893 ff. (zit. als: Stucke, Money, S. …).

–: Does the Rule of Reason Violate the Rule of Law?, in: UC Davis Law Review, Bd. 42/5, 2009, S. 1375 ff. (zit. als: Stucke, Rule of Reason, S. …).

–: New Antitrust Realism, in: Global Competition Policy Magazine, 09/2, 2009, S. 1 ff. (zit. als: Stucke, Realism, S. …).

–: Behavioral Economists at the Gate – Antitrust in the Twenty-First Century, in: Loyola University Chicago Law Journal, Bd. 38/3, 2007, S. 513 ff. (zit. als: Stucke, at the Gate, S. …).

Stucke, Maurice E./Grunes, Allen P.: Why More Antitrust Immunity for the Media is a Bad Idea, in: Northwestern University Law Review, Bd. 105/3, 2015, S. 1399 ff.

Sugden, Robert: Opportunity as Mutual Advantage, in: Economics & Philosophy, Bd. 26/1, 2010, S. 47 ff. (zit. als: Sugden, Mutual Advantage, S. …).

–: The Opportunity Criterion – Consumer Sovereignty Without the Assumption of Coherent Preferences, in: The American Economic Review, Bd. 94/4, 2004, S. 1014 ff. (zit. als: Sugden, Opportunity Criterion, S. …).

Sunstein, Cass R./Thaler, Richard H.: Libertarian Paternalism Is Not an Oxymoron, in: The University of Chicago Law Review, Bd. 70/4, 2003, S. 1159 ff.

Taylor, Lance/Rezai, Armon/Michl, Thomas (Hrsg.): Social Fairness and Economics – Economic Essays in the Spirit of Duncan Foley, London 2013.

Teubner, Gunther: Die Episteme des Rechts – Zu erkenntnistheoretischen Grundlagen des reflexiven Rechts, in: Grimm (Hrsg.) Steigende Staatsaufgaben – sinkende Steuerungsfähigkeit des Rechts, Baden-Baden 1990, S. 115 ff.

Thaler, Richard H./Sunstein, Cass R.: Nudge – Improving Decisions about Health, Wealth, and Happiness, 2. Aufl., London 2009.

Thielemann, Ulrich: Wettbewerb als Gerechtigkeitskonzept – Kritik des Neoliberalismus, Habil., Marburg 2010.

Tietzel, Manfred: Institutionalismus auf dem Hintergrund der alten Ordnungsdebatte, in: Boettcher/Herder-Dorneich/Schenk/Schmidtchen (Hrsg.), Jahrbuch für Neue Politische Ökonomie (Band 10) – Systemvergleich und Ordnungspolitik, Tübingen 1991, S. 3 ff.

Tolksdorf, Michael: Ruinöser Wettbewerb – Ein Beitrag zur Phänomenologie und wettbewerbspolitischen Behandlung einer marktwirtschaftlichen Fehlentwicklung, Diss., Berlin 1971.

Tor, Avishalom: Justifying Competition Law in the Face of Consumers' Bounded Rationality, in: Mathis/Tor (Hrsg.), New Developments in Competition Law and Economics, Cham/Heidelberg/New York/Dordrecht/London 2019, S. 3 ff. (zit. als: Tor, Justifying Competition Law, S. …).

–: Should Antitrust Survive Behavioral Economics?, in: Competition Policy International – Antitrust Chronicle, Bd. 1/19, 2019, S. 1 ff. (zit. als: Tor, Antitrust Survive, S. …).

–: Understanding Behavioral Antitrust, in: Texas Law Review, Bd. 92, 2013, S. 573 ff. (zit. als: Tor, Understanding Behavioral Antitrust, S. …).

–: The Fable of Entry – Bounded Rationality, Market Discipline, and Legal Policy, in: Michigan Law Review, Bd. 101/2, 2002, S. 482 ff. (zit. als: Tor, Fable of Entry, S. …).

Tor, Avishalom/Rinner, William J.: Behavioral Antitrust – A New Approach to the Rule of Reason after Leegin, in: University of Illinois Law Review, 2011, S. 805 ff.

Tversky, Amos/Kahneman, Daniel: Judgment under Uncertainty – Heuristics and Biases, in: Science, Bd. 185/4157, 1974, S. 1124 ff.

Vaheesan, Sandeep: The Twilight of the Technocrats' Monopoly on Antitrust?, in: The Yale Law Journal Forum, Bd. 127, 2018, S. 980 ff.

Vallender, Klaus A.: Der ordnungspolitische Grundentscheid der schweizerischen Bundesverfassung, in: Geis/Lorenz (Hrsg.), Staat, Kirche, Verwaltung – Festschrift für Hartmut Maurer zum 70. Geburtstag, München 2001, S. 1032 ff.

Vallender, Klaus A./Hettich, Peter/Lehne, Jens: Wirtschaftsfreiheit und begrenzte Staatsverantwortung – Grundzüge des Wirtschaftsverfassungs- und Wirtschaftsverwaltungsrechts, 4. Aufl., Bern 2006 (zit. als: Vallender/Hettich/Lehne, N … zu § …).

van den Bergh, Roger: Behavioral Antitrust – Not Ready for the Main Stage, in: Journal of Competition Law & Economics, Bd. 9/1, 2013, S. 203 ff.

Vanberg, Viktor J.: Wettbewerbsfreiheit und ökonomische Effizienz – Die Ordnungsökonomische Perspektive, in: Vanberg (Hrsg.), Evolution und freiheitlicher Wettbewerb – Erich Hoppmann und die aktuelle Diskussion, Tübingen 2009, S. 107 ff. (zit. als: Vanberg, Wettbewerbsfreiheit, S. …).

–: Die normativen Grundlagen von Ordnungsökonomik, in: Goldschmidt/Wohlgemuth (Hrsg.), Wettbewerb und Regelordnung, Tübingen 2008, S. 49 ff. (zit. als: Vanberg, die normativen Grundlagen, S. …).

–: Die Ethik der Wettbewerbsordnung und die Versuchung der Sozialen Marktwirtschaft, in: Freiburger Diskussionspapiere zur Ordnungsökonomik, Nr. 08/6, 2008, S. 1 ff. (zit. als: Vanberg, Ethik der Wettbewerbsordnung, S. …).

–: Marktwirtschaft und Gerechtigkeit – Zu F. A. Hayeks Kritik am Konzept der „sozialen Gerechtigkeit", in: Freiburger Diskussionspapiere zur Ordnungsökonomik, Nr. 05/11, 2005, S. 1 ff. (zit. als: Vanberg, Soziale Gerechtigkeit, S. …).

–: Rationale Wahlhandlung, Regelorientierung und Institutionen – Eine evolutorische Perspektive, in: Wegner/Wieland (Hrsg.), Formelle und informelle Institutionen – Genese, Interaktion und Wandel, Marburg 1998, S. 379 ff., (zit. als: Vanberg, Rationale Wahlhandlung, S. …).

–: „Ordnungstheorie" as Constitutional Economics – The German Conception of a „Social Market Economy", in: ORDO, Bd. 39, 1988, S. 17 ff. (zit. als: Vanberg, Constitutional Economics, S. …).

Vogl, Joseph: Das Gespenst des Kapitals, Zürich 2010.

Volckart, Oliver: Wettbewerb im Zeitalter des Kameralismus, in: Theurl (Hrsg.), Empirische Institutionenökonomik – Konzeptionelle Fragen und Anwendungen, Berlin 2012, S. 73 ff.

Vollmer, Gerhard: Interdisziplinarität – Unerlässlich, aber leider unmöglich?, in: Jungert/Romfeld/Sukopp/Voigt (Hrsg.), Interdisziplinarität – Theorie, Praxis, Probleme, 2. Aufl., Darmstadt 2013, S. 47 ff.

von Egan-Krieger, Tanja: Die Illusion wertfreier Ökonomie – Eine Untersuchung der Normativität heterodoxer Theorien, Diss., Frankfurt am Main 2014.

von Jeinsen, Alexander: Der more economic approach im europäischen Wettbewerbsrecht – Der Ansatz der Europäischen Kommission und die Sicht der Unionsgerichte, Diss., Köln/München 2013.

von Kardorff, Ernst: Qualitative Sozialforschung – Versuch einer Standortbestimmung, in: Flick et al. (Hrsg.), Handbuch qualitative Sozialforschung – Grundlagen, Konzepte, Methoden und Anwendungen, 3. Aufl., Weinheim 2012, S. 3 ff.

Wagschal, Uwe/Petersen, Thieß: Ökonomische Theorie des politischen Handelns, in: Wirtschaftswissenschaftliches Studium, Bd. 37/8–9, 2008, S. 1198 ff.

Waldmann, Bernhard/Belser, Eva Maria/Epiney, Astrid (Hrsg.): Basler Kommentar, Schweizerische Bundesverfassung, Basel 2015, (zit. Bearbeiter, BV-BaKomm, N … zu Art. … BV).

Weber, Max: Der Sinn der „Wertfreiheit" der soziologischen und ökonomischen Wissenschaften, in: Winckelmann (Hrsg.), Gesammelte Aufsätze zur Wissenschaftslehre, Tübingen 1988 [1917], S. 489 ff.

Webley, Lisa: Qualitative Approaches to Empirical Legal Research, in: Cane/Kritzer (Hrsg.), The Oxford Handbook of Empirical Legal Research, Oxford/New York 2010, S. 926 ff.

White, Mark D.: The Crucial Importance of Interests in Libertarian Paternalism, in: Mathis/Tor (Hrsg.), Nudging – Possibilities, Limitations and Applications in European Law and Economics, Cham/Heidelberg/New York/Dordrecht/London, S. 21 ff.

Wiederkehr, René: Fairness als Verfassungsgrundsatz, Habil., Bern 2006.

Willeke, Franz-Ulrich: Grundsätze wettbewerbspolitischer Konzeptionen, Tübingen 1973.

Williamson, Oliver E.: Transaction Cost Economic and Organization Theory, in: Industrial and Corporate Change, Bd. 2/2, 1993, S. 107 ff. (zit. als: Williamson, Organization Theory, S. …).

–: Economies as an Antitrust Defense – The Welfare Tradeoffs, in: The American Economic Review, Bd. 58/1, 1968, S. 18 ff. (zit. als: Williamson, Tradeoffs, S. …).

Witt, Anne C.: The More Economic Approach to EU Antitrust Law, Oxford 2016.

Wohlgemuth, Michael/Kolev, Stefan: Evolutorische Public Choice und Neue Ordnungsökonomik, in: Zweynert/Kolev/Goldschmidt (Hrsg.), Neue Ordnungsökonomik, Tübingen 2016, S. 197 ff.

Wohlmann, Herbert: Das struktur- und gesellschaftspolitische Versagen des Kartellrechts, in: Jusletter vom 23. April 2018, Nr. 1 ff.

Wright, Joshua D./Stone, Judd E.: Misbehavioral Economics – The Case Against Behavioral Antitrust, in: Cardozo Law Review, Bd. 33/4, S. 1517 ff.

Wright, Richard W.: Hand, Posner, and the Myth of the „Hand Formula", in: Theoretical Inquiries in Law, Bd. 4/1, 2003, S. 145 ff.

Wu, Tim: The Curse of Bigness – Antitrust in the New Gilded Age, New York 2018 (zit. als: Wu, Curse of Bigness, S. …).

–: After Consumer Welfare, Now What? – The „Protection of Competition" Standard in Practice, in: Competition Policy International Antitrust Chronicle, Bd. 1/18, 2018, S. 12 ff. (zit. als: Wu, After Consumer Welfare, S. …).

Yoo, Christopher S.: Hipster Antitrust: New Bottles, Same Old W(h)ine?, in: Competition Policy International – Antitrust Chronicle, Bd. 1/18, 2018, S. 52 ff.

Zamir, Eyal/Medina, Barak: Law, Economics, and Morality, New York 2010.

Zamir, Eyal/Teichman, Doron: Behavioral Law and Economics, New York 2018.

Zohlnhöfer, Werner: Das normative Element in der wettbewerbstheoretischen Doktrinbildung, in: Kruse/Mayer (Hrsg.), Aktuelle Probleme der Wettbewerbs- und Wirtschaftspolitik – Erhard Kantzenbach zum 65. Geburtstag, Baden-Baden 1996, S. 101 ff.

Zweynert, Joachim/Kolev, Stefan/Goldschmidt, Nils: Neue Ordnungsökonomik – Zur Aktualität eines kontextualen Forschungsprogramms, in: Zweynert/Kolev/Goldschmidt (Hrsg.), Neue Ordnungsökonomik, Tübingen 2016, S. 1 ff.

Personen- und Sachregister